KB069497

가족치료사례와 질적 분석

박태영 외 공저

FAMILY THERAPY
CASES &
QUALITATIVE ANALYSIS

학지사

머리말

임상현장에서 상담을 해 본 임상가들이라면 분명 상담을 통하여 개인과 가족이 변화하는 장면을 목격하였으리라 확신한다. 그럼에도 이러한 임상현장의 사례들을 어떻게 조직적으로 분석할 것인가에 대해서는 막막한 경우가 많으리라 본다. 이러한 어려움은 저자 역시 논문을 쓰면서 늘 경험하고 있다. 나름대로 가족치료사례에 대한 분석을 하여 학회지에 제출해 보지만 연구방법론, 특히 분석방법론이 명확하지 않다는 이유로 심사위원들은 논문게재를 불가하였다.

이러한 어려움을 겪은 저자는 연구년인 2003년에 플로리다 주립대학에서 교육학과와 행정학과에서 질적조사론과 질적자료분석론을 수강한 후 가족치료사례를 어떻게 분석할 수 있는가에 대한 아이디어를 얻게 되었고, 가족치료사례들을 분석하면서 지금까지 고배를 마셔 왔던 논문게재 불가 판정이 현저하게 줄어들었다.

특히 이 책에 수록된 2개의 논문을 제외한 13개의 장은 이 책과 함께 번역되어 나올 Miles와 Huberman의 책인 『*Qualitative Data Analysis: An Expended Sourcebook*』(2판)을 중심으로, 여러 가지 형태의 매트릭스, 네트워크, 그래프, 그 외의 다양한 도표들을 활용하여 분석하였다. 혹시 이 책에서 인용하고 있는 질적 자료 분석방법을 깊이 이해하고자 하는 독자는 『질적자료분석론』(박태영 이 공여, 학지사, 2009)을 참조하기를 바란다.

이 책은 총 16개 장으로, 1장에서는 Miles와 Huberman이 언급한 질적 자료를 전개하는 디스플레이 방법인 매트릭스와 네트워크를 활용하여 분석하는 방법에 대하여 제시하였고, 2장부터 13장까지는 단일 가족치료사례를 분석하였다. 사실 단일사례 분석이라 했지만 내용상으로는 가족 전체를 보았기 때문에 다중사례 분석이라고도 볼 수 있다. 14

장부터 16장까지는 다중사례를 분석한 내용이다.

이 책에서 활용하고 있는 방법을 이해하여 가족치료를 비롯한 상담영역들과 그 외의 사회복지학, 교육학, 간호학, 심리학 등 다양한 분야에서 자신들만의 독창적인 아이디어를 창조해서 더 세련된 분석을 하기를 바란다.

저자 대표
박태영

차 례

3부 다중사례(사례 간) 분석 연구

1부

질적 자료 분석방법에 대한 개관

제1장 질적 자료 분석방법

제1장 | **질적 자료 분석방법**[*]

1. 서 론

인문·사회과학 분야에서 질적 연구에 대한 관심이 증가되고 있는 상황에서 실제로 질적 자료를 어떻게 분석하고 그러한 분석에서 어떻게 타당한 의미를 추출할 것인가에 대하여 많은 질적 연구자들은 어려움을 겪고 있다. 질적 자료의 사용에 있어서 가장 심각한 어려움은 질적 자료에 대한 분석방법이 명확하지 못하다는 것이다. 물론 질적 연구방법론에서 근거이론 연구, 현상학적 연구, 문화기술지 연구, 내러티브 연구, 담론 연구, 전기 연구(biographical study) 등이 소개되어 왔지만, 실제로 학위논문을 쓰려고 하거나 질적 연구를 하려고 할 때 막상 질적 자료를 분석하려다 보면 분석을 어떻게 해야 될지 막연한 감이 들기 마련이다. 따라서 저자는 지금까지 국내에 일반적으로 소개되지 않았던 질적 연구 분석방법 중 Miles와 Huberman(1994)의 『질적 자료 분석(Qualitative Data Analysis)』이라는 책의 내용을 중심으로 한 사례에 대한 분석과 시계 긴 분석을 매드릭스와 네트워크 중심으로 서술하고자 한다.

---

[*] 박태영, 이 장은 2, 3부에 나오는 내용 중 일부를 활용한 것이다.

2. 디스플레이에 대한 설명

1) 디스플레이에 대한 개념 정의

디스플레이는 정보를 체계적으로 보여 주는 시각적 형태를 뜻한다. 질적 연구자들에게 전형적인 디스플레이는 분석자가 코드화하고, 코드화된 부분들을 추출하고, 결론을 도출해서 글로 쓴 현장노트의 형식을 가진다.

질적 자료 그 자체는 빈약하고 다루기 힘든 디스플레이다. 질적 분석에서는 한눈에 모든 데이터를 볼 수 있을 정도로 충분히 초점을 맞추고 유용한 질문에 대답할 수 있게 체계적으로 정리된 디스플레이가 필요하다. 질적 자료에서 개념 간의 상세한 비교와 대조, 패턴과 주제 분석 그리고 자료에 대한 경향성을 보여 주기 위한 디스플레이는 매우 중요하면서 영향력이 막강하다고 볼 수 있겠다. 디스플레이는 한 자리에서 데이터와 분석을 보여 주고, 분석가가 어디에 더 깊은 분석이 필요한지를 알게 하고, 다른 데이터의 분석을 가능하게 하며, 마지막으로 보고서의 결론을 쓰는 데 직접 활용할 수 있게 한다.

좋은 디스플레이는 연구자뿐만 아니라 독자들에게 많은 양의 정보를 쉽게 이해하게 한다. 그런데 문제는 질적 연구자들이 적절한 데이터 디스플레이를 자신의 손으로 직접 만들어야 한다는 것이다(Miles & Huberman, 1994).

2) 디스플레이의 형태

질적 데이터를 디스플레이하는 방법으로는 배열된 줄과 열로 이루어진 매트릭스와 선으로 연결된 점으로 이루어진 네트워크를 활용하는 방법이 있다.

(1) 디스플레이 형태를 만들기

디스플레이를 보여 주기 위한 데이터 기재방식은 몇 개의 짧은 개념, 인용문, 구, 등급, 약자, 상징적 그림, 표시된 줄과 화살표 등을 기입하는 등 매우 다양하다. 기재사항의 디스플레이 형태와 모양은 여러분이 무엇을 이해하고자 하는가에 따라 다르게 나타날 수 있다. 디스플레이 형태를 구성하기 위해서는 항상 많은 상호작용이 요구되며, 그 형태는 항상 연구에 포함된 질문과 여러분이 만들어 낸 개념 또는 코드의 형태에 영향을 받게 된다. 또한 연구 질문이나 이유에 대해서도 여러분은 같은 변인들을 가지고도 다양한 디스플레이를 만들어 낼 수 있고, 각 디스플레이는 서로 다른 가정을 만들어 낸다. 그럼에도 불구하고 디스플레이 형태는 항상 발전한다. 따라서 데이터를 수집하는 기간에는 대략적인 디스플레이 형태를 만들고, 맥락적이면서 경험적으로 데이터가 다듬어졌을 때는 데이터의 마지막 형태를 만들어야 한다. 따라서 첫 번째 형태의 디스플레이가 제대로 만들어지지 못했을 경우에는 몇 번이고 디스플레이 만드는 작업을 반복해야 한다(Miles & Huberman, 1994).

(2) 데이터 입력

디스플레이 형태를 만드는 데는 몇 분 걸리지 않으며 실제로 시간이 많이 소요되는 것은 데이터 입력이다. 코드화된 데이터는 반드시 현장노트 또는 축어록에 있어야만 하며, 코드화된 데이터는 원자료에서 추출되고 압축되고 요약되어야 한다. 데이터 입력에 소요되는 시간은 디스플레이의 변인이나 차원의 수와 응답자의 수에 따라 다르다. 디스플레이를 작성할 때 주의할 점은 데이터를 지나치게 줄이는 것은 이해를 어렵게 할 수 있으므로 가능하면 세세한 것을 추가하고 명확히 해야 한다는 것이다(Miles & Huberman, 1994).

(3) 디스플레이 형태를 선택하기

디스플레이 형태는 어떻게 선정할 것인가? 만약 연구가 탐색적이고 시작 단계에 있어서 변인에 대한 구별이 필요하지 않다면 부분적으로 정렬된 디스플레이를 만드는 것이 가능하다. 만약에 사건의 흐름을 기술할 필요가 있는 경우에는 시간적으로 정렬된 디스플레이가 가능하며, 사건 리스트, 사건상태 네트워크, 시간에 따른 매트릭스와 네트워크를 활용할 수 있다. 또한 맥락을 기술하기 위해서 각자의 역할을 수행하는 사람들 사이의 상호작용을 살펴보고자 하는 경우에는 역할에 따른 매트릭스가 가능하다. 마지막으로 연구가 덜 탐색적이고 명확한 변인들로 이루어져 있다면 개념지향적인 디스플레이가 필요할 수 있다(Miles & Huberman, 1994).

3. 단일사례에 대한 디스플레이

여기서는 단일사례(개인, 가족, 작은 그룹 등)에 대한 제한된 맥락에서 현상에 관한 기술적인 결론을 그려 내고, 실증하는 시간에 따른 디스플레이, 역할 중심으로 배열된 디스플레이 그리고 개념 중심으로 배열된 디스플레이를 살펴보겠다.

1) 시간(회기)에 따른 디스플레이

시간에 따른 디스플레이는 데이터를 시간과 순서에 따라 배열하여 역사적, 연대기적인 흐름을 유지하고 무엇이 발생했는지를 한눈에 볼 수 있게 해 준다. 가족치료사례를 분석하는 데 있어서 사건을 시간순으로 보여 주거나 상담회기별에 따른 부모 또는 자녀들 간의 변화과정을 보여 줄 수 있다.

(1) 시간(회기)에 따른 매트릭스

〈표 1-1〉에서 분석하고 있는 사례는 마리화나를 피는 아들의 문제로 본 연구자에게 어머니가 의뢰한 모자 가족치료사례다(박태영, 2008). 표에서는 매트릭스를 활용하여 상담회기에 따른 엄마의 의사소통 수준과 자아분화 수준의 변화과정을 나타내고 있다. 열은 회기별로 나누었고, 행은 엄마의 의사소통 수준, 의사소통 수준에 대한 예시, 엄마의 자아분화 수준 그리고 자아분화에 대한 예시를 나타내고 있다. 이와 같은 매트릭스의 셀 안에는 회기별에 따른 의사소통 수준과 자아분화 수준을 코딩한 개념 또는 범주를 넣고, 각 의사소통 수준과 자아분화 수준에 대한 개념 또는 범주에 해당하는 내용을 축어록에서 그대로 인용하고 있다.

〈표 1-1〉에서 1회기와 2회기는 엄마와 아들의 개별상담을 중심으로 하였고, 엄마의 의사소통 수준은 아들에 대한 부정적인 의사소통 방식을 보여 주고 있었다. 그리고 3회기와 4회기에서는 상담을 통한 엄마의 의사소통 방식의 변화를 보여 주고 있다. 또한 엄마의 자아분화 수준에서도 1회기와 2회기에서는 엄마의 미분화된 모습을 보여 주고 있으며, 3회기와 4회기에서는 엄마의 자아분화에 대한 변화과정을 보여 주고 있다(박태영, 2008).

표 1-1   상담회기에 따른 엄마의 의사소통 수준과 자아분화 수준의 변화과정

회기	의사소통 수준	예시	자아분화 수준	예시
1 (엄마 상담)	• 아들에게 욕을 함	"(제가 아들에게) 욕도 하죠. 이놈의 새끼, 나쁜 놈 하고." "저는 (아들에게) 계속 문자 보내고 죽여 버린다고 하죠."	• 친정모와의 미분화 • 아들과의 미분화	"친정어머니와 저랑은 굉장히 밀착되어 있었죠. 제가 뭐 꼭두각시처럼…… 저는 항상 엄마 손아귀에 있었어요." "저는 엄마로부터 받은 걸 똑같이 애한테 했어요. 그런데 애는 나같이 안 받아들이고 다르게 받아들이니깐 나는 나대로 화가 나는 거고 애는 지가 원하지 않는 걸 하니깐 (나로부터) 멀어지는 거 같고……."
2 (아들 상담)	• 아들에게 소리를 지름 • 가식적인 엄마 • 아들의 말을 경청하지 않음	"내가 뭐라고 했더니 엄마도 (저에게) 같이 소리를 질러요. 왜 나한테 그러냐면서 더 이상 뭘 더 뺏어가려고 하냐고……." "(엄마랑) 대화를 해요. 좀 가식이 섞여져 있는 게 느껴져요." "(엄마가 내 얘기를 끊지 않고 들어 준 적이) 거의 없어요. 내 말을 거의 개소리로 듣는 것 같아요."	• 통제하려는 엄마 • 아들에 대한 불신 • 아들의 의견을 무시함 • 엄마 멋대로 함	"제 프라이버시가 없죠. 1퍼센트도…… 엄마가 아예 저를 완전히 통제하려는 거 같아요." "(엄마는) 내 생각을 1퍼센트도 안 하는 거 같아요." "엄마가 그니깐 말없이 저를 영어학원 강사선생님라고……." "(엄마가) 자기 멋대로…… 너는 성적도 이따위고 마약하는 애니깐 내가 하라는 대로 해라. 너도 열여덟 살이니깐 한 달에 집주인한테 돈 내는 거 어느 정도 내라고…… 그건 아니라고 했더니 대답이 없어요."
3 (모자 상담)	• 경청의 중요성을 깨달음 • 솔직한 표현방식	"제가 굉장히 미숙하게 말하고 있는데요. 제 말을 따라서 애가 오는 건 힘들다고 봐요. 대화를 하자 하면 제가 애 얘기를 들어주는 것밖에 없어요." "그동안 솔직히 (아들에게) 돈을 안 줬어요. 미국에서 돈 있으면 약 사니깐. 안 준 게 아니라 못 준 거죠."	• 아들 인생에 대한 인정 • 아들에 대한 존중	"그러니깐 제가 뭘 할 의욕이 없는 거예요. 돈 줘봤자 안 되겠다, 이렇게 되는 거죠. 이제 애에 대한 마음이 닫혔어요. 굉장히 냉정해지고…… 예전에는 못 먹으면 어쩌나 걱정도 많이 했는데 이제는 그래 봤자 '니 인생이다.'라고 생각해요." "(아들을) 용납 못하더라도 애의 뜻을 존중해야겠다고 느꼈어요."
4 (모자 상담)	• 부드러워진 표현방식 • 아들의 가능성에 대한 인정과 칭찬	"예전 같으면 (엄마가) 혼자 말하다가 툭하고 가고 그랬는데, 요즈음은 나한테 별로 기분 안 나쁘게 말하려는 게 느껴져요. 흰 빈은 아이스크림 먹을래 하면서……. 신나게 일어난 적도 있고요. '애야, 일어나.' 하는 (엄마의) 부드러움에 반해서 '아, 일어나야겠다.' 그리고……." "(아들이) 잘하니깐 아직 무한한 가능성이 있는 아이구나 하고 생각했고, 저는 (아들이) 남자애들 중에서도 그릇이 크다고 생각해요."	• 분화에 대한 노력	"이제는 애(아들)에 대하여 어느 정도 놔야 될 시점도 온 거 같아요. 그래서 될 수 있으면 잔소리 끊고 내 마음에 안 들어도 지가 하고 싶다고 하면 허용하고 그렇게 했어요. 그러니깐 확실히 애가 거칠던 게 부드러워지더라고요." "이제 (아들에 대한 공부를) 내려놓고, '못 가면 못 가는 거지.' 하니깐 내 마음의 여유가 생기는 거예요. 그게 보이는 거죠. 너무 나 혼자 (애를) 못살게 굴었구나! 둘이 다 편하려면 애가 어떻게 살아가든 받아들이기로 하니깐, (아들에 대한) 기대를 좀 없애니깐 그게 좀 가능해진 거 같아요."

〈표 1-2〉는 개인의 간질증상과 스트레스에 대한 관련성을 보여 주기 위하여 시간에 따른 주요사건, 심리상태, 간질 진행상태를 보여 주고 있다. 시간과 주요 사건의 관계에서 보면 내담자는 아동기에는 조부모의 사랑에 의해 양육되다가 점차 부모가 양육하면서 어머니로부터 스트레스를 받았고, 어머니의 강요로 원하지 않은 사람과 결혼을 하면서 간질증상이 나타나 남편과 이혼을 하게 되었다. 이혼 후 내담자는 어머니와 동거하면서 다시 갈등이 생겼다. 최근에는 어머니와 갈등이 더욱 심화되면서 명절 때마다 대발작이 일어나고 있다. 한편 시간에 따른 내담자의 심리상태 관계에서는 아동기에는 조부모로부터 만족감과 행복감을 느끼다가 부모가 양육하면서부터 애정결핍과 혼란감을 느끼고, 결혼기에는 간질증상으로 인하여 남편으로부터 버림을 받았다. 이러한 버림받은 감정은

▌표 1-2   시간 및 사건별로 본 간질과 스트레스의 연관성: 시간 및 사건별 매트릭스

	아동기	초등시절	중 · 고등시절	대학	결혼기	이혼 후 3년	최근 3년
주요 사건	• 젖 뗀 후 조부모에게 양육됨 • 부모와의 분리 • 극진한 애정으로 양육됨	• 본가로 이동 • 양육환경의 급격한 변화	• 검정고시로 학업 • 맞벌이 부모를 많이 도움 • 큰딸 노릇 • 어머니 뜻에 따라 대학진학 포기	• 교회 선배들 권유로 전문대학 입학 • ○○신학대 입학 • 교회생활 열심 • 교회 오빠와의 결별	• 배우자 문제로 어머니와 대립 • 어머니 뜻대로 결혼 • 남편에게 대충 알림 • 남편이 발작 목격 • 남편과의 관계 악화 • 이혼당함	• 본가에 동거 시작 • 생활적 및 경제적 의존 • 대화 상대 부재 • 어머니와의 갈등	• 병원입원 • 정신병자 취급당함 • 권고사직 • 경제적 무능력 • 어머니와의 갈등 극심 • 명절 때 대발작 • 가족들의 충격
심리 상태	• 행복감 • 만족감 • 수용감	• 혼란감 • 할머니가 그리움 • 애정결핍	• 순응적	• 순응적	• 버림받음 • 낙인감 • 어머니 원망	• 애정결핍 • 피해의식 • 외로움 • 소외감 • 낙인감	• 애정결핍 • 피해의식 • 낙인감 • 소외감 • 외로움 • 자살충동
간질 진행 상태	• 없음	• 간질 발병 • 4~5년에 한 번 정도 • 경기로 여김: -약복용 안 함	• 3~4년에 1회 • 대수롭지 않게 여김	• 3년에 1~2회	• 증상이 심해짐 • 1년에 1~2회	• 1년에 2~3회로 지속적으로 증가	• 조울증 동반 • 명절 때마다 대발작 • 한 달 2~3회

원하지 않은 결혼을 강요한 어머니에 대한 원망으로 이어졌고, 이혼 후에는 부모와 동거하면서 부모에 대한 부정적인 감정과 더불어 자살충동으로 이어지는 심리상태를 보여 주고 있다. 마지막으로 시간에 따른 간질 진행상태를 보면 시간이 진행되면서 간질증상 발생 횟수가 증가하고 있는 것을 보여 주고 있다(박태영, 박신순, 2008).

(2) 시간(사건)에 따른 네트워크

시간과 사건에 따라 어떤 사건들은 다른 사건들보다 더 중요해서 새로운 사건을 유발하거나 새로운 국면으로 접어들게도 할 수 있다. [그림 1-1]은 가족치료 개입 이전에는 마리화나를 피는 아들과 어머니의 문제, 그리고 가족치료 개입 후에는 모자 변화과정을

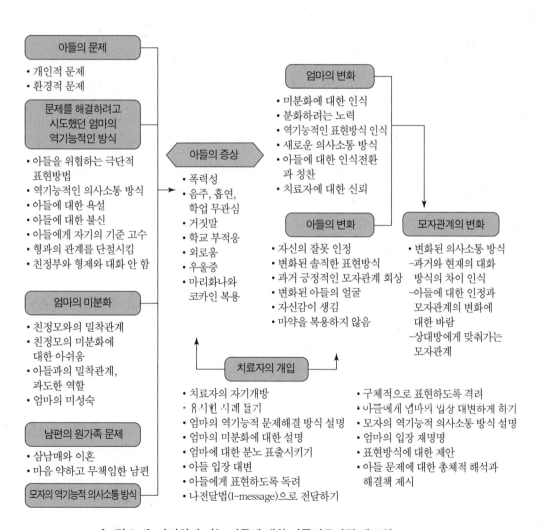

[그림 1-1] 마리화나 피는 아들에 대한 가족치료과정 네트워크

나타내고 있다(박태영, 2008). 이 그림에서는 네트워크를 통하여 아들의 증상에 영향을
미친 요인들과 치료자의 개입방법 그리고 치료자의 개입으로 인한 모자간의 변화를 한
눈에 볼 수 있다.

아들의 증상에 영향을 미친 개인적 · 환경적 문제, 문제를 해결하려고 시도했던 엄마의
역기능적 방식, 엄마의 미분화, 남편의 원가족 문제 그리고 모자의 역기능적 의사소통 방
식을 들고 있으며, 각각의 요인 안에 다시 구체적인 하위요인들을 보여 주고 있다. 따라서
시간적으로 아들의 증상이 나타나기 이전에 이와 같은 5가지 선행요인들이 존재하였다
는 것과 이러한 선행요인들이 아들의 증상을 촉발시켰다는 것이다. 그런 다음 아들의 증
상을 완화 또는 감소시키기 위하여 상담을 통한 치료자의 개입이 이루어졌다는 것과 치료
자의 14가지 개입방법을 서술하고 있다. 그다음으로 치료자의 개입으로 인하여 엄마와 아
들의 변화가 일어났다는 것을 보여 주고 있으며, 두 사람의 변화에 대한 구체적인 내용을
나타내고 있다. 따라서 최종적으로 엄마의 변화와 아들의 변화로 인하여 모자관계가 개선
되고 있다는 것을 보여 준다. 상담 전과 상담과정 그리고 상담 후의 변화를 시간에 따라 서
술하고 있으며, 하나의 네트워크를 통하여 이러한 전체적인 내용을 볼 수 있다.

[그림 1-2]에서는 시간(단계)에 따른 부모의 대처방식의 변화와 상담회기에 따른 부모
의 변화가 문제해결에 어떠한 영향을 주고 있는가를 보여 주고 있다(박태영, 은선경,
2008). 그림에서 자녀에 대한 부모의 부정적인 대처방식이 감소하면서 자녀의 행동변화
를 볼 수 있다. 그림에서는 시간을 1회기부터 8회기까지로 나누었고, 회기를 다시 전인
식단계부터 행동단계까지 4단계로 나누었다. 물론 연구자의 견해에 따라 주관적으로 나
눈 감은 있으나 각 회기마다 가출 빈도, 횟수, 기간의 변화를 점으로 연결하여 그 높낮이
를 보여 주고 있으며, 회기별에 따른 부모의 행동과 변화를 보여 주고 있다. 특히 부모의
변화내용에 대하여 부정적인 내용은 '－', 긍정적인 내용은 '＋'로 표시하고 구체적인
내용을 설명해 주고 있다(자세한 내용은 11장 참조).

[그림 1-3]은 시간에 따른 내담자의 정서적 친밀관계의 변화를 보여 주는 변화과정의
네트워크다(박태영, 김혜선, 2008). 그림은 내담자의 성인기, 내담자의 결혼, 가족치료 시
작, 가족치료 9회기 그리고 가족치료 10회기로 시기를 구분했다. 이러한 시기에 따라 내
담자가 마마보이로 회귀하지 않을까 하는 내담자 아내의 우려감, 내담자의 자기분화에
의해 발생하는 양가감정의 불안감 그리고 내담자의 자기분화에 대한 내담자 부모의 불편
감과 불안을 나타내고 있다. 내담자는 성인기에는 자기분화가 별로 나타나지 않은 상태
였고, 부모가 내담자의 결혼을 반대하면서부터 부모의 의사와 반대되는 독립적 행동을

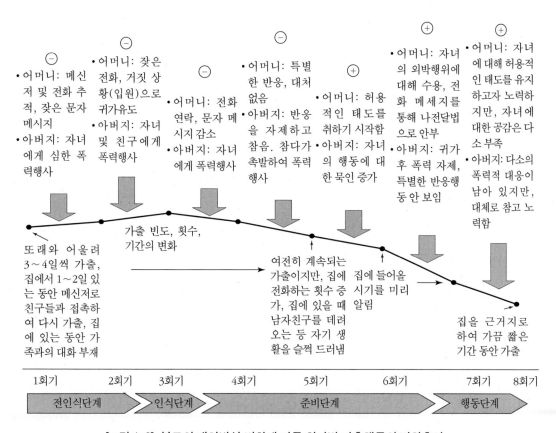

[그림 1-2] 부모의 대처방식 변화에 따른 회기별 가출행동의 변화추이

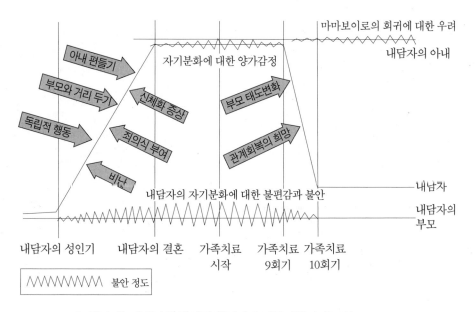

[그림 1-3] 내담자의 정서적 친밀관계 변화과정의 네트워크

하기 시작하였다. 또한 부모와 거리감을 두고 아내의 편을 들기 시작하였다. 부모는 이러한 순종하지 않는 아들에 대하여 비난하기 시작하였고, 불순종하는 아들에게 죄의식을 느끼게 하였으며, 나중에는 부모가 신체적 증상을 나타냈다. 그럼에도 불구하고 내담자는 결혼을 기점으로 자기분화를 높여 갔고, 가족치료의 시작과 더불어 자기분화에 대한 확신을 가지고 있음에도 불구하고 한편으로는 부모에 대한 죄책감이 들기도 하였다.

가족치료 9회기부터 내담자의 부모는 변화하고 있는데, 시부모에 대한 태도에 변화가 없는 부인 때문에 자기분화에 의한 양가감정의 불안 정도가 높아지기 시작하였다. 내담자의 아내는 결혼할 때부터 내담자의 마마보이 성향에 대한 우려가 높았다. 가족치료가 진행되면서 내담자의 아내는 내담자가 자신의 편을 들어 주는 것을 경험하지만, 가족치료 9회기부터 내담자가 생각하는 만큼 시부모에 대한 내담자 부인의 태도에는 변화가 없었다. 그녀는 남편의 서운함을 목격하면서 남편이 다시 마마보이로 회귀하지 않을까 하는 우려가 높아지고 있었다. 내담자의 부모는 내담자가 결혼 이후에 부모를 떠나려는 것에 대한 불안감이 증폭되기 시작하였고, 가족치료을 받으면서부터 그 불안감이 최고조에 이르는 것을 볼 수 있다(자세한 내용은 12장 참조).

[그림 1-4]는 치료진행에 따른 남편의 변화과정을 개입 이전에서부터 치료종결까지 보여 주고 있다(박태영, 김태한, 2008b). 특히 남편이 원가족과 분리하면서 나타난 변화를 5가

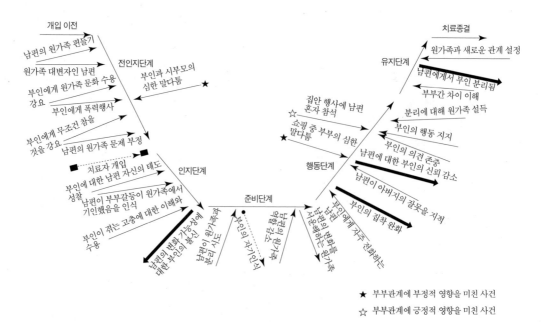

★ 부부관계에 부정적 영향을 미친 사건
☆ 부부관계에 긍정적 영향을 미친 사건

[그림 1-4] 변화과정 네트워크

지의 단계를 통해 설명하고 있다. 각각의 단계에 남편이 행했던 역할과 태도에 대한 내용이 나타나 있고, 또한 각각의 단계에서 변화하고 있는 남편의 모습을 엿볼 수 있다.

(3) 시간 및 사건에 따른 그래프

[그림 1-5]는 앞에서 나온 〈표 1-2〉의 내용 중 주요 사건의 시간(시기)에 따른 불안 정도와 간질증상 빈도를 나타내고 있다(박태영, 박신순, 2008). 그림은 최근 3년 동안의 불안정도가 간질증상 발생의 빈도와 관련이 있다는 것을 보여 주고 있다. 즉, 불안증상이 높아질수록 간질의 발생 빈도가 높아진다는 것을 그래프를 통하여 볼 수 있다.

[그림 1-6]에서는 부모와 가출청소년 자녀의 회기에 따른 전인식단계부터 유지단계까지의 변화 정도를 나타내고 있다(박태영, 은선경, 2008). 1회기에서는 부모와 자녀 모두 전인식단계에 있으나, 2회기에서는 어머니가 자녀문제에 대한 전인식단계에서 인식단계로 변화하는 것이 나타나고 있다. 3회기에서는 어머니의 인식단계가 약간만 상승하고 있는 반면에 아버지는 전인식단계에서 어머니와 비슷한 인식단계로 도약하고 있음을 볼 수 있다. 4회기에서는 부모 모두 인식단계에서 자녀의 변화를 위한 준비단계로 바뀌고 있음에도 불구하고, 자녀는 여전히 전인식단계에 머물고 있음을 볼 수 있다. 5회기에서는 오히려 부모가 준비단계에 머물고 있는 반면에 자녀는 인식단계로 변화하였다. 6회기에서

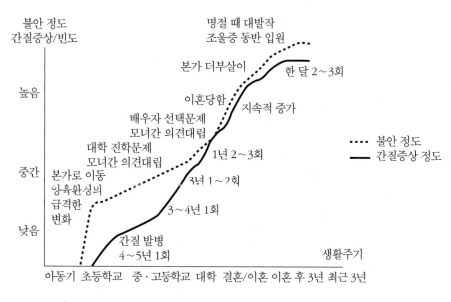

[그림 1-5] 시간 및 사건으로 본 간질과 스트레스 연관성 그래프

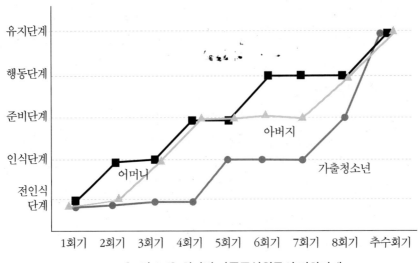

[그림 1-6] 회기별 가족구성원들의 변화단계

아버지와 자녀는 각각 준비단계 및 인식단계에 머물고 있으나 어머니는 행동단계로 변화되고 있다. 7회기에서는 부모와 자녀 모두 6회기와 같은 단계를 유지하고 있다. 8회기에서는 어머니는 전단계에서 보여 주었던 행동단계에 머물고 있는 반면, 아버지는 준비단계에서 행동단계로, 자녀는 인식단계에서 준비단계로 상승하였다. 마지막으로 전화를 통한 추수회기에서는 부모와 자녀 모두 유지단계를 유지하고 있었다(자세한 내용은 11장 참조).

[그림 1-7]에서는 상담회기에 따른 부인의 의사소통 수준과 우울증 및 스트레스 해소 정도를 나타내고 있다(박태영, 정선영, 2004). 1회기에서 부인은 남편과 의사소통이 안 되

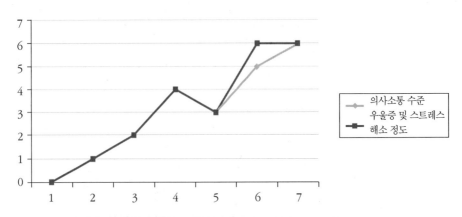

[그림 1-7] 의사소통법을 통한 아내의 의사소통 향상과 우울증 치료 수준

면서 우울증과 스트레스가 전혀 해소되지 못하고 있으며, 2회기부터 4회기까지는 가족
치료로 인하여 남편과의 의사소통 수준이 높아지면서 우울증과 스트레스가 해소되는 것
을 보여 주고 있다. 그러나 5회기에서는 의사소통 수준이 낮아지면서 부인의 우울증 및
스트레스 해소 정도가 다시 내려가고 있다. 이것은 시댁 문제로 인하여 남편과 의사소통
이 차단되면서 부인이 다시 스트레스를 받기 시작했기 때문이다. 그러다가 6회기에서는
부인이 남편과 의사소통이 나아지면서 우울증 및 스트레스가 더 높은 수준으로 해소되었
고, 7회에서는 부인의 의사소통 수준이 높아진 반면 우울증 및 스트레스 정도는 같은 수
준에 머물고 있다는 것을 보여 준다(자세한 내용은 7장 참조).

2) 역할 중심으로 배열된 디스플레이

역할 중심으로 배열된 디스플레이는 데이터에서 대상에 따라 역할을 배정하여 한눈에
가족구성원들의 역할을 볼 수 있게 해 준다. 또한 가족치료사례를 분석하는 데 있어서 시
간적 순서에 따라 또는 상담회기에 따라 가족구성원들의 역할변화를 보여 줄 수 있다.

(1) 역할 중심 매트릭스

역할 중심 매트릭스는 특정한 역할을 가진 사람들에 의하여 어떤 일이 언제 진행되었
는가를 보여 주고, 또한 시간의 흐름에 따라 사람들의 역할 또는 역할의 변화를 보여 줄
수 있다.

〈표 1-3〉에서는 남편과 부인의 각 부모에 대한 특성과 역할을 보여 주고 있다(박태영,
김태한, 2008b). 남편과 부인의 부모의 특성과 역할을 보면서 부부가 성장해 온 가정배경
이 매우 차이가 있다는 것을 볼 수 있다.

┃ 표 1-3   남편과 부인의 각 부모의 특성

대상	남편	부인
아버지	- 남편에 대한 강한 기대감 - 권위주의적 태도 - 역기능적 의사소통(통제, 비난, 모욕, 일방적 결정) - 과도한 책임감	- 경제적 무능력 - 응석받이 - 알코올중독
어머니	- 내조자로서 보조적 역할 - 갈등조정을 위한 중재적 역할 - 며느리에 대한 권위주의적 태도	- 가정 경제를 책임짐 - 자녀가 독립적 개체임을 인정 - 아버지와 동등한 권력관계

〈표 1-3〉이 단지 남편과 부인의 부모들의 특성과 역할을 보여 주고 있는 반면, 〈표 1-4〉는 단계(시간)에 따른 남편과 부인의 역할과 인식의 변화를 보여 주고 있다(박태영, 김태한, 2008b).

▌ 표 1-4   남편과 부인의 변화단계

변화단계	남편	부인
전인식단계	- 원가족 편들기 및 대변자 - 부인에게 원가족 문화수용 강요 - 원가족 문제에 대한 부정 - 부인에게 참을 것을 강요 - 부인에게 폭력행사	- 남편의 변화 가능성에 대한 불신
인식단계	- 부부갈등이 원가족에서 기인했음을 인식 - 부인에 대한 자신의 태도 성찰 - 부인이 겪는 고충에 대한 이해와 수용	- 부인의 자기인식 - 자신에 대한 투자가 필요함을 인식함
준비단계	- 원가족과의 분리시도 - 원가족 대변자 역할 감소	- 자기발전을 위한 방법 모색
행동단계	- 아버지의 잘못을 지적함 - 부인의 행동을 지지함 - 분리에 대해 원가족을 설득함 - 부인에게 자주 전화함	- 남편으로부터 분리하려는 부인의 노력 - 자기발전을 위한 노력 시작
유지단계	- 원가족과의 새로운 관계 설정 - 부인과의 시각 차이 이해	- 자기발전을 위한 노력 지속 - 남편과의 시각 차이 이해 - 남편에게서 분리

(2) 역할 중심 네트워크

[그림 1-8]에서는 남편과 부인의 서로에 대한 태도 및 의사소통 방식을 중심으로 네트워크를 구성하였다(박태영, 김태한, 2008b). 부부간 갈등의 요인들은 남편의 요인, 남편의 원가족 요인, 부인의 요인 그리고 부인의 원가족 요인으로 나누었으며, 이러한 4가지의 요인이 부부갈등을 유발시키고 있다고 보았다. 이러한 부부갈등을 해결하기 위한 치료자의 개입방법을 명시하였고, 치료결과로서 부부 하위체계가 강화되었다는 것을 보여 주고 있다. 실선 화살표는 갈등에 대한 직접적 영향을, 점선 화살표는 간접적 영향을 나타낸다. 부부갈등의 요인에 직·간접 영향력을 보여 주고 있으며, 치료자의 개입으로 인한 부부갈등의 해결 그리고 그 결과를 명시해 주고 있다.

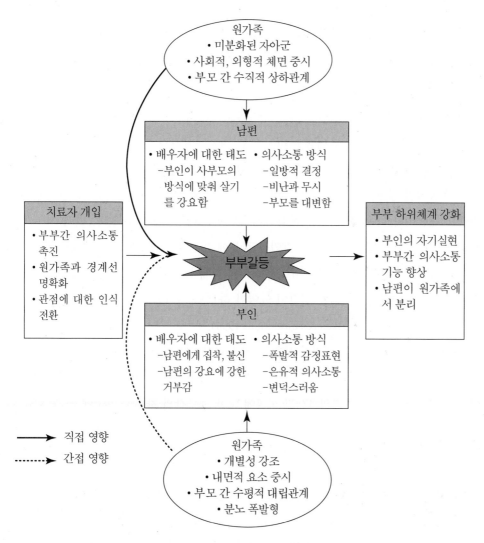

[그림 1-8] 총체적 모형에 대한 네트워크

3) 개념 중심으로 배열된 디스플레이

개념 중심으로 배열된 디스플레이는 앞에서 언급한 시간이나 역할이 아닌 개념과 변수에 의하여 디스플레이를 전개하는 것이다. 어떤 경우는 모든 디스플레이가 개념적으로 정렬될 필요가 있지만, 어떤 경우는 보다 집중적으로 개념 중심으로 조직화될 필요가 있다.

(1) 개념적으로 군집화된 매트릭스

개념적으로 군집화된 매트릭스는 '서로 연관된' 항목들을 묶어서 배열한 행과 열로 구성된다. 이러한 군집화된 매트릭스는 다음과 같은 두 가지 방법으로 구성될 수 있다. 첫째, 개념적 방식에서는 분석가가 동일한 이론으로부터 도출되거나 같은 주제와 관련된 항목에 대한 선험적인 경험을 가질 수가 있다. 둘째, 경험적인 방식에서는 초기 분석을 하는 동안에 다른 질문에 대답을 하고 있는 정보제공자가 함께 묶여 있다거나 혹은 유사한 응답을 하고 있다는 것을 발견할 수도 있다. 그럼에도 불구하고 여기서 기본적인 원리는 개념적인 일관성을 가지고 있어야 한다는 것이다. 한편 개념적으로 군집화된 매트릭스는 개인이나 작은 집단 같은 복잡하지 않은 사례에 적용할 수 있다. 만약 어느 정도 분명한 개념적 주제를 발견하거나 확인한 경우에 개념적으로 군집화된 매트릭스는 매우 도움이 된다. 만약에 데이터가 너무 많아서 한 번에 통틀어서 살필 수가 없을 경우에는 데이터를 나누는 데 너무 많은 시간이 들어야 하므로 이러한 개념적으로 군집화된 매트릭스는 적절하지가 않다(Miles & Huberman, 1994).

〈표 1-5〉를 보면 부부의 원가족 문화 특성에 관한 내용을 남편과 부인으로 나누어 3가지의 개념, 즉 가족구성원 간 경계, 부부관계, 의식구조로 나누어 교차분석을 하고 있다. 이 매트릭스를 보게 되면 위의 3가지 개념에 대한 부부간의 차이를 한눈에 볼 수 있는 이점이 있다(박태영, 김태환, 2008b).

표 1-5   부부의 원가족 문화 특성

구분	남편	부인
가족구성 원간 경계	- 가족의 응집력 강조(경계 불분명) - 며느리는 가족문화에 순응해야 하는 존재 - 자녀 가족문제에 일일이 간섭함	- 가족구성원의 개별성을 중시 - 부인(딸)의 시댁문제에 거의 개입하지 않음
부부관계	- 수직적 권력관계	- 수평적 대립관계
의식구조	- 사회적 체면 및 외형 중시	- 내면 및 정신적 가치 중시

〈표 1-6〉에서는 부부 각각의 부모와 자신들에 관한 인구사회적인 요인들 이외의 요인들에 관하여 정리하여 보여 주고 있다(박태영, 김태환, 2008b).

▌표 1-6   부부의 원가족 사항

대 상	구 분	남 편	부 인
아버지	형제순위	3남 2녀 중 장남	독 자
	학 력	무학	초 졸
	음주와 병력	잦은 음주	알코올중독, 알코올로 인한 간질환으로 사망
	폭력 여부	가정폭력이 있음	-
	가정 내 역할	과도한 역할	미흡한 역할(경제적 무능력)
어머니	학 력	무학/간병인	무학/간병인
본인	형제순위	2남 1녀 중 장남	5녀 중 장녀
	학 력	대졸	고 졸
	직 업	회사원	주 부

(2) 효과 매트릭스

많은 연구자들은 강한 개념적 함축성을 가지고 있는 주제에 대한 결과에 관심을 가지고 있다. 평가자는 특정한 프로그램이나 조치가 필요한 사람들에게 무엇이 변화되었는지를 알고 싶어 할 수 있다. 질적 연구자의 문제는 관심의 하나 혹은 두 개 이상의 결과로서 보인 사람들, 관계들, 집단들 혹은 조직들의 변화된 상태를 충실하게 나타낼 수 있는 데이터를 어떻게 채택하고 전개할 것인가에 있다. 효과 매트릭스(effect matrix)는 연구가 필요로 하는 차별화된 형태로서 하나 혹은 두 개 이상의 결과들에 대한 데이터를 보여 준다. '효과' 라는 명칭은 항상 어떤 결과가 있다는 것을 상기시켜 준다. 즉, 어떤 것에는 예를 들어 가족치료 프로그램, 독립변수, 중재변수 등이 포함된다. 효과 매트릭스의 기본적인 원칙은 종속변수에 초점이 맞추어진다.

〈표 1-7〉에서는 상담회기에 따른 부인의 우울증과 스트레스 해소 정도를 의사소통 정도와 함께 비교하여 보여 주는 효과 매트릭스다. 총 7회기의 상담에 따라서 의사소통 정도를 수량화하였다. 주관적으로 수량을 점수화하는데, 점수가 낮을수록 의사소통이 안되고, 스트레스 해소가 안 되고, 우울증이 심하다는 것을 의미한다. 반면 점수가 높아질수록 남편과의 의사소통이 향상되고, 부인의 우울증이 없어지고, 스트레스가 해소되고 있다는 것을 의미한다. 물론 점수는 연구자가 주관적으로 주고 있으며, 예시에서 그 점수의 내용에 해당하는 부분을 축어록 중심으로 요약하여 보여 주고 있다. 그런데 여기서 주목할 수 있는 부분은 회기에 따라 부인의 의사소통 정도와 우울증 및 스트레스 해소 정도가 감소되고 있다는 점이다(박태영, 정선영, 2004). 가족치료라는 프로그램을 통하여 종

속변수인 의사소통 수준과 우울증 그리고 스트레스의 해소 수준에 대한 변화에 초점을
두고 있는 매트릭스다(자세한 내용은 7장 참조).

표 1-7   상담회기에 따른 부인의 의사소통 수준과 우울증 및 스트레스 해소 정도

상담 순서	의사 소통 정도	예시	우울증 및 스트레스 해소 정도	예시
1회	0	이성적인 대화보다는 감정적인 대화를 원함	0	심한 정신적인 스트레스와 강압에 의한 우울증
2회	1	이성적인 대화의 필요성을 인식하나 시부모에 대한 피해의식으로 인해 이성적인 대화가 힘듦	1	남편이 시어머니의 문제에 대해 동조하지 않음을 서운해함
3회	2	감정적인 대화에서 차분하고 정확한 감정의 전달을 시도	2	남편의 부모로부터의 자아분화 시도로 인해 시댁에 대한 불안에서 조금 벗어나나 시댁식구들에 대한 피해의식에 시달림
4회	4	남편의 입장을 이해하려는 대화를 시도하고 남편의 변화에 감사하고 보조하려는 입장을 보임	4	남편의 자아분화 시도의 어려움에 연민을 느끼고 감사히 여김
5회	3	시부모로부터의 계속적인 압력이 기능적인 대화를 방해함	3	남편의 변화의 시도에도 불구하고 핵심적인 부분의 미변화에 화를 냄
6회	5	남편의 입장을 생각하는 의사소통 방식을 취함	6	표정이 변하고 얼굴이 좋아졌으며 남편을 친정부모보다 더 신뢰하게 됨
7회	6	이성적으로 자신의 견해를 차분하게 얘기해 나가는 방식을 취함	6	남편의 변화에 대해 자기 능력 이상이라는 평가를 내림, 우울증 증세의 호전을 인정하고 부부관계의 변화에 대해 감사함

(3) 개념적으로 군집화된 네트워크

개념들은 네트워크 형태로 전개될 수도 있는데, 개념적으로 군집화된 네트워크는 한
페이지 안에 전체적인 개념의 흐름을 한눈에 볼 수 있게 한다. 개념 간 화살표를 통하여
원인과 결과 그리고 일방적인 영향력 또는 양방의 영향력을 볼 수 있기도 하다. 특히 아
래의 [그림 1-9], [그림 1-10], [그림 1-11]은 인과관계를 나타내는 네트워크로 독립변수
와 종속변수 그리고 변수 간의 관계를 보여 주는 디스플레이다. 이러한 관계의 표시는 단
지 상관관계뿐만 아니라 방향성을 가진 관계를 나타내고 있다. 그런데 인과관계 네트워

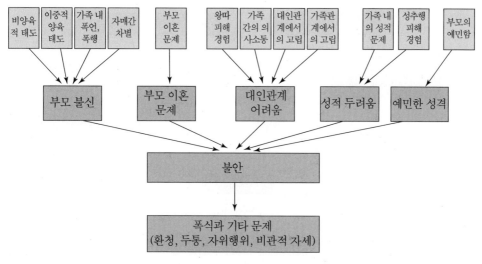

[그림 1-9] 폭식과 관련된 개념도

크가 의미 있으려면 요인들 간 관계의 의미를 기술하는 분석적 텍스트와 연관되어야만
한다.

[그림 1-9]는 계층적 네트워크 디스플레이의 한 형태로 내담자(여대생)의 폭식장애에
영향을 미친 요인들을 볼 수 있다(박태영, 조성희, 2005b). 폭식장애를 가진 내담자는 어
려서부터 부모를 불신하였고, 부모가 이혼하려는 것에 대한 두려움, 대인관계에서의 어
려움, 성적인 두려움 그리고 타고난 예민한 성격으로 인하여 늘 불안하였다. 내담자는
이러한 여러 불안요인들과 함께 가정 내외적으로 스트레스를 받으면 해결할 수 없어서
폭식과 기타 문제(환청, 두통, 자위행위, 비관적 자세)가 나타났다. 또한 부모 불신, 부모
이혼문제, 대인관계 어려움, 성적 두려움, 예민한 성격의 하위요인들을 그림의 첫 번째
줄에 열거하고 있다.

[그림 1-10]에서는 성인기에 있는 딸의 쇼핑중독과 신용카드 남용에 영향을 미친 요인
들에 관하여 ATLAS.ti를 활용한 네트워크를 보여 주고 있다(박태영, 조성희, 2005). [그림
1-9]에서 폭식과 기타 문제에 영향을 미친 요인들을 단계적으로 보여 주고 있다면, [그림
1-10]에서는 스트레스에 영향을 미친 요인들을 크게 대화할 상대가 없음, 소원한 자매관
계, 엄마의 자녀양육 방식, 엄마의 역기능적인 의사소통 방식 그리고 역기능적인 부부관
계로 나누어 도식화하고 있다. 특히 엄마의 자녀양육 방식이 소원한 자매관계를 야기했
으며, 대화할 상대가 없는 것과 소원한 자매관계는 서로 관련되어 있다. 또한 역기능적인

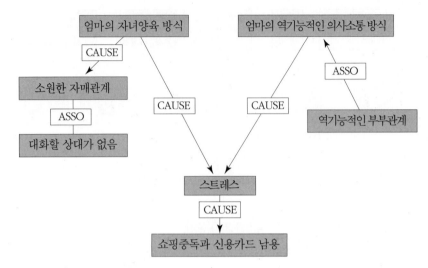

[그림 1-10] 쇼핑중독과 신용카드 남용에 영향을 미친 요인들

부부관계가 내담자와 엄마의 역기능적인 의사소통 방식에 영향을 미쳤다는 것을 보여 주
며, 특히 엄마의 자녀양육 방식과 엄마의 역기능적인 의사소통 방식이 내담자에게 스트
레스를 준 주요 원인으로 보았다. 결국 이러한 스트레스를 풀지 못했을 때 내담자는 쇼핑
중독과 신용카드 남용을 하게 되었다(자세한 내용은 13장 참조).

[그림 1-11]은 내담자의 거짓말과 도벽에 영향을 미친 요인들을 상위 범주 5개로 보여

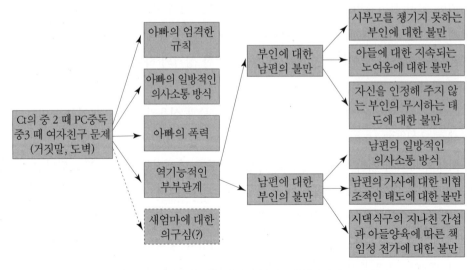

[그림 1-11] 내담자의 거짓말과 도벽에 영향을 미친 요인들

주고, 다섯 번째 범주에 대해서는 상담 중 내담자에게 직접적인 확인을 하지 못한 관계로 점선으로 표시하고 있다(박태영, 2007). 이 네트워크에서는 역기능적인 부부관계를 다시 2개의 하위 범주인 부인에 대한 남편의 불만과 남편에 대한 부인의 불만으로 나누고, 이 두 하위 범주에 대하여 또다시 각각 3개의 하위 범주로 나누고 있다. 따라서 같은 수준의 범주에 속한 개념들이라고 할지라도 연구자에 따라 얼마든지 하위 범주를 포함시킬 수 있다는 것을 보여 주고 있다(자세한 내용은 5장 참조).

[그림 1-12]는 민속분류법(folk taxonomy)의 형태로, 위계적인 관계를 이용하여 가족치료의 기능단계 구조를 가족치료의 일반적 의사소통 기능과 부분적 기능단계 구조로 나누어 보여 주고 있다(조용길, 2006; 조용길, 유명이, 박태영, 2008, 재인용). 그림에서는 가족치료과정의 거시구조를 초기, 중간, 종결 단계로 나누고 있고, 초기단계는 다시 분위기 조성과 가족사정 단계로, 중간단계는 인식변화 유도와 변화체험 확인으로, 그리고 종결단계는 종결로 나누고 있다.

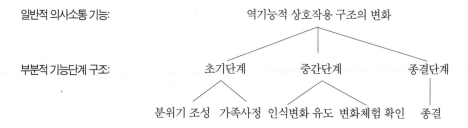

[그림 1-12] 가족치료의 일반적 의사소통 기능과 부분적 기능단계 구조

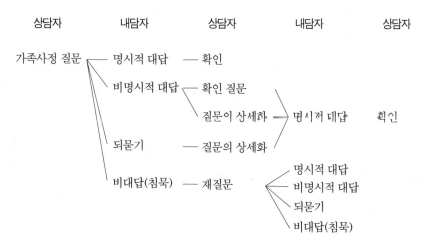

[그림 1-13] 가족사정 단계에서 핵심적으로 나타날 수 있는 대화연속체 원형

　　[그림 1-12]에서 가족치료의 기능단계 구조를 전체적으로 보여 준다면, [그림 1-13]은 [그림 1-12]의 가장 하위단계인 다섯 단계(분위기 조성, 가족사정, 인식변화 유도, 변화체험 확인, 종결단계) 중 가족사정 단계에 속하는 대화연속체 원형을 보여 주고 있다. [그림 1-12]는 각각의 범주가 위에서 아래로 위계적으로 전개되는 방식이나, [그림 1-13]은 범주가 왼쪽에서 오른쪽으로 위계적으로 전개되고 있다. [그림 1-13]에서는 [그림 1-12]에서 보여 준 각각의 대화연속체 유형에 관하여 각 가족치료사례를 통하여 설명할 수 있다(조용길, 유명이, 박태영, 2008, pp. 262-264; 자세한 내용은 14장 참조).

　　[그림 1-14]에서는 가족 간 경계선 문제, 자아의 미분화, 어머니의 불만, 큰아들의 불만, 가족의 역기능적 의사소통 방식 그리고 어머니의 원가족 경험과 원가족의 역기능적

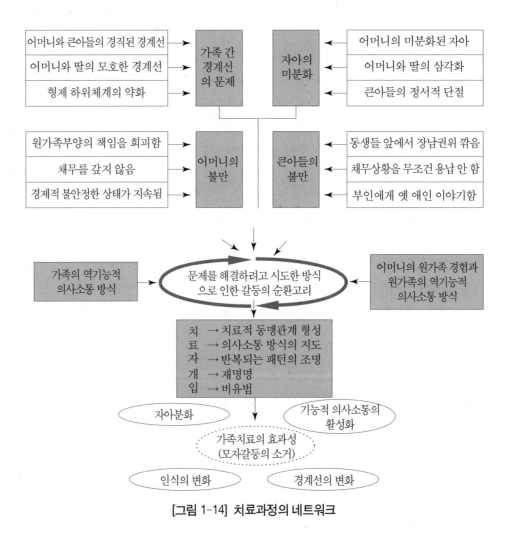

[그림 1-14] 치료과정의 네트워크

의사소통 방식이 복합적으로 문제를 해결하려고 시도한 방식으로 인한 갈등의 순환고리
로서 서로 연결되어 있다는 것을 보여 주고 있다. 또한 이러한 갈등의 순환고리에서 치료
자 개입으로 인하여 가족 간 자아분화, 기능적 의사소통의 활성화, 가족구성원들의 인식
의 변화 그리고 경계선의 변화를 야기시킴으로써 모자갈등의 소거라는 가족치료의 효과
성이 나타나고 있다는 것을 네트워크를 통하여 보여 주고 있다(박태영, 김태한, 2008a; 자
세한 내용은 10장 참조).

　　[그림 1-15]는 은둔형 외톨이인 아들에 대한 가족치료 과정을 한눈에 보여 주기 위하
여 네트워크를 활용하였다. 현재 은둔형 외톨이인 아들을 가족치료 전과 가족치료 개입
그리고 가족치료 후로 나누어 개념으로 군집화된 네트워크를 보여 주고 있다. 가족치료
전의 가족 간 역기능적 의사소통으로 인하여 가족구성원 간에 원만한 의사소통을 잘 못
하고 있었는데, 아들이 학교에서 보충수업을 결석함으로써 아버지와 갈등관계를 갖게
되었다. 그다음 날 아버지가 교통사고로 사망하자 아들은 아버지의 교통사고가 자신에
게 화를 내고 외출하였던 사건과 연관이 있다고 생각하여 아버지의 죽음에 대하여 죄책
감을 느끼고 있었고, 이러한 자신의 생각에 대하여 엄마와 여동생에게 표현을 못하고 있
었다. 아버지의 사망으로 인한 괴로움 때문에 아들은 공부를 할 수가 없었으며, PC중독
과 판타지 소설에의 몰입을 나타내게 되었다. 이로 인하여 아들은 결국 은둔형 외톨이로
변하게 되었다는 것을 보여 주고 있다. 가족치료 개입으로 아들과 관련된 원가족관계, 부
모의 원가족 탐색을 하였고, 아버지가 할머니와 밀착관계를 가지고 있었다는 것과 어머
니 또한 친정가족과의 관계에서 솔직한 대화를 하지 못하였다는 것이 나타난다. 이러한
어머니의 표현방식은 외할머니와 유사하다는 점도 알 수 있다. 그런데 이러한 외할머니
의 표현방식이 어머니에게서 아들에게 내려오고 반복되는 패턴이라는 것이다. 치료자의
개입으로 인하여 아들과 가족구성원이 솔직한 표현을 하게 되었으며 가족관계가 변화하
게 되었고 아들이 가족과 대화시간이 많아지면서 PC 사용과 판타지 소설을 읽는 시간이
줄어들었다는 것이 네트워크에서 한눈에 알 수 있다(박태영, 김형범, 2008).

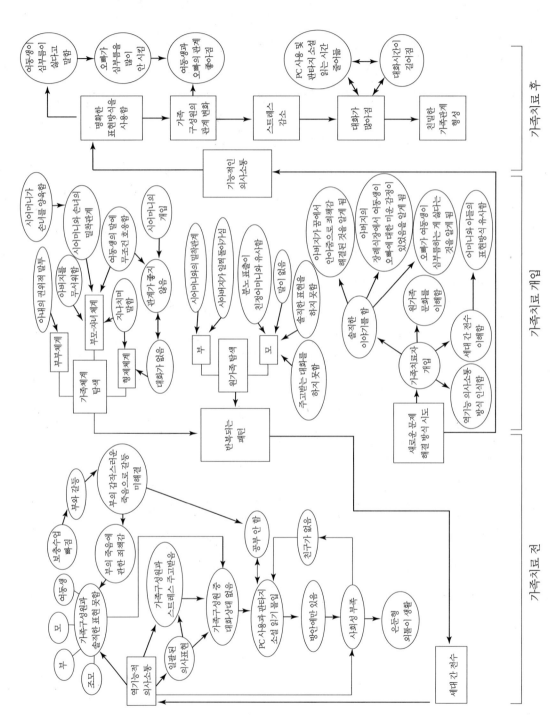

[그림 1-15] 은둔형 외톨이 아들에 대한 가족치료과정의 네트워크

4. 다중사례에 대한(사례 간) 디스플레이

앞에서는 단일사례 중 주로 가족치료 단일사례 중심의 매트릭스와 네트워크를 제시하고 이를 그래프로 묘사하여 설명하였다. 여기에서는 다중사례들 간의 과정과 결과를 살펴보기 위한 디스플레이를 살펴보고자 한다.

훌륭한 다중사례 간 분석을 한다는 것은 결코 쉬운 작업이 아니다. 그럼에도 사례 간 분석을 하는 이유는 첫 번째로 일반화를 강화하기 위해서다. 물론 일반화가 질적 연구에서는 적절하지 않다고 주장하는 학자도 있지만(Denzin, 1983; Guba & Lincoln, 1981), 이 문제는 여전히 해결되지 않은 문제다. 두 번째로 사례 간 분석은 심도 있는 이해와 설명을 가능하게 해 준다. 세 번째로 다중사례들은 사례 간의 유사성이나 차이의 고찰을 통하여 이론을 만들거나 강화하는 데 부정적인 사례들을 발견할 수 있다. 다중사례들의 분석 과정은 단일사례를 통해서 이루어지는 것보다 다중사례를 통해 이루어지는 것이 수월하다. 다중사례는 사건이 발생할 수 있는 곳의 특정 상태를 명확히 할 뿐만 아니라 이러한 상황들이 어떻게 관련되어 있는가에 대한 좀 더 일반적인 범주를 구성하는 데 도움을 준다(Miles & Huberman, 1994).

1) 사례 간 분석을 위한 전략

여기서는 다중사례로부터 얻어진 데이터를 분석할 때 쓰는 전략으로 사례지향적 전략과 변수지향적 전략 그리고 혼합 전략에 대하여 설명하고자 한다.

(1) 사례지향적 전략

Yin(1984)은 반향 전략, 즉 이론적인 틀이 한 사례를 심층적으로 연구하는 데 익숙해진 후 다음의 사례를 이전 사례에서 발견된 유형과 유사성이 발견되는지 그렇지 않은지 살펴보는 방법을 주장했다. 이것은 패턴이 이론적인 기초가 약하거나 부재하다고 예상 대되는 사례들을 조사하는 데 유용하다.

Denzin(1989)은 다중사례들을 통하여 문제에 접근한다. 그는 문제는 '분석'이라기보다는 해석적인 종합이라고 말한다. 예를 들어, '알코올릭 자아'라는 특별한 현상의 이전 개념을 '해체'한 후에 여러 사례를 수집하고, 그 사례들을 근본적인 요소들이나 구성물에 대하여 주의 깊게 조사하면서 그룹으로 나눈다. 그다음에는 요소들을 배열된 전체로 재구성하고 자연적인 사회적 맥락 안으로 배치한다.

〈표 1-8〉에서는 3명의 위탁아동의 위탁보호 발생요인과 일반적인 특성을 사례를 중심으로 보여 주고 있다. 참여자 A아동은 15세 여아로 현재 중학생이며, 위탁된 지 12개월이 되었고, 자신을 포함한 3명의 남매(11세 여아, 9세 남아)가 함께 위탁 보호되고 있다. 참여자 B아동은 12세 남아로 초등학교 6학년 재학 중이며, 위탁된 지 6년이 되었고, 현재 형제는 없다. 참여자 C아동은 8세 남아로 초등학교 1학년이며, 어린이집에 다니는 남동생과 함께 위탁 보호되고 있다. 또한 참여자들의 위탁 보호 발생요인을 보면, A는 알코올 중독자인 친부의 학대와 친모의 가출로 위탁 보호를 받게 되었고, B는 혼인하지 않는 아버지가 집을 가출하여 방임한 상태에서 위탁 보호를 받게 되었으며, C는 부모가 이혼하고 나서 친부의 학대와 친모의 가출로 위탁보호를 받게 되었다(장윤영, 박태영, 2006; 자세한 내용은 16장 참조).

▋ 표 1-8   위탁아동의 위탁보호 발생요인과 일반적 특성

	성별	나이	위탁보호 발생요인	학력	위탁 기간	형제 수 (아동 포함)
A	여	15세	알코올 중독자인 친부의 학대, 친모의 가출	중재	12개월	3명, 함께 배치
B	남	12세	비혼부, 방임	초재	6년	없음
C	남	8세	부모 이혼, 친부 학대, 친모 가출	초재	15개월	2명, 함께 배치

(2) 변수지향적 전략

연구자들은 일반적으로 사례를 중심으로 공통적으로 발견되는 주제를 탐색한다. 〈표 1-9〉는 며느리들의 시어머니와의 관계 경험 과정에 대한 유형분석을 하였다. 여기서는 고부관계에 대하여 4가지의 유형, 즉 긍정적인 고부관계를 지속하는 유형, 긍정적인 고부관계로 변화하는 유형, 부정적인 고부관계를 지속하는 유형 그리고 부정적인 고부관계로 변화하는 유형으로 나누어서 인과적 조건, 현상, 맥락적 조건, 중재적 조건, 작용/상호작용 전략 그리고 결과라는 개념을 중심으로 분류하고, 각각의 유형에 속하는 참여자들을 분류하였다(박소영, 박태영, 2008; 자세한 내용은 15장 참조).

표 1-9   며느리들의 시어머니와의 관계 경험 과정에 대한 유형분석

	긍정적인 고부관계 지속(유형 1)	긍정적인 고부관계로 변화(유형 2)	부정적인 고부관계 지속(유형 3)	부정적인 고부관계로 변화(유형 4)
인과적 조건	며느리에 대한 첫인상(좋음)	며느리에 대한 첫인상(나쁨)	며느리에 대한 첫인상(나쁨)	며느리에 대한 첫인상(좋음)
현상	고부관계 경험 (긍정적)	고부관계 경험 (부정적)	고부관계 경험 (부정적)	고부관계 경험 (긍정적)
맥락적 조건	시어머니 분화(분화) 경제적 독립 경제적 교류(긍정적) 분가 동거(만족)	시어머니 분화(미분화) 경제적 교류 (부정적 → 긍정적) 분가 동거(불만족) → 분가	시어머니 분화(미분화) 시어머니의 편애	시어머니 분화(미분화) 경제적 교류(부정적) 분가 → 동거(불만족) 시어머니의 편애
중재적 조건	남편의 분화(분화) 남편의 지지(있음) 취업(취업함) 결혼관계 유지 의지 (강함)	남편의 분화(분화) 남편의 지지(있음) 자녀출산 결혼관계 유지 의지 (강함)	남편의 분화(미분화) 남편의 지지(없음)	남편의 분화(미분화) 남편의 지지(없음)
작용/ 상호 작용 전략	관계회복을 위한 대처(적극적) 경계선을 분명히 함 남편에게 호소	관계회복을 위한 대처(적극적) 경계선을 분명히 함 남편에게 호소	관계회복을 위한 대처(소극적) 경계선을 분명히 함 남편에게 호소 (분노 표출)	관계회복을 위한 대처 (소극적) 남편에게 호소 (분노 표출)
결과	관계의 성숙	성숙된 관계로 변화	위축된 관계의 지속	관계의 위축
참여자	A, D, I, K	F, H, J	C, L	B, E, G

(3) 혼합 전략

혼합 전략은 사례지향적 전략과 변수지향적 전략 접근을 연결하고 통합하는 것이 가능하다. 〈표 1-10〉에서는 가족치료로 인한 가족관계의 변화를 나타내고 있는데, 행에는 기능적 의사소통의 활성화, 경계선의 변화, 자아분화 그리고 인식변화라는 4가지 개념을 두었고, 열에는 가족 네 사람, 즉 어머니, 큰아들, 딸, 작은아들의 사례(대상)를 두었다. 각각의 셀에는 4가지 개념에 따른 가족구성원에 대한 내용들이 서술되고 있다. 따라서 사례(대상)와 변수라는 혼합 전략을 쓰고 있는 예가 될 수 있겠다(박태영, 김태환, 2008a; 자세한 내용은 10장 참조).

한편 Regin(1987)은 사례지향적 전략과 변수지향적 전략을 연결하거나 번갈아 사용하는 것이 유용하기는 하지만 '전체를 혼동스럽게 하지 않고, 부분의 형태로서 전체를 비

교하는 방식으로 부분의 분석을 가능하게 하는' 종합적인 접근법을 고려하는 것이 더 효과적이라고 말하였다.

┃ 표 1-10   가족치료로 인한 가족관계의 변화

구분	어머니	큰아들	딸	작은아들
기능적 의사 소통의 활성화	• 자녀에게 정서적 표현을 함 • 의견이 달라도 끝까지 들어줌 • 자녀와 풍부한 대화를 시도함	• 형제들과 대화의 양이 늘어남 • 어머니에게 섭섭했던 감정 표현 • 오해를 풀도록 상세히 말함	• 형제들과 대화량 증가 • 오빠(큰아들)에게 부드럽게 말함 • 자신의 힘든 것을 조금씩 표현함	• 형제들과 대화의 양이 늘어남 • 형제에게 문자 메시지 보냄 • 먼저 이야기를 꺼냄
경계선의 변화	• 큰아들의 옛 애인 이야기를 안 함 • 타인을 자극하는 태도를 자제함 • 며느리에게 신경을 써 줌	• 형제들에게 친밀함을 느낌 • 형제들의 모임을 주도함	• 오빠(큰아들)를 돕기로 함 • 며느리와 올케 관계 회복 • 형제들에게 친밀감 느낌	• 형제들과 친밀함을 느낌
자아 분화	• 노후대책으로 자격증 준비 • 자신과 타인의 차이를 인정 • 자녀에 대한 기대수준을 낮춤	• 분노의 감정을 자제할 수 있음 • 어머니를 수용하고 이해하려고 노력함	• 어머니에게 제공하는 돈을 형제들과 분담하기로 함 • 신체적, 심리적 증상이 완화됨	
인식 변화	• 큰아들의 채무를 인정함 • 자녀들의 마음속 불만을 이해함 • 적절한 대화법을 몰랐다고 인정함 • 부정적 표현의 영향력 인식 • 자신의 원가족 영향력을 이해	• 딸의 스트레스를 알게 됨 • 어머니의 섭섭함을 인정함 • 대화가 안 되는 이유를 발견 • 어머니의 외로워함을 인식함 • 어머니의 성장과정 이해	• 오빠(큰아들)의 고민 이해 • 가족들이 자기 이야기만 하고 남의 이야기를 안 듣는 것을 발견	• 누나(딸)의 스트레스를 알게 됨 • 합의가 안 되는 대화방식을 인식

5. 다중사례에 대한(사례 간) 디스플레이의 유형

메타 매트릭스(meta matrix)는 표준적인 체재에서 여러 사례로부터의 자료를 기술적으로 정리하는 가장 중요한 도표다. 가장 단순한 형태는 매우 큰 용지나 표에 각 사례 디스플레이 전부를 병렬로 산더미처럼 배치하는 것이다. 기본적인 원칙은 관련된 모든 자료를 포함하는 것이다. 그다음 자료를 분할하고, 좀 더 명확하게 하기 위해 관심이 있는 변수에 따라 사례 간 비교를 할 수 있도록 군집화한다. 이렇게 분할되고 군집된 메타 매트릭스는 계속적으로 더 정교화되고, 나중에는 짧은 단어나 구처럼 사례수준의 자료형태로의 전환을 필요로 하며, 강조되는 부분이 요약되고 등급이 정해져 기호화된다. 사례 간 분석은 일관된 사례 내의 정보에 달려 있다(Miles & Huberman, 1994).

1) 개념적으로 배열된 디스플레이

단일사례에 대한 배열과 마찬가지로 다중사례 디스플레이도 변수와 개념 중심적으로 조직될 수 있다. 단일사례에서 다중사례 간 분석으로 이동할 때 가장 먼저 해야 할 것은 많은 사례 중 어떻게 유사한 특성을 찾아 구분할 것인가를 결정하는 것이다. 다중사례에서 가장 단순한 형태의 단일사례에 사용하는 초기 매트릭스를 선택하고, 자료에 있는 모든 것을 포함하는 메타 매트릭스로 구성하는 것이다. 하나 이상의 사례에서 유사한 특성이 발견될 때는 매트릭스에 기록될 수 있다. 하지만 메타 매트릭스는 분석에서 나중에 모든 사례를 이해하도록 자료의 구조를 이해하는 것에 도움이 될 가능성이 있어 보이는 새로운 사례 정리방법을 발견하게 된다(Miles & Huberman, 1994).

앞의 〈표 1-5〉는 한 부부의 단일사례에 대한 개념적으로 배열된 디스플레이로 볼 수도 있지만, 두 사람을 중심으로 보았을 때는 다중사례(사례 간)에 대한 개념적으로 배열된 디스플레이라고도 볼 수 있다.

2) 사례지향적 디스플레이

사례지향적 디스플레이는 사례에 따라 정렬을 하지만 높은, 중간, 낮은 사례들 사이의 차이를 쉽게 볼 수 있도록 하기 위하여 관심이 있는 변수를 중심으로 사례를 정렬한다.

이 방법은 사례 간 차이를 이해하기 위하여 효과적인 방법이다.

(1) 사례별로 배열된 효과 매트릭스

사례별로 배열된 효과 매트릭스는 주요 원인의 정도에 따라 사례들을 분류한다. 그리

표 1-11   적응과정 단계별 요인: 사례 간 분석

피학대 아동	탐색 및 시험 단계	신뢰감 형성단계	학대후유증 회복단계
A	불결한 위생상태, 냉소적 눈빛, 야뇨증, 식탐, 학교결석 등 문제행동 반복, 자기표현능력 부족, 위탁모 반응 탐색, 이웃에게 위탁모를 나쁘게 이야기하면서 위탁모 반응을 살핌. 자신의 존재를 확인받고 싶어 함, 학교생활 부적응, 비사교적, 정서적 고립, 외로움, 일부러 집에 늦게 들어가서 자신을 찾아다니게 함, 주변 사람들에게 동정심 유발, 다시 버림받음에 대한 두려움	친자녀와의 싸움·갈등·화해, 친자녀와 긍정적 경쟁관계, 가족회의를 통한 친밀감, 위탁모와 스킨십을 통한 대화, 가족여행을 통한 화목한 가족 존재임을 느낌, 아동이 수업 분위기를 저해한다고 생각하는 교사, 위탁모에게 편지, 병원 입원한 친부의 아동 만남의 요청에 대해 아동이 거부함, 친부에게 받지 못한 것을 위탁가정에서 받기 시작	학교교사의 인식 변화, 말수도 늘고 집중력이 향상되었다고 평가, 문제행동 감소, 야뇨증 사라짐, 이웃의 평가가 달라짐, 일상생활 습관의 변화, 위탁모와 닮아감, 과거 이야기를 스스로 함, 악기연주를 통한 정서적 안정, 관심 있는 과목의 성적 향상, 누군가를 돕고 싶어 함, 자신의 정체성 찾기 시작, 친가정 복귀하고 싶지 않음
B	친가정에서의 방임, 자폐증 초기 증세, 식탐, 신체적인 영양 부족, 척추골절, 자주 보채고 울먹임, 아침밥 결식, 인스턴트 음식에 길들여짐, 공격적, 대인기피, 야뇨증, 또래친구들과 어울리지 않음, 친부 앞에서 나약한 모습	위탁모의 젖가슴 더듬음, 안기고 싶어 함, 엄마에 대한 그리움, 영원함은 가족, 친자녀와 친구관계형성, 위탁부모에 대한 믿음, 혼자가 아니라는 생각, 친부모와 위탁부모 비교, 술 마시는 친부 걱정	엄마가 생겼다는 생각을 갖게됨, 식탐조절, 대인관계 능력향상, 5시간 넘게 자전거 타고 위탁가정에 혼자서 돌아옴, 친부에 대한 무관심, 친자녀와 친구관계형성, 미술에 취미를 느낌, 화가가 되고 싶은 미래의 꿈
C	야뇨증, 비사교적, 불안, 학교결석, 의욕상실, 인스턴트 위주 식생활, 친손자와의 관계 질투 친손자의 텃새에 울음, 다른 가정에 가야 된다는 위탁모 말에 절대로 못 간다고 애원함, 친가정에 대한 과장된 이야기, 버림받을 것에 대한 두려움	자연스러운 변화과정, 주변 사람들에게 엄마라고 소개, 위탁모와 결혼하겠다는 아동, 자신의 존재를 확인받고 싶어 함, 가족들과의 소풍, 기차여행, 팥죽파티, 위탁가정 구성원으로서의 역할	야뇨증 사라짐, 표정이 밝아짐, 아동의 정적적 안정, 여자친구 이야기를 함, 학습능력 뛰어남, 과학자가 미래 꿈, 자주 웃고 음식도 함께 만듦, 가족들과 소풍, 엄마에 대한 그리움, 친조부의 부정기적 방문, 친백부대 간헐적 방문

고 각 사례의 다양한 효과들을 보여 준다. 그 효과는 이해를 돕기 위해 군집화되거나 범주화된다. 〈표 1-11〉은 3명의 피학대아동의 위탁가정 적응 과정을 분석한 효과 매트릭스다. 여기서는 피학대아동이 위탁가정에 오게 되는 초기 시점부터 위탁가정에서 다른 가족구성원과 신뢰를 형성해 나가는 과정을 분석해서 탐색 및 시험 단계, 신뢰감 형성단계, 학대후유증 회복단계로 나누어 각각의 단계에 따른 3명의 관련된 내용들을 나타냈다 (장윤영, 박태영, 2006; 자세한 내용은 16장 참조).

(2) 사례별로 배열된 네트워크

[그림 1-16]에서는 외도에 영향을 미친 요인들에 관하여 A와 B 사례를 중심으로 상위 범주로서 원가족과의 미분화 및 시댁 문제, 의사소통 문제, 배우자의 바람기, 부인의 인내, 자신의 삶이 없음이라는 공통적인 4가지 개념을 중심으로 외도에 영향을 미친 관계를 나타내고 있다. 아울러 4가지의 공통적인 개념에 대한 하위 범주를 표시하면서 하위 범주들의 상위 범주에 대한 영향력을 보여 주고 있다. 하위 범주에 대한 내용에서는 상위 범주에 대하여 공통적인 요인과 각 사례에서의 다른 요인들과의 관계까지 나타내고 있다.

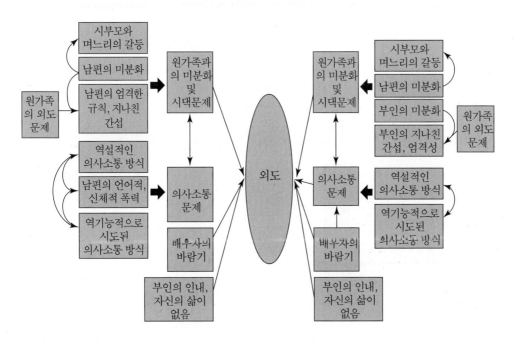

[그림 1-16] A, B 사례에서 외도에 영향을 미친 요인들

(3) 시간(시기)별로 배열된 네트워크

박소영(2008)은 남성의 고부관계 인식에 대한 결과를 [그림 1-17]과 같이 나타냈다. 이를 보면 남편들은 결혼하기 전에 고부관계에 대한 예비지식이 없었으며, 결혼 후 고부관계에 대한 인식의 변화가 발생하고 있는 것을 볼 수 있다. 특히 그림에 따르면 결혼 초기에 남편들은 갈등이 있는 고부관계에서 자신들이 어떤 역할을 해야 하는지에 대하여 전혀 인식하지 못하기도 했지만, 대부분의 남편들은 고부관계에서 자신들의 역할이 매우 중요하다고 인식하고 있었다. 그리고 시간이 지남에 따라 모든 남편들이 고부관계는 두 사람의 관계가 아닌 세 사람의 관계라고 인식하게 되었다(박소영, 2008).

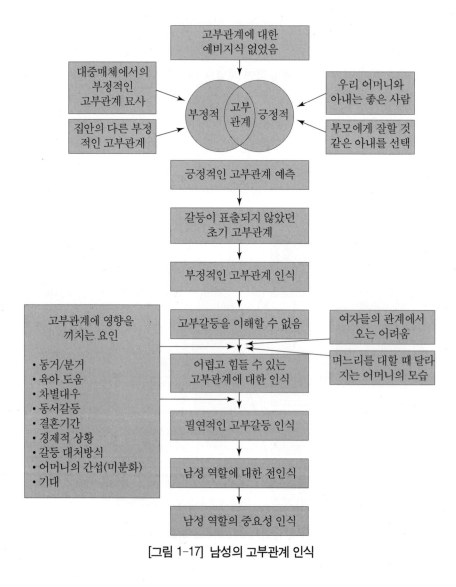

[그림 1-17] 남성의 고부관계 인식

(4) 유형에 따른 네트워크

유형에 따른 네트워크는 네트워크를 활용하여 연구에서 발견된 유형을 분류할 수 있는 방법이라고 볼 수 있다. 그 예로서, 박소영(2008)은 고부관계에서 남성의 역할 수행에 대한 6가지 유형을 방관하기, 중간에서 조율하기, 양쪽에게 정서적 지지하기, 아내 편들기, 어머니 편들기, 어머니 앞에선 가만히 있다가 나중에 아내 마음 풀어주기 유형으로 분류하면서 각각의 유형에 대한 네크워크를 아래와 같이 보여 주고 있다.

[그림 1-18]의 방관하기 유형은 고부갈등이 표출되면 남편이 집을 나가 버리거나 뒤로 빠져 버리거나 모른 척하거나 혹은 아내에게 전혀 대응을 하지 않는 유형이다. 이 유형은 '모르쇠 유형' 이라고 부른다.

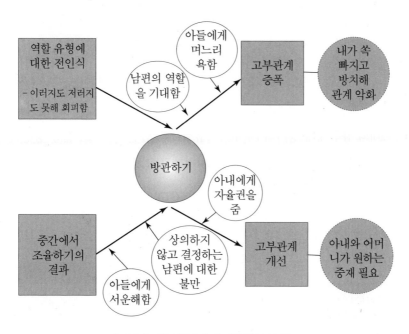

[그림 1-18] 방관하기: '모르쇠 유형'

[그림 1-19]의 중간에서 조율하기 유형은 남편들이 아들과 남편으로서 중간에서 조정하고 조율하는 역할을 하는 것으로 나타났다. 고부갈등 상황에서 남성에게 가장 큰 주도권이 있는 유형이다. 이 유형은 '조율가 유형' 이라고 한다.

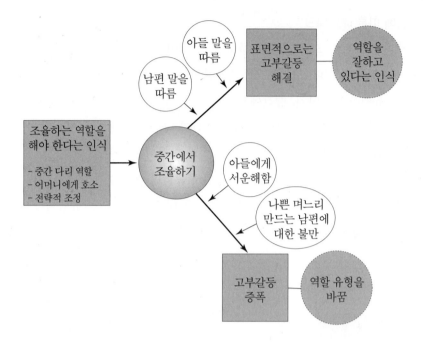

[그림 1-19] 중간에서 조율하기: '조율가 유형'

[그림 1-20]의 양쪽에게 정서적 지지하기 유형에서 남편들은 고부갈등 상황이 발생했을 때 어머니와 아내 모두에게 정서적으로 지지하고 위로하는 역할을 하였다. 이는 '황

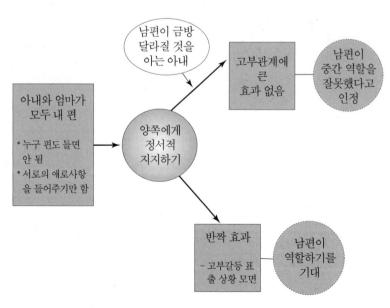

[그림 1-20] 양쪽에게 정서적 지지하기: '황희정승 유형'

희정승 유형'이라 하는데, 이 역할을 수행한 남편들은 그 역할을 수행한 결과가 효과적이지 않다고 하였다.

[그림 1-21]의 아내 편들기 유형은 남편들이 고부갈등 상황이 발생했을 때 아내 편을 들어야 한다고 인식하고 있었다. 이 유형에 속하는 남편들은 처음부터 아내 편을 든 것은 아니었으며 결혼생활을 통해 고부갈등과 그로 인한 부부갈등을 경험하면서 아내를 지지해 주면 갈등상황이 종료된다는 인식을 하게 되었다고 한다. 이 유형은 '애처가 유형'이라고도 한다.

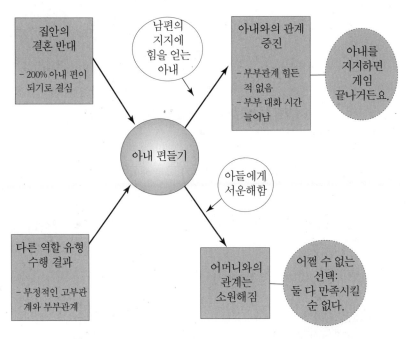

[그림 1-21] 아내 편들기: '애처가 유형'

[그림 1-22]의 어머니 편들기 유형에서 남편들은 어머니 입장에 서서 고부갈등 상황을 해결하려고 노력했는데, 이렇게 행동하는 저변에는 어머니가 윗사람이기 때문에 남편뿐만 아니라 아내까지도 어머니의 의견을 따라야 한다는 생각이 있었다. 다른 말로는 '마마보이 유형'이라고 한다. 그런데 이러한 마마보이 유형의 역할수행 결과로는 스트레스로 인한 위염이나 우울증과 같은 아내의 신체화 증상이 나타났다.

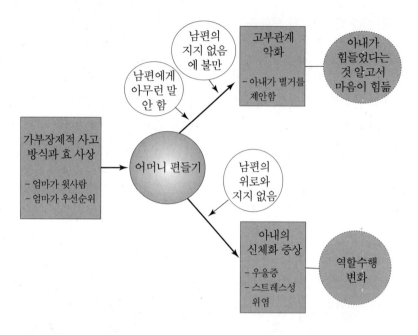

[그림 1-22] 어머니 편 들기: '마마보이 유형'

[그림 1-23]의 어머니 앞에선 가만히 있다가 나중에 아내 마음 풀어주기 유형은 남편이 고부갈등 상황에서 어머니한테 부당한 것이 있다는 것을 알게 되었다고 하더라도 어머니에게는 그 상황에 대해 아무 말도 하지 못하는 경우다. 이 유형은 '벙어리 냉가슴 유형'이라고 한다.

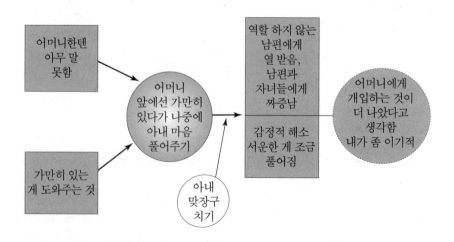

[그림 1-23] 어머니 앞에선 가만히 있다가 나중에 아내 마음 풀어주기: '벙어리 냉가슴 유형'

3) 시간에 따른 디스플레이

시간에 따른 디스플레이는 시간에 따라 연속적으로 형성되어 있는 열을 가지고 있다. 그러나 행은 반드시 배열될 필요는 없다.

(1) 시간에 따른 효과 매트릭스

사례들을 비교하며 살펴보는 것은 깊이 있는 이해를 하게 하고 일반화를 증가시킬 수 있다. 그러나 사례 간 분석은 쉽지 않은 작업이다. 어떤 주제 또는 주요 변수들을 중심으로 피상적으로 단순한 요약을 하는 것은 보여 주는 것이 별로 없다. 특별한 사례들을 뛰어넘는 변수들의 패턴을 보기 시작할 수 있기 전에 각 사례 내의 과정의 복잡한 형태를 주의 깊게 살펴보아야 하고 지엽적인 역동성을 이해해야 한다. 따라서 '과정'과 '변수' 접근법을 조합하는 접근법이 필요하다. 매트릭스와 네트워크 모두 개념적으로 배열된 디스플레이는 사례 내에서 어떻게 유형화하는지와 주요 변수를 분명하게 하는 데 도움을 주고, 사례지향적 매트릭스는 주요 차원에 따른 사례의 정리를 통해 변수와 과정이 어떻게 작동하는지에 대한 심도 있는 이해를 도와준다. 이에 비해 시간에 따른 매트릭스와 네트워크는 사례를 구분하는 원칙을 제시하지는 않지만 개별 사례의 좌표선을 활용하는 총체적인 이야기를 얻을 수 있도록 도와준다(Miles & Huberman, 1994).

〈표 1-12〉에서는 단계(시간)에 따른 위탁아동의 적응과정에서 자신이 자란 친가정에 복귀하는데 영향을 미치는 요인들에 대한 세 위탁아동의 사례 간 분석의 내용이다. 여기에서는 시간(과정)을 탐색 및 시험 단계, 신뢰감 형성단계, 학대후유증 회복단계로 나누고, 사례 A, B, C 가정의 각 단계에 따른 요인들을 분석한 내용이다. 그리고 요인들에 대한 실행 여부를 실행(●), 일부 실행(◐), 미실행(○)으로 분류하여 설명하였다(장윤영, 박태영, 2006; 자세한 내용은 16장 참조).

┃ 표 1-12 적응과정에서 친가정 복귀에 영향을 미치는 요인: 사례 간 분석

과 정 (요 인)	사 례	A	B	C
탐색 및 시험 단계	위탁 배치 전 친가정 복귀에 대한 계획 명시	○	○	●
	친부모-아동 만남 명시	○	◐	●
	친가정에 대한 전문적 서비스	◐	○	◐
신뢰감 형성 단계	친부모-위탁부모 교류	○	●	●
	친부모-아동 방문	○	●	●
	아동-친부모 편지 · 전화 교류	○	●	●
학대 후유증 회복단계	전문가-친부모 교류	◐	○	●
	아동-친부모 관계 재형성	○	◐	○
	친가정 복귀 경험(재위탁)	○	●	○
	친가정 복귀 가능성	○	◐	●

●=실행, ◐= 일부실행, ○=미실행

6. 결 론

질적 데이터를 분석한다는 것은 논리적으로 일치하는 결론을 도출할 수 있도록 데이터를 압축시키고 배열하는 디스플레이에 전적으로 의존하게 된다. 한편 우리는 광범위하고 축소되지 않은 텍스트를 분석하려고 할 때 나타나는 편견에 대한 잠재성에 대하여 주의를 하여야 한다. 지금까지 디스플레이의 형태로서 열과 행으로 정렬된 매트릭스와 마디(nodes)와 선으로 연결된 네트워크에 관하여 설명하였다.

이 장에서는 탐색적 연구에 유용한 디스플레이로서 사건과 과정의 흐름과 순서를 이해하는 데 필수적인 시간(회기)에 따른 디스플레이, 연구 대상자들의 역할과 관련된 경험에 따라 대상자들을 배열하는 역할 중심 네트워크, 그리고 잘 정의된 변수와 변수들 간의 상호작용을 강조하는 개념 중심으로 배열된 디스플레이에 관하여 설명하였다. 디스플레이를 구축한다는 것은 균형을 조절하는 작업을 포함하는 흥미롭고 창의적인 작업이다. 그렇지만 부호화된 현장노트로부터 압축된 데이터를 입력하는 것은 명확한 결정규칙에 따라 수행될 필요가 있다.

한편 사례를 비교하며 살펴보는 것은 심도 있는 이해를 가능하게 하고 일반화 가능성을 증진시킨다. 그러나 사례 간 분석은 쉽지 않은 작업이다. 몇 개의 주제나 주요 변수 간에 표면적으로 단순하게 요약된 것은 많은 것을 보여 주지 못한다. 개별적인 사례를 넘어서는 변수의 경향성을 살펴보기 전에 각 사례 내에서의 복잡한 과정의 형태를 주의 깊게 살펴보아야 하고 지엽적인 역동성을 이해해야 한다. 여기에 과정과 변수를 조합하는 접근방법이 필요하다.

지금까지 가족치료사례를 중심으로 매트릭스와 네트워크 그리고 그래프를 활용하여 다양한 단일사례 분석과 다중사례(사례 간) 분석을 보여 주었다. 이 장에서 보여 준 것 외에도 연구자의 창의적인 사고에 따라 얼마든지 다양한 분석이 가능하리라 본다. 질적 자료 분석에서는 어떠한 고정된 틀에 따라 분석하기보다는 연구자 또는 분석자의 아이디어에 따라 전체적인 그림을 다양한 방법으로 보여 줄 수 있다고 생각된다. 상담을 하는 임상가들이 지금까지 국내에서 많이 소개되지 않았던 매트릭스와 네트워크 그리고 그래프를 이용하여 자신들의 독창적인 아이디어를 간략하면서도 명확하게 나타낼 수 있는 질적 방법들을 끊임없이 개발하기를 바란다.

 참고문헌

박소영(2008). 고부관계에서 남성의 경험에 관한 연구. 숭실대학교 대학원 사회복지학과 박사학위논문.

박소영, 박태영(2008). 며느리들의 시어머니와의 관계 경험에 관한 연구. 한국가정관리학회지, 26(4), 55-71.

박태영(2007). 도벽과 거짓말을 하는 청소년 자녀를 둔 재혼가족에 대한 사례연구. 한국가족치료학회지, 15(1), 143-158.

박태영(2008). 마리화나 피는 아들에 대한 가족치료사례 연구. 한국사회복지학회 2008 추계공동학술대회자료집, pp. 218-219,

박태영, 김태한(2008a). 홀어머니와 큰아들의 갈등에 대한 가족치료사례 연구. 한국가족복지학, 23, 263-302.

박태영, 김태한(2008b). 이혼을 고려하는 결혼초기 부부의 갈등에 대한 가족치료사례 연구. 한국사회복지학회 2008 춘계학술대회자료집, pp. 257-263.

박태영, 김태한, 김혜선(2009). 알코올 중독문제를 가진 재혼한 부인에 대한 가족치료사례 연구. 한국사회복지학, 61(1), 293-322.

박태영, 김형범(2008). 은둔형 외톨이인 아들에 대한 가족치료사례 연구. 2008 한국사회복지추계공동 학술대회자료집, pp. 222-223.

박태영, 김혜선(2008). 가족치료 과정에서 발생한 내담자 부모의 저항에 대처하는 치료자의 개입방법에 관한 연구. 한국가족복지학, 13(4), 5-25.

박태영, 박소영(2007). 성폭력을 당한 여중생의 가족치료사례 분석: 두려움과 분노를 넘어서기. 한국가족치료학회지, 15(2), 343-363.

박태영, 박신순(2008). 간질과 조울증을 가진 성인자녀의 가족치료사례 연구. 한국사회복지학회 2008 추계공동학술대회자료집, pp. 151-152.

박태영, 이재령(2006). 알코올중독에서 회복 중인 남편에 대한 부부치료사례 연구. 임상사업연구, 3(1), 1-28.

박태영, 은선경(2008). 가출청소년의 가족치료 사례연구: 회기진행에 따른 변화과정을 중심으로. 한국가족치료학회지, 16(2), 49-66.

박태영, 정선영(2004). 고부갈등으로 인하여 우울증을 겪고 있는 부인의 부부치료사례 연구. 한국가족치료학회지, 12(1), 141-177.

박태영, 조성희(2005a). 쇼핑중독과 신용카드 남용하는 딸에 대한 가족치료사례 연구. 한국가족복지학, 15, 101-134.

박태영, 조성희(2005b). 근거이론을 활용한 폭식장애 여대생의 경험에 대한 사례분석. 상담학연구, 6(1), 93-107.

장윤영, 박태영(2006). 피학대아동의 위탁가정 적응과정에 관한 연구. 한국사회복지학, 58(1), 1-30.

조용길(2006). 상담대화의 유형연구: 가족치료 대화의 유형학적 위상과 하위분류 가능성을 중심으로. 독어학, 14, 203-224.

조용길, 유명이, 박태영(2008). 가족치료 대화의 구조와 기능에 대한 대화분석적 연구, 한국사회복지학, 60(4), 253-276.

Dezin, N. K. (1983). Interpretive interactionism. In G. Morgan (Ed.), *Beyond method: Strategies for social research* (pp. 129-146). Beverly Hills, CA: Sage.

Dezin, N. K. (1989). *Interpretive interactionism* (Applied Social Research Series, Vol. 16). Newbury Park, CA: Sage

Guba, E. G., & Lincoln, Y. S. (1981). *Effective evaluation: Improving the effectiveness of evaluation results through reponsive and naturalistic approaches*. San Francisco: Jossey-Bass.

Miles, M. B., & Huberman, A. M. (1994). *Qualitative Data Analysis*. Thousand Oaks: Sage.

Regin, C. C. (1987). *The comparative method: Moving beyond qualitative and quantitative strategies*. Berkeley, CA: University of California Press.

Yin, R. K. (1984). *Case study research: Design and methods* (Applied Social Research Methods Series, Vol. 5). Beverly Hills, CA: Sage.

2부

단일사례 분석 연구

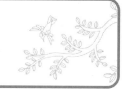

제2장

외도를 한 중년부인에 대한 가족치료사례 연구*

1. 서 론

　배우자의 외도가 발생했을 때, 배우자는 자신의 남편 또는 부인의 바람기 때문에 일어났다고 보며 이러한 일방적인 면을 부각시키는 경우가 많다. Gottman과 Silver(1999)는 이혼에 이르는 과정에 대하여 언급하면서 부부관계를 부정하는 4가지 단계를 언급하고 있다. 첫 번째 단계는 결혼생활을 괴로운 것이라고 생각한다. 두 번째 단계는 대화가 무익하다고 느끼며 혼자서 문제를 해결하려고 한다. 세 번째 단계는 평행적인 관계의 삶을 시작한다. 네 번째 단계는 외로움에 시달린다. 부부가 이 마지막 단계까지 오게 되면 한쪽 또는 양쪽 모두 불륜에 이르게 된다고 하였다. 불륜은 결혼생활이 죽어 있을 때 나타나는 증상이지 이것이 원인은 아니며 결혼의 종말은 부부 중 한쪽의 방황이 시작하기 훨씬 전에 예측할 수 있다고 하였다(임주현 역, 2002, p. 64). Subotnick과 Harris(1999)에 의하면, 외도는 일상생활이 모든 압박과 스트레스에서 벗어날 수 있는 이상적인 피난처로 여겨지며, 결혼생활에서 얻기 힘든 특별한 기쁨과 흥분이 있고, 또한 가정의 굴레를 벗어나 자유롭게 즐길 수 있는 관계라고 하였다. 최근에 여자들의 외도가 점차 증가하는 추세에 있다. '사랑의 전화'에서 발표한 바에 의하면 남편의 외도뿐 아니라 아내의 외도

---

* 박태영(2006), 한국가족치료학회지, 14(2)에 게재되었음.

로 고통받는 남편들의 전화도 많이 늘어나고 있다(기독신문, 2001).

본 연구의 사례는 중년부인이 외도를 한 경우로서, 남편은 부인의 바람기를 외도의 원인으로 보고 있었다. 그러나 실제로 상담을 하다 보면 배우자의 외도 원인이 단지 배우자의 바람기라고 하기에는 너무나 복잡한 양상을 보이고 있는 경우가 많다. 외도도 대부분의 다른 문제들처럼 단순히 하나의 원인이 외도를 야기했다고 말하기는 쉽지 않다. 따라서 본 연구자는 외도에 관련하여 많은 부수적인 요인이나 숨겨지고 드러나지 않은 많은 요인들이 있을 수 있으리라고 생각된다. 예를 들어, 신혼 초부터 남편이 시댁식구와 분리되지 못하고 신혼 초임에도 불구하고 부부중심보다는 부모중심의 삶을 살아갈 때, 부인은 남편으로부터 많은 스트레스를 받고 이러한 부부관계의 악화로 인하여 성적으로 더 멀어지는 경우가 얼마든지 있을 수 있다. 또한 의사소통이 안 되는 가운데 배우자의 주장이 강해서 상대 배우자는 무시를 당한다고 생각하여 두 사람의 사이에 해결할 수 없는 감정의 벽이 쌓여 가는 경우도 비일비재하다. 배우자가 이러한 스트레스를 남편(부인)에게 풀지 못하는 의사소통 방식으로 인하여 부부관계는 더욱 힘들어진다. 따라서 외도를 단지 단순한 사건의 결과로 보기보다는 좀 더 폭넓은 관점에서 보아야 할 필요성이 있다. 따라서 본 연구에서는 중년부인의 외도에 영향을 미친 요인들과 상담으로 인한 변화 요인들을 살펴보고자 한다.

2. 선행연구

1) 외도에 대한 개념과 연구의 경향

외도에 관한 연구를 조사한 Blow와 Hartnett(2005a)는 대부분의 연구에서 '외도'란 이성과의 혼외성교를 의미한다고 하였다. 외도와 관련된 연구에서는 비록 사회적으로 혼외 성적인 관계에 반대하는 강한 규범이 있다고 할지라도(Scott, 1998; Treas & Giesen, 2000; Wiederman & Allgeier, 1996) 외도는 부부관계에서 상당히 빈번히 발생되며, 부부치료에 있어서 공통적으로 발견되는 문제라고 주장하고 있다. 예를 들어, Wiederman (1997)은 결혼한 남자들의 22.7%, 결혼한 여자들의 11.6%가 결혼생활 동안 혼외성교를 가져왔다고 보고하였다. 이러한 외도의 탄로 또는 발견은 개인적으로나 부부관계의 양 측면으로나 배우자들에게 엄청난 충격을 줄 수 있다.

일반적으로 외도와 관련된 연구들은 대부분 설문지를 통한 양적 연구방법을 사용하여 접근하고 있다. 예를 들어, Sweeney와 Horwitz(2001)는 미국에서 전국적으로 행한 이혼을 시도한 사람의 신분(initiator status)에 따른 배우자의 외도 및 우울증 조사자료를 통해 간의 상호관계에 관한 연구를 하였다. Treas와 Giesen(2000)은 결혼하거나 동거하고 있는 미국인들에 대한 성적인 외도관계에 대하여 연구를 하였다. 그 결과를 살펴보면 연구대상자들은 좀 더 강한 성적인 관심과 허용적인 성적 가치관을 가지고 있으며, 배우자에게 주관적으로 덜 만족하고, 배우자와 더 약한 네트워크 관계를 가지고 있으며, 더 많은 성적인 기회를 가지고 있는 사람들 사이에서 성적 외도에 대한 좀 더 높은 가능성이 보였다. Cann, Mangum과 Wells(2001)는 외도에 대한 반응과 관련된 요소들을 조사하였는데, 이 연구에 참여한 여성들의 경우 가장 스트레스를 받는 상황에서 정서적인 외도를 선택할 가능성이 있는 반면, 남성들은 가장 스트레스를 받는 상황에서 성적인 외도를 선택할 가능성이 있다고 보고하면서 외도에 관하여 남녀 간에 분명한 차이가 있음을 제시한다. 위의 연구에서 보여 주는 바와 같이 외도의 문제가 사회적으로 만연하고 있음에도 불구하고 이 영역에서 경험적인 치료 연구는 거의 없는 실정이며, 대부분의 치료자들에게 있어서 외도문제에 대한 치료는 일반적인 다른 문제들보다 더 접근하기가 어려운 문제로서 묘사되고 있다(Gordon, Baucom, & Snyder, 2004).

Atkins, Baucom과 Jacobson(2001)은 외도는 결혼생활에서 흔한 현상이지만 충분히 이해되지 않고 있다고 주장하였다. 외도와 관련된 연구들은 연구의 초점이 다양하며 많은 제한된 연구 디자인이 포함되어 있고 모순적인 결과를 보여 주고 있다. 이러한 결과들은 특히 실천을 하고 있는 임상가들에게는 많은 함의를 주지 못한다(Blow & Hartnett, 2005a, p. 183). 현재까지 외도와 관련된 연구는 일반적으로 설문조사를 통한 양적 연구방법의 연구가 주류였으며, 경험에 관한 질적 연구는 서너 편 정도만이 있다(Atkins, Eldridge, Baucom, & Christensen, 2005; Gordon, Baucom, & Snyder, 2004; Olson, Russell, Higgins-Kessler, & Miller, 2002).

2) 외도에 대한 긍정적·부정적인 결과에 대한 연구

최근에 외도와 관련된 한두 개의 결과연구(outcome study)가 있는데, 이러한 결과는 부부치료 연구가 특별한 문제에 대한 특정한 치료접근법의 효과성에 초점을 두고 있는 새로운 경향을 보여 주고 있다(Atkins et al., 2005; Gordon, Baucom, & Snyder, 2004). 그 외에도 외도의 영향에 관한 설문을 한 연구를 중심으로 보았을 때, 외도의 영향에 대한 연구결과는 크게 두 가지로 나눌 수 있다.

첫째, 긍정적인 결과로서 Charny와 Parnass(1995)는 외도를 경험하는 부부들 중 소수는 실제로 부부간의 일차적인 관계가 향상되었다고 하였다. 그리고 여전히 외도를 경험하는 모든 부부들이 그들의 관계를 끝내지는 않는다(Bunk, 1987; Charny & Parnass, 1995). Olson과 동료들(2002)의 연구는 부부들에게 외도가 예기치 않았던 어떤 긍정적인 결과를 가져오기도 한다고 제시한다. 예를 들어, 이러한 긍정적인 결과에는 부부관계의 친밀성 증가, 자기주장의 증가, 가족에 대해 더 높은 가치를 둠, 스스로를 더 잘 배려함, 부부간의 의사소통의 중요성을 깨닫는 것 등이 포함된다. Atkins과 동료들(2005)의 연구에서는 외도를 솔직하게 말한 부부들은 치료 중에 있는 다른 스트레스를 받고 있는 부부들보다 더 빠르게 변화하였다고 보고하였다.

둘째, 부정적인 결과로서 배신당한 배우자의 반응은 분노, 신뢰감 상실, 감소된 개인적 · 성적 자신감, 손상된 자아존중감, 방임에 대한 두려움, 배우자를 떠날 수 있다는 것에 대한 정당함 등이 있다(Charny & Parnass, 1995). 또한 Schneider와 동료들(1999)의 연구에서도 대부분의 연구 참가자들이 외도를 폭로한 후에 부정적인 결과를 경험하였다고 보고하였다. 특히 남편의 외도로 인하여 여성들이 더 심각한 우울증적인 에피소드를 경험한다고 주장하였다(Cano & O'Leary, 2000). Charny와 Parnass(1995)는 결혼생활에서 외도의 부정적인 충격은 배우자들이 외도에 어느 정도 관련되었는가에 따라 달라질 수 있다고 주장하였다. Schneider와 동료들(1999)의 연구에서는 참가자들의 60%가 비록 처음에는 외도가 탄로난 결과로서 그들의 일차적인 관계를 떠나겠다고 위협하였다고 할지라도 떠나겠다는 위협이 실제로 궁극적인 결과를 예견하지는 못했다. 그러한 부부들 중 약 1/4 미만만이 실제로 별거하였다. 비록 외도한 배우자를 떠나겠다는 위협을 했음에도 결혼생활에 머물렀던 외도하지 않은 배우자들 중 반 정도는 한 배우자 혹은 양쪽 배우자 모두 부부치료와 12단계 프로그램을 통하여 부부관계를 회복하는 데 적극적인 역할을 하였기 때문에 그들이 결혼생활에 머무를 수 있었다고 하였다. 나머지 사람들은 효과적인 행동을 취할 수 없었고, 그들의 마음을 바꿨거나 배우자에게 또 다른 기회를 주기로 결정하였다(Schneider, Irons, & Corley, 1999, p. 282). Sweeney와 Horwitz(2001)는 배우자의 외도를 발견한 후에 이혼을 제안하였던 개인들이 또 다른 이유 때문에 이혼을 제안하였던 사람들보다는 우울증을 덜 경험하였다고 하였다.

3) 외도에 대한 회복과정

외도로 인하여 입는 피해로부터 어떻게 배우자들이 회복하는가를 생각할 때, 외도에 대한 폭로의 문제가 고려해야 할 중요한 부분이다. 임상적인 관점으로부터 폭로는 단 한 번의 사건이 아니라 과정이라고 이해하는 것이 부부들에게 도움이 될 수 있다(Blow & Hartnett, 2005b). Atkins와 동료들(2005)은 외도를 경험한 부부들의 치료과정을 조사하였다. 그들은 외도를 비밀로 유지하였던 부부들과 외도를 드러내고 치료를 받았던 부부들을 비교하여 외도를 드러내는 것이 치료결과를 향상시키지 못하며, 어떤 사례에서는 부부관계가 더 악화되었다고 보고하였다. 이 연구에서 연구자들은 외도의 폭로가 근본적이지만 않는다면 외도에 의하여 영향을 받은 부부들을 대상으로 치료하는 데 중요한 요소라고 하였다(Atkins et al., 2005).

외도와 관련된 질적 연구로서 Olson과 동료들(2002)의 연구에서는 외도가 탄로난 뒤에 따르는 3단계의 정서적인 과정에 대하여 발견하였다. 첫 번째 단계는 '정서적인 롤러코스터(급변하는 체험)' 로 시작한다. 이 단계에서는 외도에 대한 많은 부정적인 감정의 결과들이 가장 분명하게 나타난다. 외도가 탄로난 뒤의 이 기간은 종종 공격하는 배우자와 직면하고, 분노를 표출하고, 갈등하는 감정을 다루는 것을 포함한다. 두 번째 단계는 '유예기간(moratorium)' 으로서, 외도의 탄로에 따른 대처의 첫 번째 단계를 지난 마음의 상처를 받은 배우자는 이 단계에서 정서적으로 덜 반응하고 외도의 의미를 이해하기 위한 시도를 한다. 외도를 둘러싼 의미를 이해하는 과정에서 마음의 상처를 받은 배우자는 외도에 대한 자세한 것들을 알기를 원한다. 유예기간 동안에 부부는 종종 상대방과 의사소통을 하지만 예를 들어 자녀와 함께 방문하거나 청구서를 지불하는 것과 같은 전형적인 가족의 '업무' 로 한정된다. 이러한 타입의 의사소통은 부부가 관계를 진행시키고 새로운 방향을 결정하는 데 있어서 생산적으로 나아가도록 돕지 못하는 대화를 의미하는 '유지대화' 로서 범주화된다. 세 번째 단계는 '신뢰감 형성' 단계로서, 비록 신뢰관계를 성취하는 과정이 외도에 따르는 길고도 힘든 과정일지라도 많은 응답자들은 신뢰감이 회복되었거나 혹은 그들이 신뢰감을 재형성하는 과정에 있다고 하였다. 신뢰감을 재형성하는 것은 재약속, 책임감을 받아들이는 것, 헌신의 재보증, 증가된 의사소통 그리고 용서를 포함하였다(Olson et al., 2002, pp. 426-428).

4) 외도를 경험하고 있는 부부들에 대한 임상적인 차원의 접근법

외도와 관련하여 부부치료를 다룬 사례 연구들은 매우 드문 편이며 최근에 2편의 연구가 있다. Gordon, Baucom과 Synder(2004)는 부부가 외도로부터 회복하도록 돕기 위한 단계적인 용서접근법(forgiveness-oriented approach)의 효과성을 조사하기 위하여 사례 연구를 하였다. 이 접근법에서 치료의 첫 번째 단계는 외도의 충격을 다룬다. 두 번째 단계에서는 외도와 관련된 맥락과 의미를 조사한다. 세 번째 단계에서는 부부가 외도사건 후로 이동하도록 돕는다. 치료의 마지막에서 연구에 참여하였던 부부의 대부분은 정서적으로 훨씬 덜 스트레스를 받았고, 외도와 관련하여 높은 수준의 용서를 보였다(Gordon, Baucom, & Snyder, 2004).

Atkins와 동료들(2005)의 연구에서는 전통적인 행동주의 부부치료(traditional behavioral couple therapy)를 사용하여 치료한 외도 사례를 조사하였는데, 그들은 외도를 경험하였던 19쌍의 부부에 초점을 맞추면서 외도에 영향을 받은 부부와 다른 이유로 인하여 치료를 받았던 부부들 사이에서 처음의 스트레스와 치료의 과정을 비교하였다. 이 연구에서 그들은 다음과 같이 결론을 맺고 있다. "외도를 경험한 부부들은 치료에서 외도를 하지 않았던 부부들보다 훨씬 더 많은 스트레스를 받고, 특히 치료의 종결쯤에서 더 높은 비율로 스트레스 정도가 향상된다. 따라서 치료의 종결에서는 외도사건이 있는 부부들의 평균결과를 외도사건이 없이 스트레스를 받는 부부들의 결과와 구별할 수가 없었다."(Atkins et al., 2005, p. 148) 따라서 그들은 외도에 의하여 영향을 받았던 부부들을 치료할 때 임상가들은 단지 외도에 초점을 맞추기보다는 전체로서의 관계에 초점을 두는 것이 유용할 수도 있다고 제안하였다(Atkins et al., 2005).

Allen과 Baucom(2004)은 애정연계 스타일(attachment styles)과 외도에 관한 연구에서 특히 외도의 의미와 개인들이 외도에 관련되는 이유들과 관련하여 임상가들을 위한 다음과 같은 방향들을 제안하고 있다. 외도의 의미에 대한 통찰에서 왜 외도의 문제가 발생하였는가에 대한 대안적인 이야기와 재명명이 관계를 발전시키는 데 크게 도움이 될 수 있다. 그들은 또한 애정연계와 애정연계 상처를 강조하는 정서적으로 초점을 두는 부부치료가 비록 아직까지는 외도와 관련하여 특별히 효과성이 입증되지는 않았다 할지라도 외도에 영향을 받은 부부들에게 효과가 있을 수 있다고 제안하였다(Allen & Baucom, 2004).

Olson과 동료들(2002)은 외도를 경험한 배우자들을 위하여 다음과 같은 제안을 하고 있다. 첫째, 부부들은 회복의 과정을 이해하기 위하여 협력할 수 있는 지도가 필요하다.

둘째, 부부들은 적극적이고 품위가 있으며 조언을 해 주는 치료자가 필요하다. 셋째, 부부들은 문제가 재발되는 것을 예방하기 위하여 그들의 특별한 관계에서 발생하였던 것을 알기를 원한다. 또한 이 연구자들은 치료자가 지지해야 할 필요성과 천천히 진행해야 할 필요성에 대하여 부부들에게 특별한 지침을 제공할 것과 관계를 치료할 시간과 용서를 위한 시간을 허용할 것을 제안한다.

3. 사례에 대한 개요

이 사례의 문제점을 보면 부인이 외도를 하기 전부터 남편의 폭언과 폭행이 있었고, 경제적인 부분을 남편이 관리하였다. 또한 남편은 원가족을 경제적으로 지원하였고, 원가족에 대하여 보호자의 역할을 하였다. 그러한 가운데 부인을 시댁으로부터 소외시키는 결과를 낳았고, 부인은 시댁문제로 인하여 남편에 대한 섭섭한 감정을 가지고 있었다. 부인은 남편으로부터 신혼 초부터 억압된 생활을 하였다고 생각했고, 부부생활보다는 시댁식구와의 관계를 중시하는 남편에 대하여 많은 불만을 가지고 있었다. 이러한 남편의 시댁식구 중심의 생활과 더불어, 남편은 부인과 원만한 의사소통을 하지 못하였다. 한편 남편은 신혼 초부터 주로 지방이나 해외에서 근무를 하였고, 결혼생활의 반 정도를 가족들과 떨어져 살았다. 남편은 부인에 대하여 지나칠 정도로 간섭을 많이 하였고, 부인의 불륜관계가 탄로난 이후에는 부인의 일거수일투족을 감시하였다. 부인은 이러한 남편의 감시에 더욱 힘들어하였고, 남편은 부인에 대하여 참다가 폭발하는 의사소통 방식을 사용하였다.

1) 문제점

이 사례의 문제점은 다음과 같이 설정되었다.

- 부부간에 의사소통이 안 된다.
- 남편이 부인에게 계속해서 잔소리와 간섭을 한다.
- 남편이 부인에게 이중구속 메시지를 사용한다.
- 남편이 시댁식구와 분리가 안 되었다.

- 부인이 자신의 삶이 없다.
- 자녀가 불안하고 자아존중감이 낮다.

2) 치료목표

이 사례의 치료목표는 다음과 같다.

- 부부간의 역기능적인 의사소통 방식을 기능적이고 효과적인 의사소통 방식으로 전환한다. 즉, 부인에 대한 남편의 이중 구속적인 메시지에서 솔직한 메시지로 전환하고, 남편의 잔소리와 간섭을 줄인다.
- 남편이 시댁식구로부터 분리하도록 하고, 가족중심의 삶을 살도록 하며, 시댁문제에 관해서는 부인의 의견을 존중해 주도록 한다.
- 부부가 각자의 삶에 더 많은 시간과 에너지를 쏟도록 한다.
- 부부관계의 변화와 부모-자녀 관계의 변화로 자녀들을 안정화시키고 자아존중감을 높인다.

4. 연구 방법 및 분석

1) 연구대상 및 상담기간

치료기간은 2002년 1월부터 2002년 12월까지 총 20회 상담을 하였다. 이 사례는 치료자의 연구년으로 인하여 어느 정도 상담이 진행되던 중에 종결하게 되었다. 이 사례의 남편은 51세로서 개인사업을 하고 있었으며, 부인은 50세로서 아르바이트를 하였고, 25세인 딸과 22세인 아들을 두고 있었다. 두 자녀는 모두 대학에 재학 중이었다.

2) 분석방법

분석방법은 연구자이기 이전에 치료자로서 가족치료 접근법으로 Murray Bowen의 가족체계이론과 MRI의 상호작용주의적 모델을 사용하였기 때문에 외도에 영향을 미친 요인들에 관하여 자아분화와 의사소통을 중심으로 살펴보기로 하겠다. 그리고 자아분화 문제는 다시 시댁과의 문제와 각 배우자의 원가족과의 문제(자아분화)를 중심으로 하여 코딩을 하였다. 의사소통 문제에서는 다시 역설적 의사소통 방식(이중구속 메시지 사용)과 문제를 해결하기 위하여 시도된 역기능적인 의사소통 방식을 중심으로 살펴보고, 의사소통 방식 중 언어적 · 신체적 · 정서적 폭력을 중심으로 코딩을 하고자 한다.

그리고 상담이 진행되면서 부부관계의 변화에 영향을 미친 요인들을 자아분화의 향상과 의사소통의 변화라는 범주로 코딩을 하였다. 자아분화의 향상에서는 부인의 시댁과의 분리 그리고 남편의 원가족과의 분리라는 범주를 중심으로 코딩하였다. 의사소통의 변화는 역설적인 의사소통 방식의 변화와 문제를 해결하기 위하여 시도된 역기능적 의사소통방식의 변화 그리고 폭력 사용의 감소를 중심으로 코딩하였다. 이 두 가지 문제중심 외에도 연구자가 축어록을 중심으로 발견되는 요인들을 찾아 코딩을 하였다.

5. 상담내용 분석

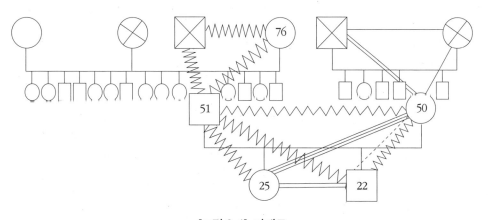

[그림 2-1] 가계도

1) 외도에 영향을 미친 요인들

(1) 자아분화문제

① 시댁과의 문제

• 1회기

남편: 나도 가족에게 희생했고 집사람도 가족에게 희생을 했으니, 결과가 비극으로 끝 나면 '이게 과연 뭔가.' 하는 생각이 듭니다.

부인: 저 나름대로 자신을 되돌아볼 때 허무해지네요. 재작년 12월부터 시어머니를 모시게 되었습니다. 어른을 모시면서 아이들은 앞가림 할 줄 알고 저 자신이 허무한 느낌을 가지면서 딴 생각을 하게 된 거 같아요. (중략) 예를 들면, 남편이 시누이들하고 어디 갔다 왔다는 것을 나중에 알게 되는 거죠. 또 최근에는 그런 일이 없었지만 그전에는 주로 시누이와 시동생 용돈문제, 어머니 생활 등을 저는 전혀 모르고 있는 상태에서 제 남편이 다 했어요. 시댁에서 제 자리는 없었어요. 남편이 저를 생각 안 하는 것은 이해를 하겠는데, 형제들도 저를 전혀 인정을 안 해 주었어요. (중략) 제가 분을 못 이길 때는 뭐가 올라와요. 시아버지한테도 억압된 말을 들으며 생활을 했어요. 시아버지가 제 앞에서 그릇을 깼어요. 또 당신 아들의 돈으로 왜 가습기를 샀냐고 했어요. (중략) 시아버님은 저에게 "네가 속았긴 뭐가 속았냐."라고 하셨고, 돌아가실 때까지 저에게 이런 말을 하고 돌아가셨어요. "우리가 며느리에게 속았다." 그 소리를 남편이 있을 때 한 적도 있었는데, 아버님이 계실 때는 못해도 남편이 저와 둘만 있을 때는 위로의 말을 해 주었으면 좋았을 텐데 그런 말을 전혀 안 하고 당연한 걸로 받아들였어요.

• 3회기

부인: 우리 부부는 항상 시댁문제 가지고 다투었어요.

• 9회기

부인: 형제간에 학비를 줄 때라든가, 음, 항상 저는 모르죠. 그러니까 거기에서 오는 배신감이 굉장히 컸어요. 그것도 제가 모르면 모르는데 언젠가는 제 귀에 들어와요. 그래서 그런 걸로 인해서 트러블이 많이 있었어요. 남편이 동생 5남매를 다 공부시켰어요. (중략) 남동생 둘은 대학원이랑 유학 갈 때까지 저희가 돈을

보냈어요. 물론 남편이 벌어서 했다고 그러지만, 저는 낯이 전혀 안 서는 거예요. 형수가 못돼서 안 한다 하는 거죠. 남편 스스로 혼자 처리를 다 하는 거예요.

• 13회기

부인: 시어머니가 병원에 입원을 하셨는데요. 그 관계로 남편이 제가 시어머니에게 소홀하지 않나 하는 생각을 하는 것 같았어요. 남편은 그쪽으로 자꾸 신경이 날카로워져 있더라고요. 사실은 제가 병원에 두 번이나 갔어요. 저는 안 가고 싶었는데 남편이 저보고 혼자 갔다 오라고 했어요. 항상 그렇게 해 왔지만. 남편이 제 의견을 따라 주지 않고 일방적으로 했으니까. 그래서 병원에 갔어요. 그런데 제가 병원에 들어가니까 분위기가 좀 썰렁하더라고요. 그래서 좀 저도 기분이 안 좋았어요. 시누이도 밖에서 들어오지도 않아서 좀 기분이 안 좋았어요. 그리고 집에 와서도 서로 안 좋았죠. (중략) 제가 가기 싫다는 말은 하죠. 하지만 그 말을 무시한 채 남편은 뭐든지 다 자기 방식대로 해요.

• 15회기

부인: 남편은 저에게 우리가 맏이라 그 책임을 다 해야 된다고 해요. 남편이 그런 틀에 콱 박혀 있어요. 그래서 무슨 일이 있어도 제가 안 가면 안 돼요. 지금도 꼭 가야 돼요. 가족 간에 무슨 일이 있으면 제가 빠지면 안 되니까. 꼭 참석을 해야 하니까. 옛날에도 그랬지만 지금도 마찬가지예요. 그래서 제가 남편에게 그러죠, "내가 꼭 참석을 해야 되나요?" 하고요.

② 남편의 원가족과의 문제(자아분화)

• 1회기

남편: 궁극적인 문제는 가족관계 문제예요. 나의 형제들, 부모님 가족문제가 복잡해요. 어머니가 세 분이고 형제가 열다섯이에요. 그리고 제가 장남이에요. (중략) 다른 형제들 관계가 복잡했는데 많은 가족을 상대해 보다가 7ㆍ8년 전부터 우리 네 식구만 꾸리려고 하니 못하는 거예요. (중략) 제가 어려운 고비를 잘 넘겨 왔지만 저도 희생자입니다.

부인: 남편한테 이런 말을 들은 적이 있어요. "나는 처자식을 위해 태어난 것이 아니고 부모 형제들을 위해서 태어났다." 남편은 처자식들보다 부모 형제를 더 중요하다고 여겼어요.

• 2회기

남편: 어머니는 아버지와 갈등이 많으셨어요. 어머니는 아버지한테 쏟지 못한 애정을 자식들한테 다 쏟으시고 받으셨어요. (중략) 변화하는 시대에 아버지가 적응을 못하셔서 제가 과감하게 동생들을 위해 모든 것을 희생해야겠다는 결심을 했어요.

치료자: 부인의 이야기로는 부모와 형제들한테는 잘했는데 정작 중요한 부인과 자식들은 덜 챙기셨다던데요.

남편: 예, 맞습니다.

③ 남편의 엄격한 규칙과 지나친 간섭

㉠ 남편의 엄격한 규칙

• 2회기

남편: 제가 멀리(해외, 지방) 떠나 있어서 집사람과 한 가지 약속한 게 있어요. 애들이 학교 갔다 오면 어디 가지 말고 항상 집에 있으라는 것입니다.

• 3회기

부인: 제가 동서와 상의를 하는데 동서와 대화를 했다고 하면은 남편이 대화내용을 다 알아야 해요. 제가 거짓말하면 남편한테 맞아요.

• 4회기

남편: 아들과 와이프만 집 열쇠를 가지고 다니고 나는 집 열쇠를 가지고 다니지 않아요. 주된 이유가 내가 집에 들어가면 와이프가 있어야 되니까.

• 7회기

남편: 평상시에는 이해를 하지만 지금은 특수한 상황이니 집사람이 과거보다는 2배, 3배 더 노력을 해야지요. (중략) 집사람이 그런 자세가 안 되어 있고 저를 못 따라오면 나와 관계를 끝내라 이거죠. 주위 환경이 나빠진 거예요. (중략) 집사람을 그냥 놔두면 그 안에서 문제를 해결하려고 스스로 노력을 안 하는 거죠.

• 10회기

남편: 누구를 위하는 게 아니고, 저는 이제 어떤 사건이든지 있으면 끝을 봐야 돼요. 끝을 내서 지워 버려야 돼요. 매듭질 때까지는…….

• 13회기

　남편: 내가 싫어하는 거 하지 말고 내가 원하는 건 지가 따라 줘야지. 그게 100% 나쁜 일이 아닌 다음에는 나를 따라 줘야지. 내가 집사람을 믿을 수 있게 만들어 줘야지요. 왜 내 뜻을 못 따라 주냐 이거예요. 나한테 왜 믿음을 못 주냐는 거예요.

ⓒ 남편의 지나친 간섭

• 9회기

　부인: 제가 집에 조금 일찍 들어가면 어떻게 일찍 들어왔냐 하고, 또 늦게 들어오면 그걸 또 확인 전화해 봐요. 제가 조금 일찍 들어온 날에는 다른 데 어디를 갔다 왔나 싶어서 화를 내면서 전화를 하는 거죠. (중략) 남편은 이 일이 터지고 나서 제 핸드폰을 다 추적했죠. 그리고 이제는 제 핸드폰도 못 쓰게 다 죽여 버렸어요. (중략) 그 사람은 하고 싶으면 수단과 방법을 다 자기 손에 움켜쥐어야 해요. 그런 성격이에요.

• 10회기

　부인: 물론 제가 그런 행동을 했기 때문에 남편이 못 믿는 것은 당연히 그럴 수 있지만, 여태까지 남편은 항상 제 일거수일투족을 감시하고 있어요. 남편은 지금까지도 제 직장 앞에 와 있어요. (중략) 점점 힘들어지고 있어요. 저는 남편한테 다가가다가도 자꾸 이렇게 차단이 돼 버려요. (중략) 남편은 제 핸드백 속에 돈이 얼마가 있다는 것까지 다 알고 있어요. 그래서 돈이 얼마가 있는 걸 봤는데 왜 없다고 하느냐 하죠. 저는 쉽게 가방에다 돈을 넣고 다니는데, 남편은 하나하나 체크를 다 하고 있었던 거였어요. 저는 몰랐지만 남편은 옛날에도 제 통장에 돈이 얼마가 있다는 거를 거의 다 알았어요. 그리고 저는 돈에 대해서는 남편한테 비밀이 없었어요. 그래서 남편이 지갑에 돈이 얼마가 있는 걸 봤는데도 제가 돈이 없다고 하니 괘씸했던 거죠.

• 12회기

　남편: 저는 그렇게 생각하지 않고 어머니댁 방문을 집사람이 더 적극적으로 해나가야 한다고 봅니다. 예를 들어, 그전에도 어머니에게 가지 않은 적이 많아요. 구정 제사 때도 안 간 적이 있고요. 안 가면 나 혼자 갔다 오곤 했죠. 근데 집사람은 지난번에도 안 갔는데 "내가 왜 가?" 해요. 그럼 그게 뭐예요?

• 15회기

부인: 그날 교수님하고 상담하는 날이었어요. 그날 남편이 제 스케줄을 자기가 짜 놨
더라고요. 제가 쉬니까 일방적으로 자기 혼자 다 짜 놨더라고요. 그래서 제가 거
기서 화가 난 거예요.

• 16회기

부인: 남편은 항상 그래요. 화나면 말을 안 해요. 말을 안 하고 행동으로 하니까요.
그날도 저를 데리러 왔더라고요. 그래서 제가 같이 타고 오는데 차를 딴 데로 돌
리는 거예요. 옛날에도 그런 일이 종종 있었어요. 차를 딴 데로 돌리길래 남편에
게 왜 그쪽으로 가요 하고 물었죠. 그랬더니 저를 음침한 쪽으로 데리고 갔어요.
남편이 입지 말라는 옷이 있었는데, 제가 그때 그 옷을 입고 출근을 했거든요.
남편이 저한테 그 옷 버리라고 하더라고요. 그래서 쓰레기통에 버렸죠.

(2) 의사소통 문제

① 역설적 의사소통 방식

• 6회기

부인: 제가 대화하기가 두렵죠. 어떻게 말해야 이 사람이 받아들일까. 제가 어떻게
얘기를 하더라도 이 사람한테는 불씨가 되니까 말하는 게 두렵죠. (중략) 제가
간통죄로 조사를 받아야 하잖아요. 저도 조사를 받고 상대방도 조사를 받고 하
는데 서로 틀리니까 대질심문을 받는 거예요. 둘이 조사받은 내용을 가지고 대
질심문을 하거든요. 거기서 나는 아니다 기다를 정확하게 대답을 했어요. 남편
은 가서 무슨 말을 들었는지, 왜 네가 거기 가서 뚜렷하게 주장을 못하고 상대방
뺨이라도 못 치고 눈이라도 못 후비고 왔느냐 해요. 저는 그 자리에서 제가 할
수 있는 대답을 분명히 했는데 남편은 아니라는 거죠. 저는 거기서 답답한 거예
요. (중략) 그런 건 아니고요. 글쎄요, 제가 그런 말은 몇 번 했는데요. 그제 경찰
서에서 대질심문 할 때 그 얘길 했어요. 잘못을 했다면 시인을 하고 용서를 받으
라고 했더니 상대가 전화를 안 받아주는데, 대화가 안 되는데 어떻게 사과를 하
느냐, 한두 번 그랬느냐 하더라고요. 그래서 왜 제3자를 집에 보내고 시키느냐,
본인이 직접 해라 했지요. 그랬더니 전화통화를 시도해도 대화가 안 되는데 어
떻게 할 수 있느냐는 식으로 말해요.

• 7회기

　부인: 남편이 저한테 무엇을 요구하는지 정확히 모르겠고, 차 안에서도 달라지는 게 없다는 거예요. 제가 어떻게 해야 할지 방법도 모르겠어요. 이 소송으로 인해 갈등도 오고 괴로워요. 남편이 소송을 해 놨으니까. (중략) 남편이 저에게 변화된 것을 보여 달라는데, 나는 나 나름대로 하는 데까지 하는데 남편은 인정하지 않아요. 남편이 나에게 어떤 변화된 모습을 원하는지 모르겠어요.

• 11회기

　부인: 저도 남편의 마음을 잘 모르겠어요. 그전에도 몇 번 그런 적이 있었지만, 지금도 서로가 안 좋을 때는 소지품이라거나 옷가지가 보기 싫대요. 그래서 방에 있던 걸 방 밖으로 다 내놓죠. 딸 방이 지금 비어 있으니까 딸 방으로 제 소지품을 다 옮겼어요. 그런데 어느 때 또 저 사람이 변할지 몰라요. (중략) 남편은 인정을 하지 않는 거예요. 안 받아 주죠. 그래서 남편은 싸움을 할 때 저에 대해 너무 억울한 소리를 하니까 제가 가만히 있을 수가 없는 거예요. 자꾸 나한테 그러니까 언성이 높아지고 맞대응을 하게 되는 거죠. 근데 남편한테 맞대응을 하면 안 되는 거예요. 그러다 보니까 자꾸 언성이 높아지고, 남편은 "왜 모든 일은 너가 저질러 놓고 모든 책임은 나한테 있지? 왜 우리를 이렇게 힘들게 해?"라고 말해요. 내가 뭐라고 하든 죽어 지내야 해, 당신은 내가 하라는 대로 해야 해 하는 거죠. 그러면 저도 물론 남편이 시키는 대로 따라 주겠다는 거예요. 그렇지만 나는 아닌데 남편이 자꾸 억지 소리를 하니까 화가 나더라고요. 남편에게 잘못했다고 많이 얘기를 했어요. 그럼 당신은 진짜로 내가 싫으냐, 진짜로 싫으면 내가 나가겠다 해요. 그런데 남편은 그게 아닌 거 같았어요. 제가 그걸 읽을 수가 있거든요. 그래서 저는 내가 싫으면 갈라서자, 이것도 아니고 저것도 아니면서 왜 붙들어 두느냐 하죠. 그러면 남편은 너는 그걸 붙들어 주는 거라고 생각하느냐며 저보고 나가라는 거예요. 당신이 처음부터 그러지 않았느냐, 깨끗하게 정리하고 나가라고. 나는 그걸 기다리고 있다, 왜 그걸 안 해 주느냐……. 자동으로 이혼이 된다는 거예요. (중략) 그런데 남편은 항상 제 태도를 본다고 해요. 항상 그래요. 입버릇처럼 얘기해요, 네 태도에 달렸다고. 이 이상 저는 도대체 어떤 태도를 취해야 하는지를 모르겠어요.

• 13회기

부인: 저는 지금 남편을 모르겠어요. 남편이 저를 보는 입장도 모르겠어요. 제가 남편이 싫으면 왜 같이 있겠습니까? 벌써 나갔죠. 그런데 남편은 저를 보는 시선이 그렇지 않아요. 조그마한 거 하나에도 이렇게 자꾸…….

• 15회기

부인: 지금도 저는 남편이 무슨 생각을 갖고 있는지는 모르겠어요. 남편은 제가 돈만 조금 갖고 있으면 나갈 년이라고 생각하고 있는 거 같아요.

② 문제를 해결하기 위하여 시도된 역기능적 의사소통 방식

• 1회기

남편: 집사람이 거짓말을 해서 추적을 했죠. 그래서 집사람이 저에게 불륜관계에 대해서 다 털어놨어요. 털어놓을 때 미심쩍은 부분에 대해서 파고들었죠. 파고들면서 물리적인 행동도 취했고요.

부인: 저는 결혼하면서부터 억압된 생활을 했어요. 남편은 보수적이고, 남편과는 대화가 없었고, 남편은 저보다도 형제들 간의 대화를 더 중요하게 생각해 왔어요. 억눌린 생활을 계속해 왔어요. (중략) 가장 힘들었던 것은 남편이 나와 상대를 전혀 안 한 거예요. 그 부분에서 남편에 대해서 가장 배신감을 느꼈어요. 나중에는 제3자를 통해 알게 됐어요. (중략) 저는 남편에게 말을 못했어요. 신혼 초에는 많이 다투었어요. 남편 성격은 순간적으로 거칠어져요. 분노를 컨트롤 못해요. (중략) 우리 가족은 대화가 잘 안 되고 있는 것 같아요. (중략) 아이들이 아빠하고는 대화를 잘 안 해요. 저하고는 대화를 잘하는데. (중략) 남편은 항상 자기 위주이고 표현능력이 부족했어요.

• 2회기

남편: 부모님은 대화라는 것은 거의 없고 항상 일방통행식으로 이야기를 하셨죠. 배다른 누이들하고 대화를 하고 싶었지만 아버지가 자꾸 가로막았어요. 아버지는 제가 누이들하고 어울리면 남자가 작아진다고 생각하시는 거예요. 또 같은 또래 동네친구들하고도 못 어울리게 했어요.

• 3회기

부인: 남편이 화가 나면 늘 이런 식이니까 제 주장을 항상 내세우지 못했어요. 그 사람이 이렇다 하면은 아무 말 못하는 거예요. 대화가 안 되고 단절이 되는 거예요. (중략) 8년 동안 남편이 무엇을 하는지에 대해 구체적으로 대화를 하거나 설명해 주는 법이 없어 잘 모르고 있었죠. (중략) 제가 남편이 너무해서 말대꾸를 했죠. 말대꾸를 심하게 하니까 더 심하게 때리더라고요. (중략) 아들이 아빠를 때리지는 않아요. 그런데 한 번은 아빠가 과격하게 나오니까 아들이 맞대응을 하더라고요. 같이 맞대응을 하면 아빠에게 아들이 손이 올라가죠. 아들이 과격하게 나오니까 남편이 한 발짝 뒤로 물러서더라고요. (중략) 남편은 대화할 때마다 욕을 잘 쓰거든요. 친구들한테 전화해서 제 이야기를 다 하는 거예요. 저는 당시에 그렇게 할 때는 저와 안 살 줄 알았거든요. 공개적으로 하니까……. (중략) 거기서 제가 남편에게 맞대응을 하면은 구타를 하죠. 그럼 저는 참는 거죠. 시댁식구들과의 언짢은 일이 있을 때에는 남편한테 이야기를 해야 되잖아요. 그렇지만 제가 남편에게 그것에 대하여 이야기를 하면 저를 때려서 그런 말조차 못하게 하는 거예요. 전 속상하면 이야기할 때가 없어 혼자 삭히고 맙니다. (중략) 남편은 저에게 왜 너만 가서 오해 풀어 주고 사과하고 왜 나한테는 아무것도 안 하느냐, 왜 너만 병신 같은 짓을 하고 다니느냐는 식으로 많이 말하고 나보고 나가라고 하더라고요. 이 일이 터지면서 저한테 2번 나가라고 말했어요. 남편 성격을 알아서 그러는데, 제가 나가면 친정식구들을 못살게 굴 것 같아요. 전화해서 욕설을 하고……. 무슨 일이 있으면 친정부모님에게 전화를 해서 딸 교육 잘못 시켰으니까 데려가라고 해요. (중략) 부모님은 말씀들이 없었고요, 어머니와 아버지도 서로 정답게 대화하는 것은 없었어요.

• 4회기

남편: 제가 집사람의 사건에 대하여 가족에게 다 얘기했죠. 이 일이 터졌을 때 내 여동생이 어머님을 모시러 왔다가 저랑 집사람이 다투는 장면을 보게 되었어요. 제 성격이 무 자르 듯하고 결단력 있으니까 오빠 성격에 이혼한다면 이혼하는 성격이다, 이 문제의 해결책을 마련하자 해서 여동생이 제 남동생들한테 얘기했죠. 말리지 않으면 큰 문제 생긴다는 식으로 얘기가 된 거죠. 사건 나고 쉬쉬하다가 제가 동생들을 만났어요. 만나서 얘기를 했죠. (중략) 일요일에 여동생이

온다고 하니까 집사람이 순간적으로 감정이 치밀어 오른 거예요. 그래서 저한테 역정을 냈어요. 자기의 부정에 대하여 나에게 역정을 낸 거죠. 뭐냐 하면 시시콜콜 전부 시누이가 아는데……. 집사람이 하도 치밀어 올라서 그 얘기를 저한테 하더라고요. 괴로웠다면서 분노를 터뜨리더라고요. (중략) 와, 도저히 너하고 못 살 거 같으니까 너 집 나가라, 너 사람이 인내심을 가지고 했는데 왜 그러느냐…….

• 5회기

  아들: 저는 제 마음속에 있는 이야기를 잘 못해요. 저는 자신감이 없고 어렸을 때부터 고민하고 있는 것을 못 털어놨어요. (중략) 아빠하고는 어려서부터 대화를 잘 안 해요. 그리고 가족이 서로 속마음을 잘 얘기하지 못하고요. 제가 하고 싶은 얘기를 하면 아빠는 네가 뭘 알아 하시죠. 그리고 저에게 삐꾸야 하시면서 약간 무시했어요.

• 6회기

  부인: 남편은 저에게 가끔씩 이게 뭐냐며 집에 있으면서 이런 것도 못하냐 하면서 가끔씩 핀잔을 주곤 했어요.

• 8회기

  남편: 나 자신이 어떻게 살아가야 할지, 사회생활을 어떻게 해야 할지 모르는 거예요. 내가 어떻게 대처해야 되는지 방법을 모르고, 나 자신을 몰라요.

  부인: 글쎄요, 소송에 대한 남편의 입장을 제가 물어볼 수도 없고, 남편이 얘기를 안 하니까 연기된 걸로만 알고 있거든요.

  남편: 제 집사람이 항상 저보고 시시콜콜하게 뭐를 물어요. 예를 들어, 어떤 관계에 대해 집사람이 저에게 물을 때 제가 대답을 안 하면 부부간에 그런 대답을 왜 안 하느냐는 식이었어요. 이제 오히려 이 사건에 대하여 내가 거꾸로 되었지요. 그 전엔 제가 그러지 않았어요.

• 9회기

  부인: 그전에도 남편과 대화가 별로 없었고요. 음, 지금 이런 일이 일어나고부터는 더 그런 거죠. (중략) 남편과 대화가 별로 없죠. 제가 꼬치꼬치 물으면 남편이 화를 내니까요. 남편이 신경질을 내니까 물을 수도 없고. 예를 들어, 저녁에 늦게

들어와서 왜 늦었냐 하면 보통 남자들은 이러저러해서 늦었다 얘기를 하는데 저희 남편은 그런 얘기를 잘 안 하는 편이에요. 누구 만났냐고 그러면 얘기를 잘 안 하고 화를 내니까, 제가 그런 걸 잘 아니까. (중략) 물론 남편이 사업을 하면서 바깥에서 하는 일을 100퍼센트 알고 싶지는 않아요. 그래도 어느 정도는 저하고 조금 상의를 하고 그러면 좋겠는데, 전적으로 자기 혼자 모든 것을 처리를 하니까 거기서 저는 또 굉장히 무시당하는 느낌, 그런 느낌을 굉장히 많이 받거든요. 신혼 초부터 상의하는 게 전혀 없었으니까, 돈관계라든가 그런 거를 전부 남편이 관리를 했으니까요. 저는 생활비 얼마 주면 쓰고, 없으면 달라는 식으로 생활을 했어요. 거의 다 남편이 경제적인 것을 관리했으니까요. 그런데 거기까지는 좋아요. 좋은데, 무슨 일을 하다가 채무관계라든가 누적이 돼서 정리를 못할 경우에는 집으로 날아오잖아요. 그럴 경우에 제가 발견을 하니까 서로가 자꾸 트러블이 생기는 거예요. 그래서 많이 충돌을 했죠.

남편: 얘기 안 하니까 애새끼도 얘기를 안 해, 집사람도 얘기를 안 해, 저는 또 그렇게 그냥 넘어간 거예요. 그러고 있다가 한 이틀 후에 그 일이 터진 거예요.

치료자: 그전에도 그렇게 기분이 안 좋은 거 있으면 그 즉시 솔직하게 대화를 안 하셨습니까?

남편: 예. 거의 안 했죠, 옛날부터. 제가 그랬어요. 와이프도 어떤 일이 있으면, 아침에 기분 나쁜 일이 있었으면 그런 얘기 안 하고 2, 3일 지나면 그냥 그래지니까.

치료자: 그럼 의사소통 스타일이 즉각즉각 해결하지 않고 속에 딱 놓고 계시는군요.

남편: 예, 그렇죠.

부인: 항상 남편은 그 자리에서 딱 지적을 해 주면 되는데 그걸 안 해 주고 가만히 두고 있다가 완벽하게 건수가 생기면 터뜨리는 거죠.

치료자: 그전 거랑 싹 다 끌어가지고 몰아치신다는 거군요.

(여기서 남편과 부인 및 자녀가 문제를 해결하려고 시도해 왔던 전형적인 역기능적인 의사소통 방식이 나타나고 있다.)

• 10회기

부인: 그런데 이번 일로 이렇게 자꾸 작게 일이 생기다 보니까…… 저는 아직까지는 남편하고 헤어지겠다는 마음은 안 먹어 봤어요. 일이 터질 때마다 남편은 저한테 자꾸만 꼴도 보기 싫다고 나가라는 거예요. (중략) 그래서 감정이 상할 때는

제가 남편한테 좀 말대꾸도 하고, 최근에 와서는 자주 그랬어요. 너무너무 힘들어서요. 제가 남편한테 말대꾸를 하니까 남편으로부터 또 주먹이 날아오고. 제가 참아야 되는데 그게 정말로 자제가 안 돼요. (중략) 남편이 아들한테 저에 대해서 다 얘기를 했더라고요. 남편이 자신의 계획을 얘기했을 때 아들이 굉장히 당황해했어요. 아들이 저희 부부문제를 해결하려고 갔을 때 제가 남편이 아들하고 하는 이야기를 엿듣게 됐어요. 그걸 들으니까 굉장히 모욕적이더라고요. 듣는 순간에 제가 참았어야 되는데, 순간 아들한테까지 남편이 저런 소리를 하나 싶어서 거기서 좀 폭발을 했죠. 아빠가 돼서 엄마를 그렇게까지 아들한테 욕보일 수가 있느냐고요.

• 11회기

아들: 저는 불안할 때 가족 누구에게도 말을 안 해요. (중략) 부모님 관계가 나쁜 거는 아는데 뭐가 문제인지 저도 모르겠어요. 도대체 어떻게 해결할지도 모르겠고요. 감도 안 잡히고요. 그리고 이혼문제로 매일 싸울 바에는 그냥 서로 안 보는 게 날 것 같아요.

부인: 저희들은 싸움을 하면 서로 잘못했으면 잘못했다고 얘기를 해야 하는데 안 해요. 저도 잘못한 일이 있지만, 물론 최근에는 제가 잘못해서 모든 일이 이렇게 일어났지만, 남편도 그 잘못을 인정을 안 하니까……. (중략) 아들은 말을 잘 안 하죠. 제가 아들의 마음을 좀 알고 싶어서 자꾸 물어요. 그러면 아들은 짜증만 내요.

• 12회기

남편: 그래서 저도 일이 터지기 전에는 가끔 물어봤거든요. 그런데 아들이 표현을 잘 안 해요. 그리고 아들이 생각하고 있는 것을 얘기하면 제가 이해를 못하고……. 제 생각으로 아들이 가치관의 혼란이 있는 원인 중의 하나는 우리한테 그 탓을 돌리는 거예요. 저 나름대로는 그렇게 생각을 해요.

아들: 아빠는 저번에도 저를 불러서 아빠 엄마 싸우는 것에 대하여 신경 쓰지 말라고 하셨는데, 저는 그것을 이해하지 못하겠어요.

남편: (아들 앞에서) 쌍말로 얘기해서, 옛날에 한번 걸레는 영원한 걸레다, 그럼 그거는 빨아도 걸레다. 이런 말이 나한테서 나오더라고요.

• 13회기

남편: 집사람이 난 당신네 식구들 보기 싫다, 온 동네 다 이렇게 소문내서 내가 어떻게 가냐 그런 소리를 하더라고요. 그런데 작년에 어머니가 병원에 계셨을 때 이 여자가 병원에 있으면서 그 새끼를 만난 거예요. 그 생각이 제 머릿속에서 자꾸 떠오르는 거예요. 나는 병원 하면 지가 죄스러워서라도 어머니를 간호해야 하는데, 어머니를 내팽개치듯이 하면서 그 새끼를 만난 거죠. 그것도 수시로. 자꾸 그 생각이 떠오르는 거예요. 제가 그런 기억이 되살아나기 때문에, 특히 어머니 병원 하면 그때 기억이 나서, 나는 집사람이 병원에 안 가면 무슨 핑계를 대고 안 갈 수 있냐는 거예요.

부인: 작년에 어머니가 병원에 일 년 계시는 동안 제가 간호를 다했습니다. 그런데 제가 성의 없이 간호했다는 거예요. 남편은 제가 어머니에 대해 형식적이라는 거죠. 너는 바깥으로 그 새끼 만나러 돌아다닌다 하고요. 어머니한테 한 것이 모두 가식이라는 거예요. 남편이 저를 완전히 묵사발 만든 거죠.

남편: 반 년 넘게 내가 감금시켜 놨다 이거예요. 내가 지를 감금시켜 놓고 이혼도 안 해 주고 그런다, 매일 이런 식이죠. 그럼 내가 그 소리 듣기 싫으니 가서 이혼해라, 매일 그렇게 극단적인 표현이 나오니까 난들 인내심이……

• 15회기

부인: 남편은 저에게 네가 벌면 얼마나 벌었느냐는 식으로 가끔씩 말을 해요. 얼마 벌었냐고 하면서 저에게 욕설을 하고 그러죠. (중략) 최근에 아들이 컴퓨터를 밤늦게까지 해요. 밤낮이 바뀌어서 생활을 하더라고요. 그래서 제가 볼 때는 애가 밤낮이 바뀌니까 밥도 제대로 먹지도 않고 체력이 굉장히 많이 약해졌더라고요. 그래서 내가 들어가서 밥 먹으라고 깨워요. 그럴 경우에는 아들이 화를 내죠. 신경질을 내면서 나가라고 해서 더 이상 말을 못하겠어요. 그런데 아빠한테도 마찬가지로 똑같이 하더라고요. 저한테뿐만 아니라……. (중략) 제가 남편한테 화가 났어요. 그래서 그걸 솜 따졌죠. 아들은 우리가 싸우는 줄 안 거죠. 그런데 아들은 무조건 아빠가 그렇게 하면 왜 엄마가 대꾸를 하냐는 거예요. 가만히 있으라는 거예요. (중략) 이번에는 남편이 성적으로 요구했을 때 제가 안 받아 줬어요. 일단은 제가 잘못한 거죠. 안 받아 줬으니까요. 그럼 남편은 "너 마음이야 어떻든 내가 요구할 때 왜 안 받아 주느냐? 그놈하고 할 때도 그런 식으로 했

냐……." (중략) 제가 전에 동창회에 갔다가 저녁 7시에 집에 왔는데 겨울이라서 금방 어두워졌어요. 그런데 남편이 아파트 입구에서 차를 세워 놓고 저를 기다리고 있잖아요. 제가 덜컥 겁이 나는 거예요. 남편이 저보고 차에 타래요. 그때 남편 인상이 좀 안 좋은 거 같았지만 이 사람이 나랑 어디 갈 데가 있어서 가나 보다 하고 차를 타고 갔어요. 거기가 워커힐이었어요. 워커힐이 그때만 해도 집이 안 들어서고 전부 배 밭이었어요. 근데 거기다 내려놓고 그냥 간 거예요. 남편이 주먹으로 몇 대 때리고는 내려놓고 갔어요. (중략) 남편이 가끔 화내면서 네가 또 언제 돌변할지 모른다, 가끔 그런 식으로 저한테 말을 하거든요. 그래서 남편 마음을 알 수 없죠.

• 16회기

부인: 저는 제 감정을 아직까지 남편한테 표현해 보질 못했어요. 표현했다가는 때리니까 저만 손해 아닙니까? 그래서 할 말을 안 하는 거죠.

• 17회기

남편: 그런 경우에, 사실은 내가 좀 틀어지고 그럴 때 와이프는 내가 어떻게 나올지 모르니까 입을 딱 다물고 있는 거예요. 표정도 굳어져 있고, 그런 걸 느껴요. 그런 게 있는데, 저도 물론 그랬지만 설사 그렇다 하더라도 본인이 조금 더 한 발짝 앞서 줬으면 하는 생각도 들거든요. 그게 이제 제가 보호받으려는 본능이 살아나는 거죠. 그런데 와이프가 어떻게 행동해야 될지를 모르는 거지요.

• 18회기

부인: 남편에게 못 물어보죠. 말을 못하죠. 말을 했다간 또 상대방에게 무슨 말이 나올지 모르니까요. (중략) 저는 남편에게 꼬투리 잡힐까 봐 말을 안 하는 거죠.

(3) 폭력문제

① 언어적 폭력

• 3회기

부인: 욕을 하죠. ○새끼, ○○새끼, 그런 식으로 이야기를 해요. 남편이 이 ○○년아, 네가 왜 전화를 해, 이 ○○년아, 빨리 집에 들어와 하는 거예요. 그래서 저녁으로 시킨 음식도 안 먹고 집으로 바로 왔어요. 제 남편은 대화로 하려 하지

않고 욕으로 하려고 하니까 서로 욕을 하면서 싸움을 하게 되더라고요. 그리고 전화를 끊었죠. 남편은 화가 나면 욕부터 해요. (중략) 심하게 했을 때는 방 빗자루로 온 몸을 심하게 때렸어요. 발로 차고 머리를 끌어당기고……. 그러고는 남편이 나가서 제가 가스 중독이라고 친정집에 전보를 쳤어요.

- 13회기

남편: 이 ○○년아! 네가 하긴 뭘 해, 이년아!

- 15회기

부인: 남편이 저에게 쓰는 욕을 저는 안 쓰고 싶어요. 진짜로 막 때려 죽이고 싶은 때가 한두 번이 아니에요.

② 신체적 폭력

- 1회기

남편: 전에도 집사람을 몇 번 폭행을 한 적이 있었죠. 1년에 두세 차례 했죠. 그리고 폭행을 하지 않았던 해도 있었지만, 제가 분에 못 이기는 부분이 있었죠.

부인: 저는 신혼 초부터 결혼 한 달도 안 되어 얼굴이고 상관없이 구타를 당했어요. (중략) 가만히 있으면 남편의 주먹이 더 올라와요. (중략) 애들도 잘못했을 때 아빠한테 맞았어요. (중략) 신혼 초기부터 남편이 경제권을 저한테 안 주고 자기가 가지고 있었어요. 그러면서 싸우는 과정에서 남편이 저를 구타했어요.

- 3회기

부인: 밥을 먹으면서 남편은 밥그릇을 던지고, 그런 식으로 많이 했어요. (중략) 자주 구타는 안 하는데, 일 년에 몇 번 정도였어요. 많이 구타할 때는 일 년에 서너 번 정도이고요. 일 년에 두 번은 항상 한 것 같아요. 심한 구타 말고 약한 구타는 자주 하죠. 뺨 때리는 정도요. 남편이 구타하면 저는 가만히 있어야 돼요. 제가 쳐다보면 어디서 똑바로 쳐다보냐면서 더 심하게 구타가 가해지니까 가만히 있어야 해요. 이 일이 있고서는 한 달 동안 구타를 당했거든요. 한 달 동안 입을 못 벌렸어요. 하도 주먹으로 얼굴을 때려서 한 달 동안 음식을 못 씹었어요. (중략) 남편이 저를 발로 차고 머리를 잡아 끌고 해서 침대에서 내려오면 화장대에다 허리를 찼어요. (중략) 그 일이 한 달 전이었어요. 아들이 경찰에 신고

했더니 남편이 경찰을 못 오게 하려고 전화를 하더라고요. 저희들이 나가서 경찰을 기다리고 있는데 남편이 와서 저를 계속 발로 찼어요. 엉덩이를 차서 멍이 들었지요. (중략) 전에도 아빠가 자주 폭력을 쓰니까, 남편은 애들하고 잔정이 없어요.

• 5회기

아들: 엄마가 잘못한 것은 맞는데 아빠 방식이 마음에 안 들어요. 그렇게 폭력 쓰는 게 마음에 안 들고 그 방식이 틀렸다고 생각해요. (중략) 아빠가 말 다하시고 나서 저에게 제 생각을 말해 보라고 하는데, 제가 가만히 있으면 뺨을 때려요. 초등학교 때부터 최근 작년 후반기 때까지 맞았어요. (중략) 아빠는 갑자기 폭발하고, 물건을 던지거나 손이 올라와요. 집에서 아빠를 좋아하는 사람이 없는 것 같아요.

• 9회기

부인: 그전에는 남편이 애들을 굉장히 거세게 다루었거든요. 한번 잘못했다 싶으면 매도 들죠. 그러니까 아들이 중학교 때 잘못한 게 있어서 아빠가 호되게 때리고 그런 적이 있었어요. 저번에는 아빠가 무슨 심부름을 하라고 했는데 아들이 자느라고 안 일어나더라고요. 아빠가 뭘 갖고 나오라는데, 제가 아들에게 빨리 일어나서 갖다 드려라 했는데도 얘가 안 나가는 거예요. 아빠가 자꾸 전화를 해서 제가 전화를 아들한테 바꿔 줬거든요. 아들이 전화기를 치더라고요.

• 11회기

아들: 며칠 전에 엄마와 아빠가 싸우셨는데 그때 아빠가 칼을 집었어요. 그런데 그때 칼 꺼낼 때 들었던 소리가 계속해서 기억에 남아 있어요. 제가 아빠한테 참으라고 했어요. 그리고 나서 제가 칼을 집어넣었어요.

③ 정서적 폭력

• 3, 9회기

부인: 남편은 저에게 자꾸 이야기를 꺼내어 하면서 잠을 못 자게 하는 거예요. 한 달 동안을 그랬어요.

• 5회기

아들: 아빠가 화날 때는 무서워서 벌벌 떨고 그랬던 적 있어요.

• 9회기

부인: 남편은 화나면 진짜 무서워요. 남편 인상만 봐도 알거든요.

④ 성적 폭력

• 9회기

부인: 이게 발각이 되고 나서는 두 달 동안 남편한테 굉장히 모욕적인 일을 많이 당했거든요. 옷을 다 벗겨 놓고 상대방 남자하고 성관계 했던 그 장면을 그대로 하라는 거예요. 그걸 재연하지 않으면 때렸으니까요.

⑤ 기타

㉠ 바람기

• 1회기

남편: 저는 제 집사람이 바람기가 있지 않았겠느냐고 생각합니다. 또 제가 미안한 마음에서 우리 가족만 생활하면서부터는 집사람을 그전의 얽매인 생활로부터 많이 풀어 주었는데 이것을 악용했다는 생각이 들어요.

㉡ 고소와 법정소송

• 1회기

남편: 가정법원에 이혼청구 소송을 해야 간통죄가 성립된다고 하더라고요. 그래서 경찰에 고발했지요. (중략) 나는 그동안에 부족한 점은 있었지만 거짓 없이 살아왔어요.

㉢ 인내와 자신의 삶이 없음

• 1회기

부인: 제가 많이 참았죠. 아이들도 컸는데 제 생활이 없어요.

• 7회기

부인: 저는 남편이 하라고 하는 것은 뭐든지 다 했어요.

• 10회기

부인: 글쎄요, 저는 남편이 계속 그런 식으로 제가 조그마한 것들에 대하여 남편에게 신뢰를 안 준다고 하는데, 저는 그렇지 않다고 생각해요. 그리고 남편은 저에게 그게 힘들면 나가라고 얘기하지요. 그래서 저는 그것을 감수하고 여태까지 참고 참고 계속 참았어요.

② 남편의 경제적인 무능력과 부인의 사회생활 시작

• 1회기

부인: 제가 밖으로 돌기 시작한 것은 남편의 경제적 능력이 없어지면서부터였던 거 같아요. 남편이 사업을 반복하면서 어려웠어요.

• 3회기

부인: 7~8년 동안 남편의 고정적인 직업이 없었어요.

⑩ 가족과의 별거

• 1회기

남편: 저는 결혼생활 중 반 이상을 가족과 떨어져 있었습니다.

• 2회기

남편: 제가 알기에는 부모님이 계속 떨어져서 사셨어요. 저는 아버지와 함께 산 것이 4~5살 때까지 기억이 나요.

⑪ 배우자의 불륜관계에 대한 엄격성

• 2회기

남편: 그게 제 자신의 철칙이에요. 제 가족 사항을 얘기했지만, 제 아버지께서 부인이 셋이기 때문에 남들(친구들)의 만남에서 노래, 술, 여자하고 안 해요. (중략) 결혼 전까지는 술 먹고 담배를 피웠으나 결혼 후에는 담배 끊고 여자관계도 일체 끊었어요. 심지어 제가 고자라는 얘기까지 들었어요.

ⓢ 현재 배우자와 외도했던 상대방과의 차이

• 3회기

  부인: 저희 남편하고는 많이 틀렸죠. 때때로 제가 좌절도 많이 했어요. 만나지 말아
       야지 하면서도 자꾸 끌리더라고요. 그 사람은 마음이 굉장히 따뜻한 것 같았어
       요. 그렇지만 지금 생각해 보면 그것도 아닌 것 같아요.

◎ 배우자에 대한 기억

• 3회기

  부인: 남편에 대한 특별히 좋았던 기억은 없었던 것 같아요.

(4) 배우자의 불륜에 대한 분노와 불신임, 위축감 및 피해의식

• 1회기

  남편: 자연적으로 불륜에 관한 화제가 떠오르는 거예요. 그럴 때는 제가 한마디도 못
       하죠. 위축이 되어서 대화에 못 끼는 거예요.

• 2회기

  남편: 그 자식(부인의 전 남자친구)에게 5분 동안 공갈협박 하는 것 아니냐면서 욕설
       을 퍼부었어요. 그러고 나서 집에 들어가니까 와이프가 사람처럼 보이겠어요?
       그 감정이 다음 날 아침까지 오래 가더라고요. 저 자신이 이러면 안 되는 줄 알
       면서도…… (중략) 저 스스로가 문제에 부딪히면, 예를 들어 TV 연속극을 보다
       가 불륜관계가 나오면 끝까지 보지를 못해요. 끝까지 보면 속에 있는 말을 한마
       디를 던져요 "인간들이 어떻게 저렇게 할 수 있냐?" 이런 일이 없었으면 집사람
       하고 논할 수 있는 문제인데 충분한 화젯거리가 될 수 있는데…… 이제는 안 되
       는 거예요. 그다음에는 모임 같은데 가면 우리 나이 때 되면 계속 이런 문제들이
       나오는 거예요.

• 3회기

  부인: 텔레비전에 불륜관계가 나오면 저를 불러요. 네년하고 똑같아 하면서 저한테
       욕을 퍼부어요. (중략) 이 일이 터지면서 남편은 제 통장도 뺏어 갔어요.

• 6회기

  남편: 내가 너무 화가 치밀어서 이게 뭐냐 너희들이 저지른 일을 내가 경찰서, 법원

가서 처리하러 다니고 나중에는 내가 덮어 쓰고……. 우리 사회에서는 남편이
여자를 다른 남자에게 뺏겼다고 생각하는 거예요. 우리 사회는, 아직까지는 우
리 세대에선 그렇게 생각한다는 거예요. 오죽 못났으면 마누라를 다른 남자에게
뺏겼겠냐 하죠. 그리고 그 남자가 나한테 한 달에 한 번씩 만나자고 해서 만나면
정복자의 태도예요. 내 마누라를 일주일에 한 번씩 만나서 농락하고 있다는 정
복자의 태도였어요.

부인: 그런데 남편은요, 아직까지도 제가 그 남자를 못 잊는 걸로 생각해요.

• 7회기

부인: 현재로선 법적인 문제가 걸려 있어서 제가 지금은 아무 일을 하고 싶지 않아
요. 제가 그 일을 깨끗이 끝내고 나면은 모르겠어요. 그렇지만 지금은 경찰서 왔
다 갔다 하면서 마음의 준비가 안 되어 있어요.

남편: 여자하고 바가지는 바깥에 놓으면 깨진다는 옛날 어른들 말이 다시 떠오른 거
예요. 저는 집사람을 위하여 차라리 내가 옛날에 구속을 시켜 놨던 게 더 난 게
아닌가 싶어요. 그렇다고 되는 건 아니지만…….

• 8회기

남편: 너(부인)는 이 병 고치는 데 한 달이면 끝난다고 제가 그랬어요. 너는 이 남자
관계 끊는 데 한 달이면 끝난다. 그렇지만 나는 이 병을 치료할 때 석 달이 갈지,
1년이 갈지 모른다.

• 10회기

남편: 무진장 노력을 했지만, 제가 상대방을 근본적으로 못 믿어요. (중략) 그래서 결
론은 가정이 어떻든 간에, 중간 과정이 어떻든 간에 남자가 결국은 패배자가 되
는 것 같더라고요. 그래서 제가 지금 어딜 가도, 우리 가족들이나 이 내용을 아
는 누구한테 가도, 변호사나 박 교수님한테 와도 나한테 인내를 요구하고 나의
생각을 바꾸라고 하고, 저한테는 그렇게 들리는 거예요.

• 13회기

남편: 나의 응어리는 상당히 오래 갑니다. 맞는 놈은 평생 갑니다. (중략) 저 자신이
정신적으로 황폐되어 있는 사람이에요. 저 자신은…… 그죠? 저는 그렇게 생각
해요. 왜냐하면 전하고 모든 면에서 내가 많이 달라졌거든요.

• 17회기

남편: 주위에서 나를 옹호하려는 사람은 하나도 없고 너 참아라, 네가 여기서 한 걸음 참으면 더 낫다고 해요. 근데 그걸 당하는 나는 이중으로 괴로운 거예요. '아, 일이나 열심히 하며 살란다.' 하는 생각을 갖고 살아가고 있는데 이런 일이 터지니까.

(5) 외도에 대한 부인의 죄책감

• 3회기

부인: 그런데 이 일로 인해서 남편과 자식들한테는 죄인이죠. 이 일로 죄스럽게 생각해요. 남편한테 구타도 당하고 조금이나마 남편한테 속죄하는 마음으로써 제가 버티거든요. (중략) 남편은 지금 이혼소송을 내놓고 있는 상태예요. 제가 지금 남편한테 무슨 말을 하겠어요. 자식과 남편한테 미안해서 남편한테 당신의 처분대로 받겠다고 말했어요. 이 일이 터지고 나서부터 저는 이 일이 빨리 끝났으면 좋겠어요.

• 9회기

부인: 글쎄, 저는 제 잘못을 인정하거든요. 뉘우치고 있어요. 저의 생활에 대해서 저는 모르겠어요. 다른 분들은 어떻게 생각할지 모르겠지만, 저도 굉장히 보수적이에요. 남편은 물론 그보다 더 하지만, 남편이 잘못됐다는 것보다도 일단은 제 잘못을 먼저 인정하고 들어갔어요. 그런 상태예요.

(6) 심리 · 신체적 증상

① 부인의 심리 · 신체적 증상

• 3회기

부인: 저는 소화가 잘 안 돼요. 그전에는 별료 몰랐는데 지금은 죽고 싶을 때가 있어요. 언니한테 하소연을 많이 해요. 그럼 언니가 위로를 많이 해 줘요. (중략) 아들이 요새는 집을 가끔 안 들어와요.

• 10회기

부인: 제가 일체 외출도 하지 않았는데 우울증이 나타나더라고요.

- 13회기

부인: 제가요, 집에서 아침서부터 뒷골이 땡겼는데 전철 입구에서 저도 모르게 악 소리를 내면서 넘어졌어요. 지금도 병원을 가야 하는데, 지금도 기침을 하면 막 땡기고 그렇거든요. 멍이 시퍼렇게 들기도 했어요.

- 16회기

부인: 요새 위가 좀 안 좋거든요. 위가 많이 안 좋아졌어요. 그래서 계속 약을 먹고 그랬는데 속이 자꾸 울렁거려요. 울렁거려서 소화가 안 되고, 변을 잘 못 보고…….（중략) 제가 마음이 조금이나마 여유가 생긴 거죠. 그래서 제가 우울증이 오는 거 같아요. 바깥에 나가서 일을 하면서도 '아! 내가 왜 이러고 사나? 하죠. 왜 사나 싶은 게, 다 귀찮아 죽고 싶어요. 제가 그래도 딸이 그쪽에 있을 때는 걔를 봐서 좀 힘이 났어요. (울먹임) 그런데 딸이 귀국하고 나서 애까지 우울하더라고요. 딸이 지금 우울하니까 저의 일을 얘기할 수가 없더라고요. 때가 아닌 거 같아요.

- 18회기

부인: 소화가 잘 안 되는 편이거든요. 얼굴도 자꾸 붓고…….

② 아들의 심리·신체적 증상

- 5회기

아들: 저는 태어나면서부터 아토피성 피부염이라 피부가 간지러워 집중 같은 것을 잘 못해요. 제가 생각할 때도 제가 산만한 것 같아요. (중략) 저는 음악을 크게 틀면 불안해져요. 지금도 조그맣게 틀어 놓고 들어요. 제가 잘 때도 안방에서 무슨 소리가 나면 깜짝 놀라서 깼어요. (중략) 저는 어렸을 때 생각이 잘 안 나요.

- 10회기

부인: 아들과 대화를 많이 했어요. "뭐 먹었니? 죽을 끓여 줄까?" 하니까 안 먹는다고 하더라고요. "내가 알아서 먹을 테니까 엄마는 신경 쓰지 마."라고 얘기를 하더라고요. 그래서 아들하고 얘기하고 방에 들어갔죠. 들어가니까 남편이 왜 늦었냐, 어디냐, 이런 걸 묻더라고요. 그런데 아들이 듣고 있었어요. 듣고 있었는데 발로 문을 확 차더라고요, 듣기 싫어서.

- 11회기

  아들: 엄마 아빠가 싸울 때 힘들어요. 요즈음도 불안하긴 해요.

  부인: 저희가 싸울 때 아들이 아주 굉장히 불안해하고 말수가 적어져요. 엄마한테 접근을 잘 안 하려고 하고, 방에서도 잘 안 나와요. 그리고 신경질을 잘 내요. 예를 들어, 식사 때가 되어서 밥 먹으라고 문을 열고 들어가면 안 먹는다고 그러고, 말을 더 붙이려고 하면 짜증을 내는 거죠. 그래서 저도 아들이 크다 보니까 겁이 나는 거예요.

  아들: 아빠가 칼을 꺼냈던 사건 이후에 부모님이 싸울 때 더 불안해요. 그다음부터 집에 나가 있을 때 계속 집에 전화하게 돼요. (중략) 최근에 들어서 아빠를 막 죽이고 싶다는 꿈을 꿔요. (중략) 엄마가 맞고 사는 게 매일 불쌍해서 엄마 생각하면서 운 적 많아요.

- 12회기

  치료자: 어렸을 때, 엄마 아빠가 싸울 때의 불안함과 지금 본인이 나이가 들었음에도 불구하고 어떤 면에는 그 어린아이로 되돌아가서 무서워하지 않느냐는 거예요. 불안하고 화가 나는 면이 말예요.

  아들: 네, 비슷한 감정을 느껴요. (중략) 평소엔 괜찮은데요, 집에 무슨 일이 있을 것 같은 분위기면 불안해요. (중략) 저는 머리가 복잡해지고 아무 생각이 안나요.

- 16회기

  부인: 아들이 옛날에 비해서 성격이 좀 더 거칠어졌어요. 그전에는 지네 누나가 좀 뭐라고 하면 그거를 다 수긍하는 편이었는데, 근래 와서는 누나한테 자꾸 대들어요. 제가 볼 때는 아무것도 아닌 일가지고 누나한테 화를 내고 그러더라고요. 저한테도 그전하고는 많이 틀리죠. 저하고는 대화를 잘 안 하려고 해요.

- 20회기

  남편: 애들이 정신병원에서라도 치료를 받았으면 좋겠습니다. 그리고 아들이 "엄마, 조금 정상이 아니야!"라고 저에게 이야기를 하더라고요.

(7) 부모의 폭력적인 성격을 학습하는 자녀

- 5회기

아들: 저 성격도 아빠의 폭력적인 성격을 닮아 가고 있는 것을 알거든요. 그래서 마음이 무거워요.

• 9회기

부인: 아들이 근래에 와서는 폭력적인 거를 막 쓰거든요. 짜증이 나면 옷도 뜯고. 며칠 전 일인데요, 지퍼가 안 열리더라고요. 그러니까 확 잡아 뜯더라고요. 근데 아빠 앞에서는 전혀 안 그래요.

• 11회기

아들: 엄마와 아빠가 싸울 때 말리는데 그때 아빠랑 똑같이 물건을 집어 던져요.

부인: 혹시 아들이 이렇게 하다가 엄마 아빠에게 크게 화를 내지 않을까 걱정이 되고, 아들이 물건을 집어 던진다든가 일어서서 막 물건을 부숴요. 아들한테 조금 겁이 나죠.

(8) 부모 사이에서 혼란스러워하는 자녀

• 11회기

아들: 그런데요, 아빠 말 듣고 엄마 말 들으면요, 도대체 누구 말을 믿어야 할지 모르겠어요. 엄마 말 들으면 엄마 말이 맞는 것 같고, 아빠 쪽에서 아빠가 말하면 아빠 말이 맞고, 나중에 제가 혼자 생각해 보면 누가 옳은지 헷갈려요. 각자 저한테 얘기한 거는 주관적으로 얘기를 많이 하게 되죠. 그러니까 엄마 아빠가 함께 얘기하는 것보다 저에게 각자 얘기하니까 그런 거 같아요. (중략) 엄마랑 얘기하면 그게 아니다 혼란스럽죠. 도대체 누구 말을 믿어야 할지…… 그러다가 그냥 포기해 버려요. (중략) 그 사건 이후로 엄마를 못 믿겠어요.

부인: 그전에는 아들이 엄마한테 불만이 있다든가 그런 거 못 느꼈거든요. 최근에 싸울 때는 아들이 엄마 아빠를 굉장히 질타를 하더라고요. 엄마 아빠 다 싫다고. 완전히 저보고 집에서 나가라고 했어요. 아들이 너무 과격하게 나왔어요. "엄마가 어디를 가니? 아빠 마음을 내가 너무 잘 아는데. 또 이대로 나가면 엄마가 아빠한테 또 무슨 소리를 들을지 모른다. 엄마는 깨끗하게 하고 나갈게. 나가더라고 그렇게 하고 갈게." 하고 제가 아들한테 이야기를 했어요.

아들: 아빠랑 엄마가 싸울 때는 둘 다 미운 거예요. 제 마음이 굉장히 상하고요.

(9) 결혼생활을 유지하려는 이유

• 3회기

부인: 저는 돈도 없거니와 현재 남편과 사는 게 더 나을 것 같아요. 남편이 이런 치료를 받으면서 좀 더 나아지지 않을까 하는 기대도 있고요. (중략) 아들이 자기를 봐서라도 아빠와 살아 달라고 했어요.

• 5회기

아들: 저는 부모님이 같이 살기를 원해요.

• 11회기

아들: 그냥 아빠랑 엄마가 잘 지냈으면 좋겠어요.

(10) 부부간의 양가감정

• 8회기

남편: 저는 집사람이 정작 받아들여지지 않고, 또 내가 있잖아요, 내가 과거같이 거리를 활보하며 다녀야 하나, 또 내가 이것을 조금이라도 낌새를 챈 사람한테는 어떻게 대처를 해야 하나 싶어요. 모른 척하고 그러면 "새끼, 저 새끼, 지 마누라는 다른 놈하고 놀아나는데 그런 새끼가 뭘 해!" 그런 말을 내가 어떻게 감수해야 하나 싶죠. 또 같이 산다니까, 그것들이 붙어서 같이 결합한다니까 그거에 대한 게 또 불안한 거예요. 그러니까 또 그걸 생각하기가 싫어요. 나 혼자 사는 게 편하지. 지가 저지른 일을 지가 알아서 해야지 왜 내가 감싸면서 불안한 길을 가야 하느냐 하는 생각 자체를 하기가 싫어요. 이렇게 나갔다가, 진로 방향이 설정됐다가도 한 발짝을 못 나가는 거예요.

치료자: 그래서 지금 부인께서도 그걸 헷갈려 하시는 거고요, 선생님도 선생님 나름대로 헷갈려 하시고 있고요. 저도 지금 상담을 하면서 방향 설정을 해야 하는데 선생님의 노선이 불분명하니까 부인께서도 불분명해지시고, 부인께서는 남편과 같이 살아 보려고 하시는데 남편의 입장이 뭔지 모르겠다는 거예요.

2) 상담 후 부부관계의 변화에 영향을 미친 요인들

(1) 자아분화문제

① 시댁과의 분리

• 12회기

  남편: 와이프가 나는 당신네 식구 보는 것이 두렵다는 거예요. 그래서 저에게 안 가면 안 되냐 이거예요.

② 배우자의 원가족과의 분리 및 자아분화

• 1회기

  남편: 제가 시댁식구들로부터 집사람의 방어벽이 못 돼 주었다는 것을 인정해요.

• 10회기

  남편: 그때 와이프가 5월 초에 상담받고 나서 저도 참 노력을 많이 했어요. 가능하면 나 혼자 힘으로 해 보려고 노력을 했어요. 그래서 별 탈 없이 그냥 지내왔어요. 또 내가 대화로 하고 그래야 하는데, 내가 성격이 좀 적극적으로 풀려고 하는 게 부족한 건 사실이에요. 나한테 좀 나쁘게 하면. 응석으로 봐 달라고 하는 게 많이 작용했거든요. 이제 뭐든지 하면, 내가 하고 있으면 남이 와서 풀어 주는 게 내 과거부터의 환경이라고. 그러니까 예를 들어서 고집만 부리고 앉아 있으면 됐던 게 나였어요. 그거를 없애야 되는데. 그걸 이렇게 여기서 출발했지만……. 이제 그런 나이도 지났고. 나 스스로도 바꿔야 되는데 좀 부족한 게 사실이에요.

• 14회기

  남편: 집사람이 거기 가서 일을 하면 잡념을 없앨 수 있잖아요. 저도 마찬가지예요. 일을 하거나 친구들하고 어울리다 보면 그 순간에 잊어버리더라고요. (중략) 예, 그게 있어서요. 내가 이거를 양보해 주면 와이프 입장에선 '그러면 그렇지, 지가 내가 이렇게 하는데 물러나야지.' 뭐 이런 생각을 가질 수도 있는 거니까. 지가 이제 예를 들어서 나쁜 짓을 하고 이렇게 있지만 내가 어떻게 보면 용서가 되는 거고, 내가 양보함으로 인해서 자기가 한 짓을 정당화시켜 나가는 걸로 되지는 않을까 하는 두려움이 있는 거예요. (중략) 처음에 교수님이 그 말씀 하실 때

조금 역설적이었는데, 이제는 좀 수긍이 가요. 이제 안정을 어느 정도 찾아가고 있는 것 같아요. 그래서 이제 그런 걸 생각할 때 내가 좀 자중하고, 내 시간을 좀 많이 가져야 되겠다 싶어요. 요즈음은 제 시간을 좀 많이 가져요.

• 15회기

　부인: 남편이 이제는 일이 끝날 때 더 이상 차를 가지고 기다리지는 않아요. 그런데 만약 제가 조금 늦으면 늦는다고 항상 전화를 해 줘야 해요. 전화를 안 해 주면 저에게 화를 내죠. 옛날에도 남편은 제 스케줄을 항상 다 알아야 됐어요. 그전에는 저녁 7시 넘게 집에 들어오면 남편이 저에게 화를 내곤 그랬어요. 남편은 집에 항상 전화했죠.

• 16회기

　부인: 남편이 어떨 때는 자기 스스로 저를 데리러 와요. 편하지는 않아요. 말을 안 하죠, 제가. 그냥 남편 하고 싶은 대로 하게 두는 거예요. 그런데 제가 항상 이렇게 마음이 불안하죠. 같이 이렇게 퇴근할 시간이 돼서 저를 데리러 오면 차를 타고 가는 것 자체도 두려워요. 또 무슨…….

• 20회기

　남편: 내가 좀 나 나름대로의 가치가 허물어지고, 거기에서 같이 뒤집어지는 거, 제가 두려운 거는 사실 그런 거예요. (웃음)

③ 배우자의 공간적 분리

• 9회기

　부인: 그전에는 남편이 아침에 늦게 출근하고 일찍 들어와서 남편하고 부딪히는 일이 많았어요. 제가 직장에 나감으로 해서 아무래도 부딪히는 일이 적어졌죠. 그래서 제가 좀 편하더라고요.

• 16회기

　부인: 남편과 같이 있으면 항상 긴장된 상태죠. 그전에 남편이 집에서 안 나갈 때는 같이 있는 시간이 많잖아요. 그런데 남편과 같이 있는 시간이 줄어드니까 편하지요.

- 18회기

부인: 남편이 집에 있을 때가 적어지니까 부닥치는 시간은 많이 줄었죠. 그렇지만 여전히 마음속으로는 불안해요. 나가서 남편이 들어오면 제가 항상 남편의 얼굴부터 먼저 보죠.

- 20회기

부인: 저는 떨어져 있으니까 편하죠. 이제 우선 잊어버리니까요. 건설현장에서 제 생활이 옛날에도 거의 비슷했거든요.

(2) 의사소통의 변화

① 역설적인 의사소통방식의 변화

- 16회기

부인: 그전 같으면 제가 그렇게 딴 방에 있으면 남편이 저에게 또 안방으로 안 온다고 막 그렇게 하고 그랬는데 요즈음은 그런 게 없어졌어요.

- 17회기

남편: 저는 대화를 하기도 싫은 시간이 있어요. 저도 속으로 이러면 안 된다고 생각하면서 이걸 없애고 싶어요. 그런데 저한테 상대가 어떤 대화를 해 주기를 바라는 거예요. 제가 화를 낸 건 어차피 화를 표현한 거예요. 다른 행동도 했는데, 그 순간은 건드리면 아까처럼 폭발하는 거예요. 그래서 그 순간, 한 20분 동안은 대화하기를 원하지 않아요. 옛날에는 솔직한 얘기로 그게 이틀 사흘도 갔어요. 그런데 요새는 한 20분 정도 넘어서면 옆에서 주정하는 사람 달래 주듯이, 그런 어떤 다른 화제로 대화를 좀 이끌어 주면 좋은데…… 당신 아까 되게 화 난거 같더라, 내가 생각해도 당신 입장이면 화가 날 것 같아, 뭐 이런 어떤 대화라든지 해 줬으면 되는데 집사람이 저와 똑같은 거예요. 나 스스로가 그래도 어떻게 대화를 꺼낼 수 없는 입장이죠.

- 18회기

치료자: 이 말 해도 걸리고, 저 말 해도 걸리고. 내가 화나면, 속상하면 그 어떤 말이라도 짜증이 나는 거죠, 이해하세요?

남편: 제가 그런 부분이 있었죠. 그렇지만 이제는 그런 거 초월한 지 오래 됐어요.

② 문제를 해결하기 위하여 시도된 역기능적인 의사소통 방식의 변화

• 3회기

부인: 남편이 교수님한테 왔다 가고는 달라졌죠. 저한테 전화를 자주 했어요. 남편이 그전에는 밥을 먹고 들어오거나 늦을 경우에 저에게 전화를 안 했는데, 저녁식사를 하고 들어온다고 하거나 누구를 만나서 늦게 들어간다고 전화를 하는 거예요. 전화를 세 번 정도 했어요.

• 6회기

남편: 저는 지난번보다는 대화하는 것이 좋아졌어요. 저 자신이 가끔은 그 생각이 나지 말아야 되는데 상대와 계속 접촉해 있으니까.

• 7회기

부인: 남편이 좀 부드러워졌어요. 그전에는 음성이 많이 높아지고 상스러운 말을 했는데, 이제는 상스러운 말이 줄었고 윽박지르는 면이 없어졌어요. 예를 들어, 경찰에 대질심문 하러 갔는데, 그전에는 저에게 화를 내며 왜 대답만 하고 왔느냐고 심하게는 욕도 하고 심한 말도 많이 했는데, 이번에는 남편이 부드러워졌고 제가 조금은 편했어요.

치료자: 부인에게 웃음이 있어요. 지난번에 보았을 때와는 모습이 달라요. 남편에 대한 경계심이 느슨해지신 것 같아요.

부인: 지금도 마찬가지예요. 할 말이 있어도 못해요. 그러나 남편이 부드러워져서 조금은 편해요.

남편: 저는 오히려 사람이 변화하는 모습이 보여야 상대방이 편해지는구나 하는 것을 느꼈어요. 그리고 '이 일을 헤쳐 나가야겠다, 내가 바뀌야겠다, 이 가정도 중요해.'라고 생각하고 있습니다. (중략) 이 상황에서 저 자신도 변화하고 싶어요. 근데 잘 안 돼요. 지난 석 달 동안 가지고 있던 것이 부드러웠다는 거지 과거보다는 아닐 겁니다. (중략) 내가 집사람에게 말을 강하게 한다는 것을 몰랐을 때는 말을 함부로 해도 되었죠. 예를 들어, 모임에 갔다 오면 "야, 오늘 가서 좋은 남자 만나고 왔냐?"고만 할 수 있는 거 아니겠어요, 과거에는? 이제는 집사람에게 그런 얘기를 못한다는 거죠. 그러니까 저 스스로 자연적으로 말이 적게 나가고 조심스러워질 수밖에 없는 거죠. 지난 3, 4개월 동안 집사람이 초기에 생전 듣도 보도 못한 걸로 나한테 당했죠. 그거에 비해서 지금 제가 부드러워졌다는

얘기죠. 제가 원래 말을 굉장히 아끼고 어떤 불필요한 말을 안 하고, 남한테 말 한마디 하더라도 굉장히 가려 가며 하는 사람이었어요. 저는 현재 말을 삼가고 있습니다.

- 10회기

부인: 저는 교수님하고 상담을 하면서 이번 일이 터지기 전까지는 나아진다고 생각 했거든요. 그때까지만 해도 일체 외출이라든가 하지 않았으니까요.

치료자: 부인께서도 나름대로 많은 변화를 하려고 애쓰시고, 두 분 간에 변화가 있으 셨어요. 지난번에 부인이 혼자 오셔서 남편이 많이 변했다고 하시면서 남편이 부인을 대하는 태도와 표현하는 방식도 변했고 부인께서도 마음이 많이 누그러 졌다고 몇 번에 걸쳐서 저한테 말씀하셨어요. 그러니까 그전 같았으면 부딪힐 상황도 조금 넘어갔다는 거죠. 그런데 중간에 사건이 탁 터지니까 그 방식이 옛 날에 사용했던 방식으로 똑같이 악화되지 않았느냐 그거죠. 제가 볼 때에는 변 화가 오지만 어떤 사건이 터지면 또 옛날 방식이 나온다는 거죠. 그렇지만 또 생 각해 보면 변화가 있을 거예요. 옛날에 주먹이 날아갔다면 주먹 날아가는 게 좀 덜 날아갈 테고. 예를 들면……

남편: 물론 그런 건 있죠. 또 이제 저도 심지어 어떻게 살아가야 하는가에 대하여 생 각해 봤거든요.

- 11회기

치료자: 어머님께서 아드님의 과격한 행동에 대하여 이렇게 두려워한다는 거 아셨어 요?

아들: 저는 엄마가 그렇게 불안해할 줄 몰랐어요.

부인: 지금은 남편하고 소강상태이고 지난번 다녀가고 나서 나아졌어요.

남편: 집사람이 얘하고 여기 다녀간 다음부터 좀 많이 좋아진 것 같더라고요. 좋아진 것 같은데, 제가 이걸 수용해 버리면 이걸 또 어떻게 헤쳐 나가야 되느냐 하는 고민이 생겨요. 그렇지만 와이프도 이제 좀 좋아졌고……

- 12회기

아들: 옛날 생각해도 아빠에 대한 나쁜 기억은 없고요. 평소엔 그냥 잘 지내요.

- 13회기

   남편: 아, 처음엔 저도 자꾸 하나하나 개선해 나가자. 그래서 한 단계 한 단계 해서 저 나름대로 생각해도 많이 양보하고 지금은 어느 정도 좋아졌어요.

- 14회기

   치료자: 예를 들면, 부인께서 아무런 의도 없이 "당신이 아는 사람, 그 사람 만났어." 라고 했는데 "○○년아! ○○○은 년아!"라고 하면, 이쪽은 그렇게 욕먹을 말을 한 거 아닌데 너무 강하게 들려서 '아, 남편이 여전히 이 일에 대해서 변함이 없구나!' 라고 해석을 하게 되죠. 그러면 부인께선 다음번에 남편에게 말을 조심하게 될 거고, 그다음엔 남편이 신뢰하지 않기 때문에 여러 가지가 부자연스러울 거란 거죠. 부인께서는 남편의 표현하는 방식이 많이 부드러워지셨다는 거예요. 그래서 마음이 많이 편안해지셨대요. 그전 같으면 남편의 말이 거칠었는데 남편께서 많이 애를 쓰신다는 건 인정을 하시더라고요. 그러면서 남편에게 고맙다고 표현을 하시더라고요. 그래서 남편께서 조금 완화된 표현을 해 주신다면 부인께서도 또 한 번 변하고 '아! 나를 배려한다.' 고 느낀다는 거죠.

   남편: 저도 어떤 말을 뱉어 놓고 후회가 될 때가 많아요. 또 저도 이제 그런 쌍말은 여간해서는 잘 쓰는 성격이 아니에요. 쌍말은 건설업에 있다 보니 많이 사용하게 되었습니다. 사실은 제가 제일 싫어했던 것 중에 하나가 욕을 하는 거예요.

- 15회기

   부인: 지금은 남편이 저를 대하는 태도가 많이 부드러워졌거든요. 부드러워졌는데도 가끔씩은 옛날 것이 나오지만요. (중략) 남편이 많이 달라졌죠. 딸이 알까 봐 그전하고 달리 많이 의식을 하더라고요. (중략) 그전에 비하면 남편이 많이 좋아지긴 했는데, 가끔 제 일로 해서, 뭐 그런 쪽으로 해서 나쁜 일이 있으면 화를 내죠. 그리고 남편이 뭐 때문에 안 좋은지에 대해서 저는 물어볼 수가 없죠. 그 사람은 말을 안 하니까요. 그래서 저는 예감에 '어, 교수님한테 전화받고 그래서 좀 안 좋은 건가?' 라고 생각했지요.

- 16회기

   부인: 남편과 대화하는 거는 그전에 비하면 많이 좋아진 거죠. 그런데 원래 그 사람이 말수가 별로 없어요. 제가 결혼생활 하면서 말없는 것이 항상 불만이었거든

요. 뭐든지 단독적으로 혼자 처리하고. 지금도 그것은 마찬가지고요. 그거는 전혀 변하질 않았어요. (중략) 아들이 여기 다녀가고 나서 아빠에게 표현을 좀 강하게 하더라고요. 아들이 아빠하고 좀 다투었어요. 아빠는 엄마를 용서했으면 끝까지 용서해야지, 그렇게 자꾸 엄마를 괴롭히느냐, 아빠하고 대화를 하면서 싸우더라고요. 그러다 아빠가 거칠게 나오니까 아들이 아빠 멱살을 쥐었어요. 그래서 결국 제가 아들하고 집으로 들어오고, 남편은 아침에 들어왔어요. (중략) 그런데 요새는 그전에 비하면 남편이 저를 덜 괴롭히니까 제 마음이 조금이나마 여유가 생긴 거죠.

• 17회기

남편: 부부관계가 아직까지도 그렇죠. 제가 좀 일방통행인 셈이죠. 아직까진, 왜냐하면 어떤 경우에는 여기서 그러면 안 되는데…… 서로 따뜻하게 보호해 주고 싶은 마음이 들 때도 있어요. 하지만 이렇게 손이 요만치 나갔다가 더 이상 못 뻗는 거예요. 제가 어떻게 보면 옹졸하게, 또 이게 오히려 옛날로 돌아간 거 아닌가, 그때의 습관이 남아 있는 것 아닌가…… 이렇게 감싸 줘야지 하면서도 손이 이만치 나가다가 다시 주머니로 들어가요. (웃음) (중략) 아니, 사건이 난 이후보다는 부부관계가 좋아진 거지요. 하지만 옛날대로는 아직 한 50%도 못 갔죠. 와이프는 사건 난 이후를 기준으로 한 거고. 그 정도면 아무것도 아니죠.

치료자: 선생님은 나름대로 지금 많이 참으시고 변화하시고 계세요. 그런데도 어떨 때 나오는 방식은 옛날에 화났을 때 표현방식하고 비슷하지 않느냐는 거죠. 그러면 부인은 남편한테 정말 솔직한 표현을 할 수가 없죠. 그러면 그 방법 갖고는 선생님이 계속해서 부닥칠 수밖에 없는 관계가 된다는 거죠. 사실은 그게 핵심입니다.

남편: 옳으신 말씀이에요. 그래서 저도 이제, 물론 그 방법까진 솔직한 얘기로 마음이 안 열려 있어요. 그렇지만 집사람의 꼬투리를 잡겠다는 생각은 많이 없어졌어요. 과거에는 쌍말로 "당신 저쪽 방에 가서 자." 하는 식으로 하고 그랬는데 이제는 그런 게 많이 없어졌어요. 근데 이제 그런 것이 자꾸 단축되고 새로운 마음으로 전개를 하려고 굉장히 노력하는 차에 그게 이상하게 연달아 겹치는 거예요.

(남편이 문제를 해결하려고 시도해 왔던 방식을 변화시키려고 노력하지만, 사건이 터졌을 때는 다시 그전에 사용했던 역기능적인 의사소통 방식을 취하게 된다는 내용이다.)

• 18회기

남편: 옛날로 다시 돌아가지는 않았지만 부부관계는 좀 괜찮아졌어요. 저 자신이 어떤 대화 자체가 좀 조심스러워지는 것 같아요. 그러니까 저 자신도 마음을 탁 터놓고 얘기할 단계가 아직 아니고 또 상대도 마찬가지입니다. 또 얘기하면 조심스럽게 한다고 한 게, 또 저한테는 이상한 반응이 스트레스로 가끔…….

부인: 남편과 부닥치는 건 많이 줄었죠. 그래도 저는 남편한테 바라고 싶은 거는 구체적으로 저한테 얘기를 해 줬으면 좋겠어요. 그게 없어요. 그거 없이 그냥 화만 내니까. 저는 저 사람이 왜 화를 낼까, 뭐 때문에 화를 낼까, 그거를 모르거든요. 그런데 저에게 구체적으로 얘기를 해 주고 화를 내면 제가 그것을 고치고 그럴 텐데 전혀 그런 거 없이 무작정 화만 내니까, 그래서 어떻게 해야 할지 모르겠어요.

남편: 그런데 또 반대로 내가 어떤 문제를 던지든지 얘기를 하면 집사람은 또 군더더기가 많이 붙어요. 집사람은 대화를 하면서 문제를 해결하려고 해야 하는데, 우선은 방어벽을 먼저 쳐놓고 면피하려고 해 놓은 다음에 대화를 하려고 하니까 나는 성질이 더 나는 거지요.

• 20회기

남편: 지난번에 교수님이랑 대화할 때 나 나름대로의 목표를 가져야 하지 않나 하는 생각을 했어요. 솔직한 얘기로 요새는 집사람에게 돈을 주기가 싫어요. 안 줘요. 내가 쓸 것도 없고 애들도 각자 자기가 알아서……. (중략) 요새 와서 와이프는 자기 나름대로 모든 거를 하고, 어떨 때는 저한테 깊이 있는 얘기를 해요. 어떤 얘기를 할 때 요새 자기는 마음이 편하대요. 또 손들 게 없으니까. (웃으며) 속에 담아 둔 게 없으니까 편하대요. 그런 얘기를 하더라고요. 그래서 한편으로 생각하면 '그렇겠지!'라고 이해는 가지만, 좀 나쁘게는 '네가 내 앞에서 그런 소리를 할 수 있냐!' 하는 거죠. (웃음)

③ 폭력 사용의 감소

㉠ 언어적 폭력

• 8회기

치료자: 두 분 간의 관계는 어떠세요?

• 9회기

부인: 많이 좋아졌어요. 그전에 비하면 남편이 저에게 폭력적인 언어 같은 거를 많이 안 쓰니까요. 그렇지만 대화는 별로 없는 편이에요.

• 11회기

아들: 엄마 아빠의 싸움이 줄긴 줄었어요.

• 15회기

부인: 욕하는 것은 이제 가끔씩 하죠. 욕은 습관화되어 있어요. 그러나 애들한텐 욕을 안 해요.

• 16회기

부인: 화내고 그러는 것은 많이 줄어들었죠. 남편에 대하여 좀 더 편안해졌어요.

ⓛ 신체적 폭력

• 3회기

부인: 경찰에 신고하고서부터는 폭력은 안 써요. 언어적인 폭력 정도로 해요.

• 9회기

부인: 그렇지만 요사이 와서는 남편의 말하는 태도가 부드러워졌어요. 남편이 폭력을 안 쓰니까 제가 마음이 좀 편하죠.

• 11회기

아들: 요새는 옛날보다 아빠가 엄마를 때리지 않아요.

• 15회기

부인: 교수님한테 그때 한 번 많이 지적을 받고 가서는 구타를 전혀 안 하거든요.

• 16회기

부인: 지난 3개월 동안 남편의 폭행은 없었어요.

(3) 기타

ㄱ 재결합에 대한 가능성

• 1회기

남편: 아이들의 문제로 이혼이 능사는 아니라는 생각도 들고 둘이 원활한 관계를 가지려고 노력을 해요. (중략) 우리 부부가 다시 결합의 가능성이 있는가에 대해서 알고 싶어서 상담을 받으러 왔습니다.

부인: 가능하면 저는 가정을 지키고 싶어요.

• 7회기

남편: 거기까지 잘해 왔지만 마지막 부분에서 이런 일이 생기니까 배신감이 들고 희생해 온 내 삶이, 그렇게 강요해 온 것이 후회가 되더라고요. 안타깝고요. 이렇게 헤어지는 것보다 노력해 보고, 이 죄가 나쁘다는 것을 떠나서 20년 동안의 결혼생활의 결과가 이렇게 나와가지고 이렇게 되면 나도 나지만 저 여자 이렇게 끝나는 것은 좋은 것이 아니다 싶은 거죠. 사회생활, 이웃, 가족이든 간에 나부터 노력을 하고 상대방은 2배, 3배 더 노력을 해야지요.

• 8회기

남편: 제가 상담을 받는 주된 이유는 지금까지의 내 가치관이 좀 경직되어 있었던 게 아닌가, 이걸 바꿈으로써 내가 어떻게 대처를 할 수 있는가 하는 것입니다. 나 스스로가 판단이 안 서는 거예요. 그리고 현재 제 와이프한테도 이 여자가 과연 그런 거에 대해 깊이 반성하고 있는 것인가, 다시 나하고 결합을 했을 때 내가 어떻게 받아 줘야 하는가, 이 자체가 어렵고 앞으로 두려운 거예요. 솔직히, 나 스스로가 어떻게 행동을 해야 하는지에 대한 게 설정이 안 되니까, 어떤 말 한마디라도 과거에는 아무런 문제가 없었는데 지금은 내가 어떤 말을 내뱉어 버리면 저 여자한테……. 그런데 지금은 제가 아니까 과거같이 말은 던지지는 못한다는 거죠. 상대도 나한테 똑 같을 거란 얘기예요. 이런 걸 어떻게 정리를 해야 될지 저 스스로가 굉장히 혼란스러워요.

• 9회기

부인: 전에 비하면 성관계가 많이 좋아졌어요. 전에는 남편이 저한테 점점 이렇게 멀

어지는 상태에서 내가 이 가정을 유지할 수 있을까라는 생각을 많이 했는데…….
제 경제적인 능력이 아무것도 없으니까요. 애들을 보면서 차츰차츰 살아가면서
좋아지겠지 하는 생각을 가지면서 남편에 대한 시선을 조금씩 바꾸려고 노력하
죠. (중략) 부부관계가 전보다는 조금 나아지고 있어요. 조금씩 제가 노력을 하
죠. (중략) 근데 이혼을 꺼리는 이유가 처음에는 그런 거였죠. 일이 커지고 처음
에는 경제적인 능력 때문에 남편하고 있었어요. 그런데 지금은 조금씩 마음이
처음보다는 나아지고 있는 거죠. 제 마음에도 조금 여유가 있다는 거예요. 애들
생각도 해 보고. 내가 남편하고 헤어져서 산다고 해도 서로 잘되리라는 보장이
없어요. 없을 것 같아요, 남편하고 헤어진다고 해도…….

• 11회기
부인: 지난번 상담하고 나서 부부관계가 많이 좋아졌어요.

• 12회기
치료자: 아버님이 굉장히 많은 노력을 하고 계시는 거예요.
아들: 저도 그건 알아요.

• 20회기
남편: 저는 와이프가 항상 내가 하는 거에 뭐든지 신뢰감을 가질 수 있었으면 좋겠어
요. 어차피 이제 제가 마음을 돌려 먹었으니 상대도 거기에 대한 거를 그렇게 해
줘야 되는데, 이게 한두 번 자꾸 부딪히고 하다 보니까, 내가 이걸 하다가도 상
대가 그렇게 나오면 내가 이럴 필요가 있나 싶은 거죠. '아, 내가 길을 모색해
볼까?' 하고 또 이런 갈등이 생기는 거예요. 제가 (웃으며) 신뢰감만 주어진다고
하면 살아갈 수가 있어요.

ⓛ 외도에 대한 부부문제의 인정
• 4회기
치료자: 제 경험으로 보면, 그러면 많은 배우자들이 말하는 것이 뭐냐면 처음에 난
이상이 없어, 당신만 잘못된 사람이야 하는 거예요. 난 아무 잘못이 없고 당신
탓이야 하는데 실제로 보면 쌍방의 문제라는 거예요.
남편: 그렇죠. 저는 인정해요.

ⓒ 아들의 혼란감 정리와 시각 조정 및 아들의 변화

- 12회기

　치료자: 아드님은 아빠한테 들으면 엄마가 나쁜 사람이 되는 거고, 또 엄마한테 들으
　　　면 그것만은 아닌 것 같아서 헷갈리잖아요.

　아들: 네, 그래요.

　남편: 그렇죠. 그건 당연히 그럴 수 있죠.

- 15회기

　남편: 저희 누나가 오고 나선 아들이 많이 부드러워진 거 같아요. 그전에는 집에서
　　　굉장히 우울해하고 그랬거든요. 근데 누나 오고부터는 애가 좀 밝아졌어요.

- 17회기

　남편: 요즈음 아들과 많이 좋아졌죠.

ⓓ 엄마에 대한 아들의 신뢰감

- 12회기

　아들: 엄마는 다시는 그런 짓 안 할 것 같은데요.

6. 결 론

　본 연구는 치료자가 외도를 한 부인에 대하여 남편이 치료를 의뢰한 사례로, 치료자는 부부 및 가족 치료를 중심으로 치료를 진행하였다. 치료자는 총 20회의 상담내용을 중심으로 근거이론의 개방코딩을 중심으로 분석을 하였고, 특히 치료자가 주로 사용하는 가족치료 모델인 MRI의 상호작용주의적 모델에서 주로 보는 의사소통 문제와 Murray Bowen의 가족체계이론에서 중점을 두는 자아분화 문제를 중심으로 분석을 하였다. 그러나 치료자가 연구자의 입장에서 축어록을 분석하는 과정에서 의사소통과 자아분화라는 두 개의 커다란 범주 외에 또 다른 요인들이 발견되었다.

　연구자는 이 사례에서 부인의 외도를 단순히 부인이 바람기가 있었던 것이 아니라 남편이 원가족과 분리가 되지 않았고, 이러한 여파로 인하여 자아분화가 되지 않은 가운데 결혼을 한 것으로 보았다. 또한 남편은 어려서부터 세 어머니를 둔 아버지 밑에서 가부장

적으로 성장을 하였고 가족 내에서 대화를 나눌 수 있는 사람이 없었다. 이러한 원가족에서의 문제로 인하여 남편은 미분화되었고, 기능적인 의사소통 방식을 가지고 있지 못하였으며, 부인의 모든 것을 감시하고 통제하였다. 부인은 남편과의 관계에서 시댁문제로 빈번하게 남편과 다투었다. 즉, 부부는 시댁문제와 역기능적인 의사소통 방식으로 인하여 문제를 해결하기 힘들었다. 남편은 언어적, 신체적 및 정서적인 폭력을 사용하였고, 부인은 이러한 남편의 의사소통 방식으로 인해 남편에게 솔직한 표현을 할 수 없었다. 남편의 폭언과 폭행, 부인의 무반응 그리고 나중에는 부인의 폭발적인 반응이 결국에는 부부관계를 악화시켰으며, 남편이 경제적으로 무능해지자 부인은 밖으로 겉돌게 되면서 남편의 친구와 불륜관계를 맺게 되었다고 볼 수 있다. 따라서 연구자는 남편의 미분화와 부부간의 역기능적인 의사소통 방식 및 그 외 경제적인 부분의 악화가 부인의 불륜을 야기한 근본적인 요인이었다고 분석을 하였다. 또한 이러한 불륜의 영향은 자녀들과 부모관계에도 부정적인 영향을 미치고 있었으며, 부인을 비롯한 자녀들의 우울증과 심리·신체적 증상에도 영향을 미치고 있었다.

연구자는 치료의 효과에 미친 영향을 분석하였다. 상담을 통하여 부부의 변화하려는 노력으로 의사소통 방식이 점차 변화되었으며, 남편의 신체적 폭력은 거의 사라졌고, 언어적인 폭력 면에서도 남편은 부인에게 매우 조심하는 모습이 나타났다. 그럼에도 불구하고 시댁과의 관계에서 남편의 지나친 간섭 및 강요 그리고 과거에 사용하였던 역기능적인 의사소통 방식으로 부부간에 충돌이 왔다. 특히 남편은 부인의 불륜에 대하여 상담하는 과정에서도 끊임없이 분노가 표출되었으며, 부인에 대하여 신뢰하지 못한 면들이 드러났다. 그러나 부부가 함께 있는 시간이 줄어듦으로써 두 사람은 더 편안한 관계를 유지할 수 있었다. 결론적으로 이 사례는 지금까지 부부간에 사용했던 역기능적인 의사소통 방식을 서로 인식하고 변화시킴으로써 문제를 해결할 수 있는 가능성을 확대시켰다고 말할 수 있겠다. 그러나 20회 상담에도 불구하고 외도라는 특수사건은 근본적으로 부부관계에서 신뢰성을 회복하는 데 많은 시간이 요구된다는 점을 볼 수 있었다. 한편 부부가 많은 시간을 함께하기보다는 자신에게 더 많은 시간을 쏟아서 밖에서 자신을 위한 에너지를 얻을 수 있는 방법을 탐색하는 것도 중요하다고 본다.

본 연구는 중년부인의 외도에 영향을 미친 요인들과 가족치료로 인한 가족관계의 변화에 초점을 맞춘 가운데, 질적 분석방법론을 통하여 연구자가 치료접근법으로 사용한 MRI의 의사소통이론과 Murray Bowen의 가족체계이론을 중심으로 분석을 하였다. 분석을 하는 데 있어서 특히 시댁문제, 자아분화문제 그리고 문제를 해결하려고 시도했던 역설적인 의사소통 방식 중 이중구속 메시지와 역기능적인 의사소통 방식, 폭력과 관련된 문제 등을 중심으로 연역적이면서도 귀납적인 방식으로 분석을 하였다. 외도와 관련하여 다양한 가족치료 접근법이 있을 수 있겠으나, 치료자의 접근법의 한계로 외도에 대한 사례를 다소 좁게 보면서 치료하였을 가능성도 있을 수 있으며 한편으로 지나치게 단순하게 분석하였을 수도 있다는 점을 인정한다. 그러나 외도문제를 가지고 있는 부부 또는 가족들을 위한 의사소통문제 그리고 시댁 또는 친정과 관련된 원가족과의 문제를 염두에 두고 다른 치료자 및 연구자들의 가족치료 사례 연구들이 이어지기를 바라는 심정이다. 또한 가족치료와 관련하여 질적 방법론을 활용한 실제적인 사례 연구가 계속되기를 바란다.

 참고문헌

임주현 역(2002). 행복한 부부 이혼하는 부부: 행복한 결혼생활을 위한 7가지 원칙. 서울: 문학사상사.

Allen, E. S., & Baucom, D. H. (2004). Adult attachment and patterns of extradyadic involvement. *Family Process, 43*, 467-488.

Atkins, D. C., Baucom, D. H., & Jacobson, N. S. (2001). Understanding infidelity: Correlates in a national random sample. *Journal of Family Psychology, 15*(4), 735-749.

Atkins, D. C., Eldridge, K. A., Baucom, D. H., & Christensen, A. (2005). Infidelity and behavioral couple therapy: Optimism in the face of betrayal. *Journal of Counseling and Clinical Psychology, 73*, 144-150.

Blow, A. J., & Hartnett, K. (2005a). Infidelity in committed relationships I: A methodological review. *Journal of Marital and Family Therapy, 31*(2), 183-216.

Blow, A. J., & Hartnett, K. (2005b). Infidelity in committed relationships II: A substantive review. *Journal of Marital and Family Therapy, 31*(2), 217-233.

Bunk, B. (1987). Conditions that promote breakups as a consequence of extradyadic involvements. *Journal of Social and Clinical Psychology, 5*, 271-284.

Cann, A., Mangum, J. L., & Wells, M. (2001). Distress in response to relationship infidelity: The roles of gender and attitudes about relationships. *The Journal of Sex Research, 38*(3), 185-190.

Cano, A., & O'Leary, D. (2000). Infidelity and separations precipitate major depressive episodes and symptoms of nonspecific depression and anxiety. *Journal of Consulting and Clinical Psychology, 68,* 774-781.

Charney, I. W., & Panass, S. (1995). The impact of extramarital relationships on the continuation of marriages. *Journal of Sex and Marital Therapy, 21,* 100-115.

Gordon, K. C., Baucom, D. H., & Synder, D. K. (2004). An integrative intervention for promoting recovery from extramarital affairs. *Journal of Marital and Family Therapy, 30,* 213-246.

Gottman, J. M. & Silver, N. (1999). *The seven principles for making marriage work: A practical guide from the country's foremost relationship expert.* New York: Three Rivers Press.

Miles, M. B., & Huberman, A. M. (1994). *The qualitative data analysis.* Thousand Oaks, CA: Sage.

Olson, M. M., Russell, C. S., Kiggins-Kessler, M., & Miller, R. B. (2002). Emotional processes following disclosure of an extramarital affair. *Journal of Marital and Family Therapy, 28*(4), 423-434.

Patton, M. Q. (2002). *Qualitative research & evaluation methods.* Thousand Oaks, CA: Sage.

Schneider, J. P., Irons, R. R., & Corley, M. D. (1999). Disclosure of extramarital sexual activities by sexually exploitative professionals and other persons with addictive or compulsive sexual disorders. *Journal of Sex Education and therapy, 24,* 277-287.

Scott, J. (1998). Changing attitudes to sexual morality: A cross-national comparison. *Sociology, 32,* 815-845.

Subotnick, R., & Harris, G. G. (1999). *Surviving infidelity.* Holbrook, MA: Adams Media.

Sweeney, M. M., & Horwitz, A. V. (2001). Infidelity, initiation and the emotional climate of divorce: Are there implications for mental health? *Journal of Health and Social Behavior, 42*(3), 295-309.

Treas, J., & Giesen, D. (2000). Sexual infidelity among married and cohabiting Americans. *Journal of Marriage and the Family, 62*(1), 48-60.

Wiederman, M. W. (1997). Extramarital sex: Prevalence and correlates in a national survey. *Journal of Sex Research, 34,* 167-174.

Wiederman, M. W., & Allgeier, E. R. (1996). Expectations and attributions regarding extramarital sex among married individuals. *Journal of Psychology and Human Sexuality, 8,* 21-35.

기독신문(2001. 9. 15). 외로운 이웃과 함께 하는 사랑의 전화, 10면.

제3장

성폭행으로 인하여 우울증과 폭식장애를 경험 하고 있는 여대생에 대한 가족치료사례 연구*

1. 서 론

　인간은 성적인 존재라고 볼 수 있으며, 성은 인류를 존재하게 하는 중요한 삶의 원동력과 근원이 된다. 또한 성은 인간 상호 간의 친밀성을 증진시켜 삶의 질을 향상시켜 주는 중요한 역할을 한다. 그렇지만 성이 우리의 관계를 향상시키는 본래의 목적을 잃어 단지 신체적 쾌락을 추구하거나, 상대방을 통제하거나, 권력을 과시하거나, 복수하려는 수단으로 사용될 때는 본래의 목적을 상실하게 된다. 또한 부모와 자녀, 가족과 친척 등의 인간관계를 파괴시키며 성폭력이라는 범죄행위로 전락하게 된다(채규만, 2000, p. 3). 한편 성적인 충동이나 호기심에 의해서 또는 여성을 지배하려는 의도에서 행해진 성폭행은 한 여성의 인생을 철저하게 망가뜨리며, 이런 성폭력의 후유증은 평생을 간다. 성학대를 당한 아동의 반응에 대한 연구조사에 따르면 개인의 내적 장애가 지속적으로 나타나고 있는데, 그 이유는 무기력감, 배신감, 낙인에 의한 이상적 역동성과 관계가 있다(노충래 역, 2003a, p. 50).

　특히 친족 성폭력은 가장 신뢰하는 사람으로부터 받는 성적 피해이기 때문에 성폭력 피해 중 가장 심각한 피해 후유증을 야기한다. 친족 성폭력 피해자는 자신의 경험으로 인

---

* 박태영(2006), 임상사회사업연구, 3(3)에 게재되었음.

해 인생 전반에 걸쳐 다른 사람과의 인간관계나 자신의 정체감 형성에 항상 낙인과 같은 부담을 안고 살아간다. 따라서 피해자는 항상 자신을 타인으로부터 고립시키고, 다른 사람과 같은 '정상인'이 아니며 '이방인'과도 같은 존재로 인식한다(Herman, 1990).

친족 성폭력의 경우, 우리나라에서는 친아버지나 친오빠 또는 친척, 삼촌, 아저씨 등에 의한 강간이 많으며, 미국에서는 의붓아버지에 의한 강간이 제일 흔하다. 친족 성폭력 피해자가 일반적으로 보이는 증상은 가해자나 가족에게서 비난받는 악몽을 꾸면서 수면장애에 시달리거나 가해자에 대한 공포와 불안이 심하며, 순결 상실감, 우울, 모욕감, 복수심, 신뢰감 상실, 위축감, 죄의식, 분노, 자존감 손상, 열등감 등을 나타낸다. 때로는 자기 파괴적 행동으로 자살시도, 절도, 가출, 또래 간의 문제, 무단결석 등을 하기도 한다(채규만, 2000, p. 33). 친족으로부터 성폭력을 당한 아동은 학대부모나 형제자매에 대해 배신감을 느끼고, 학대하지 않은 부모에 대해서는 자신을 적절히 보호하지 않은 것에 대한 배신감을 느낀다(Urquiza & Winn, 2004). Porter 등(1983)은 성학대를 당한 아동은 자신을 '파손된 물건(damaged goods)'으로 인식하는 결과를 초래하여 전반적으로 초라한 자아상을 갖는 특징이 있다고 하였다. 이러한 증상들은 일반적으로 여아에게서 많이 나타나며, 남아에게서는 증상이 명확하게 나타나지 않는다(Urquiza & Winn, 2004).

성학대의 피해자가 되는 것은 아동의 대상관계, 특히 다른 사람들을 신뢰하는 능력에 치명적인 영향을 줄 수 있다. 가족 내에서 발생하는 성학대는 그 영향이 클 수밖에 없는데, 이는 보호자이면서 경계선을 그어야 할 사람이 아동을 착취하고 수용 가능한 행동의 한계를 넘어섰기 때문이다. 또한 비가해 부모가 지지적이지 못하다면 이런 상처는 더욱 악화될 수 있다. 더욱이 아동의 신뢰를 무너뜨리는 것은 성학대만이 아니다. 피해아동은 가족 내에서 다른 학대나 정신적 외상을 경험할 수도 있다. 치료자는 아동이 신뢰할 수 있는 성인을 만나 긍정적인 경험을 할 수 있는 상황을 조성해 줌으로써 아동에게 타인을 신뢰할 수 있는 능력이 손상된 것을 회복시켜 주는 것이다. 이를 위해서는 회복단계에 있는 부모를 참여시키고 성인과 적절한 관계를 형성할 수 있는 기회를 제공해 주어야 한다. 이때 치료자는 솔직해야 하며, 아동이 치료자를 의존할 수 있는 사람으로 여겨 신뢰할 수 있는 분위기를 만들어야 한다(노충래 역, 2003b, pp. 175-176).

본 연구는 친오빠한테 성폭행을 당하여 우울증과 폭식장애를 가지고 있는 여대생(내담자)을 가족치료 한 사례연구로서, 기존의 성폭행과 관련하여 나타나고 있는 현상과 가족 간의 관계를 살펴보고 내담자와 가족관계의 변화과정을 통하여 내담자의 증상이 어떻게 사라지는가에 대한 탐색적 연구다.

2. 폭식장애와 우울증에 관한 선행연구

1) 폭식장애

　폭식장애에 대한 사회적인 많은 관심과 함께 사회복지학, 심리학, 간호학, 교육학 등 다양한 분야에서 연구들이 진행되고 있으며, 최근까지는 심리학 분야에서 많은 연구가 이루어지고 있다. 현재까지의 폭식장애에 대한 연구들을 살펴보면 대부분 양적 연구방법을 활용하여 주로 남성보다는 여성, 청장년층보다는 중·고등학생을 연구한 경우가 많았다.

　신경성 폭식증(bulimia nervosa)은 흔히 대식증이나 폭식(binge)으로 불리는 것으로 짧은 시간 내에 많은 양의 음식을 섭취하는 것을 특징으로 한다(이영호 외, 2003). 신경성 폭식증은 청소년 후기와 성인 초기에 많이 나타나는 것으로 보고되며(Grange et al., 2003), 청소년과 젊은 성인 여성에서 신경성 폭식증의 유병률은 1~3% 정도다(*Diagnostic And Statistical Manual of Mental Disorders*, 1994). 우리나라의 경우에는 1990년에 이루어진 전국 대학생 2,847명을 대상으로 한 연구의 결과에서 신경성 폭식증으로 분류된 사람이 0.8%를 차지하는 것으로 나타났으며(한오수 외, 1990), 고등학생을 대상으로 한 연구에서는 여고생 188명 중에서 3.7%가 신경성 폭식증으로 분류할 수 있다는 결과를 보여 주고 있어, 우리 사회에서도 폭식장애의 문제가 심각한 상황에 있음을 시사하고 있다(노혜련, 1995).

　폭식장애와 관련된 연구들을 살펴보면 여성, 특히 여고생이나 여대생을 대상으로 하여 우울, 스트레스, 신체 불만족 등의 요인들과 폭식장애 간의 관련성을 살펴보는 연구가 많았으며, 일부 연구에서는 폭식장애에 대한 치료접근 방법을 소개하고 있다(Janet & Terence, 2000; John & Randy, 2003). 폭식장애의 원인을 살펴본 연구에 따르면, 우울과 스트레스 대처방식 중에서 감정적인 대처방식이 폭식장애의 발생에 영향을 미치고 있는 것으로 나타나고 있다(김혜은, 박경, 2003). 여중생을 대상으로 한 연구에서는 비만도가 폭식장애의 발생에 영향을 미치며, 폭식이 다시 우울에 영향을 미친다고 하였다(현명호 외, 2002; 이수현, 현명호, 2001). 안소연과 오경자(1995)의 연구에 따르면, 폭식장애 집단과 비폭식장애 집단은 자아존중감과 우울에서 차이가 있는 것으로 나타났다.

　폭식장애와 관련된 요인들은 크게 외모 관련 요인과 사회적인 요인, 심리적인 요인으로 분리하여 살펴볼 수 있다. 폭식장애와 관련이 있는 외모 관련 요인으로는 주요하게 신체 불만족(body dissatisfaction), 마르고 싶은 욕망(drive for thinness)이 있는 것으로 나타났다(김기남, 김영희, 2004; 신은영, 최명구, 2003; 이상선, 오경자, 2004; 이정윤, 2003; Susan et al., 1996). 즉, 신체 불만족이나 마르고 싶은 욕망들로 인해서 자신의 신체나 체형에 대한 잘못된 지각을 가지는 경우 폭식과 같은 섭식태도에 있어서 더욱 심각한 문제를 일으키고 있는 것이다.

또한 폭식과 관련된 사회적인 요인으로 사회적 지지와 가족적 지지, 대인관계의 부족이 폭식장애와 밀접한 관련을 가지고 있는 것으로 나타났다(Melissa et al., 2002; Jane et al., 1997). 즉, 사회적 지지, 가족적 지지, 대인관계가 부족할수록 폭식장애에 있어서 더욱 심각한 문제를 일으키고 있는 것이다.

마지막으로 폭식과 관련된 심리적인 요인으로는 불안, 우울, 분노, 자존감 등이 폭식과 밀접한 관련을 가지고 있는 것으로 나타났다(김기남, 김영희, 2004; 김혜은, 박경, 2003; 배영하, 이민규, 2004; 성미혜, 2004; 안소연, 오경자, 1995; 이정윤, 2003; Susan, 1996). 이러한 연구 결과는 폭식장애를 가진 집단은 불안, 분노, 우울이 높게 나타나고 자존감은 낮게 나타나는 경향을 보여 주고 있다. 폭식과 관련된 이러한 요인들 외에도 폭식장애를 통해 성격장애를 경험하기도 하며(Hisato et al., 2000), 폭식장애를 경험하고 있는 경우에는 과거 어린 시절에 성적인 학대의 경험을 가진 경우가 있는 것으로 나타나고 있다(Sarah et al., 2001).

어린 시절 성적 학대를 경험한 여성들 중에 어떻게 어떤 여성들은 섭식장애를 일으키고, 다른 여성들은 우울증과 불안을 발전시키며, 또 다른 여성들은 어떠한 해로운 심리적인 결과도 보이지 않은가에 관한 연구에서 어린 시절 성적 학대를 경험한 여성들에게 있어서 섭식장애의 발병률이 높게 나타났다(Romans, Gerelall, Matin, & Mullen, 2001, p. 381). Romans 등(2001)의 연구에서 어린 시절 성적 학대를 받고 섭식장애를 가진 집단과 어린 시절 성적 학대를 받았으나 섭식장애가 없는 집단 간에 있어서 정신적인 복합적 질병의 비율을 비교해 봤을 때, 섭식장애를 가진 집단에 있어서 주요 우울증, 불안 그리고 자살시도가 더 높게 나타났다.

2) 폭식장애를 가진 성인에 대한 치료접근법

폭식장애를 가진 성인들에 관한 많은 임상적인 연구에서 인지적·행동주의적 치료가 폭식장애에 대한 치료접근법 중 가장 효과적인 심리치료적인 접근법으로 밝혀졌다. 인지적 · 행동주의적 치료가 없는 것, 비지시적인 치료, 위약, 심리분석적 치료(지지적-표현적인), 스트레스 관리 그리고 항우울치료 접근방법을 포함한 다른 어떤 접근방법보다 더 효과적인 것으로 나타났다(Agras et al., 2000; Fairburn et al., 1993; Walsh et al., 1997). 최근 메타분석 또한 인지적 · 행동주의적 치료가 폭식장애를 위하여 선택할 수 있는 치료방법이라는 견해를 강하게 지지하고 있다(Whittal et al., 1999). 인지적 · 행동주의적 치료만큼이나 효과적인 것으로 보이는 유일한 심리치료적 방법은 개인 간의 치료방법이다. 최근 여러 장소에서 행한 연구에서 치료의 종결에서 회복된 많은 환자들의 말에 의하면 인지적 · 행동주의적 치료가 훨씬 더 우세하다는 것이 밝혀졌다(Agras et al., 2000).

Grange 등(2003)은 가족치료가 폭식장애를 가진 청소년들에게 좋은 효과가 있다는 것을 보여 준다고 하였다. 폭식장애를 가진 청소년에 대한 가족치료는 연장된 외래환자 치료를 받거나 병원에 입원하지 않고도 회복을 가능하게 할 수 있다. 폭식장애를 가진 청소년들의 성공적인 회복은 많은 부분이 자녀를 지지할 수 있는 부모의 능력에 달려 있다(Grange et al., 2003).

3. 치료에 대한 이론적 준거 틀

1) Murray Bowen의 가족체계이론

Bowen의 가족체계 치료모델에서는 부모, 특히 어머니와 자녀 사이의 미분화된 정서적 관계를 중시하였으며, 이러한 관계는 가족투사 과정을 통해서 전수된다고 보았다. 또한 치료목표를 미분화된 가족 자아집합체로부터 분화되는 것에 두었다(Friedman, 1991; Goldenberg & Goldenberg, 2000; Papero, 1995). 특히 자아분화가 낮을수록 삼각관계 형태는 심하고, 관계가 중요할수록 그 형태가 강하다. 두 사람의 정서체계는 긴장이 없을 때는 안정되지만 불안이 증가하면 삼각관계를 형성하게 된다. 이때 인간관계의 갈등과 불안을 객관적으로 평가하지 못하고, 제3자와의 의존적 관계(융합)를 통해 불안을 극복하려 하고, 불안한 부부 정서관계에 자녀를 끌어들여 속죄양을 만들기도 한다. Bowen은 삼각관계를 가장 불완전한 관계체계로 보았고, 삼각관계가 일시적으로 불안이나 스트레스 감소에 도움을 줄 수 있으나 오히려 가족의 정서체계를 더욱 혼란스럽게 하여 증상을 나타나게 한다고 주장하였다(Goldenberg & Goldenberg, 2000). 또한 자아분화가 안 된 경우에 나타나는 인간관계의 추구형은 지나치게 친밀한 관계 유형을 추구하거나 또는 지나치게 거리감을 두는 관계 유형을 추구하는 형태를 띠게 된다(박태영, 김현경, 2004).

역기능적 가족일수록 '분화(differentiation)' 수준이 낮아 가족원들이 지나친 결속을 하게 되어 서로에 대하여 집착을 하게 됨으로써 각자의 개별성을 찾기가 어렵다. 부모로부터 정서적으로 독립하지 못하고 부모 사이에서 갈등이 심한 자녀들은 부적응적 행동이나 증상을 나타낸다(Fleming & Anderson, 1986; Hoffman & Weiss, 1987). 반면에 원가족과 정서적으로 단절된 사람은 대인관계에서 건강한 관계를 맺는 데 어려움을 겪는다(Framo, 1981). 따라서 자아분화 수준이 낮을수록 역기능적 행동이나 증상이 많이 발생하며(제석봉, 1989), 정신건강 수준 역시 낮은 것으로 나타났다(유은희, 전춘해, 1995; 이혜숙, 1992). 유은희와 전춘애(1995)는 어머니의 자아분화 수준은 모-자녀 갈등을 통해 자녀의 문제행동 발생에 영향을 줄 수 있다고 하였다.

2) MRI의 의사소통이론

MRI(Mental Research Iastitute) 집단은 의사소통과 체계개념에 기반을 두고 있으며 내담자에게 나타나는 증상에 초점을 맞춘 단기치료 접근법이다. 치료의 목적은 내담자가 생활을 잘 해 나갈 수 있도록 가능한 한 빨리 그리고 효과적으로 내담자가 제시하고 있는 불평을 해결하는 데 그 목적이 있다(Shoham, Rohrbaugh, & Patterson, 1995). MRI 집단은 Watzlawick과 그의 동료들에 의하여 개발된 상호작용적 치료의 이론적 토대에 기여를 하였다. 이 접근법은 수많은 문제를 다루는 실제적인 치료모델이며(박인철 역, 1995; Watzlawick, Weakland, & Fisch, 1974; Weakland, Fisch, Watzlawick, & Bodin, 1974), 내담자의 문제를 병리적인 시각으로 설명하는 것을 지양하고 내담자의 불평과 변화를 위한 목표의 두 가지 측면에서 내담자 중심의 치료방식을 사용한다(Duncan et al., 1992). MRI 단기치료 모델은 현재 내담자에게 나타나고 있는 문제에 초점을 두며(Schlanger & Anger-Diaz, 1999), 문제와 변화에 대하여 두 가지의 상호 연결된 가정에 입각해 있다. 문제의 기원과 원인과는 상관없이, 만일 내담자와 내담자가 상호작용하는 사람들이 현재의 문제행동을 계속하게 되면 내담자들이 심리치료자에게 가지고 오는 문제들은 계속해서 유지되는 것이다. 반면에 만일 문제를 유지시키는 행동이 적절하게 변화되거나 제거될 때는 그 문제의 성질이나 기원 혹은 기간에 상관없이 그 문제가 해결되거나 사라질 것이다(Weakland et al., 1974). 따라서 이러한 면에 있어서 MRI의 상호작용적 가족치료 모델은 행동의 변화에 초점을 둔 모델이라고 할 수 있겠다.

MRI 집단에 따르면, 가족의 문제는 문제를 해결하려는 가족의 시도에 의해 오히려 유지되고 있다. MRI 집단은 문제를 둘러싸고 있는 상호작용의 과정을 강조하고, 일반적인 시각에서 모든 행동은 사회체계 내에서 더 폭넓게 진행되는 의사소통의 교류 가운데 설명될 수 있는 것으로 본다(Duncan, Solovey, & Rusk, 1992). MRI 집단은 인간은 두 가지 방법으로 '문제'를 발달시키는 것으로 본다. 첫째, 어려움을 잘못 다루는 것이다. 둘째, 문제를 해결하려는 시도의 실패와 똑같은 문제해결 방식의 계속적인 적용이다 (Watzlawick et al., 1974). MRI 모델은 '문제'란 오랫동안 그 문제를 변화시키려고 계속해 온 바람직하지 못한 행동들로 이루어진 것으로 본다. 그러한 문제행동들이 지속되는 것은 일차적으로 사람들이 그 문제행동들을 변화시키려고 행하여 왔던 방법, 즉 사람들의 '시도된 해결'에 있다. 또한 사람들이 자신들의 문제를 감소시키려고 시도해 온 해결책은 종종 문제를 유지시키거나 혹은 그 문제를 더욱 악화시키기까지 한다(Goldenberg & Goldenberg, 2000). 따라서 치료자의 일차적인 임무는 새로운 또는 다른 행동을 기존의 행동과 대체하거나 본래의 문제행동을 '하찮은 문제'로 재평가하는 것에 의하여 내담자에게 지금까지 시도해 온 해결책을 소개하는 것이다(Weakland, 1993). 또한 문제를 유지시켜 왔던 차례를 변화시키기 위하여 MRI 모델에서는 가족들에게 상식과는 반대되는 일들을 하게 하거나 혹은 믿을 수 있게 한다(Nichols & Schwartz, 2001).

MRI 모델의 치료 초점은 해결책에 있고, 치료의 중심된 과업은 다음 세 가지로 나눌 수 있다. 첫째, 내담자에 의해서 제안되고 있는 문제에 대하여 행동적인 용어로서 구체적이고 분명한 묘사를 얻는 것이다. 둘째, 모든 시도된 해결책의 공통의 특징과 중요한 취지를 발견하는 것이다. 셋째, 내담자가 말이나 행동으로 완전히 다른 어떤 것을 하도록 치료자의 영향력을 사용하는 것이다(Schlanger & Anger-Diaz, 1999).

4. 사례개요

본 연구에서는 친오빠가 내담자를 5세 때 성폭행(입에 성기 삽입)하고, 내담자가 초등학교 6학년 때는 잠을 자려고 누워 있는데 오빠가 동생이 자는 줄 알고 동생의 가슴에 손을 얹은 적이 있다. 내담자는 6학년 때부터 우울증 증상을 보였고, 고1 때에도 우울증을 겪었다. 내담자는 밤에 방문을 잠그고 살았으며, 자신의 몸에 가해를 하였다. 특히 스트레스를 받으면 폭식과 함께 음식물을 토해 내는 습관이 있었다. 내담자는 중학교 때 부모에게 수녀가 되겠다고 하였으며, 고1 때는 친구들로부터 왕따를 당한 경험이 있었다. 내담자는 오빠의 성폭행을 최면적(의도적)으로 잊으려고 노력하였으나, 2005년 2월에는 내담자가 오빠와의 말다툼으로 인하여 자해를 하는 사건이 발생하여 신경정신과를 방문하게 되었다. 그 이후부터 내담자는 엄마와 함께 동침을 하게 되었다.

5. 연구 목적과 질문

1) 연구목적

본 연구에서는 어렸을 때 오빠에게 성폭행 당했던 내담자가 어떠한 경험을 하고, 오빠의 성폭행으로 인하여 과거와 현재에 나타나고 있는 증상에 어떠한 요인들이 영향을 미쳤는가를 살펴보고자 한다. 또한 가족치료를 통한 가족관계의 변화가 어떻게 내담자의 증상을 변화시켰고, 어떠한 요인들로 인하여 내담자의 증상이 사라졌는가에 대하여 밝혀 보고자 한다.

2) 연구질문

위의 연구목적을 중심으로 선정한 연구질문은 다음과 같다.

• 내담자의 우울증과 폭식장애 및 자해행위에 영향을 미친 요인들은 무엇인가?
• 내담자의 우울증과 폭식장애가 사라지는 데 영향을 미친 요인들은 무엇인가?

6. 연구 방법 및 분석

1) 연구대상 및 상담기간

본 연구는 내담자와 부모 그리고 오빠를 포함한 가족치료를 한 사례로서 2005년 4월부터 2005년 6월까지 총 10회 상담을 하였다. 1회기는 내담자, 2회기는 엄마, 3회기는 아빠, 4회기는 오빠, 5회기는 내담자와 엄마, 6회기는 내담자와 아빠, 7회기는 부모, 8회기는 내담자와 부모, 9회기는 내담자와 오빠, 마지막인 10회기는 내담자, 부모와 오빠를 상담하였다.

2) 분석방법

질적 연구는 연구대상의 변수가 확인되지 않은 상황이므로 모든 가능성을 포함할 수 있는 개방적이고 광범위한 질문으로 시작할 수밖에 없으며, 연구의 질문은 연구가 진행되는 동안 점차로 구체화되어 가는 것이 특징이다. 근거이론은 시카고 학파인 Strauss와 Corbin(1998)에 의하여 개발된 새로운 철학적 접근방식으로(신경림 역, 1997) 상징적 상호작용에 근거를 둔 질적 연구방법이다. 근거이론은 귀납적으로 파생된 이론을 발달시키는 방법론으로서 근거이론은 데이터로부터 발전된다(Glaser & Strauss, 1967; Strauss & Corbin, 1998). 근거이론은 개념을 발견하고 직관하며 이들을 논리적·체계적으로 설명 가능한 틀로 공식화하는 과정 또는 활동이다(김소선, 2003). 근거이론 방법은 엄격한 질적 연구를 수행하기 위한 전략 틀을 제공한다(Charmaz, 2004). 근거이론은 연구과정을 통해 체계적으로 수집되고 분석된 자료에서 나온 이론으로, 연구과정 동안 자료수집, 분석 그리고 최종적인 이론이 서로 밀접한 관계를 갖도록 연구자가 이론적 민감성을 가지고 이론적 표집, 지속적 비교방법, 메모, 코딩 등을 통해 체계적으로 이론을 개발하는 방법이다(Strauss & Corbin, 1998).

코딩은 자료를 분해하고 개념화하며 이론을 형성하도록 통합시키는 분석과정으로서 개방코딩, 축코딩 그리고 선택코딩으로 구성된다. 개방코딩(open coding)은 자료를 한 줄 한 줄 검토하여 개념화하고 자료 내에 숨어 있는 과정을 파악하는 것이다. 연구자는 개방코딩 과정에서 사례 내에서 지속적인 비교(constant comparisons)를 하지만, 본 연구는 한 가족에 대한 사례연구이므로 한 사례 내의 가족 간에 지속적인 비교를 하였다. 축코딩(axial coding)은 개방코딩을 통하여 도출된 범주들 간의 관계를 일련의 절차, 즉 상황, 현상, 상황적 맥락, 행동 상호작용 전략, 결과를 포함하는 패러다임 모형을 이용하여 범주들 간의 연결을 시도하는 것으로서 가설 또는 이론적 관계 진술문을 찾는 데 그 목적이 있다. 선택코딩(selective coding)은 핵심 범주를 선택하는 과정으로서 핵심 범주와 다른 범주와의 관계를 체계적으로 연결한 후 이러한 관계를 확인하고 수정 또는 보완하는 절차를 걸친다.

이 사례의 분석방법으로는 근거이론을 활용하여 성폭행 당한 내담자의 증상(우울증, 폭식장애, 자해행위)에 영향을 미쳤던 요인들과 가족상담 후에 내담자의 증상이 사라지는 데 영향을 미친 요인들을 축어록을 중심으로 분석하였다. 근거이론의 활용은 성폭행과 관련된 기존의 요인들뿐만 아니라 그 외의 다른 요인들을 발견하기에 적합한 분석방법이라고 할 수 있다. 따라서 본 연구에서는 근거이론을 통하여 축어록상에서 개방코딩을 활용하여 기본적으로 개념들을 명명하고, 축코딩을 활용하여 이러한 개방코딩을 통하여 나타난 개념들 사이에서 유사한 성격을 가진 개념들을 통합하여 범주화하였다. 또한 축코딩을 중심으로 한 선택코딩 작업을 통하여 연구자가 우울증, 폭식장애 그리고 자해행위와 관련되어 있다고 보는 요인들과 가족상담 과정을 통하여 내담자의 증상을 사라지게 한 요인들에 관하여 도식화하고자 한다.

7. 상담내용 분석

1) 내담자의 우울증, 폭식장애, 자해행위에 영향을 미친 요인들에 관한 분석

(1) 내담자의 증상

① 폭식장애

• 1회기

내담자: 제가 좀 폭식장애가 있었거든요. 그날 제가 음식을 먹으려고 하는데 엄마가 먹지 말라고 해서 안 먹었어요. 그때 제가 방에 있는 거 다 때려 부수고 문 잠그

고 내 방에만 갇혀서 지냈어요. (중략) 그때, 2004년도 대학교 때 그게(폭식) 심했는데, 잘 안 먹다가 먹으면 아무 생각 없이 계속 꾸역꾸역 집어넣어요. 밥통에 있는 밥 다 먹고, 라면 끓여서 안 넘어가는데도 그냥 계속 집어넣다가 토가 나올 것 같을 때 그만둬요.

② 우울증

• 1회기

내담자: 그전에는 그게 우울증인지 어쩐지는 몰랐는데 자주 혼자 내 방 문 잠그고 있었어요. 잘 기억이 안 나는데 심할 때는, 그때가 고등학교 때였는데 한 1년인가 2년인가를 엄마랑 말 잘 안 하고 그냥 들어오면 내 방으로 가고 그렇게 지낸 적이 있어요. 저는 화가 나면 그냥 방에 처박히는 스타일이에요. (중략) 그때 살이 엄청 많이 빠졌죠. 오빠가 있으니까 나가지도 않고 그랬거든요. 그런데 지금은 그게 심해져서 우울증 약을 먹고 있는데, 그 우울증 약이 별로 안 좋더라고요. 그 약을 먹으니까 해롱해롱거리잖아요. 내가 뭐라고 말을 했는지도 다음 날 약기운이 없을 때는 기억도 못하고 그러더라고요. (중략) 그래서 그때(오빠한테 폭발한 사건; 2005년 1월 말) 우울증이 심하게 되었고, 그때부터 엄마랑 잤어요.

• 2회기

엄마: 애가 신경정신과에 좀 다녔는데 우울증이라고 했대요.

③ 자해행위

• 1회기

내담자: 제가 막 심해서 제 몸을 긁고 그랬어요. 피나고…… 그런 것 때문에 지금은 오빠가 나가서 살거든요. 오빠가 나가서 살아서 괜찮아졌어요. 그런데 그게 근본적으로 괜찮아진 게 아니잖아요. (중략) 혐오감을 많이 느꼈는데, 혼자 문 잠그고 침대에 그냥 가만히 어두운 데 누워 있거든요. 그러면 그냥 송곳 갖다가 쭉 긋고 그래요. 그러면 저 자신이 좀 싫어지는 것 같고 해요. 제가 잘못해서 그런 것이 아니라는 건 아는데 그렇더라고요.

엄마: 딸이 화나면 우당탕탕 이런 스타일이에요. 자기 성질에 못 이겨 가지고. 이번에 자해하고 그럴 때 깜짝 놀랐어요. 방문을 잠가 놓고 책이고 뭐고 다 어지르고.

• 3회기

아빠: 지난 겨울에 딸아이가 손목을 긋고 난리를 치고 그래서 오빠를 고시원으로 보냈습니다. 저는 전혀 모르고 있다가…….

④ 불면증

• 1회기

내담자: 2월에 그때 한창 우울증 걸려서 식욕도 없고 잠도 안 오더라고요. 새벽에 식구들이 제가 방에 없는 줄 알았어요. 방문도 두드리고 하는데 열쇠도 다 제가 가지고 있고 그랬거든요.

⑤ 남자에 대한 부정적인 태도

㉠ 남자에 대한 냉소적인 태도

• 1회기

내담자: 여자애들한테는 그래도 괜찮은데, 남자애들 대할 때는 좀 냉소적이고 냉정하다는 소리를 많이 들었어요.

㉡ 남자에 대한 두려움

• 1회기

내담자: 남자애들하고는 어쩌다가 말을 하면 턱이 떨릴 정도로 말을 못했어요.

㉢ 남자에 대한 폭력성과 자신의 결혼에 대한 추측

• 1회기

내담자: 대학교 들어와서 한 달 정도는 적응을 못하다 남자들에게 폭력적으로 욕도 막 하고 막 때리고 했어요. 욕을 달고 살았죠. '××새끼, 지랄한다.' 장난 식으로 이렇게 하면서. 그런데 그게 좀 보상심리였던 건지는 모르겠어요. 그런 과도기를 지나고 2년 동안은 그렇게 살았는데. 남자친구를 사귀어도, 이렇게 문제가 좀 그렇고 해서 결혼을 못할 것 같아요. 남자에게 정도 안 주고 말도 정떨어지게 하고 그렇거든요. 그런 것이 오빠 때문에 그런 게 아닐까 싶어요.

⑥ 폭력성과 분노조절이 안 됨

• 1회기

　내담자: 올 2월이에요. 그때 막 집어 던지고 똑같이 그렇게 갇혀서 지냈는데 좀 이상
　　하다는 생각이 들었거든요. 막할 때 이성을 확 잃어버리는 느낌이. 그래서 엄마
　　가 "○○야, 잠깐만." 하면서 방에 들어오려고 하는데 그때 방에 책이 다 널브러
　　져 있었거든요. 책 때문에 문이 안 열렸죠. 엄마가 방에 들어오려고 하는데 내가
　　소리 지르면서 엄마한테 나가라고 막 그럴 때도 이성을 잃어버리고 조절이 잘
　　안 되는 것 같았어요. 그래서 내가 너무 이상해서 제 발로 신경정신과에 찾아갔
　　어요.

• 5회기

　치료자: 오빠가 너 방에서 술 먹으면서 컴퓨터 보고 있을 때 옛날 일들이 확 되살아
　　난 건가요?
　내담자: 그게, 그렇게 평생 그렇게 참았던 게 갑자기 조절이 안 되더라고요.
　치료자: 쌓았다가 확 폭발한 건가요? 사실 그렇게 민감하게 나올 필요도 없었는데요.
　내담자: 그렇죠, 오빠하고 나이 차이가 많이 나서 한 번도 오빠한테 직접적으로 화
　　를 낸 적이 없다고 생각을 해요. 오빠는 늘 제가 오만하다고 하는데.

⑦ 모녀간의 미분리(동침)

• 2회기

　엄마: 딸이 전에 자해하고부터는 불안하거든요. 그러고부터는 계속 저하고 같이 자
　　요. (중략) 10년 전부터도 자기 방이 있어도 잘 때는 꼭 베개를 들고 엄마한테 왔
　　어요.

⑧ 내담자의 결혼에 대한 부정적인 사고

• 3회기

　아빠: 그래서 중학교 때인가 수녀가 되겠다고 그런 얘기를 했던 것 같아요.

(2) 내담자와 오빠의 문제

① 오빠의 성폭력에 대한 기억

• 1회기

내담자: 구체적으로 무슨 일이 있었냐면요. 아주 어렸을 때인데요, 그때가 몇 살이 었는지는…… 다섯 살, 여섯 살? 암튼 초등학교를 안 들어갔을 때예요. 엄마 옆 에서 자고 있는데 오빠가 잠깐 와 보래요. 그래서 오빠 방으로 갔는데, 누워 보 라고 해 놓고 눈 감으라고. 자기 성기를 입 안에다가 넣었던 것 같아요. 그런데 그거를 몰랐어요. 어렸을 때 그런 일이 있고는 초등학교 다닐 때도 기억을 못하 고 있었는데 6학년 때 딱 기억이 났어요. '그게 그거였구나.' 또 6학년 때 자고 있는데 오빠가 옆에 왔다는 걸 알았거든요. 그런데 눈 안 뜨고 가만히 있었어 요. 그런데 오빠가 가슴에 손을…… 얹어 놓더라고요. 그래서 그냥 잠결인 척하 고 그냥 넘겼는데 그때 어렸을 때 기억도 같이 생각이 난 거죠, 모르고 있다가. 그때 당시에는 힘들었던 것 같아요. 그래서 엄마한테 얘기를 했죠, 오빠가 그랬 다고. 그때는 막 문제가 있구나, 그런 생각은 안 들고 그냥 그랬다고 얘기를 했 던 건데 엄마가 아무한테도 말하지 말라고 하더라고요. 너보다 더 심한 애들도 있으니까.

치료자: ○○ 양과 오빠와의 전반적인 관계는 어떻다고 생각하나요?

내담자: 제가 생각할 때는 제가 그냥 잊으려고 하고 없던 일로 자꾸 암시를 걸어 서…….

(여기서 내담자는 오빠의 성폭력에 대하여 엄마에게 폭로를 하나, 엄마는 내담자에게 단지 말조심하라는 메시지만 주었지 딸의 불안과 두려움 그리고 공포에 대한 감정을 전혀 이해 하거나 받아 주지를 못하였다. 그러한 배경으로 내담자의 엄마 또한 어렸을 때 친척집에서 사촌오빠에게 성폭행을 당한 경험이 있었다.)

• 4회기

오빠: 제 생각에는 동생이 고등학교 넘어가면서 사춘기 때문에 그랬던 것도 있는 것 같은데 성추행이라고 생각을 하는 그 부분도 굉장히 크게 작용하는 것 같습니 다. (중략) 동생의 우울증의 가장 큰 문제는 제가 했던 성추행한 부분하고 계속 매여져 있다는 생각이 드는데, 제가 어떻게 해 줄 수 있는 부분이 없지 않습니

까? 미안하다고 어떻게 얘기는 했지만 그게 도움이 안 되는 것 같고. 그래서 제가 안 보이는 게 낫나 싶어서 동생에게 물어봤더니 그렇다고 하기에 집에서 나와 있거든요.

② 오빠에 대한 두려움

• 1회기

내담자: 그렇게 해서 그때 한창 오빠가 집에 있을 때는 엄마 시장 가면 앞에서 있다가 엄마랑 같이 들어가고. 그러다가 괜찮아졌어요. 오빠는 신경을 안 쓰는 것 같더라고요.

③ 오빠와의 폭발사건(2005년 1월 말)

• 1회기

내담자: 1월 말 일인데요. 계기가 좀 유치한데 내 방에 컴퓨터랑 오디오랑 그런 것이 다 있거든요. 그래서 오빠가 계속 내 방에 있어요. 나는 12시면 자는데 걔는 밤낮이 좀 그렇거든요. 막 새벽에 자고 그래요. "오빠, 나 자야 되는데."라는 말 한마디도 어렵게 꺼낸 건데 "조금만, 조금만." 하다가, 그게 좀 방학 동안에 계속 그랬어요. 그러다가 폭발을 한 것이 오빠가 내 방에서 영화를 보면서 12시인데 술을 마시는 거예요. 오빠가 "저것 좀 데워 줘." 하길래, 나는 밥 먹으려는 줄 알고 그렇게 데워 가지고 상에다 놓으면서 "오빠, 나와서 먹어." 했죠. 근데 그 냄비만 들고 오래요, 내 방으로. 그래서 방으로 가져다 줬더니 술을 마시면서 안주를 먹으면서 영화를 보는 거예요. 내 컴퓨터로. 아, 그래서 그날 아무 말도 안하고 그냥 엄마 방에 가서 잤죠.

④ 오빠에 대한 성적인 의식

• 1회기

치료자: 그럼 오빠가 있을 때는, 예를 들면 의상 같은 거에도 신경이 쓰이나요?

내담자: 그럼요. 저는 어렸을 때부터 이렇게 조금 파인 옷도 전혀 안 입고요.

치료자: 어머님께서 못 입게 한 것입니까, 아니면 ○○ 양이 안 입은 것입니까?

내담자: 엄마 교육도 그랬던 것 같아요. 오빠가 있을 때는 다리 벌려 앉지 말고 드러눕지 말고 딱 바로 앉아서 무릎 벌리고 앉지 말라고 그랬거든요. (중략) 그리고

뭐 껴안고 가슴 있는 쪽을 가려야지 잠이 들고, 어쩌다가 문을 안 잠그고 자면 자다가도 문 여는 걸 느끼면 눈을 딱 떠요. 누가 내가 자는 모습을 보는 게 싫더라고요.

⑤ 오빠의 자위행위 현장 목격

• 1회기

내담자: 2월에 그때 한창 우울증 걸려서 식욕도 없고 잠도 안 오더라고요. 새벽에 식구들이 제가 방에 없는 줄 알았어요. 방문도 두드리고 하는데 열쇠도 다 제가 가지고 있고 그랬거든요. 그래서 없는 척하고 그냥 있었는데 오빠가 새벽에 자위행위를 하더라고요. 제 방이 오빠 방과 마주 보고 있어요. 그래서 소리가 다 들려요. '저 새끼가 또……' 했죠. 방문을 열어 놓은 것 같더라고요. 소리가 너무 잘 들려서. 아니, 좀 은밀하게 해야 되는데. 오빠는 내가 없는 줄 알았어요. 그리고 오빠는 늦게 자고 새벽에 활동을 많이 하거든요. 새벽에 어떤 때는 화장실에서 샤워를 하고 아무것도 안 입고 그냥 자기 방으로 들어가요. 저는 그것도 이해가 안 되거든요. 어떻게 같이 사는 집에서 아무리 다 자고 있다고 생각하겠지만 그게 가능한가요? 그때 저는 정말 미치는 줄 알았어요. 깨어 있는데 막 생각을 하는 거죠. '무슨 생각을 하면서 저러는 건가.' 그런 생각이 들고 그래서 한 시간 기다렸어요. 오빠가 잠들 때까지 기다렸다가 돼지 저금통 들고는 뛰쳐나왔다니까요. 잘 데 없어서. 제가 있는 거 알면 막 문 두드릴 것 같았어요. 그래서 초긴장 상태에다가 히스테리같이 밑에 책 깔려 있는데도 밟으면 소리날까 봐 스타킹 신고 소리 안 나게 조용조용하면서 한 시간 지난 뒤에 집을 빠져 나온 거죠.

⑥ 성폭행에 대한 오빠의 견해 차이(성적인 호기심)

• 4회기

오빠: 제가 중학교 1학년 때였으니까, 동생이 일곱 살 어려요. 그러니까 초등학교 1학년 정도 되었나? 일곱 살이나 아마 그때쯤이었던 것 같아요. 어린 호기심에 여자 성기를 보고 싶다는 생각에 한 번 본 적이 있어요. 그리고 그 뒤로 동생이 중학교 올라가서인가 어머니랑 거실에서 같이 자고 있는데, TV를 보려고 앉아서 내려다보는데 가슴이 봉긋하더라고요. '많이 컸구나. 얘가 이제 여자가 됐구나.' 싶어서 아무 생각 없이 손을 잠깐 갖다 댔어요. 그리고 깜짝 놀라서 떼고

TV를 봤는데 그것을 동생이 기억하고 있는 모양입니다.

치료자: 그럼 동생하고의 관계를 어떻게 회복해야 할까요?

오빠: 글쎄요. 저는 회복이 가능할 것 같지가 않아서 도망 나온 입장이고요. 그리고 좀 피해자 입장에서는 그것을 굉장히 잘 기억하고 있다고 말씀하셨는데, 제가 저도 모르게 보호본능으로 기억을 많이 지운 것 같기는 해도 삽입을 했다는 거, 그거는 아니거든요. (중략) 그런데 제가 생각하는 수위라는 게 있지 않습니까? "남자들이 생각하는 수위에 있어서 그건 성폭행은 아니었어. 그런데 네가 수치심이 있고 그런 거라면 미안해. 내가 어떻게 해 줄 수 있는 것이 아무것도 없는 것 같아."라고 얘기를 하고 집을 나온 것 같아요.

⑦ 오빠의 신체적 폭행

• 4회기

오빠: 동생이 대학을 들어갔어요. 그때 무슨 물건 가지고 다툼이 있었던 것 같아요. 자기 물건인데 제가 가지고 나가면서 "빌려갈게." 하고 가지고 나갔는데도 굉장히 화를 내더라고요. 그래서 그것을 가져온 다음 얘기를 하다가 트러블이 있어서 동생 뺨을 좀 세게 때렸어요. 그런데 동생이 조금 심하게 맞았는데 좀 붓고, 그 뒤로 얘기를 안 했죠. 그리고 계속 어릴 때부터도 말이 없었어요.

(3) 내담자의 스트레스와 성폭행 사실에 대하여 폭로를 못함

① 내담자의 스트레스

• 1회기

내담자: 그리고 나서 저는 스트레스를 엄청 받았는데, 중·고등학교 때는 되게 내성적이어서 그런 거를 쌓아 두고 그랬어요. (중략) 그냥 항상 문제 발단은 오빠거든요. 근데 엄마는 발단이 오빠라고 생각하지 않아요.

② 성폭행 사실에 대하여 폭로를 못함

• 5회기

내담자: 다섯 살 때 사건을 엄마에게 이야기를 못했어요. 초등학교 6학년 때 사건은 엄마한테 얘기를 했죠.

(4) 내담자와 오빠와의 역기능적인 의사소통 방식

• 1회기

내담자: 그런 얘기를 한 적이 있어요. 머리도 컸고, 오빠는 사춘기였고, 그런 거를 다 고려해서 얘기한 적이 있어요. 오빠는 또 대판 싸우다가 당당하게 "나는 너 그렇게 한 거에 대해서 나름대로 보상을 했다고 생각한다." 이런 식으로 너무 당당하게 그렇게 얘기를 하는 거예요. 무슨 보상인지는 몰라도 자기 인생이 힘들었다 해요. 그런 건지 모르겠는데 그게 당연하다고 오빠는 생각을 하는 것 같아요. "그때 나는 사춘기였어." 말투도 되게 당당해요. 오빠는 사춘기였고 남자애들은 누구나 그럴 수 있다고 그러는 거예요. 그렇게 싸우고 나서 오빠랑 나랑 말 안 하고 지내는 거에 대해서 엄마가 스트레스를 너무 많이 받았어요. 한 집 안에 있으면서 너무 스트레스 많이 받고. 또 어떻게 화해를 해서 좋아졌는데, 화해를 해서 좋아지면 정말 둘도 없는 것처럼 친하게 지내요. 둘이 같이 맥주도 사서 먹고, "○○야." 하면서 친하게 지낼 때는 그렇게 잘 지내거든요. 그러다가 가끔 오빠가 술 먹고 얘기를 할 때가 있어요. "내가 건드렸던 것도 그렇잖아." 그러면 그때는 속으로는 천불이 나는데…….

치료자: 표현방식은? (치료자는 내담자와 오빠의 문제를 해결하려고 시도했던 역기능적인 의사소통 방식을 보려고 질문한다.)

내담자: 네, 그냥 이렇게 한다거나 그냥 다른 얘기로 막 전환하고 그러다가, 이렇게 지내다가 그렇게 폭발을 해서 오빠가 나갔죠.

치료자: 오빠한테 성폭행 사건에 대하여 직접적으로 말했나요?

내담자: 오빠한테 얘기한 적은 화났을 때 한 번요. 근데 미안하다고는 했어요. "그래, 미안하다." 그런 식으로.

치료자: 그 사과하는 말이 와닿지는 않았습니까?

내담자: "지랄하고 있네." 이런 생각이 들더라고요. 그때 말하지 말고 관계 끊자고 해서 알았다고 했거든요. 그래서 그렇게 지낸 건데 엄마가 힘들어해서 다시 말하고 지낸 거죠.

• 2회기

엄마: 얘가 몇 년 전에도 오빠하고 말을 안 했어요. 그런데 오빠는 또 성격이 틀리거든요. 오빠가 "○○야, ○○야." 하고 부르면 얘는 말도 안 하고 딱 방문 닫아 버

려요. 그러다가 이제 오빠는 속이 타는 거예요. 네가 오빠라고 생각을 안 하냐, 말 안 하고 지내도 되겠느냐, 이제 막 따지는 거예요. (중략) 그러면 딸아이가 말하기 싫다고 그러면 아들은 알았다 하면서 말을 안 해요. 두 남매를 키우면서 한 집 안에서 엄청나게 속이 터져요. 그런 게 한 1년을 갔어요.

• 4회기

오빠: 동생이 고등학교 때 왕따를 당해서 그때 상담을 해 준 이후로는 동생과 거의 얘기를 안 했죠. (중략) 그전에 싸울 때도 미안하다고 했고요.

치료자: 그런데 표현을 지금처럼 이런 식으로 하셨습니까?

오빠: 아니죠, 격양된 말이었죠. 어머니와 대화가 안 되는 부분이랑 동생과 대화가 안 되는 부분이랑은 저한테는 똑같아요. 짜증이 얼굴에 보이고 대화하기가 그렇게 선뜻 마음에 안 내키고 그러니까, 또 상대방에서 보면 저도 마찬가지겠죠.

(5) 오빠의 성폭행에 대한 엄마의 입조심 당부와 성폭행 사실을 모르는 아빠

① 엄마의 입조심

• 1회기

치료자: 오빠한테 다섯 살 때하고 6학년 때, 어떻게 보면 오빠한테 성폭행 당했을 때 어머님께서는 쉬쉬했습니까?

내담자: 네.

치료자: 무엇 때문에요?

내담자: 남한테 알려질까 봐.

치료자: 아버님은요?

내담자: 그 후로 엄마가 아빠한테 얘기를 했는지는 잘 모르겠어요.

치료자: 그런 얘기를 아버님께도 했나요?

내담자: 아빠하고는 얘기 안 해요.

• 5회기

치료자: 오빠가 손을 가슴 쪽에 올렸을 때는 어머님께 뭐라고 말씀드렸나요?

내담자: 오빠가 가슴 만졌다고 그렇게 얘기를 드렸는데요.

치료자: 그랬더니 어머님께서 어떻게 반응하셨습니까?

내담자: 인상이 굳더니 아무한테도 말하지 말라고 하셨어요. 그리고 나서 너보다 더 심한 사람도 있고 그런 거는 아무것도 아니니까 남들한테 말하지 말라고.

치료자: 그리고요?

내담자: 그게 전부였어요.

(내담자는 어렸을 때 오빠로부터 성폭행 당한 것에 대하여 엄마가 입조심을 시켰고 부모와 대화를 할 수 없었다는 것이 나타나고 있다.)

② 성폭행 사실을 모르는 아빠

• 3회기

아빠: 그런데 저는 전혀 몰랐으니까. 어릴 때 집사람한테라도 오빠가 만진다고 얘기를 들었으면 오빠를 어떻게 두드려 패든지 어쩌든지 했을 텐데, 저는 전혀 모르고 여기까지 와 버렸으니까요.

(6) 내담자와 엄마의 관계

① 밀접한 관계

• 1회기

내담자: 엄마랑은 포옹하고 뽀뽀하고 그래요.

• 5회기

내담자: 그런데 저도 이해가 안 되는 게요, 고등학교 때까지만 해도 우리 엄마 예쁘다고 애들한테 그러고 매일 엄마랑 잔다고 하고 했어요.

엄마: 아빠가 낚시를 가버리고 애하고 나하고 둘이만 있으면 애가 편안해하는 걸 제가 느껴요. 엄마하고 둘이만 살았으면 좋겠다고 해요.

내담자: 아빠가 낚시를 가다가 안 가고 집에 있으면 불편함을 느껴요. 차라리 그냥 낚시 가시지.

② 딸 탓을 하는 엄마와 내담자와 엄마 간의 역기능적인 의사소통 방식

㉠ 딸 탓을 하는 엄마

• 1회기

내담자: 그냥 항상 문제 발단은 오빠거든요. 근데 엄마는 발단이 오빠라고 생각하지 않아요. 엄마는 저에게 "나 때는 더 심했다. 오빠한테 맞고서도 그냥 잘 지냈는데, 너는 왜 그러니?" 하세요. 내가 유별나다고 생각을 하세요. 내가 성격이 아주 못돼서 우울증 같은 것도 걸리고 폭발하고 집어 던지고 그런 거라고 생각을 하세요. (중략) 제가 엄마에게 불만을 일방적으로 쏟아부으면 엄마는 제 이야기를 안 들어요. 그냥 "응, 응." 이래요.

• 2회기

치료자: 어머님께서는 무엇 때문에 따님이 우울증이 생겼다고 생각하세요?

엄마: 딸은 오빠 때문이라고 하거든요.

치료자: 어머님께서는요?

엄마: 자기 성격 탓인 것 같거든요. (중략) 오누이가 잘 지냈어요. 12월에 저희 시어머니가 돌아가셨는데 그때도 참 좋은 상태였거든요. 같이 뭐 "○○야" "오빠" 하면서 서로 막 좋고, 장례식장에서도 너무 좋게 지내고 그랬어요. 근데 또 무슨 일로 지 머릿속에 뭐가 있는지는 몰라도, 또 그게 막 격해지고는 정신과 다니고 있다고 하는 거예요. 그래서 저는 너무너무 놀랐어요. 이렇게 오래 살아도 '쟤가 성질이 저렇게 못되게 타고났나?' 그렇게만 생각을 했거든요. 그랬는데 한 집에 있는데도 오빠를 보려고 하지도 않고, 그냥 하여튼 지가 칼로 긋기도 했잖아요.

• 8회기

내담자: 그런데 엄마는 항상 내가 더 못됐대요.

엄마: 아들 같은 경우는요. 저한테 성질을 내잖아요. 그래도 금방 미안하다는 말을 하거든요.

아빠: 아들은 엄마에게 바로 말을 못하면 집에 나가서도 엄마한테 전화를 하고.

엄마: 집에서 화를 내도 학교 갔다오면 "엄마, 죄송해요."라는 말을 하는데, 얘는 잘못했다 미안하다는 말이 없어요.

아빠: 딸아이는 말도 안 하고 피식 하고 나가고.

내담자: 제가 생각할 때는 오빠가 그러면 가식쟁이라는 생각이 들어요.

엄마: 얘는 미안해하거나 그런 것이 없어요.

내담자: 표현을 안 한다고 안 느끼는 건 아닌데 엄마는 내가 아예 안 느낀다고 생각을 해요. 엄마한테 성질을 내고 가면 나도 막……

ⓛ 내담자와 엄마 간의 역기능적인 의사소통 방식

• 5회기

내담자: 엄마한테 짜증을 내면 엄마는 안 듣고 그냥 "알았어, 알았어." 하고 방에 들어가 버려요. 그래서 엄마는 고친다고 하지만 듣지를 않았는데 고칠 수가 없죠. (중략) 엄마는 자식들한테 3~4시간 자면서 살아야 한다고, 일찍 일어나서 부지런하게 살아야 한다고 가르쳤으면서, 엄마는 준비는 안 해 놓고 엄마 때문에 시간을 다 잡아먹은 거예요. 시험 볼 때도 2, 3시간 자고 힘들어서 다음날은 그냥 푹 잤거든요. 그랬더니 많이 잔다고 또 뭐라 그러는 거예요. 저는 또 적게 자서 스트레스 받아서 그런 건데. 자기 자신은 안 그러면서 자식들한테는 그래요. (중략) 엄마는 저에게 "알았어, 알았어." 하면서 다음부터는 안 그런다고 해요. 그러면 알았다고 하니까 그러려지 하는데 또 그게 계속 반복이 되는 거예요. 그래서 이제는 포기를 한거죠. 엄마는 안 바뀌니까. 얘기를 해도 안 바뀔 거니까 한 번 성질 내고 내 방에 들어가 버리는 거죠. (중략) 중·고등학교 때는 엄마와 대화하는 것을 포기하고 아예 집안 식구들을 다 포기하고 밖으로만, 친구들하고만 지냈죠.

(7) 내담자와 아빠의 관계

① 내담자와 아빠의 부정적인 관계

• 1회기

내담자: 아빠랑은 대화 안 해요. 아예 관계가 없어요. 아빠가 제 손 끝 건드리는 것도 싫어요. 앉아 있다가 아빠 무릎만 살짝 닿아도 저는 딱 떼버리거든요. 아빠랑은 스킨십이 전혀 없어요. 제가 기억나는 게 어렸을 때인데, 술 먹고 들어오셔서 뽀뽀를 했는데 그게 그렇게 싫더라고요.

• 2회기

엄마: 딸아이는 아빠를 안 좋아해요. 얘는 아빠를 좀 무뚝뚝하고 가정적이지 못하다고 봐요. 그게 이제 저희 애들 둘 다 어려서부터 계속 외삼촌들을 부러워했어요. 친정 남동생이나 오빠와 같은 경우는 저희 아버지가 너무나 자상했기 때문에 자상하게 살고 있어요. (중략) 아빠를 싫어한다는 건 알아요. 그래서 한 번씩 ○○야, 그래도 아빠가 힘들게 벌어서 이때까지 키우고 했는데 아빠한테 그러지 말라고 하죠. 아빠 보는 데서도 엄마를 너무 좋아하는 표현을 해요. 그러면서 딸애가 엄마, 안녕." 하면 아빠가 "야 인마, 아빠한테는?" 그러면 그냥 딱 가버릴 때도 있고.

치료자: 아버님께는 그래요?

엄마: 네, 엄마랑 아빠가 같이 있어도 얘가 엄마한테 좋아하는 표현은 해도…… 아빠를 안 좋아하는 게 그것도 맘이 안 편해요. 예쁘다고 ○○야 하면서 가까이 갈라고 하면 딱 일어나서 자기 방에 들어가 버려요. 그러면 저 새끼, 저거 예쁘네 라고 그러는데.

• 3회기

아빠: 매일 아침 일찍 나가고 저녁 늦게 들어오고 하니까. 저녁에 들어갈 때는 술 먹는 날이 많으니까요. 술 먹고 들어가서 애들 자고 있으면 예쁘다고 뽀뽀하려고 하면 냄새 난다고 싫어해요. "에이, 애들하고는." 하고 말죠. 애들한테 제가 전혀 신경을 못 쓴 편이에요. (중략) 뭐, 자식에게 그렇게 애정표현을 한다는 게 우리 땐 없었죠.

② 내담자와 아빠의 역기능적인 의사소통 방식

• 2회기

엄마: 아들이 중 · 고등학교, 대학 다닐 때까지도 엄마는 왜 아빠 같은 사람을 만났냐는 식이에요. 딸 같은 경우도 추석에 시골 친척집에 갔는데 아빠가 보릿짚 모자를 쓰고 가니까 아빠는 그냥 시골에 살아야 할 사람인데 괜히 서울 왔다면서 엄마는 안목도 어지간히도 없다고, 왜 아빠 같은 사람을 만났냐고 아빠 듣는데도 그래요. 그러면 아빠는 "저 새끼 저거 말하는 것 좀 봐라." 그래요.

• 3회기

아빠: 딸이 나하고 대화를 안 하려고 해요. 제가 목소리가 크니까 그래서 싫어하는 거 아닐까요? (중략) 애들하고도 대화가 없으니까요. 나한테는 얘기도 안 해요, 수준이 안 맞으니까. 내가 생각할 때는 지네들은 좀 배우고 했으니까. 나 같은 경우는 "이놈의 자식." 하니까요. 또 학교 들어가고부터는 내가 집에서 애들하고 어울려서 있는 경우가 별로 없었으니까요.

• 6회기

아빠: 그러니까요. 내가 집에 들어가면 딸이 나를 쳐다보고 "아빠, 이제 와요." 하는 소리 듣고 싶은데 이게 뭐 쳐다보지도 않으니까 들어가자마자 기분이 확 잡쳐 버리죠. 딸이 날 싫어하니까 나한테는 톡톡 쏘기만 하고.

내담자: 엄마랑은 "뭐 어떻게 했어." 하면서 대화가 되는데 아빠랑은 "뭐예요." 이렇게밖에 대화가 안 돼요. 그래서 좀 내가 아빠에게 말을 해야겠다 싶으면 "아, 뭐예요." "해야죠." 하는 식으로만. (중략) 아빠는 나한테 밥 먹으라고 하면서 먹고 있으면 많이 처먹는다고 하잖아요. 말이 "밥 먹어." "많이 먹네." 하는 게 아니라 저년은 또 많이 처먹는다고…….

③ 내담자에 대한 아빠의 폭행

• 2회기

엄마: 딸이 고등학교 다닐 때였는데, 아빠에게 나긋나긋하게 않고 말투가 안 좋다고 빗자루로 딸을 때린 적이 있어요.

④ 딸의 오빠에 대한 불안을 인식하지 못하는 아빠

• 3회기

치료자: 따님이 집에서 파인 옷을 못 입고 있다는 것은 알고 계셨어요?

아빠: 저는 그런 것을 잘 못 느꼈어요. 저는 딸이 팔다리에 털이 많아서 그것 때문에 긴 바지, 긴 팔만 입는 걸로 알고 있었어요.

치료자: 오빠가 있으면 치마나 파인 옷을 못 입는다고 합니다. 잠재적으로 언제 또 오빠가 성적으로 추행을 할지 모른다는 불안감이 있다는 거죠. 또 하나는 가족들이 딸의 입장에서 편을 들지 못하지 않았나 하는 겁니다.

아빠: 저는 전혀 모르고 있었으니까요. (중략) 지금 생각하면 그래서 그런 줄은 몰라도 "아빠, 뽀뽀!" 하면 중학교 때부터인가 굉장히 싫어하더라고요. 안으려고 하면 그것도 굉장히 싫어하고요. 그러면 "이놈의 계집애가." 하고 그랬죠. 그래서 뭐 나도 딸에게 거의 접근을 안 했는데, 지금 생각을 해 보면 그래서 그랬던 것 같아요.

⑤ 부녀관계에 부정적인 영향을 미치는 오빠의 성폭행 경험

• 5회기

치료자: 아버님이 어머님하고 한 번 낚시를 간 적이 있는데 어머님께서 옆에서 너무 지겨워하시더래요. 그때 가서 매운탕도 맛있게 먹고 소주도 먹었다고 하시더라고요. 아버님께서는 지금 딸이 너무너무 예쁜데 딸이 아버님을 아빠를 벌레 쳐다 보는 듯한 느낌이 든다고 하세요. 그런데 왜 그런 건가요? 아버님이 ○○ 양을 이성으로서 느끼고 있다고 생각하는 건가요?

내담자: 그러니까 느낌이, 오빠가 그러고 나서부터는 아빠도 좀…….

치료자: 그럴 가능성이 있다고 봅니까?

내담자: 네.

치료자: 어렸을 때 그런 걸 느꼈어요? 아버님한테?

내담자: 어렸을 때, 꼬맹이였을 때 아빠가 뽀뽀를 하는데 그게 그렇게 싫더라고요. 오빠랑 그 일이 있어서 그런 건지는 모르겠는데, 그때부터는 남자들이 되게 이상해 보였거든요. 좀 이상한 느낌만 있었는데 아빠도 뽀뽀를 하고.

(8) 오빠의 가족관계와 오빠의 우울증

① 오빠와 엄마 관계

• 1회기

내담자: 엄마는 오빠밖에 없었죠. 그래서 저는 그게 불만이었는데, 엄마가 저는 그냥 나 알아서 하니까 걱정이 없었다고 사랑하시 않는 게 아니었다고 하세요. 엄마는 오빠가 절대적이었죠. (중략) 오빠도 엄마 챙겨 주고, 저보다 오빠가 엄마랑 더 밀착된 관계였어요.

• 2회기

엄마: 오빠 같은 경우는 성질을 내도 금방 없던 식이 돼 버려요. 집에서 조금 엄마한

테 언짢은 일을 했다 그러면 당장 전화해서 달래는 그런 스타일이거든요. "엄마, 죄송해요." 하는 스타일이고 딸애 같은 경우는 오래 가요.

• 4회기

오빠: 어머니는 어릴 때는 저한테 짜증을 많이 부리셨어요. 아버지에 대한 시시콜콜한 갈등, 또 고부간의 갈등 그런 거요. "시어머니한테 당했던 시집살이들이 죽어도 싫어." 그런 거. 어머니도 두루뭉술하게 사람들한테 비위 맞추고 그런 거 못하세요. 그런 성격은 저나 동생이나 마찬가지고요. 그러니까 좀 애교 떨거나 그런 것은 전혀 없고요. 어머니는 짜증나면 항상 말하시고 하니까 저는 인이 박히죠.

② 오빠와 아빠 관계

• 1회기

내담자: 오빠도 아빠한테 불만이 많아요. (중략) 오빠가 아빠를 싫어했죠. 머리 좀 크고 나서는 생각을 하고 교육방식도 생각해 보고 그랬는지, 그래도 대화는 해요.

• 3회기

아빠: 아들하고도 대화가 없으니까요. 아들이 나한테는 얘기도 안 해요, 수준이 안 맞으니까. 내가 생각할 때는 지네들은 좀 배우고 했으니까. (중략) 나 같은 경우는 "이놈의 자식." 하니까요. 또 학교 들어가고부터는 내가 집에서 애들하고 어울려서 있는 경우가 별로 없었으니까요. (중략) 뭐 자식에게 그렇게 애정표현을 한다는 게 우리 땐 없었죠.

• 4회기

오빠: 아버지와 대화가 안 되는 건 아니에요. 대화는 하면 하는데 대화를 하면 제가 짜증이 나니까 피하려고 하는 거죠.

③ 오빠와 가족 관계

• 4회기

오빠: 제 생각에 성추행이나 그런 게 저를 힘들게 할 것 같아요. 동생이 사춘기를 겪으면서 방에 들어가서 항상 문 걸어 잠그고 하니까……. 집에 들어와도 집안 식

구들이 워낙 대화도 없고 그러니까……. 들어오면 딱 자기 방에 들어가고 저도 들어오면 방에 들어가고 그런 식으로 되니까……. 저도 좀 우울증을 심하게 겪었어요.

④ 오빠의 우울증과 자살시도 및 자해

• 4회기

오빠: 고등학교를 1학년 때 그만두고 그다음 해인가 1993년쯤에 우울증을 심하게 앓아서 신경정신과를 한 번 갔는데 약을 안 먹었어요. 좀 제가 어렸을 때부터 독선적이고 그래서 책을 읽으면서 이건 내가 치료할 수 있는 거라고 생각을 했어요. 그런데 우울증은 제 생각에는 가정력이 있는 것 같다는 생각이 들어요. 어머니도 별로 유쾌하신 성격은 아니시거든요. 짜증을 많이 내시니까요. 어머니 자신이 생각을 하시기에는 어떨지 모르겠지만 옆에 있으면 우울이 전염되는 것이 느껴지니까. 그리고 제가 어렸을 때부터 어머니가 저한테 의지를 많이 하려고 했으니까요. (중략) 제가 우울증을 심하게 앓았을 때 자살하려고 4층에서 한 번 뛰어내렸고요. 대학교 2학년 때인가 3학년 때인가에는 자해를 했는데 손가락 감각이 나가서…… 뭐 아무 생각이 없었어요. 그냥 그런 거예요. 장애가 된 거죠. 지금도 손가락에 감각이 없어요. 그러니까 저는 감정이 매몰되거나 그런 것은 되도록이면 피하려고 해요.

치료자: 감각이 없어요?

오빠: 예, 감각이 없어요. 그러니까 감정이 매몰되거나 그런 것은 되도록이면 피하려고 하죠.

⑤ 오빠의 부정적인 가족관과 결혼관

• 4회기

오빠: 저는 가족이 해체되어 버렸으면 차라리 좋겠다는 생각이 들어요. (중략) 또 저의 독선적인 생각인 것 같지만 아버지, 어머니처럼 살려면 결혼을 안 할 생각이었고요.

(9) 부모(부부간)의 대화방식과 부부간의 가정문화와 성관계에서 오는 차이

① 부부간의 대화방식

• 1회기

> 내담자: 엄마는 아빠랑은 대화 안 해요. (중략) 엄마, 아빠는 경상도 분들이거든요. 그래서 제가 "왜 또 싸워." 하면 "이게 대화하는 거야." 하세요. 두 분은 대화가 안 되죠. 아빠가 대화가 가능한 분이 아니에요. 그래서 엄마가 불만이에요. 엄마가 무슨 말을 하면 아빠가 말을 딱딱 내뱉어요.

• 2회기

> 엄마: 시부모님에 비하면 남편은 훨씬 낫지요. 그런데 좀 저희 남편도 정이 떨어질 정도로 그런 말을 할 때가 있어요. 남들이랑 얘기할 때는 순하게 해요. 남편은 다정하게 얘기를 한다고 해도 시부모님의 말투가 그러니까 말로써 김을 팍 세게 만들어 버린다거나 정이 딱 떨어지게 만들어 버린다던가 하는 때가 많아요. 그거는 못 고치잖아요.
>
> 치료자: 아버님 표현이 예를 들면 어떠세요?
>
> 엄마: 남이 들을 때는 싸우는 것처럼 딱 기분 나쁘게 해버리는 스타일이지요. (중략) 남편은 항상 제가 밥이나 반찬을 해도 입에 맞으면 기분이 좀 좋아서 먹고, 조금 안 맞을 때는 반찬이 뭐 어쩌고 이런 식이지요.

• 3회기

> 아빠: 집사람도 저를 별로 안 좋아하니까요. 뭐 만날 집사람도 "나 사랑해?" 하는데 그런 애정표현이 말로 그렇게 안 돼요. 집사람이 나한테 "나 사랑해?" 하고 물으면 "안 해?" 하고는 그냥 씩 웃고 말죠.

• 6회기

> 아빠: 집사람도 사랑한다는 소리를 안 해요. 집사람한테 한 번도 "사랑해." 소리를 안 들어 봤어요. 지금도 제가 "당신 나 사랑해?"라고 물으면 "알았어!" 해 버리고.
>
> 내담자: 아빠는 엄마가 만든 국이 싱거우면 "간장!" 하세요. 그러면 엄마의 표정은 안 좋죠. 그러면 엄마도 또 뭐라고 하고. 그게 매일 반복되는 것 같아요. 매일 엄마는 집에서도 힘들어 죽겠는데 아빠의 말투가 엄마를 더 힘들게 한다고 매일 말을 해요. 그렇게 말을 하면 아빠는 아무 말도 안 하고 있어요. 그러면 뭔가 느

끼는 게 있으니까 가만히 있을 거라고 생각하는데 또 그게 반복이 돼요. 왜 그러는지 모르겠어요. 왜 그런 거죠?

• 7회기

엄마: 남편은 대화 같은 거는 아예 담쌓고 살아요. 따뜻한 대화 같은 거는 없어요. 제가 남편과 대화를 하고 싶잖아요. 그래서 좀 하면 그 자체를 싫어해요. 제가 대화를 하면은 남편은 머 어쩌고 하면서 성질을 팍 내버려요. 아기자기하게 하는 그 자체를 싫어해요.

아빠: 쓸데없는 똑같은 얘기를 두 번 세 번 하니까요. (중략) 난 바깥에서 화났던 걸 집에 가져와서 얘기 안 해요.

엄마: 결혼하고 일주일 됐나? 애들 아빠가 성질 나니까 우당탕우당탕 하는 거예요. 문도 콱 닫아 버리고. 그래서 '아이고, 큰일 났다. 이걸 어째야 되나, 이혼을 해야 하나?' 생각했죠. 저는 이혼하려고도 많이 했어요.

아빠: 집에 와서는 그냥 술 한 잔 먹는 거고 담배 한 대 피우는 거고. 나만, 나 혼자만 속상하면 됐지 상세하게 얘기할 필요가 있나요?

② 부부간의 가정문화에서 오는 차이

• 2회기

엄마: 저희 시어머니도 돈 같은 걸 모르고 너무 헤픈 대다가 애아빠도 너무 헤프고, 근데 저는 또 너무 알뜰해요. 그래서 작은 집이나마 가지고 있는 거예요. 애아빠는 돈을 몰라요. 그러니까 아빠는 토요일만 되면 낚시를 가버리고.

치료자: 어머님께서 많이 힘드셨겠네요?

엄마: 말도 못해요. 저는 이혼하려고까지 했어요. 결혼하고 일주일이 안 돼서 내가 결혼을 잘못했다는 걸 금방 느낄 정도로 저랑 남편이랑은 너무 반대예요. 뭐 미래나 애들 교육보험 그런 거는 생각도 없고 적금, 저축 같은 것도 일절 없어요. 저 같은 경우는 딱 짜인 생활에 얼마를 벌면 얼마를 저축하고 얼마를 쓴다, 그런 것이 있는데 애아빠 만나 보니까 너무 대조적이었어요. 우울증 걸린다고 하면 제가 걸려야 할 것 같아요. (중략) 저하고 애아빠하고 살아온 과정이 너무 틀리기 때문에 애아빠한테 얘기를 해도 몰라요.

• 4회기

오빠: 저희 어머니 쪽의 집안은 굉장히 화목하고 형제애가 좋아요.

• 7회기

엄마: 애아빠는 한 번 벌어서 왕창 하면 되는데 왜 그러느냐고 해요. 그런데 그게 마음에 안 들거든요. 하루에 2만 원을 벌면 한 5천 원이라도 통장에 저금을 해야 저는 마음이 편해요. 그래야 삶이 이어지는데 그게 안 돼요. 그러니까 저는 지금 모든 걸 포기하고 사는 거예요. (중략) 저희 아버지는 엄마가 조금이라도 일하는 것에 대해 굉장히 공주마마 받들 듯이 했어요. 저는 크면서도 아버지가 시장 봐서 생선도 다 장만해서 냄비에 담아 주면 엄마는 끓이기만 하고 그래서 원래 남편은 '저러는가 보다.' 했거든요. 서울에 사는 남동생이 그대로 아버지를 많이 닮았어요.

③ 경제적인 어려움

• 3회기

아빠: 경제적으로 항상 힘들었어요.

• 4회기

오빠: 간단하게 말씀드리면 아버지는 무능하시고요. 어머니는 아버지 무능하신 것 때문에 항상 짜증이시고요. 근데 경제적인 것이 가장 큰 것 같아요. 그런 무능한 것을 어머니 형제분들하고 계속 비교를 하고 그러니까. 어머니 형제분들은 굉장히 잘 살아요. 외가 친척들이 저와 동생 등록금도 다 대주셨으니까요. 아버지에 대하여 짜증나는 것은 경제적인 것이 가장 큰 것 같아요. 무능한 건 아니고 방탕했다고 주위에서 평가를 많이 하거든요. 아버지가 술을 많이 드시고 어머니가 항상 짜증을 내시는 거는 돈을 많이 벌 때 헤프게 썼다, 그래서 지금 이렇다고 하죠. 그리고 외삼촌들도 아버지를 그렇게 평가하고 있고요.

치료자: 아, 그럼 아버님하고의 관계에서 가장 걸리는 것이 아버님께서 일단 가장으로서 무능력하다는 건가요?

오빠: 예, 그게 가장 크죠.

④ 부부간의 성관계의 차이

• 2회기

　엄마: 성관계에서 저는 성에 대해서 조금 약하게 타고난 것 같고, 저희 남편 같은 경우는 성욕이 세게 타고난 것 같아요. 그래서 항상 그게 어떻게 보면 남편 보기에 미안할 때가 있고……. 남편은 지금 나이에도 매일 해 주기를 원해요.

• 3회기

　아빠: 나는 좀 성적으로 좋아하는 편이고 집사람은 좀 안 좋아하니까 그런 건 있었지만 특별한 문제는 없었어요.

⑤ 부부간의 다툼

• 3회기

　아빠: 뭐 큰 문제는 없었어요. 제가 술을 많이 먹으니까 그것 때문에 싸우기도 하고 했지만, 또 경제적으로 여유가 없으니까 다투고 싸우고는 했지만. (중략) 술을 거의 매일 아니면 이틀에 한 번 정도 마셨지요.

(10) 오빠에 대한 엄마의 편애

• 1회기

　내담자: 엄마는 오빠밖에 없었죠. 그래서 저는 그게 불만이었는데, 엄마가 저는 그냥 다 알아서 하니까 걱정이 없었다고 사랑하지 않는 게 아니었다고 하세요. 엄마는 오빠가 절대적이었죠. (중략) 먹을 때도, 뭐 사소한 건데 오빠는 항상 다 차려 줘요. 항상 수저까지 놓아서 딱. 오빠가 "물 줘!" 하면 엄마가 갖다 주고 그렇거든요. 그렇게 먹는데, 한 번은 내가 밥 먹을라 그랬더니 그냥 밥 가지고 가스레인지 위에서 먹으라고 해요, 찌개 그 위에 있으니까. 그런 걸로 화를 내기도 했죠. 오빠랑 나랑 앉아 있는데 "○○야, 과일 먹을래?" 하고 물어봐요. 그리고서는 이세 나안네노 물어봐야 되잖아요. 그런데 안 물어봐요. (중략) 2개월 전에는 가족이라는 게 중요하지 않았어요. 가족은 안중에도 없었고, 항상 그냥 엄마 아빠를 생각해도 내가 어떻게든 뺏어야 할 거라고 생각을 했거든요. 또 정을 완전히 떼려고도 했어요, 엄마 아빠한테서. 오빠한테만 신경을 쓰고 그러니까요. 그 가족이라는 게 어떻게든 자립할 때까지 뜯어 내야 할 대상이라는 거죠. 돈을

벌어서 엄마 힘드니까 좀 갖다 주고 그런 거는 없었죠.

- 2회기

  엄마: 그러니까 딸애가 엄마는 항상 오빠밖에 모른다고 그런 것이 있나 봐요. 저도 아들 하나만 오래 키우다 보니 아들한테는 더 정이 갔죠. 늦게 딸아이를 놓은 거예요. 근데 자기 생각에는 엄마는 꼭 오빠만 생각한다는 게 있어서 고등학교 다닐 때 엄마를 막 괴롭히는 생각도 하고 좀 그런 식으로 했대요.

- 3회기

  아빠: 그런데 항상 딸아이가 엄마한테 아들만 편애한다고 매일 불만을 얘기한다고 해요. 그런데 저는 그런 것에 대해서는 전혀 몰랐어요.

- 5회기

  내담자: 오빠한테는 밥상 다 차려서 그 앞에 딱 갖다 주고 물도 떠다 주고 과일도 다 깎아서 줄 정도인데 나한테는 그냥 먹으라고 그래요. 제가 생각할 때는 오빠는 밥상을 다 차려 줘서 먹고 치우지도 않는데 저는 찾아 먹고 설거지 통 안에다 넣어두는 것까지 하면 오빠에 비해서는 많이 하는 거거든요. 그런데 엄마는 항상 여자니까 빨래도 하고 뭐도 하고 뭐도 하고 다 하라고 하는 거예요. (중략) 나한테는 대충 먹으라고 한 거는 평생이잖아. 딸이니까 대충 먹어라 이거지. 오빠는 항상 고기에다가 뜨거운 거 해서 주고, 나는 그냥 있는 반찬 꺼내서 먹고 살았잖아, 안 그래?

- 8회기

  아빠: 맨날 집에서 아들하고 딸하고 차별한다고 그런 문제 때문에도 그럴 수 있지.

  내담자: 우리 집은 모든 게 오빠가 대왕이잖아요. 오빠가 집에 들어와서 기분이 안 좋으면 쉬쉬해야 해요. 엄마도 그렇고 나도 그렇고.

(11) 아빠의 원가족 문화

① 부모로부터 사랑을 받아 보지 못한 아빠(남편)

- 2회기

  엄마: 이제 시아버지 같은 경우에는 평생을 바람 피우시고, 시어머니는 평생 따로 살

다가 지난 12월에 돌아가셨어요. 얘네 아빠가 갓난애 때 시아버지가 아들 하나
딱 놓고, 우리 시아버지하고 시어머니하고 두 분이 너무 불같은 성격이라 안 맞
아서 시아버지가 그때부터 나가서 살았어요. 그러니까 가정이 좀 엉망이라고 봐
야죠. 우리 애아빠는 따뜻한 사랑을 받아 보지를 못했어요. 그렇게 컸기 때문에
사람이 나쁘다기보다는 '어떻게 하면 애들이 좋아할까?' 하는 걸 몰라요. 가족
끼리 어디를 놀러 간다, 외식을 한다, 이런 거는 없거든요.

- 2, 5회기

  엄마: 저희 시어머니가 아들을 낳자마자 큰집에 양자로 보냈어요. 저희 시아버지 형
  님이 애기도 안 놓고 큰엄마, 큰아버지 두 분이 다 돌아가셨거든요. 그랬기 때문
  에 저의 시아버지가 둘째인데 아들을 낳았으니까 '얘는 이제 큰집에 양자다.'
  그렇게 생각을 하신 거죠. 뭐 이제 시동생, 저희 시어머니가 그 아들하고 살 거
  니까 우리 애들 아빠를 그냥 제쳐 놓은 거예요. 그래서 제가 결혼할 때만 해도
  저보고 신랑이 그래요. "우리 아버지가 워낙 바람둥이라서 어떤 여자가 나만 낳
  고 가버리고 엄마는 동생만 낳았어." 그래서 "무슨 그런 소릴 하냐, 누가 봐도
  얼굴이 그대로 닮았는데 말도 안 돼." 했더니 키우다 보면 닮을 수도 있다고 하
  대요. 그 정도로 엄마가 아들한테 사랑을 안 줬어요. 그러니까 애들 아빠 같은
  경우는 사랑이라는 거는 받아 보지를 못했기 때문에 남한테 사랑을 줄지를 몰라
  요. 그런 얘기를 해도 본인은 몰라요.

- 3회기

  아빠: 저는 부모님하고의 대화가 거의 없었어요. 어렸을 때도 나는 양자로 되어 있
  고, 아버지는 또 따로 나가 사시고, 어머니는 같이 살았지만은 동생한테만 신경
  을 쓰는 편이셨고 나한테는 별로 신경을 안 쓰셨어요.

- 7회기

  엄마: 저는 애아빠에게 "당신은 부모님한테 사랑을 못 받아서 남한테 사랑을 줄 줄
  을 몰라요."라고 말을 해요.

② 표현을 못하는 남편과 의사소통 방식 및 속옷만 입는 방식의 다세대 전수

㉠ 표현을 못하는 남편

• 2회기

> 엄마: 저희 같은 경우는 제 남동생들 덕을 많이 봤거든요. 그랬는데 애들 아빠는 처남들한테도 고맙다는 말을 할 줄을 몰라요. (중략) 네, 남편이 표현을 못해서 속상하죠. 동생이 가고 난 뒤에 그랬어요. 어쩌면 세상에 도움을 그렇게 많이 받았는데 말 한마디로 천 냥 빚을 갚는다던데 고맙다는 말 한마디 해 주면 안 되냐고요. 그랬더니 남편이 일하고 갔다 오면서 "처남한테 전화해 줬어." 하더라고요. 그 정도로 표현을 안 해요.

• 3회기

> 아빠: 누구랑 대화라는 것이 한 집에 그냥 같이 사니까 그냥 하는 거지 특별한 대화라는 것은 뭐…… 시골이 그렇잖아요. 아기자기하게 대화 같은 거는 없었어요. (중략) 집에서는 대화가 거의 없었고 영업을 하다 보니까 다른 사람하고는 대화가 잘되는 편이고요.

• 4회기

> 치료자: 아버님 표현하는 방식에서는요?
>
> 오빠: 항상 서투르시니까요.

㉡ 의사소통 방식의 다세대 전수

• 6회기

> 치료자: 아버님이 자라오실 때도 그러셨잖아요. 어머님하고 대화하고 그런 것이 없으셨다는 걸로 그때 들었는데, 그 방식이 비슷합니까? 아버님이 자라오실 때 아버지하고 대화가 거의 없으셨던 것처럼 어머니하고도 거의 대화가 없으셨어요?
>
> 아빠: 그렇죠.
>
> 치료자: 그러한 관계 패턴이 지금의 따님하고 아드님하고 비슷하다고 생각하세요?
>
> 아빠: 똑같아요.
>
> 내담자: 닮아서 그런걸요, 뭐. 오빠도 나도 그렇고 그렇게 행동하는 거는 다 아빠 닮아서 그런 거예요.

ⓒ 속옷만 입는 방식의 다세대 전수

• 6회기

　내담자: 그리고 어렸을 때 내가 엄마한테 얘기해서 아빠가 팬티만 입고 돌아다니지 않게 해 달라고 했는데 아빠는 계속 팬티만 입고 돌아다니셨어요. 사각팬티도 아닌데. 그러니까 오빠도 팬티만 입고 돌아다니고.

ⓓ 아빠 친척들의 깨진 가족관계

• 3회기

　아빠: 남동생의 큰 애가 외국 나가서 살고 있는데 형편이 안 좋은가 봐요. 둘째 놈도 울산 가서 살고 있는데 그놈도 마누라하고 이혼하고 술중독이 돼서 혼자 살고 있고요. 막내딸도 결혼해서 살다가 이혼해서 혼자 살아요. 애들 둘이 있으니까 양육비 받아서 살고.

(12) 엄마의 원가족 문화

① 자상한 아빠와 오빠

• 2회기

　엄마: 친정 남동생이나 오빠와 같은 경우는 저희 아버지가 너무나 자상했기 때문에 자상하게 살고 있어요. 그러니까 저희 아들과 같은 경우도 어릴 때, 다섯 살인가 여섯 살 때부터도 "엄마, 나는 아빠처럼은 안 살고 외삼촌처럼 살 거야." 하는 식으로 말했죠. 애들이 다들 외가 쪽을 부러워하지, 시댁 쪽으로는 가정이 별로 좋지 않아요. (중략) 저는 중학교 졸업할 때까지 저희 아버지가 책가방이 무겁다고 학교까지 데려다 주고 데려오고 할 정도로 다정한 아버지 밑에서 컸어요. 그러니까 저는 결혼을 해 가지고…….

② 친정부모의 좋은 부부관계

• 2회기

　엄마: 저희 엄마는 제가 중학교 2학년 때 장티푸스 걸려서 다 나아갈 때쯤에 닭을 잘못 잡수셔서 돌아가셨어요. 동네 분들이 다 엄마를 부러워할 정도로 저희 아버지가 여자가 하는 일, 뭐 그런 거 없이 그 옛날에 아침 일찍 일어나서 불을 피워

서 물을 데워 주면 엄마가 나와서 밥하고 청소는 아빠가 다 해 버리고 하셨어요. 옛날에는 저는 그걸 몰랐어요. 다 그러는가 보다 했죠. 아버지가 생선이고 뭐고 다 사 가지고 와서 장만해서 깨끗이 씻어서 그릇에 담아 두면 엄마는 끓이기만 하면 됐고. 그런데 제가 결혼을 해서 가만히 생각을 하니까 아버지가 너무너무 자상하셨던 거예요. 저는 그걸 몰랐어요. 너무 반대인 남편을 만나서 살았기 때문에 '어머나, 우리 아버지가 정말로 자상한 아버지구나.' 하고 생각하게 됐죠. 저희 학교 다닐 때 친구들도 저희 집에 놀러 오면 "너희 엄마 아빠 정말 좋다." 라고 했어요.

2) 내담자의 우울증과 폭식장애가 사라지는 데 영향을 미친 요인들에 대한 분석

(1) 내담자와 오빠의 공간적인 분리

• 1회기

치료자: 그러면 집에서 대화할 사람이 없었는데, 지난 2월에 우울증 발발하고 나서 오빠가 집에 없으니까 편했습니까?

내담자: 마음이 너무 편해요. 이번 연도 들어서 주위 애들이 얼굴이 좋아졌다고 그래요. 그래서 '왜 얼굴이 좋아졌다고 그러지? 그것 때문에 그런가?' 라고 생각하죠.

• 8회기

내담자: 오빠 있을 때는 책상 위에다가 생리대 같은 거는 절대 못 올려놓고, 엄마도 절대 그런 거 보이면 안 된다고 교육을 했거든요. 그런데 지금은 일주일 정도 올려놓고 항상 보면서 '오빠가 없으니까 저런 것도 올려놓는구나.' 생각하고.

• 9회기

오빠: 전에 말씀드렸다시피 제가 동생한테 잘못한 게 있으니까 계속 걸림돌로 남아 있는 거고, 그래서 집에서 피해 준 거고요. (중략) 저도 차라리 고시원에 있는 게 편해요. 제가 어릴 때, 이건 좀 관계는 없는 얘기인데 남동생이 있었으면 좋겠다고 생각했어요. 남동생 하나 낳아 달라고 그랬는데 여동생이 나왔고, 또 살가운 집안이 아니어서 여자가 있을 분위기는 아니지 않습니까? 솔직히 남자면 '아,

저 새끼는 원래 저런가 보다.' 라고 생각할 수도 있었을 텐데. 저도 또 집안에서 잘못하고 있으니까. 옷 입고 돌아다니는 걸 굉장히 싫어하거든요. 잘 때 옷 입고 자는 것도 싫어하고.

(2) 내담자의 우울증 및 폭식과 아빠에 대한 인식의 변화

① 내담자의 우울증의 변화

• 5회기

내담자: 요즘에 우울증은 좀 괜찮아요. 약도 안 먹고 있어요. 그렇지만 좀 불안정한 것 같아요. 예를 들면, 기분이 안 좋아질 때면 팍 가라앉았다가 성질이 나면 욱 하고 방으로 들어가 버려요.

• 7회기

엄마: 딸이 편안해하고 많이 나아졌어요.

• 8회기

내담자: 기분이 안 좋을 때는 우울한데, 그럴 때는 운동하고 공부하고 과외하러 가고 영화도 보러 가고, 그러면 괜찮아요.

• 10회기

치료자: 따님의 우울증 증세는 나타납니까?

엄마: 한 번씩 좀 그런 것 같아요.

치료자: 어떨 때요?

엄마: 좋다가도 가만 있다가 보면 인상이 좀 안 좋아져요. 그러면 저는 아무 말도 안 해버려요. 내버려 두는 거죠. 그러면 지 풀에 지가 좀 사그라지고. (중략) 상담받고 해서 애들 둘이 좋아지도록 저도 많이 바라고 있죠. 그리고 딸이 좋아지고 있으니까요. 딸의 얼굴표정이 전보다 많이 좋아졌어요.

② 내담자의 폭식의 변화

• 10회기

내담자: 예전에는 먹는 걸로 풀었는데 그런 게 없어졌어요. 그냥 기분이 좀 그러면 운동하러 가요. 그리고 운동 갔다 오면 기분이 조금 나아져요.

③ 아빠에 대한 인식의 변화

• 6회기

　내담자: 아빠가 그렇게 생각하고 있는 줄 몰랐다는 걸 처음 알았죠. 아빠도 알면서
　　　　안 하는 줄 알았어요.

• 10회기

　내담자: 아빠가 많이 좋아지고 있어요.

(3) 아빠의 변화

① 딸에 대하여 변화하려는 아빠의 노력

• 2회기

　엄마: 옛날에는 남편이 애새끼들이라고 뭐, 이런 식으로 했는데 얘가 좀 이러고부터
　　　는 많이 조용해졌어요. 가까워지려고 그러니까 얘는 아빠를 더 싫어하지요. 저
　　　도 애들 아빠한테 그러거든요. 아니, 애기 낳아서 갓난애기 때부터 예쁘다고 안
　　　아 주고 사랑을 주고 그래야 자연스럽게 커서도 당신이 안으려고 안 해도 안기
　　　고 그러지, 당신이 그런 식으로 살아왔는데 지금 와서 다 큰 처녀한테 그렇게 하
　　　면 되냐고요.

• 10회기

　아빠: 이제 제 가족의 문제점이 무엇인지를 저도 알았으니까 제가 신경 더 쓰고 노력
　　　해야죠.

② 딸이 성폭행으로 힘들어하는 것에 대한 아빠의 인식

• 3회기

　치료자: 아버님은 따님이 오빠의 성폭행에 대하여 이렇게 힘들어한다는 것을 아시겠
　　　　어요?

　아빠: 이번에 알았죠. (중략) 교수님으로부터 그 얘기를 듣고 나니까 그래서 얘가 그
　　　랬구나.' 알게 됐습니다. 참 안타깝네요.

③ 자녀들에 대한 아빠의 후회

• 3회기

아빠: 지금 생각하면 너무 후회스럽네요. 애들한테 애정표현을 조금 해 주고 했어야
     했는데…….

④ 아버지의 절주

• 3회기

아빠: 지금은 거의 술을 안 먹는 편이고요. 재작년에 대상포진 걸린 후로는 1년 넘게
     술을 한 방울도 안 먹었어요. 요즘에는 낚시 가서는 한 잔씩 먹고요. 낚시 가서
     도 술을 전혀 안 먹었는데 지금은 그냥 집에서도 가끔 소주 반 병 정도 먹어요.

⑤ 변화하고자 하는 아빠

• 3회기

아빠: 내가 지금까지 가족한테 너무 등한시하고 못했던 것을 어떻게 하면 될까요? 어
     떻게 하면 딸도 풀어지고 오빠와 화해를 하게 될까요? 내가 아들에게 전화를 해
     서 상담에 오도록 하겠습니다. (중략) 딸을 위해서라면 제가 뭐든 하지요. 내 새
     끼들인데요. 그런데 지금 저 상태로라면 딸아이가 결혼을 해서 결혼생활을 잘
     할 수 있을까 걱정이 되네요.

• 6회기

아빠: 내가 부드럽게 말하도록 좀 많이 노력해야죠.

• 7회기

치료자: 아버님이 자라오실 때 그때의 표현을 지금까지 해 오시는 것 같아요. 아버
       님, 오늘 쓸데없는 얘기를 한 오십 분 정도 했거든요. 아무 쓸데없는 내용입니
       다, 그렇지요?

아빠: 아니요, 내가 많이 고쳐야 된다고 느꼈어요.

⑥ 역기능적인 의사소통 방식에 대한 아빠의 인식

• 6회기

치료자: 그게 비슷합니까? 아버님이 자라오실 때 아버지하고 대화가 거의 없으셨던

것처럼 어머님하고도 거의 대화가 없으셨어요?

아빠: 그렇죠.

치료자: 그러한 관계 패턴이 지금의 따님하고 아드님하고 비슷하다고 생각하세요?

아빠: 똑같아요. (중략) 내가 "이놈의 가시나." 하는 것이 스스럼 없이 그런 건데 애한테는 좀 그랬나……. (중략) 내가 딸에게 "밥 먹어라." 하다가 싫다고 하면 "이놈의 가시나." 하면서 쥐어박아 버리죠. "이 녀석아, 처먹으라면 먹지." 하죠. 말이 좀 거칠어요. 그러면 딸이 욱하고 또 말을 안 해요. 그럼 내가 그만둬 버리죠. 그냥 놔두는 거지요. (중략) 나는 집에서 거의 말이 없고 무뚝뚝했지요. 주로 "밥 줘" "자자" 하는게 다였어요.

• 7회기

엄마: 저는 어릴 때부터도 우리 애들이 시댁 이쪽으론 안 닮게 해야 하는데 하면서 혼자서 많이 신경을 썼어요. 제사 때도 시아버지가 안 오셨으면 했지요. 오면 안 좋은 것을 보여 주잖아요. 그런데 애들 클 때까지 안 좋은 걸 봤기 때문에 딸보다도 아들이 더 걱정이에요. 그런 것을 늘 봐 와서 결혼해서 저러면 어쩌나 싶죠.

⑦ 내담자와 아빠의 기능적인(솔직한) 의사소통 방식과 새로운 의사소통 방식

㉠ 내담자와 아빠의 기능적인(솔직한) 의사소통 방식

• 6회기

아빠: 딸인데 사랑하지요. 내가 경제적으로 참 어렵고 못해 주니까.

내담자: 아빠가 안아 준 적은 있어요. 술 먹고 들어와서 안으려고 한 적은 있죠. 아빠는 가정적이지 않으니까 집안일을 한 적도 없고, 밖에서만 하고 집에 들어와서는 시끄럽기만 하고. (중략) 아빠가 말투를 바꿔야죠. (중략) 아빠가 집에 들어오면 조금 안정된 느낌이었으면 좋겠는데, 들어오면 뭐 어쩌고저쩌고 불만을 애기하고 말도 조용조용히 해도 될 것을 억양이 올라가고, 그러면 엄마도 덩달아서 그러죠. 그럼 제가 "왜 또 싸워!" 하면 엄마는 "이게 우리는 대화하는 거야." 하죠. 아빠의 말투는 그냥 쿡 찌르는 느낌이에요. 안정감이 없어요. 표현을 할 때 나는 닿는 것도 싫고 만지는 것도 싫고 처다보는 것도 싫은데…….

아빠: 너가 밥 먹는 거 보고 있으면 예뻐서 그러지.

내담자: 조금 다가갈 수 있는 여건이 만들어져야 아빠한테 다가가는데, 아빠가 집에

서 팬티만 입고 있어서 보기도 싫은데 어떻게 다가가요. 그리고 나는 닿는 게 싫은데 아빠가 조금 관계가 좋을 때는 닿으려고 하니까 더 밀어내는 거죠. 여건이 그렇게 안 돼요. (중략) 제가 변화가 없었죠. 제가 많이 노력해야죠.

아빠: 지금 한 시간 동안 얘기를 한 것은 둘 다 서로의 관계를 좋게 하기 위해서 솔직히 얘기했기 때문에 그런 것 같습니다. 오늘 제가 많이 느꼈어요.

• 7회기
아빠: 지난번 상담에서 제가 딸에게 훨씬 부드럽게 이야기를 했지요.

• 8회기
내담자: 요즈음 아빠하고 관계가 괜찮아졌어요. 아빠의 말투가 많이 변화된 것 같아요. 또 엄마한테 물어보면 아빠가 요즘은 반찬투정도 안 하시고 많이 부드러워졌다고 해요. 제가 느낄 때는 아빠가 언성이 높아졌다 싶으면 아빠 스스로 좀 낮추시는 것 같아요. 아빠가 열심히 하세요.

엄마: 애아빠와 딸의 관계가 조금 괜찮아졌어요.

아빠: 제가 집에 들어올 때 딸이 "아빠, 이제 와요." 하면 얼마나 좋아요.

ⓛ 새로운 의사소통 방식
• 6회기
내담자: 저도 좀 집에서보다는 목소리를 낮춰서 얘길 했죠.

치료자: 그러니까 아버님하고 따님하고 저하고 한 시간 동안 말이 계속 이어졌잖아요. 한 시간 이상 이어진 건 제가 볼 때는 평상시에 아버님이 쓰시는 표현방식하고 따님이 쓰는 표현방식하고 아마 조금 다른 방식으로 대화가 되지 않았냐는 거죠. 그건 분명하죠?

아빠: 예.

내담자: 집에서는 성질만 냈는데 여기서는 대화를 한 거죠.

• 9회기
내담자: 아빠 말투가 좀 부드러워졌죠.

• 10회기
엄마: 아휴, 아빠와 딸의 관계가 처음보다야 많이 좋아졌죠. 이제 두 사람이 대화 같

은 게 있으니까요. 옛날 같았으면 아빠가 나왔다 하면 딸이 자기 방에 싹 들어가 버리고 아예 대화란 걸 안 했잖아요. 그랬는데 지금은 앉아서 대화를 많이 하지요. 많이 좋아졌어요.

⑧ 아빠와 함께 한 즐거운 추억 나누기와 신체적 접촉하기

• 8회기

아빠: 애가 유치원 때 놀러 가서 목마도 태워 주고.

내담자: 어렸을 때 딱 한 번 기억나는데, 놀러갔을 때 아빠 손을 잡았는데 아빠 손이 되게 크다는 생각을 했어요.

아빠: 얼마 전까지만 해도 너 손 잡고 손톱, 발톱 깎아 줬잖아!

내담자: 가끔 그래요, 대학교 들어가서도.

아빠: 손톱 깎아 주면 발톱도 깎아 달라고 해서 깎아 주고.

치료자: 지금 아버님 손 잡아 볼 수 있겠어요? 한 번만 잡아 보세요.

엄마: 잡으면 되지, 뭘.

내담자: 잡으면 되죠.

치료자: 아버님하고 저하고 포옹 한 번 할까요? 한 번 일어나 보세요. (포옹을 한다.) ○○ 양도 일어나 보세요. 제가 ○○ 양에게 포옹하기는 그렇고, ○○ 양이 아버님께 포옹 한 번 해 보세요. (포옹을 한다.)

엄마: 그래, 잘하네.

치료자: ○○ 양이 좀 더 변하면 아버님도 조금 더 표현을 하시겠죠? 그래도 자연스럽게 포옹했네. 아버님 오늘 혹시 하실 말씀 있으세요?

아빠: 뭐 오빠하고 둘이만 좀 잘되면 좋겠어요.

(4) 오빠와 아빠의 관계회복과 오빠의 행동에 대한 아빠의 재명명

• 2회기

엄마: 저희 아들 같은 경우도 엄마를 더 생각하는 편이죠. 아빠하고 안 좋았는데 이제 나가고부터는 아빠가 문자를 보내거든요. 아빠가 아들에게 밥은 먹었냐, 어쨌냐 하면 아들로부터 문자가 오죠. 아들이 집을 나가면서부터는 부자관계가 좀 좋아진 것 같아요.

• 8회기

내담자: 또 이해가 안 되는 게, 보통 집에서 성질을 내고 나서 친구한테 전화가 오면 기분 나쁜 걸 친구가 알 만큼 말투가 그렇게 되잖아요. 그런데 오빠는 집에서 쟤 왜 저러나 싶을 만큼 엄마한테 막 대하고 싸가지 없게 굴어요. 근데 그러고 나서 전화가 오면 상대방이 전혀 눈치 채지 못하게 완벽하게 하죠. 그러니 이중인격 이라는 생각을 하게 되죠.

아빠: 그거는 아빠가 장사할 때도 그랬어. 다른 사람하고 아무리 싸우고 그런 일이 있어도 손님한테는 항상 웃는 얼굴로 전혀 모르게 하는 게, 항상 똑같은 얼굴로 얘기할 수 있는 게 좋은 거지.

• 9회기

오빠: 아버지에 대해서는 불쌍하다는 거죠.

• 10회기

오빠: 어쩌면 가정이 포근할 수도 있지만 굴레일 수도 있잖아요. 멍에를 씌운 것일 수도 있고. 그런데 아버지는 그런 부분에 있어서 조금 멍에를 짊어지신 것 같아 요. 제가 볼 때 아버지가 힘들게 사시는 거는 아니까. 그리고 그것을 탁 버리고 뛰쳐나가는 사람들도 있잖아요. '나 혼자 벌어서 내가 먹고 살겠어. 내 새끼라 고 내가 안 거둬도 되겠지.' 라고 생각하는 사람도 있으니까. 그런 사람에 비해 서 우리 아버지가 엄청나게 인내를 하시는 건 인정을 해요. 인정은 하는데 욕심 이 제각각이니까 그 안에서 실망하는 것도 있고 원망스러운 것도 있고. 그거는 제 욕심이니까 누구를 탓할 거는 아니고요.

(5) 오누이 간의 역기능적인 의사소통 방식에 대한 인식과 의사소통 방식의 변화 및 관계 변화

① 오누이 간의 표현의 변화

• 4회기

오빠: 그런데 제가 동생에게 그런 잘못을 했다는 것을 아예 모르고 있었다거나 그런 건 아니었어요. 계속 '실수를 했구나.' 했죠. 제가 드러내 놓고 그런 얘기를 할 수도 없었고요. 그래서 사춘기 17세 이후로 동생에 대하여 미안한 생각은 계속

가지고 있었어요. 그래서 동생이 조금 어긋나는 행동을 하면 '내 잘못이구나!' 그런 생각도 했고요. 4층에서 뛰어내릴 때 옆에 동생이 있었어요. 별로 안 좋은 기억이긴 한데 "잘 살아라." 하고 뛰어내렸거든요. 어린 생각에는 여러 가지 우울증이 겹치면서 동생한테 미안하다는 생각을 가지고 있었고, 뛰어내릴 때는 죽겠다는 생각으로 뛰어내린 거니까 잘 살라고 얘기를 했어요. 그런데 동생은 아무 얘기 안 해요. 그런 기억이 없는 건지. 저는 그것도 미안한 감정의 표현이었다고 보거든요. 뭘 해 줄 수 있을까. 해 줄 게 아무것도 없다는 거…….

• 8회기

엄마: 아들이 전화해서 항상 동생에 대하여 요새는 어떠냐고 물어보면 좀 많이 괜찮다고 해요.

• 9회기

오빠: 어릴 때부터 집안 어른들 사시는 걸 보지 않습니까. 관계가 악화되면 서로 위해 준다거나 아껴 준다기보다는 돌아선다거나 그런 것이 가장 쉬운 방법이니까요. 그런 것들만 보고 자라서 그런지 뭔가 문제가 꼬이면 '내가 잘못한 건 잘못한 거지.' 하고는 그냥 도망가는 거예요. 이런 방식이 저에게 익숙해져 있는 것 같습니다. 그래서 집에서 나온 것도 상황이 별로 안 좋았는데도 나온 거고, 저는 또 동생이 원하는 것이라고 생각을 해서 했던 거고요. 제가 할 수 있는 최선의 관계 개선법은 아니지만 잠깐의 단절도 방법이라고 생각을 했어요. 동생도 그렇지만, 살갑고 화목한 거에 대해서는 속된 말로 두드러기 나고 체질상 안 맞는다고 하고 살아왔기 때문에 저도 잘못하는 부분이고요.

내담자: 그때 당시에도 생각이 있던 것도 아니고 어린애였으니까. 그냥 '뭐지?' 하는 거였는데, 그러고 나서 엄마한테 얘기를 하고 생각을 하다 보니까 그때 기억이 나면서 이상하다는 느낌을 가졌죠. 무섭다, 그렇게. 그리고 그때 사춘기 때여서 그랬는지 모르겠는데 생각을 하다 보니까 그게 더 심해졌죠. 처음에는 '뭐야?' '생소하다.' '뭐지?' 하는 느낌이었고 구체적으로 감정이 있었던 건 아니었는데, 나중에 사춘기가 되고 생각이 깊어지고 혼자 더 싫어지고 그랬던 것 같아요.

오빠: 저는 이런 얘기를 절대 얘기 못합니다. 우선 교수님께서 중간자 역할을 잘해 주시니까 그런 것도 같고요. 제가 힘들다고 생각해서 말을 해야겠다고 하니까 또 입 밖으로 나오는 것 같고요.

② 오누이 간의 문제를 해결하려고 시도했던 역기능적인 의사소통 방식에 대한 인식

• 8회기

내담자: 오빠한테는 말이 길어지니까 그냥 참는 거죠. 또 뭐 해 달라고. 라면 끓이라고 하면 군말 없이 끓이는 게 안 시끄러우니까. 오빠한테는 그런 말을 안 하죠. 제가 오빠 생각에 대하여 그렇지 않다고 설명을 할 수 있었는데도 그냥 참고 "그래, 오빠가 맞아." 하면서 알았다고 넘기는 거죠.

• 9회기

오빠: 동생하고의 관계에서도 그렇지만, 사회생활에서도 극단적으로 성향이 틀린다거나 코드가 안 맞는다면 그 사람 옆에 안 가려고 하고 좀 극과 극이었어요. 어릴 때는 그런데 나이 들면서 지금은 좀 많이 그런가 보다 하고 말아 버리죠. 지금은 부딪칠 일이 있을 때마다 참는 거죠.

내담자: 저도 굳이 싫은 사람을 내 옆에 두면서 내가 스트레스를 받는 건 별로예요. 내가 안 보면 편하니까 안 보는 쪽으로 많이 합리화를 했죠.

(오누이가 모두 인간관계에 문제가 생겼을 때 대화로 풀기보다는 회피하는 방식을 사용하고 있었고, 이러한 방식은 엄마의 의사소통 방식과 유사한 것으로 나타났다.)

오빠: 동생한테 조언을 해 주고 싶은 마음이 있어서 '열심히 해라, 노력해.' 하고 말하려 했는데, 그 커뮤니케이션 안에서도 저는 동생이 자기 혼자 공부해서 대학교 가고 그런 것을 잘난 체하는 거라고 느꼈어요. 아무튼 오해가 조금 보이기도 했고. (중략) 2년 다녔으니까 등록금이 천이백만 원이 넘지 않습니까. "천이백만 원 날려 먹고 다시 하는 공부인데 제대로 해 봐라. 그렇게 어영부영해서 되겠냐?"라고 동생한테 이야기를 했어요. 동생이 돈 날린 거 생각해서 열심히 하라는 투였던 것 같아요. 그런 의도는 아니었는데 말을 하다 보면 그런 식으로 나가기도 하고, 또 첫 고리가 그렇게 나가면 그 반응도 그렇게 나오지 않습니까. 그래서 동생은 '왜 그래, 신경 쓰지 마.' 라는 투였죠. 그러면 저는 그냥 뭐 "이놈의 새끼." 하고는 제 방에 들어가 버린 거예요.

③ 오누이의 관계 변화

• 8회기

내담자: 오빠에 대한 감정은 나쁘거나 그렇진 않아요. 친구들이랑 얘기하다가도 요새 들어서 우리 오빠에 대한 얘기는 가끔 해요. 그런데 만나고 싶거나 그러진 않아요.

• 10회기

내담자: 오빠에 대한 오해가 있었던 거는 많이 풀어졌죠.

오빠: 지난번 상담 마치고 나가면서 좀 후련한 것 같았어요.

엄마: 상담을 받고 가고 나서 딸이 많이 변했어요.

내담자: 처음에는 오빠가 너무 싫어서 생각하기도 싫었는데, 옛날에는 오빠 얘기는 아예 안 했는데 요새는 친구들이랑 얘기를 할 때도 그냥 우리 오빠 뭐 어쩌고저쩌고 얘기하고 그래요. 노래방 가서도 이상한 노래 부른다고 애들이 그거는 어디서 배운 노래냐고 그러면 오빠 영향을 받았다고 그런 얘기하고 그래요.

④ 엄마의 편애에 대한 오빠의 시각 차이와 오빠의 입장에 대한 내담자 이해

• 9회기

오빠: 동생이 엄마가 나와 동생을 편애한다고 불평하는데 저는 그거를 저를 편애한다고 생각하지 않았어요. 엄마가 싸준 도시락을 별로 못 받아먹었거든요. 저는 우선 학교를 안 다녔고, 엄마는 도시락 싸는 걸 굉장히 귀찮아하세요. 중학교 때 한 2년 정도 도시락을 싸줬는데 도시락 반찬이 2년 동안 거의 똑같았어요. 오징어채하고 콩자반을 많이 했어요. 마른 반찬 두 개를 해서 2년을 그렇게 먹었거든요. 그리고 학교를 그만두고는 밥을 차려 내라고, 저는 그런 식으로 싸가지 없게 굴었던 것 같아요. 제가 방황을 할 때 상담을 하거나 어떻게 살아야 되는지 얘기를 할 사람도 없었고, "인문계 갈까, 상고 갈까?" "너 가고 싶은 데 가라." 대화가 안 되죠. 그리고 엄마는 저한테 해 줄 게 아무것도 없다고 생각하셨어요. 아버지는 중학교 들어가니까 술 마시고 우시면서 나에게 못해 줘서 미안하다고 그러시고. 그러니까 기댈 때가 아무것도 없는 거였죠. 그러니까 밥이라도 제대로 차리라고 불평을 그렇게 했고 삼시 세 끼 다 먹는 게 아니라 먹어 봐야 한두 끼거든요. 나중에는 밤 열 시에 들어오면 아침을 안 간 날엔 가면 밤에라도 챙겨

주시더라고요. 용돈을 챙겨 주면 밥을 사먹으면 되는데 그 돈이 안 되니까. 그 안 된다는 것을 저도 알고 있는데, '기본적으로 밥은 먹어야 되는 거 아닌가. 그 정도 능력도 안 되면 왜 새끼를 깠냐.' 하는 생각이 들고, 그래서 집에 들어와서 밥을 안 차려 준다는 거에 대해서 굉장히 화를 냈어요. 특별히 저한테 용돈을 더 준 것도 아니었고. 그리고 26살 이후에는 제가 학비 벌어서 살고 있어요. 학비 대줘서 다니는 애들이랑 조교하고, 조교 끝나고 아르바이트 하고, 방학 때 풀타임으로 또 일하고. (중략) 부모가 저에게 절대적으로 아무것도 안 해 주시는 건 아니죠. 그런데 아닌데도 불구하고 못해 준다고 당신이 생각하시고. 저는 욕심이 굉장히 많았던 아이였던 것 같아요. 제가 생각할 때도 하고 싶은 것도 많았어요. 스케이트도 타고 싶어 했고, 어디서 얻어서 타기는 했지만. 그리고 대학교 때는 스키를 배우고 싶어서 과외를 하고 이렇게 저렇게 해서 힘들게 배우고. 그렇게 욕심이 좀 많았던 것 같아요. 저는 충족을 해야 하니까 매번 뭔가를 하는 거에 대해서 스트레스를 받았던 것 같아요.

내담자: 이제는 오빠가 이해가 가요. '오빠가 힘들게 살았구나.' 하는 생각이 드네요. 저는 돈이 없어서 그런 적은 없고요. 저는 항상 저금을 해 놓고 살았죠. 고등학교 때도 집은 어렵다고 하는데 저는 쓸 만큼 썼어요. 지금도 저금하면서 살아요.

(6) 치료자의 오빠의 성폭행과 아빠의 의사소통 방식에 대한 재명명과 성폭행에 대한 오빠의 해명

① 오빠의 성폭행에 대한 재명명

• 5회기

치료자: 다섯 살 때 오빠한테 성폭행을 당했잖아요. 오빠도 그 얘기를 하더라고요. 그런데 오빠는 두 번 성추행을 하고 심하게 때린 적이 있는데 자기 성기를 동생이 입에 넣었다는 건 아니라고 얘기를 하더라고요. 사실 그건 진짜 생각이 안 난대요.

내담자: 자기도 저한테 제가 그걸 기억하는 줄 몰랐다고 그랬어요.

치료자: 오빠가 중학생 때니까 굉장히 성적으로 호기심이 있을 때예요.

내담자: 알고 있어요.

치료자: 알죠? 그 나이는 호기심이 굉장히 크게 발동을 하는 거라서 ○○ 양의 입장에서는 경악을 하겠지만 오빠의 입장에서는 장난과 호기심으로 그런 거겠죠. 그거는 이해해줄 수 있습니까?

내담자: 그렇다는 걸 알고는 있어요.

• 9회기

치료자: 동생한테는 그 사건이 엄청난 충격일 거예요. 그런데 그것을 어머님께 내놓았음에도 불구하고 어머님은 내 아들이고 이해할 수 있다는 거죠. 어머님께서 사촌오빠네 집을 갔을 때 한 방에서 다 같이 잤나 봐요. 그런데 어머님께서 자고 있는데 사촌오빠의 손이 들락날락 했대요. 이쪽에서는 호기심에서 만지려고 하고, 어머님은 계속해서 사촌오빠 손을 쳐냈다는 거예요. 어머님은 나중에 명절 때 만나면 아무 일도 없던 것처럼 지냈다는 거죠. 어머님 입장에서는 동생도 그러한 오빠의 행동에 대하여 그렇게 큰 충격이라고까지는 받아들이지 않았고. 그리고 아들이자 오빠가 있으니까 그냥 너하고 나만 알고 넘어가자는 식으로 얘기하셨대요.

내담자: 맞아요.

치료자: 제가 볼 때는 동생의 편을 들고 오빠를 좀 사춘기 아들로서 이해는 하지만 거기서 분명히 선을 그어 줄 건 그어 줬어야 하거든요.

오빠: 엄마가 저를 혼냈어야죠.

치료자: 그런데 그 과정이 없었던 것 같아요.

② 아빠의 의사소통 방식에 대한 재명명

• 6회기

치료자: 아버님께서는 딸을 생각해서 매운 거 먹으면 위에도 안 좋고 살 뺀다고 안 먹다가 먹으면 폭식을 하니까 염려되고, 그래서 그렇게 표현하시는 거 아니에요?

아빠: 딸이 조금 통통해야 하는데 삐쩍 말라 있으니까 자꾸 먹으라고 그러는 거고.

치료자: 먹으라고 해서 많이 먹으면 또 뭐라고 하시잖아요.

아빠: 한꺼번에 많이 먹으니까요.

③ 성폭행에 대한 오빠의 해명과 사과

㉠ 성폭행에 대한 오빠의 해명

• 9회기

  오빠: 전 중학교 갈 때까지 자유가 뭔지 몰랐어요. 그런데 동급생 하나가 이렇게 저렇게 가르쳐 주더라고요. 그리고 포르노를 한 번 본 적이 없고요. 집에 비디오가 있는 것도 아니고 학교가 집에서 멀어서 한 시간 넘게 통학을 하니까 끝나고 또래 애들이랑 어울리지도 못했어요. 학교 끝나고 바로 집에 오면 집 근처에는 친구가 아무도 없으니까요. 초등학교 4학년 때부터 그렇게 다녔는데, 하여튼 친구들이 그런저런 얘기들을 가르쳐 주면서 해 보라고 하니까 호기심이 생기더라고요. 뭔지 모르고 그랬던 것 같은데 그것을 기억 못해 주기를 계속 바랐어요. 나이가 들면서 '뭔가 잘못했다.' '이게 잘못한 거구나.' 하고 많이 생각했죠. 동생이 사춘기가 될 때쯤 해서 사진에서 저를 다 오리더라고요. 그거를 보고 우선 얘가 뭐하나 싶어 화가 나다가 밤에 자려고 누웠는데 안 좋은 생각들이 나더라고요. 얘가 기억하고 있는가 보다. 그 뒤로는 제가 동생한테 말 붙이는 것이 좀 힘들어지더라고요. 그리고 동생하고 안 마주치려고 제가 좀 그랬던 것 같고. 부딪치면 우선 제가 저 자신한테 짜증나고 화가 나니까 부딪칠 때마다 좀 안 좋게 말이 나가고 그랬어요. (중략) 초등학교 6학년 때 저는 동생을 그냥 애라고 생각했는데 가슴이 봉긋하더라고요. 그래서 '많이 컸네.' 하고, 그때…… 모르겠어요. 저도 순간 화들짝 놀래서 손을…… '얼마나 컸나?' 하는 생각이었는데, 그때 동생이 이성이라는 그런 생각은 별로 없었던 것 같아요. 그냥 그랬던 것 같은데 좀 저도 잘 모르겠어요. 그냥 화들짝 놀래서 손을 뗀 기억이 있어요. 저는 그것이 성폭행이라고는 생각하지 않았어요.

㉡ 성폭행에 대한 오빠의 사과

• 9회기

  치료자: 오빠가 동생한테 일단 어렸을 때 어떤 장난기였다고 할지라도 ○○ 양한테 사과할 수 있어요?

  오빠: 예.

  치료자: 동생을 한번 보면서 해 주실래요?

  오빠: 미안하다. 그때 좀 이게 잘못된 거라고 생각이 들었으면 안 그랬을 거야. 그것

때문에 나도 계속 밤에 자면서 네가 건넌방에서 문 틀어 잠그고 그러고 있으면 나 때문이라는 생각에 죽고 싶다는 생각도 많이 하고 내가 왜 그랬을까 생각도 하고, 어쨌거나 잊어버릴 수 있으면 네가 편할 텐데 미안하다. 살다 보면 똥 밟을 때 있잖아. 그냥 똥 밟았다 생각하고 거기에 매몰되어 네 삶을 그렇게 포기하면서 살지 않았으면 해. 정말 미안하다.

치료자: 오빠 심정 이해하겠어요?

내담자: 네. 몰랐던 거를 많이 들었어요.

치료자: 오빠 사과는 진심인 것 같아요?

내담자: 네, 그래요.

치료자: 아빠도 힘들어하는 게 뭐냐면 자식들하고 살갑게 대화를 못 한다는 거. 또 하나는 딸이 아빠를 피하고 어떻게 보면 아빠로서 대우를 안 해 준다는 것도 있어요.

오빠: 그거는 제가 잘못한 거고요. 제가 남자라는 대상 전체에 대해서 안 좋은 이미지를 동생한테 줬기 때문에 그런다고 생각을 했거든요.

(7) 딸의 피해에 대한 심각성 인식과 엄마의 성폭행 경험에 대한 폭로

• 5회기

엄마: 그런데 저는 그런 문제가 심각하다는 거는 상상을 못했거든요. 몇 번 들은 것 같은데 어떻게 얘기를 했나? 그거는 기억이 안 나도 일단 저희 친정 쪽에나 시댁 쪽에 무조건 두려웠어요. 절대로 우리 애들에 대해서 나쁜 거는 밝히기 싫거든요.

치료자: 무엇 때문에요?

엄마: 애들이 조금 좋은 것만 얘기하고 싶지 나쁜 거는 절대로 얘기하고 싶지 않아요. 저 같은 경우는 이종오빠가 저보다 한 살 많은데 얘가 이번에 심각했을 때 그 얘길 했어요. 제가 외숙모들하고 자는데 이종오빠가 저를 만지고 손이 들어오고 그래서 밤새도록 잠도 못자고 혼났거든요. 소리도 못 지르고. 그렇지만 남자애들 한창 때 그럴 수 있다 하죠. 저 같은 경우는 한 살 차이지만 언제 그랬냐는 듯이 아무렇지도 않게 대하잖아요.

⑻ 내담자와 부모의 의사소통 방식의 변화와 부모와 내담자 관계의 변화

• 5회기

엄마: 오빠한테 잘 하는 것도 없는데 얘는 어렸을 때부터 계속 오빠만 좋아한다고 그래요. 그런데 얘는 믿거나 말거나 저는 딸을 더 좋아하거든요.

내담자: 지금에 와서야 그렇지.

엄마: 이런 게 있어요. 아들은 어릴 때부터 하나도 안 시키고 그냥 밥도 차려 주고 그런 식으로 키워 왔잖아요. 그런데 얘는 굉장히 늦게 낳고 이러다 보니까 오빠는 항상 그래 줘야 되는 거고, 얘는 딸이고 이제 좀 컸고 하니까 자기가 좀 찾아 먹어 줬으면 하는 제 바람이거든요. 그것을 오빠하고 차별한다고 그러는 거예요. 제 생각에는 얘는 딸이니까 자기 빨래도 하고 차려 먹는 것도 차려 먹고 설거지도 해버리고 이랬으면 좋겠어요. 얘가 싫어서 그러라는 게 아니고 제가 귀찮으니까. 아들은 제가 잘못 키워서 으레 차려 주는 걸로 해서 나중에 며느리한테도 욕먹을 거예요.

치료자: 따님이 그때 뭐라고 막 짜증을 내잖아요. 그때 어머님 표현이 어떠시죠?

엄마: 그러면 저는 이제 눈치 살피죠. 자꾸 달래야 되지요.

치료자: 어머님께서 달래시나요?

내담자: 그냥 "아유, 알았어. 그래, 미안해."라고 말하죠. (중략) 요즈음 엄마가 어떤 차이가 있냐면요. 내가 얘기를 하면 엄마가 "알았어, 알았어." 하면서 빨리 방으로 피하는 게 아니라 "어, 그랬니?" 하면서 얘기를 들어주는 거예요.

• 8회기

내담자: 엄마한테 표현을 안 한다고 내가 안 느끼는 건 아닌데 엄마는 내가 아예 안 느낀다고 생각을 해요. 엄마한테 미안하고 그래도 표현을 안 할 뿐인데, 내가 생각할 때는 오빠보다 내가 훨씬 더 미안함을 느끼거든요. 근데 오빠는 나가서 '에잇, 그냥 전화 한 번인데.' 하는 식인 것 같아요. (중략) 고등학교 때 가장 많이 그랬어요. 엄마한테 뭐라고 하고 방에 들어오잖아요. 그러면 엄마한테 그렇게 했던 게 맘이 안 좋고 혼자 방에서 울거든요. 엄마도 방에서만 울지 남 앞에서는 안 울어요. 그냥 방에서 문 잠그고 소리도 안 나게 울어요. (중략) 엄마 아빠한테 아직 미안하다는 말을 한 번도 안 해 봤어요.

아빠: 딸이 "엄마 바보." 하고 그러는 거지.

엄마: 그거는 귀엽게 굴 때마다 한 번씩 "엄마, 바보."라고 하는 거지.

아빠: "엄마, 바보." 할 때가 제일 기분이 좋을 때에요. 그게 엄마 좋다는 거지.

내담자: 오빠하고 그러기 전에는 말을 안 하고 지내더라도 아빠한테 인사는 꼬박꼬 박 하고 그랬거든요. "안녕히 다녀오세요."라는 말은 꼭 했는데 오빠랑 그러고 나서부터는 아빠한테 그런 말도 안 하게 됐어요.

• 10회기

엄마: 남편이 이제는 반찬 투정을 안 해요.

(9) 아빠의 사랑을 느끼는 엄마와 딸

• 5회기

치료자: 아버님이 어머니를 사랑할 줄 모른다기보다는 표현을 못하시는 것이지요.

엄마: 그러니까 남편이 저를 사랑한다는 건 알고 있어요.

치료자: 아, 아세요?

엄마 예, 남편이 저를 많이 좋아한다는 건 아는데 말투가 첫째로 나쁘니까, 저는 들 으면 좀 기분이 팍팍 상할 때가 있어요.

• 6회기

내담자: 엄마를 통해서 아빠가 나를 사랑한다는 것은 알죠.

• 7회기

엄마: 저는 남편을 미워하거나 그런 거는 없죠. (중략) 아빠하고 정이 없다고는 생각 을 안 하거든요. 딸이 전에 언제 한 번 "엄마는 아빠한테 사랑 많이 받아." 하는 소리를 한 번 했어요.

• 10회기

엄마: 남편이 저를 사랑한다는 것은 인정해요.

(10) 아빠의 입장을 대변해 주는 엄마

• 5회기

엄마: 애아빠가 술 먹으면 저한테 한 번씩 그래요. "딴 집에는 토끼 같은 새끼라고 하는데, 딸을 원해서 그랬는데 말이지." 그런데 딸이 애기 때부터도 안기거나

그런 것이 없었어요. 아빠가 딸을 정말 원했거든요. 그래서 갓난아기를 낳았을 때 생전 빨래도 안 하던 사람이 좋아서 신이 나서 휘파람을 불면서 빨래를 했어요. 딸 낳았다고 너무 좋아서. 시집 쪽에는 딸이 또 없거든요. 그래서 얘가 4대째에서 딸이 처음이라고 했거든요. 그런데 딸이 아빠를 가까이 하지도 않고 요새는 말도 안 하고 그러니까 아빠도 속상하지요.

- 10회기

엄마: 그런데 애들 아빠는 그래요. 마음에는 안 그러면서 말을 기분 나쁘게. 저도 아들이 그러거든요. 저도 말을 하면 제 생각에는 안 그런 것 같은데 애들은 기분 나쁘게 들린다고 해요.

(11) 부부간의 의사소통 방식의 변화와 남편의 솔직한 표현

① 부부간의 의사소통 방식의 변화

- 7회기

엄마: 저는 그냥 남편의 머리를 조용하게 쓰다듬어 줬는데 남편이 막 우악스럽게 성질을 내고 그럴 때마다 너무 싫어요. 좀 부드럽고 다정하면 얼마나 좋아요. 저는 오래 살아서 그냥 포기를 해요. 안 그러면 어떻게 살아요.

치료자: 그러면 아버님은 또 표현을 어떻게 하세요?

엄마: 가만히 있지요.

아빠: 집사람한테 미안하니까 가만히 있죠.

치료자: 오늘 어머님은 댁에서 아버님하고 얘기를 하실 때하고 제가 중간에 있을 때하고 어떤 차이가 있으세요?

엄마: 애아빠가 순한 양이 되어 있네요.

치료자: 아버님이 어머님 얘기를 딱딱 끊지 않으셨죠?

엄마: 오늘은 그냥 듣죠.

치료자: 이런 대화가 있으셨습니까?

엄마: 아니요, 이런 다정한 대화는 없었어요.

치료자: 혹시 또 아버님은요. 어머님의 표현방식이 어떠셨어요? 아버님을 자극하거나 공격하거나 비난하거나 그런 거 없으셨어요?

아빠: 아니요.

치료자: 댁에서도 어머님께서 이런 식으로 대화하세요?

아빠: 그거는 뭐, 친정엄마 얘기 나와서 눈물 흘리고 해요. 그런데 텔레비전 보다가도 눈물이 많아서 눈물 흘리면 그냥 돌려 버리라고 하고.

엄마: 저는 옛날에는 입도 코도 못 뗐는데 하도 독한 사람들을 만나서 지금은 남편한테도 성질 나면 뭐라고 해버리지요.

아빠: 아! 내가 죽일 놈이다.

• 8회기

내담자: 대화의 주제가 항상 엄마 건강이에요. 오늘은 아팠네 어쨌네. 그러면서 말을 시작하면 아빠가 받아 주는 식이죠.

치료자: 아버님, 그러면 좀 염려되세요? 아버님이 어머님을 엄청 사랑하시나 봐요.

아빠: 내 마누라니까요. 그런데 예전에는 애들만 다 크면 어디 공기 좋은 데 가서 살자고 했는데.

엄마: 나는 뭐 상추를 심어 봤나, 시골에 살면.

아빠: 내가 다 하지.

• 10회기

엄마: 애아빠와 대화하는 것이 좀 편하지요.

② 남편의 솔직한 표현

• 7회기

아빠: 그런데 무전을 들으면 좀 돈이 되는 주문은 내가 받았으면 좋겠는데 다른 사람을 줬다든, 또 만약에 내가 강남에서 시내에 있는데 또는 강남 구치소 쪽으로 가고 있는데 나는 주문 하나를 가지고 있는데도 두 개, 세 개씩 있는 다른 사람을 줬다든지 하면 화가 나지요. 사무실에 화가 나지요. 그러면 혼자 스트레스 받고.

(남편은 치료자의 질문에 대하여 자신이 스트레스를 받았던 상황을 부인 앞에서 이야기를 하기 시작하였다.)

• 8회기

아빠: 제가 집에 들어오면 마누라도 들어오냐고 묻지도 않고 기분 좋으면 어쩌다가 이제 오냐고 하고, 딸은 엄마 닮아서…….

치료자: 아버님은 그러면 들어오셨을 때 어머님이나 딸이 어떻게 해 주면 좋겠어요?

아빠: 뭐, "아빠 이제 와요?"라고 하면 얼마나 좋아요.

(12) 엄마와 자녀들 간의 의사소통 방식의 변화

• 7회기

　　엄마: 그래도 아들은 저한테 한 번씩 미안하다는 말을 해요. 아들이 저에게 좀 화냈을 때 가만 생각해서 미안하다 싶으면 저한테 전화해서 미안하다고 하고 풀라고 해요.

• 10회기

　　엄마: 저는 항상 그래요. 애들 아빠한테 우리는 참 부모로서 부모노릇 못한다. 낳기만 했지 뭐 해 준 게 있어야죠. 말은 안 해도 애들 생각하면 가슴이 너무 아프거든요. 저번에 며칠 전에 얘가 왔다 갔나? 그런데 삐쩍 마른 거예요, 전보다. 딸이 저보고 그러더라고요. 엄마는 아들에게 말을 하래요. 전화로 밥도 못 먹이고 보낸 게 가슴 아프다고 말을 하라고 하는데, 저 같은 경우는 한 번도 그렇게 안 되거든요. 그거를 알면서도 내 몸이 너무 피곤하고 그러니까 남들처럼 애들한테 잘 해 주지를 못해요. 그래서 못 해 준다고 하는 건 항상 알고 있지요. (중략) 저는 뭐 아들 비위 맞추느라고 속 많이 상했고, 또 뭐 딸 비위 맞추느라고 힘들었고, 남편 때문에 또 속상했어요.

(13) 딸에 대한 부모의 입장을 대변해 주는 치료자

• 8회기

　　치료자: 그러니까 제가 아버님이라도 ○○ 양이 분명히 미안하다는 표현을 했으면 성격이 못됐다고 생각하는 것이 감해질 수 있을 텐데 말이에요. 아버님 어머님 입장에서는 쟤가 성격이 못됐고도 생각하실 수 있으실 것 같아요. 아버님, 그렇지 않으세요?

　　아빠: 그렇죠. 말도 안 하고 달래려고 해도 문도 꼭 잠가 놓고.

8. 결론과 제언

1) 결론

지금까지 오빠한테 어렸을 때 성폭행을 당했던 내담자를 약 3개월간 10회 가족치료를 한 내용을 분석하였다. 그 결과를 요약하면 다음과 같다.

첫째, 내담자는 어렸을 때 오빠로부터 당한 두 번의 성폭행 사실에 대하여 부모한테 내놓고 대화를 할 수 없었으며, 엄마는 친자식의 성폭행 사실이 남한테 알려질까 봐 내담자에게 말조심하도록 주의를 주었다. 내담자는 이후에 분노조절을 할 수 없었으며, 성폭행에 대한 분노가 결국에는 폭식장애와 우울증 그리고 자해행위까지 초래하였다.

둘째, 내담자의 분노는 엄마가 늘 오빠를 편애한다는 것이었는데 실제로 상담을 통하여 알아본 결과 오빠는 자신이 늘 가정에서 받아야 할 대우를 못 받고 살았다는 부정적인 감정을 가지고 있었다.

셋째, 내담자와 오빠는 화가 났을 때 부모의 역기능적인 의사소통 표현방식을 사용하고 있었고, 그 이면에는 부부가 신혼 초부터 대화가 안 되고 있었으며 부부가 너무나 다른 가정의 문화를 가지고 있었다. 또한 이러한 다른 가정의 문화에 대하여 이해할 수 있는 의사소통 방식을 모르고 있었다.

넷째, 남편은 어려서부터 부모와 가족 간의 관계가 매우 안 좋았으며, 그러한 가운데 사랑을 표현하거나 사랑을 주고받는 방식을 학습할 수 있는 기회가 없었고, 오히려 부정적인 의사소통 방식을 학습하였다.

이러한 네 가지 차원에서 치료자는 내담자와 오빠, 내담자와 부모, 부부 그리고 오빠와 부모 관계의 변화를 위하여 지금까지 문제를 해결하려고 시도했던 방식과 오해했던 사건들에 대하여 상담을 통하여 내놓게 하였고, 서로에 대한 이해 폭을 증진시키도록 노력하였다. 결론적으로 내담자는 오빠와의 대화를 통하여 성폭행에 대한 오빠의 진지한 사과를 경청하였고, 그 외에도 오빠의 입장을 이해하게 되었다. 또한 부부관계와 가족관계가 변화하기 시작하였는데, 이러한 배경에는 기능적이고 효과적인 의사소통 방식을 통하여 가족구성원들에게 가족들의 사랑이 전달되고 상대방을 이해하게 된 것이 있었다.

2) 제언

요즈음 성폭행에 대한 사건들이 엄청 증가하고 있는 시점에서 치료자는 MRI의 상호작용주의적 모델을 중심으로 가족 간에 상호작용의 변화, 즉 의사소통의 변화와 자녀와 부모(특히 모녀)의 정서적인 분리를 위하여 가족체계이론을 활용하여 가족들의 변화과정을 살펴보고자 하였다. 궁극적으로는 내담자가 가지고 있는 문제, 즉 우울증과 폭식장애 그리고 자해행위를 종식시키고자 하였다. 성폭행에 대한 사례에 대하여 계속해서 가족치료사들이나 사회복지사들이 상담을 한 사례들이 이어지기를 바라며, 또한 성폭행 사례뿐만 아니라 다른 가족문제에 접근할 때 임상가들이 먼저 자신들이 활용하고 있는 치료 모델을 이해하고 소화한 상태에서 치료를 하는 것이 중요하다고 본다. 물론 어떤 가족치료 모델을 소화하기까지는 많은 임상경험이 필요하리라 보며, 그러한 임상을 통해 자신이 활용하고 있는 모델을 더욱 깊이 있게 이해하고 활용할 수 있으리라 본다. 따라서 가족치료사나 사회복지사 그리고 상담가들은 자신의 명확한 준거 틀을 가지고 가족사례에 접근하기 바라며, 또한 그러한 사례를 분석하는 틀을 제공해 줄 수 있는 연구들이 계속 이어지기를 바라며 이 글을 마친다.

참고문헌

김경신(1998). 가족 가치관의 세대별 비교연구: 노년, 중년, 청소년세대를 중심으로. 대한가정학회지, 36(10), 145-160.

김경일(1999). 공자가 죽어야 나라가 산다. 서울: 바다출판사.

김두섭, 박병진(2000). 사회구조의 변화와 중년층의 효에 대한 태도. 현대사회와 효의 실천방안(pp. 113-152), 한국노인문제연구소.

김소선(2003). 근거이론 연구방법의 이론과 실제. 간호학 탐구, 12(1), 69-81.

김영애(1993). 가족치료의 토착화와 한국여성의 한. 한국가족치료학회지, 1, 13-30.

김용태(2000). 가족치료 이론. 서울: 학지사.

김유숙(1998). 관련성과 분리성에서 본 한국가족과 미국가족. 한국가족치료학회지, 6(1), 1-13.

김진숙(1998). 가족치료이론에서 문화적 차원이 갖는 의미와 주요 쟁점. 한국가족치료학회지, 6(2), 131-150.

김태련, 이명선 역(1996). 무엇이 여성을 분노하게 하는가. 서울: 이화여자대학교출판부.

노충래 역(2003a). 아동 성학대의 치료. 서울: 학지사.

노충래 역(2003b). 학대와 방임피해 아동의 치료: 0세에서 18세까지. 서울: 학지사.

박인철 역(1995). 변화. 서울: 동문선.

박태영(2001). 가족치료이론의 적용과 실천. 서울: 학지사.

박태영(2003). 가족생활주기와 가족치료. 서울: 학지사.

박태영, 김현경(2004). 친밀한 가족관계의 회복. 서울: 학지사.

송성자(2001). 한국문화와 가족치료: 해결중심 접근. 서울: 법문사.

신경림 역(1997). 질적간호연구방법. 서울: 이화여자대학교출판부.

양옥경(2001). 가족개념에 관한 대학생의 의식 연구. 한국가족복지학, 7, 175-200.

유은희, 전춘애(1995). 母의 자아분화수준과 母子간의 갈등이 청년기 자녀의 문제행동에 미치는 영향. 한국가족치료학회지, 3, 137-153.

이선혜(1998). 한국에서의 Bowen 이론 적용에 대한 고찰: 자아분화 개념을 중심으로. 한국가족치료학회지, 6(2), 151-176.

이선혜(2000). Bowen 이론의 문화적 보편성과 특수성에 관한 一考. 한국가족치료학회지, 8(1), 159-188.

이은경(1999). 대학생의 가족주의 가치관과 부모노후의 부양의식에 관한 연구. 대한가정학회지, 37(1), 45-65.

이화여자대학교 사회복지연구회 옮김(2001). 가족복지실천론. 서울: 나눔의 집.

이혜숙(1992). 청소년의 자아분화와 정신건강과의 관계. 연세대학교 대학원 석사학위논문.

정옥분(1996). 한국인의 효 인식 및 실천정동에 대한 연구. 대한가정학회지, 34(6), 387-403.

제석봉(1989). 자아분화와 역기능적 행동과의 관계: Bowen의 가족체계이론을 중심으로. 부산대학교 대학원 박사학위논문.

조미숙, 오선주(1999). 청소년기 자녀가 지각한 가족관계 변인과 청소년의 가족 가치관. 한국가족관계학회지, 4(1), 67-89.

채규만(2000). 성피해 심리치료. 서울: 학지사.

최준식(1998). 한국의 종교, 문화로 읽는다. 서울: 사계절.

한경순(1999). 남녀대학생의 가족주의 가치관과 부모부양의식. 대한가정학회지, 37(9), 13-24.

홍영택(1999). 한국 가족의 문화지체 현상과 가족치료적 접근. 한국가족치료학회지, 7(1), 53-74.

Berg, I. K., & Jaya, A. (1993). Different and same: Family therapy with Asian-American familiies. *Journal of Marital and Family Therapy. 19*(1), 31-38.

Boszormenyi-Nagy, I., & Spark, G. (1973). *Invisible loyalties: Reciprocity in inter-generational family therapy.* New York: Harper & Row.

Boszormenyi-Nagy, I., & Krasner, B. R. (1986). *Between give and take: A clinical guide to contextual therapy.* New York: Harper and Row.

Charmaz, K. (2004). Grounded theory. In S. N. Hesse-Biber, & P. Levy (Eds.), *Approaches to qualitative research: A reader on theory and practice*. New York: Oxford University Press.

Choi, S. (1992). Communicative socialization processes: Korea and Canada. In S. Iwawaki, Y. Kashima, & K. Leung (Eds.), *Innovations in cross-culutural psychology*. Lisse: Swets & Zeitlinger.

Collins, D. (1999). *An introduction to family social work*. Itasca, IL: F. E. Peacock.

Delooz, P. (1989). Does development lead to Secularization? *Pro Mundi Vita Studies, 11*.

Duncan, B. L., Solovey, A. D., & Rusk, G. S. (1992). *Changing the rules: A client-directed approach to therapy*. New York: The Guilford Press.

Fleming, W. M., & Anderson, S. A. (1986). Individuation from the family of origin and personal adjustment in late adolescence. *Journal of Marital and Family Therapy, 12*(3), 311-315.

Friedman, E. H. (1991). Bowen theory and therapy. In A. S. Gurman & D. P. Kniskern (Eds.), *Handbook of family therapy* (pp. 134-170). New York: Brunner/Mazel.

Glaser, B., & Strauss, A. (1967). *The discovery of grounded theory*. Chicago: Aldine.

Goldenberg, I., & Goldenberg, H. (2000). *Family therapy: An overview* (5th ed.). Pacific Grove, CA: Brooks/Cole.

Greene, J. G. (1996). Communication theory and social work treatment. In F. J. Turner (Ed.), *Social work treatment: Interlocking theoretical approaches* (pp. 116-145). New York: The Free Press.

Herman, J. (1990). *Treatment approaches for adult sexually abused in childhood sexual abuse*. National Institute of Mental Health, Division of Biochemistry and Applied Science, Antisocial and Violent Behavior Branch. Washington, DC.

Hoffman, J. A., & Weiss, B. (1987). Family dynamics and presenting problem in college students. *Journal of Counseling Psychology, 34*(2), 157-163.

Hyun, K. (1995). *Culture and the self: Implications for Koreans' mental health*. Doctoral dissertation, The University of Michigan.

Kim, B. L. (1996). Korean families. In M. McGoldrick, J. Giordano, & J. K. Pearce (Eds.), *Ethnicity and family therapy* (pp. 281-294). New York: The Guilford.

Kim, U. (1991). *Introduction to individualism and collectivism: Social and applied issues*. Unpublished manuscript. University of Hawaii.

Kim. U., & Choi, S. H. (1994). Individualism, collectivism, and child development: A Korean perspective. In P. M. Greenfield & R. R. Cocking (Eds.), *Cross-cultural roots of minority child development*. Hillsdale, NJ: Lawrence Erlbaum Associates, Inc.

Lee, E. (1982). A social systems approach to assessment and treatment of Chinese American families. In M. McGoldrick, H. Pearce, & J. Giordano (Eds.), *Ethnicity and family therapy* (pp. 527-551). New York: The Guilford Press.

Lerner, H. G. (1985). *The dance of anger*. New York: Harper & Row.

Lerner, H. G. (1989). *The dance of intimacy*. New York: Harper & Row.

McGoldrick, M., & Carter, B. (1988). Forming a remarried family. In B. Carter & M. McGoldrick (Eds.), *The changing family life cycle* (pp. 399-432). New York: Gardner Press.

Nichols, M. P., & Schwartz, R. C. (2001). *Family therapy: Concepts and methods* (4th ed.). Boston: Allyn and Bacon.

Papero, D. V. (1995). Bowen family systems and marriage. In N. S. Jacobson & A. S. Gurman (Eds.), *Clinical handbook of couple therapy* (pp. 11-30). New York: The Guilford Press.

Porter, F. S., Blick, L. C., & Sogori, S. M. (1983). Treatment of the sexually abused child. In S. M. Sgroi (Ed.), *Handbook of clinical intervention of child sexual abused*. Lexington, MA: Lexington Books.

Prochaska, J. D., & Norcross, J. C. (1999). *Systems of psychotherapy: A transtheoretical analysis* (4th ed.), New York: Brooks/Cole.

Roman, S. E., Gerelall, K. A., Matin, J. L., & Mullen, P. E. (2001), *Child sexual abuse and later disordered eating: A New Zealand epidemiological study*.

Schlanger, K., & Anger-Diaz, B. (1999). The brief therapy approach of the Palo Alto Group. In D. M. Lawson., & F. F. Prevatt. *Casebook in family therapy* (pp. 146-168). New York: Brooks/Cole.

Shoham, V., Rohrbaugh, M., & Patterson, J. (1995). Problem-and solutions-focused couple Therapies: The MRI and Milwaukee models. In N. S. Jacobson & A. S. Gurman (Eds.), *Clinical handbook of couple therapy* (pp. 142-163). New York: The Guilford Press.

Shon, S. P., & Ja, D. Y. (1982). Asian families. In M. McGoldrick, J. Pierec, & J. Giordano (Eds.), *Ethnicity and family therapy* (pp. 208-228). New York: The Guilford Press.

Strauss, A., & Corbin, J. (1998). *Basics of qualitative research*. Thousand Oaks, CA: Sage Publications.

Uba, L. (1994). Asian Americans: *Personality patterns, identity, and mental health*. New York: The Guilford Press.

Urquiza, A. J., & Winn, C. (2004). *Treatment for abused and neglected children: Unfancy to age 18*. Diane Publishing Co.

Watzlawick, P., Beavin, J. H., & Jackson, D. D. (1967). *Pragmatics of human communication: A study of interactional patterns, pathologies, and paradoxes*. New York: W. W. Norton.

Watzlawick, P., Weakland, J., & Fisch, R. (1974). *Change: problems formation and problem resolution*. New York: W. W. Norton.

Weakland, J. H. (1993). Conversation-but what kind? In S. Gilligan & R. Price (Eds.), *Therapeutic conversations* (pp. 136-145). New York: Norton.

Weakland, J., Fisch, R., Watzlawick, P., & Bodin, A. M. (1974). Brief Therapy: Focused Problem Resolution. *Family Process, 13,* 141-168.

Yu, T. P. (1990). Filial piety and Chinese pastoral care. *Asia Journal of Theology, 4.*

<table>
<tr><td>제4장</td><td>성폭력을 당한 여중생의 가족치료사례 분석:
두려움과 분노를 넘어서기*</td></tr>
</table>

1. 서 론

우리에게 '김부남 사건'으로 기억되는 1991년의 한 살인사건은 아동 성학대가 한 개인에게 얼마나 심각한 영향을 미치는지 보여 주었다. 당시 김부남 씨는 21년 전 9세이던 자신을 강간한 이웃집 아저씨를 찾아가 살해했는데, 이 사건은 아동기의 성폭력 피해 경험이 한 개인의 삶을 송두리째 앗아갈 수 있다는 경각심을 주었다. 특히 "나는 사람이 아니라 짐승을 죽였다."는 그녀의 절규는 당시 성폭력 피해의 심각성을 일반인에게 인식시키는 데 크게 기여했으며, 1993년 성폭력 특별법을 제정하는 직접적인 계기가 되었다(이원숙, 2003).

그 후 10년 이상의 세월이 지나는 동안 성폭력 또는 성희롱이라는 단어조차 낯설었던 우리 사회에 140개가 넘는 성폭력상담소가 설치되었으며, 16개소의 성폭력 피해자 자립 공동체가 설립되었으며, 여성긴급전화 1366을 도입하는 등 성폭력 대처와 예방에 대한 고무적인 진전이 이루어지고 있다(권해수, 김소라, 2006). 그럼에도 불구하고 아직도 사회 일각에서는 성폭력 피해자에게 책임을 일부 전가하는 시각이 팽배해 성폭력 피해자들은 피해 사실을 노출하기를 극도로 꺼리고 있다. 이렇듯 성폭력 피해는 피해자들의 침묵

---

* 박태영, 박소영(2007), 한국가족치료학회지, 15(2)에 게재되었음.

과 주변 사람들의 은폐하려는 특성상 피해자들이 자신의 피해에 대해 전문 상담기관에 문의하거나 법률적·의료적 조치나 사회복지 서비스를 지원받는 경우가 극히 드물다(채연아, 2004).

설령 피해자들이 도움을 받고자 해도 그들이 경험하는 신체적·사회적·심리적 문제를 포괄적으로 다루어줄 수 있는 대책이 마련되지 않은 실정이다(공수자, 이정숙, 2004). 성폭력상담소에서 제공하는 대부분의 서비스가 주로 피해자를 위주로 전화상담이나 의료적·법률적 지도에 치우쳐 있어, 피해여성의 내적 회복과 치유에 중점을 둔 상담이나 심화 프로그램은 거의 없다(이원숙, 2000).

성폭력 경험은 피해자에게 감당할 수 없는 큰 혼란과 갈등을 가져올 수 있으며, 원만한 가정생활이나 건전한 사회생활을 제대로 수행하지 못하게 하는 등 그 후유증이 심각하다(Urquiza & Winn, 2004). 특히 성폭력의 경험에 따른 충격을 견디지 못한 청소년 피해자들 중에는 섭식장애를 겪거나(Perkins & Luster, 1999; Waller, 1993) 본드 흡입, 가출, 성매매로 유입되는 등의 사회적 문제를 초래할 수 있다. 그리고 청소년기를 무사히 보내더라도 결혼 후 부부관계에 적응을 못하여 파탄에 이르는 등 성폭력의 경험으로 인해 나타나는 문제는 매우 심각하다(채연아, 2004).

이렇듯 성폭력의 피해와 영향이 심각함에도 불구하고 피해 사실을 드러내지 않는 분위기로 인해 성폭력에 관한 연구 또한 활발히 전개되지 못했고, 현재까지의 대부분의 연구들도 피해 실태를 파악하는 정도의 수준에 머무르고 있다(송영혜, 심희경, 2001). 실태조사가 아닌 몇몇 연구들은 성인 피해자들을 대상으로 한 성폭력 피해경험 및 인식에 관한 연구(박순주, 1996; 안옥희, 2000)로, 이러한 연구들이 성폭력 피해자들을 이해하고 서비스를 개발하는 데 도움이 되리라고 여겨진다.

그런데 성폭력 피해자의 심리사회적 치유에 전문적인 도움을 주려면 피해자들이 상처를 극복하는 과정에 어떠한 것들이 도움이 되었는지에 관한 연구, 즉 성폭력 피해자에 대한 임상적 개입에 관한 연구가 많이 나와야 할 것이다. 그러나 성폭력 치유에 관한 실제적인 임상적 개입에 관한 연구는 활성화되지 않고 극히 미미한 실정이다. 성폭력 피해아동을 대상으로 한 놀이치료에 관한 연구들(김혜림, 김보애, 2006; 송영혜, 심희경, 2001)과 성폭력 피해아동에 대한 사회사업 개입에 대한 연구(한인영, 1996)가 있는 정도로 성폭력 피해자를 위한 임상적 개입에 관해서는 알려진 바가 매우 적다.

성폭력 피해자에 대한 임상적 개입에 관한 연구가 활성화되어야 할 필요성과 더불어, 성폭력 피해자에 대한 가족치료적 접근에 대한 연구 또한 절실히 요구된다. 특히 성폭력 피해자가 미성년인 경우에는 회복과정에 가족의 도움이 절실히 필요하다는 점(Mash & Wolfe, 1999)을 감안한다면 미성년 성폭력 피해자의 경우에는 가족치료가 그 상처의 치유과정에 매우 도움이 될 것으로 여겨진다.

이에 본 연구에서는 성폭력 피해자들을 위한 임상적 개입과 전문상담에 도움을 주고자 하는 목적 아래, 아동기에 성폭력을 당한 여중생의 가족치료사례를 대상으로 하여 성폭력 피해자가 그 상처를 극복하고 회복하는 가족치료과정을 분석하고자 한다. 여기서는 특히 성폭력 피해자가 성폭력 사실을 부모나 다른 사람들에게 말해 도움을 청하지 못한 요인과 상처를 극복하고 회복하는 데 긍정적으로 기여한 가족치료 개입 요인을 중심으로 분석하고자 한다. 성폭력 피해자가 성인이 아니고 미성년인 경우에는 그 충격이 더 크고(Shayne & Miller, 2006), 회복과정에서 가족의 반응이 매우 중요한 점(한인영, 1996)을 감안하면 성폭력 피해 가족치료사례를 분석하는 본 연구가 미성년 성폭력 피해자를 위한 서비스 접근에 대해 시사하는 바가 클 것으로 사료된다. 본 연구의 결과는 향후 성폭력 피해자들에게 임상적 개입을 하는 데 있어서 신체적 · 사회적 · 심리적 문제를 포괄적으로 다루어 줄 수 있는 서비스 프로그램 마련에 기여할 것으로 기대한다.

2. 선행연구 고찰

1) 성폭력 개념 및 실태

성폭력은 상대방의 의사에 반하여 가하는 성적 행위로, 성을 매개로 해서 신체적 피해뿐만 아니라 심리적 · 정신적 불쾌감이나 불안, 공포 등을 일으키게 한 모든 행위를 포괄하는 광의의 의미로 사용되고 있다(김민아, 2003; 최영애, 1997). 성폭력은 강간과 성추행으로 구분되며, 성추행은 강간을 제외한 모든 종류의 강제적이고 조작적으로 행해지는 성적 접촉이다(오현숙, 2003).

아동 성폭력이란 만 13세 이하의 어린이에게 가해진 성폭력을 일컫는 것으로, 특히 아동의 경우에는 성폭력이라는 용어와 성학대라는 용어가 혼용되고 있다. 아동 성학대는 정서적 · 신체적 · 인지적 발달이 완성되지 않은 아동에게 행해진 성적 행위라고 정의될 수 있다(Sorgi, Porter, & Blick, 1985). 성인이나 청소년 가해자가 자신들의 힘과 우세한 지위를 이용하여 상대적으로 연령이 어리고 의존도가 높은 아동을 성적으로 유인하고 성적 복종을 강요하는 것이다. 본 연구에서는 혼용되고 있는 두 용어를 성폭력으로 통일해 사용하고자 한다.

성폭력 현상이 잘 드러나지 않을 뿐 아니라 성에 대한 언급을 금기시하는 경향 때문에 은폐되거나 개입이 잘 이루어지지 않고, 이러한 특성으로 인해 성폭력의 정확한 실태를 파악하기는 쉽지 않다. 여성부(2003)에서 집계한 전국 성폭력상담소의 현황과 상담집계를 보면 2001년의 전국 성폭력상담소 89개소의 상담 실적은 총 39,627건으로 2000년 28,670건인 것에 비하면 1년간 10,957건(38%)나 증가한 것으로 나타났다. 피해 유형을 살펴보면 강간이 12,384건(31.3%), 성추행이 10,599건(26.7%), 기타 성희롱이나 음란전화 등이다. 성폭력 피해를 감추려는 속성을 감안하면 이렇게 드러난 수치보다 훨씬 많은 성폭력 행위가 이루어지고 있다고 추정할 수 있다.

2) 성폭력 후유증과 치료

아동기에 성폭력을 당한 피해자들을 조사한 연구들의 의견이 일치하는 부분은 피해아동들이 정서장애 또는 반사회적 행동을 하고 이러한 특성들이 누적되면 비행으로 이어지기도 한다는 점이다(Mash & Wolfe, 1999). 성폭력을 경험한 후 초기에는 공포감, 불안감, 우울감, 분노감, 적대감, 부적절한 성적 행위 등을 보인다고 한다. 성폭력 피해자가 경험하게 되는 장기적 후유증으로는 불안과 긴장, 우울증, 죄의식과 수치심, 낮은 자아존중감과 왜곡된 자아인지 등의 정서적·인지적 영향을 들 수 있다. 그리고 대인관계의 어려움과 성적 관계에서의 어려움, 알코올 등의 약물남용, 섭식장애, 자기 파괴적 행동 등이 나타나기도 한다. 더 나아가 피해자들은 남성에 대한 불신과 혐오감, 복수심으로 고통 받기도 한다(오현숙, 2003).

일회적인 성폭력보다는 장기간 지속적으로 성폭력을 당한 경우에 상처가 더 깊고, 친족으로부터의 성폭력이 그 외의 가해자로부터 당한 성폭력보다도 상처가 더 깊다. 또한 가해자가 십대일 경우보다 성인일 경우에 피해자의 상처가 더 크다는 것에 대해서는 연구자들의 견해가 일치하고 있다(Shayne & Miller, 2006).

성폭력 사실을 알게 된 가족들의 반응은 피해자가 겪게 될 후유증 정도에 영향을 미치는 요소로 작용하는데, 가족들이 성폭력을 수치스러운 일이며 피해자 본인에게도 일부 책임이 있다는 식으로 반응할 때 성폭력 아동이 겪는 상처가 더 크다고 한다(한인영, 1996). 반면에 그것이 스스로의 잘못이 아니라고 말해 줄 때 피해아동은 부정적인 영향에서 벗어나기 쉽다.

성폭력 피해아동이 겪는 가장 큰 피해는 말하지 못하는 것이라고 주장하는 학자들은 피해아동이 일생 동안 아무에게도 성폭력 피해 사실을 말하지 못하고 마음속에 간직한 채 영원한 상처로 남겨 둠으로써 상상하기 어려운 낙인을 받은 채 살아간다고 한다(Fraenkel et al., 1998). 그러므로 이 사실을 말하고 나눔으로써 치유를 경험할 수 있게 된다. 가장 바람직한 것은 부모에게 곧 알리는 것인데, 이때 부모가 놀라고 불안하거나 수치스러워하는 것을 피해아동에게 표출하게 되면 그 아동은 오히려 이중적인 고통을 겪는다고 한다. 즉, 부모가 아이가 상처받지 않게 지지적인 태도를 보이는 것이 가장 효과적인 치료방법이라고 한다(Finkelhor, 1994).

성폭력 피해아동의 심리치료에 관한 연구들은 손상된 신뢰감의 재확립이 치료의 가장 중요한 요소로서, 신뢰감의 재확립, 자신의 곤경이 충분히 이해받고 있다는 느낌, 죄책감과 수치심이나 가해자에 대한 분노를 충분히 표출하기 등을 통해 긍정적인 자아상을 발달시켜야 한다고 한다(Jernberg & Booth, 1999; Sheinberg, True, & Fraenkel, 1994). 따라서 성폭력 피해자의 치료 단계에서는 신뢰감 형성과 자존감 향상, 친밀한 인간관계 재구성의 단계가 필요하다(김혜림, 김보애, 2006).

3. 연구방법

1) 연구대상

본 연구의 대상은 집안끼리 서로 친했던 아저씨로부터 성폭력을 당해 온 여중생과 가족에 대한 가족치료사례다. 가족치료의 상담 내용은 내담자들의 동의하에 녹음되었으며, 이 녹음 기록을 몇 번씩 반복해 들으면서 축어록이 작성되었다. 이 축어록이 본 연구의 원자료가 된다.

본 연구의 사례는 2004년 3월부터 6월까지 8회의 가족치료 상담이 진행되었는데, 참석자는 성폭력 피해자인 내담자와 언니, 엄마, 아빠다. 각 상담은 먼저 내담자와 엄마에 대한 개인상담이 진행되고, 내담자와 엄마, 내담자와 ○○, 엄마와 아빠, 이렇게 둘씩 함께하는 상담이 진행되고, 마지막으로 내담자, ○○, 엄마, 아빠가 모두 함께 참석하는 가족상담으로 구성되었다.

2) 연구대상 사례의 개요

중학교 2학년인 내담자는 초등학교 2학년 때부터 가족들끼리 아는 아저씨 집을 가끔씩 방문하면 성폭력을 당했는데, 처음에는 아저씨가 자기를 예뻐하는 줄 알고 좋아하다가 몇 년 지나서 그것이 잘못된 일인 줄 알고 불안하고 힘들었다. 그래서 엄마 지갑에서 돈을 훔치기도 하고 술과 담배를 접하는 등의 일탈행동을 하기도 했다. 중학교 1학년 때부터 1년 정도 아저씨를 만날 기회가 없어서 더 이상의 성폭력은 없었지만, 내담자는 여전히 그 기억과 불안함에서 못 벗어나고 있었다. 내담자의 부모는 그런 사실을 모르고 있다가 상담에 참석하기 2주 전에 내담자가 부모님께 아저씨에게 성폭력 당한 사실을 갑자기 털어놓게 되자 매우 불안해져서 상담에 오게 되었다. 내담자는 성폭력 당한 사실을 털어놓아서 후련한 마음이 있는 반면에 죄책감과 불안하고 두려운 감정이 여전히 존재했다. 내담자의 부모는 미안하고 안쓰러운 마음이 들고 불안한 마음에 내담자를 예민하게 지켜보게 되고, 이로 인해 가족들이 서로 긴장하고 예민하게 된 상황이었다.

3) 연구 질문

본 연구의 주제는 '성폭력 피해자 내담자는 가족치료를 통해 어떠한 변화과정을 겪게 되는가?'이다. 이를 위한 구체적인 연구질문들은 다음과 같다.

- 성폭력 피해자인 내담자가 성폭력 사실을 부모에게 빨리 털어놓지 못한 원인은 무엇인가?
- 내담자가 불안함과 두려움에서 벗어나는 데 기여한 가족치료적 개입 요인들은 무엇인가?
- 가족치료 후 내담자 가족의 변화 모습은 어떠한가?

4) 자료분석

본 연구의 자료분석은 질적 자료분석 방법 중 Strauss와 Corbin(2001)이 제시한 근거이론에 따른 지속적인 비교분석 방법으로 이루어졌다. 근거이론에서는 연구자들이 자료를 지속적으로 비교 분석하는 방법을 통해 개념과 가설을 발견하는 귀납적인 전략을 제안한다(Glesne, 1999). 본 연구의 자료분석의 기본적인 과정을 설명하면 먼저 원자료인 축어록을 여러 차례 읽으면서 성폭력 피해 사실을 털어놓지 못한 원인과 가족치료 개입 과정에 관련된 중요한 개념들을 확인하고, 이들 개념들의 공통점에 따라 하위 범주와 범주로 분류하는 개방코딩(open coding) 과정을 거쳤다. 개념을 확인하고 분류하는 개방코딩 과정에서는 질적 자료 코딩을 도와주는 프로그램인 ATLAS.ti(Version 5.0)를 활용하였다. 그 후 축코딩(axial coding) 과정에서 범주들 간의 관계를 분석하는 과정분석을 했다. 이러한 분석방법은 가족치료 사례분석을 통하여 향후 성폭력 피해자, 특히 아동 성폭력 피해자들을 위한 전문상담에 도움을 주고자 하는 본 연구의 목적에 부합된다고 여겨진다.

5) 연구의 윤리적 고려사항

본 연구가 실제 가족치료 사례를 대상으로 했으므로 분석에 앞서 가족들에게 전화와 서면으로 연구의 취지를 설명하고 연구 참여를 허락받았다. 그리고 연구 대상자를 보호하기 위해 자료의 모든 이름은 ○○으로 대치하여 사용하였으며, 신원을 추정할 수 있는 모든 기록들은 수정하거나 삭제했다.

4. 연구결과

1) 개방코딩

본 연구결과 개방코딩에서 〈표 4-1〉과 같이 50개의 개념과 24개의 하위 범주와 그에 따른 7개의 상위 범주가 도출되었다.

표 4-1   개념 추출과 범주화

상위 범주	하위 범주	개념
성폭력	성폭력	1년에 한 번 정도, 가슴과 성기 만지기, 아저씨랑 둘이 있었음
성폭력 사실을 털어 놓지 못함	전인식단계	예뻐하는 줄 알았음, 성폭력에 대한 무지
	인식단계	성폭력에 대한 인식
	성폭력 당한 사실 털어놓지 못함	딸의 속마음을 몰랐음, 깊이 있는 얘기를 안 함
성폭력의 후유증	죄책감	엄마에 대한 미안함
	두려움과 불안함	낯선 사람과 있을 때 그때 일이 생각남, 엄습해 오는 불안감
	자학적 일탈행동	엄마 가방에 손댐, 담배와 술을 해봄
	분노	아저씨를 죽여 버리고 싶었음, 아저씨와 자신에 대한 분노
성폭력 당한 사실을 털어놓음	성폭력 당한 사실을 털어놓게 됨	갑자기 용기가 생김, 성폭력 사실을 털어놓게 됨
	후련함과 불안함	후련하지만 불안함, 엄마의 걱정에 대한 염려
	부모의 불안감 증대	딸에 대한 안쓰러움과 불안함, 과민해진 부모
	가족치료 의뢰	가족치료를 받게 됨
성폭력 당한 사실을 털어놓지 못한 원인 사정	편들어 주지 않는 부모	네가 이해해라, 상대방 편을 드는 엄마, 맞장구치지 않는 엄마
	이유는 묻지 않고 야단만 치는 가족	이유를 묻지 않고 혼만 냄, 대뜸 야단치는 아빠, 느닷없이 고함지르는 아빠
	의사소통의 단절	엄마와 대화가 이어지지 않음, 아빠와 대화한 적 없음
	회피하는 의사소통 방식	서로 피해 싸우지 않음, 회피하는 의사소통 방식
가족치료적 개입	감정 표출 도와주기	감정은 억누를수록 증폭됨, 분노를 표출하면 감정이 누그러짐
	편들기와 지지하기 역설	자기 편이 있으면 편하게 이야기함, 가족 지지의 중요성
	솔직한 대화 권유	부모와의 솔직한 대화의 중요성, 가정 내에 비밀을 만들지 않음
	배려하는 표현	표현방식이 바뀌면 관계가 바뀜
가족치료 후 가족들의 변화	불안과 두려움 사라짐	모두 내 편이 되어 줌, 아무도 나를 비난하지 않는다는 자신 감
	수용하고 지지하는 가족	딸의 마음을 먼저 받아줌, 맞장구치는 엄마, 나중에 훈계하 는 엄마
	개방적인 감정 표현	아저씨에 대한 증오심 표출, 아저씨에 대한 미안한 감정
	성폭력 사건을 바라 보는 관점의 변화	더 좋은 방향으로 전환하는 계기, 가족을 배려하지 못했던 것에 대한 인식, 딸을 더 이해할 수 있는 기회

2) 축코딩

개방코딩에서 도출된 범주들 간의 관계를 패러다임 모형에 근거해 분석한 축코딩의 결과가 [그림 4-1]과 같이 도출되었다.

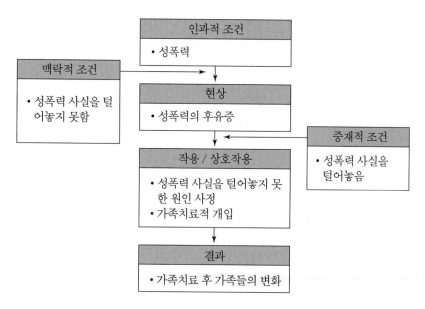

[그림 4-1] 가족치료 변화과정에 대한 패러다임 모형

(1) 인과적 조건

본 연구에서는 인과적 조건으로 '성폭력'이라는 상위 범주가 도출되었으며, 그 하위 범주로 '성폭력 발생'과 '전인식단계'의 두 개의 범주가 도출되었다.

① 성폭력

내담자는 초등학교 2학년 정도부터 시작해 6학년 무렵까지 잘 아는 아저씨로부터 성폭력을 당했는데, 그 아저씨 집을 방문하는 기회가 1년에 한두 번 정도여서 4년 동안 성폭력의 횟수는 총 5회 이상이었다. 구체적인 성폭력 행위는 아저씨가 내담자의 가슴과 성기를 만지고 자신의 성기를 꺼내 보이면서 만지라고 하는 것 등이었다. 내담자는 자기 가족이 그 아저씨 집을 방문했을 때 다른 사람들이 모두 시장을 보러 가고 자기와 아저씨만 남아 있었을 때 성폭력이 이루어졌다고 했다.

- 1회기

내담자: 1년에 한 번.

치료자: 그럼 2학년, 3학년, 4학년, 5학년, 6학년. 다섯 번 정도 되겠네?

내담자: 그 정도. 잘 모르겠어요. 아저씨네 집에 놀러 가면 꼭 한 번 이상은 방에 들어갔고요. (중략) 가슴 만지는 거랑요, 내 성기 같은 것 만지는 것까지. 아저씨가 성기 꺼내서 만져 보라고 그랬는데……. (중략) 아니요, 어른들끼리 뭘 사러 가잖아요. 그때는 어렸으니까 놔두고 가면 혼자 있거나 아저씨랑 둘이 있었어요.

② 전인식단계

성폭력이 처음 발생했을 때 2학년이었던 내담자는 성폭력에 대한 인식이 없는 전인식단계여서 성폭력인지도 모르고 오히려 그 아저씨가 자신을 예뻐하는 것이라고 생각했다.

- 1회기

내담자: 좋아했어요. 아저씨가 절 예뻐하는 줄 알고요.

치료자: 초등학교 2학년 때 처음 그렇게 할 때는 아저씨가 밉거나 하지는 않았니?

내담자: 그때는 몰랐어요. 아무것도 몰랐어요.

(2) 맥락적 조건

맥락적 조건으로는 '성폭력 사실 숨김'이 도출되었으며 그 하위 범주로는 '인식단계'와 '성폭력 사실 털어놓지 못함'이 도출되었다.

① 인식단계

성폭력에 대해 무지 상태에 있던 내담자는 5학년을 지나면서 아저씨가 자신을 예뻐한 것이 아니라 나쁜 일을 했다는 것을 깨닫게 되고 성폭력에 대한 인식단계로 전환하게 되었다.

- 1회기

치료자: 나쁘다는 걸 안 때가 언제야?

내담자: 고학년이 되면서부터, 5학년에서 6학년 사이요.

② 성폭력 사실 털어놓지 못함

그러나 성폭력 사실에 대해 인식을 하고 나서도 내담자는 몇 년 동안이나 이러한 사실을 가족들에게 털어놓지 못했다. 이는 성폭력을 경험한 아동들이 바로 부모나 다른 가족들에게 털어놓지 못하는 것과 일맥상통한다.

- 2회기

엄마: ○○하고 관계는 문제가 없었는데 이야기를 잘 안 하려고 하는 것이 있어서 조금 걱정스러웠죠. 아무래도 둘째라서 더 걱정스럽고, 속마음을 모르는 것 같아서 걱정스러운 생각이 많았어요. (중략) 얘기는 하죠. 하기는 하는데 깊이 있게 얘기는 안 했던 것 같아요. 애 성격이 친구들 이야기도 잘 안 하고.

(3) 현상

본 연구의 현상으로는 '성폭력의 후유증' 범주가 도출되었다. 내담자는 성폭력 피해자들이 겪게 된다고 하는 불안과 긴장, 우울증, 죄의식과 수치심, 낮은 자존감 등의 전형적인 후유증을 경험하게 되었다(한인영, 1996).

① 죄책감

성폭력 사실을 인식하게 된 내담자는 심한 죄책감에 시달리게 되었다. 내담자는 자신이 믿고 부모님에게 죄송한 느낌이 심했다.

- 1회기

내담자: 초등학교 6학년 때. 계속 하다 보니까 엄마께 죄송한 거예요.

- 2회기

내담자: 기분은 좋지 않았고요, 좀 부모님께 죄송하고요.

② 두려움과 불안함

또한 두려움과 불안함이 심해져서 어른들과 있으면 아저씨와의 성폭력 장면이 떠올라 무섭고 두려웠다. 이는 성폭력 피해자 후유증 연구들에서 드러나는 현상인 회상현상이다(Mash & Wolfe, 1999). 그리고 평상시에는 불안이 잠재되어 있다가 갑자기 초조함과 불안함이 엄습하기도 했다.

- 1회기

  내담자: 어디 놀러갔을 때, 잠깐 □□로 간 적이 있었어요. 거기서 한국 사람을 만났어요. 언니는 잠깐 나가고 둘이 있었는데 너무 무서운 거예요. 자꾸 이상한 생각이 들고. 아무 일은 없었는데 자꾸 그때 일이 생각나는 거예요. 어른들이랑 있으면 무섭고.

- 2회기

  내담자: 가만히 있다가 갑자기 아저씨 그 사건에 대한 왠지 모를 불안감 같은 게 엄습해 오는 것 같아요. 서서히 막.

③ 자학적 일탈행동

내담자는 부모님께 너무 죄송한 나머지 오히려 못난 딸로 찍히고자 하는 자포자기 심정으로 엄마의 돈을 훔치기도 하고 담배를 피기도 하고 술을 마시기도 하는 등의 일탈행동을 하기도 했다.

- 2회기

  내담자: 사실은 아저씨랑 그런 접촉이 있어서 죄송해서 못난 딸로 찍히자 싶어서 엄마 가방에 손대다가 들켰어요. 엄마가 왜 그랬냐고 계속 물어봤어요. 네가 정신이 있는 애냐고 막 그러는데요, 그때부터 말하기 싫었어요. (중략) 담배는 6학년 때 피웠고요, 지금은 안 피고요. 술도 마시다가 이제 안 마셔요.

④ 분노

내담자는 자신을 성폭행한 아저씨에 대한 분노와 그것이 성폭행인 줄 모르고 가만히 있었던 자신에 대한 분노가 치밀어 올랐다. 사실 성폭력 피해자인 내담자에게 자신에 대한 분노와 죄의식은 동전의 양면처럼 붙어 있는 감정이었다. 자신이 성폭력 상황을 깨닫지 못하고 저항하지 못했던 것에 대한 분노와 그로 인한 죄의식이 동시에 존재했다.

- 1회기

  내담자: 기분은 좋지 않았고요, 좀 부모님께 죄송하고요, 아저씨가 밉고, 내가 되게 미워 보였어요.

- 5회기

내담자: 그게 나쁘다는 것을 알았을 때 아저씨를 죽여 버리고 싶었어요.

(4) 중재조건
본 연구의 중재조건으로는 '성폭력 당한 사실을 털어놓음' 이 도출되었다.

① 성폭력 당한 사실을 부모에게 털어놓게 됨
아저씨가 자신에게 성폭력을 행사한 사실을 알고 불안과 두려움에 떨면서 죄의식과 분노를 동시에 느꼈던 내담자는 학원에 가지 않은 것에 대해 부모가 야단치려고 하던 어느 날 갑자기 아저씨로부터 성폭력 당한 사실을 털어놓게 된다. 내담자는 항상 말할까 말까 생각하고 있다가 그날에서야 용기가 생겼다고 말했다.

- 1회기

치료자: 그런 이야기를 엄마한테는 언제 했니?

내담자: 한 몇 주 전쯤. 2주 전쯤에요.

치료자: 계기가 뭐였어?

내담자: 말할까 말까, 말할까 말까 계속 생각했어요. 그날 갑자기 용기가 생기더라고요.

- 2회기

엄마: 애를 찾아서 차에 태웠는데 할 이야기가 있다고 하더라고요. 그래서 집에 가서 이야기를 하자고 하고. 집에 들어가자마자 아빠도 화가 났죠. 애가 학원을 안 갔다는 것에 대해서. 근데 앉자마자 그 이야기를 하는 거예요. 아저씨 이야기를 했죠.

② 후련함과 불안함
몇 년 동안 간직하던 비밀을 털어놓게 된 내담자는 한편으로는 후련하고 편안한 마음도 있었지만 막연히 불안하고 부모님이 너무 걱정할까 봐 염려가 되기도 했다.

- 1회기

치료자: 이런 이야기를 했을 때하고 하기 전하고 어떤 차이를 느끼니?

내담자: 속이 후련한데요, 가끔씩 불안해요.

치료자: 어떤 불안함을 느끼는 것 같아?

내담자: 그냥 불안한 것 같아요. 제 기분을 어떻게 표현해야 할지 모르겠어요. (중략) 엄마가 심각하게 걱정하지 않았으면 좋겠어요. 지금은 문제가 좀 심각한 거잖아요. 그런 걸 당했으니까. 엄마가 많이 걱정하지 않았으면 좋겠어요.

③ 부모의 불안감 증대

전혀 얘기치도 못했던 성폭력 사실에 관한 얘기를 들은 부모는 자신들이 딸을 지키지 못했다는 죄책감과 함께 가해자에 대한 분노를 느꼈다. 또한 이제 그 사실을 알고 난 후에 내담자를 지켜보기가 안쓰럽고 아이의 모든 행동에 대해 불안하고 예민하게 되었다.

• 1회기

엄마: 저희도 아이가 안쓰럽다는 생각 때문에 항상 불안해요. 항상 지켜봐야 하니까. 저희가 더 힘들어하는 것 같아요, 그런 것을 지켜보는 것이.

• 2회기

엄마: 애가 우리한테 이야기했던 그런 생각들을 하고 있는 건 아닌가 하고 걱정되죠. 애아빠가 "쟤 어때?"라고 물으면 전 "과민반응 보이지 말고 잊어버려. 신경 쓸 게 뭐 있어. 스트레스 받게."라고 말하지만 실제로는 좀 불안하죠. 애가 떠들면 괜찮은데 가만히 있으면. 애아빠도 그렇고 저도 신경을 많이 쓰게 됐어요.

④ 가족치료 의뢰

내담자의 고백을 듣고 미안하고 염려되며 내담자의 일거수일투족에 대해 과민해진 부모들은 가족치료를 의뢰하게 되었다.

• 1회기

엄마: 저희는 그 이야기를 듣고서 애가 하는 행동이 불안한 것 같아서 보기에도 신경이 많이 쓰이고 학교에서 조금 늦게 오면 걱정이 되고 해서 이렇게 상담도 받게 된 거예요.

(5) 작용/상호작용

현상에 대한 작용/상호작용으로는 '성폭력 당한 사실을 털어놓지 못한 원인 사정'

'가족의 의사소통 방법에 대한 개입' 의 두 범주가 도출되었다. 이 두 범주는 가족치료과정에서 가족치료자의 역할을 나타내는 것이라고 할 수 있다. 가족치료자는 성폭력이 이미 발생한 상황이므로 그 치유에 초점을 두고서, 성폭력 당한 사실을 부모에게 바로 말하고 도움을 받지 못한 원인을 사정하고, 부모와의 자유롭고 기능적인 의사소통을 하게 하는 데 초점을 두었다.

① 성폭력 당한 사실을 털어놓지 못한 원인 사정

가족치료자는 우선 내담자가 성폭력 사실을 부모에게 털어놓지 못한 원인들을 사정했다. 상담결과 그 원인으로 밝혀진 하위 범주들로는 '편들어 주지 않는 부모' '이유는 묻지 않고 야단만 치는 부모' '의사소통의 단절' '회피하는 의사소통 방식' 이었다.

㉠ 편들어 주지 않는 부모

내담자가 집에서 친구나 다른 사람과 안 좋았던 일에 대해 말하면 부모님은 항상 상대방 편을 들면서 내담자를 나무라거나 이해시키려고 했다. 특히 엄마의 대화방식은 아이들의 말에 맞장구치지 않아서 아이들이 공감이나 지지를 받고 있다는 생각이 안 들게 하였다. 이는 성폭력 당한 사실을 털어놓았을 때 자신을 나무라고 아저씨 편을 들 것이라는 생각으로 이어져 내담자가 부모에게 솔직하게 털어놓지 못한 한 원인이 되었다.

• 4회기

엄마: 큰애가 학교 친구에 관한 얘기를 했을 때 안 좋으면 "그건 네가 이해해라." 했죠. ○○도 이야기하면 우선 내 딸이니까 곧게 자라야 한다는 생각에 '네가 먼저 이해해라.' 하는 식이었죠.

• 7회기

내담자: 지금은 나아졌지만, 예전에 엄마는 제가 싸우고 오면 상대방의 편을 들어주는 것 같은 느낌을 받았어요. 그러면 제가 답답하고 엄마가 싫어지고. 말 꺼내기 두려웠고.

치료자: 엄마의 대화 스타일은요?

언니: 듣고 훈계하고 하는 식이요. 제가 무슨 말을 했는데, 큰이모의 경우는 '아, 그래.' 하고 맞장구 쳐주는 반면 엄마는 그런 게 없어요. 좀 그런 식이죠.

ⓛ 이유는 묻지 않고 야단만 치는 가족

또한 이유는 물어보지 않고 야단만 치는 가족들 때문에 내담자는 힘들고 어려운 얘기를 하지 않았다고 한다. 모든 가족들이 질책부터 했으며, 특히 아빠의 의사소통 방식 역시 대뜸 야단을 치거나 고함을 지르는 방식이었다. 이로써 아이들은 상처를 받게 되었다.

• 1회기

치료자: 그전에 어려운 일이 있을 때마다 엄마 아빠한테 이야기를 했니?

내담자: 아니요. 얘기하기 싫었어요.

치료자: 이야기하기 싫었어? 뭐 때문에?

내담자: 그냥요. 내가 왜 그랬는지도 묻지 않고 그냥 혼내니까.

• 3회기

엄마: 큰애가 고등학교 때 애아빠가 모임에 갔다가 애들 공부하는 이야기를 듣고 왔나 봐요. 거기서 영어공부를 어릴 때부터 시킨다는 이야기 등을 듣고 왔는지 아침식사 시간에 대뜸 큰애한테, "너는 도대체 어떻게 공부를 했냐? 그렇게 해서 되겠어!"라고 이야기하니까 갑자기 애가 서러운 거예요. (중략) 작은애가 물 먹다가 흘리기라도 하면 조심하라고 고함을 치니 애들이 상처를 받죠. 그렇게 느닷없이 고함을 치고 하면 나중에 후회를 하지만.

ⓒ 의사소통의 단절

내담자는 아빠와는 인사하는 정도 이상의 대화를 한 적이 없었으며, 스스로 엄마가 어떤 식으로 생각할 것이라고 단정하고 엄마와도 대화가 중단되어 버리는 경우가 많았다. 이렇게 부모와 자식 간의 의사소통이 단절됨으로써 내담자는 더더욱 자신의 비밀을 털어놓지 못했다.

• 4회기

엄마: ○○랑은 대화가 중단이 되요, ××(언니)랑은 이어지는데.

치료자: 차이가 뭐라고 생각하세요?

엄마: '엄마는 이런 식으로 생각할 것이다. 이야기해도 결론은 뻔할 것이다.'라고 생각하는 것 때문에 ○○가 벽을 치는 게 아닌가 싶어요.

치료자: ○○야, 엄마가 말씀하신 것에 대해 동의하니?

내담자: 네.

치료자: 아빠랑 대화할 때는?

내담자: 아빠랑은 대화한 적이 없는 것 같아요.

치료자: 학교에서 있었던 일은 말 안 해?

내담자: 인사만 하는 정도로요.

② 회피하는 의사소통 방식

내담자의 부모님은 문제가 있어도 서로 회피하는 의사소통 방식을 사용했다. 이로써 표면적으로는 아무런 문제가 없는 것처럼 보이지만 사실은 문제는 해결되지 않은 채 안으로 쌓여 가고 있었다. 이러한 부부의 대화방식은 앞서 '대화가 이어지지 않음'에서 본 내담자의 대화방식과 연결되어 있다.

• 6회기

아빠: 사실은 거의 안 싸워요, 저희가.

엄마: 서로 피하는 거예요. 부딪치면 싸우니까.

• 7회기

엄마: 제가 먼저 입을 다물죠. 이야기해 봤자 싸움만 하니까. 제가 할 말이 없잖아요. 예를 들어, "이번 일은 이렇게 됐으니까 다음엔 신경 좀 써라."고 이야기하면 제가 더 미안한 마음이 들어서 미안하다고 이야기하고 그랬을 텐데, 그게 안 되니까 아예 자리를 피해 버리는 거죠.

② 가족치료적 개입

작용/상호작용의 단계에서 두 번째로 도출된 범주는 '가족치료적 개입'이었으며, 하위 범주로는 '감정 표출 도와주기' '편들기와 지지하기' '솔직한 대화하기' '배려하는 표현방식 강조'가 노출되었다. 가족치료자는 성폭력이 이미 발생한 상황이므로 그 치유에 초점을 두고서 부모와의 자유롭고 기능적인 의사소통을 하게 해, 내담자가 갖고 있는 성폭력에 대한 죄의식과 불안을 없애고 가족들로부터 지지를 받아 자신과 가족들에 대한 신뢰감을 회복하는 데 주안점을 둔 개입을 했다.

㉠ 감정 표출 도와주기

가족치료자는 내담자가 성폭력 가해자에게 가지고 있는 분노나 자신의 두려움 등의 감정을 표출하도록 도와주는데, 이는 분노의 감정이나 다른 부정적인 감정을 억누를수록 오히려 증폭되고, 감정을 표출하면 오히려 그 감정이 누그러진다는 논리에 따른 것이다.

• 5회기

치료자: 엄마 아빠와는 대화를 잘 못하는데, 그 이유가 부모님은 ○○의 감정을 자제하도록, 입장을 바꿔서 이해하라는 식으로 대화를 하니까, ○○는 감정이 증폭된 것을 풀지 못하게 되는 거죠.

• 6회기

치료자: 지금 이렇게 ○○의 분노가 더 표출되는 것이 아주 정상이에요. 만약 상대편이 화가 났을 때는 그것을 적극적으로 더 표출할 수 있도록 옹호해 주라는 겁니다. 동생도 나올 것이 다 나오면 그 후에는 분노와 감정들이 많이 누그러져요.

㉡ 편들기와 지지하기 역설

가족치료자는 부모들이 내담자를 덮어놓고 야단치거나 다른 사람 입장에서 생각하게 하기보다는 내담자의 편을 들어줄 때 오히려 내담자가 마음이 편해지고 성폭력의 상처들이 치유될 수 있다고 역설한다.

• 6회기

치료자: ○○가 이야기를 할 때 자신의 편이 있다는 것을 느끼면 더 편하게 이야기할 수 있어요.

• 7회기

치료자: 언니의 응원에 힘입어 크게 기뻤고, 또 아빠가 그 사실을 안 이후에 아저씨를 때려 줬다는 것, 모든 가족의 옹호가 ○○를 편안하게 해 주었다는 겁니다.

㉢ 솔직한 대화 권유

가족치료자는 내담자가 자신과 관련된 일이나 감정을 솔직하게 말할 때 과거의 상처도 치유되고 앞으로 발생할 일들에도 잘 대처할 수 있다고 강조한다. 그런 의미에서 내

담자의 성폭력 사실을 언니에게도 알려서 가족 내에서 비밀을 만들지 말 것을 권유하고
있다.

- 3회기
  치료자: 제가 볼 때는 집안에 도사리는 비밀이 더 큰 문제를 불러올 수 있다는 거죠.
  　　　큰애와 작은애 간에 비밀이 생겨 버리면 말예요.

- 4회기
  치료자: 위기는 이미 발생한 것이고, 다음에 수습하는 단계는 ○○가 이와 유사하게
  　　　학교에서 어려움을 당한다거나 친구들과 관계가 안 좋다거나 누구한테 시달림
  　　　을 당할 때 부모한테 가서 솔직하게 이야기할 수 있느냐 하는 겁니다.

ⓔ 배려하는 표현방식 강조
　가족치료자는 의사소통에 있어서 표현방식이 문제를 더 크게 만들 수도 있고 작게 만
들 수도 있다고 지적한다. 부부간에도 어떤 문제가 있어서 솔직한 대화를 할 때 가족을
배려해서 '누그러뜨린' 표현방식을 사용한다면 관계가 훼손되는 결과가 없을 것이며,
이러한 표현방식은 아이들에게도 영향을 미친다고 지적한다.

- 7회기
  치료자: 표현방식이 바뀌니까 관계가 바뀐다는 거죠. 두 분 간에 어떤 문제가 되었든
  　　　표현방식에서 그것을 좀 누그러뜨리면 관계에선 문제가 생기지 않고, 그것이
  　　　애들한테도 영향을 미친다는 겁니다.

(6) 결과
　작용/상호작용인 가족치료의 결과로는 '가족치료 후 가족들의 변화'라는 범주가 도출
되었다.

① 불안과 두려움의 사라짐
　가족치료 후의 변화와 관련되는 하위 범주로 '불안과 두려움의 사라짐'이 도출되었으
며, 이와 관련된 개념으로는 내담자가 가족들이 자신을 비난하지 않고 자기편을 들어준

다는 자신감이 도출되었다. 이는 아동기 성폭력 피해자들에 대한 연구에서 성폭력 상처 치유의 첫 단계로서 신뢰감의 회복이나 자존감의 향상 등을 제시한 연구자들의 결과와도 일치하는 결과다(김혜림, 김보애, 2006; Jernber & Booth, 1999).

- 7회기
  내담자: 이렇게 가족들한테 다 말하고, 또 나를 편들어주니까 누구한테 그놈을 욕해도 아무도 저한테 뭐라고 하지 않을 것 같아요. 그래서 더 좋은 것 같아요.

- 8회기
  내담자: 지금 느끼는 것은 제가 겪었던 일을 누구한테나 이야기해도 다 내 편이 되어 준다는 것이에요. 불안한 것도 많이 없어지고.

   ② 수용하고 지지하는 가족
   '수용하고 지지하는 가족' 이 그다음 하위 범주로 도출되었다. 가족치료를 받기 전에는 내담자의 부모가 아이들 교육을 위해서 가족보다는 다른 사람의 입장을 먼저 이해시키려고 함으로써 내담자는 엄마 아빠가 자기 편은 들지 않고 남의 편만 든다고 생각했다. 그러나 내담자 엄마는 내담자의 감정상황을 먼저 수용해 주고 내담자의 입장에서 맞장구도 친 후에야 다른 사람의 입장에 대해 생각해 보게 하는 교육을 하는 식으로 의사소통 방식을 바꾸었다.

- 4회기
  엄마: 먼저 아이를 받아 주고 마음을 다스릴 수 있게 되면 나중에 이야기하는 방식으로 바뀌었거든요.

- 회기
  엄마: ○○ 친구 이야기인데, 친한 친구랑 성격이 좋지 않은 친구가 한 명 더 있어서 둘이 그 친구랑 놀지 말자고 했는데 그 친한 친구가 놀지 말자고 한 그 친구랑 또 놀았대요. 그걸 알고서 ○○가 같이 놀지 말자고 이야기해 놓고 왜 노느냐고 이야기했다고 하길래, 제가 걔는 왜 얌체같이 자기 편한 대로만 행동하냐고 이야기를 받아 줬어요.

내담자: 이제 엄마의 경우는 저랑 같이 그 친구를 욕하고, 그러다가 나중에는 "그 친구의 장점도 있지 않겠니?"라고 이야기하세요.

③ 개방적인 감정 표현

가족치료를 받으면서 내담자는 아저씨에 대한 분노의 감정을 마음껏 표출하게 되었다. 이것은 그동안 성폭력을 인식한 순간부터 내담자가 속으로만 쌓아 놓았던 분노를 표출한 것이며, 이는 분노를 표출할 수 있는 통로가 있는 것이 오히려 그 분노를 누그러뜨릴 수 있는 방법이기도 하다는 관점에서 긍정적인 기능을 하고 있다. 그래서 오히려 아저씨에 대해 미안한 감정이 들기도 한다는 것도 자연스럽게 표현할 수 있게 되었다.

- 4회기

내담자: 그게 나쁜 짓이라는 것을 알았을 때 죽이도록 싫었어요.

치료자: 그런 감정이 들었던 것이 언제야?

내담자: 5학년 때쯤. 그때 아저씨 이름을 빨간색으로 적고, 혼자 식칼도 들고 다니고 그랬어요.

치료자: 그런 감정이 있다는 걸 말한 적 있어?

내담자: 아무한테도, 지금은 말해요.

- 7회기

내담자: 아빠가 찾아가서 아저씨를 때리고 욕을 하고 그랬대요. 그 이야기를 엄마가 저한테 해 주셨는데, 그 일로 인해서 이렇게 파탄이 나니까 약간은 좀 미안하다는 감정이 들었어요.

④ 성폭력 사건을 바라보는 관점의 변화

가족치료 후 가족의 변화로는 내담자의 성폭력 사건을 바라보는 부모의 관점이 변화한 점이 도출되었다. 갑작스러운 딸의 성폭력 피해 사실을 듣게 된 부모는 죄의식과 불안함에 힘들어했지만 가족치료과정을 통해 자신들을 돌아볼 수 있는 계기이자 오히려 더 좋은 방향으로 전환할 수 있는 기회로 인식하게 되었다.

• 7회기

아빠: 아이들의 관계에 있어서 상대방을 많이 배려해 주라는 식으로 이야기를 한 것
같은데, 저 스스로는 가족이라는 상대를 너무 배려해 주지 않았다는 생각이 드
네요.

엄마: 다행이다 생각해요, 이렇게라도 서로 이야기를 나눌 수 있어서. ○○를 더 이
해할 수 있는 기회가 되었고요.

• 8회기

아빠: 이런 일이 없었으면 좋을 뻔했는데, 이런 이야기를 듣고는 저 스스로 판단하고
있는 가치관들에 대한 수정이 오고 더 좋은 방향으로 전환되는 계기가 된 것 같
아요. 저 스스로도 조금씩 변화를 경험할 것 같고, 반성하는 기회가 된 것 같습
니다.

5. 결론 및 논의

본 연구에서는 아동기에 집안끼리 잘 아는 아저씨로부터 성폭력 피해를 당해 온 여중
생의 가족치료사례를 '성폭력 피해자인 내담자는 가족치료를 통해 어떠한 변화과정을
겪게 되는가?' 라는 연구 주제를 가지고서 분석했다. 이 사례에서 가족치료자는 성폭력
이 이미 발생한 상황이므로 성폭력이 발생한 원인에 대해서는 개입을 하지 않고 내담자
와 가족들의 치유에 초점을 두었다. 그래서 성폭력 사실을 부모에게 바로 털어놓고 도움
을 받지 못했던 원인을 사정하고, 무엇보다도 성폭력에 대한 내담자의 죄의식을 없애고
가족들로부터 지지를 받아 신뢰감을 회복시키는 개입을 하였다. 이를 위해 부모와의 자
유롭고 기능적인 의사소통을 하게 하는 데 초점을 두고, 가해자에 대한 분노를 표출하지
못하는 내담자로 하여금 분노를 표출하게 함으로써 감정을 해소시켰다.

연구결과, 먼저 '성폭력 피해자인 내담자가 성폭력 당한 사실을 부모에게 빨리 털어놓
지 못한 원인은 무엇인가?' 라는 첫 번째 구체적인 연구질문에 대해서는 '편들어 주지 않
는 부모' '이유는 묻지 않고 야단치는 가족' '의사소통의 단절' '회피하는 의사소통 방
식' 의 요인들이 도출되었다. 이 결과를 그림으로 요약하면 [그림 4-2]와 같다.

그리고 '내담자가 불안함과 두려움을 벗어나는 데 기여한 가족치료적 개입 요인들은 무

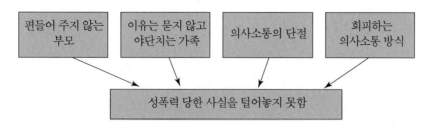

[그림 4-2] 성폭력 사실을 털어놓지 못한 원인

엇인가?' 라는 연구질문에 대해서는 '감정 표출 도와주기' '편들기와 지지하기 역설' '솔직한 대화 권유' '배려하는 표현방식 강조' 의 요인들이 연구결과로 드러났다. 그리고 '가족치료 후 내담자 가족의 변화 모습은 어떠한가?' 라는 마지막 연구질문에 대해서는 그러한 개입과정과 가족들의 상호작용을 통해서 '불안과 두려움의 사라짐' '수용하고 지지하는 가족' '개방적인 감정 표현' '성폭력 사건을 바라보는 관점의 변화' 가 연구결과로 드러났다. 이 두 가지 연구질문에 대한 결과를 그림으로 요약하면 [그림 4-3]과 같다.

　본 연구는 아동기에 성폭력을 당한 여중생이 죄의식, 불안과 두려움에서 벗어나고 그 상처가 치료되는 데에는 가족들의 수용과 지지가 가장 중요한 역할을 한다는 것을 밝혔다는 점에서 기존의 선행연구의 결과들과 일치한다. 앞서 살펴본 대로, 성폭력 피해아동의 치료에서는 신뢰감의 회복이 가장 중요하며 피해 사실을 알게 된 가족들이 수치스럽게 여기거나 피해자 본인에게도 일부 책임이 있다는 식으로 반응할 때 아동이 더 큰 상처

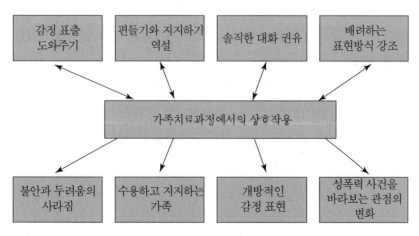

[그림 4-3] 가족치료 개입과 그 결과

를 입는다고 한다(한인영, 1996; Urquiza & Winn, 2004). 본 연구의 결과는 향후 성폭력 피해자를 위한 가족치료 서비스에서 가족들의 수용과 지지를 기본 축으로 삼아야 한다는 점을 다시 한 번 확인시켰다고 볼 수 있다.

또한 본 연구결과에 의하면 가족의 수용과 지지를 위해서는 가족들 간의 기능적인 의사소통 방식이 필요하다는 점이 드러난다. 내담자는 먼저 야단부터 치면서 자기 입장을 고려해 주지 않는 듯한 의사소통 방식을 쓰는 부모와 솔직한 대화를 하지 못했고, 그래서 성폭력 사실도 털어놓지 못했다. 성폭력 피해아동이 겪는 가장 큰 피해는 말하지 못하고 영원한 상처로 남겨 두는 것이라는 연구결과(Fraenkel et al., 1998)에서도 알 수 있듯이, 특히 아동 성폭력의 경우 부모에게 털어놓을 수 있는 가정 분위기를 만들고 나아가 사회적 분위기를 만드는 일이 필요할 것이다.

본 연구대상 사례에서는 내담자가 성폭력 사실을 빨리 가족들에게 털어놓지 못한 원인을 사정한 결과 그 원인들이 모두 '역기능적인 의사소통 방식'이라는 틀로 묶일 수 있다고 여긴 가족치료자가 가족들의 의사소통 증진방법에 대해 개입했다고 볼 수 있다. 그래서 본 연구의 대상 가족들은 가족치료과정을 통해 기능적인 의사소통 방식을 찾아 나가며, 결과적으로 내담자가 자신의 모든 감정과 생각을 말하게 되고 그것이 받아들여진다는 자신감과 가족에 대한 신뢰감을 바탕으로 상처를 회복해 나가게 되었다. 이런 점에서 성폭력 피해자 가족치료를 할 때는 가족들이 기능적인 의사소통을 할 수 있도록 개입하는 것이 치료의 한 목표가 되어야 할 것이라고 사료된다.

이렇게 가족들 사이의 신뢰가 구축되고 서로 의사소통이 긴밀해질 때, 가족들은 성폭력이라는 부정적인 사건을 딸을 더 잘 이해하게 되는 계기이자 자신들의 삶을 돌아보고 좋은 방향으로 전환하는 계기로 바라볼 수 있는 관점을 지닐 수 있게 되었다. 가족치료를 통해 부정적인 사건을 긍정적으로 바라볼 수 있는 관점을 지니게 된 점을 확인한 것도 본 연구의 의의 중 하나라고 사료된다.

다만 본 연구는 한 사례를 분석한 것이므로 연구결과를 모든 성폭력 피해자들에게 일반화시키기에는 제한점이 있을 수도 있다. 그러므로 앞으로 성폭력 피해자에 대한 가족치료적 임상 개입에 관한 연구들이 꾸준히 이루어져 본 연구결과를 일반화시키거나 수정하는 과정이 뒤따라야 할 것이다.

참고문헌

공수자, 이정숙(2004). 성폭력 피해자의 경험. 정신간호학회지, 13(1), 51-63.

권해수, 김소라(2006). 성폭력 상담자의 대리 외상 경험에 대한 질적 연구. 한국심리학회지: 상담 및 심리 치료, 18(3), 495-518.

권해수, 이재창(2003). 성학대 피해 청소년의 귀인 양식 및 대처전략과 심리적 부적응간의 관계. 청소년상담연구, 11(1), 22-31.

김경희, 남선영, 지순주, 권혜진, 정연강(1996). 성희롱 피해자들의 경험에 관한 근거이론적 접근. 한국학교보건학회지, 9(1), 77-98.

김혜림, 김보애(2006). 또래 간 성폭력 경험 여아의 모래놀이치료사례. 놀이치료연구, 10(1), 15-34.

노충래 역(2003). 아동성학대의 치료. 서울: 학지사

박순주(1996). 어린이 성폭력 피해자의 경험인식에 관한 연구. 이화여자대학교 대학원 석사학위논문.

송영혜, 심희경(2001). 성학대 받은 아동의 자아개념 및 문제행동에 놀이치료가 미치는 효과에 관한 연구. 놀이치료연구, 5(2), 43-58.

안옥희(2000). 친족 성폭력 피해 경험. 중앙대학교 대학원 박사학위논문.

오현숙(2003). 아동기 성학대 피해여성의 치료집단 프로그램에 관한 연구. 이화여자대학교 대학원 박사학위논문.

윤혜미(1994). 아동성학대와 사회사업적 접근방법모색. 한국아동복지학, 2(1), 165-204.

이원숙(2000). 성폭력 상담의 실태분석에 관한 연구. 사회과학논총, 9, 171-195.

이원숙(2003). 성폭력과 상담. 서울: 학지사.

채연아(2004). 아동·청소년의 성폭력 피해 특성과 대처방안에 관한 연구. 순천대학교 대학원 석사학위논문.

채규만(2000). 성피해심리치료. 서울: 학지사

한인영(1996). 성학대 피해아동과 그들의 모에 대한 사회사업 개입의 예. 한국아동복지학, 4(1), 135-157.

Finkelhor, D. (1986). *A source book on child sexual abuse*. Newbury Park: Sage Publications, Inc.

Finkelhor, D. (1990). Early and long-term effects of child sexual abuse: An update. *Profession Psychology, 21*, 325-330.

Fraenkel, P., Schoen, S., Perko, K., Mendelson, T., Kushner, S., & Islam, S. (1998) The family speaks: Family members' description of therapy for sexual abuse. *Journal of*

Systemic Therapies, 17, 39-60.

Glesne, C. (1999). *Becoming qualitative researchers: An introduction.* New York: Longman.

Goldenberg, I., & Goldenberg, H. (2000). *Family therapy: An overview.* P. Pacific Grove, CA: Brooks/Cole.

Jernberg, A. M., & Boothe, P. (1999). *Therapy: Helping parents and children build better relationship.* San Francisco: Jossey-Bass Publishers.

Mash, E., & Wolfe, D. (1999). *Abnormal Child Psychology.* 조현춘, 송영혜, 조현재 역 (2001). 아동이상심리학. 서울: 시그마프레스.

Perkins, D. F., & Luster, T. (1999). The relationship between sexual abuse and purging: Findings from community-wide surveys of female adolescents. *Child Abuse and Neglect, 23*(4), 371-382.

Shayne, R. A., & Miller, R. B. (2006). The Effectiveness of therapy with couples reporting a history of childhood sexual abuse: an exploratory study. *Contemporary Family Therapy, 28*, 352-366.

Sheinberg, M., True, F., & Fraenkel, P. (1994). Treating the sexually abused child: A recursive multimodal program. *Family Process, 33*, 263-276.

Sorgi, S. M., Porter, F. S., & Blick, L. C. (1985). A conceptual framework for child sexual abuse. In S. M. Sorgi, (Ed.), *A Handbook of Clinical Intervention in Child Sexual Abuse.* Canada: D. C. Health and Company.

Strauss, A., & Corbin, J. (2001). *Basics of qualitative research: Techniques and procedures for developing grounded theory.* Thousand Oaks, CA: Sage.

Urquiza, A. J., & Winn, C. (2004). *Treatment for abused and neglected children: Infancy to age 18.* Diane Publishing Co.

Waller, G. (1993). Sexual abuse and eating disorders. *British Journal of Psychiatry, 162*, 771-775.

제5장	도벽과 거짓말을 하는 청소년 자녀를 둔 재혼가족에 대한 사례 연구 *

1. 서 론

병적 도벽(kleptomania)은 개인적으로 쓸모가 없거나 금전적으로 가치가 없는 물건임에도 불구하고 훔치려는 충동을 저지하는 데 반복적으로 실패하는 것(Grant, Kim, & Grosz, 2003; McElroy, Hudson, & Pope, 1991)으로 정의된다. 병적 도벽은 물건을 훔치기 전에 긴장이나 각성의 느낌이 증가하며, 훔칠 때 쾌락, 만족감 혹은 해방감을 경험한다(American Psychiatric Association, 1994). 또한 병적 도벽장애는 기분장애(특히 주요우울장애), 불안장애, 섭식장애(특히 신경성 폭식증) 그리고 인격장애와 연결될 수 있다(American Psychiatric Association, 1994, p. 612). Balye 등(2003)의 연구에서도 병적 도벽을 가지고 있는 환자들은 도벽 외에도 또 다른 정신적 장애, 즉 기분장애, 다른 충동통제장애, 그리고 물질남용 혹은 물질의존(주로 니코틴 의존)과 같은 2개 이상의 장애를 가질 확률이 높은 것으로 나타났다. 일반적으로 병적 도벽은 드물고, 사회적인 낙인이 환자들로 하여금 치료받기를 주저하게 만들기 때문에 병적 도벽에 관한 정확한 발병률에 관한 것은 알려져 있지 않다. 그럼에도 불구하고 병적 도벽은 여성들에게 더 빈번히 나타나는 것으로 생각된다(Durst, Katz, Teitelbaum, Zislin, & Dannon, 2001).

---

* 박태영(2007), 한국가족치료학회지, 15(1)에 게재되었음.

20명의 병적 도벽을 가진 환자들에 대한 McElroy 등(1991)의 연구에서는 20명 모두 평생 주요기분장애, 그중 16명은 평생 불안장애, 12명은 평생 섭식장애의 진단을 받았다. 따라서 병적 도벽은 주요기분장애와 관련될 수도 있으며, 아마 '정서적 스펙트럼 장애'의 또 다른 형태를 나타낼 수도 있다.

최선남(1995)은 아동의 도벽은 다음과 같은 네 가지 이유로 구분할 수 있다고 하였다. 첫째, 자신의 것과 남의 것을 구분하지 못하는 경우다. 둘째, 다른 사람의 것인 줄은 알지만 그런 행동을 나쁘다고 생각하지 않는 경우다. 셋째, 친구관계에서 일어나는 경우다. 넷째, 정서적으로 불안정한 아이의 경우다. 특히 네 번째 이유에서 충분한 사랑을 받지 못하거나 인정받지 못한 아동은 그 불만족감을 충족시키기 위하여 도벽을 할 수도 있다. 즉, 결핍에 대한 대리충족으로서 도벽을 가지게 되는 것을 의미한다. 따라서 아동기의 도벽은 부모의 관심을 제대로 받지 못하여 발생하는 경우가 많으며, 잘못된 방식으로 관심 끌기를 시도하는 것이다(이봉익, 한성희, 1996; 이상복, 이상훈, 이효진, 1996). Chapman(1974)에 따르면 도벽은 정서적 불안과 인격발달의 미숙 등 심리적 원인이 행동으로 옮겨진 현상이며, 사회에 적응하기 위한 일종의 왜곡된 자기표현의 방법이기도 하며, 일탈행위와 복합적으로 결합되어 나타나기도 한다. 이 같은 도벽은 부모나 부모의 기준에 대한 아동의 적대감을 나타내며, 훔친 물건이 '부모의 사랑, 힘 혹은 권위에 대한 상징'이 된다(최외선, 장영숙, 김지연, 1998, p. 210, 재인용).

최근의 연구에 따르면, 도벽은 심각한 기능적인 손상과 높은 비율의 정신과 입원 그리고 자살 생각과 관련된다고 보고하였다(Grant, & Kim, 2002). Cooper 등(1989)은 도벽이 높은 수준의 인지된 스트레스와 관련 있을 수 있다고 하였으나, 이 장애에서의 인지된 스트레스의 역할은 이전에 조사된 적은 없다고 하였다(Grant, Kim, & Grosz, 2003).

국내에서는 도벽과 관련된 연구로서 최선남(1995)의 도벽을 가지고 있는 초등학교 3학년 아동에 대한 미술치료의 방법을 적용한 가족치료 사례연구가 있다. 이 사례에서는 아동의 문제행동을 개인의 심리 내적인 문제로 보고, 그 개인이 처한 가족환경을 변화시켜 아동의 도벽 증상을 사라지게 하였다. 특히 이 사례에서는 가족구성원이 유지해 온 반응양식과 관계양식에 대한 통찰을 이끌어 내고, 아동의 문제행동과 가족구성원 간의 관계를 수정하는 데 가족치료적 접근이 유용한 것으로 나타났다(최선남, 1995). 최외선 등(1999)은 도벽행위가 있으며 주의산만한 아동에 대한 미술치료 사례연구에서 아동이 미술치료를 통하여 표현상의 변화와 함께 치료자와 어머니의 세심한 배려와 관심 속에서 도벽행동이 소거되고 주의집중력이 향상되었다고 보고하였다. 그리고 김청송(2002)의 병적 도벽에 관한 사례연구가 있으나, 이 사례에서는 단지 젊은 부인이 백화점에서 쇼핑을 하면서 도벽을 한 사례만을 다룰 뿐 치료에 대한 언급은 없다. 그러나 도벽과 관련하여 일반적으로 의학적인 연구나 미술치료를 통한 연구들은 보여 주고 있으나, 실제로 가족치료만을 통하여 도벽과 거짓말이 사라진 연구는 거의 발견하기가 어려웠다. 본 연구에서는 도벽과 거짓말을 하는 내담자와 그 가족을 통하여 실제로 내담자의 도벽과 거짓말에 어떠한 요인들이 영향을 미쳤으며, 가족치료로 인한 어떠한 요인들의 변화로 내담자의 도벽과 거짓말이 사라지게 되었는가를 살펴보기로 하겠다.

2. 연구방법

1) 연구대상 및 상담기간

연구대상은 내담자와 부모 세 사람을 포함한 단일집단 사례연구로서, 상담은 2002년 3월부터 11월까지 총 14회 상담을 하였다. 상담은 개별상담, 아빠와 내담자, 엄마와 내담자, 부부상담 그리고 가족상담을 포함하였다.

2) 분석방법

연구자는 근거이론적인 방법으로 축어록을 중심으로 코딩과 과정분석을 하였다. Miles와 Huberman(1994)의 그래프 관계망 전시(graphical network display)를 활용하여 내담자의 거짓말과 도벽에 영향을 미친 요인들과 상담 후 내담자의 변화에 영향을 미친 요인들에 관하여 코딩을 중심으로 발견된 요인들의 관계를 보여 주었다.

3. 사례에 대한 개요

이 사례는 부모가 고등학교 1학년에 재학 중인 내담자(16세)의 도벽과 거짓말을 하는 문제로 치료자에게 의뢰되었다. 내담자는 치료자에게 의뢰되기 이전에 모 아동신경정신과에서 상담을 받았고, 병원에서 내담자가 6회 개인상담, 아빠와 내담자 상담 그리고 부부상담을 받은 후에 병원에서 치료자를 소개하여 오게 되었다. 내담자는 중학교 2학년 때 PC 중독이 되었고, 중학교 3학년 때는 여자친구 문제가 있었으며, 부모가 PC방에 가는 것을 막은 이후에는 도벽과 거짓말을 하기 시작하였다. 또한 남편과 시댁식구는 내담자의 문제에 대하여 부인의 책임을 추궁했다. 내담자의 아버지(47세)와 어머니(45세)는 전문직종에 종사하고 있었다. 두 사람은 모두 이혼을 한 번씩 경험하였고, 내담자는 아버지의 전처의 자식이었으며, 어머니는 전남편과의 사이에서 자식이 없었다. 내담자가 한 살 때 아버지는 생모인 전처와 이혼을 하였으며, 이혼한 지 4년 후인 내담자가 세 살 때 아버지는 현재의 어머니와 결혼을 하였다. 그리고 현재 부모 사이에서 동생(5세)이 태어났으며 재혼한 지 12년째가 되었다.

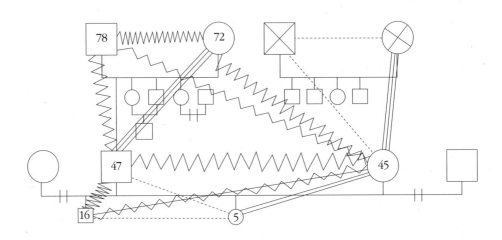

[그림 5-1] 가계도

4. 연구결과

1) 내담자의 거짓말과 도벽에 영향을 미친 요인들

(1) 아빠의 엄격한 규칙

① 통제함
• 1회기

　엄마: 큰애가 정말 날이면 날마다 문제를 일으키니까. 여자친구 사귀면서 거짓말하고, 우리가 안 되기를 바라면서 단속을 해도 틈을 타서 만나러 가고…….

② 감시
• 1회기

　엄마: 아빠가 큰애를 항상 데려다 주고 태워 오고, 학원도 데려다 주고 태워 오고 여러 가지를 했어요. 저는 학원에도 계속 가 보고…….

• 7회기

　치료자: 아빠가 큰애의 일거수일투족을 다 알아야 직성이 풀리시니?

　내담자: 네, 그러신 것 같아요. 노트 가지고 다니시면서 학원시간 같은 거 다 적어 놓으시고…….

③ 명확한 규칙
• 2회기

　치료자: 그런데 실례하지만 부모님이 아드님의 요청을 허용하신 적이 있으세요? 예를 들면, 아드님이 집에 저녁 8시까지 가야 되는데 7시 50분쯤에 전화를 해서 엄마 아빠, 나 9시 반에 갈게, 10시에 갈게 이렇게 말하면 엄마 아빠가 그래, 9시 반에 와라, 10시에 와라 하는 식으로 하셨냐는 얘기예요.

　아빠: 그렇게 못했을 거예요.

④ 지나친 간섭

• 1회기

내담자: 아빠가 유일하게 저를 간섭 안 하는 건 제가 방에 혼자 있을 때예요.

⑤ 고집대로 함

• 8회기

내담자: 아빠는 고집대로 다 하세요. 친가 쪽이 다 고집이 세요. 절대 안 풀어져요.

⑥ 아빠의 일방적 결정

• 9회기

내담자: 제가 제시해 봤자 아빠 입장에서는 아빠가 행하시는 게 더 옳기 때문에 결국 아빠 입장대로 하실 거고…… 괜히 그런 말 꺼냈다가 더 감정이…….

(2) 아빠의 일방적인 의사소통

① 무뚝뚝한 아빠

• 2회기

내담자: 아빠가 좀 무뚝뚝해서 제가 아빠와의 대화를 좀 꺼려요.

② 인상을 씀

• 5회기

엄마: 아빠가 아무 말 안 해도 아들을 대하는 표정만으로 아들은 주눅이 든다고 해요. 아빠한테 인상 좀 펴고 다니라고 엄마가 이야기 좀 해 달라는 말도 여러 번 했어요.

③ 아들의 방식을 인정하지 않음

• 7, 8회기

내담자: 뭐 하나라도 잘못되면 거리를 막론하고 무조건 달려와서 난리를 쳐요. 할아버지도 그렇고 아빠도 그런 성질이 있어요. 제 방식이 따로 있다고 말을 해도 그게 받아들여지지 않아요.

④ 화를 냄

• 8회기

　내담자: 아빠는 표정의 변화가 굉장하세요. 딱 인상을 쓰시면 저로서는 이야기를 하
　　　　지 말아야겠다는 생각이 들죠. 제가 말을 하면 아빠는 화만 내세요. 어느 날 엄
　　　　마랑 아빠랑 "뭐든지 다 받아 줄 테니 다 이야기해 봐라." 해도 제가 말을 못할
　　　　것 같아요.

⑤ 상대방을 배려하지 않는 남편

• 9회기

　엄마: 제가 가끔 남편한테 아이를 기계 다루듯 하지 말라고 해요.

⑥ 명령식의 대화

• 9회기

　내담자: 내가 아빠에게 이야기를 하면 아빠가 그거 하지 말라고 하세요. 그럼 "알았
　　　　어요, 알았어요." 하죠.

(3) 아빠의 폭력

① 신체적 폭력

• 1회기

　엄마: 의자를 던져서 제가 여기 가슴 부분에 맞았거든요. 그때 아침에 꼬마애가 유치
　　　　원에 가려고 밥을 먹고 있었어요. 걔 앞에서 의자를 집어 던져 가지고 제가 맞았
　　　　거든요. 제 가슴이 굉장히 검붉게 멍이 들었고, 제가 숨도 쉴 수 없었어요.

② 내담자에 대한 체벌

• 1회기

　엄마: 남편도 그때마다 애를 때렸다가, 말도 했다가, 화도 냈다가 했는데 그게 계속
　　　　안 잡히고 있던 상황이었어요.

③ 아빠의 부정적인 언어
• 2회기
아빠: 최근 3, 4년 겪으면서 엄마나 제가 아들에게 칭찬보다는 야단을 많이 쳤던 것
같아요.

④ 체벌을 통한 교육
• 4회기
엄마: 아들이 무슨 일이 일어나서 혼이 날 때 아빠는 대화로 하는 것보다는 매를 많
이 때렸죠. 애가 아빠한테 벨트로 맞았다는 등 그런 이야기를 목사님한테 다 했
더라고요.

(4) 역기능적인 부부관계

① 부인에 대한 남편의 불만
㉠ 시부모를 챙기지 못하는 부인에 대한 불만
▪ 부모님께 소홀함
• 1회기
아빠: 저희 부모님에 대해서 집사람이 소홀하고 그랬던 것을 몰랐던 것은 아닌데 나
름대로 관대하게 생각했거든요. 그것에 대해서는 이야기도 안 한 편이고 참았죠.

▪ 부모를 챙겨 달라는 부인에 대한 남편의 부탁
• 6회기
아빠: 저는 이 사람한테 부모한테 잘하라는 이야기 한 번도 한 적이 없어요. 최소한
만 지켜다오. 그것이 결과적으로 편하게 살 수 있는 비결 아니냐, 다른 것 말고
1년에 한 번 부모님 생신, 연말과 연초에 인사 같은 것만 잘해 달라고 했어요.

▪ 시부모를 챙기지 못하는 부인에 대한 실망과 체념
• 6회기
아빠: 나도 더 이상 이것을 가지고 이야기하고 싶지 않았어요. 그렇다고 해서 안 되
는 것을 가지고 내가 이 사람 눈치 보면서 마누라가 시부모께 전화하나 안 하나

를 보다가 너무 늦어지면 내가 챙기고 전화하는 인생 자체가 정말 싫었고, 나 또
한 지쳤다고 어느 순간 느꼈어요.

- 시부모에 대한 예의를 못 지키는 부인
- 6회기

아빠: 그런데 애엄마가 기본적인 예의도 못 지키고 이런 식으로 감정이 꼬이고 엉망
이 되어 버린 것에 대해 저는 분노가 풀리지 않아요. 기본적인 예의를 못 지켜서
그것으로 인해 저희 부모님이 우시는 일이 있다는 것 자체가 전 용서가 안 돼요.

ⓛ 내담자에게 지속되는 노여움에 대한 불만
- 내담자에 대한 엄마의 지속적 냉랭함
- 3회기

아빠: 아무리 애가 거짓말을 했다손 치더라도 입학시험을 앞둔 날까지 애한테 그럴
수 있나 해서, 이러저러 화가 많이 났었고. 하여튼 시험은 떨어졌고, 기분도 안
좋고, 애엄마는 계속 애한테 냉랭하게 대하고 했죠. 그러다 1~2주 지나서 무슨
일로 갈등이 생겨서 저는 완전히 폭발했어요.

- 자녀를 챙기지 못하는 부인
- 6회기

아빠: 제가 느꼈던 것은 지금 애가 중요한 시험을 앞두고 있는 상황에서 아무리 그렇
다 하더라도 그렇게 챙겨 주질 못하는 것에 섭섭했던 거죠. 그것은 사실 회복될
수 있는 문제죠.

ⓒ 자신을 인정해 주지 않는 부인의 무시하는 태도에 대한 불만
- 남편을 비난하는 부인
- 6회기

아빠: 저는 바깥에서 항상 인정받는 사람이에요. 제 자존심을 꺾고 저를 비난하는 사
람은 평생 이 사람(부인)밖에 없었어요.

- 남편의 자존심을 건드리는 부인
- 1회기

아빠: 10년 동안 이 사람과 결혼생활 하면서 이 사람이 제 자존심을 많이 건드렸고, 전 그것에 대해 굉장히 많이 참았어요.

② **남편에 대한 부인의 불만**

㉠ 남편의 일방적인 의사소통 방식

- 짜증스러운 의사소통
- 5회기

엄마: 그런데 그것에 대해 차분하게 이야기되기보다는 그 상태가 아빠도 싫으니까 이야기가 안 되죠. 짜증난 상태에서 저를 대했어요.

- 비난하는 대화방식
- 6회기

엄마: 지금은 서로 감정이 너무 상해 있어서 잘해야겠다는 대화보다는 이야기를 시작하면 인상을 써요. 또 남편이 저를 비난하는 식으로 이야기를 하고 나면 안 좋은 거죠. 이제는 거의 대화를 안 해요. 필요한 말들만 해요. (중략) 제 입장에서 볼 때는 내가 그렇게 힘들 때 이것저것 다 챙기면서 살아왔고, 남편이 의자도 던지고 그럴 때도, 시어머님한테 야단 맞고 시누이가 펄펄 뛰고 난리 칠 때도 상황을 다 받아 왔는데, 왜 저한테 남편조차 퍼대고 있는지 영문을 모르겠어요.

- 일방적인 대화방식
- 9회기

엄마: 남편은 일방적으로 말하고 명령하고…….

㉡ 남편의 가사에 대한 비협조적인 태도에 대한 불만

- 돌보지 않음
- 1회기

엄마: 그리고 남편이 애들 키우는 문제에 대해 신경을 쓴다는 걸 못 느꼈거든요. 남편은 자기는 했다고 생각을 해요. 그런데 제가 받는 느낌은 그냥 남편은 자기 일

하나만 해 놓은 것 같은 그런 느낌이 들어요.

- 늦은 귀가
- 1회기

  아빠: 처음에 학교에 들어와서 2, 3년은 제가 굉장히 늦게 들어왔죠. 그때는 저녁에 술자리도 많았고, 사실은 처음에 들어와서 집사람하고 그것 때문에 많이 티격태격했어요.

- 자신의 일만 함
- 4회기

  엄마: 애아빠가 가장으로서 집안을 이끌어 가고 하는 역할을 안 했다고 보거든요. 자기 일과 생활을 열심히 하고 집에 와서 책을 봐요. 물론 책도 볼 수 있지만, 나는 무슨 하숙생을 들이고 있는 것 같다는 이야기를 몇 번 했어요.

- 희생하지 않음
- 4회기

  엄마: 가족들을 위해서 자기를 할애하고 자기 시간을 낼 수는 없고 어떤 희생도 할 수 없는 거예요. 그 점을 제가 참을 수 없는 거죠.

ⓒ 시댁식구의 지나친 간섭과 내담자 양육에 따른 책임성 전가에 대한 불만
- 며느리에게 책임 전가
- 1회기

  엄마: 모든 잘못은 나한테 있고, 저를 절대로 용서할 수 없고, 욕까지는 아니었지만. 제가 저 나름대로 여태까지 결혼생활만 해 온 것을 보면 참 많이 힘들었거든요.

- 시부모의 지나친 간섭
- 1회기

  엄마: 저희 시부모님이 아직도 모든 일에 참견을 하시려고 하세요. 그래서 제가 이번에도 그랬어요. 어떻게 40 중반이 된 아들의 자식문제를 시부모님이 간섭을 하실 수 있는지 이해가 안 된다고요. 그리고 이번에 오셔서도 저한테 가정교육도

안 됐고, 이상한 집안이라고 하셨나? 하여튼 그렇게 엉망진창이라고 그러시면서 우리 부모님이 돌아가셨으니까 우리 큰오빠를 만나셔야 되겠다고 그러시더라고요.

■ 시누이의 지나친 간섭

• 4회기

　엄마: 여기 손아래 시누가 있는데 간섭을 많이 해요. 시댁식구들은 애의 문제가 다 내 책임이라는 거죠. 애를 제대로 돌보지 않아서 다 그렇게 됐다고. 시누이가 저한테 툭하면 애가 애정결핍 때문에 그러는 거라고 이야기를 했어요.

(5) 새엄마에 대한 의구심

① 부인이 내담자를 친자식으로 대하고 있지 못한 것에 대한 아쉬움과 분노 및 체념

• 3회기

　치료자: 아버님께서는 어머님이 내담자에 대해서 냉랭하게 대하는 것이 자기의 친자식이 아니기 때문이라고 생각하시나요?

　아빠: 네.

　치료자: 그것이 제일 컸습니까?

　아빠: 네. 제가 결혼생활이 12년이 다 돼 가는데, 작년에 그런 일이 있기 전까지 애엄마에게 저 나름대로 아쉬운 점을 많이 느꼈죠. 애엄마에게 아쉽다는 생각이 들면서도 한편으로는 친엄마가 아닌 사람에게 얼마까지 기대할 수 있겠는가 싶어서 되도록 그런 이야기는 안 했어요.

② 내담자의 정확한 기억력과 새엄마라는 사실을 모를 것이라는 추측

• 3회기

　치료자: 제가 지금 의심이 되는 것은 과연 아드님이 지금 엄마를 친모로 인정하고 있을까 하는 부분입니다. 아드님이 네 살 때 재혼하셨잖아요?

　아빠: 그때 내담자가 엄마를 찾고 그러면 저희 부모님이 엄마가 미국 가서 있다고 그런 식으로 이야기하셨죠. 그리고 2~4년 지나고 나서 나름대로 제가 혼란스러웠던 것이 내담자가 새엄마를 만난 상황을 정확히 기억하고 있더라고요. 세

살 때 그 나이답지 않게 정학하게 기억하고 있다는 사실을 나중에 알고 굉장히 놀랐어요. 그럼에도 불구하고 저희도 그것이 꽤 예민한 부분이라 과연 애가 엄마를 친엄마로 믿고 있는 건가 했죠. 직접 물어본 건 아니지만, 지내면서 보니 전반적으로 최근까지 그 점에 대해서 모르고 있다고 저희들은 생각을 하고 있어요.

③ 가정에 대한 내담자의 의구심 가능성

• 4회기

치료자: 제가 궁금한 건 아드님이 엄마를 생모인 줄 알고 있느냐는 거예요.

엄마: 제가 한 번 놀란 게 아들을 네 살 때 만났거든요. 그때 아들은 ○○에 살았고 저는 ××에 살았어요. 애아빠가 아들한테 엄마를 만나러 간다, 그동안 엄마는 공부하러 갔고 공부가 끝나서 돌아온다고 이야기를 하고는 저를 만나러 ○○로 왔어요. 그리고 2년 후 저와 만났던 그 장소의 모퉁이를 지나는데 아들이 그 장소를 기억하더라고요. 그래서 제가 깜짝 놀랐어요. 아들은 이상하다고 생각할 수 있을 것 같아요. 왜냐하면 지금 우리의 주변이 너무 복잡하고, 그러한 주변에 대하여 아들은 이해를 못하는 거예요. 우리 집은 남들처럼 살지 못하냐고, 우리 집에 문제가 있으면 우리 가족끼리 해결하게 놔두지 왜 할아버지, 할머니, 고모 다들 저렇게 난리냐고 저한테 항의를 하듯이 이야기를 하더라고요.

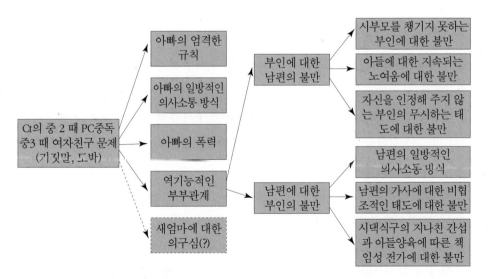

[그림 5-2] 내담자의 거짓말과 도벽에 영향을 미친 요인들

2) 상담 후 내담자의 변화에 영향을 미친 요인들

(1) 아빠의 융통성 있는 규칙

① 변화하고 있는 아빠의 태도

• 4회기

엄마: 아들이 아빠 같은 사람이 되지 않을 거라고 해요. 어떤 때는 엄마는 어쩌다가 아빠 같은 사람하고 결혼을 했냐고 그러고. 하여튼 그때는 굉장히 그게 심했는데 상담을 받으면서 아빠의 태도가 많이 바뀌었죠.

② 간섭이 줄어듦

• 11회기

아빠: 그래도 공부에 대해선 자기가 좀 생각을 하는 것 같아서 저도 이제 자세한 것에 대해서는 간섭을 안 해요.

③ 융통성 있는 규칙

• 13회기

아빠: 놀아도 정도가 있는 거고 시험 본 게 남을 위해서 한 게 아니라 너 공부한 거니까 오늘 하루 적당히 놀아라 하는 정도로 이야기했어요.

(2) 아빠의 기능적인 의사소통

① 아빠의 칭찬과 내담자의 당혹감

• 2회기

내담자: 아빠한테 전화하니까 아빠가 칭찬해 주셔서 좀 당황했어요. 아빠한테 원래 그런 칭찬을 들어 본 적이 없었으니까 제가 놀랐죠. 저로서는 오히려 그것이 부담스러웠어요.

② 내담자와 아빠 간에 대화가 됨

• 6회기

엄마: 아들이 아빠한테 자세히는 안 해도 이야기를 해요. 보통은 이야기를 잘 안 하

는 편이거든요. 오가는 차 안에서도 누가 썰렁했다는 등…….

③ 내담자에 대한 위로
- 6회기

아빠: 저도 처음 아들의 어깨에 손 한 번 얹고서는 "너도 참 힘들겠다, 밤낮 야단맞고."라고 말했어요. 그랬더니 바로 울더라고요. '여태까지 이런 것을 아들한테 못해 줬구나.' 하는 생각에 가슴이 아팠어요.

④ 아빠에게 솔직해진 내담자
- 7회기

내담자: 옛날에 여자친구 사귈 때는 아빠한테 이야기를 잘 하지 않았는데 요즘에는 아빠가 뭘 물어봐도 있는 그대로 대답해요. 요새는 특별하게 걸리는 게 없으니까요.

- 9회기

내담자: 다른 친구들은 밖에 나와서 어디 가서 뭐 한다는 이야기 안 해도 잘 노는데, 왜 아빠만 일일이 간섭을 해요, 뭐 그런 이야기를 했죠. 굳이 이야기를 안 해도 그런 의사는 전달이 됐지만, 그렇게 오랫동안 이야기한 적은 없었죠. 저도 나름대로 이야기를 많이 했죠.

⑤ 노력하는 남편
- 8회기

엄마: 그런데 최근에 남편이 조금은 노력을 하는 것 같아요. 한동안 인상만 쓰고 난리가 아니었는데 최근 들어서는 많이 괜찮아진 것 같아요.

⑥ 아빠의 긍정적인 표현
- 9회기

내담자: 특별히 즐거워하셨다고 하기보다는 "많이 늘었어. 앞으로 더 잘하면 돼."라고 하셨어요.

⑦ 상대방을 인정하는 의사소통

• 10회기

엄마: 예전 같으면 머리 자르라고 하면 자기 혼자서 짜증내고 그랬을 텐데, 이번에는 아빠하고 정면으로…… 머리를 더 자르지 않겠다고 하고, 아빠는 학교규정까지 만 허용을 하겠다고 하고…….

⑧ 내담자의 의사표현에 대한 긍정적 인식

• 10회기

아빠: 애가 대들 땐 저도 순간적으로 화가 나지만, 돌이켜서 생각을 해 보면 나이도 또 그렇고 애가 의사표현이 좀 소극적인 편이에요. 그래서 그 정도의 의사표시 를 하는 게 괜찮겠다고 생각했어요.

(3) 사라진 아빠의 폭력

① 말로 타이름

• 11회기

아빠: 옛날 같으면 감정이 앞서서 매질도 하고 그랬는데 그러진 않고 말로 혼냈죠.

(4) 기능적인 의사소통과 부부관계 회복

① 남편의 부인과의 관계회복
㉠ 시부모를 챙기기 시작함
▪ 시댁식구를 위한 부인의 노력

• 10회기

아빠: 서울에 있는 동생하고도 험악했는데, 추석 때 저희 집에 와서 같이 식사하고 그랬죠. 음식 준비한다고 열심히 하더라고요.

㉡ 솔직한 의사소통
▪ 솔직하게 자신의 잘못을 인정하는 남편

• 5회기

아빠: 지나고 보니 제가 아들에게 따뜻하게 해 주지도 않았죠. 사실 따지고 보면 그

나이에 아빠건 엄마건 한쪽에서 야단을 맞더라도 다른 한쪽에서 따뜻하게 느껴진다는 것은 사람이 성장하는 과정에서 참 중요하다는 것을 저도 알아요. 왜냐하면 저도 자라면서 그런 것이 부족했다고 생각하거든요. 제가 아들한테 했던 것처럼 저도 아버님한테 그런 것을 못 느꼈어요. 아들에 대한 한 사람의 책임을 묻자면 그건 제 책임이죠.

■ 부인에 대한 인정과 불만족스러운 감정을 솔직하게 표현하는 남편
• 6회기
　아빠: 지난 10년 동안 이 사람이 애한테 들인 공을 제가 모르는 것도 아니고, 그건 제가 100퍼센트 인정해요. 애 문제는 일시적인 것이라서 제가 회복할 수 있어요. 사실은 회복이 됐어요. 그러나 부모님의 문제는 감정적으로 해결이 안 됐어요.

（남편은 부인과 시부모 사이의 오해에 대한 자신의 분노를 솔직한 의사소통 방식으로 설명하고, 내담자에 대한 부인의 공로를 인정하면서 내담자에 대한 문제가 회복되었다고 한다.）

ⓒ 남편을 인정해 주기 시작한 부인
• 6회기
　엄마: 아빠가 그전에 아이를 잡아 주기 위해서 어떤 노력을 숱하게 한 것도 아니지만 올 겨울부터는 아이에게 책을 읽어 주기 시작했어요.

ⓔ 내담자에 대한 부인의 노여움이 사라짐
• 8회기
　엄마: 100퍼센트 신뢰가 가는 건 아니지만, 그래도 아들에게 맡기고 싶어요. 애아빠 입장은 시행착오를 겪을 시간이 없다는 거죠. 일단 대학 가는 게 급하니까 밀어붙이는 거죠. 그런데 제 생각은 애아빠 생각하고 많이 달라요.

② 부인의 남편과의 관계회복

㉠ 남편의 의사소통 방식의 변화

▪ 부인의 내담자에 대한 분노를 인정하는 남편

• 5회기

아빠: 저도 제 자식이지만 아들이 부모한테 천연덕스럽게 거짓말을 했고, 그것도 일시적인 거짓말도 아니고, 지금 생각해 보니 2~3개월 동안을 거의 계획적으로 거짓말을 한 건데…… 그런 생각이 드니까 저도 아들이 굉장히 미웠어요. 애엄마는 더했겠죠.

▪ 자각과 변화를 위한 노력

• 10회기

아빠: 한편으로는 그런 기간이 너무 오래되니까 자제해야겠다는 생각도 들고, 서로 간에 상처 받았던 것들에 대해서 심각하게 자각을 하게 되니까 그 점에 대해서 조금 더 신경을 쓰고 받아 줘야겠다고 노력을 하는 분위기죠.

• 12회기

엄마: 남편도 이제 뭔가를 좀 잘해 봐야 하지 않겠는가라는 생각을 많이 하는 것 같아요.

▪ 문제를 일으키지 않으려는 노력

• 10회기

엄마: 그동안 너무 힘들었기 때문에 더 이상 문제를 안 일으키는 방향으로, 그런 식으로 하는 것 같아요.

▪ 상대방을 배려하는 의사소통

• 11회기

아빠: 각자가 이렇게 나가면 안 되겠다고 자각을 한 것이죠. 똑같은 이야기를 하더라도 상대방의 기분을 잘 생각해서 이야기하고 자극 주는 이야기는 피하고 있어요. 불평 같은 걸 하더라도 옛날에는 공격하는 식이었는데, 요새는 내용은 똑같더라도 장난같이 한결 가벼운 투로 이야기하고……. 그러면서 "서로가 바뀌겠

냐." 하면서 서로 건드리지 말자고 이야기했어요.

ⓛ 남편의 가사에 대한 참여(내담자를 보살펴 줌)

▪ 자녀에 대한 아빠의 노력 인정

• 6회기

　엄마: 아빠가 그전에 아이를 잡아 주기 위해서 어떤 노력을 숱하게 한 것도 아니지만
　　　올 겨울부터는 아이에게 책을 읽어 주기 시작했어요.

▪ 자녀에 대한 아빠의 역할 증가

• 6회기

　아빠: 저는 보통 일 없으면 7시나 8시쯤 집에 오죠. 애엄마는 9시 저녁 먹고 나면 둘
　　　째 아이를 재워야 하기 때문에 내담자가 학원 끝나거나 학교 끝날 때쯤 해서 제
　　　가 데리고 옵니다.

▪ 상호 간에 일을 조율함

• 11회기

　아빠: 적어도 해야 할 최소한의 일을 하는 부분에 있어서는 바뀐 것 같아요.

ⓒ 시댁식구의 지나친 간섭에 대한 남편의 중재

▪ 시댁식구로부터 부인의 편을 들어준 남편

• 3회기

　아빠: 간간이 저희 고모나 아버님이 보시기에도 아쉬웠던 점이 있으셨던 것 같아요.
　　　그래서 그런 이야기를 종종 저한테 이야기할 때도 있고 그랬는데, 그럴 때는 저
　　　로서는 방어를 많이 하는 편이었어요. 어쨌든 생모가 아닌 사람한테 기대치를
　　　어느 정도 접어야 하지 않겠냐고 이야기를 많이 했고, 저 자신도 그렇게 생각을
　　　했어요. 그런 바탕에는 저도 나름대로 애엄마에 대해 신뢰가 있었어요.

▪ 남편의 시댁 문제에 대한 변화와 부인의 입장 수용

• 10회기

　아빠: 아들 문제 말고도 시댁 문제, 시누이 문제 등이 있었는데 서로 부딪치면

서……. 싸운다는 것도 의사소통을 하는 거니까. 그 와중에 서로 간에 조금 더 자각을 하게 된 것 같아요. 한편으로는 그런 기간이 너무 오래되니까 자제해야 겠다는 생각도 들고. 서로 간에 상처 받았던 것들에 대해서 심각하게 자각을 하게 되니까 그 점에 대해서 조금 더 신경을 쓰고 받아 줘야겠다고 노력을 하는 분위기죠.

엄마: (웃음)

(5) 새엄마에 대한 의구심

① 내담자가 새엄마라는 사실을 알고 있는지에 대한 대화가 시기상조라고 보는 부모

• 6회기

치료자: 저는 아드님이 엄마를 진정으로 친엄마로 알고 있는지가 궁금합니다. 왜냐하면 두 분께서 그전에 말하셨다시피 아드님이 네 살 때 엄마를 만났던 그곳을 기억하고 있다고 하셨잖아요? 제 추측에는 아드님이 자기 엄마와의 관계에서 의심을 하고 있을 것 같아요.

아빠: 저 나이에 지내온 것을 보면 정상적인 애라면 이상하다는 낌새가 들 수도 있겠다는 그런 말을 하거든요.

엄마: 특히 가을 지나면서 더욱 그럴 가능성이 많아요. 그리고 저번에도 아들한테 너 생각을 말해 보라고 했는데 고모한테 직접 "고모가 날 생각해 주고 걱정해 주는 것도 좋지만 너무 과한 것 같아요."라고 이야기했고, 고모는 애한테 "네가 이다음에 많이 자라면 이해를 할 거야."라고 표현을 했어요. 제가 보기에는 아들이 내면에 가장을 하고 있는지도 모르겠어요. 그렇지만 애가 속에 있으면 있는 대로 표현하지 감추거나 그러지는 않는 것 같아요.

치료자: 그것은 문제 사안별로 다를 수 있다고 봅니다.

아빠: 저희는 여태까지 내담자가 그 사실을 알게 되는 것이 바람직하지 않다고 생각하고 있거든요. 그 점에 대해서는 어떻게 생각하세요?

(부부가 이 점에 대해서 솔직한 대화를 꺼리는 주된 이유는 현재 대학입시 때문에 내담자에게 혼란을 초래하고 싶지 않다는 것이다.)

치료자: 저는 아드님을 유도 심문해서 아드님이 이 사실에 대하여 알고 있는지를 확

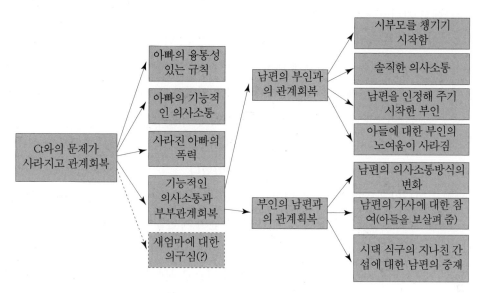

[그림 5-3] 상담 후 내담자의 변화에 영향을 미친 요인들

인하고 싶은 생각은 전혀 없습니다.

엄마: 지금 시기적으로 아이가 사춘기이기도 하고, 정신적으로 건강해서 충분히 이겨 나갈 만한 준비가 되어 있는 것 같지도 않아요. 아이가 더 성장을 해서 독립심이 완전히 생겼을 때 그 얘기를 꺼내기를 바랍니다.

아빠: 어쨌든 아들에 대해서 저희들이 그것을 꺼내는 것은 이 시점에서 얻는 것보다 잃는 것이 더 많지 않을까 판단하고 있거든요.

5. 결론과 제언

1) 결론

도벽과 거짓말의 문제를 가진 내담자를 치료하기 위하여 개별상담, 부부상담, 가족상담을 실시하였다. 내담자의 문제 저변에는 근본적으로 아빠와 의사소통이 안 되고, 아빠의 스타일로 내담자를 강요하며, 내담자는 아빠의 강요하는 스타일에 거부감을 가지는 것이 있었다. 그러나 내담자는 그러한 감정을 솔직하게 표현하지 못하고 있었다. 한편 부부간에도 자녀양육 방식에서의 차이가 있었음에도 불구하고 서로를 용납하지 못하는 문제가 있었다. 특히 내담자는 전처의 자식이었으므로, 남편은 부인에 대하여 친자식이 아니기 때문에 둘째 아이와 다르게 대하는 것은 아닌가 하는 의구심을 가지고 있었음에도 이러한 표현을 부인에게 솔직하게 하지 못하고 있었다. 그러나 부인 또한 이러한 남편의 심정을 직감적으로 인식할 수 있었으나 남편에게 직접적으로 표현을 안 하고 있었다. 이러한 부부문제의 저변에는 시댁식구들이 내담자의 문제로 사사건건 간섭하고 이러한 간섭으로 인하여 부부관계가 더욱 악화된 것이 있었다.

남편은 자녀양육문제 외에도 부인이 시부모를 홀대하고 있으며 자신은 직장과 주위에서 인정을 받고 있음에도 불구하고 집안에서 부인이 자신을 전혀 인정해 주지 않는다고 보았다. 그러나 부인은 내담자를 양육하는 데 있어서 자신이 최선을 다함에도 불구하고 남편과 시댁식구는 내담자의 모든 잘못을 자기 탓으로 몰아붙이는 것에 대하여 분노를 느꼈고, 특히 시댁식구 편을 드는 남편에 대하여 원망을 하였다. 또한 부인이 가장 힘들었던 시절에 남편으로서의 역할을 하지 못했다는 점에 대하여 많은 서운한 감정을 가지게 되었고, 이러한 서운한 감정은 남편을 무시하는 태도로 나타나게 되었다. 이러한 요인들로 인하여 부부는 신혼 초부터 부부관계가 원만하지 않았다. 이러한 원만하지 못한 부부관계 이면에는 부부관계를 해결할 수 있는 기능적인 의사소통 방식의 부재에도 원인이 있다고 보인다. 따라서 연구자는 내담자의 도벽과 거짓말에 영향을 미친 요인들로 아빠의 엄격한 규칙, 아빠의 일방적인 의사소통 방식, 아빠의 폭력 그리고 역기능적인 부부관계라는 4가지 요인을 발견할 수 있었다. 또한 마지막으로는 아들에 대한 새엄마에 대한 의구심이 요인으로 추출될 수 있었음에도 아직 내담자를 통해서는 확인할 수 없는 요인이었다.

이 사례에서 나타난 도벽과 관련된 요인들은 충분한 사랑을 받지 못하거나 인정받지 못한 아동이 그 불만족감을 충족시키기 위해서 하는 행위(이상복 외, 1996; 이봉익 외, 1996; 최선남, 1995)라는 사실을 일부 확인할 수 있는 연구결과라고 볼 수 있다. 또한 이 사례에서 아빠의 엄격한 규칙과 아빠의 일방적인 의사소통 방식 그리고 아빠의 폭력이 내담자의 도벽에 영향을 미쳤다고 볼 때, 도벽은 부모의 기준에 대한 아동의 적대감을 나타낸다는 연구(Chapman, 1974)와도 유사한 결과가 나타났다고 볼 수 있다. 이와 같은 아버지 그리고 부모 간의 부정적인 관계가 내담자에게 스트레스를 주었다고 가정했을 때, Cooper 등(1989)이 언급한 도벽은 높은 수준의 인지된 스트레스와 관련이 있을 수 있다는 사실과 일치할 수 있겠다.

한편 본 연구에서는 도벽과 관련된 선행연구에서 구체적으로 밝혀지지 않았던 것으로, 역기능적인 부부관계가 자녀의 도벽과 거짓말에 직접적인 영향을 미칠 수 있다는 연구결과를 보여 주고 있다고 볼 수 있다. 물론 역기능적인 부부관계 이면에는 부부간의 여러 가지 불만의 요인—구체적으로 이 사례에서는 재혼으로 인한 전처 자식과 새엄마의 관계, 시댁과 관련된 문제 등—으로 더욱 역기능적으로 대화를 할 수밖에 없다는 사실을 볼 수 있고, 또한 문제가 발생했을 때 기능적이고 효과적으로 대화를 할 수 없다는 점이 부모-자녀 관계를 더욱 악화시킬 수 있으리라 본다.

총 14회의 상담을 통해 아빠의 엄격한 규칙이 융통성 있는 규칙으로, 아빠의 역기능적인 의사소통 방식이 기능적인 의사소통 방식으로 변화하였다. 또한 이러한 변화된 요인들과 더불어 아들에 대한 아빠의 폭력이 사라졌으며, 역기능적인 부부관계가 기능적인 의사소통 방식으로 인하여 회복되었다. 결국 이러한 4가지의 요인으로 내담자의 도벽과 거짓말은 사라지게 되었다. 그러나 여전히 밝혀지지 않고 있는 문제는 과연 재혼가정에서 내담자가 엄마가 새엄마라는 사실을 감지하고 있느냐의 여부와 그 사실을 알고 있음에도 불구하고 내담자가 친엄마인 것처럼 행동하는지의 여부다. 이에 대해서는 확인할 필요가 있다고 연구자는 생각한다. 물론 이 부분은 현재 내담자의 부모가 내담자가 대학에 들어가고 나서 내담자와 함께 이야기를 나눌 것이라는 점을 밝혔다.

2) 제언

본 연구는 가족치료를 통하여 상담한 축어록을 중심으로 재혼가족 아들의 도벽과 거짓말에 영향을 미친 요인을 가족을 중심으로 파악한 연구다. 연구자는 다양한 가족에서 다양한 가족구성원들에게 도벽과 거짓말이라는 증상을 나타나게 하는 많은 요인들이 있을 수 있다고 본다. 그럼에도 불구하고 본 연구는 단 하나의 가족, 그중에서도 재혼가족 아동의 도벽과 거짓말의 증상을 치료한 한 사례를 중심으로 요인을 추출하였다는 한계성을 가지고 있다. 연구자는 부정적인 가족관계로 인하여 도벽과 거짓말이라는 증상이 발생할 수 있다는 점을 보여 주었고, 또한 가족치료를 통하여 가족관계를 회복함으로써 도벽과 거짓말이라는 증상이 사라질 수 있었다는 점을 밝혀 보았다. 이러한 연구결과를 토대로 다른 치료자가 도벽과 거짓말의 증상을 가진 사례를 다루면서 본 연구에서 밝혀진 요인들을 중심으로 다시 한 번 확인해 볼 수 있는 연구가 수행되기를 바란다. 아울러 본 연구에서 밝혀진 요인들 외에도 도벽과 거짓말이라는 증상에 또 다른 요인들이 영향을 미칠 수 있다는 연구들이 계속해서 나오기를 바라며, 한편으로 가족치료를 통하여 도벽과 거짓말이라는 증상이 사라질 수 있다는 연구들도 이어지기를 바란다.

 참고문헌

이상복, 이상훈, 이효진 편저(1996). 행동치료교육총서 I. 대구: 대구대학교출판부.

이봉익, 한성희 편역(1996). 특수교육학. 서울: 양서원

최선남(1995). 도벽아동의 가족미술치료 사례 연구. 한국가족치료학회지, 3, 119-135.

최외선, 장영숙, 김지연(1999). 도벽아동의 자신감 향상을 위한 미술치료 사례연구. 미술치료연구, 5(2), 209-231.

American Psychiatric Association. (1994). *Diagnostic and statistical manual of mental disorders*. Washington, DC: American Psychiatric Association.

Balye, F. J., Caci, H., Millet, B., Rcha, S., & Olie, J. (2003). Psychopathology and cormorbidity of psychiatric disorders in patients with kleptomania. *The American Journal of Psychiatry, 160*(8), 1509-1513.

Chapman, A. H. (1974). *Management of emotional problems of children and adolescents*. Philadelphia: Lippincott.

Cooper, C. L., Cooper, R., & Faragher, E. B. (1989). Incidence and perception of psychosocial stress: The relationship with breast cancer. *Psychological Medicine, 19*, 415-422.

Durst, R., Katz, G., Teitelbaum, A., Zislin, J., & Dannon, P. N. (2001). Kleptomania: Diagnosis and treatment options. *CNS Drugs, 15*, 185-195.

Grant, J. E., & Kim, S. W. (2002). Clinical characteristics and associated psychopathology of 22 patients with kleptomania. *Comprehensive Psychiatry, 43*, 378-384.

Grant, J. E., Kim, S. W., & Grosz, R. L. (2003). Received stress in kleptomania. *Psychiatric Quarterly, 74*(3), 251-258.

McElroy, S. L., Hudson, J. I., & Pope, H. G. (1991). Kleptomania: Clnicial characteristics and associated psychopathology. *Psychological Medicine, 21*, 93-108.

McElroy, S. L., Pope, H. G., Hudson, J. I., Keck, P. E., & White, K. L. (1991). Kleptomania: A report of 20 cases. *The American journal of Psychiatry, 148*(5), 652-657.

Miles, M. B., & Huberman, A. M. (1994). *The Qualitative Data Analysis*. Thousand Oaks, CA: Sage.

**근거이론을 활용한 폭식장애
여대생의 경험에 대한 사례 분석**[*]

제6장

1. 서 론

이 장에서는 폭식장애를 단지 개인의 인지문제로 보기보다는 문제를 지닌 개인을 둘러싸고 있는 환경 중 특히 가족의 문제를 중심으로 살펴보고자 한다. 즉, 폭식장애의 근본적인 해결을 위해서는 폭식장애를 가지고 있는 개인과 그 개인에게 영향을 미치고 있는 환경 중에서 가장 큰 영향력을 가진 가족에 대한 접근이 필요하다. 따라서 본 연구는 폭식장애를 가진 여대생인 내담자(25세)에 대한 가족치료사례를 중심으로 질적인 접근법을 활용하여 내담자의 폭식장애에 영향을 미친 요인들에 관하여 조사한다(폭식장애와 관련된 선행연구는 3장(pp. 105-107)의 내용을 참조하기 바란다).

* 박태영, 조성희(2005), 상담학연구, 6(1)에 게재되었음.

2. 사례에 대한 개요 및 연구질문

1) 사례에 대한 개요

내담자는 치료자에게 상담을 의뢰하였다. 내담자는 늘 불안하였고 집중력이 결핍되어 있었다. 내담자는 전반적으로 삶에 대하여 부정적이었고, 신경이 곤두서 있어서 머리가 늘 둔한 느낌을 가지고 있었다. 아버지는 언니에 비하여 자신을 차별하였고, 어머니는 지나치게 자유분방하고 결벽증이 있고 내담자를 대하는 태도가 일관적이지 않았다. 내담자의 부모님은 일주일에 3번 정도는 꼭 싸웠다. 부모님의 잦은 싸움으로 인하여 내담자는 수도관에서 나오는 물소리가 부모님의 싸우는 소리로 들리곤 했다. 내담자는 스트레스를 받으면 무의식적으로 먹는 것에 손이 가며 계속해서 먹게 되었다. 이렇게 폭식하는 습관을 절제할 수 없으며, 보통 폭식을 하여 이틀치 정도의 음식을 먹게 되면 그다음에는 음식을 먹지 못하는 상황이 되었다. 내담자는 어릴 적부터 강박관념이 있었고 강박적인 행동을 하는 경우가 많았다. 예를 들어, 초등학교 2학년 때부터는 문을 여러 번 여닫는 버릇이 있었고, 전기불도 여러 번 켰다 껐다 해야 직성이 풀렸으며, 어떤 경우는 혓바닥으로 어떤 물체를 핥는 버릇도 있었다. 초등학교 6학년 때와 중학교 1학년 때는 왕따를 당하기도 하였다. 중학교 때에는 여러 번 환청경험이 있었고, 잠을 편히 못 잔 적이 많았다. 눈이 나쁘다는 것을 깨닫고 나서는 한번 눈을 감으면 영영 눈을 못 뜰 것 같은 두려움에 계속 눈을 뜨고 있는 바람에 잠을 못 이룬 적도 있었다. 고등학교 2~3학년 때는 뒤돌아서면 주위에서 웅성대는 소리들이 자기를 두고 웅성대는 것 같은 피해의식에 시달려서 제대로 집중을 할 수가 없었다. 현재 내담자는 성실하게 살려고 노력하나, 잘 지내다가도 미칠 것 같은 우울증에 빠지고, 밖으로 한 발짝도 나갈 수 없을 것 같은 생각이 들기도 하였다. 내담자는 성실하고 싶지만 이런 문제들 때문에 어쩔 수 없이 불성실한 모습을 보이게 되었다. 상담하는 도중에 내담자의 아버지는 위암이 발견되어 위암 수술을 받게 되었는데, 이러한 과정에서 어머니는 내담자를 비롯한 자녀들에게 아버지의 위암과 관련된 내용에 대하여 별로 언급을 하지 않았다. 그리고 내담자는 아버지의 상황에 대하여 불안해하고 있음에도 불구하고 이러한 불안에 대하여 언급을 하지 않고 있었다. 내담자는 가족들을 사랑하고 싶고, 하나님에 대한 신앙도 가지고 있었다. 그럼에도 불구하고 자신의 이러한 불안과 강박증적인 성격과 행동, 그리고 현재 증상으로 나타나고 있는 폭식장애와 자위행위에 대하여 상담을 원하였다.

따라서 이와 같은 내용의 사례를 질적 접근방법을 사용하여 연구자가 섭식장애 여대생의 가족과의 경험을 위주로 연구를 진행하였다. 연구자는 먼저 두 가지 차원에서 본 연구를 하였다. 첫째, 치료자로서 폭식장애를 가진 내담자의 문제를 접근하였다. 둘째, 치료한 축어록을 중심으로 근거이론을 활용하여 내담자의 폭식장애에 영향을 미친 요인들을 분석하였다.

2) 연구질문

• 폭식장애를 가진 여대생의 가족치료 상담과정에서 나타나는 폭식장애의 원인은 무엇인가?

3. 조사방법과 분석방법

1) 연구자, 연구대상 및 자료수집 과정

본 연구에서는 치료자와 연구자가 구별되었는데, 치료자는 치료자의 접근방법으로 인하여 분석하는 데 제약을 받는다는 점을 감안하여 치료자와는 다른 시각을 가지고 좀 더 자료에 대한 객관성을 유지할 수 있는 연구자가 분석을 하였다. 본 연구대상은 내담자를 포함한 가족으로서 어머니, 언니, 남동생 모두 네 사람을 중심으로 한 단일집단 사례연구다. 상담 도중 내담자 아버지는 위암 수술로 인하여 참석을 하지 못하였다. 상담기간은 2002년 4월부터 2002년 8월까지 총 12회를 진행하였고, 마지막으로 추후조사를 실시하였다. 상담시간은 1회기당 약 1시간에서 1시간 30분 정도씩 이루어졌고, 상담은 개별상담 6회와 가족상담 6회를 병행하였다. 본 연구에서 사용된 자료는 총 12회기 전체 가족치료 상담과정의 녹음기록을 작성한 것으로 총 170페이지의 축어록이다.

2) 신뢰도 검증

본 연구에서는 연구의 신뢰성을 높이기 위해 1회부터 12회기까지 나타나고 있는 반복되는 개념들에 대한 지속적인 비교의 방식과 전문가 집단에 의한 삼각화(triangulation)를 실시하였다. 개념들의 지속적인 비교의 방식은 1회부터 12회기까지 진행되는 상담과정 속에서 반복되는 개념들을 지속적으로 비교하여 개념들의 의미를 정확하게 파악하고자 하였다.

Patton(2002)에 따르면, 삼각화에는 데이터의 삼각화, 조사자의 삼각화, 이론의 삼각화 그리고 방법론적인 삼각화가 포함된다. 본 연구에서는 자료의 신뢰성을 높이기 위하여 데이터의 삼각화 방법을 사용했고, 상담의 축어록과 치료자가 상담을 하면서 기록했던 메모, 그리고 치료과정에서 애매모호했던 상담 부분에 대해서는 내담자에게 직접 물어보거나 이후에 상담 축어록에 관하여 내담자의 의견을 타진하는 방식으로 자료의 신뢰성을 높였다.

한편 연구자는 분석하면서 치료자와 다섯 차례의 미팅을 통하여 치료자의 내담자에 대한 문제점과 연구자가 발견한 문제점 및 발견된 주제에 대하여 논의하였고, 최종적으로 이러한 발견된 내용에 대하여 질적 연구 방법론을 연구하고 있는 사회복지학 전공의 교수와 박사과정의 학생들로부터 질문과 코멘트를 받는 과정을 거쳤다. 이와 같이 전문가 집단에 의한 삼각화를 실시하여 가족치료 상담사례에 나타난 개념들을 상호 비교하고 검토하면서 연구자와 전문가 집단 간에 차이를 보이는 개념들에 대해서는 확인하고 합의하는 과정을 통해 연구결과의 신뢰성을 높이고자 노력하였다.

3) 분석방법으로서의 근거이론

질적 연구는 연구대상의 변수가 확인되지 않은 상황이므로 모든 가능성을 포함할 수 있는 개방적이고 광범위한 질문으로 시작할 수밖에 없으며, 연구의 질문은 연구가 진행되는 동안 점차로 구체화되어 가는 것이 특징이다. 근거이론은 시카고 학파인 Strauss와 Corbin(1998)에 의하여 개발된 새로운 철학적 접근방식으로(신경림 역, 1997) 상징적 상호작용에 근거를 둔 질적 연구방법이다. 근거이론은 귀납적으로 파생된 이론을 발달시키는 방법론으로서 데이터로부터 발전된다(Glaser & Strauss, 1967; Strauss & Corbin, 1998). 근거이론은 개념을 발견하고 직관하며 그에 대해 논리적·체계적으로 설명 가능한 틀을 공식화하는 과정 또는 활동이다(김소선, 2003). 근거이론 방법은 엄격한 질적 연구를 수행하기 위한 전략 틀을 제공한다(Charmaz, 2004). 근거이론은 연구과정을 통해 체계적으로 수집되고 분석된 자료에서 나온 이론으로, 연구과정 동안 자료수집, 분석 그리고 최종적인 이론이 서로 밀접한 관계를 갖도록 연구자가 이론적 민감성을 가지고 이론적 표본추출, 지속적 비교방법, 메모, 코딩 등을 통해 체계적으로 이론을 개발하는 방법이다(Strauss & Corbin, 1998).

　코딩은 자료를 분해하고 개념화하며 이론을 형성하도록 통합시키는 분석과정으로서 개방코딩, 축코딩 그리고 선택코딩으로 구성된다. 개방코딩(open coding)은 자료를 한 줄 한 줄 검토하여 개념화하고 자료 내에 숨어 있는 과정을 파악하는 것이다. 연구자는 개방코딩 과정에서 사례 내에서 지속적인 비교를 하지만, 본 연구는 한 가족에 대한 사례연구이므로 사례들 간의 지속적인 비교는 하지 못하였다. 축코딩(axial coding)은 개방코딩을 통하여 도출된 범주들 간의 관계를 일련의 절차, 즉 상황, 현상, 상황적 맥락, 행동(상호작용 전략), 결과를 포함하는 패러다임 모형을 이용하여 범주들 간의 연결을 시도하는 것으로서 가설 또는 이론적 관계 진술문을 찾는 데 그 목적이 있다. 선택코딩(selective coding)은 핵심 범주를 선택하는 과정으로서 핵심 범주와 다른 범주의 관계를 체계적으로 연결한 후 이러한 관계를 확인하고 수정 또는 보완하는 절차를 걸친다.

　본 사례의 분석방법으로는 근거이론을 활용하여 폭식과 기타 문제(환청, 두통, 자위행위, 비관적 자세)에 영향을 미치고 있는 요인들을 축어록을 중심으로 분석하였다. 근거이론의 활용은 폭식과 관련된 기존의 요인들뿐만 아니라 그 외의 다른 요인들을 발견하기에 적합한 분석방법이라고 볼 수 있다. 따라서 본 연구에서는 근거이론을 통하여 축어록 상에서 개방코딩을 활용하여 기본적으로 개념들을 명명하고, 축코딩을 활용하여 이러한 개방코딩을 통하여 나타난 개념들 사이에서 유사한 성격을 가진 개념들을 통합하여 범주화를 시켰다. 또한 축코딩을 중심으로 한 선택코딩 작업을 통하여 연구자가 폭식과 기타 문제와 관련되어 있다고 보는 요인들을 도식화하였다.

4. 상담내용에 대한 분석

1) 폭식장애를 가진 여대생에 영향을 미친 개념과 범주

　폭식장애를 가진 여대생의 가족치료 상담 내용을 통해 폭식과 이와 관련된 문제를 일으키고 있는 원인, 불안과 현재의 문제 상황과 관련된 의미 있는 진술 361개를 살펴볼 수 있었다. 이러한 361개의 진술 중에서 폭식과 관련된 문제를 일으키고 있는 원인으로 볼 수 있는 개념들을 선정하고, 그 가운데 비슷한 현상을 의미하는 것들을 묶어 12개의 하위 범주로 나누어 볼 수 있었고, 12개의 하위 범주는 5개의 상위 범주로 나누어 볼 수 있었다. 개념들과 범주들의 관계는 〈표 6-1〉에서 살펴볼 수 있다.

2) 폭식장애를 가진 대학생의 가족치료 상담으로부터의 범주 분석

폭식장애를 가진 여대생의 가족치료 상담 내용을 살펴본 폭식 및 관련 문제들의 원인으로 볼 수 있는 12개의 하위 범주와 하위 범주들을 포괄하는 5개의 상위 범주는 〈표 6-1〉에서 보는 바와 같다.

❙ 표 6-1 폭식과 관련된 개념과 범주들

상위 범주	하위 범주	개념
부모 불신	비양육적 태도	강요, 이해하지 않음, 방임, 조건적 양육, 양육 회피, 칭찬하지 않음
	이중적 양육태도	비일관적 태도, 언행 불일치, 가식, 이중적 모습
	가족 내 폭언과 폭행	미친듯 화냄, 손지검, 물건 던짐
	자매간 차별	차별, 편애, 비교, 편들지 않음
부모 이혼문제	부모 이혼문제	무시함, 성적 문제, 혼외이성 문제, 심한 싸움
대인관계 어려움	왕따 피해 경험	잘난척, 지저분함, 왕따
	가족 간의 의사소통	대화하기 힘듦, 따짐, 눈치를 봄, 마음을 닫음, 비밀이 많음, 참음, 피함, 대화 없음, 폭발함, 우회적 의사소통, 대화상대 없음
	대인관계에서의 고립	타인 방문을 싫어함, 타인을 믿지 말라고 함, 인간관계 문제, 가식, 무서움, 거부당함
	가족관계에서의 고립	불결, 거슬림, 부담스러움, 독불장군, 탈출, 어려움, 도움 차단
성적인 두려움	가족 내 성적인 문제	성기, 낯선 사람
	성추행 피해경험	키스, 충격
예민한 성격	부모의 예민함	짜증, 예민함, 결벽증, 죄책감

(1) 부모 불신

① 비양육적 태도

폭식장애를 가진 여대생의 부모는 내담자를 포함하여 3남매를 양육하면서 비양육적인 태도로 자녀들을 대하는 경우가 많았던 것으로 보인다. 내담자가 경험한 내담자 부모의 비양육적 태도는 강요(M: "너처럼 행복한 사람이 어디 있니?" "네가 힘들게 뭐 있냐?" "호강에 겨웠냐?" "뭐가 그렇게 힘드냐?" "이 정도면 좋은 아빠 아니냐?"), 이해하지 않음(CT: "제가 이런 문제가 있다는 것 자체가 이해가 안 된다는 거죠."), 방임(CT: "서로에게 탈진 상태가 될 때까지 계속 들들 볶으니까 애들한테 신경을 쓸 겨를이 없는 것 같아요. 자기 것을 챙기다 보면 남의 것을 안 챙기잖아요. 자식들한테는 그런 식으로 약간 방임하세요. 일단 눈앞에 두면 안심을 하시고, 그다음은 다 방임하세요. 오죽하면 제가 무슨 우리에 산다는 느낌을 받았겠어요. 어머니가 도시락을 싸 주실 때 항상 있는 반찬을 싸주시거든요. 근데 보면 단무지라든지 짱아지 그런 것들이 나오면 친구들이랑 밥 먹을 때 스트레스를 받아요."), 조건적 양육(CT: "내가 똑똑해지고 안 그러면 아버지 어머니 도움을 받지 못할 거라는 그런 생각을 하면서 살았기 때문에 고등학교 때는 공부하려고 많이 노력했어요."), 양육 회피(CT: "(막내하고) 엄마 아빠랑은 대화가 안 되니까 너희가 대화를 해 봐라."), 칭찬하지 않음(CT: "아버지한테 별로 칭찬받은 기억이 없고요.")으로 나타나고 있다.

② 이중적 양육태도

상담내용을 통해서 폭식장애를 가진 대학생의 부모는 내담자를 양육하면서 일관적이지 않은 태도를 보이고 있다. 이러한 내담자 부모의 비일관적인 태도로 내담자가 어려서부터 집요하고(M: "그렇게 작은 머릿속에 많이 외우는 줄 모르겠는데 너무 집요하게 많은 걸 물어.") 말을 많이 시키고(M: "옛날에 제가 소원이 뭐였냐면 애가 빨리 자라서 제발 나에게 말을 안 시켰으면 했어요.") 따지고 덤비는 성향(M: "다른 아이들은 '예' 하고 안 하는데 애는 울면서도 따지고 덤벼요.")에 대해 처음에는 똑똑하다며 좋아하다가(CT: "처음에는 그 질문들을 집요하게 하는 것이 부모님을 기쁘게 해 드렸어요. 똑똑해 보였나 봐요.") 나중에는 귀찮아하는 모습을 보였다(CT: "어느 순간부터는 굉장히 싫어하시게 되지요." "초등학교 때는 제가 질문도 많고 똑똑한 척하고 그랬거든요. 아버지가 기분이 나쁘시거나 한창 공부할 때 그런 식으로 이야기를 하면 항상 구박을 받는 거예요." M: "바깥일도 해야 돼서 나가야 되는데, 애는 치맛자락을 붙잡고 계속 묻는 거예요. 어떤 때는 얘기를 해 주다가 나중에는 짜증이 날 때도 있단 말이에요."). 또한 내담자가 똑똑하게 질문하는 것에 대해서 다른 사람들에게는 자랑을 하고(CT: "되게 귀찮아 하시면서도 꼭 밖에 나가서 이야기하는 것은 좋아하세요. '우리 애는 궁금한 것도 많고 아는 것도 많아서' 그렇게 얘기할 때도 있고……") 정작 내담자에게는 귀찮아하는 모습을 보이는 비일관적인 태도(CT: "아빠는 똑같은 상황, 똑같은 행동에 이때는 이런 반응이 나오고 저때는 저런 반응이 나오고……")가 나타나고 있다. 또한 언행 불일치(CT: "이성교제 같은 것도 고등학교 다닐 때도 니들은 공부만 해야 되고, 뭐 날라리처럼 하고 다니면 절대로 안 되고, 뭐 큰일이 나는 것처럼 항상 바르고 건전하게 살아야 되고, 그런 식으로 저희가 컸던 거 같은데 사실 어머니는 제가 보기에 전혀 그런 거 같지 않거든요." "항상 '일찍 들어와.' 그런 말씀을 하시지만 사실은 어머니 아버지도 거의 새벽 1시, 3시, 5시에 들어오시거든요."), 가식(CT: "솔직히 저희 앞에서 우시는 때가 있어요. 그걸 보고 항상 어떤 생각을 하냐면 마치 무슨 연기를 보는 듯한 느낌이 들어요. 한 30분 걸어도 1시간 달린 사람처럼 막 그렇게 보인다고 얘기할 정도로……." "어머니가 도덕, 비도덕 같은 거에 대해 집착하는 거는 솔직히 이해가 잘 안 돼요."), 이중적 모습(CT: "어머니 아버지 친구분들이 오시면 일단은 서로 웃는 얼굴로 있다가 손님들이 가시고 나면 별로 안 좋게 이야기하세요. 있을 때는 잘 하다가 가시고 나면 '아휴, 왜 또 왔냐? 귀찮게…….' 그런 식으로 이야기하세요.")으로 이중적 양육태도가 나타나고 있다.

③ 가족 내 폭언과 폭행

폭식장애를 가진 내담자의 부모는 미친 듯이 화를 내고(CT: "많이 혼내시고 많이 야단치시고……." "저희 아버지 같은 경우엔 갑자기 화를 내시는데 거의 미친 사람같이……." "그렇게 무섭게 화를 내시면 굉장히 무서워요." "어릴 때는 무슨 폭탄이랑 같이 사는 것 같았어요." "어릴 적에 많이 혼나고 굉장히 어려웠어요." "학교를 가야 하는데 물건 같은 것을 빠뜨릴 때가 많잖아요. 그래서 '큰일 났다.' 하고 막 들어가면 아버지가 막 화를 내세요. 그런 것도 잘 못 챙기냐고 하시죠. 저녁 때 늦게 준비물 같은 걸 사러 나간다고 하면 굉장히 많이 혼내시고 낮에 준비하지 못하고 뭐하는 짓이냐고 그러시고……." "어릴 때 아버지가 갑자기 화를 터뜨리셨거든요." "외삼촌이 전화로 아버지 바꾸라고 하셔서 아버지를 바꿔 드렸는데, 통화가 끝나시고 저한테 화를 내시는 거예요. 왜 삼촌 전화를 나한테 바꿔 주냐고 하시면서 아빠랑 친한 사람도 아닌데 그 전화받으면 불편할 것 아니냐고…… 왜 그걸 모르냐고 막 화를 내시는 거예요." "화장실에서 샤워를 하고 머리 감고 나와서 수건 정리가 제대로 안 되어 있으면 고함을 많이 치셨어요." "막 짜증이 난 목소리로 화를 내시면 굉장히 하이톤이거든요. 귀가 짱짱 째지는 소리가 나요. 그럼 정말 머리가 돌아 버리는 느낌이 들어요. '정말 미치겠네.' 이런 생각이 들어요."), 손지검(CT: "가끔 화나시면 머리로 손이 날라 오고 그러거든요.")을 하거나 화가 나면 물건을 던지는 것(M: "성격이 그냥 이야기를 하지 않고 화가 나면 뭐가 앞에 있으면 그냥 던져요.")과 같은 모습을 보이고 있다.

④ 자매간 차별

폭식장애를 가진 내담자는 성장과정에서 부모로부터 언니와 차별을 경험하고 있다. 자매간의 차별에는 차별(CT: "어릴 때는 언니에 비해 아버지한테 제가 많은 차별을 받았다고 생각을 했어요."), 편애(CT: "어머니가 언니를 좀 더 좋아하죠."), 비교(CT: "아버지가 제 성적표를 보더니 '얘는 언니 따라가기는 글렀구나.' 하는 얘기도 하셨어요." "아버지는 언니를 더 예뻐한다고 이야기하면 제가 한 번 혼날 일을 할 때 '이래도 내가 언니를 예뻐하는 거냐? 네가 사고를 치는 게 아니고?' 하고 말씀하셔서 많이 서러웠어요."), 편들지 않음(CT: "가만히 계시다가 '언니는 원래 성격이 그러니까 네가 좀 참아라.' 그렇게 얘기를 하셔서 제가 '네.' 하고 들어왔거든요.")과 같은 양상으로 나타나고 있다.

(2) 부모 이혼문제

내담자의 부모는 여러 번 이혼과 관련된 문제로 마찰을 일으키고 있다. 부모 이혼문제는 남편이 부인을 무시함(CT: "어머니는 항상 아버지가 자신을 무시한다는 식으로 얘기를 많이 하시는데…….."), 성적인 문제(CT: "어머니가 아버지를 상대 안 하실 때가 있었어요. 어떻게 보면 성관계가 거의 단절이 될 수도 있겠다고 얘기를 했어요. 근데 도색잡지 같은 거를 사오셨어요."), 혼외이성 문제(CT: "어머니한테 지금도 연락을 하시는 남자분이 계신데 지금 골치 아파 죽겠어요. 또 어머니한테 문제가 있을 때에는 아버지에게 몇 번 여자친구가 있었어요.") 심한 싸움(CT: "이혼을 하자거나 그렇게 나왔을 때 두 분이 심하게 싸우시고 그런 적이 굉장히 많았거든요." "어릴 때는 부모님이 자주 싸우셨어요." "일주일에 3~4번씩은 꼭 싸우셨던 것 같아요. 막 부부싸움처럼 크게 안 돼도 그냥 큰 소리가 한 번씩 오가는 그런 건 꼭 있었거든요." "어머니가 이혼을 요구하시면서 아버지랑 좀 치고 받고 하시는 건 있었는데, 저희 아버지도 어머니를 직접 때린 것은 못 봤거든요, 두 분이 거의 뭐 씨름하는 사람들처럼…….." "초등학교 1~2학년 때부터는 부모님이 엄청 싸우셨던 것 같아요. 아버지가 직장을 그만두신 후로는 되게 자주 싸우셨던 것 같아요.")으로 나타나고 있다.

(3) 대인관계 어려움

① 왕따 피해 경험

내담자는 성장과정에서 어려서부터 똑똑했기 때문에 잘난 척(CT: "그때 제가 보기에 쥐뿔도 없는 게 잘난 척을 하고, 괜히 좀 아는 척하고……."), 지저분함(CT: "많이 지저분했고, 그때 애들이랑 같이 해야만 하는 옷차림이라든지 그런 걸 못했어요.")과 같은 모습으로 인해 왕따를 경험(CT: "초등학교 6학년 때 왕따도 당해 봤고……." "저희 어머니가 저를 6학년 때까지 쫄바지를 입혔거든요. 그렇게 한 번 밖에 나갔는데 애들이 '쟤는 엉덩이도 큰 게 왜 쫄바지를 입고 다니냐?' 라고 했어요.")했다.

② 가족 간의 의사소통

내담자는 가족 간의 의사소통에 어려움을 경험하고 있다. 내담자는 부모와의 의사소통에 있어서 대화하기 힘듦(CT: "아버지 같은 경우에는 대화를 못 나누는 것 같아요. 걸레같이 너덜너덜해져서 지금 누가 소리만 조금 질러도 머리가 찢어질 거 같은 그런 느낌이 들 때가 있는데, 이제 그런 기분에 대해 전혀 얘기를 못 나눈다는 그런 느낌에……." "아버지랑은 아예 대화가 차단됐어요." "아버지랑 같이 있으면 할 말이 없고요. 서로 할 말이 없는 거예요. 뭔가 또 말을 하기가 겁나요. 무슨 얘기를 하면 또 이제는 아버지가 화를 내시거나 아니면 화를 안 내셔서도 속으로 무슨 생각을 하시는데 그걸 꾹 참으신다는 생각이 드니까……."), 따짐(CT: "다른 애들은 그냥 가만히 있는데 저는 '애들이 놀다 보면 이렇게 될 수도 있는 것이고, 유치원에서 선생님이 이럴 때는 이렇게 해야 좋은 엄마라고 그랬단 말이야.' 라고 얘기했던 것 같아요." "내가 어머니한테 그렇게 하면 안 되는데 말을 자꾸 쏘게 되요." "솔직히 그러면 안 되는데 가끔씩 찌를 때가 있어요. '엄마가 나한테 그럴 입장이 돼요?" 하고……."), 눈치를 봄(CT: "서로 상대방의 눈치를 보면서 상대방의 생각을 읽으려고 하는 거예요."), 마음을 닫음(M: "얘가 마음의 문을 많이 닫고 살아요.")과 같은 모습을 보이고 있다. 이에 대해 내담자의 부모는 비밀이 많음(CT: "약 봉투 좀 보려고 하는데 약 봉투를 감추시더라고요. 저희 아버지는 저희가 아버지가 암이라는 것을 알고 있다는 사실도 몰라요."), 참음(CT: "될 수 있으면 꾹꾹 담아 두시려고 하세요. 참으시려고 하시죠."), 피함(CT: "저희 어머니도 그렇고 저희 아버지도 그렇고 뭔가 잘못을 한 다음에는 아예 안 보세요. 애들과 눈도 안 마주쳐요."), 대화 없음(M: "애아빠는 가족하고도 대화가 잘 없어요."), 폭발함(M: "애아빠는 두 마디만 하면 화가 나서 폭발을 해서 거실로 나가시는 거예요." "애아빠가 음악을 틀어 놓고 들으면 저는 스트레스를 받으니까 안 듣고 싶은데 끄자는 소리를 못하는 거예요. 애아빠가 화를 낼까 봐."), 우회적 의사소통(M: "우리 애들 얘기를 우리 아줌마를 통해서 들어요."), 대화상대 없음(M: "애아빠가 위암 수술하기 전에는 제가 굉장히 무섭고 두렵고 그랬어요. 그러니까 다른 사람한테, 세상 어떤 사람한테도 그 얘기를 할 수가 없었어요. 너무 무섭고 두려운데 세상 사람이 어떤 사람이든 내 삶은 내 것이기 때문에 얘기를 하더라도 도움이 되는 건 아니라고 생각하거든요." "어떻게 누군가를 붙잡고 내가 힘들다는 얘기를 해야 하는데 못하는 거예요.")과 같은 모습을 보이고 있다.

③ 대인관계에서의 고립

내담자는 자신이 가진 문제나 고민을 나눌 수 있는 가족 외의 사람들과의 관계에 있어서 고립되어 있다. 여기서 내담자의 아버지가 타인의 방문을 싫어하고(M: "남편이 집에 있을 때는 우리 가족 외에 다른 제3자의 어떤 방문도 싫어해요." "우리 집에서 아주 특별한 관계가 아니면 우리 집에 방문을 잘 못해요."), 부모가 타인을 믿지 말라고 가르치는 모습(CT: "어머니 아버지가 사람들이랑 대화하는 걸 의도적으로 차단하는 걸 좋은 쪽으로 생각하세요. 가족 말고는 아무도 못 믿고, '너랑 무슨 관계가 있는 사람, 혈연관계가 아닌 사람은 다 도둑놈이고 너한테 잘못할 수도 있다. 먼저 의심을 해 봐야 한다.' 라는 이야기를 사춘기 때 많이 들었어요.")을 보였다. 내담자는 인간관계 문제(CT: "다른 친구들과의 인간관계에서도 문제가 많다고 생각을 해요."), 가식(CT: "집이 이렇든 말든 나는 굉장히 좋은 딸, 좋은 자식, 좋은 학생이 되어야겠다는 생각을 했어요. 또 제가 2년 연속으로 학교에서 모범상을 받았거든요. 학생들한테 좋은 애로 남으려고 노력을 많이 했던 것 같아요. 그랬는데 지금 생각하면 그게 제 모습이 아니었던 것 같아요."), 무서움(CT: "제 대인관계 같은 것도 문제가 많은 게, 전 사람이 무섭거든요." "사람이 굉장히 무서워요." "어떤 느낌이냐면 지나가다가 사람들이랑 툭 부딪치잖아요. 그럼 그때 사람들이 칼날이 되는 느낌이 들어요. 칼날이 돼서 나를 확 베고 가는 듯한 느낌이거든요."), 거부당함(CT: "저를 싫어할 것 같고, 저를 안 좋아할 거라는 생각이 많거든요." "그 친구가 날 안 좋아할 거 같고. 그리고 솔직히 제가 사람을 좀 못 믿거든요. 내가 무슨 말을 하면 '이 친구는 이런 생각을 할 거야.' 하는 생각이 많이 드는 편이에요.")과 같은 모습을 보이고 있다.

④ 가족관계에서의 고립

내담자는 대외적인 대인관계와 마찬가지로 가족 내에서도 대화를 나눌 수 있는 상대가 부족한 상태다. 내담자는 부모님에 대해 불결함(CT: "어머니가 저한테 손을 얹으려고 그러면 어떤 때는 손이 닿는 것도 막 싫을 때가 있거든요. 엄마가 남자문제로 인해 불결한 것 같은 기분……."), 거슬림(CT: "너무너무 싫고 집에 들어가서 어머니 아버지 작은 소리도, 그러니까 저한테 하는 소리가 아니어도 신경에 많이 거슬리고 가슴이 좀 답답하다는 느낌이 많이 들어요."), 부담스러움(CT: "아버지는 거실에서 TV를 보시고 어머니는 안방에서 TV를 보세요. 거실에 나가고 싶지가 않아요. 그냥 부담이 돼요." "아버지랑 마주치면 부담스러울 때가 있어서 피할 때가 있었는데……."), 독불장군(CT: "어머니가 밥상에서 가족들이 다 앉아야 할 자리에 앉아야 된다고 하시는 거예요. '당신은 여기 앉고, 너는 여기 앉고.' 하는 식으로 얘기를 하면 거기에 앉기 시작하는데, 그것이 조금이라도 틀어지면 어머니가 갑자기 막 잔소리를 하세요. 자리를 벗어나면 원래 정해진 자리로 보내는 거예요." "아버지는 기분이 나쁠 수도 있고 화가 날 수도 있는데 엄마는 평소와 똑같이 얘기하세요.")의 모습으로 바라보고 있고, 집을 탈출(CT: "제가 그때 마음을 먹은 게 공부를 해서 대학을 가서는 집을 빨리 벗어나야겠다는 거였어요." "대학을 가야겠다는 생각을 했고, 그래야지 좋은 데 취직이라도 할 수 있다고 생각을 했고…….")하고자 한다. 이러한 내담자를 부모는 어려움(M: "너무 알아서 하니까 그런 자식한테는 부모 역시 자식이지만 어려워요. 지 아버지도 자식이어도 참 신통하기도 하고, 그러다 보니까 참 어렵다고 말해요."), 도움 차단(M: "평상시에는 너무 깍듯해요. 그러니까 그게 아이한테 더러는 제가 해 주고 싶잖아요. 그런데 '됐어요, 제가 차릴게요.' 하니까 부모가 옆에 가지 못하게 돼요." "어떤 경우에는 애가 굉장히 빈틈이 없어요. 자라면서부터 부모를 애먹이는 일이 없었어요. 부모가 다가가서 손을 대어 주어야 할 상황까지 애가 안 만들어요. 딱 선을 그어 놓고 지가 다 알아서 해요.")의 모습으로 인식하고 있다.

(4) 성적 두려움

① 가족 내의 성적인 문제

내담자는 가족 내 아버지와의 관계에서 성적인 두려움을 가지고 있다. 아버지가 술에 취한 상태에서 아버지의 성기(CT: "어떤 경우가 있었냐면 아버지 성기를 봤어요. 어머니랑 거의 안 좋으시고 그랬을 때 폭음을 하시고 그런 때였거든요. 너무 놀라 가지고 나와서 어머니에게 아버지 좀 모시고 들어가라고 했는데, 어머니가 '왜 그러냐, 네가 들여보내라.' 하셔서 아니라고 제발 어머니가 아버지 좀 모시고 들어가라고 제가 얘기를 했어요. 저희 아버지가 제가 생각하기에는 그런 경우가 가끔씩 있었어요.")를 본 사건이나 아버지를 낯선 사람(CT: "저는 아버지한테 성적인 감정을 느껴요. 그러니까 그게 아버지한테 성욕을 느낀다는 게 아니라 성적인 두려움을 느껴요." "언니랑 그런 얘기를 했는데 언니도 그런 거 있다고 그러더라고요." "낯선 사람과 같이 사는 느낌 있잖아요. 우리 아버지가 아니라 이웃집 아저씨랑 마주쳤을 때 느낄 만한 겁먹음이나 두려움 같은 느낌을 받았어요." "아버지가 저를 자식이 아니라 어머니라고 생각을 하셨나 봐요. 그래서 이렇게 가슴 속으로 손이 들어오다가 '어! 이게 마누라가 아니구나.' 하고 생각하셨는지 손이 바로 나가더라고요." "아버지가 나를 여자로 볼지도 모른다. 고등학교 때는 아닌데 대학 들어와서 더 그러실까……. 그냥 지레 겁먹는 그런 거 있어요.")으로 느끼는 모습들로 나타나고 있다.

② 성추행 피해 경험

내담자는 유년시절에 모르는 사람에게 키스(CT: "그냥 길을 가르쳐 달라고 해서 가르쳐 줬는데 제가 예쁘다고 하면서 뽀뽀를 했어요. 근데 뽀뽀가 알고 보니까 제 입술에 그 사람의 혀가 닿았어요.")를 당하는 성추행을 당했으며, 그로 인한 충격(CT: "그러니까 그게 뭔지를 몰랐어요. 정말로 그게 충격이 된 건, 그러니까 '내가 그런 거였구나.' 라는 생각이 들었던 중학생이 되면서였던 것 같아요.")이 있었다. 하지만 그러한 이야기를 부모님께 하지 못하였다.

(5) 예민한 성격

내담자의 부모는 짜증(M: "제가 밖에 나갔다 와서 아이들이 막 헤쳐 놓으면 짜증을 내요." "남편은 얘기를 두 마디를 듣고 싶어 하지 않아요. 어떤 거냐면 한 번 물었는데 제가 재차 물으면 그때는 짜증을 내요."), 예민함(CT: "어머니 성격이 굉장히 예민하세요." "아버지가 공부를 늦게 시작을 하셔서, 또 예민하신 분이셔서 부딪힐 수밖에 없었던 것 같아요." "아버지는 항상 굉장히 예민해서 갑자기 막 소리를 버럭버럭 지르시고 그러시거든요." M: "제가 형제들 중에서 가장 감수성이 예민했고, 끊임없이 생각을 하는 거예요." "우리 얘들 아버지가 좀 예민해요."), 결벽증(CT: "저희 어머니는 옛날에 문제가 있었을 때는 결벽증 같은 게 있었거든요. 요만큼이라도 지저분하거나 흐트러져 있는 것을 그냥 넘기지를 못하세요." "완벽주의자가 아니라 그냥 설벅둥이에요."), 죄책감(CT: "아버지는 죄책감을 많이 느끼시는 편이에요. 저희 아버지가 누구한테 고함을 지르거나 화를 내서 그 사람이 상처를 받으면 그만큼 아버지도 상처를 받는 거 같아요." "아버지가 가끔씩 머리에 벽을 들이받으실 때가 있어요.")의 양상으로 나타나고 있다. 이와 유사하게 내담자도 예민한 모습(CT: "제가 좀 예민한 것 같아요. 작은 일이고 아무것도 아닌 것 같은데 심각한 일처럼……." "제가 어떤 계획을 세워 놨는데 그게 흐트러지면 반드시 거기엔 원인이 있어야 되는 거예요." M: "우리 아이가 태어날 때부터 좀 예민했어요.

특별히 좀 예민해서 신경을 참 많이 썼어요." "특별하게 신경이 너무 예민하다고 생각하거든요.")을 보이고 있다.

3) 폭식장애 및 기타 문제들과 범주들 간의 관계

폭식장애를 가진 여대생의 가족치료사례를 통해 나타나고 있는 개념들과 개념들을 전체적으로 살펴볼 수 있는 하위 범주, 상위 범주를 통해 내담자를 둘러싸고 있는 상황을 살펴볼 수 있다. 내담자가 현재 경험하고 있는 폭식장애와 기타 문제들은 내담자를 둘러싸고 있는 상황들로부터 오는 불안을 다스리기 위한 하나의 방법으로 볼 수 있다. 내담자가 경험하고 있는 폭식장애 및 기타 문제들과 내담자를 둘러싸고 있는 상황들 간의 관계를 살펴보면 [그림 6-1]과 같다.

내담자는 부모로부터 이해받지 못하고 칭찬받지 못하면서 행복한 사람임을 강요당하는 등의 비양육적인 태도, 동일한 행동에 대한 칭찬과 거부, 자랑과 귀찮아함의 이중적인 양육태도, 가족 내에서 미친듯이 화를 내는 부모님의 폭언과 폭행, 자매간의 문제에서 자신의 편을 들어주지 않고 언니와 비교하는 부모의 자매간 차별로 인해 부모에 대한 불신을 가지고 있다. 또한 내담자는 부모의 다툼과 부모 각각의 혼외이성 문제로 인해 계속적인 부모의 이혼문제가 발생하면서 가정 내에서 자신의 불안한 감정과 자신의 문제를 털어놓고 이야기를 나눌 수 있는 가족구성원을 찾지 못했다.

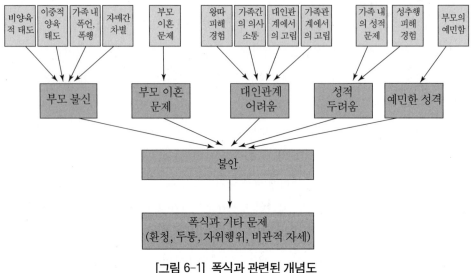

[그림 6-1] 폭식과 관련된 개념도

가정 내에서 내담자가 비밀이 많고 갑자기 폭발하는 모습을 보이는 부모와 대화하기 힘들고, 대화를 할 경우에는 따지는 방식의 대화를 하거나 눈치를 보는 방식의 대화를 하는 모습으로 부모에게 마음을 닫고 살아가고 있다. 내담자가 이렇게 마음의 문을 닫고 부모의 도움을 원천적으로 차단하는 것은 부모의 독불장군식의 행동이나 혼외이성 문제로 인해 부모를 불결하다고 생각하는 것도 영향을 주고 있다. 이러한 내담자에 대해 부모 역시 어렵게 대하며 직접적인 대화가 아닌 다른 사람을 통한 우회적인 대화를 하는 역기능적인 의사소통을 하고 있다. 또한 부모가 타인에 대해 신뢰하지 말 것과 타인들이 가정에 방문하는 것을 싫어하는 모습들을 보임으로 인해서 내담자도 타인을 신뢰하지 못하고 있다. 또한 내담자는 타인으로부터 거부당할 것 같은 두려움과 인간에 대한 무서움을 가지고 있으며 솔직한 자기의 모습보다는 가식적인 모습을 보이고 있다. 이러한 대인관계에서의 고립은 어린 시절 내담자가 왕따를 경험하는 모습으로 나타나기도 하였다.

내담자는 부모의 관계가 좋지 않았던 때에 만취한 아버지로부터 발생한 성적인 충격으로 인해 아버지와 함께 사는 것이 가족과 함께 사는 것이 아니라 이웃집 아저씨와 같은 낯선 사람과 같이 사는 것으로 느껴져 아버지에 대한 성적인 불안감과 두려움을 가지고 있다. 또한 어린 시절 지나가는 사람에게 성추행을 당한 충격을 가족구성원 누구에게도 이야기하지 못하고 위로받지 못함으로 인해 해소하지 못하고 있다. 이러한 내담자의 성적인 문제들은 성적인 두려움을 발생시켜 내담자가 경험하고 있는 불안의 원인이 되고 있다.

내담자에게 많은 영향을 끼치고 있는 부모는 모두가 짜증과 죄책감이 많은 예민한 성격을 가지고 있다. 이러한 예민한 성격을 가진 부모 밑에서 성장한 내담자도 사소한 문제가 발생해도 과도하게 걱정하고 불안해하고 자책하는 예민한 성격을 보이고 있다. 내담자의 예민한 성격은 현재 내담자가 경험하고 있는 불안에 주요하게 영향을 미치고 있다.

5. 결 론

연구자는 폭식장애를 가진 여대생의 가족치료에서 170페이지 분량의 축어록을 중심으로 근거이론을 활용한 분석결과로서 내담자의 불안에 영향을 주었던 5가지의 범주를 발견하였다.

첫째, 내담자는 어려서부터 부모의 비양육적 태도, 이중적 양육태도, 가족 내 폭언 및 폭행 그리고 부모로부터의 자매간 차별을 겪었다. 연구자는 이러한 4가지의 하위 범주를 묶어서 상위 범주로서 부모 불신이라고 명명하였다. 둘째, 부모의 심한 싸움과 두 사람 간의 혼외이성 문제와 성적인 문제, 서로를 무시하는 태도 등을 묶어서 상위 범주로서 부모 이혼문제라고 명명하였다. 셋째, 가족 간의 의사소통, 대인관계에서의 고립, 가족관계에서의 고립 등의 하위 범주를 묶어서 대인관계 어려움이라고 명명하였다. 넷째, 아버지와의 가족 내 성적인 문제, 어렸을 때 성추행을 당했던 경험의 하위 범주를 묶어서 성적인 두려움이라고 명명하였다. 다섯째, 부모의 예민함으로 인한 내담자의 짜증, 예민함, 결벽증, 죄책감 등의 하위 범주를 포함하여 상위 범주로서 예민한 성격으로 명명하였다. 따라서 연구자는 이러한 5가지의 범주가 내담자에게 불안을 야기한 요인이라고 보았으며, 궁극적으로 이러한 불안을 해소할 수 없을 때 불안의 해소 방안으로서 폭식과 기타 문제(환청, 두통, 자위행위, 비관적 자세)가 발생되는 것으로 보았다.

　본 연구에서 발견한 부모 불신과 대인관계의 어려움이 불안을 야기하고, 이러한 불안이 폭식을 야기한다는 발견은 사회적 지지, 가족적 지지, 대인관계의 부족이 폭식장애와 밀접한 관련을 가지고 있다는 연구결과(Melissa, & Dorothy, 2002; Jane et al., 1997)와 일치하고 있다. 또한 본 연구에서 발견한 부모 불신의 하위 범주에 포함되어 있는 부모의 비양육적인 태도와 이중적 양육태도, 가족 내 폭언 및 폭행, 자매간 차별로 인한 분노, 우울 및 낮은 자아존중감 그리고 부모 이혼문제로 인한 두려움이 궁극적으로 내담자의 불안을 야기한다는 결론은 폭식과 관련된 심리적인 요인으로 불안, 우울, 분노, 자존감 등이 관련되었다는 연구결과(김기남, 김영희, 2004; 김혜은, 박경, 2003; 배영하, 이민규, 2004; 성미혜, 2004; Susan, 1995)와 일치하고 있다.

　한편 내담자의 가족 내의 성적인 문제와 성추행 피해 경험으로 인한 성적인 두려움이 내담자에게 불안을 야기하고 이러한 불안이 폭식에 영향을 미쳤다는 연구결과는 과거 어린 시절에 성적인 학대의 경험이 폭식장애를 경험하게 된다는 연구결과(Sarah, Kelly, Judy, & Paul, 2001)와 일치하고 있다. 그러나 부모의 이혼문제와 부모의 예민함으로 인한 내담자의 예민한 성격이 내담자의 불안에 영향을 미치고 이러한 불안이 폭식에 영향을 미쳤다는 결과는 기존의 연구에서 나타나지 않은 요인이라고 볼 수 있다.

　본 연구자의 이러한 결과는 단지 하나의 가족치료 사례를 중심으로 분석하였기 때문에 폭식장애에 미치는 폭넓은 요인을 제공하는 데는 한계를 가지고 있다고 볼 수 있다. 그럼에도 불구하고 폭식장애를 가지고 있는 내담자를 가족치료로 접근하는 데 있어서 문제를 보는 틀을 제공하는 좋은 기회가 될 수 있기를 바라며, 다른 질적 방법론을 통하여 폭식장애와 관련하여 본 연구에서 발견되지 않은 또 다른 요인들이 발견되기를 바란다.

참고문헌

공성숙, 현명선(2002). 섭식행동 환자의 모녀관계. 정신간호학회지, 11(2), 249-259.

김기남, 김영희(2004). 대학생의 섭식장애 행동에 관련된 요인. 대한가정학회지, 42(2), 83-97.

김혜은, 박경(2003). 여성의 우울과 스트레스 대처방식이 폭식행동에 미치는 영향. 한국심리학회
　　지: 건강, 8(3), 511-524.

배하연, 이민규(2004). 부정적 정서로 유발된 섭식동기척도의 개발. 한국심리학회지, 9(1), 187-
　　201.

성미혜(2004). 초등학교 여학생의 섭식장애, 신체증상, 우울 및 건강통제위에 관한 연구. 대한간호
　　학회지, 34(3), 576-585.

American Psychiatry Association. (1994). *Diagnostic and Statistical Manual of Mental
　　Disorders* (4th ed.). Washington, DC: American Pychiatric Association.

Grange, D. L., Lock, J., & Dymer, M. (2003). Family-based therapy for adolescents with
　　bulimia nervosa. *American Journal of Psychotherapy, 57*(2), 237-251.

Jane, M. T., Gaynor, S., Ulrike, S., Nicholas, T., Michael, P., & Janet, L. T. (1997). Social
　　Support in Patients with Anorexia Nervosa and Bulimia Nervosa. *International
　　Journal of Eating Disorders, 21*(1), 31-38.

Melissa, K. H., & Dorothy, L. E. (2002). Problem-Solving Skill and Relationship Attributes
　　Among Women With Eating Disorders. *Journal of Counseling & Development, 80,*
　　346-354.

Patton, M. Q. (2002). *Qaulitative research & evaluation methods.* Thousand Oaks, CA:
　　Sage Publications.

Rebecca, L. R., & Trent, A. P. (2001). Psychological Correlates of Anorexic and Bulimic
　　Symptomatology. *Journal of Counseling and Development, 79*(2), 178-187.

Roslyn, B. B., Melissa, P. M., Carol, B. P., Scott, J. C., & James, E. M. (2004). Relation of
　　Binge Eating Age of Onset to Functional Aspects of Binge Eating in Binge Eating
　　Disorder. *International Journal of Eating Disorders, 35*(3), 286-292.

Sarah, E. R., Kelly, A. G., Judy, L. M., & Paul, E. M. (2001). Child Sexual Abuse and Later
　　Disordered Eating: A New Zealand Epidemiological Study. *International Journal of
　　Eating Disorders, 29*(4), 380-392.

Susan, J. P., & Justine, D. (1997). Avoidance Coping, Binge Eating, and Depression: An
　　Examination of the Escape Theory of Binge Eating. *International Journal of Eating
　　Disorders, 22*(1), 83-87.

제7장

고부갈등으로 인하여 우울증을 겪고 있는 부인의 부부치료사례 연구 *

1. 서 론

가족치료를 하다 보면 한국에서 그렇게 강조해 온 부모에 대한 '효'가 많은 자녀들의 부부관계에 부정적인 영향을 미치고 있다는 것을 경험할 수 있다. 특히 결혼을 했음에도 불구하고 부모로부터 분리되지 못한 남편은 부인에게 여러 가지 심리적·신체적 증상을 일으키는 요인으로 작용하고 있음을 목격할 수 있다. 물론 효를 강조하는 것이 반드시 가정에 부정적인 영향을 미친다고는 말할 수 없을 것이다. 그렇지만 성인이 되어서 결혼을 했음에도 불구하고 옛날에 유지했던 부모와 자식 간의 관계를 그대로 유지해야만 된다는 사고가 결혼한 부부관계를 어렵게 만들고 있다고 볼 수 있다(박태영, 2003). 한국에서의 고부간의 갈등은 역사적으로 가장 오래된 가족문제라고 할 수 있다. 한국의 부모-자녀 관계는 전통적으로 '효' 사상이 지배하는 관계다. 산업화와 핵가족화로 인해 이러한 부모-자녀 관계에 많은 변화가 있다고는 하나, 가족치료를 하다 보면 여전히 상당한 고부간의 갈등이 존재하고 있으며, 이러한 고부갈등은 자녀들의 부부관계에 치명적으로 부정적인 영향을 미치고 있다는 사실을 볼 수 있다. 특히 첫아들이거나 외아들인 경우는 일반적으로 어머니들이 아들을 양육하고 훈련시키는 데 있어서 과잉보호하고 지나치게 간

* 박태영, 전선영(2004), 한국가족치료학회지, 12(1)에 게재되었음.

섭하는 경향이 있다. 어머니는 남편보다는 아들(특히 장남인 경우)과 가장 중요한 유대관계를 맺는 경향이 있으며, 또한 남편은 자신의 어머니와 가장 강한 유대관계를 맺는 경향이 있다(Lee, 1982; Uba, 1994, 재인용).

한국문화에 있어서 성인기의 시작으로 여겨지는 결혼조차도 '원가족으로부터의 물리적 · 정서적' 분리라는 개념과는 거리가 멀다. 성인 자녀들이 자신들의 삶을 위해 이성을 만나 새로운 가족을 탄생시킨다는 시각보다는 가계를 계승한다는 시각이 여전히 현대 한국사회에 만연해 있다(이선혜, 2000; Shon & Ja, 1982). 따라서 아들이 결혼을 하게 되면 시어머니는 아들의 결혼생활에 '간섭' 할 권리가 있다고 생각을 한다. 대부분의 한국의 시어머니들은 이렇게 '간섭' 하는 것을 의무, 사랑, 관심으로 생각하기도 한다. 또한 일반적으로 시어머니들이 손자녀들의 양육을 돕고 정서적 · 경제적 지원을 하기도 하는데(송성자, 2001), Berg와 Jaya(1993)는 이와 같은 사회화의 형태는 상호 의존적인 결속관계를 만든다고 하였다. 시어머니는 일반적으로 자신의 출가한 아들을 여전히 소유하고 있으며 며느리에 대해서는 비판적이다. 어머니와 출가한 아들 간의 정서적인 미분리로 인하여 시어머니와 며느리 사이에 때로는 심각한 문제가 일어나게 된다. 며느리는 종종 시어머니의 '도움' 을 자신의 부부를 통제하려는 것으로 여긴다. 고부간의 관계에서 변하는 기대감은 두 사람의 차이를 악화시킨다(Kim, 1996).

핵가족이 중심이 된 현재의 한국의 가정에서조차 이러한 가치는 여전히 유지되고 있다. 이러한 가치관은 효라는 가치와 연결되어 있으며, 그 가치가 자녀의 부부관계에 부정적인 영향을 미치고 있다고 볼 수 있다. 특히 가족의 결속이라는 점에서 한국의 부모들 중 어머니들은 자녀가 출가했음에도 불구하고 자녀를 정서적으로 분리시키려고 하지 않는다. 이러한 가정의 배경으로 인하여 한국인은 타인과의 관계에서 자신의 입장보다는 타인의 입장에서 그들을 헤아리고 공감하는 것이 덕스러운 것으로 여겨진다. 이는 본질적으로 자신과 타인을 분리시키기보다는 오히려 하나가 되고자 하는 것이다(Kim & Choi, 1994). 특히 어머니로부터 분리하지 못한 남편들은 부인의 입장보다는 어머니의 입장을 대변하고 있으며, 이러한 것이 '효' 라고 생각하는 경향이 있다.

본 연구는 결혼을 했음에도 불구하고 시어머니로부터 분리하지 못한 남편으로 인하여 신혼 초부터 남편과 의사소통이 되지 못하여 결국에는 우울증을 겪고 있는 부인을 치료한 사례 연구다.

2. 고부갈등과 관련된 선행연구

한국의 전통적 가족제도에서 가정을 통솔하여 유지하는 기능에서는 부자관계가 강조되었지만, 정서적 친밀한 관계는 오히려 모자관계에 의존하였다. 한국의 가정문제 중에 흔히 보이는 고부간의 갈등은 어머니와 친밀한 관계를 가지고 있는 남편이라는 모자관계에 아내라는 제3자가 생기면서 발생하게 되는 것이다. 시어머니와 며느리가 한 집에 동거하거나 분가해서 사는 경우도 있으나, 어떤 상황이든 이 두 사람 간의 관계는 기본적으로 충돌의 가능성과 불만을 가지고 살아가게 마련이다(이동원 외, 2001). 한편 부인의 입장에서 보면 시집과의 관계가 권위적이고 일방적인 경향이 있다고 볼 수 있다. 특히 시어머니의 성향은 권위적이며, 간섭하고 통제하며, 며느리에 대하여 효도와 순종을 기대한다. 고부간의 갈등은 시어머니와 며느리 사이에서 발생되는 문제로, 이 두 사람 간의 문제는 종속적인 상하관계의 특성을 가지고 있으므로 문제가 생기면 해결하기 어려운 상황이 되며 두 사람 간의 불편한 관계는 지속된다. 즉, 시어머니와 며느리 상호 간의 기대가 다르면 다를수록 고부간의 갈등은 심화되고 계속될 수 있다(송성자, 2001). 따라서 부부간의 친밀한 관계가 유지되지 못하기 때문에 부인은 자녀에게 정서적으로 의지하게 되므로 Bowen의 개념인 가족투사 과정과 다세대 전수과정이 일어난다. 즉, 세대 간을 뛰어넘는 강한 모자관계는 다음 세대에의 모자관계에서도 나타나게 됨으로써 이러한 가족관계의 양상이 다음 세대에게도 지속되는 것이다(김유숙, 1998, p. 6).

최근 가정법률 상담소의 상담결과(2000)에 따르면 최근 결혼한 자녀와 그 배우자에 대한 간섭 때문에 상담이 증가하고 있는 것으로 나타났다. 즉, 시어머니의 며느리에 대한 과격한 태도와 폭언, 며느리에 대한 과도한 요구 등으로 인해서 고부갈등이 나타나고 있고 이것이 중요한 이혼 사유 중 하나가 되고 있다(이영분, 양심영, 1999; 최경석 외, 2003, p. 67). 그리고 시댁문제가 부부갈등의 중요한 요인으로 나타났다(김갑숙, 1991; 이영실, 1989). 한국에서 고부간의 문제는 결혼 적응기의 중요한 과제로서 이 시기의 결혼관계에 많은 영향을 주는 요인이 되고 있다(김종옥, 장수경, 1994). 이 사례에서는 부부간 그리고 시어머니와 며느리 사이에 감정적 단절과 대립이 심한 반면 시어머니와 남편 간에는 미분화가 나타나고 있으며, 이러한 남편과 시어머니의 미분화로 인하여 부인은 남편과 의사소통이 안 되고 있다. 이러한 결과로 부인은 우울증을 겪고 있었다.

3. 치료에 대한 이론적 준거 틀

이 장에서 남편은 결혼을 하여 한 살 된 자녀를 두었음에도 불구하고 부모님, 특히 어머니와 정서적인 분리를 하지 못하였다. 남편의 부모 모두 아들 내외에 대하여 모든 것을 간섭하고 통제하려고 하였고, 남편은 그러한 부모들에게 항상 순종하는 장남의 역할을 해 오고 있었다. 이러한 남편의 미분화로 인하여 부인은 결혼 전부터 어려움을 겪었고, 결혼 후에도 시댁문제로 인하여 잦은 다툼이 일어났으며, 시댁과의 문제에서 남편은 항상 시부모의 입장에서 부인을 충고하려고 하였다. 가족의 생활주기상 신혼부부 단계임에도 불구하고 남편은 장남으로서 아들의 역할에 더 많은 비중을 두었고, 남편으로서 부모로부터 독립된 부부 하위체계를 형성하지 못하였다. 따라서 치료자는 가족체계이론을 활용하여 시부모로부터 명확한 경계선을 두면서 건강한 부부 하위체계를 형성하고자 하였다(이에 대한 이해를 위해 3장의 MRI의 의사소통이론과 Murray Bowen의 가족체계이론을 참조하기 바란다).

아울러 이 사례에서는 남편이 시댁과 관련된 문제로 인하여 부인에게 한 일방적인 강요와 그에 응해 주지 못하는 부인과의 의사소통 표현방식이 문제를 해결하기보다는 오히려 두 사람 간의 관계를 악화시켜 왔다고 볼 수 있다. 따라서 치료자는 이러한 문제를 해결하려고 시도해 왔던 역기능적인 방식을 찾아 지금까지 시도해 보지 않았던 새로운 방식으로 대체하고자 하였다.

4. 사례개요

본 연구는 시댁과 관련하여 남편과의 관계가 악화되어 우울증이 심각한 중년부인의 치료과정을 설명하기 위한 것이다. 부인은 심각한 우울증으로 인하여 모 신경정신과에 3주 동안 입원한 가운데 치료자에게 상담을 의뢰하였다. 남편은 2남 1녀 중 장남이었고, 결혼을 한 후에도 부모로부터 정서적인 분리가 되지 않았다. 남편은 보수적이면서 부모에게 매우 순종적인 사람이었고, 부인은 독립적이며 원가족과 정서적인 분리가 잘 되었다.

부부는 신혼 초부터 매주 시댁을 방문하여야 했으며, 방문할 때마다 남편은 자주 부인에게 시댁에서 잘 것을 종용하였고, 시부모는 아들 가정의 모든 문제에 관여하였다. 이러한 시부모의 간섭에 대해 남편은 부인의 입장을 대변하지 못하고 시부모의 입장만을 옹호하고 있었으며, 부인은 남편을 포함한 시댁식구들을 이해할 수가 없었다. 이러한 남편의 원가족과의 미분리로 인하여 부인은 남편과 힘든 관계를 유지하고 있었다. 특히 시부모와의 갈등은 더욱 심각해지는 상황이었다. 부인은 이러한 가정 내의 어려움을 해결하기 위하여 여러 가지 방법을 사용해 보았지만, 결국에는 신경정신과에 입원하는 사태까지 오게 되었다. 그러나 신경정신과에서는 약물복용이 위주였고 부부관계의 변화를 위한 과정이 없었다. 치료자는 남편이 부모 중 특히 어머니로부터 미분화된 것과 시댁 관련 문제로 인한 부인과의 갈등으로 부부관계가 더욱 악화된 것으로 파악하여, 처음에는 부인과 남편 각각 개별상담을 한 후 부부상담을 하였다.

5. 연구목적과 연구질문

1) 연구목적

본 연구의 목적은 우울증을 겪고 있는 부인과 그 남편을 치료한 사례에서 부부치료의 효과성과 치료과정에서 일어나고 있는 내담자 부부의 변화과정을 살펴보기 위한 것이다. 치료자는 내담자의 부부관계 변화를 위하여 남편의 원가족으로부터의 분화, 그리고 부부간의 원활한 의사소통에 초점을 두었다. 이러한 초점은 내담자의 문제점 및 내담자가 상담에서 원하는 목표를 중심으로 세워졌다. 그렇지만 내담자가 원하는 상담목표를 달성하는 데 있어서 치료자의 접근법에 따라 치료과정도 달라지게 될 것이다. 그런데 치료자의 접근법으로 인하여 치료과정이 치료자의 접근 틀에 한정된다는 점에서는 질적 연구방법의 기본 철학에 배치된다고도 볼 수 있다. 질적 접근법의 기본적인 배경은 양적 접근법과는 달리 연구자가 관찰자에 대하여 모른다는 입장을 유지하고, 가능하면 관찰자의 입장을 중심으로 관찰하고 서술하는 것이다(Denzin & Lincoln, 2000; Glesne, 1999; Patton, 2002; Schram, 2003). 그렇지만 연구자는 이러한 한계성을 인정하면서도 치료자의 접근 틀 안에서 최대한 내담자를 중심으로 내담자의 변화과정에서의 대화내용 중 내담자의 변화에 최대한 초점을 두면서 연구를 하였다.

2) 연구질문

위에서 언급한 연구목적을 중심으로 선정된 연구질문은 다음과 같다.

- 남편의 자아분화 수준은 어느 정도인가?
- 남편의 의사소통 수준은 어떤가?
- 부인의 우울증과 스트레스 수준은 어떤가?
- 부인의 의사소통 수준은 어떤가?

6. 연구 방법 및 분석

1) 연구대상 및 상담기간

본 연구는 부인이 직접 치료자에게 전화를 걸어 상담을 요청하였다. 내담자는 우울증을 겪고 있는 30대 중반 여성이었으며, 모 대학 박사과정에 입학한 상태였다. 남편은 박사학위를 소지하였고, 전문직종에서 근무하고 있었다. 다행스럽게도 남편은 부인의 우울증을 치료하기 위해서 적극적으로 치료에 응해 주었다. 시댁식구와 관련된 문제를 제외하고는 다른 부분에서는 비교적 원만한 부부관계였다. 그럼에도 불구하고 이 부부는 시댁문제로 인하여 항상 다툼이 있어 왔다. 치료기간은 2001년 10월부터 2002년 1월까지 총 7회 진행되었고, 첫 번째 상담에서는 부부상담을 하였고, 그 이후에는 각각 남편 1회, 부인 2회 개별상담을 하였으며, 나머지 3회는 다시 부부상담을 하였다.

2) 분석방법

본 연구자는 이 사례를 상담하는 데 있어서 기본적으로 치료자가 익숙한 가족치료 접근방식을 가지고 문제를 보게 되며 치료의 방향이 그렇게 설정될 수밖에 없었으리라는 점을 인식한다. 그런데 이러한 치료자로서의 한계성 및 편견을 인정하면서 가능하면 치료의 효과성을 알아보기 위하여 기존의 양적 접근법에서 사용하는 측정도구를 활용하였다. 본 연구에서는 질적 분석방법으로 내용분석을 활용하였다. 또한 치료의 효과성에 대한 양적인 측정도구의 한계성을 극복하고 치료과정의 변화를 살펴보기 위하여, 질적 분석방법 중 Miles와 Huberman이 개발한 대화내용의 서술과 탐구분석의 효과를 보여 주는 효과 매트릭스(effect matrix; Miles & Huberman, 1994, p. 96)와 시간에 따른 메타 매트릭스(time-ordered meta matrix; Miles & Huberman, 1994, p. 200)를 적용하였다.

(1) 양적 방법을 활용한 치료 전후의 상담 효과성 측정

상담의 효과성을 측정하기 위하여 첫 번째 상담에서 상담을 하기 전에 치료자가 구성한 설문지를 활용하여 내담자에 대한 전반적인 내용을 내담자로 하여금 작성하게 하였다. 특히 이 설문지에는 결혼 만족도를 측정하기 위하여 Schumm(1990)의 캔자스 결혼만족도(Kansas Marital Satisfaction) 측정도구, 부부간의 의사소통을 측정하기위한 DeTurck과 Miller(1986)의 부부 이해 측정도구(Conjugal Understanding Measure), 부부간의 성적 만족도를 측정하기 위한 Hudson의 성적 만족 색인(Index of Sexual Satisfaction)(Fischer & Corcoran, 1994, p. 387, 재인용)과 본 연구자가 만든 자신의 가족 및 처가(또는 시댁)식구와의 관계를 묻는 문항이 포함되어 있었다. 따라서 여기서 언급한 측정도구를 중심으로 상담 전과 상담이 종결된 후에 점수의 차이를 비교하여 치료의 효과성을 살펴보았다.

① 결혼 만족도

결혼 만족도는 결혼생활의 전반적인 질에 대한 배우자의 주관적인 평가로서 정의된다. 결혼 만족도는 Schumm(1990)이 개발한 캔자스 결혼만족도 측정도구로 측정하였다. 이 측정도구는 다음과 같은 세 가지의 질문으로 구성된다. '당신은 결혼생활에 대하여 얼마나 만족하십니까?' '당신은 배우자로서 당신의 남편(부인)에 대하여 얼마나 만족하십니까?' '당신은 당신의 남편(부인)과의 관계에 대하여 얼마나 만족하십니까?' 캔자스 결혼만족도 측정도구는 많은 연구에서 사용되어 왔으며, 크론바흐(Cronbach) 알파가 저지에 따라 .81에서 .98까지 보고되었다. 그리고 대부분의 연구에서 알파값이 .90 이상 보고되었다. 캔자스 결혼만족도 측정도구는 최하 3점에서 최고 21점까지 점수 분포를 나타내며, 21점에 가까울수록 결혼 만족도가 높다는 것을 의미한다.

② 부부간의 의사소통

부부간의 의사소통은 배우자를 이해하고 서로 의미를 나누는 이해의 과정이라고 정의

된다(Pearson, 1989). 부부간의 의사소통 정도는 DeTurck과 Miller(1986)가 개발한 부부이해 측정도구를 사용하였다. 이 측정도구는 부부간의 의사소통과 관련하여 부부간의 경향을 평가하기 위하여 12개 항목으로 구성된 5점 리커트 척도다. 이 도구는 결혼생활에 관련된 8개의 특수한 질문과 의사소통의 좀 더 일반적인 수준을 평가하기 위한 4개의 질문으로 만들어졌는데, 본 연구자는 의사소통과 관련된 결혼생활의 특수한 수준을 측정하기 위한 8개의 항목만을 사용하였다. 응답 중 1점은 배우자와 최악의 의사소통을 하고 있다는 것을 나타내며, 5점은 배우자와 최상의 의사소통을 하고 있다는 것을 나타낸다.

③ 성적 만족도

성적 만족의 개념을 측정하기 위하여 Hudson의 성적 만족 색인을 사용하였다. 이 도구는 부부관계의 성적인 요소와 관련된 문제의 정도, 심각성, 양을 측정하는 25개의 항목으로 구성되었다. 이 도구는 배우자들 사이에서 성적인 관계와 관련된 많은 행동, 태도, 사건, 정서상태 및 선호성 등을 측정한다. 이 측정도구는 성적 만족도를 측정하기 위한 2가지의 기준선을 가지고 있다. 첫째, 30점 이하는 성적인 관계에서 임상적으로 문제가 없는 것을 의미하며, 30점 이상의 점수는 중요한 문제가 존재한다는 것을 의미한다. 둘째, 70점을 기준으로 이 점수 이상은 거의 항상 내담자가 문제를 다루기 위하여 어떤 종류의 폭력을 고려하거나 사용할 수 있는 명백한 가능성과 함께 심각한 스트레스를 겪고 있다는 것을 나타낸다(Corcoran & Fischer, 2000).

④ 처가(또는 시댁)식구와의 관계

처가(또는 시댁)식구와의 관계를 측정하는 도구는 아직 개발되지 않은 상태이므로 연구자가 다음과 같은 질문을 구성하여 사용하였다. '귀하는 처가(또는 시댁)식구와의 관계가 어떠하십니까?' 이 질문에 대한 가능한 응답의 범위는 '매우 좋다(1)' '좋다(2)' '그저 그렇다(3)' '안 좋다(4)' '매우 안 좋다(5)'로 구성되었다.

⑤ 자신의 가족과의 관계

자신의 가족과의 관계는 연구자가 다음과 같은 질문을 구성하여 사용하였다. '귀하는 현재 자신의 가족(부모 또는 형제)과의 관계가 어떠하십니까?' 이 질문에 대한 가능한 응답의 범위는 '매우 좋다(1)' '좋다(2)' '그저 그렇다(3)' '안 좋다(4)' '매우 안 좋다(5)'로 구성되었다.

(2) 질적 방법을 활용한 치료과정의 변화에 대한 분석

질적 연구방법은 가족연구의 초기에 사용된 주된 접근방법이었고 가족치료의 임상 분야나 이론발달에서는 기본을 이루는 것이었지만, 실제로는 그동안 가족연구자들이나 가족치료 연구자들에게 가볍게 다루어져 왔다(Gilgun, 1999). 그렇지만 질적 연구방법은 대부분 개인을 분석단위로 사용하여 그 개인의 특성, 태도 그리고 행동에 초점을 두는 양적 연구방법과는 다르게 다양한 관점들을 포용할 수 있고 분석단위들도 다양하며 역동적인 가족경험을 깊이 있게 진술하고 더 정확하게 확인할 수 있게 한다(문성호, 1998).

일반적으로 가족치료자들은 가족치료를 통하여 내담자가 변화되고 가족구성원이 가지고 있던 증상들이 사라지는 결과를 보게 되지만, 실제적으로 그러한 치료의 변화과정을 과학적으로 설명하기란 쉽지 않은 문제다. 다양한 치료에서 변화를 설명하는 것을 발견하기 위해서는 치료의 실제 과정을 조사할 필요가 있다. 치료자가 선호하고 때로는 너무나 강하게 치료자를 붙잡고 있는 치료이론으로부터의 자동적인 이론적 설명에 의존하기보다는 실제로 치료현장에서 발생되고 있는 새로운 이해를 설명하기 위해서는 변화과정을 관찰할 필요가 있다(Greenberg, 1999). 이러한 변화과정에 대한 조사는 부부치료에서 변화가 어떻게, 언제 그리고 무슨 변화가 일어나는가를 이해하는 데 중요한 역할을 해 왔다(Alexander, Holtzworth-Munroe, & Jameson. 1994; Christensen & Miller, 1998; Bourgeois, Sabourin, & Wright, 1990; Heatherington & Friedlander, 1990; Helmeke & Sprenkle, 2000). Gurman, Kniskern과 Pinsof(1986)는 이러한 변화과정에 대한 연구를 치료 세션 내의 행동들이 단기적인 그리고 장기적인 결과와 연결되는 데 있어서 '새로운 과정 관점(new process perspective)'이라고 불렀다. Patton(2002)에 따르면, 질적 연구는 상황, 질문의 본질, 배경의 특성, 그리고 연구자가 관찰자로서 가지고 있는 기술, 관심, 욕구, 관점에 의존하게 된다. 또한 대부분의 질적 방법의 연구자들에게는 지식은 발견되는 것이라기보다 구성되는 것이라고 보는 경향이 만연해 있다(Stake, 1995, p. 99).

본 연구자는 부부치료사례를 중심으로 질적 연구방법을 적용하여 분석하고자 한다. Stake(2000)는 사례연구는 방법론적인 선택이 아니라 무엇을 연구할 것인가에 대한 선택(p. 435)이라고 하였다. 사례연구는 전통적으로 가족치료 연구에서 가장 많이 사용되는 것으로 연구 주제와 관련되어 제시된 사례를 중심으로 기술을 하는 방식이며, 가장 평이한 방식으로 인식되어 많은 연구자들이 채택하고 있는 방법이다(Foulkner, Klock, & Gale, 2002). 사례연구의 목적은 연구사례에 대하여 광범위하고 체계적이며 심도 있는 정보를 모으는 데 있다(Patton, 2002). Yin(1989)에 따르면, 사회조사의 하나의 전략으로서 사례연구는 실제 생활의 맥락에서 발생되는 동시대적인 현상에 관련하여 '어떻게' 그리고 '왜'라는 질문들을 조사한다(p. 13). 일단 사례연구의 질문들이 정해지면, 사례는 정의되고 요청되는 질문들에 입각하여 증거자료들이 수집된다(Gilbert & Driscoll, 2002). 본 연구자는 우울증을 겪고 있는 중년 부인의 부부치료사례를 질적 분석방법 중 대화내용 분석을 하였고, 대화내용의 서술과 탐구분석의 효과를 보여 주기 위한 효과 매트릭스와 시간에 따른 메타 매트릭스를 적용하였다. 또한 치료자와 연구자로서 이 사례를 분석하는 데 있어서 시각과 편견의 한계성을 조금이라도 벗어나기 위하여 질적 방법론을 전공한 또 다른 연구자와 함께 분석을 하였다.

연구자들은 자료를 분석하는 데 있어서 7회의 세션을 살펴본 후에 전체적으로 상담에서 나오는 내용을 중심으로 다음과 같이 범주화하였다. 부인은 우울증과 스트레스 수준, 의사소통 수준 그리고 의사소통 치료법을 중심으로 분석하였으며, 남편은 현재 자아분화 수준과 의사소통 수준 그리고 현 수준에 따른 치료법, 즉 자아분화 방법과 의사소통 방법의 처방을 범주로 보고 그 치료과정에 대한 예시를 통하여 변화를 살펴보았다(〈표 7-2〉 참조). 이러한 치료과정에서의 변화는 부부가 이야기하는 내용 중에서 각자가 또는 배우자를 통하여 보이는 변화를 중심으로 살펴보았다. 7회 세션의 상담은 매주 1회씩 1시간에서 1시간 30분 정도 진행되었으며, 각 세션의 대화분석 결과는 시간의 흐름에 따른 문제점의 수준 변화와 그 치료법이 내담자의 현 상태에 미치는 영향을 추적해 가는 형식으로 시도되었다(〈표 7-2〉 참조). 상담의 결과는 남편의 경우 자아분화 정도와 원활한 의사소통의 정도(〈표 7-4〉 참조), 그리고 아내의 경우는 의사소통 수준과 우울증 및 스트레스 해소 정도(〈표 7-5〉 참조)에 초점을 맞추어 분석되었다. 각 회기에 따른 변화 수준은 0(매우 안 됨)에서 6(매우 잘 됨)의 7점 리커트 척도를 이용하여 제시되었다.

① 내용분석

내용분석(content analysis)은 연구 논제에 의한 분석으로서, 각각의 인터뷰는 이러한 논제에 따라 범주로 분류된다. 인터뷰에서 떼어낸 하나의 부분은 몇 줄이 될 수도 있고 한 문단 이상이 될 수도 있다. 내용분석을 할 때, 연구자는 전체 인터뷰 내용을 읽고 몇 가지 중요한 논제들을 파악한다. 이러한 논제들은 주요한 범주들 또는 범주 표지가 된다. 범주들은 초기에는 범위를 넓게 잡아서 많은 양의 자료를 몇 가지 그룹으로 분류할 수 있다. 일반적으로 범주를 최소한으로 설정해야 하는 이유는 범주가 지나치게 '세분화되면' 아주 적은 양의 자료가 각 범주에 들어가기 때문이다. 자료분석을 시작하기 위해서는 많은 수의 범주가 필요하겠지만 연구자는 곧 그 범주 중 많은 수가 겨우 하나에서 두 개의 자료만을 포함하고 있다는 사실을 알게 될 것이고 결과적으로 범주들을 통합해야 한다(신경림 역, 1997, pp. 183-184). 연구자는 이 사례에서 남편의 어머니로부터의 미분화로 인하여 부인이 스트레스를 받았고, 또한 이러한 부부간의 문제를 해결할 수 있는 의사소통 방법에 문제가 있다는 점을 감안하여 부인의 '우울증과 스트레스 해소 정도' '의사소통 정도'를 내용분석의 연구 논제로 설정하였다. 또한 남편은 어머니로부터의 미분화로 인하여 부인과 원만한 부부관계를 유지할 수 없었고, 이러한 어머니와의 미분화와 더불어 어려서부터 가정 내에서 효과적인 의사소통 방법을 학습할 수 없었다. 따라서 내용분석의 연구 주제로 '자아분화 수준'과 '의사소통 수준'을 설정하였다.

② 효과 매트릭스

질적 연구자에 대한 문제점은 관심의 하나 혹은 두 가지 이상의 결과로서 보이는 개인, 관계, 집단 혹은 조직에서 변화된 상태를 충실하게 나타낼 수 있는 데이터를 어떻게 선택하고 전개할 것인가다. 단어는 이러한 점에 있어서 숫자보다 훨씬 더 다루기가 힘들다. 질적인 데이터에서 나타난 결과를 명료화시킨다는 것은 항상 쉬운 과정이 아니다. 따라서 효과 매트릭스(effects matrix)는 연구가 요구하는 형태와는 구별된다는 점에서 하나 혹은 그 이상의 결과를 보여 준다. '효과(effect)'라는 명칭은 결과는 항상 어떤 중요한 (전체적인 프로그램, 독립변수, 매개변수) 것의 결과라는 점을 깨닫게 해 준다. 효과 매트릭스에 있어서 근본적인 원리는 종속변수들에 초점에 있다(Miles & Humberman, p. 137).

③ 시간에 따른 메타 매트릭스

시간에 따른 메타 매트릭스(time-ordered meta matrix)는 특별한 현상이 발생되는 때를 볼 수 있도록 하기 위해서 시간 순서대로 정렬된 열을 가지고 있다. 시간에 따른 메타 매트릭스의 근본 원리는 연대기적으로 나열하는 것이다. 따라서 시간에 따른 메타 매트릭스는 사건과 과정의 흐름과 결과를 이해하는 데 있어서 매우 중요하다(Miles & Humberman, p. 119, 141).

7. 상담내용 분석

상담을 시작하기 전에 치료자는 치료자가 구성한 질문지를 부부에게 나누어 주어 설문지를 작성하도록 하였다. 작성한 설문지 중 5가지의 항목에 대한 부부 간의 점수는 〈표 7-1〉과 같다.

┃ 표 7-1   부부간의 5가지 측정도구에 대한 사전 점수

	부부간의 의사소통	성적 만족도	원가족과의 관계	배우자 가족과의 관계	결혼 만족도
남편	13 (의사소통이 안 됨)	27 (성적인 문제가 없음)	3 (그저 그렇다)	3 (그저 그렇다)	12 (모른다)
부인	15 (의사소통이 안 됨)	8 (성적인 문제가 없음)	2 (좋다)	5 (매우 안 좋다)	8 (대체로 불만족)

남편은 상담을 시작하기 전 원가족과의 관계 및 처가식구와의 관계가 '그저 그렇다'고 응답하였고, 부인과 성적인 문제는 없었으며, 부인과 의사소통이 안 되고 있었으며, 결혼 만족도에 대해서는 '모른다' 고 대답하였다. 한편 부인은 원가족과의 관계는 좋은 것으로 나타났고, 시댁식구와의 관계는 최악이었고, 남편과 성적인 문제는 없었으며, 남편과 마찬가지로 부부간에 의사소통이 안 되고 있었으며, 결혼 만족도는 '대체로 불만족' 한다고 하였다.

7회 상담의 전체적인 내용의 개요가 〈표 7-2〉에 제시되고 있다. 남편의 전반적인 자아분화 수준은 부모로부터 미분화되어 부모에게 전적으로 순종하고 있어서 부인의 입장을 배려하지 못하고 오히려 자신의 부모님의 입장을 부인에게 이해시키려 하고 있었다. 이러한 시댁문제와 관련하여 남편은 부인과 늘 말다툼을 하였다. 이러한 두 가지 문제로 인하여 부인은 우울증으로 신경정신과에 3주간 입원을 하게 되었다. 남편에 비하여 부인은 원가족으로부터 어려서부터 독립적으로 성장하였다. 이렇게 성장 배경이 다른 부부가 배우자를 이해해 주기보다는 서로 상대편이 잘못되어 있다고 인식하고 있었고, 두 사람 간에 이러한 성장환경의 차이를 협상할 수 있는 의사소통 방법을 가지고 있지 못하였다. 따라서 치료자는 치료방법으로 남편과 부모와의 분화문제에 초점을 두는 한편, 부인은 남편의 다른 성장 배경과 남편의 입장을 이해하기 위한 인식의 변화에 초점을 두었다. 그리고 궁극적으로는 부부 모두 지금까지 시도해 온 역기능적인 의사소통 방법이 아닌 기능적인 의사소통 방법을 찾도록 하였다.

▌표 7-2　문제 인식과 접근법

	현 상태	현재 자아분화 수준과 의사소통 수준	치료법
남편	• 부모의 입장만 옹호 • 아내의 입장을 대변 못함 • 친가족문제와 관련된 의사소통 문제	• 부모와의 미독립(미분화) • 부모에게 지나치게 순종적 • 아내의 입장과 성장환경의 차이를 이해 못함	• 아들과 부모 간의 분화문제에 초점 • 부부 하위체계와 부모 하위체계 사이의 경계 짓기 시도 • 부부간의 기능적인 의사소통법
부인	• 시댁과의 적응문제 • 고부간 갈등 • 우울증으로 신경정신과 입원 • 시댁문제와 관련된 의사소통 문제	• 독립적임 • 부모와의 분화가 잘 됨 • 남편의 입장과 성장환경의 차이를 이해 못함	• 부부간의 기능적인 의사소통법 • 남편의 입장에 대한 이해와 남편의 점차적인 변화를 기대하게 함

1) 제1회 치료과정(부부)

1회 상담은 부부상담으로 진행되었다. 남편은 2남 1녀의 장남으로서 어려서부터 부모에 대한 아들로서의 도리와 효에 대하여 부담감을 가지고 있었으며, 부인이 시부모에게 일방적으로 순종하기를 기대하고 강요하였다. 이러한 자신의 생각을 솔직히 표현하지 못하고 있었다. 한편 부인은 신혼 초에 남편이 자신의 입장을 대변해 주지를 못하였고, 서로 의사소통이 안 된다고 하였다. 특히 부인은 시댁으로부터 스트레스를 받아 방광염을 일으키게 되었는데도, 남편은 오히려 부모님의 입장을 대변하여 부모를 모시고 살아야 한다고 강요하였다. 부인은 시부모와의 관계와 남편의 부모로부터의 미분화로 인하여 스트레스를 받아 우울증을 겪고 있었다. 치료자는 이러한 남편을 가족 생활주기에서 원가족과 분리를 했어야 함에도 불구하고 아직 못하고 있음으로써 오는 위기라고 보고, 남편의 자아분화 및 부부가 솔직한 의사소통의 필요성을 인식시키는데 초점을 두었다. 치료자는 남편에게 부인의 입장에 대하여 설명하고, 남편이 시댁문제와 관련하여 사용하는 표면적인 언어수준과 잠재적인 언어수준(메타커뮤니케이션)의 차이를 설명하고 이 두 가지 수준에서의 메시지의 일치를 강조하였다.

• 대상: 남편

자아분화 수준	예시
• 부모와의 미분화에 집착 • 부모에 대한 도리와 효에 대한 부담감을 소유 • 부모의 입장에 대한 감정이입 • 아내 입장에 대한 배려 부족 • 아내의 시부모에 대한 태도에의 불만과 갈등 • 부모의 마음을 대변, 전폭적인 이해와 지지 • 아내의 시부모에 대한 순종적인 배려와 헌신을 기대 • 부부간의 또 다른 문제해결책을 원함 • 부모와의 미분화와 집착	"가령, 부모님과의 완전한 독립을 요구하는데, 그 것이 우리 사회에서는 어려운 얘기거든요. 저에게 완전한 독립을 요구하는 것은 저로서는 부모님과 관계를 끊으라는 소리로 들리거든요." "결혼하고 나서 제가 부모님께 대들고 하니깐 결국에는 와이프만 나쁜 여자가 되고 저도 나쁜 사람이 되고 그래서 그게 좋은 방법이 아닌 것을 알았습니다." "결혼해서 1주에 한 번 부모님 댁에 가는 것은 당연한 것으로 생각했는데……." "부모님하고 밀착되어 있다는 생각을 안 했는데, 이야기를 들어 보면 그런 면이 있는 것 같고."
자아분화 치료법	예시
• 부모와의 독립과 자아분화의 필요성을 인식시켜 줌 • 점차적인 분화법을 구체적인 예로 들어줌	"부부관계를 시댁식구들이 잡고 있는데, 그것에 대해 접근하는 방식이 부모님과 단절하라는 것이 아니라 어느 정도 정리하라는 거예요." "부모님이 두 사람 관계를 방해하고 있다고 볼 수 있어요. 본인의 가정을 살릴 수 있는 방법은 부모님이 뭐라고 하시든 내가 결정을 한 대로 진행시키는 거예요." "남편분이 부모로부터 자아분화가 안 되었고, 그게 부부관계의 걸림돌이 되고 있어요." "남편께서는 부모로부터 분리작업에 들어가야 하는데 그게 보통 작업이 아니에요."
현재 의사소통 수준	예시
• 일방적인 순종과 이해를 요구 • 부인의 입장보다 부모의 입장을 더 대변 • 부인과 부모 사이의 중도적인 입장을 시도하나 부인에게 감정을 잘 표시하지 못함 • 아내와의 원활한 대화를 원함 • 부부간의 또 다른 문제해결책을 원함 • 부인의 정신적인 건강과 긍정적인 생각을 기대 • 부인에게 자신에 대한 비강압적인 요구를 기대 • 아내가 자신의 노력을 인정해 주길 기대	"이제 김장철이지? 김장철이니까 부모님한테에 또 가야지." "남편한테 울면서 호소했더니 얼굴만 벌개지고 땅만 치지, 어머니한테 왜 그랬냐, 너무하는 거 아니냐는 소리 한마디도 안 하더라고요." "제 의도하고는 다르게 그렇게 받아들일 때가 많더라고요." "아내와 대화가 잘 안 통하고요." "저는 아내가 기운을 좀 차리고, 긍정적으로 생각을 하고, 시댁에서 싫은 얘기를 해도 저한테만 화풀이를 하고, 제가 도와주지 못하는 것까지 강요를 안 했으면 좋겠어요."

의사소통 치료법	예시
• 아내의 어려운 입장을 설명 • 상호 이해적인 의사소통법의 필요성을 인식시켜 줌 • 상대방의 부모에 대한 도의적인 태도와 행동을 의도적으로 기대함을 경고 • 표면적인 수준의 메시지 속의 심리적인 메시지의 가능성을 경고, 솔직한 대화의 필요성을 인식시켜 줌	"옳다, 그르다, 그런 게 아니에요. 남편은 아들로서, 남편으로서 본인의 역할을 충실히 하는 것이지 그것을 아내에게까지 강요해서는 안 된다는 거죠." "남편분은 어떤 뜻으로 말하신 거지요? 그것은 부부 간의 대화방법에 있어서 사회적인(표면적인) 수준의 메시지 밑에 심리적인(잠재적인, 메타케뮤니케이션) 수준의 메시지가 들어 있다는 것입니다."

• **대상: 부인**

우울증 및 스트레스 수준	예시
• 고부간의 갈등 • 남편과의 갈등 • 인격적인 모멸감, 감금, 혼수에 대한 스트레스 • 급도의 정신적인 스트레스와 강압에 의한 우울증 • 이혼을 고려 • 시댁과의 관계 해결을 기대	"스트레스가 방광염이 되어서 피가 쏟아지는데 아기하고 제가 미치겠더라고요. 그래서 애아빠한테 호소했어요. 근데 어머니 아버지의 첫 번째 부탁이고, 그것을 이겨 내야 하고, 결혼하기 전에 모시고 산다고 했는데 이거 못하고 사느냐고 하면서 그럼 아예 들어와서 살라고 해요. 그게 저한테는 거의 협박으로 들렸어요."
현재 의사소통 수준	예시
• 남편과 시댁과의 관계에 대해 피해의식과 민감한 반응을 보임 • 남편은 항상 부모님의 입장을 대변하고 자신의 입장을 무시함 • 남편과 의사소통이 안 됨 • 남편과 원활한 대화를 원함	"일차적인 것은 남편과 대화가 잘 안 된다고 느껴지거든요." "남편은 제 입장에서는 절대 이야기 안 해 주고, 나중에 한다는 소리가 사실 어머님 아버님 말이 맞다는 거예요. 그러니 저는 뒤집어지죠." "남편은 항상 부모님은 그런 마음이 아니라고 전제하면서 대변을 하더라고요."

2) 제2회 치료과정(남편)

2회 상담에서 남편은 어려서부터 부모님의 부부관계가 안 좋았고, 아버지가 어머니를 구타하고 아들을 학대한 경험을 가지고 있었다. 이러한 가운데 부모님 사이에서 장남으로서 삼각관계를 유지하였고, 어머니로부터 분화가 안 되었다. 장남으로서 어머니에 대한 지나친 책임감을 가지고 있으며, 자신이 부모님을 자주 찾아뵙지 못하는 것에 대하여 불

안함과 죄책감을 지니고 있었다. 이 같은 부모님의 불화와 더불어 남편은 부모님과 의사
소통을 하는 데 문제가 있었고, 이러한 의사소통 문제는 현재의 결혼생활에도 영향을 미
치고 있었다. 특히 남편은 현재 부모님뿐만 아니라 아내와도 대화를 하지 않고 회피하고
있는 상황이다. 2회 상담에서 치료자는 내담자 부부관계를 변화시키기 위한 방법으로 남
편에게 부인이 원하는 대로 해 주라고 하였다. 한편 지난주에 남편에게 일어난 변화를 물
어보고 있는데, 남편은 지난주 상담 이후로 자신의 문제점을 파악하였다고 말하고 있다.
즉, 남편은 부부문제를 상담 이전에는 부인의 문제로만 보고 있었으나, 지난주 상담 이후
로는 자신에게 문제가 있다고 생각하게 되었다. 이러한 과정에서의 변화를 볼 때 남편이
전인식단계에서 인식단계로 변화하였다는 것을 볼 수 있다(Prochaska & Norcross, 1999).

• 대상: 남편

자아분화 수준	예시
• 어머니에 대한 감정이입과 연민이 해결되지 않음 • 아버지에 대한 피해의식과 어려움이 해결되지 않음 • 부모와의 원활한 대화가 어려움 • 부모에 대해 어렵고 미안한 감정을 지님 • 아버지에 대한 상처와 불만이 많음 • 장남에 대한 심리적인 압박과 간섭이 심함 • 아버지의 무례한 행동으로 인해 어머니와의 동질감과 유대감을 형성 • 자녀로서 어머니에 대한 책임감과 죄책감이 심함 • 부모님을 자주 찾아뵙지 못하는 것에 대한 불안감과 죄책감	"아버지가 어머니의 속을 썩이고 하시니까 어머니는 저에게 집착을 하셨지요." "아버지는 어머니를 구타하시고, 심할 때는 칼도 날아다니고 그랬죠." "저는 아버지에게 불만이 많죠. 제가 어렸을 때 아버지는 굉장히 엄하셔서 아버지가 들어오셨을 때 인사를 안 하면 난리가 나죠. 심할 때는 한겨울에 발가벗고 쫓겨난 적도 있었고요." "부모님과 대화라는 것을 거의 해 본 적이 없어요." "제가 어머니를 제대로 병원에 모시고 가 본 적도 없고, 못해 드린 것이 많이 쌓여 있어서 기회가 생기면 잘해 드려야겠다는 생각이 있는 거지요."
자아분화 치료법	예시
• 부모와의 관계 성장에 대한 인식의 변화 필요 강조 • 부모의 무조건적인 요구를 거절하는 것에 대한 정당성을 인식시켜 줌 • 부모님의 위치가 명령하는 위치에서 보살핌을 받는 위치로 바뀌었음을 인식 • 부모에 대한 기대나 의무감 또는 죄책감보다, 부부관계 개선과 자녀에게 초점을 두도록 함 • 부인이 시댁에 가기 싫으면 남편이 중간에서 부모님에게 적절하게 대처하도록 함	"부모님 삶은 부모님 삶이에요. 분리작업에 들어가야 해요. 부모님한테 욕을 듣고, 변했다는 소리를 듣고, 부모님이 아들의 변화에 배신감을 느끼더라도 나중에는 부모님이 체념단계에 들어간다는 거죠." "지금은 아드님이 부모님을 보살펴야 할 때이지 부모님이 이래라저래라 할 때가 아니거든요." "부부관계가 유지되고 자녀가 건강해지려면 부인 쪽을 편들어야 합니다."

현재 의사소통 수준	예시
• 아내와의 진실된 대화가 불가능 • 아내의 입장을 대변하기보다는 어머니의 입장을 대변함 • 아내의 지나친 근검절약에 대한 불만 • 아내의 혼수에 대한 서운함 • 아내의 불순종에 대한 불만 • 부모와 의사소통이 안 됨	"저는 아내와 신혼 초에 거의 매주 싸웠습니다. 아내가 신경질 부리고 화를 내는 것을 보면서 '어떻게 저렇게 화를 낼 수 있을까?' 라는 생각을 했어요." "그냥 말을 안 해요. 왜냐하면 요즘은 마음이 침체되어 있으니까 굳이 이렇다 저렇다 얘기를 해 봐야 아내도 스트레스를 받을 것 같아서."
의사소통 치료법	예시
• 부모와 아내와 관계 개선을 위해 중재적이고 합리적인 의사소통 방법을 인식시켜 줌 • 부부관계에 대한 변화를 물어봄 • 남편이 자신에 대한 문제점을 인식함	"부인을 편하게 해 주시려면 부인이 하는 대로 그냥 놔두시라는 거예요. 지난주에 상담하시고 나서 부부관계에 무슨 변화는 없으신가요?" "제가 지난주에 상담을 하고 나서는 저 자신에 대한 문제점을 파악하겠더라고요."

치료자는 남편으로 하여금 부모님과의 관계에서 변화의 필요성을 인식시키고, 부모의 무조건적인 요구를 거절할 것과 그러한 거절에 대한 정당성을 인식시키고 있다. 또한 부모의 기대감과 죄책감에서 벗어나 부부관계의 개선에 초점을 둘 필요성을 강조하였다. 아울러 부부관계의 개선을 위한 중재적이고 합리적인 의사소통 방법을 고취시켰다.

3) 제3회 치료과정(부인)

3회 상담에서 부인은 남편이 자신의 입장을 이해해 주려고 노력하고 있으며, 남편이 부모님과의 자아분화 문제를 심각하게 인식하게 되었으며, 시어머니에게 부인의 입장을 대변해 주고 있다(인식단계에서 행동단계로의 변화)고 하였다. 부인이 남편에 대하여 칭찬을 해 주는 변화가 일어났고, 남편은 부인의 마음이 안정된 것에 대하여 감사하다는 표현을 하게 되었다. 부부간의 의사소통 방식이 변화되고 있다는 것을 볼 수 있다. 부부가 사용하는 대화방식이 이전에는 감정적인 대화방식이었다면, 현재에는 이성적인 대화방식을 통하여 감정을 전달하는 방식으로 변화하고 있다. 즉, 역기능적인 의사소통 방식에서 기능적인 의사소통 방식으로 변화하고 있다. 아내 또한 남편의 자아분화 시도와 더불어 의사소통의 변화로 인하여 시댁에 대한 불안에서 다소 해방되어 가고 있다. 치료자는 부인에게 변화하려고 노력 중인 남편에 대하여 칭찬과 격려를 하도록 지시하는 한편, 남편의 변화 속도에 부인이 맞춰 줄 것을 권면하고 있다.

• **대상: 남편**

자아분화 수준	예시
• 남편이 아내의 입장을 이해하려고 노력함 • 자아분화의 문제를 심각하게 인식 • 남편이 부인의 입장을 대변해 줌	"남편은 지금은 저의 입장을 많이 이해해 주려고 노력하고 있어요. 조금은 변화했어요." "어머니가 애엄마는 왜 안 왔느냐고 해서, 애엄마는 지금 올 상황이 아니라고 이야기를 했다고 했어요."
현재 의사소통 수준	예시
• 아내의 칭찬과 변화에 남편이 변화하고 의사소통 방식도 원활해짐 • 때때로 과도기적인 혼동과 다툼을 보임	"'다행이다. 나는 당신이 그렇게 진정만 된다면 바랄 게 없고 너무 고마워.' 라고 하더라고요." "예전에는 왜 그러냐고 물어보기보다는 그런대로 이유가 있으시니깐 당신이 부모님을 이해해야 한다고 하고, 부모님의 성격이 그러신 거고 화나셔서 그런 거라고 했죠."

• **대상: 부인**

우울증 및 스트레스 수준	예시
• 남편의 부모와의 분화를 위한 노력으로 인해 시댁에 대한 불안에서 벗어남 • 남편의 변화에 감사	"남편이 예전에는 자기와 시댁의 입장에서만 이야기를 했는데, 지금은 저의 입장을 이해해 주려고 많이 노력하고 있어요." "남편이 출장 가고 안 들어오거나 늦게 들어와도 이제는 불안하지 않아요."
현재 의사소통 수준	예시
• 싸움에서 대화할 수 있는 관계로 개선됨 • 흥분된 감정적인 대화에서 차분하고 정확한 감정의 전달을 시도	"저희 대화는 예전보다 많이 원활해졌어요. 처음에는 싸움으로 시작해서 싸움으로 끝났는데, 지금은 대화로 시작해서 대화로 끝날 수 있는 상황이 되었어요."
의사소통 치료법	예시
• 변화하고 있는 남편의 행동을 칭찬하고 격려하도록 고무시킴 • 남편의 변화를 인내를 가지고 지켜보도록 함	"이제 남편이 변화하고 있다는 것을 인정하고 계시잖아요. 그렇지만 남편이 변화하는 속도라는 게 있잖아요."

4) 제4회 치료과정(부인)

• 대상: 남편

자아분화 수준	예시
• 부모와의 변화를 시도 • 자아분화 과정과 홀로서기를 버거워함 • 부모와 자신의 부부관계를 분리시키려고 시도	"남편이 홀로서기를 해야 하는데 지금 힘들다고 하더라고요." "남편이 시동생한테 네가 뭔데 형수한테 오라 가라 하고 이혼해라 마라 하느냐고 했대요. 그러니까 시동생이 제게 와서 사과를 하더라고요."
현재 의사소통 수준	**예시**
• 부인의 입장을 대변하는 대화를 시도	"그 나물에 그 밥이 아니겠어, 내가 그러는데 내 가족은 오죽하겠어. 내가 거기까지 변화하는 데 당신은 얼마나 힘들었겠어. 그런데 걔가 변했겠어?" "시동생에 대해선 당신이 그냥 미친놈이 지껄였다고 생각해."

• 대상: 부인

우울증 및 스트레스 수준	예시
• 남편의 자아분화 시도에 대한 감동과 지지를 보임 • 남편의 복잡한 입장과 더불어 사회생활에서의 어려움에 대한 연민을 느낌 • 남편의 변화와 힘든 상황을 이해하고 남편을 위해 기도를 시작함	"남편이 지금 홀로서기 연습을 하고 있는데 힘들다고 하더라고요. 내적으로는 가정, 외적으로는 회사……. 저는 애아빠를 위하여 기도하고 있어요. 조금씩 변하고 있어요."
현재 의사소통 수준	**예시**
• 남편의 입장을 이해하려는 대화를 시도 • 남편의 변화를 감사하고 보조하려는 자세를 취함	"변했어요. 마인드가요. 남편이 지금 홀로서기를 해야 하는데 힘들다고 하더라고요." "그런데 옆에서 보는 입장에서는 남편에게 어떻게 해야 할지 모르겠더라고요."

4회 상담에서 부인은 남편이 시부모와의 관계에서 분화하기 위하여 노력하고 있으며 그러한 변화를 힘들어한다고 언급하고 있다. 또한 동생이 자신의 부부문제에 간섭하는 것에 대하여 남편은 야단을 치고 형수에게 사과를 하게 하는 결과를 낳게 한다. 의사소통을 하는 데 있어서도 이전에는 시부모와 시동생 편을 들어 주었던 의사소통 방식이었던 반면, 이제는 부인의 입장에 서서 부인을 지지하는 의사소통 방식을 사용하고 있다. 이러

한 남편의 자아분화의 노력에 대하여 부인은 감동을 하고 있으며, 남편의 어려운 입장을 전적으로 지지하고 있다. 부인 또한 남편의 변화에 대하여 감사하다는 표현과 남편에게 보조를 맞추려고 노력하고 있다. 여기서는 남편의 변화가 행동단계에서 유지단계에 접어들고 있음을 볼 수 있다. 부인 또한 남편을 대하는 태도가 변화하였고, 변화에 대한 인식단계에서 행동단계로 변화하였음을 볼 수 있다. 치료자는 부인에게 변화하는 남편을 계속 지지해 줄 것과 격려해야 할 필요성을 강조하였다.

5) 제5회 치료과정(부부)

5회 상담에서는 부부상담을 하였는데, 변화하려고 애쓰는 가운데 남편은 때때로 역기능적인 의사소통 방식이 나오고 있다. 그럼에도 불구하고 남편은 부모님에게 아내의 입장을 대변해 주고 있다. 또한 남편은 아내가 자신에 대하여 좀 더 빠른 변화를 원하는 것에 대하여 힘들어하고 있음을 볼 수 있다. 한편 상담으로 인하여 자신이 원가족과의 자아분화가 필요함을 인식하고 분화하려고 많은 노력을 하면서도 가치관의 혼란이 일어나고 있다. 즉, 변화에 대한 저항이 나타나고 있다.

치료자는 부인에게 남편의 입장을 이해하도록 하였다. 남편이 회사에서 고사를 지낸 이야기에 대하여 부인은 사장의 어머니가 아들의 회사에 간섭하는 것이 자신의 시어머니의 모습을 보는 것 같아서 남편에게 민감하게 반응하고 있었다. 그런데 치료자는 회사에서 고사를 지냈던 이야기를 한 것은 부인이 떡을 좋아하기 때문에 고사떡을 가져오려고 했던 것에 대한 과정을 이야기하고자 했던 것이라고 재명명해 주고 있다. 치료자는 부인의 역기능적인 의사소통 방식(비꼬고 남편을 몰아붙이는 말투)으로 인하여 남편과 대화하기가 힘들 수 있다는 점을 지적해 주고, 남편의 변화에 대하여 보조를 맞춰 줄 것과 인내가 필요함을 강조하였다.

・**대상: 남편**

자아분화 수준	예시
• 부모와의 관계 변화 시도에도 불구하고 때때로 역기능적인 의사소통이 이루어짐 • 아내의 남편에 대한 빠른 변화 기대를 버거워함 • 부모로부터 자아분화를 시도하고 있음에도 불구하고 때때로 가치관에 혼동이 옴	"제가 부모님을 이해시키는 것은 포기하고 있고요. 부모님이 저에게 가끔 한마디 하시면, 제가 '집사람이 아프니까 아픈 사람이 문제지.' 라고 말하는데……." "남편은 이만큼 변하려고 하는데, 제가 별것 아닌 것 가지고 너무 그런다고 그러죠." "아내 쪽에서라는 말이 이해는 되는데, 제가 지금까지 살아온 것이 있기 때문에 그렇게 하다가도 무의식중에 제 가치기준에 따라 말이 나오게 되죠. 그런 말에 대해서 아내가 충격을 받고 화를 내고 그러니깐 저도 미치는 거예요."
자아분화 치료법	**예시**
• 남편에게 부인을 강요하지 말라는 메시지 전달	"부인에게 어머니한테 어떻게 하라고 강요하는 것은 바꾸신 거죠?"
현재 의사소통 수준	**예시**
• 부인과의 설명적이고 논리적인 대화를 시도함 • 아내의 의사소통 방식에 방어적인 태도를 취함 • 자신의 변화에 대한 노력에도 불구하고 이해해 주지 못하는 아내의 행동에 불만 • 아내의 의사소통 방식으로 인해 테스트 받는 불쾌감을 느낌 • 원활한 대화를 원하나 감정적이고 역기능적인 대화가 지속됨	"아내에게 부모님에게 어떻게 하라는 것은 이제 아예 포기를 했습니다. 그렇게 마음을 먹어야 저도 자연스럽고 아내가 이해되니까요." "저는 자꾸 이렇게 얘기하는데 왜 그 답이 안 나오느냐 하는 테스트를 받는 느낌이에요." "제가 아내에게 무슨 말을 한마디 하려고 해도 생각을 하고 맞춰야 하고, 차라리 말을 안 하는 것이 나을 때가 많죠." "아내에게 부탁하고 싶은 것은 너무 갑작스럽게 반응을 하지 않았으면 하는 거예요."
의사소통 치료법	**예시**
• 부인에게 남편의 입장을 이해하도록 함	"남편의 입장에서 회사에서 고사를 지낸 이야기를 했던 것은 부인을 위해서 떡을 좀 받아왔으면 했는데 안 줬다는 것이 핵심이었어요." (재명명) "남편의 입장에서는 엄청 괴로울 거예요."

• 대상: 부인

우울증 및 스트레스 수준	예시
• 시부모에 대한 공포와 거부감을 강하게 지님 • 시부모로부터의 상처로 인해 이성적인 대화보다는 감정적인 대화를 하게 됨 • 시부모로부터의 계속적인 압력이 기능적인 대화를 방해함	"시어머니를 보고 싶은 생각은 전혀 없어요. 지금은 거의 공포예요." "게다가 아직도 해결이 안 되는 압력이 있잖아요."
현재 의사소통 수준	예시
• 시어머니에 대한 부정적인 생각으로 역기능적인 의사소통이 이루어짐 • 남편의 변화를 면밀히 관찰하고 빠른 변화를 기대함	"공식적인 자리에서 사장님 어머님이 고사를 지내는 것을 이해할 수 없어." " '내가 화가 나서 회사 일에 관여하는 게 아니라 당신 마인드가 중요한 거야.' 하면서 그날 새벽까지 굉장히 싸웠지요." "그렇게 하면 되는데 남편은 제 말에 반박을 해요. 그렇다면 남편은 아직까지 제 입장도 아니고 저의 핵심을 간파하고 있지 못하기 때문에 우리가 아직까지 문제가 있는 것이라고 얘기를 했죠."
의사소통 치료법	예시
• 역기능적인 의사소통 방식을 설명 • 대화기술의 중요성 강조 • 남편의 입장을 끝까지 들어주는 인내심의 필요성을 인식시켜 줌	"부인의 그 비꼬는 말투로 인하여 남편은 상처를 받을 수 있어요. 부인의 마음속에 시어머니에 대한 앙금이 남아 있기 때문에 편하게 얘기를 못하신 거겠죠." "남편이 변명할 수 있는 여지를 줄 수 있는 의사소통을 해야 하는데, 어떻게 보면 부인께서도 남편을 몰아붙이는 표현을 하시는 것 같습니다."

6) 제6회 치료과정(부부)

6회 상담에서 부부 모두 많은 변화가 나타나고 있다. 특히 남편은 이전에 도저히 있을 수 없었던 부모님에 대한 반항을 보이고 전적으로 부인 편을 들고 있다. 그러한 아들의 변화에 어머니는 매우 당황하여 아들을 구두주걱으로 때렸다. 그럼에도 불구하고 아들은 이번 기회에 자신의 변화된 모습을 부모님에게 보여 드리면서 부모님으로부터 분리 작업을 하고 있다. 치료자는 부모로부터 분화하려고 노력하고 있는 남편을 칭찬하면서 여전히 남편이 부인의 입장에 서도록 권면하고 있다. 부부는 또한 5회 상담 이후 처음으로 다투지 않았다. 남편은 아내의 입장을 이해하게 되고 의사결정을 할 때 아내의 입장을 한 번 더 생각하게 되었다. 부인은 이러한 남편의 태도 변화에 감사를 하였고, 남편이 친정부모보다 더 신뢰가 간다고 하였다. 남편과 부인 모두 많은 변화가 있고, 상담을 받은 이후로 부인 표정이 달라졌고 얼굴이 좋아졌다고 하였다. 치료자는 부모로부터 분화하려고 노력하고 있는 남편과 남편을 이해하려고 노력하고 있는 부인에게 칭찬을 하였다. 치료자는 남편에게 부인에 대한 지지와 이해의 중요성을 강조하였고, 부인에게는 남편이 부인의 반응에 대하여 민감하다는 것과 부인에 대하여 남편을 칭찬해 주라는 것과 지지를 부탁하였다. 6회 상담에서는 부부 모두가 양쪽 부모로부터 더욱 독립하여 부부중심으로 변화된 모습을 볼 수 있다.

• 대상: 남편

자아분화 수준	예시
• 어머니에게 아내의 입장을 피력 • 자아분화와 더불어 부모와의 새로운 관계 정립에 갈등과 혼란을 겪음 • 부모의 비상식적인 행동에 대해 우려함 • 아직도 부모와의 관계가 불편하게 느껴짐 • 부부관계의 변화에 따른 부모와의 관계에 어려움을 겪고 있음	"제가 부모님에게 소리를 몇 번 질렀는데, 부모님 입장에서는 제가 결혼 전에는 그런 일이 없다가 그러니까 제가 잘못되었다고 생각을 하신 거죠. 그래서 어머니가 구두주걱으로 저를 때리시더라고요." "그렇게 몇 번 얘기를 하다가 그냥 나와 버렸어요." "저는 차라리 잘됐다고 생각을 했어요. 고의는 아니지만 부모님에게 저의 변한 의지도 보여 드리고, 서운하실지 모르지만 부모님과 분리되는 측면에 있어서 좋을 수도 있겠다고 생각을 했어요." "저희 부모님한테 전화만 가끔 하고 갈 일 있으면 가고 하면서 부모님과의 관계를 그렇게만 유지하고 있으면 되는 건가요?"
자아분화 치료법	예시
• 남편이 부인의 입장에 서도록 함 • 부모로부터 분화하려는 남편에 대한 칭찬	"만약에 남편이 부인을 지지해 주고 이해해 준다는 것을 부인이 알게 된다면 부인은 버텨 나가실 수 있을 거예요." "그런데 그런 말씀을 어떻게 할 수 있으셨어요?"
현재 의사소통 수준	예시
• 5회 상담 이후 처음으로 다투지 않음 • 아내의 입장을 이해하는 대화가 가능 • 발전된 대화가 가능 • 부부관계의 발전을 느낌 • 아내를 이해하고 생각하는 폭이 넓어짐 • 의사결정 시 아내의 입장을 고려하게 됨	"지난번 상담 끝나고 여기 나갔을 때 처음으로 안 싸운 것 같아요." "아내 입장을 생각해서 아내가 듣기 싫어하는 말을 안 하는 것이 변화라고 할 수 있죠." "아직 우리가 문제는 있지만 조금은 좋아졌잖아." "아내를 더 이해하게 되었고요, 생각하는 폭이 넓어졌고요. 어떤 일을 결정할 때 아내를 한 번 더 생각하게 되었죠. 편하더라고요."

의사소통 치료법	예시
• 양가 부모 사이에서의 스트레스 속에서도 부부가 서로 대화를 하는 변화를 지적 • 남편의 지지와 이해의 중요성을 강조	"부인은 친정식구들로부터 스트레스를 받고 있고, 남편은 부모님한테 스트레스를 받고 있어요. 예전에는 양쪽 집이 각자 자식의 편을 들었는데, 그 구조가 부부관계를 더욱 악화시켰지요. 그런데지금은 양쪽 부모님들로부터 스트레스를 받으시면 서도 부부가 대화를 할 수 있는 여력이 생기는 거예요."

• 대상: 부인

우울증 및 스트레스 수준	예시
• 남편의 태도 변화에 감사함 • 남편이 친정 부모님보다 더 믿음이 감 • 남편과 자신이 많이 변화했다고 믿음 • 표정이 달라지고 얼굴이 좋아짐	"남편의 그러한 말은 나를 위한 귀한 말이지 거짓말이 아니거든요. 그리고 그 정도의 대화가 될 수 있는 상황까지 왔다는 것에 대해서 감사하죠." "이제는 친정 부모님보다 남편에게 더 믿음이 가요." "상담을 받은 후로 제 표정이 달라지고 얼굴이 좋아졌어요."

현재 의사소통 수준	예시
• 남편의 심리적인 메시지에 대해 캐묻는 역기능적인 의사소통 방식의 문제를 인식 • 남편의 입장을 생각하는 의사소통 방식 • 남편의 부인에 대한 인식의 전환과 의사소통 방식의 전환	"남편이 제발 그냥 넘길 수 있는 것은 그냥 넘겨 달라고 했어요. 그런데 저는 남편이 뭔가 한 꺼풀 씌워서 말하는 것이 느껴지면 꼬치꼬치 캐묻고 잘못을 추궁하려고 했거든요." "그런 부분은 제가 남편을 위해서 많이 노력을 해야 할 부분인 것 같아요." "상담을 받으면서 남편이 내 마음을 알려고 하는 것이 느껴져요."

현재 의사소통 수준	예시
• 부인에 대한 남편의 반응을 설명해 줌 • 부인에 대한 칭찬	"그런데 남편께서는 아직까지 부인의 반응에 대해서 민감하신 거죠." "그런데 지금 양쪽 부모한테 스트레스를 받으시면서도 부부가 대화를 할 수 있는 여력이 생기는 거예요."

7) 제7회 치료과정(부부)

마지막 7회 상담에서 남편은 부모로부터 벗어나서 부모의 입장에서보다는 자신의 입장에서 가족관계를 보게 되었으며, 부모의 의견에서 벗어나 스스로 독립할 수 있는 입장을 가지게 되었다. 남편은 부인에게 자신의 변화에 대하여 보조를 맞춰 주라는 솔직하고도 기능적인 의사소통 방식을 사용하고 있다. 치료자는 이러한 남편의 솔직한 의사소통 방식을 칭찬하였고, 부인에게 남편의 변화에 대하여 인정하고 위로해 주도록 권유하였다. 부인은 남편의 변화에 대하여 매우 긍정적인 인정과 함께 자신의 우울증이 많이 나아졌다고 하였다. 부인 또한 상담 이전에 사용하였던 역기능적인 의사소통 방식에서 기능적인 의사소통 방식으로 변화하였다. 부부의 관계는 남편의 부모로부터의 자아분화와 더불어 부부 모두 새로운 의사소통 방식을 사용함으로써 변하였다. 이러한 부부관계의 변화로 인하여 부인은 시댁식구와의 관계로부터 받았던 스트레스를 훨씬 덜 받게 되었고, 그러한 결과로 우울증은 사라지고 있었다.

• 대상: 남편

자아분화 수준	예시
• 부모로부터 분화되어 감 • 부모와의 분화에 이어 새로운 관계의 정립을 모색 • 기존의 가치관을 새로 정립하길 원함	"아버지와 몇 번 이야기를 하다가 그냥 나와 버렸어요." "부모님이 서운해하실지 모르지만 제 의지도 보여 드리고, 부모님과 분리되는 측면에 있어서 좋을 수도 있겠다고 생각을 했어요." "저 나름대로 노력을 해서 어느 정도 부모님과 분리가 되었다고 생각을 했고, 이제는 부모님이 뭐라고 하셔도 제가 스트레스를 안 받았어요." "이제 어떻게 살아야 하나 하는 것과 자아분화를 하면서 제가 가지고 있던 가치관을 많이 깬 건데, 그래도 제가 놓치고 싶지 않은 가치관이 있잖아요." "부모님과 인연을 끊고 산다는 것은 제 가치관과 맞지도 않고요."

자아분화 치료법	예시
• 시댁식구와의 미분화에 대하여 재정의 • 남편의 자아분화에 따른 변화와 부인에 대한 섭섭함을 설명함	"부인의 부모님들의 관계가 좋았던 반면에 시부모님들은 부부관계가 안 좋은 데다가 자녀들의 문제에 대해서 사사건건 간섭을 하는 집이지요. 그렇지만 그것을 잘못되었다고 볼 수 있는 것은 아닙니다." "남편은 지금 자신이 부모님으로부터 분리하고 변화하고 있지만 한편으로는 손해를 보고 있다는 거예요. 이런 관계가 지속되면 남편은 왜 나만 희생해야 되느냐는 것이죠. 즉, 나는 이만큼 변했는데 당신은 나와 내 부모를 위해서 최소한의 뭔가는 해야 하지 않겠냐는 거죠."
현재의사소통 수준	예시
• 부인에게 자신의 변화에 보조를 맞춰 주기를 바람 • 솔직하고 기능적인 의사소통 • 역기능적인 의사소통 방식에서 기능적인 의사소통 방식으로의 전환	"그것에 대해서 아내가 같이 노력해 줘야 된다고 생각을 하거든요." "저도 아내의 표현 중에 답답한 것이 우리 집안은 잘못되었다고 하는 거예요. 잘못된 것이 아니라 다르다고 하면 될 것 같은데……." "제가 갈등이 생기는 게, 이렇게 버티는 것이 최선이라고 한다면 저의 가치관이 상실되는 것 같은 느낌을 받거든요." "내가 노력을 하는 만큼 아내도 변화해 주면 좋은데 아직은 그게 안 돼요."
의사소통 치료법	예시
• 남편의 자아분화와 솔직한 의사소통 표현에 대한 청찬	"부인께서 정신병원에서 퇴원하시고 나서 남편께서 엄청나게 변화된 것을 인정하시잖아요?"

• 대상: 부인

우울증 및 스트레스 수준	예시
• 남편의 변화에 대하여 매우 긍정적인 인정 • 우울증이 많이 나아짐 • 부부관계의 변화에 대한 인정	"저희 남편이 엄청 변했고, 자기 능력 이상으로 했어요." "남편이 우선 내 편이기 때문에 우울증이 많이 사라진 것 같아요." "사실 제가 우울증 때문에 정말 힘들었는데, 상담을 받은 이후로 우리 부부관계가 많이 변화했어요. 그것에 대하여 교수님께 진심으로 감사를 드려요."

현재 의사소통 수준	예시
• 이전의 역기능적인 의사소통 방식에서 기능적인 의사소통 방식으로의 전환(이전에는 흥분하고 울면서 대화했다면, 지금은 차분하게 자신의 감정을 전달할 수 있는 의사소통 방식으로 전환되었다.)	"남편의 마음 다 알아요. 예전에는 그거밖에 못하냐고 하면서 스트레스를 풀었지만, 지금은 남편 능력 이상으로 하고 있고 남편의 마음이 아프다는 것을 다 알아요. 그리고 그것으로 인하여 제 마음도 아파요." "남편의 피해의식과 자기는 이만큼 했는데 부인이 이만큼 하지 않았다는 생각이 있을 때 부인에 대한 원망이 안 쌓이겠냐는 것이에요. 그 부분에 대하여 남편의 생각을 듣고 싶어요."
의사소통 치료법	예시
• 남편의 변화에 대하여 인정하고 위로해 주도록 권유함 • 부정적인 이야기에서 긍정적인 이야기로 전환하게 함	"지금 남편이 엄청 변하셨잖아요. 이제는 부인께서 남편을 위로해 주셔야 할 필요가 있다고 봅니다. 그렇지 않으면 남편께서 더 힘들어진다는 겁니다." "부인께서 정신병원에서 퇴원하신 후 남편께서 엄청나게 변하셨다는 것을 인정하시잖아요?"

지금까지 7회기의 상담을 한 결과의 효과를 보기 위하여 상담 전에 측정하였던 5개의 측정도구를 7회 상담 후에 재측정하였다(〈표 7-3〉 참조). 남편의 경우는 상담 이후로 원가족과의 관계가 매우 나빠졌으며, 배우자 가족과의 관계는 별 변화가 없었다. 부부간의 의사소통은 상담 전에는 의사소통이 안 됐으나, 7회 상담 이후에는 의사소통이 어느 정도 되고 있는 것으로 나타났으며, 성적인 관계는 상담 전보다 7점이나 하락하였다(성적 만족도 점수는 낮을수록 문제가 적다는 것을 나타낸다). 또한 결혼 만족도는 '모른다'에서

표 7-3   부부간의 5가지 측정도구에 대한 사전·사후 점수

		부부간의 의사소통	성적 만족도	원가족과의 관계	배우자 가족과의 관계	결혼 만족도
남편	사전	13 (의사소통이 안 됨)	27 (성적인 문제가 없음)	3 (그저 그렇다)	3 (그저 그렇다)	12 (모른다)
	사후	26 (의사소통이 됨)	20 (성적인 문제가 없음)	5 (매우 안 좋다)	3 (그저 그렇다)	14 (대체로 만족)
부인	사전	15 (의사소통이 안 됨)	8 (성적인 문제가 없음)	2 (좋다)	5 (매우 안 좋다)	8 (대체로 불만족)
	사후	28 (의사소통이 잘 됨)	1 (성적인 문제가 없음)	1 (매우 좋다))	5 (매우 안 좋다)	15 (대체로 만족)

'대체로 만족한다'로 변하였으며, 점수는 2점 높아진 것으로 나타났다. 부인은 남편에 비하여 원가족과의 관계가 더 나아졌고, 시댁식구와의 관계는 상담 전에도 매우 안 좋았는데 여전히 매우 안 좋은 관계를 유지하고 있었다. 아직도 부인은 시댁식구와의 관계가 안 좋으나 아직은 시댁식구와 관계를 회복할 수 있는 시점이 아니라고 볼 수 있다. 그러나 남편의 분화로 인하여 부인은 의사소통 점수에서 13점이나 증가하였으며, 현재는 남편과 의사소통이 잘 되고 있는 것으로 나타났다. 성적 만족도에서도 남편과 마찬가지로 7회 상담 이후에 7점이나 하락하여 거의 성적인 문제가 없는 것으로 나타났다. 결혼 만족도에서는 상담 전에는 대체로 불만족스러웠으나 7회 상담 이후에는 대체로 만족하고 있는 것으로 나타났다. 부부간에 특히 부부간의 의사소통 점수가 똑같이 13점씩 증가하였다는 것과 성적 만족도에서도 두 사람 모두 7점이 하락하였다는 점이 다소 흥미로운 일이며, 남편의 원가족과의 관계와 부인의 시댁과의 관계가 상담 후에 모두 최악이라는 점을 주목할 필요가 있다. 결혼 만족도는 남편이 2점 증가한 것에 비하여 부인은 7점 증가하였다. 이러한 점수를 보았을 때 전반적으로 남편이 부모님으로부터 분화하려고 노력하고 부부가 의사소통 방식이 변화하면서 두 사람 간에 상승효과가 나지 않았나 생각되며, 결론적으로는 결혼 만족도가 높아졌다고 볼 수 있다. 이러한 상담결과는 시댁으로부터 오는 부인의 스트레스를 남편이 어느 정도 감당해 주었고, 그로 인하여 부인이 시댁과의 문제에서 좀 더 편안해질 수 있었고, 그로 인하여 우울증이 감소하였다고 해석할 수 있겠다.

지금까지 상담 후의 결과를 양적인 측정도구를 통하여 살펴보았는데, 이제는 7회의 상담 내용을 그래프와 표로 요약해 보겠다. [그림 7-1]에서는 7회의 상담과정에 대하여 남편의 자아분화 정도와 의사소통 향상 정도를 나타내었다. 연구자 두 사람은 축어록을 통하여 각각 자아분화 정도와 의사소통 향상 정도에 대하여 논의를 하였는데, 두 사람 모두 상담마다 남편이 꾸준히 자아분화를 하려고 노력하였다는 점을 참작하여 1점씩 증가 점수를 주었고, 의사소통은 점차 긍정적으로 변화하였다는 점을 인정하였다. 그러나 7회 상담에서는 남편이 "저도 아내의 표현 중에 답답한 것이 우리 집안은 잘못되었다는 거예요. 잘못된 것이 아니라 다르다고 하면 될 것 같은데……."라는 말을 언급하고 있다는 점에서 6회에서와 마찬가지로 6점을 주었다. 물론 이러한 점수는 다소 주관적인 면이 있으나, 두 연구자가 점수를 매기고 나서 서로 토론한 가운데 나온 결론이다. 7회의 상담회기에 따른 남편의 자아분화 수준과 의사소통 수준에 대한 설명은 〈표 7-4〉에 나타나고 있다.

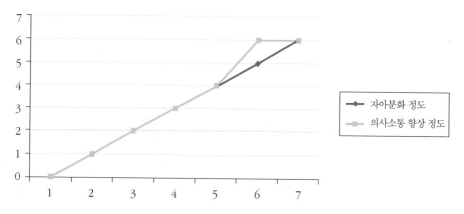

[그림 7-1] 자아분화법과 의사소통법을 통한 남편의 자아분화와 의사소통 향상 수준

▌표 7-4　　상담회기에 따른 남편의 자아분화 수준과 의사소통 수준

상담 순서	남편			
	자아분화 수준	예시	의사소통 수준	예시
1회	0	부모와의 미분화와 집착	0	부인에게 일방적인 순종과 이해를 요구
2회	1	어머니에 대한 감정이입과 연민이 아직 해결되지 않음	1	부인과의 진실된 대화가 어려움
3회	2	자아분화 문제를 심각하게 인식	2	의사소통 방식이 원활해졌으나 때때로 과도기적인 혼동과 다툼을 보임
4회	3	부모와의 관계 변화를 시도	3	부인의 입장을 대변하는 대화를 시도
5회	4	부모와의 분화를 위한 계속적인 노력	4	부인과의 설명적이고 논리적인 대화를 시도
6회	5	어머니에게 아내의 입장을 피력하나 부모와의 새로운 관계 정립에 갈등과 혼란을 겪음	6	아내의 입장을 이해하는 대화가 가능하고 의사결정 시 아내의 입장을 고려
7회	6	기존의 가치관을 새로 정립하길 원함	6	부모와의 분화에 이어 새로운 관계의 정립을 모색

　　[그림 7-2]에서는 상담회기에 따른 부인의 의사소통 수준과 우울증 및 스트레스 해소 정도를 나타내고 있다. 부인은 1회에서 남편에게 감정적인 대화를 하였고, 시댁식구와 분화가 되지 못하였던 남편으로 인하여 남편과 의사소통이 안 됐으나, 2회와 3회에서 감정보다는 이성적으로 대화를 하기 시작하였다. 한편 남편의 자아분화 시도와 함께 남편과 대화가 가능하면서 부인의 우울증과 스트레스의 수준은 감소되기 시작하였다. 그러

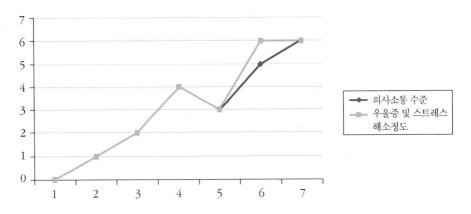

[그림 7-2] 의사소통법을 통한 아내의 의사소통 향상과 우울증 치료 수준

▌표 7-5   상담회기에 따른 부인의 의사소통 수준과 우울증 및 스트레스 해소 정도

상담 회기	아내			
	의사소통 정도	예시	우울증 및 스트레스 해소 정도	예시
1회	0	이성적인 대화보다는 감정적인 대화를 원함	0	심한 정신적인 스트레스와 강압에 의한 우울증
2회	1	이성적인 대화의 필요성을 인식하나 시부모에 대한 피해의식으로 인해 이성적인 대화가 힘듦	1	남편이 시어머니의 문제에 대해 동조하지 않음을 서운해함
3회	2	감정적인 대화에서 차분하고 정확한 감정의 전달을 시도	2	남편의 부모로부터 자아분화 시도로 인해 시댁에 대한 불안에서 조금 벗어나나 시댁식구들에 대한 피해의식에 시달림
4회	4	남편의 입장을 이해하려는 대화를 시도하고 남편의 변화에 감사하고 보조하려는 입장을 보임	4	남편의 자아분화 시도의 어려움에 연민을 느끼고 감사히 여김
5회	3	시부모로부터의 계속적인 압력이 기능적인 대화를 방해함	3	남편의 변화의 시도에도 불구하고 핵심적인 부분의 미변화에 화를 냄
6회	5	남편의 입장을 생각하는 의사소통 방식을 취함	6	표정이 변하고 얼굴이 좋아졌으며 남편을 친정부모보다 더 신뢰하게 됨
7회	6	이성적으로 자신의 견해를 차분하게 얘기해 나가는 방식을 취함	6	남편의 변화에 대해 자기 능력 이상이라는 평가를 내림, 우울증에 대한 증세의 호전을 인정, 부부관계의 변화에 대한 감사

다가 4회에서는 2회와 3회의 상담 이후에 더욱 상승효과가 일어났으나, 5회에서는 시부모로부터의 계속적인 압력으로 감정적인 대화를 시도하였으며, 남편의 더딘 변화로 인하여 스트레스를 받았다. 그러나 6회에 들어서는 남편의 입장을 지지하는 기능적인 의사소통 방식과 더불어 부부관계가 더욱 향상되어 부인의 얼굴표정이 나아졌으며, 친정부모보다 남편을 더욱 신뢰하게 되는 변화가 일어났다. 7회에서는 지금까지 해 온 기능적인 의사소통 방식을 사용하고 남편에 대하여 신뢰하고 더욱 지지적인 상태를 유지하여, 부인은 시댁식구와 관련된 스트레스를 매우 적게 받고 그와 더불어 우울증이 매우 호전되었음을 볼 수 있다.

8. 결 론

치료자는 우울증을 겪고 있는 중년 여성을 치료하기 위하여 부부상담과 개인상담을 병행하여 치료하였다. 특히 남편의 원가족으로부터의 미분화로 인하여 남편은 부인과의 관계에 많은 제약을 받고 있었고, 부인은 시댁문제로 인하여 남편과 대화가 되지 못하였다. 따라서 남편을 시부모로부터 분리하고, 부인과의 역기능적인 의사소통 방식에서 기능적이고 효과적인 의사소통 방식으로 전환하는 데 치료의 목표를 두었다. 아울러 부인의 경우는 남편과 지금까지 사용해 왔던 역기능적인 의사소통 방식에서 기능적인 의사소통방식으로 변화시키는 데 목표를 두었다. 먼저 부부치료의 효과를 보기 위하여 기존에 있는 양적인 측정도구를 사용하여 양적인 변화를 측정하였다. 한편 사례의 치료과정을 분석하기 위하여 대화의 서술과 탐구분석의 효과적인 전시를 위한 효과 매트릭스와 시간에 따른 메타 매트릭스 활용하였다.

이 사례는 원가족으로부터 남편이 자아분화를 시도하였고, 남편의 변화된 의사소통 방식과 부인의 기능적인 의사소통 방식으로 인하여 부부간에 대화를 원활하게 할 수 있었다. 이 사례는 한국 가정에서는 흔히 볼 수 있는 시댁과 며느리의 갈등관계, 또한 부모로부터 분화되지 못한 남편을 둔 부인의 고충을 볼 수 있는 사례였다고 볼 수 있다.

본 연구자는 이 사례를 치료한 입장에서의 임상적인 차원과 이 사례를 분석한 연구방법론적인 차원으로 나누어 결론을 맺고자 한다.

1) 임상적인 차원

시대의 흐름에 따라 사회적 규범과 인식은 크게 변화해 오고 있음에도 불구하고 한국은 '효'라는 문화를 고집하여 여전히 결혼한 자녀들에게 일방적으로 그것을 강요해 오고 있다고 볼 수 있다. 이러한 효의 강요는 결혼한 자녀와 그 자녀의 가족들에게까지 부정적인 영향을 미치고 있다. 효도하는 방법만을 따로 담은 『효경』에서는 "효도가 지극해지면 천지신명에게 전달되고 온 세상에 드러나 어떤 일이든지 이루어지지 않는 일이 없다."라고 명시하고 있는데, 이러한 효의 개념도 이제는 이 시대에 맞게 변화되어야 할 것이다.

효는 한국인들의 정체성을 발견하는 데 주요한 자원이 되며, 친족관계의 결속을 통해 소속감을 주며, 위기의 때에 상호 지원의 망을 형성해 준다(Yu, 1990). 그렇지만 유교적 사회체계는 각 부분들 사이의 보완과 협력을 강조하는 반면 평등성과 호환성은 약하다고 말할 수 있다(Deleoz, 1989). 효에 있어서 위계적인 비평등성과 비호환성은 가족과 사회의 유동성과 자율성의 요구에 적응하기 위해 변화를 해야만 할 것이다. 이와 같이 효의 보완과 협력이 현대사회의 부작용이라고 할 수 있는 개인주의를 치유하고 보완할 수 있는 잠재력을 지니고 있다고 볼 수 있다(홍영택, 1999, pp. 68-69). 진정한 효를 수행하기 위해서는 먼저 부모들이 결혼한 자녀들과의 관계에서 공간적·정서적으로 분리하는 과정이 필요하며, 부모는 자신들의 에너지를 자식들에게 모두 쏟을 것이 아니라 자신들을 위한 삶에 더 많은 시간과 에너지를 쏟아야 한다고 생각된다. 자식들 또한 가족 생활주기가 변함에 따라서 결혼을 하게 되면 부모님과의 관계를 유지하면서 원가족과 결혼하기 전과는 다른 관계를 유지해야만 한다. 결론적으로 한국문화에서 가족치료를 할 때는 부부관계를 살펴보기 위하여 시댁문제를 반드시 살펴보아야 할 것이며, 일반적으로 남편의 원가족과의 분리문제를 점검해야 할 것이다.

2) 연구방법론적인 차원

실제적인 가족치료의 과정에서는 자료가 어떻게 수집되고 분석되는지에 대하여 체계적으로 기록되지 않았고, 또 엄밀히 밝히기 어려운 측면이 있다. 아마도 이러한 사실이 가족치료 분야에서 전통적으로 질적 연구방법론을 사용했다는 사실을 주목하지 못하게 한 원인으로 작용했을 것이다(Moon, Dillon, & Sprenkle, 1990; 최연실, 2002, p. 101, 재인용). 가족치료 분야가 점차 내담자와 임상가 모두의 경험과 의미를 존중하고 주관적이고 사회구성주의적인 측면을 강조함에 따라 가족치료 연구도 주로 귀납적으로 흘러가는 경향을 보이고 있다. 이러한 가족치료 분야의 해방적 성격은 바로 질적 연구방법론의 가정과 잘 맞는 면이라고 볼 수 있다(Sprenkle & Moon, 1996). 질적 연구방법을 사용한 연구들은 가족치료 분야에서 점차 늘어나 민속지적 방법, 담론분석과 담화분석, 사례연구, 포커스그룹 연구, 현상학 등 그 접근방법들도 상당히 다양하게 나타난 것으로 평가된다(Gehart, Ratliff, & Lyle, 2001; Gilgun, 1999; Patton, 2002). 현재 질적 연구방법론은 미국의 가족치료 연구 분야에서 점진적으로 주목을 받아 왔다(Christensen & Miller, 2001; 최연실, 2002, p. 102, 재인용).

최연실(2002)은 한국 가족치료 연구에서의 질적 연구방법론 활용은 일관된 어떤 경향을 나타내지 못하고 있으며, 이러한 경향은 아직까지 한국 가족치료 연구에서 질적 연구방법론적 기반이 약하고 정착되지 못하고 있음을 반영한다고 하였다. 이와 같은 현재 한국의 가족치료 분야에서 질적 연구방법론 활용의 제약에도 불구하고, 본 연구자들은 가족치료사례의 내용을 내용분석을 중심으로 효과 매트릭스와 시간에 따른 메타 매트릭스에 근거한 질적 연구방법론을 활용하여 분석하였다. 질적 연구방법에서는 어느 방식이 가장 유용하며 효과적이라고 말할 수 없다(Patton, 2002). 연구목적과 그 목적에 맞는 연구방식과 논리적으로 그러한 분석을 전개하는 것이 질적 연구방법으로서 중요한 것이라고 할 수 있다. 본 연구자들은 상담 전과 상담 후에 부부 모두에게 기존의 측정도구들을 활용하여 의사소통, 성적 만족도, 결혼 만족도를 측정하였고, 연구자가 구성한 질문지로 원가족 관계 및 배우자 가족 관계를 살펴보았다. 그렇지만 이러한 양적인 측정도구는 수적인 변화만 나타낼 뿐이지 치료과정에 대한 변화내용을 살펴보기에는 힘들다. 따라서 연구자들은 이 부부치료사례의 변화과정을 살펴보려고 노력하였다. 연구자들이 분석하는 과정에서 여러 가지 실수와 허점이 나타났으리라 본다. 그럼에도 불구하고 본 연구가 조금이라도 가족치료 분야의 치료과정에서 변화를 보여 줄 수 있는 연구가 되었기를 간절히 바란다.

참고문헌

김갑숙(1991). 부부갈등이 부부폭력과 자녀학대에 미치는 영향. 영남대학교 대학원 박사학위논문.

김유숙(1998). 관련성과 분리성에서 본 한국가족과 미국가족. 한국가족치료학회지, 6(1), 1-13.

김종옥, 정수경(1994). 고부갈등의 부부치료 사례연구. 한국가족치료학회지, 2, 41-56.

문성호(1998). 가족치료 분야에서의 질적 연구방법의 적용에 관한 연구. 한국사회복지학, 35, 157-177.

박태영(2003). 가족생활주기와 가족치료. 서울: 학지사.

송성자(2001). 한국가족문화와 가족치료접근. 한국가족치료학회지, 9(1), 1-20.

송성자(2001). 한국문화와 가족치료: 해결중심 접근. 서울: 법문사.

신경림 역(1997). 질적 간호 연구 방법. 서울: 이화여자대학교출판부.

이동원 외(2001). 한국의 가족문화, KBS 한국방송. 한국가족학회.

이선혜(2000). Bowen 이론의 문화적 보편성과 특수성에 관한 一考. 한국가족치료학회지, 8(1), 159-188.

이영분, 양심영(1999). 가족의 변화에 따른 가족복지서비스의 대응. 한국가족복지학, 3, 117-148.

이영실(1989). 도시 부인의 부부갈등의 제요인과 성생활 불만족의 정도. 숭실대학교 대학원 박사학위논문.

이혜숙(1992). 청소년의 자아분화와 정신건강과의 관계. 연세대학교 대학원 석사학위논문.

최경석 외(2003). 한국 가족복지의 이해. 서울: 인간과 복지.

최연실(2002). 한국 가족치료연구에서의 질적 방법론의 활용. 한국가족치료학회지, 10(1), 101-129.

홍영택(1999). 한국 가족의 문화지체 현상과 가족치료적 접근. 한국가족치료학회지, 7(1), 53-74.

Alexander, J., Holtzworth-Munroe, A., & Jameson, P. (1994). The process and outcome of marital and family therapy: Research review and evaluation. In A. Bergin & S. Garfield (Eds.), *Handbook of psychotherapy and behavior change* (4th ed., pp. 595-630). New York: Wiley.

Berg, I. K., & Jaya, A. (1993). Different and same: Family therapy with Asian-American familiies. *Journal of Marital and Family Therapy, 19*(1), 31-38.

Christensen, L. L., Russell, C. S., Miller, R. B., & Peterson, C. M. (1998). The process of change in couples therapy: A qualitative investigation. *Journal of Marital and Family Therapy, 24*(2), 177-188.

Christensen, L. L., & Miller, R. B. (2001). Marriage and family therapists evaluate managed mental health care: A qualitative inquiry. *Journal of Marital and Family Therapy, 27,* 509-514.

Corcoran, K., & Fischer, J. (2000). *Measures for clinical practice: A sourcebook* (Vol 2). New York: The Free Press.

DeTurck, M. A., & Miller, G. R. (1986). Concetualizing and measuring social cognition in marital communication: A validation study. *Journal of Applied Communication Research, 14*(2), 69-85.

Delooz, P. (1989). Does development lead to Secularization? *Pro Mundi Vita Studies, 11.*

Denzin, N. K., & Lincoln, Y. S. (2000). Introduction: The discipline and practice of qualitative research. In N. K. Denzin,, Y. S. Lincoln (Eds.), *Handbook of qualitative research* (pp. 1-28). Thousand Oaks, CA: Sage.

Foulkner, R. A., Klock, K., & Gale, J. E. (2002). Qualitative research in family therapy: Publication trends from 1980 to 1999. *Journal of Marital and Family Therapy, 28,* 69-74.

Gehart, D. R., Ratliff, D. A., & Lyle, R. R. (2001). Qualitative research in family therapy: A substantive and methodological view. *Journal of Marital and Family Therapy, 27,* 261-274.

Gilbert, N. J., & Driscoll, M. P. (2002). Collaborative knowledge building: A case study. *ETR&D, 50*(1), 59-79.

Gilgun, J. F. (1999). Methodological pluralism and qualitative family research. In M. B. Sussman, S. K. Steinmetz, & G. W. Peterson (Eds.), *Handbook of marriage and family* (2nd ed.). New York: Plenum.

Glesne, C. (1999). *Becoming qualitative researchers: An introduction.* New York: Longman.

Greenberg, L. S. (1999). Ideal psychotherapy research: A study of significant change processes. *Journal of Clinical Psychology, 55*(12), 1467-1480.

Gurman, A. S., Kniskern, D. P., & Pinsof, W. M. (1986). Research on the process and outcome of marital and family therapy. In S. Bergin & A. Garfield (Eds.), *Handbook of psychotherapy and behavior change* (pp. 565-624). New York: Wiley.

Kim, B. L. (1996). Korean families. In M. McGoldrick, J. G., & J. K. Pearce (Eds.), *Ethnicity and family therapy* (pp. 281-294). New York: The Guilford.

Kim, U., & Choi, S. H. (1994). Individualism, collectivism, and child development: A Korean perspective. In P. M. Greenfield & R. R. Cocking (Eds.), *Cross-cultural roots of minority child development.* Hillsdale, NJ: Lawrence Erlbaum Associates, Inc.

Lee, E. (1982). A social systems approach to assessment and treatment of Chinese American families. In M. McGoldrick, H. Pearce, & J. Giordano (Eds.), *Ethnicity and family therapy* (pp. 527-551). New York: The Guilford Press.

Miles, M. B., & Huberman, A. M. (1994). *Qualitative Data Analysis: An expanded sourcebook*. Thousand Oaks, CA: SAGE.

Moon, S. M., Dillon, D. R., & Sprenkle, D. H. (1991). On balancing and synergy: Family therapy and qualitative research revisited. *Journal of Marital and Family Therapy, 17*, 187-192.

Patton, M. Q. (2002). *Qualitative research & evaluation methods*. Thousand Oaks, CA: Sage.

Prochaska, J. O., & Norcross, J. C. (1999). *Systems of psychotherapy: A transtheoretical analysis* (4th ed.). New York: Brooks/Cole.

Schram, T. H. (2003). *Conceptualizing qualitative inquiry: Mindwork for fieldwork in education and the social sciences*. Upper Saddle River, NJ: Merrill Prentice Hall.

Schumm, W. R. (1990). Intimacy and family values. In J. Touliatos, B. F. Perlmutter, & M. A. Straus (Eds.), *Handbook of family measurement techniques* (pp. 164-284). Newbury Park, CA: Sage.

Shon, S. P., & Ja, D. Y. (1982). Asian families. In M. McGoldrick, J. Pierec, & J. Giordano (Eds.), *Ethnicity and family therapy* (pp. 208-228). New York: The Guilford Press.

Sprenkle, D. H., & Moon, S. M. (1996). Toward pluralism in family therapy research. In D. H. Sprenkle & S. M. Moon (Eds.), *Research methods in family therapy*. New York: The Guilford Press.

Stake, R. E. (1995). *The art of case study research*. Thousand Oaks, CA: Sage.

Stake, R. E. (2000). Case studies. In N. K. Denzin & Y. S. Lincoln (Eds.), *Handbook of qualitative research* (pp. 435-454). Thousand Oaks, CA: Sage

Uba, L. (1994). *Asian Americans: Personality patterns, identity, and mental health*. New York: The Guilford Press.

Yin, R. K. (1989). *Case study research: Design and methods*. Newbury Park, CA: Sage.

Yu, T. C. P. (1990). Filial piety and Chinese pastoral care. *Asia Journal of Theology, 4*.

제8장

알코올중독에서 회복 중인 남편에 대한 부부치료사례 연구*

1. 서 론

　우리나라의 경우에 알코올과 관련하여 성인의 알코올사용장애 유병률이 22%에 이르고 있다(김용석, 1999). 제갈정(2002)의 연구결과에서는 18세 이상의 조사 대상자 중 문제성 음주자가 31.2%이며, 알코올 의존 및 남용자가 전체의 19.5%(남자 35.2%, 여자 3.9%)를 차지하고 있었다. 그런데 알코올 의존 및 남용자들이 알코올중독으로부터 단주를 하는 과정은 발달적인 회복과정이다. 회복이란 단계별 과업을 가지고 있으며, 궁극적으로는 알코올중독자 자신과 가족들의 삶의 질을 높이는 연속적인 개념으로 볼 수 있다. 회복은 단지 알코올중독자의 절주(abstinence)만을 의미하는 것이 아니라 술 없는 삶에 대한 적응, 직업적 적응, 중요한 생활유형의 변화, 가족의 재적응을 포함하는 복합적이고 진행적인 과정이라고 할 수 있다(윤명숙, 2003, p. 122; Brown, 1985). Bader와 Pearson(1988)은 알코올중독으로부터의 회복기간 중에 알코올중독 부부들은 커다란 상실감, 균형감각의 상실, 두려움 등을 느끼고 정서적으로 분리되는 경험을 하는 것으로 나타났으며, 이러한 정서적인 분리가 개인적 자율성에는 매우 필수적이라는 사실을 인식하지 못한다고 하였다.

＊ 박태영, 이재령(2006), 임상사회사업연구, 3(1)에 게재되었음.

Kaufman(1985)의 연구에서도 절주 이후에 배우자들이 깊은 애도, 우울, 신혼기가 박탈된 것 같은 느낌을 경험하고 갈등하는 것으로 나타났다. 실제적으로 겉으로는 잘 기능하는 것처럼 보이는 알코올중독자의 배우자들이 오랜 기간 남편의 음주와 관련된 우울, 상실감 등을 가지고 있었고, 단주를 시작하게 될 때 오랜 기간 지속된 부인의 방어기제가 사라지면서 음주로 인한 과거의 기억상실 등에 대한 인식 및 불만족스러운 결혼에 대한 인식이 증가하여 우울을 경험하는 비율이 높은 것으로 나타났다(Mathiasen & Davenport, 1988, pp. 44-55; 윤명숙, 2003, pp. 123-124, 재인용). Wiseman(1981)은 알코올중독자가 단주를 시작했을 때 알코올중독자의 부인들이 보여 주는 반응이 상당히 긴장되고 민감성이 높아진다고 하였다. Osterman과 Grubic(2000)의 연구에서는 단주 중인 부부들이 음주 중인 부부들보다 결혼 만족도는 높은 것으로 나타났으나, 부인들의 공동의존도에는 유의미한 차이가 나타나지 않아 남편의 음주 중단 이후에도 공동의존이 오랜 기간 지속되는 것으로 나타났다.

그렇다면 알코올중독이 가족들에게 어떠한 영향을 미치는지 살펴보겠다. 미국의 경우에 어린이들 중 거의 20%가 알코올 가족 내에서 성장을 하는데(National Institute on Drug Abuse, 1998), 부모의 알코올중독이 자녀와 가족에게 미치는 영향은 다양하며 종종 유해하다(Campbell, Masters, & Johnson, 1998; Deming, Chase, & Karesh, 1996). 알코올 가족들은 비알코올 가족들에 비하여 가족성원들 사이에서 더 부정적인 메시지를 보여 주며(Sheridian & Green, 1993), 높은 수준의 공개적인 분노를 표현하며, 따뜻함, 결집력, 그리고 직접적인 의사소통에서 낮은 수준을 보여 준다(Garbarino & Strange, 1993; Senchak et al., 1995). 또한 부모의 알코올중독은 가족 내에서 역할혼동, 역할전도 그리고 왜곡된 위계질서와 관련된다(Chase, Deming, & Wells, 1998). Johnson(2003)의 알코올 가족과 비알코올 가족의 기능 영역을 비교한 연구에서도 알코올 가족에서 성장한 자녀들은 비알코올 가족에서 성장한 자녀들보다 낮은 수준의 가족기능을 경험하며 더 많은 외상경험을 가질 가능성이 있었다. 더 구체적으로 말하면, 알코올 가족은 비알코올 가족에 비하여 더 높은 수준의 명백한 미해결된 갈등, 다툼, 비난, 논쟁, 가족성원들 간의 긍정적인 감정, 따뜻함 그리고 배려에 있어서 더 낮은 수준의 신체적·언어적 표현을 가지고 있는 것으로 나타났다(Johnson, 2003, p. 135).

근래에 알코올중독이 가족병이라는 인식과 함께 알코올중독에 대한 가족요인의 중요성이 증가되고 있다. 따라서 알코올중독 치료에 대한 개입방법 중 부부 및 가족 접근이 그 치료효과를 인정받고 있다(윤명숙, 1999, 2003; 윤명숙, 엄예선, 김미혜, 이은주, 1995;

이정균, 1994). 그리고 협력적인 가족 중에서도 특히 아내의 태도와 대응방식은 알코올중독자인 남편을 치료하는 데 지대한 영향을 미친다(Thomas, 1989; Thomas, Adams, Yoshioka, & Ager, 1990; Thomas & Ager, 1993; Thomas & Yoshioka, 1989). 또한 우리나라에서도 가족, 특히 아내도 알코올중독 치료에 포함시켜야 할 필요성이 절실히 요구되고 있다(손봉기, 김동언, 1994; 손봉기, 한창환, 정소영, 1992; 최영화, 이민규, 박상학, 1994). 지금까지의 연구들의 결과에 따르면, 단주 중에 있는 부부는 불안, 정서적 갈등, 결혼관계의 갈등, 우울, 낮은 의사소통, 두려움 등을 경험하고 가족관계의 새로운 역할에 대한 재적응, 새로운 자아 확립 등에 많은 어려움들을 경험하는 것으로 나타났다.

본 연구는 10년 전 간경화 초기로 진단을 받았고, 알코올 전문 신경정신과에서 일주일에 3번씩 3개월간 외래치료를 받았으며, 알코올 전문 정신과의사로부터 7개월간 강의를 수강한 내담자를 치료한 사례다. 알코올중독자였다가 3년 전부터 단주를 해 온 남편에 대한 부부치료 사례연구로서, 부부가 지난 3년간 성관계가 전혀 없었으나 남편은 때로 성적 욕구를 주체할 수 없는 경우가 있었고, 포르노를 보면서 자위행위를 하곤 하였다.

부인은 여자로서의 정체성과 가정 내에서 역할을 잘 못하고 있다고 생각하고 있었고, 부부간의 성관계에 대한 부인의 욕구는 남편의 알코올중독, 간경화 등으로 인해 표현될 수 없는 것으로 간주하며 살아왔다. 남편은 결혼 전 문란했던 성적인 경험으로 인해 강한 성적인 자극을 원하면서도 아내로부터 만족을 할 수 없다는 사실과 과거를 아내에게 숨기며 살아오면서 부부관계를 회복하지 않으면 결혼생활이 깨질 것 같은 불안한 느낌을 가지게 되어 가족치료 상담을 의뢰하게 되었다.

2. 이론적 배경

1) 알코올중독자 가족 패턴 및 결혼생활 기능의 상호관련성

DSM-IV에 의하면 알코올중독 문제를 가진 개인은 알코올남용 또는 알코올의존의 진단을 받을 수 있다. 알코올남용 진단의 기준은 알코올의 병리적 사용의 패턴과 알코올 사용의 결과로서 사회적 또는 직업적 기능의 손상이다. 알코올의존자로 진단되려면 개인은 위의 알코올남용 기준 외에 알코올에 대한 신체적 중독(예: 내성 또는 금단현상)의 증거를 보여야만 한다.

결혼생활과 알코올 문제 사이의 관계를 논의하기 전에 알코올중독자의 가족유형을 살펴보고자 한다. DSM-IV에 따르면 알코올의존은 종종 가계 양상을 가지게 되며, 최소한 알코올중독 전이의 어떤 부분은 유전학적인 요소에서 찾을 수 있다. 알코올의존에 대한 위험은 알코올 의존적인 사람의 친척 사이에서 3배 내지 4배나 높다. 친척이 알코올중독자일 경우 알코올의존 위험률은 더 높다(윤명숙, 1995; 이근후 역, 1995; Anderson, 1995; APA, 1994). 알코올중독자 부모를 가진 사람, 특히 알코올중독자인 아버지를 가진 남성의 경우는 알코올중독으로 발전할 가능성이 크다(Cloninger, Bohman, & Sigvarclsson, 1981). 음주문제의 발생과 지속에 영향을 미치는 중요한 요소는 음주자와 배우자 양쪽 가계의 상호작용에서 생겨난다. Bennett과 Wolvin(1990)은 알코올중독자의 자손과 그들의 부모 사이에 계속되는 상호작용 속에서 밀접한 관계가 있고 자손 내에서 알코올중독을 유발시킬 가능성이 있음을 보고하였다. 또 다른 알코올중독에 영향을 미치는 가족관계의 요인으로 성장과정 중의 가정의 붕괴, 부모 상실, 비행성 부친 또는 과보호적인 모친에 의한 양육 등을 들 수 있다(최영화 외, 1994). 알코올 문제를 가지고 있는 사람들과 가족들은 가족갈등, 우울증, 불안, 재정적인 어려움, 법적인 문제, 학교나 직장에서의 감소하는 성취도 그리고 신체적인 질병을 경험하고 있다(Smyth, 1995, 1998). 한편 알코올중독자들은 여성들보다 남성들에게 더 많은 권위가 주어진 문화 속에서 성장해 왔으며, 여성들이 배우자들의 결정을 따르고 배우자의 행동에 질문하지 않을 것을 기대한다. 만일 부인들이 그러한 태도로 행동하지 않으면, 알코올중독자들은 이러한 변화를 받아들이는 데에 매우 어려움을 발견할 수도 있다(Ahuja, Orford, & Copello, 2003).

가족체계 모델은 가족기능과 음주가 항상성을 유지하는 데 기여한다는 점을 강조하였다. 즉, 가족체계 모델은 음주가 그 가족체계를 안정화시키며 일상생활에서는 표현할 수 없었던 것을 표현할 수 있도록 해 준다는 것을 가정하고 있다(Steinglass, Bennett, Wolin, & Reiss, 1987). 부부 중 많은 사람들이 알코올이 가족의 갈등을 다루고 그들을 재안정화시키고 문제해결 역할을 한다고 하였다(Lewis, 1992). 알코올 문제는 가족체계를 유지하고 가족체계에 의하여 유지된다(Kaufman, 1985, p. 37). 즉, 한 가족성원의 음주행동과 가족 내의 다른 구성원들의 반응이 그 가족의 평형상태를 유지하게 하며 변화를 피하게 한다는 점에 있어서 알코올 문제가 체계를 유지시킨다는 것이다. 또한 가족성원들이 알코올의존자로 하여금 알코올남용을 계속하게 할 뿐만 아니라 더 심화시키는 역할을 한다는 점에 있어서 알코올 문제가 체계에 의하여 유지된다는 것이다(권보영, 1992; 이광복 외, 1995; Lewis, 1992). 따라서 가족체계론적 입장에서는 이러한 순환적 상호작용의 개념에 기반을 두고 알코올중독자의 증상이 가족의 항상성 유지기능을 갖고 있다고 본다.

알코올중독인 배우자의 많은 행동들은 어려운 상황에 대처하기 위한 시도로서 개념화되며, 반복적이고 역기능적인 상호작용 유형을 결정하는 데 있어서 배우자와 알코올중독자 간의 상호작용이 강조된다(McCrady & Epstein, 1995; O'Farrel, 1986). 따라서 McCrady와 Epstein(1995)에 의하면, 음주는 역사적인 요소보다는 음주를 계속하는 현재의 요소들을 조사하는 것에 의하여 치료될 수 있다. 물론 다양한 개인적, 가족적 그리고 다른 인간 상호 간의 요소들이 음주와 상호 관련될 수 있다. 특히 가족적인 수준에서 가족성원들이 음주자의 행동에 영향을 미칠 수 있는 다양한 시도와 관련될 수 있다. 예를 들면, 술을 그만 먹으라고 잔소리하는 것, 재정적인 것을 통제하여 술 먹는 것을 조정하는 것 등이다. 알코올 문제가 있는 가족들은 종종 의사소통과 문제해결에 부적절한 유형을 사용해 왔으며 시간이 지남에 따라 다양한 부부간의 성적, 재정적 그리고 아이를 기르는 데 있어서 문제를 야기해 왔다. 이러한 모든 것이 술을 더 마시게 하는 선행요인으로 작용할 수 있다. 이러한 음주자는 이러한 가족의 선행요인들에 대한 다양한 반응을 보일 수 있다. 예를 들면, 부정적인 정서의 경험과 문제를 대처하는 데 대한 낮은 자기 능력과 보복적인 사고 등이다(McCrady & Epstein, 1995).

음주에 대한 가족의 반응은 긍정적, 부정적인 것으로 나눌 수 있다. 많은 연구자들은 음주와 관련된 결혼생활에 있어서 긍정적인 결과를 관찰하였다. 예를 들면, 가족들이 음주자를 돌보거나 그를 위하여 치워 주는 것, 일을 대신 하여 주는 것, 술 먹은 동안은 특히 부드럽고 호의적인 태도를 보이는 것 등이다. 따라서 음주는 이와 같은 긍정적인 결혼생활의 결과에 의하여 강화될 수 있다(Frankstein, Hay, & Nathan, 1985).

가족은 또한 음주에 대한 여러 가지 부정적인 반응을 하기도 한다. 예를 들면, 음주자를 피하는 것, 음주에 대한 비판, 음주자에 대한 신체적 폭력 등이다. 이러한 부정적인 반응은 음주를 절제하게 하는 대신 오히려 두 가지의 바람직하지 못한 결과를 낳는다. 첫째, 음주자는 술을 마셨을 때 가족성원과의 상호작용을 피하려 하거나 술 마신 사실을 숨기려고 한다. 둘째, 가족성원의 부정적인 반응은 술을 더 마시게 하는 구실이 된다. 따라서 음주와 가족 상호작용 사이에 복잡하며 순환적인 상호작용이 유지된다(McCrady & Epstein, 1995).

남편(아버지)의 음주가 부인과 자녀에 미치는 영향은 애정의 손실, 의사소통의 붕괴, 언어적·신체적 학대, 재정적인 어려움, 사회적인 고립, 건강 그리고 교육에 대한 방해 등을 포함한다(Cheung, Weber, & Biring, 1997; Orford et al., 1998; Velleman & Orford,

1999). Ahuja 등(2003)의 연구에 따르면, 남편의 과도한 음주는 부부관계의 질에 악영향을 미쳤고, 음주하는 남편은 부인의 욕구를 고려하지 않았으며, 남편이 술에 취했을 때 폭력을 행사하였고, 가계의 재정에 해로운 영향을 미쳤다. 또한 딸들의 경우 아버지의 과도한 음주가 집에서 싸움을 하고 폭력을 하게 하였으며, 아버지의 사랑을 부족하다고 생각하게 하였고, 친구들을 집으로 데려오는 것을 꺼리게 하였으며, 사회적인 고립감을 느끼게 하였다.

2) 알코올중독자를 위한 부부와 가족 치료

알코올중독에 있어서 가족에 대한 초점이 계속 증가하고 있다. 거의 30년 전에 알코올남용과 알코올중독에 관한 미국 국립연구소(U.S. National Institute on Alcohol Abuse and Alcoholism; NIAAA)는 부부와 가족 치료를 "알코올중독의 심리치료 영역에 있어서 가장 현저한 현재의 진보적인 치료방법 중의 하나"라고 인정하였다(Keller, 1974, p. 161). 그렇지만 Steinglass(1976)는 1950년부터 1975년 사이에 보고된 가족치료와 관련된 연구들을 조사한 결과 가족치료의 효과성을 보여 주는 연구들은 단지 몇 개의 연구들에 불과하였으며, 대부분의 연구들이 중요한 방법론적인 결점들을 보이고 있다고 하였다. Edwards와 Steinglass(1995)는 1972년부터 1993년까지 확인된 연구들을 살펴보면서 알코올중독 치료에 대한 가족치료의 효과성, 비용 효과성, 그리고 가족이 관련된 알코올중독 치료의 효과성에 영향을 미치는 요인들에 관하여 조사하였다. 그들은 가족치료가 일단 음주자들이 도움을 받겠다면 개별 알코올중독 치료보다 가까스로 치료를 받고자 하는 알코올중독자들을 동기화시키는 데 더 효과적이며, 알코올중독 치료 후와 재발 방지를 하는 데 유익하다고 결론지었다. 마지막으로 그들은 알코올중독 환자의 성(gender), 관계에 있어서 투자, 금주를 위한 배우자로부터의 적극적인 지지가 가족이 관련된 알코올중독 치료를 중재할 수도 있다는 것을 제안하였다.

행동주의 부부와 가족 치료는 알코올 문제를 가진 가족을 치료하는 효과성에 있어서 비교적 확고한 경험주의적인 지지를 받고 있다(Miller, Westerberg, & Waldron, 1995; O'Farrell, 1995). 행동주의 부부와 가족 치료는 부부 혹은 부부집단에게 실행될 수 있으며, 이 접근법은 일반적으로 배우자의 행동을 변화시키기 위하여 의사소통 기술, 문제해결 훈련, 구성주의적인 전략들을 가르치는 것을 포함한다(O'Farrell, 1995). O'Farrell과 Fals-Stewart(2003)는 알코올중독 치료에 있어서 부부와 가족 치료와 관련된 38개의 연구를 조사한 결과, 알코올중독자가 도움을 추구하려고 하지 않을 때 부부와 가족 치료가 가족이 더 잘 대처하도록 하고 알코올중독자가 치료를 받도록 동기화시키는 데 효과적이라고 하였다. 특히 행동주의 부부치료는 위약 통제집단 혹은 개별치료보다도 치료 후 일 년 안에 금주를 더 하게 하였고 더 좋은 관계적응을 하는 효과를 보여 주었다(FalsStewart & O'Farrell, 2002; Fals-Stewart, O'Farrell, & Birchler, 2001; Kelley & Fals-Stewart, 2002).

알코올중독자의 부인 136명을 대상으로 실시한 조사(김미혜, 엄예선, 이은주, 윤명숙, 1995)에 의하면, 남편의 음주와 부부갈등은 상호 순환적 관계가 있다. 알코올중독자 대다수의 부인들은 결혼생활에 불만족하고 있으며 남편의 알코올중독으로 인한 부부갈등 및 가족 문제가 심각하다고 한 반면, 남편의 음주동기에는 가족관계의 불화도 많은 부분을 차지하고 있음이 나타났다. 그리고 그들은 남편의 회복을 위하여 부부관계의 개선이나 자신들의 노력이 중요하다고 인식하고 있다(이은주, 엄예선, 김미혜, 윤명숙, 1995). Brown과 Lewis(1999)에 따르면, 알코올중독자가 음주를 중단하고 회복과정을 시작하는 것은 익숙해졌던 가족체계의 역할 및 기능 변화를 초래하고, 이로 인해 체계 불균형과 불안정성을 초래하기도 한다. 또한 음주기간 중 잘 드러나지 않았던 부부갈등, 고부갈등, 의사소통의 문제, 성격 부조화, 정서적 갈등 등 많은 문제들이 표면화될 수 있다. 알코올중독의 진행적이고 만성적인 특성상 가족의 가장 중요한 하위체계인 알코올중독 부부 사이의 관계 혼돈과 갈등, 의사소통의 부족 등이 두드러지며 가족문제들이 만성화될 가능성이 높다. 알코올중독자들을 치료하기 위하여 가족 중에서 특히 부부에게 초점을 맞추는 것은 알코올중독자의 배우자는 음주문제로 인하여 일차적으로 영향을 받는 동시에 음주문제 유지 및 단주에 밀접하게 관련되어 있으므로 부부치료가 음주문제 및 회복과정에 최대한 영향을 미칠 것이라는 가정에 근거하고 있다. 선행연구에 따르면, 단주기간만으로는 부부관계의 질이 향상되지 않으며, 부부 모두 단주단계에 적합한 효과적 문제해결 기술을 습득해야 할 당위성이 있는 것으로 나타났다(윤명숙, 1996; Paolino & McCrady, 1977, pp. 6-10; 윤명숙, 2003, pp. 120-121, 재인용). 일반적으로 국내의 알코올중독과 관련된 접근방법은 우선적으로 가 알코올중독자이 단주에 초점을 맞추고 있으며 가족들에 대한 개입은 상대적으로 적은 편이다. 그러나 최근에는 알코올중독자의 입원 치료 프로그램의 효과성에 관한 연구(정원철, 2003), 음악치료와 게슈탈트 치료를 적용한 알코올중독자를 위한 치료(임은희, 2003), 그리고 알코올중독자 가족의 가족적응 유연성 증진을 위한 개입모형에 관한 연구(장수미, 2001)가 있다. 또한 기존의 알코올 가족 관련 프로그램들도 입원환자 가족 중심의 단기 또는 부정기적 부부관계 증진교육 프로그램이 대부분을 차지하고 있다(윤명숙, 2000, 2003). 더불어 알코올중독자 남편의 가족을 치료한 사례연구(김효남, 박태영, 1996)가 있다. 그러나 아직까지 국내에서 단주 중에 있는 배우자에 대한 가족치료 사례연구는 찾을 수가 없었다.

3. 연구 방법 및 분석

1) 연구대상 및 상담기간

이 사례에서는 부인이 고등학생 때부터 음주를 시작한 남편이 술을 좋아하는 것을 결혼 전부터 알면서도 결혼을 하였다. 남편(40세)과 부인(38세)은 함께 장사를 하고 있었고, 슬하에 딸(9세)이 있었다. 2001년 2월부터 2002년 1월까지 총 27회 개별상담과 부부상담을 실시하였다.

2) 분석방법

연구자는 근거이론적인 방법에서 축어록을 중심으로 개방코딩, 축코딩 그리고 선택코딩을 하였으며 과정분석을 하였다. 그리고 과정분석상 나타나는 문제확인 단계, 치료 및 변화의 욕구단계, 변화의 노력단계, 공동의존에서 자유함으로 단계, 극복단계의 5가지 단계를 중심으로 나누었다. 아울러 각각의 5가지 단계에서 3개의 공통적인 문제인 알코올 성문제, 의사소통 그리고 공동의존의 문제를 중심으로 한 부부의 상담내용과 상담자의 개입내용을 중심으로, Miles와 Huberman(1994)이 개발한 대화내용의 서술과 탐구분석의 효과를 보여 주기 위한 시간(즉, 상담회기)에 따른 메타 매트릭스를 활용하였다.

(1) 과정분석

과정분석은 시간의 흐름과 공간에 따라서 상황이나 맥락에 따라 변화하거나 때로는 그 상태로 남아 있게 되는 작용/상호작용이 이루는 일련의 발전하는 순차적 순서를 의미한다(Strauss & Corbin, 1988). 과정은 개인이나 조직, 집단이 스스로 처해 있는 상황에 대해 반응하거나 그 상황을 만들어 내는 능력을 보여 준다. 본 연구에서는 알코올 문제로 인한 부부간의 문제들이 가족치료를 통하여 변화해 가는 과정을 분석하였다. 각 과정은

[그림 8-1]과 같다.

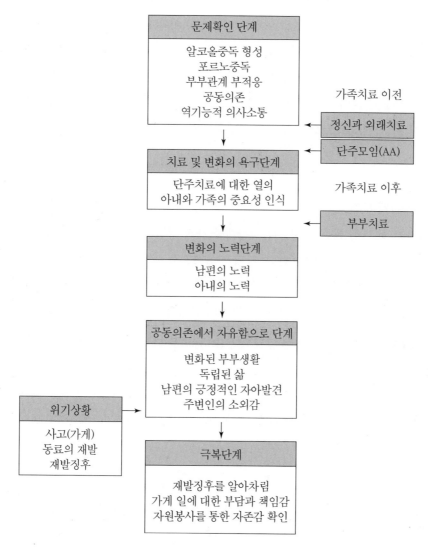

[그림 8-1] 알코올중독에서 회복 중인 남편에 대한 부부치료의 변화과정 분석

① 문제확인 단계

　상담 초기과정으로서 내담자가 주로 호소하는 문제들이 무엇인지, 원가족 속에서 자라온 과정, 청소년기, 학교생활, 직장생활, 결혼 결정과정, 결혼 후 부부생활 등 주 호소 문제와 관련되어 있는 다양한 환경과 상황을 이해하는 단계다.

ⓒ 알코올중독과 포르노중독 형성과정

내담자인 남편은 평범한 가정에서 자라오던 중 갑작스러운 가정의 경제적 어려움으로 인해 중학교 때부터 대학 졸업 후 직장을 다니면서까지 온 가족이 뿔뿔이 흩어져 살아야 했다. 이러한 경험 속에서 힘들고 어려운 마음속의 이야기를 타인과 나눠 보지 못했으며, 어머니는 좋지 않은 기억은 의도적으로 잊으려 하고 좋았던 이야기만 하려고 노력하는 모습을 보여 어머니와도 진솔한 대화를 나눌 수 없었다. 내담자는 고교시절부터 운동을 잘해서 선배들과 많이 어울리며 그때 술을 처음 배웠고, 마음이 울적하고 힘들 때는 혼자 밤새도록 술 마시고 포르노를 보며 자위행위 하는 것이 스트레스를 푸는 유일한 방법이었다.

ⓛ 부부관계 부적응

내담자는 결혼 전 많은 여성들과 성관계를 가진 경험이 있었고 매우 자극적이고 다양한 성적인 취향을 가지고 있는 반면, 아내는 성적으로 매우 보수적인 성향으로 결혼 초부터 서로 성적인 성향이 달랐다. 남편은 아내와의 성관계가 자위행위 이상의 만족을 주지 못한다고 생각을 했다. 아내는 결혼 초 남편의 간경화 진단과 알코올중독으로 인한 입원 등으로 성관계를 요구하는 것에 대해서 금기시할 수밖에 없었으며, 남편의 건강과 단주에 모든 신경을 쏟아야 하는 생활을 하게 되었다. 결혼 후 남편과의 성생활이 거의 이루어지지 않았고, 남편은 포르노를 보며 자위행위를 하는 것으로 자신의 성적인 욕구를 충족시켰다. 아내는 그러한 남편의 행위들에 대해서 불쾌하였으나 그 불쾌감을 직접적으로 표현하지는 못하였다.

ⓒ 공동의존

남편이 알코올중독 증상과 함께 간경화 진단을 받은 후에는 술을 접할 수 없도록 직장을 그만두고 가게를 시작하였고, 부부는 24시간을 함께 지내는 삶의 방식으로 바꾸었으며 부부 모두 친구관계나 개인적인 취미활동이 단절되었다.

ⓡ 역기능적인 의사소통

남편은 결혼 전 자신의 문란했던 성경험을 아내에게 말할 수 없었고, 부부간에 진솔한 대화를 나누지 못하고 있다는 것이 친밀한 부부관계를 할 수 없는 요인이라고 생각을 하고 있었다. 아내에게 솔직한 표현을 하면 아내가 상처를 받을 것이 걱정되어 솔직한 대화를 할 수 없었다. 아내의 경우 자기 자신의 감정에 대한 인식이 잘 되지 않아 있는 그대로를 표현하지 못하고 울음으로 나타냈고, 아내의 그런 감정적인 반응에 남편은 화를 내는 방식으로 반응했다. 이처럼 부부는 모두 정서적인 어려움이나 갈등에 대한 대처방법을 긍정적으로 표현하지 못했다. 한편 아내는 부모님이 모두 새벽부터 밤늦은 시간까지 장사를 하는 환경 속에서 자신의 마음을 터놓고 대화를 나눌 만한 상대가 없이 자라 왔다.

② 치료 및 변화의 욕구단계
㉠ 단주치료에 대한 열의
내담자인 남편은 결혼 초 처음으로 알코올중독이라는 진단을 받고 폐쇄병동에 입원을 한 경험이 매우 충격적이었다. 그 후부터는 다시는 그런 곳에 입원하지 않겠다는 결심을 갖게 되었고 적극적 단주를 위한 치료를 받기 시작하였다. 그리고 단주모임에 참여하고 자기 자신의 삶의 과정들을 돌아보는 자서전을 쓰면서 자신의 문제들과 어려움에 대한 인식을 하게 되었다. 그 과정에서 부부간의 진솔한 표현을 못하고 있었고, 그로 인해 부부관계가 친밀하지 못함도 발견하게 되었다. 자기 자신의 문제를 변화시키고자 하는 열의가 생겼고, 담당 사회사업가에 의해서 상담공부 참여와 가족치료를 권유받게 되었다.

㉡ 아내와 가족의 중요성 인식
남편은 자신의 알코올 문제와 소원한 부부관계 등으로 인해 아내가 자신을 떠나게 될 것을 두려워하고 있었는데, 단주 치료과정을 통해 가정과 아내의 소중함을 깨닫게 되었다.

③ 변화의 노력단계
변화의 노력단계는 가족치료 개입 이후에 부부간에 변화가 발생하는 단계다.

㉠ 남편의 노력
남편은 부부간의 진솔한 의사소통을 원했으나 솔직한 대화를 하지 못하고 있던 중 가족치료를 통해 용기를 얻게 되어 아내에게 자신의 성적으로 문란했던 경험들을 털어놓게 되었다. 아내는 짐작은 하고 있었으나 직접 들은 사실에 대해서 정서적으로 힘들어하는 모습을 보였으나 그것을 이겨 내고 수용하려는 노력을 보였다. 남편은 저녁 때마다 하던 컴퓨터를 자제하고, 아내와 성관계를 시도하고 부부만의 시간을 갖기 위해 영화와 콘서

트를 관람하였다. 또한 남편은 어머니가 가게 일로 자신에게 은연중에 의지하려고 하는 부분과 자녀양육에 있어서의 관여에 대하여 자신의 일과 어머니의 일을 분명히 구분하려는 노력을 보임으로써 어머니와 자식 간의 경계를 명확히 하려고 노력하였다.

ⓛ 아내의 노력

아내는 남편이 컴퓨터를 하는 것에 대해서 신경을 덜 쓰려고 노력하였고, 남편이 좋아하는 취미활동을 할 수 있도록 모형 만들기를 선물하는 등 적극적인 노력을 시도하였다. 또한 남편이 알코올중독이어서 그것을 극복하기 위해 무엇인가(포르노에 집착)에 몰두할 수밖에 없다는 것과 알코올중독처럼 포르노에 집착하는 것도 일종의 병일 수 있다는 것을 인식하게 되었다. 아울러 남편의 입장을 이해하며 남편의 점차적인 변화가 있을 것으로 기대하며 기다리는 마음을 가졌다. 또한 자신에게 느껴지는 부정적인 감정을 있는 그대로 표현하는 것을 시도하면서 남편과의 부부싸움을 하게 되었는데, 부부싸움에 대해서 다른 부부들과 같이 싸움을 한다는 것에 대해서 긍정적으로 받아들였다.

④ 공동의존에서 자유함으로 단계
㉠ 변화된 부부생활

내담자 부부는 가족치료 의뢰 전에는 잠자리에서 서로 부딪칠까 봐 신경을 곤두세우고 침대의 양 끝에서 벽 쪽으로 누워서 잤으나, 상담 후에는 잠자리에 대해서 신경을 전혀 쓰지 않게 되었고 그냥 편한 대로 자게 되었다. 부부만의 시간을 보내고 싶은 생각을 갖게 되어서 그 기회를 만들었다. 또한 부부간에 성격의 차이, 생활방식의 차이, 표현방식의 차이가 있다는 것을 인정하게 되었고, 서로 간에 하고 싶은 말은 있는 그대로 하게 되었다.

㉡ 독립된 삶

내담자 부부는 결혼 후 거의 24시간을 함께 생활을 해 왔으나, 상담 후 아내는 자신의 취미활동을 시작하고 자녀 친구의 부모와 교제하기 시작되면서 남편과 떨어져 있는 시간이 많아지고 그 시간을 즐길 수 있게 되었다. 남편 또한 아내가 취미활동을 하는 것에 대하여 적응을 하려고 노력을 하였다.

ⓒ 남편의 긍정적인 자아발견

상담과 자서전 쓰기를 통해서 스스로가 정체성이 없었다는 것과 스스로에 대해서 주로 부정적으로만 인식해 왔음을 알게 되었고, 자기 자신에 대한 긍정적인 부분을 보고자 했을 때 긍정적인 자기 자신을 발견할 수 있게 되었다.

ⓔ 주변인의 소외감

부부가 친밀해짐에 따라 자녀가 불안함을 느끼고 부부 사이에 자꾸 끼려는 노력을 보였다. 또한 아내가 남편의 알코올 문제로 힘들 때 의존했던 가게 직원이 이유 없이 신경질적으로 행동하는 모습을 보였다.

⑤ 극복단계
ⓐ 재발 징후를 알아차림

상담이 잘 진행이 되고 부부간의 기능적인 의사소통이 이루어지고 부부관계가 회복되고 있던 시점에서 단주모임 동료가 재발하였고, 가게 재계약을 앞두고 있어서 긴장한 탓인지 남편은 재발의 징후를 느끼게 되었다. 그러나 재발의 징후를 스스로 정확하게 인식하고 위험성이 있음을 아내와 상담자에게 알리고 위기의 상황을 극복해 나갔다.

ⓑ 가게 일에 대한 부담과 책임감

내담자 부부는 가게를 직원에게 전적으로 맡겨 운영하는 형태를 유지했다. 그러나 가게에 어려운 일이 발생하게 되자 직원들이 모두 자기 자신의 이익만을 주장하는 모습을 보고 가게를 남에게 맡겨서는 안 되겠다는 것을 인식하게 되었고, 자신의 가게에 좀 더 적극적으로 책임감 있게 임해야 함을 깨닫게 되었다.

ⓒ 자원봉사를 통한 자존감 확인

내담자는 재발의 위기에 있음에도 불구하고 자기 자신이 가진 능력을 통해서 자원봉사활동을 하였고 성공적으로 자원봉사활동을 마침으로써 재발 위기를 극복하고 자긍심을 발견하게 되었다.

(2) 근거 자료의 범주화

인용문에 있는 첫 번째 숫자는 상담회기를 의미하고 H는 남편, W는 부인 그리고 마지막에 있는 숫자는 축어록의 문장의 순서를 의미한다.

① 문제확인 단계

하위 범주	개념	인용문
알코올 및 성 중독 형성	의사소통이 불분명한 시어머니	"사는 스타일이 거짓말을 하시면서 얼렁뚱땅 넘어가는 거예요." (2-H93) "너무 남을 배려하다시피 하다 보니까 상대방에게 부담을 주거나 이런 거." (2-H75) "상대방 기분 나쁘지 않게 거짓말을 많이 하세요. 뻔히 보이는 거짓말 하는 거죠." (2-H94)
	어려웠던 환경에 술과 성으로 위안 삼음	"밤마다 취하지 않으면 잠을 잘 수가 없었어요. 제 음주 패턴이 기분 좋을 때까지 술을 마시고 누우면 잠이 잘 안 오거든요. 머릿속에서 여러 가지 생각이 나요." (2-H72)
부부관계 부적응	자극적인 성적 욕망(외도)	"예전에 술 마실 때 알았던 여자하고 몇 번의 외도관계가 있었어요." (1-H5) "성적으로 예민하고, 그러면서도 지나친 만족감을 제가 요구를 해요." (13-H22) "성적으로 관계를 맺었을 때 그냥 맺는 게 아니고 굉장히 많은 만족을 얻고 싶어 해요." (13-H22)
	아내의 성적 무지	"뭐 영화에서 보는 것처럼 막 그런 거(오르가즘)는 없는 거 같아요." (16-W40) "불결하다는 느낌을 받았기 때문이에요." (16-W28)
	성과 부부관계를 별개로 봄	"부부관계에 있어서 제 처와, 사랑하는 사람과 사랑하는 정상적인 부부관계를 따로 떨어트려 놓고 성적인 부분을 분리시켜 놓으니까." (1-H19) "성행위도 좀 필요하고, 좀 고귀하고 좀 부부생활 하는 거하고 비슷한 동급인데도 이상하게 그 둘과는 매치가 안 됐어요." (1-H16)
	성적 불만족	"욕구가 생기면 저 스스로 자위행위를 하거나 그런 식으로 해요." (1-H12) "거의 어떨 때는 일주일에 다섯 번, 여섯 번 이상 자위행위 할 때도 있었고, 성적인 욕망은 많이 일어나는데 제 처를 전혀 그런 식으로 못 봤어요." (1-H13) "제 처만 놓고 봤을 때는 그런 욕구가 안 생기죠." (1-H22)
	성적 취향이 다름	"남편이 포르노를 보는 걸 안 본다는 거죠? 네, 그걸 내가 안 보면 되는 거고, 그 사람은 그 사람 나름대로 살아왔기 때문에 그런 걸 생각을 하게 되는 거고……." (3-W17) "성교를 갖거나 성행위를 하게 될 때에는 극도로 절제된 성행위를 하게 되거든요. 선택의 여지도 별로 없고. 근데 저는 예전에 많은 사람들하고 겪으면서 아주 말초적인 것……." (12-H34)
	술로 인해 악화된 건강	"결혼해서 한 3개월 후에 병원에 입원했어요. 간경화 판정을 받았거든요." (3-W1) "황달이 오는 바람에 그때 병명을 알았어요. 그래서 몸이 안 좋으니까 부부관계 하는 데 중점을 두지 않았어요." (3-W2)

포르노중독	성관계 없음	"성관계가 없을 때도 제 처한테 친근한 모습은 보였어요. 둘이 키스를 안 한 거는 언제부터인지는 모르겠는데, 자세히 기억은 안 나요."(1-H16) "남편이 해 주면 하고. 한 2년 전부터……. 술 안 먹고는 딱 한 번, 제 기억으로는 딱 한 번밖에 없었어요. 술 마시고도 안 해요."(3-W21)
	남편의 컴퓨터 몰입으로 인한 아내의 스트레스	"포르노 보는 걸 바라보며…… 그런 거 자체를 떨어뜨리고 부부관계를 안 하고 해서 그런 거지, 여자이기 때문에…… 서로 안 하는 관계에서는 떠오르고 그러는 건 없어요. 그 사람이 포르노 보는 거에 대해서 부부관계는 따로 생각하는 게…… 그런 걸로 싸우는 게 힘든 거지 밤이 외로워서 그런 건 아니에요."(3-W23)
	잠자는 습관의 차이	"그러니까 제가 생각하는 게, 내가 잘 때 닿는 걸 싫어하나 보다……. 잠자기 전에는 뭐 걸치고 닿고 그래도……. 어떤 때는 그게 안정감이 들 때도 있어요. 이 사람하고 자는데 항상 걸치고 그러거든요."(17-H27)
	성관계에 대한 부담	"그때 당시 제가 응하지 못하겠더라고요. 안 되겠더라고요. 어색하기만 하고. 제 기분이 그게 아니더라고요."(16-H12) "이 사람이 표현하듯이 제가 장난치고 마는 거는 거기까지는 자연스러워요. 근데 그거 넘어가는 거를 제가 참 힘들어하고."(17-47) "그런데 얘기할 때 장난치지 말라고 하는 게, 우리 부부는 성교를 많이 하는 게 아닌데…… 저는 그런 식으로 제 감정을 흩으러 놓으면 싫어서 그래요. 왜냐면 다른 사람처럼 잠자리를 같이 하면 그렇게 하다 끝내도 좋은데, 일 년에 한 번 할까 말까 하니까 안 할 거면 손도 데지 마라 하는 거예요. 감정의 기복이 흔들리는 게 나도 힘드니까……. 제대로 안 해 줄 거면 하지도 마라 하는 거죠."(17-W50)
공동의존	외부와의 단절	"이 사람은 다른 사람, 자기가 아는 사람 외에는 말 붙이는 사람들도 싫어해요. 그 사람들이 나한테 말 거는 것도 싫고."(15-W86) "친구들도 안 만나고요."(16-H80)
	지나친 밀착	"8년 동안 남편 감시 역할을 해서 너무 오랜 기간 동안 자기 것이 없었잖아요."(5-W86) "한 번 또 화가 나고 그러면 말을 잘 안 하고, 그렇게 하면서 24시간 동안 남편과 같이 있어야 되니까."(15-W70) "24시간을 그냥 같이 있는 것, 결혼하고 6년 동안을 계속 그렇게 해 왔어요."(5-W60)
	부부간 정서 융합	"제 처가 기분이 조금 다운이 되고 그러면 저도 역시 다운이 되고, 그쪽이 업이 되면 저도 좀 같이 업이 되죠."(1-H18) "제가 기분 좋게 이야기하면 이 사람은 좀 더 자기 의견을 내놓고 하지만, 그게 좋든 나쁘든 제가 흥분상태가 되면 딱 거기서 이야기를 안 하는 거 같아요. 그거에 중점이 가는 거고."(17-H38)
	아내의 인간관계 어려움	"아직도 사람 사귀는 것이 어렵고 학교 어머니 모임도 힘들고 그냥……."(4-W21)
	눈치 보는 딸	"알코올중독 자녀에게서 보이는 증상으로서 특별하다기보다 눈치를 많이 보는 편이에요."(1-H37) "제가 기분 좋을 때는 행복해하고 기분이 안 좋을 적에는 우울해하죠."(15-W119)

②치료 및 변화의 욕구단계

하위 범주	개념	인용문
아내와 가정의 중요성 인식	가족 울타리의 소중함을 느낌	"결혼생활이 깨질까 봐 제일 불안해요. 그런데 제가 생각하는 가정이라는 그 울타리 안에 이런 저와 제 처와 딸을 생각해 봐요."(1-H18) "제 처에 대한 사랑이라는 것과 가정이라는 것에 대하여 제 생각을 정리하기 시작했는데, 어느 날 그렇게 계속 하다 보니 제 처가 사랑스럽다는 느낌이 들더라고요."(1-H15)
	아내를 놓칠까 염려함	"제 처하고의 사랑에서 그게 그렇게 크게 우리 부부 사이를 위협할 만한 거라고는 생각을 안 했어요. 그런데 처의 경우는 전혀 아니었던 거고요."(1-H2) "심한 알코올중독 증세가 나타났는데, 그때도 제 처가 방문 앞과 아파트 현관 앞에 지키고 있으면 제가 그걸 뿌리치고 나가질 못했어요."(1-H18) "저하고 제 처가 어떤 동반적인 관계를 유지하려고 했던 것 같더라고요."(1-H18) "아직도 조마조마하고 막 긴장감이 맴돌고 그랬는데, 지금도 조금 불안한 거는 이런 관계를 못 견뎌서 제 처가 떠날까 봐……."(1-H18)
단주 치료에 대한 열의	단주모임	"정신병원 알코올 전문 클리닉에 가고 단주모임 메시지방이 있고 그런데, 거기서 제가 경험했던 것을 청주에 내려가서 얘기를 하니까."(2-H70) "단주모임 같은 데 계속 나가고 그 이후 3년간 술을 안 마셨어요. 그 이후 3년 동안은 한 번도 그런 적이 없었어요."(1-H10)
	자서전 쓰기	"한 6개월 전부터 제가 제 지난 이야기를 쭉 써오고 이런 이야기를 매번 정리를 하는데 아직 완성은 못 했거든요. 그거를 하다가 이런 상태로는 도저히 안 되겠다라는 생각을 갖게 됐죠. 언젠가 제가 그 자서전 쓰는 것을 마치고 나면 그때 오 박사님께 소개를 받아서라도 이 부분에 대한 치료를 받겠다고 약속을 받았는데……."(1-H15)
	자신의 문제를 해결하고 싶어 함	"그런 것도 문제고, 또한 비정상적인 사고를 내가 갖고 있는 것이 저도 어떨 때는 견디기가 힘들어요."(1-H18) "제 속으로는 제가 여기 온 게, 제 처하고 연애를 해 온 건데 다른 쪽으로 생각이 빠지려고 그러면 제가 밀기도 하고 그래서거든요. 저로서도 견디기 힘들고 그렇죠."(1-H29)
	다시는 입원하지 않겠다는 결심	"단지 그런 곳(정신병원)에 들어가고 싶지 않겠다는 그거 하나만을 갖고 2년 정도를 버틸 수 있었는데……."(1-H50)
	상담공부	"TA, 초급과정을 이제 겨우 했는데 그걸 하면서 쭉 들어 보니까 저하고 제 처하고가 어떤 동반적인 관계를 유지하려고 굉장히 그쪽에 의지를 많이 하고 있던 거 같더라고요."(1-H18)

③ 변화의 노력단계

하위 범주	개념	인 용 문
남편의 노력	과거를 고백함	"네, 처음 이야기했어요. 내가 생각했던 거하고, 내가 생각하는 성이라는 거하고 사랑이라는 거하고요. 그거를 내가 같이 이렇게 뒤섞었던 것 같아요. 그러니깐 사랑하고 성하고 분리시켜 놓는 그런 면이 나한테 있는데 그거를 내가 깨야 되는 거고, 내가 과거에 뭐로 인해서 그런 생각을 가지게 되었건 그거를 털어 버려야 되고." (16-H17)
	어머니와의 분리 노력	"어머니하고 저하고의 관계에 있어서 저는 많은 정리를 했어요." (11-H10) "저녁 때마다 어머니한테 가서 어머니 쪽에 계속 신경을 쓰면서 일을 했거든요. 요즘은 그렇게 안 해요. 어머니가 하고 싶으셔서 하시는 거니까 어머님이 시작을 하신 만큼 어머님이 마무리하시는 게 낫다는 거죠." (11-H11)
	아내에게 인정받고 싶어 함	"나 이러저러해서 잘 했지? 잘 했다고 얘기 좀 해 줘. 아예 그렇게 얘기를 하고 그러다 보니까 언젠가부터 처가 눈치를 좀 채요." (16-H81)
	컴퓨터 시간 줄어듦	"컴퓨터 앞에 앉아 있는 시간이 많았는데 굉장히 많이 줄었어요." (5-H10) "(포르노 보는 것) 요즘은 전혀 없어요." (17-H11)
	성관계 맺음	"2주 전에는 굉장히 오래간만에 ○○ 엄마하고 같이 성관계를 가졌어요." (5-H10)
	부부만의 시간을 가짐	"애엄마하고 놀러 많이 다녔죠. 어디 놀러가는 건 아니고…… 저는 ○○ 엄마와 같이 백조의 호수 갔다 온 이후로는 특별히 갈 기회가 별로 없었는데, 얼마 전에 인터넷으로 응모한 영화 시사회권도 오고 해서 밤 9시에 둘이 시사회 갔다 오고 했어요. 또 엊그저께는 콘서트도 둘이만 갔다 오고." (16-H9)
아내의 노력	아내의 기다림	"그냥 저는 조급하게 생각하지 않아요. 자연스럽게 나도 언젠가 서로 원하면, 그게 서로 고장난 건 아니니깐 되지 않을까 그런 생각을 해요. 그렇게 빨리빨리 어떻게 해야겠다 그런 것보다는……. 남편도 조금씩 변하는 거 같아요." (23-W60)
	남편이 컴퓨터로부터 자유로워짐	"많이 탈피를 하려고 해요. 이제 애 방에 가서 같이 자는 이유 중 하나가 그쪽 방에 가서 자면 이 사람이 몇 시에 자고, 몇 시에 컴퓨터를 끄고 자는지를 몰라요." (5-W33)
	시부모에게 석응	"이러면 내가 힘들겠다 싶어서 어머니 아버지라고 생각을 하자 했죠. 그러니까 안 힘들어요." (4-W37)
	포르노중독을 병으로 이해함	"어쩔 때 보면 거의 중독성으로 술 마실 때처럼 그건 그거고 이건 이거다 그렇게 나가는 거예요. 그러니까 부부생활을 안 해도 그것에 대해서 불편한 게 아니라 하나의 병이니까 하는 식으로 나를 이렇게 편하게 만드는 것이죠." (10-W39)
	남편에게 선물함	"애엄마가 샌들을 사줬는데요." (13-H1)
	자신의 감정을 표현함	"옛날에는 그냥 무시하고 말았는데 요새는 제가 할 이야기 다 해요." (21-W17)

④ 공동의존에서 자유함으로 단계

하위 범주	개념	인용문
변화된 부부생활	부부만의 하위체계	"애엄마하고 단 둘만의 시간을 자꾸 보내고 싶어요. 둘이 나가서 영화를 한 편 보고 싶었거든요."(20-H24)
	부부간의 차이를 인정	"이 사람이 짜증을 좀 내고 그랬는데 도리어 이런 상태에서는 앞뒤를 다 잘라 버리고 제 감정만 딱 잘라서 이야기하는 게 나오거든요."(21-H14) "일단 목소리가 올라가요. 커지고 눈을 크게 뜨고 덤빌 자세로 이야기를 하지요. 그런데 저는 안 지잖아요. 옛날에는 그냥 무시하고 말았는데 요새는 제가 할 이야기 다 해요."(21-W17)
	잠자리가 편해짐	"그래서 저는 벽에 딱 달라붙어서는 이불 하나 껴안고 자고 그랬는데, 자다가 이렇게 딱 돌아 갔는데, 지금은 그냥 탁 치고 내 편한 대로 엎어져서 자고 그래요."(20-W78) "요즘에는 같이 많이 자요. 도로 가지는 않더라고요."(20-W66)
	부부간의 의사소통 향상	"표현을 따로 하는 게 아니라 일단 목소리가 올라가요. 커지고 눈을 크게 뜨고 덤빌 자세로 이야기를 하지요. 그런데 저는 안 지잖아요. 옛날에는 그냥 무시하고 말았는데 요새는 제가 할 이야기 다 해요."(21-W17)
	시부모와 경계 설정	"저희는 애아빠나 저나 부모님이라고 해서 뭐 어떻게 해야 하거나 그런 것은 없어요. 같이 살면서도 편안하게 하고 살아요. 그래서 저도 그냥 스트레스 안 받고 살아요."(27-W69)
독립된 삶	달라진 아내의 모습	"서운한 것은 없었어요. 애아빠가 그런 데 같이 가지 않을 것 같고 또 가면 불편해할 것 같다는 생각이 들어가지고, 어차피 불편해하면서 같이 가느니 나 혼자 가서 먼저 알아보고 얘기해 주는 것이 낫다는 생각도 들더라고요."(20-W13) "기운이 가라앉거나 우울할 시간이 없잖아요. 바쁘잖아요."(20-W51)
	남편이 컴퓨터 신경 안 씀	"저는 요즘에 저녁 때만 되면 그냥 자요. 그리고 그냥 계속 신경이 끊어져요."(20-W67)
	아내의 변화에 적응함	"네. 그 언니들하고 애엄마가 언니라고 부르는 분하고 그쪽 가서는 퀼트도 하고 뭐하고 얘기도 하루 종일 많이 하고 그래요. 며칠 전에는 강화도에도 그쪽 식구들은 빼고 여자끼리만 다녀오고 그랬는데 그게 나쁜 것은 아니에요."(19-H165)
주변인의 소외감	가게 언니와의 마찰	"강 언니가 예전에는 애엄마하고 상당히 밀착된 관계였어요. 이번 단주 시작하고 저 뭐 왔다 갔다 하고 예전보다 그래도 많이 나아졌고, 저하고 애엄마하고 상담받으러 오기 전에도 일단은 둘이 좀 나아졌으니까 애엄마가 저의 걱정도 좀 덜 하고 가게도 잘 안 나가고 했죠. 그러면 강 언니가 상당한 스트레스를 받아가지고 그것이 일에 다 드러나죠. 일에 드러나는 것뿐만 아니라 저를 압박도 하거든요."(20-H58)
	딸이 부부 사이에 끼려 함	"그전에는 시키는 대로 했는데, 요즘에는 히히히 그러면서 가운데 껴요. 이제 난 내 짝꿍이랑 간다고 손 붙잡고 그러면 가운데 꼭 껴가지고 가요."(20-W33)

남편의 긍정적 자아발견	자신의 정체성이 없음을 아쉬워 함	"지금으로 말하면 정체성이라든지 그런 것일 텐데, 그때 당시는 그렇게 깊게 생각하지도 않고 나라는 것은 없는 거 아니냐 하고 생각했어요." (16-H59)
	긍정적인 자신을 찾음	"요즘은 그 보잘것없는 나도 나지만 그 외에 또 내가 가진 장점도 많다는 게 조금 더 인정되는 거고…… 단점도 있고 장점도 있고 다 그런 거지만 장점을 보고 살아가는 게 나한테 더 편하지 않겠느냐……." (16-H63)
	스스로에 대한 자긍심 느낌	"전에는 힘들어하더니 단주하고 나서 좋아하는 거 같아요. 자기 간도 컸다고 사람 몇백 명 모아 둔데서……." (23-W8)

⑤ 극복단계

하위 범주	개념	인용문
재발징후를 알아차림	동료의 재발로 인한 충격	"그 사람이 이번에 단주 4년을 불과 몇 개월 앞두고 있었는데 재발을 했죠. 그게 저한테는 상당한 충격이었어요. 그 일로 인해 저는 저의 재발에 대해서 한동안은 생각을 안 했었는데 이제 재발을 굉장히 두려워하고 있어요." (11-H7)
	술 생각이 남	"아직까지도 술에서 완전히 벗어난 건 아니지요. 아직도 마음이 안정되지 못하고 불안하고 해요. 뭔가에 집중하고 싶은데 다른 걸 잊어버릴 만큼 쏠리지 않고서는 힘들죠." (22-H11) "제가 술 마시려고 준비하는 그 기간의 모습하고 같게 보인다고 그러더라고요." (21-H7)
	재계약으로 인한 긴장	"제가 계약이나 그런 걸 앞에 두고 안 좋다는 걸 알거든요." (22-H39)
	가게 사고로 인한 심리적 부담	"가게문제에, 뭐에…… 그냥 잘 있는 것만으로도 다행이라고 생각을 했는지 제 생각을 잘 안 건드리려고 애를 쓰는 편이에요." (22-H39)
	혼자 여행 가기 원함	"아무 생각 없이 여행 다녀오고 싶은 게 있었거든요, 한 하루나 이틀. 그런데 이 사람이 그런 이야기도 하고 그래서, 그 예전에 마시고 싶었을 때 그런 이야기를……." (21-H20)
	재발상태 회상	"그때쯤 되면 벌써 준비는 다 되어 있는 거죠. 술만 입에 안 들어갔다 뿐이지 본인이 다 준비해 놓은 거니까, 또 몇 달간은 편하게 지냈으니까 그때는 포기……. 옛날 같으면 집에서 못 나가지요. 집에서 안 나가요. 왜냐면 이런 식으로 집에 혼자 있으면 술 먹으니까 지켜야지요." (21-W21)
가게 일의 부담	가게 일이 싫음, 남편은 가게 일을 마지못해 함	"근데 일을 탁 놓고 싶거든요." (15-W96) "가게는 급한 일 아니면 애아빠가 집에 와 있어요. 그게 불만스러운 것도 뒤에 얘기를 해도 안 되는 게, 대부분 애가 아빠……." "아침에 나가서 일을 하고 들어오면 하루종일 가게에 있는 날은 한 달에 2~3번밖에 안 돼요. 거기 일하는 언니가 힘들게 일해도 컴퓨터만 하고." (15-W109)

가게 책임	가게 직원과의 갈등	"강 언니가 예전에는 애엄마하고 상당한 밀착된 관계였어요. 예전에 제가 술을 마실 때에는 강 언니한테 털어놨거든요. 그리고 그땐 애엄마가 친구도 없었고 얘기를 할 수 있는 사람도 아무도 없는 상태에서 둘이 서로 대화의 통로였죠. 이번 단주 시작하고 저 뭐 왔다 갔다 하고 예전보다 그래도 많이 나아졌고, 저하고 애엄마하고 이곳에 상담받으러 오기 전에도 일단은 둘이 좀 나아졌으니까 가게도 잘 안 나가고 했죠. 그러면 강 언니가 상당한 상당한 스트레스를 받아가지고 그것이 일에 다 드러나죠. 일에 드러나는 것뿐만 아니라 저를 압박도 하거든요." (20–H59)
이겨냄	재발유혹 자각	"제 패턴이 그런 걸 제가 아니까, 이게 끝나고 나서 더 조심해야 된다는 걸 알고 있죠. 그런데 일단 요즘 같은 땐 도망가고 싶다는 생각은 안 들어요. 도망가고 싶다는 생각은 안 드는 대신에 내 상태가 안정을 못하고 불안해서 더 답답하고……." (22–H29) "애엄마가 제가 계약이나 그런 걸 앞에 두고 안 좋다는 걸 알거든요. 그런데 요즘 같아선 악재가 많이 겹쳤지요. 그냥 잘 있는 것만으로도 다행이라고 생각을 했는지 제 생각을 잘 안 건드리려고 애를 쓰는 편이에요." (22–H39)
	재발위기를 잘 넘김	"계약하기 전이나 계약하고 나서 그 서류를 받을 때까지 지금까지 계약의 과정을 몇 번 겪었는데 이번이 그중에서 제일 편안하지 않나 싶어요." (26–H4)
	자원봉사를 통한 자존심	"발표해 달라는 이야기를 10시에 시작을 하는데 그렇다고 해 달라고……. 잘하잖아요. 어떠냐고 물어봐서 아카데미 시상식 소감하는거 같다고 말했어요." (23–H7)

(3) 시간에 따른 메타 매트릭스

내담자 부부가 가지고 있었던 세 가지 주요 문제, 즉 알코올 및 성 문제, 공동의존 그리고 의사소통 문제가 가족치료를 통하여 시간에 따라 변화되어 가는 과정을 가시화하여 나타낸 것이다. 문제확인 단계와 치료 및 변화의 욕구단계는 상담과정에서 상담 초기에 병행되어 나타났기 때문에 시간에 따른 변화과정으로 볼 때 비슷한 시간대에서 이루어졌다. 시간변화에 따른 매트릭스에서는 문제확인 단계 및 치료 및 변화의 욕구단계, 변화의 노력단계 그리고 공동의존에서 자유함으로 단계로 나누어서 회차, 부부 그리고 상담자의 개입 부분으로 나누어 분석을 하였다.

① 문제확인 단계와 치료 및 변화의 욕구단계(1~4회)

	알코올 및 성 문제	의사소통 문제	공동의존
문제확인 단계와 치료 및 변화의 욕구단계	"결혼 전 여자관계가 있었고, 다시 만나면서 술 마시기 시작했어요."(1-H8) "보통 부부하고 틀려요. 아이를 낳고 관계가 없었어요."(1-H1) "부부관계를 따로 떨어뜨려 놓고 성적인 부분을 분리시켜 놓으니까."(1-H19) "욕구가 생기는 게 저 스스로 자위를 한다거나 자위를 해서 처리를 할 때……."(1-H24) "남들보다 더 술이 세더라고요."(2-H34) "그 회사에 들어갔는데 조그만 방을 내줘서 맘놓고 술을 먹더라도 뭐라 할 사람도 없고, 제때 일어나 근무를 하면 되니까 거의 매일 술을 마셨어요. 일 년 365일을 계속 술로 취해 살았으니까."(2-H71) "남편이 결혼 3개월 후에 병원에 입원했어요. 결혼했는데 신혼 초부터 술을 마셨거든요."(3-W1) "술하고 연결이 되어 있어서 관계가 중요하다고 안 했고, 술을 마시면 부부관계를 잘 안 해요. 그런에도 결혼하기 마자 포르노를 보고 그러더라고요. 포르노를 보면서 자위행위를 하고요."(3-W3)	"연애를 하던 시절에도 좀 애틋하고 달콤한 사랑 같은 것을 스스로 바라고 있으면서도 아내를 놓치지 않으려고 아내를 묶어 두려는 그런 식에서 먼저 시작이 되었고."(1-H4) "어머님은 좋은 일만 회상하시려는 그런 게 많이 보여요. 기억하고 싶지 않았던 일이라든가 그런 것들은 잘 기억을 못하세요."(2-H6) "내가 그런 내색은 못하겠더라고요. 성격상 또 이야기하면 못 참으니까. 그래서 이야기 안 하니까 쌓이게 되더라고요."(3-W5) "회피를 하는 편이에요."(3-W7) "그전부터도 나 나름대로 이야기를 잘 못하는 게, 마음에 무슨 이야기를 하면 화를 내니까 무서워서 이야기를 못하는 거예요. 대부분 사소한 건 넘어가고 큰것도 무서워서 피해 버려요."(4-W27)	"제 처가 기분이 조금 다운이 되고 그러면 저도 같이 다운이 되고, 그쪽이 업이 되면 저도 좀 같이 업이 되고."(1-H18) "상담하기 전에는 두렵지만 뵙고 나면 편해요. 근데 요즘에는 잘 안 돼요. 사람 만나는 것도 두려워하고 저번 주에는 학교 학부모를 만나는 게 있었는데……."(3-W31) "제가 그런 문제가 있기는 있어요. 지금도 사람 사귀는거 어려워하고 학교 어머니 모임이 힘들고 그냥……."(4-W23)

② 변화의 노력단계(5~13회)

	알코올 및 성 문제	의사소통 문제	공동의존
변화의 노력단계	"제가 접근하는 거 자체를 거부당하기도 했고, 제 처가 저한테 접근했던 적도 있어요. 근데 그때 느낌이 저도 제 처를 거부한 것 같았어요." (5-H75) "그냥 내버려 두면 내가 담을 쌓고 이렇게 감정을 전혀 안 줘도 되는데, 나를 이렇게 만지면 내 감정을 건드리게 되니까 힘들어지는 거예요. (5-W48) "제 처가 와서 어떤 프러포즈를 했어요. 그러니까 터치, 애무 정도의 그 프러포즈를 했어요." (9-H2) "그냥 발기가 안 됐던 상태에서 그냥 넘어갔고, 그냥 웃으면서 뭐 이러저러해서 그 분위기를 벗어났는데……." (9-H3) "맞춰 주고 할 것도 없어요. 서로 주파수를 던지는 것도 아니고, 제가 가끔씩 유도를 해요." (10-W48) "그런데 그거는 꾸준히 서로, 지속적으로 일주일에 몇 번 서로 그런 식으로 하면 얘기가 되는데, 저희 같은 경우는 결혼 초부터 시작해서 이렇게 이어 지지가 않았어요." (15-W27)	"한번 또 화가 나고 그러면 말을 잘 안 해요. 그 이렇게 24시간 또 같이 있어야 되니까, 그러다가 풀리는 시간은 어느 날 내가 몸이 좀 안 좋으니까." (5-H67) "당신이 얘기하다가 방에 들어가면 내가 기분이 나빠, 그런 얘기는 안 했어요." (5-W38) "저는 감정이 먼저 탁 와닿아 가지고 지금까지 표현 못했던 것들을 한다고는 하지만, 이제 조금 시작은 하지만 그게 아예 예전처럼 계속 못했으면 그 감정이 지금도 계속해서 똑같이 눌렸을지도 모르죠." (9-H53) "대화가 없었죠. 거기서 다 말하니까 그냥 멍하니 당하고 있었죠." (10-W61) "숨기는 게 많은데 자기가 안 하는데 그 속을 어떻게 알아요?" (10-W83) "사소한 것부터 부딪히고 그런 것들이 조율이 잘 되지가 않더라고요." (12-H24) "저하고 서로 신뢰가 회복되고 지금처럼 서로 냉랭하고 그런 게 아니고 겉으로 평화, 속으로 전쟁이 아니라 둘 다 오픈시켜 놓고, 둘 다 진짜 오픈시킬 수 있을 때는 가능하리라고 봅니다." (13-H33)	"결혼한 지 6년 동안 계속해서 그 규칙을 지켜왔어요. 24시간을 그냥 같이 있는 거요." (5-W60, 61) "거의 24시간 동안 준비자세로 있다고 그 이야기를 했는데……." (8-W5) "이 사람이 내 얘기를 듣고 한번 딱 반응이 나오면 그 반응이 보통 제가 기대했던 반응이 아니니까요. 그 어떤 좋은 반응을 기대했던 것은 아니지만 그 반응에 따라서 제 다음번 얘기가 틀려져야 하니까요." (11-H12) "예측불허요! 계획성 있게 해 가지고 뭘 하는 게 불안한 거예요." (15-W86) "제가 결혼하기 전까지는 친구들하고 놀러 다니는 것을 좋아했는데, 결혼하고 나서는 그런 것이 다 끊겼어요." (15-W67) "제가 기분이 좋을 때는 딸이 행복해하고, 제가 기분이 안 좋을 적에는 우울해하죠." (15-W119)

③ 공동의존에서 자유함으로 단계(16~19회)

	알코올 및 성 문제	의사소통 문제	공동의존
공동의존에서 자유함으로 단계	"거의 밤에 둘이 비디오 보고 그 자리에서 그냥 잤어요." (20-H64) "초저녁 외에는 컴퓨터를 따로 켜고 그런 적은 없었어요. 가끔가다 고스톱 치고, 그럼 또 친다고 한번 야단맞고 그러다 끄고 뭐 그렇죠." (20-H69) "저는 요즘에 저녁 때만 되면 그냥 자요. 그리고 별로 계속 신경이 끊어져요. 뭐 그렇게 집착하지 않고 그거에 막 스트레스 받고 그러지는 않아요." (20-W67) "지금은 자다가 딱 이렇게 돌아 잤는데, 이렇게 해도 그냥 탁 치고 나 편한 대로 엎어져서 자고 그래요." (20-W78) "제가 술 마시려고 준비하는 그 기간의 모습하고 같게 보인다고 그러더라고요." (21-H7) "그래서 제가 밤에 잠도 잘자요. 그걸 끊었기 때문에 어느 순간부터 잠을 잘 잔거 같아요. 아마 계속 그 생각하고 있었으면 잠 못 잘거 같아요." (23-W52) "그냥 저는 생각하기에 소급하게 생각하지 않고 자연스럽게 나도 언젠가 서로 원하면 그게 서로 고장난 건 아니니깐 되지 않을까 그런 생각을 해요. 애아빠도 조금씩 변하는 거 같아요. 요구는 아직까지는……." (23-W60)	"내가 말을 해서 애엄마가 기분 나빠할 것 같다 그래도 그냥 솔직히 얘기를 해요. 애엄마가 기분 나빠할지도 모르지만, 이것은 진짜 아무것도 없고 그냥 하는 얘기하고 얘기를 해요." (20-H79) "일단 목소리가 올라가요. 커지고 눈을 크게 뜨고 덤빌 자세로 이야기를 하지요. 그런데 저는 안 지잖아요. 옛날에는 그냥 무시하고 말았는데 요새는 제가 할 이야기 다 해요." (21-W17) "어떤 때는 제가 여기 와서 얘기를 하다가 중간에 이야기를 못했을 때도 있고, 또 이렇게 되기 위해서 이게 그래서 그랬던 거라는 평가를 했을 때가 있고 그렇게 한다는 건 좋죠." (26-H44) "그런 얘기를 들을 때 저는 기분이 그렇게 나쁘지는 않더라고요. 꼬는 게 아니라는 것을 아니까." (27-W81) "그냥 제가 뭐 제 맘을 다스리고 계속 불편한 것 없애가면서 표현하면 될 것 같아요." (27-W111)	"서운한 것은 없었고 애아빠가 그곳에 같이 가지 않을 것 같은, 그곳에 가면 불편해할 것 같은 생각이 들어가지고, 어차피 불편해하면서 같이 가느니 나 혼자 가서 먼저 알아보고 얘기해 주는 것이 낫겠다는 생각도 들더라고요." (20-W15) "제가 초기에 불안해서 그랬던 그거를 거쳐서 그때까지는 애엄마가 저보다 훨씬 더 건강했어요. 제가 이걸 자꾸 못 참아서 모임 같은 데도 자주 나가고 이러다가 어느 날 갑자기 돌아보니까 몸이 상당히 안 좋은 데다 자기 자신도 요즘 또 불안하다고 해요. 불안하다기보다 애엄마는 요즘 감정의 기복이 많이 줄었어요. 아주 기뻐하고 아주 슬퍼하고 아주 화내고 이런 게 없이 무덤덤한 걸로 죽 가요. 요즘 그런 상태예요." (22-H32) "네, 그거 하나는 많이 바뀌었어요! 그런 면에서는 많이 바뀌었는데 그냥 맞물리는 것 같아요. 제가 이제 그런 면에서는 많이 좋아졌는데 나이딩 낫이 찍어시잖아요. 그냥 나이 들면 따뜻한 햇빛 쬐는 의자에 앉아서 하루종일 졸다가 이이랑 낚시하고……." (27-W7)

④ 극복단계(20~27회)

	알코올 및 성 문제	의사소통 문제	공동의존
극복단계	"애엄마가 일주일 전 낮에 저한테 진하게 프러포즈를 했어요. 그런데 제가 거부를 했죠. 제가 거기 응하질 못했어요."(16-H12) "서로 간의 스킨십이라고 해야 되나 그런 정도의 장난치는 게 항상 거기서 끝나니깐, 더 이상의 진전이 없고 거기서 끝나니깐 그렇게 본격적인 행위가 없어요."(16-H48) "포르노 보는 건 요즘은 전혀 없어요."(17-T11~H11) "난 최고 불만스러운 것이 그 생활 리듬을 같이 맞추지 않고 자기만 자기 것 한다고 그쪽으로 맞추다 보니까 자꾸 삐걱거리는 거예요."(19-W168)	"저하고 이야기를 깊이 나눴어요. 서로 짐작만 하지 말고 말로 더 확실하게 의사표현을 해 보자 했죠. 나한테 있었던 실제적인 문제가 이러이러한 부분이라고. 내가 당신을 성적인 면과 내 부인이라는 면을 같이 매치를 잘 못 시킨다든지, 포르노를 보거나 뭐를 했을 때 흥분되거나 이런 거를 당신한테 옮기지 못하는 그런 문제가 있다든지……."(16-H15) "이 사람하고 나하고 깊은 대화를 안 하고 같이 살아온 기간이 긴 만큼 이 사람은 이사람 나름대로 자기 생각을 굳혀 왔고……."(17-W32) "어제 이야기했어요. 같이 자는 것도 못 하면 같이 섹스도 못 하면 옆에서 같이 자주기라도 해야 된다고요."(18-W5)	"애엄마도 그런 면에 있어서 자기가 자꾸 스스로 개발을 하면서 좋아지는 거라고 보고……."(16-H22) "요즘은 그 보잘것없는 나도 나지만 그 외에 또 내가 가진 장점도 많다는 게 조금 더 인정되는 거고……."(16-H63) "다른 학부형 아이들이랑 얘기를 하거나 아니면 침 맞으러 가는 것도 그렇고, 머리 하러 가는 것도 그렇고……."(16-H81) "이모가 놀이동산이나 박물관을 가자고 해서 갔어요."(18-W16) "제가요, 잠 잘때 무섭다고 엄마나 아빠 중 한 사람을 오라고 그래요. 그때 엄마 아빠는 짝꿍하고 같이 자야 한다면서 거의 같이 안 자줘요. 아빠는 잘 모르겠어요."(19-C88) "그 집에 데려다 주면 거기 이모가 시간을 내주고……."(19-W36) "퀼트도 하고 뭐 하고 얘기도 하루종일 많이 해요. 며칠 전에는 강화도에 그쪽 식구를 빼고 여자끼리만 다녀오고 그랬는데……."(19-H165)

4. 결 론

　　본 연구는 현재 간경화 초기의 진단을 받고 단주 중인 남편에 대한 총 27회의 부부상담 내용을 중심으로, 한 치료자가 치료를 한 자료를 가지고 다른 한 연구자와 함께 아이디어를 공유하면서 분석을 하였다. 연구자는 질적 자료분석 방법 중 하나인 근거이론적인 틀을 가지고 개방코딩, 축코딩 그리고 선택코딩을 하였으며, 이러한 선택코딩을 중심으로 과정분석을 하였다. 물론 연구자들은 하나의 상담사례를 가지고 근거이론을 적용하는 데는 많은 무리가 따른다는 점을 충분히 인정하면서, 사례 간 분석이 아닌 한 사례 내에서 상담을 통해서 내담자의 변화과정을 이해하기 위해 근거이론적인 분석방법을 시도하였다. 아울러 과정분석에서 나타났던 문제확인 단계, 치료 및 변화의 욕구단계, 변화의 노력단계, 공동의존에서 자유함으로 단계 그리고 극복단계를 중심으로, 알코올 및 성 문제, 의사소통 문제 그리고 공동의존의 3가지 범주를 중심으로 Miles와 Huberman의 시간에 따른 메타 매트릭스를 활용하여 상담으로 인한 변화를 살펴보았다. 부부간에 나타나는 현상은 알코올과 성 문제였다. 하지만 두 사람 모두 각자 어려운 원가족의 환경 가운데 성장과정을 거치면서 내면의 대화를 나눌 대상과 기회가 없음으로 인해 결혼 후에도 의사소통이 안 되고 있었으며, 알코올로 인한 공동의존 현상이 나타나고 있었다. 부부간에는 늘 불안과 긴장이 도사리고 있었으며, 이러한 긴장과 불안을 솔직한 대화로서 해결할 수 있는 방법이 미흡함으로 인해 부부간에 성문제가 있었다. 그럼에도 불구하고 두 사람은 변화에 대한 시도를 할 수 없었고 서로 성에 대한 부분을 언급하지 않는 금기사항을 만들어 왔다고 볼 수 있다. 그러나 부부상담으로 인하여 두 사람 간에 표현 할 수 없었던 내면의 이야기들이 서로 표출되면서 긴장과 불안이 많이 완화되었으며, 공동 의존적인 생활의 모습에서 각자의 삶의 영역을 인정하는 모습으로의 변화를 갖게 되었다.

참고문헌

권보영(1992). 알콜중독자 부인을 위한 교육프로그램 효과에 관한 연구. 서울여자대학교 대학원 석사학위논문.

김미혜, 엄예선, 이은주, 윤명숙(1995). 한국알콜중독가족의 특성 및 부부문제에 관한 연구: 알콜 중독자의 회복을 위한 부부집단 개입 프로그램 개발 연구(I). 사회복지, 124, 72-93.

김용석(1999). 국내외 알코올사용장애 선별도구의 비교를 통한 한국성인의 알코올사용장애에 관한 역학조사. 한국사회복지학, 37, 67-88.

김효남, 박태영(1996). 의사소통 문제를 지닌 알콜중독자의 가족치료 사례연구. 한국가족치료학회지, 4, 47-79.

손봉기, 김동언(1994). 알콜중독증환자 부인의 행동경향과 치료결과와의 상관관계에 관한 연구. 신경정신의학, 33(4), 796-804.

손봉기, 한창환, 정소영(1992). 알콜중독증환자 부인의 행동경향과 인성적 특성에 관한 연구. 신경정신의학, 31(5), 949-956.

윤명숙(1996). 알코올중독 남편의 단주가 부부관계에 미치는 영향에 관한 연구. 이화여자대학교 대학원 박사학위청구논문.

윤명숙(1999). 알코올중독자의 회복과정 원조를 위한 지역사회 재활프로그램에 관한 연구. 정신보건과 사회사업, 8, 135-159.

윤명숙(2000). 알코올중독자 실태 및 재활모형에 관한 연구. 보건복지부.

윤명숙(2003). 회복중인 알코올중독자의 부부관계증진을 위한 집단치료프로그램 효과성 연구. 정신보건과 사회사업, 16, 119-155.

윤명숙, 엄예선, 김미혜, 이은주(1995). 알콜중독자 부부집단 프로그램에 관한 연구: 알콜중독자 회복을 위한 부부집단 개입 프로그램 개발 연구(III). 정신보건과 사회사업, 2, 5-32.

이근후 외 역(1995). DSM-VI 정신 장애의 진단 및 통계편람(4판). 서울: 하나의학사.

이은주, 엄예선, 김미혜, 윤명숙(1995). 알콜중독자 아내의 알콜중독 회복 프로그램 욕구에 관한 연구: 알콜중독자의 회복을 위한 부부집단 개입 연구(II). 한국사회복지학, 26, 165-200.

이정균(1994). 정신의학. 서울: 일조각.

임은희(2001). 알코올중독자를 위한 치료접근방법 개발에 관한 연구. 정신보건과 사회사업, 12, 53-74.

정원철(2003). 알코올중독자의 입원치료프로그램에 대한 효과성 인식에 관한 연구. 정신보건과 사회사업, 15, 32-51.

장수미(2001). 알코올중독자 가족의 가족적응유연성 증진을 위한 개입모형개발: 알코올중독의 세대 간 전이를 예방하는 시각에서. 정신보건과 사회사업, 11, 53-77.

제갈정(2002). 한국인의 음주실태. 한국음주문화센터.

최영화, 이민규, 박상학(1994). 주정중독환자 배우자의 스트레스 대처방식과 결혼생활. 신경정신
　　의학, 33(5), 1046-1053.

Ahuja, A., Orford, J., & Copello, A. (2003). Understanding how families cope with alcohol
　　problems in the UK West Midlands Silk Community. *Contemporary Drug Problems,*
　　30(4), 839-873.

Anderson, S. C. (1995). Alcohol abuse. In R. L. Edwards (Ed-in-Chief). *Encyclopedia of*
　　Social Work (19th ed., Vol. 1, pp. 203-215). Silver Spring, National Association of
　　Social Workers.

Bader, E., & Pearson, P. (1988). *In quest of the mythical mate: A developmental approach*
　　to diagnosis and treatment in couples therapy. New York: Brunner/Mazel.

Bennett, L. A., & Wolin, S. J. (1990), Family culture and alcoholism transmission. In R. L.
　　Collins, K. E. Leonard, & J. S. Searles (Eds.), *Alcohol and the family: Research and*
　　clinical perspectives (pp. 194-219). New York: The Guilford Press.

Campbell, J. L., Master, M. A., & Johnson, M. R. (1998). Relationship of parental alcoholism
　　to family-of-origin functioning and current martial satisfaction. *Journal of Addictions*
　　and Offneder Counseling, 91, 7-14.

Chase, N. D., Deming, M. P., & Wells, M. C. (1998). Parentification, parental alcoholism,
　　and academic status among young adults. *American Journal of Family Therapy, 26,*
　　105-114.

Cheung, Y. W., Weber, T. R., & Biring, P. (1997). Alcohol and other drug use in the
　　Punjabi community in Peel, Ontario: Experiences in ethnocultural harm reduction.
　　In P. G. Erickson, D. M. Riley, Y. W. Cheung & P. A. O'Hare (Eds.), *Harm*
　　reduction: A New direction for drug policies and programs. Toronto: University of
　　Toronto Press.

Cloninger, C. R., Bohman, M., & Sigvardsson, S. (1981). Inheritance of alcohol abuse.
　　Archives of General Psychiatry, 38, 861-868.

Deming, M. P., Chase, N. d., & Karesh, D. (1996). Parental alcoholism and perceived levels
　　of family health among college freshmen. *Alcoholism Treatment Quarterly, 14,* 47-
　　57.

Duncan, B. L., Solovey, A. D., & Rusk, G. S. (1992). *Changing the rules. A client-directed*
　　approach to therapy. New York: The Guilford Press.

Edwards, M., & Steinglass, P. (1995). Family therapy treatment outcomes for alcoholism.
　　Journal of Marital and Family Therapy, 21, 475-509.

Fals-Stewart, W., & O'Farrell, T. J. (2002). *Behaviroral couples therapy increase compliance*
　　with naltrexone among male alcoholic patients. Unpublished data. Buffalo, NY:
　　Research Institute on Addiction.

Frankenstein, W., Hay, W. M., & Nathan, P. E. (1985). Effects of intoxication on alcoholics' marital communication and problem solving. *Journal of Studies on Alcohol, 46*, 1–6.

Garbarino, C., & Strange, C. (1993). College adjustment and family environments of students reporting parental alcohol problems. *Journal of College Student Development, 34*, 261–266.

Jonhson, P. (2003). Dimensions of functioning in alcoholic and nonalcoholic families. *Journal of Mental Health Counseling, 23*(2), 127–136.

Kaufman, E. (1985). *Substance abuse and family therapy.* Orlando, FL: Grune & Stratton.

Keller, M. (Ed.) (1974). Trends in treatment of alcoholism. *In Second special report to the U.S. Congress on alcohol and health* (pp. 145–167). Washington, DC: Department of Health and Welfare.

Kelley, M. L., & Fals-Stewart, W. (2002). Couples versus individual-based therapy for alcoholism and drug abuse: Effects on children's psychosocial functioning. *Journal of Consulting and Clinical Psychology, 70*, 417–427.

Lewis, J. A. (1992). Treating the alcohol-affected family. In L. L'Abate, J. E. Farrar, & D. A. Serritella (Eds.), *Handbook of differential treatments for addictions* (pp. 61–83). Needham Heights, Allyn and Bacon.

Mathiansen, E. H., & Davenport, Y. B. (1988). Reciprocal depression in recovering alcoholic couples: The efficacy of psychodynamic group therapy, *Group, 12*, 45–55.

McCrady, B. S., & Epstein, E. E. (1995). Marital therapy in the treatment of alcoholic problems. In N. S. Jacobson, & A. S. Gurman (Eds.), *Clinical handbook of couple therapy* (pp. 369–393). New York: The Guilford Press.

Miles, M. B., & Huberman, A. M. (1994). *Qualitative Data Analysis.* (2nd ed., pp. 110–122). Thousand Oaks, CA: Sage Publications.

Miller, W. R., Westerberg, V. S., & Waldron, H. B. (1995). Evaluating alcohol problems in adults and adolescents. In R. K. Hester & W. R. Miller (Eds.), *Handbook of alcoholism treatment approaches* (2nd. ed., pp. 61–88). Boston: Allyn and Bacon.

O'Farrell, T. J. (1986). Marital therapy in the treatment of alcoholism. In N. S. Jacobson & A. S. Gurman (Eds.), *Clinical handbook of marital therapy* (pp. 513–535). New York: The Guilford Press.

O'Farrell, T. J., & Fals-Stewart, W. (2003). Alcohol Abuse. *Journal of Marital and Family Therapy, 29*(1), 121–146.

Orford, J., Natera, G., Davies, J., Nava, A., Mora, J., Rigby, K., Bradbury, C., Copello, A., & Velleman, R. (1998). Stresses and strains for family memebers living with drinking or drug problems in England and Mexico. *Salud Mental(Mexico), 21*, 1–13.

Osterman, F., & Grubic, V. N. (2000). Family functioning of recovered alcohol-addicted patients: A comparative study. *Journal of Substance Abuse Treatment, 19*, 475–479.

Paolino, T. J., & McCrady, B. S. (1977). *The alcoholic marriage: Alternative perspectives*, New York: Grune & Stratton, Inc.

Sheridian, M. J., & Green, R. G. (1993). Family dynamics and individual characteristics of adult children of alcoholics: An empricial analysis. *Journal of Social Service Research*, *17*, 73-97.

Smyth, N. J. (1995). Substance abuse: Direct practice. In R. L. Edwards et al. (Eds.), *Encyclopedia of Social Work* (19th ed., pp. 2328-2337). Washington, DC: National Association of Social Workers.

Smyth, N. J. (1998). Alcohol abuse. In B. A. Thyer & J. S. Wodarski (Eds.), *Handbook of empirical social work practice* (Vol. 1., pp. 181-204). New York: John Wiley & Sons, Inc.

Steinglass, P. (1976). Experimenting with family treatment approaches to alcoholism (1950-1975): A review. *Family Process, 15*, 97-123.

Steinglass, P., Bennett, L. A., Wolin, S. J., & Reiss, D. (1987). *The alcoholic family*. New York: Basic Books.

Strauss, A., & Corbin, J. (1998). *Basics of qualitative research: Techniques and procedures for developing grounded theory*. Thousand Oaks, CA: Sage.

Thomas, E. J. (1989). Unilateral family therapy to reach the uncooperative alcohol abuser. In B. A. Thyer (Ed.), *Behavioral family therapy* (pp. 191-208). Springfield: Charles C Thomas.

Thomas, E. J., & Yoshioka, M. R. (1989). Spouse interventive confrontations in unilateral family therapy for alcohol abuse. *Social Casework, 70*, 340-347.

Thomas, E. J., & Ager, R. D. (1993). Unilateral family therapy with spouses of nucoopertiave alcohol abusers. In T. J. O'Rarrell (Ed.), *Treating alcohol problems: Marital and family interventions* (pp. 3-33). New York: Guilford Press.

Thomas, E. J., Adams, K. B., Yoshioka, M. R., & Ager, R. D. (1990). Unilateral relationship enhancement in the treatment of spouses of uncooperative alcohol abusers. *The American Jouranl of Family Therapy, 18*(4), 334-344.

Velleman, D., & Orford, J. (1999). Risk and resiliences: Adults who were the children of problem drinkers. Reading: Harwood.

제9장

알코올중독 문제를 가진 재혼한 부인에 대한 가족치료사례 연구*

1. 서 론

한국의 이혼율은 OECD 국가 중에서 최상위권에 속하고, 높은 이혼율과 더불어 재혼율도 증가하고 있다. 2006년도의 경우 재혼은 전체 결혼의 약 20%를 차지하였으며, 초혼 대비 이혼 후 재혼의 비율은 16.3%를 차지하였다. 또한 미성년 자녀를 동반하고 재혼한 경우는 재혼가족의 약 70%나 되었다(통계청, 2007). 이와 같이 이혼과정을 거쳐서 재혼하는 경우가 지속적으로 증가하고 있고, 앞으로도 사회적 변화와 맞물려서 꾸준히 증가할 것으로 예상된다.

2008년 2월 6일 울산에서 6세 된 아들을 때려 숨지게 하고, 증거인멸을 위하여 드럼통에 휘발유를 부어 불태우고 태연히 거짓 인터뷰를 한 계모 오 모(30) 씨의 사건은 위선적인 모습과 함께 잔혹성으로 전국을 경악시켰다. 이 사건의 가해자가 재혼모였다는 사실로 인해서 재혼모에 대한 사회의 부정적 인식은 강화되었고, 재혼가족의 통합과 적응이 얼마나 어려운 것인지를 새삼스럽게 생각하게 만들었다(경향신문, 2008).

재혼가족의 통합과 적응이 갖는 어려움은 또다시 재해체(이혼)로 이어지는 경우가 많다. 국내에는 체계적인 조사연구가 실시된 적이 없어서 정확하게 파악하기 어렵지만, 한

* 박태영, 김태한, 김혜선(2009), 한국사회복지학, 61(1)에 게재되었음.

국가정법률상담소(2007)에 따르면 재혼가족의 이혼상담은 2002년 13.3%, 2004년 14.7%, 2006년 15%로 매년 증가하는 것으로 나타났다. 또한 미국의 경우에도 초혼부부의 이혼율이 40%대이지만, 재혼부부의 이혼율은 70%에 이르고, 삼혼부부의 이혼율은 80~90%까지 증가한다는 보고가 있다(Furstenberg & Spanier, 1984; 김효순, 엄명용, 2007, 재인용). 이러한 결과들은 초혼가족보다 재혼가족의 통합과정이 더 어렵다는 것을 반영하고 있다. 미국의 경우 1980년대부터 재혼가족에 대한 학술적 관심이 증가하였다. 이는 미국사회가 1960년대와 1970년대에 재혼이 증가하고, 재혼가족의 형성에서 겪는 어려움들이 사회 및 학술적 이슈가 되었기 때문이다(Ganong & Coleman, 1994).

재혼가족의 통합과정의 어려움은 초혼가족과 재혼가족이 다르게 발달한다는 관점에서 이해할 필요가 있다. 모든 가족은 개인의 발달과 마찬가지로 집합체로서 가족의 고유한 발달과정, 즉 가족 생활주기를 가지고 있고, 각 발달단계마다 성취해야만 하는 특정의 과업들이 있다. 특히 가족치료에서는 가족 생활주기의 각 단계마다 해당 과업을 성취하지 못하면 적응의 어려움을 가지고 가족문제가 발생한다고 본다(Carter & McGoldrick, 1989). 재혼가족의 경우, 기존에 연구된 초혼 및 중산층 가족과 여러 면에서 다른 특징을 가지고 있는 것으로 보고되었다(Coleman, Ganong, & Fine, 2002; Visher & Visher, 1991). 또한 재혼자들 역시 구혼기간이 짧거나 별다른 준비 없이 재혼을 진행하는 것으로 나타났다(Hanna & Knaub, 1984; Ganong & Coleman, 1989).

미국과 서구사회를 배경으로 진행된 재혼가족에 대한 연구결과들을 한국사회에 적용하는 것은 쉽지 않을 것으로 보인다. 이것은 한국사회가 유교적 이념으로 재혼을 금지한 조선시대 500년간의 영향력을 직·간접적으로 받고 있고, 가족구성원의 혈통을 중시하는 순혈주의와 가족 응집력에 대한 강조, 재혼에 대한 부정적 편견이 여전히 지배적인 문화적 차이 때문이다. 비혈연의 자녀가 있는 재혼가족의 경우는 비혈연 부모-자녀 관계뿐만 아니라 재혼부부 관계도 사회문화적 영향을 받기 때문에 여러 재혼가족의 유형 중에서 가장 복잡한 관계적 특성을 가진다(김효순, 엄명용, 2007). 재혼가족에서 재혼모(부인)가 받는 스트레스는 다른 구성원들이 받는 스트레스보다 크다. 이것은 가족 안에서 엄마로서의 역할비중이 크게 요구되면서 동시에 계모라는 부정적 인식이 강하게 작용하여 가족통합을 어렵게 만들기 때문이다. 재혼모의 스트레스는 초혼모보다 크며 재혼부보다 크다는 사실로도 알 수 있다(임춘희, 1996; 임춘희, 정옥분, 1997; 김연옥, 2002; Demo & Acock, 1996).

우리나라는 사회적으로 재혼가족이 증가하고 있으며, 재혼가족의 독특한 발달과정과 통합의 어려움은 잘 알려져 있다. 그러나 재혼가족의 특수성으로 인하여 재혼가족이 경험하는 가족갈등에 대한 치료적 개입의 경험적 연구가 부족하다. 따라서 본 사례연구에서는 가족치료과정에서 드러나는 재혼가족의 갈등과 상호작용을 가족치료적 관점에서 이해하고, 재혼가족의 갈등에 개입하는 방법을 모색하고자 한다.

2. 이론적 배경

1) 치료와 분석의 이론적 틀

MRI(Mental Research Institute)의 단기치료, Haley와 Madanes의 전략적 치료, 밀란(Milan) 모델은 모두 의사소통이론에서 출발하였고, 팰러앨토의 MRI에서 나왔다(Nichols & Schwartz, 2008). 협의적으로는 Haley와 Madanes의 모델을 전략적 치료라고 지칭하고, 광의적 개념으로는 이 3가지 모델을 모두 전략적 치료로 분류하기도 한다(Goldenberg & Goldenberg, 2001; Nichols & Schwartz, 2008).

MRI의 Watzlawick, Beavin과 Jackson(1967)은 대화에서 개인이 갖는 함의를 설명하는 공리들을 연구하였다. 첫째는 모든 행동은 의사소통이고 모든 사람은 항상 의사소통을 한다는 것이고, 둘째는 모든 메시지가 보고와 명령의 기능을 가지고 있다는 것이다. 특히 명령의 기능은 관계에 대한 측면이며, 암시적인 특성이 강하기 때문에 이해하기가 쉽지 않다. 즉, 모든 사람은 의사소통에서 자유로울 수 없으며, 그것은 관계의 역할을 설정한다.

Madanes(1981)는 부부관계에서 발생하는 갈등은 권력의 공유문제와 배우자 간에 통제와 책임의 영역을 나누는 위계의 문제로 발생한다고 보았다. 이 권력은 상대방을 지배하는 가능성뿐만 아니라 배우자를 위로하고, 변화시키고, 돌보고, 책임을 져주는 가능성까지도 포함한다. 부부는 관계에서 권력이 균형을 유지시키는 방법으로 증상을 선택하며, 이러한 증상으로는 우울증, 알코올중독, 공포, 불안 및 심리·신체적 증상들이 있다. 따라서 증상을 가진 배우자가 있는 결혼생활은 부부간의 위계의 부조화로 이해하는 것이 필요하다. 또한 증상을 가진 배우자는 자신을 돕고 변화시키려고 노력하는 상대 배우자보다 열등한 위치에 있다. 그러나 증상을 가진 배우자는 상대 배우자의 도움을 받아들이지 않는다는 점에서 우월한 위치에 놓이게 한다. 증상을 가진 배우자는 상대 배우자에게 조언과 도움을 요청하면서도 한편으로 거부한다. 그럼으로써 부부 사이에는 두 가지의 부조화로운 위계가 형성된다. 하나의 위계는 문제를 가진 사람이 도움이 필요하다는 점에서 열등한 위치에 있고, 증상이 없는 배우자는 도와주는 사람이라는 점에서 우월한 위계를 가지고 있다. 또 다른 위계는 증상을 가진 배우자는 영향을 받거나 도움을 받으려 하지 않을 것이고, 이것은 증상 없는 배우자가 도움을 주거나 영향을 주는데 실패하게 만듦으로써 증상 있는 배우자가 위계상 우월한 위치에 놓이게 한다. 따라서 결과적으로 증상을 가진 배우자는 증상을 이용해서 증상을 가지지 않은 배우자를 조정할 수 있다. 그리하여 부부는 서로의 약점과 권력을 규정짓는 상호작용에서 벗어나지 못하는 것이다. 열등한 위치에 있으면서 동시에 우월한 위치에 있다는 개념은 매우 중요한데, 배우자들은 상호작용에서 서로 번갈아 가면서 위치를 변경할 수 있다. 권력의 배분이 잘 되면 부부는 생활에서 만족스럽고, 적절한 배분을 하지 못할 때에는 한 사람이 불만스러울 수 있는데, 이때에 증상적 행위가 나타난다. 증상적 행위는 위계서열을 바꾸고 권력의 균형을 마련하기 위한 시도일 수 있다. 이러한 시도는 부부관계에서 권력의 균형보다는 위계 부조화를 이루기 때문에 오히려 불행한 해결책이 된다. 이러한 부부갈등을 해결하기 위해서는 부부간의 동등한 관계를 이루도록 해야 하는 것이다.

전략적 접근들은 목표에 대한 관점과 접근방법이 다소 다르다. MRI 단기치료에서는 의뢰된 문제에 대해서 가족들이 만족한다면 문제는 해결되고 치료자의 역할도 끝난다고 보았다. 반면 Haley는 가족을 구조적으로 재조직하려고 하였고, 가족의 위계나 경계선을 재구조화시키는 것에 초점을 두었다. 밀란 모델에서는 현재의 드러나는 문제보다는 가족체계와 증상이 주는 의미를 밝히는 데 초점을 두었고, 가족의 인식이나 신념을 변화시키려고 하였다. 그들은 게임을 유발하는 이상한 행동에 대한 동기를 재구조화하도록 계획하였다(김유숙, 2002).

그러나 전략적 접근을 하는 치료자들은 공통적으로 정적 피드백 고리(positive feedback loop)의 개념을 도입하여 모델의 가장 중요한 개념으로 삼았다. 그들은 일반적인 어려움이 어떻게 반복되는 문제로 발달하는가는 가족구성원들이 그 어려움에 어떻게 대처하느냐에 달려 있다고 보았다. 즉, 어려움을 해결하기 위하여 잘못된 시도를 함으로써 문제를 더 악화시키고 결과적으로 악순환을 가져온다는 것이다(Watzlawick, Weakland, & Fisch, 1974). 가족체계가 문제를 감소시키기 위하여 사용하는 부적 피드백(negative feedback)은 실제로 그 문제를 확장하는 정적 피드백의 효과를 가져오기 때문에 가족은 지금까지 시도한 방식과는 다른 방식으로 문제를 해결하는 것이 필요하다(Nichols & Schwartz, 2008).

따라서 기존의 효과가 없었던 해결방식들을 중단하고 새로운 해결책을 시도하려면 가족의 규칙도 변해야 한다. 가족에게는 암시적인 규칙들이 모든 생활을 통제하고 있다. 특히 새로운 해결책을 시도해야 하는 상황에서 변화해야 하는 것은 새로운 행동뿐만 아니라 그 행동을 지배하는 규칙이다. 이런 가족규칙의 변화에 대해서 MRI의 단기치료에서는 재구성을 강조한다. 재구성은 어떤 문제에 대해서 기존의 해석과는 다른 해석을 하는 것이다. Haley와 Madanes의 전략적 가족치료는 가족 내부에 있는 위계구조를 지배하는 규칙을 중요하게 보고, 문제의 이면에는 역기능적 가족위계가 있다고 보았다. 밀란 모델 (Parazzoli, Boscolo, Cecchin, & Prata, 1978)도 가족의 상호작용은 일종의 파워게임이며 증상은 가족을 보호하는 기능을 한다고 보았다(Nichols & Schwartz, 2008).

본 사례연구는 MRI 모델과 전략적 접근들에서 강조하는 피드백 고리의 개념을 사용하여 재혼가족의 갈등 및 상호작용 그리고 치료적 개입을 분석하고자 하였다.

2) 재혼가족에 대한 선행연구

(1) 재혼가족 연구의 동향

현대사회에서는 재혼을 사회의 예외적 현상으로 이해하기보다는 체계적이고 객관적인 관점에서 접근할 필요가 있다. 우리나라에서는 재혼에 대해 부정적 선입견을 가지고 있고 비정상적인 가족의 형태로 보는 경향이 크다. 19세기 말까지 남편과 사별한 여성의 재혼을 금지하였기 때문에 이 전통이 현대까지 미치고 있다. 재혼한 여성은 전부인을 대신해서 가사와 자녀양육을 담당하며 가족 내에서 지위를 획득해야 했기 때문에 의붓자녀들에게는 위협적인 존재로 인식되기도 하였다. 한편 남편의 재혼은 여성에 비해서 사회적으로 허용적인 측면이 크다. 부계혈연이 강한 우리의 가족제도에서는 남녀의 똑같은 재혼에서 여성을 남성의 가족에 편입된 사람으로 취급한다. 한국에서는 재혼가족을 대상으로 하는 체계적 실증연구가 부족하다. 이것은 재혼에 대한 사회적 편견 및 사회적 관심의 결여 때문이며, 재혼자들이 타인에게 재혼 사실을 노출하기 꺼리며, 연구자들이 연구대상을 확보하기가 어렵기 때문이다(정현숙, 유계숙, 2003).

재혼가족은 특성상 초혼가족과 많이 다른 것으로 알려져 있다. 이러한 재혼가족의 특성은 다양한 인간관계를 포함하고 있다는 점에서 관계의 구조가 복잡하고, 가족 내에 포함되는 사람에 대한 경계들이 불분명하고, 구성원들에게 기대되는 사회적 규범이 빈약하다(유영주, 2007). 재혼가족은 부모와 자녀들의 상실과 변화의 경험이 크며, 조화롭지 못한 개인, 결혼, 가족 생활주기로 시작하며, 이전 가족에서 형성한 기대감을 가지고 있으며, 부모-자녀 관계가 새로운 부부관계보다 일찍 형성되며, 자녀들의 기억 속에 다른 가족과 생물학적 부모가 존재하며, 자녀들은 두 가족의 구성원이 될 수도 있으며, 계부모와 의붓자녀들 간의 법적 관계가 애매하다는 점에서 초혼가족과 구조적으로 다르다 (Visher & Visher, 1996). 또한 성공적인 재혼가족의 특성은 상실을 잘 처리하고, 기대가 현실화되고, 부모가 강하게 통합되고, 건설적인 의례가 확립되고, 만족스러운 재혼가족이 형성되고, 분리된 가족들의 협동이 이루어지는 것이다(Visher & Visher, 1990).

국내의 연구에서 재혼부부의 결혼 만족도에 영향을 미치는 요인은 재혼부부의 역할 모호, 역할갈등, 가족 경계의 모호성, 가족 지지 및 재혼가족 유형이며, 성별, 교육기간, 재혼기간, 공동자녀 여부는 유의미한 영향을 미치지 않은 것으로 나타났다(김효순, 김명용, 2007). 2007년도에 한국가정법률상담소를 내방하여 상담한 동거 1년 미만인 302명 중에서 재혼한 비율은 39.4%로, 전체 이혼상담에서 나타난 재혼비율 15.0%보다 월등히 높았다(한국가정법률상담소, 2008). 이와 같은 결과는 재혼의 경우 갈등이 생기면 재이혼으로 이어질 가능성이 상당히 높다는 것을 의미한다.

현재까지 우리나라에서 연구된 재혼가족에 대한 기존의 접근들은 재혼가족의 스트레스 및 적응(김연옥, 2002; 김효순, 2006a, 2006b; 임춘희, 박경란, 1997; 현은민, 1998), 생활 만족도 및 생활의 질(김효순, 엄명용, 2007; 석정희, 2004; 정현숙, 유계숙, 임춘희, 전춘애, 천혜정, 2000), 가족교육 프로그램(김연옥, 2004; 임춘희, 2006; 현은민, 2002)에 초점을 두고 있다. 연구 대상별로는 노년기의 재혼에 대한 연구가 활발하다(나임순, 2002; 박충선, 배나래, 2005; 배진희, 2004; 석정희, 2004; 서병숙, 김은진, 1996; 서병숙, 김혜경, 1998; 임춘희 1997; 임춘희, 박경란, 1997; 최영아, 이정덕, 2000).

(2) 재혼가족의 치료적 접근

재혼가족에 대한 치료적 연구가 미비한 것은 재혼생활에서 여러 가지 변수들의 발생으로 인하여 가족 생활주기의 예측을 어렵게 하기 때문이다. 또한 혈연-비혈연 관계의 완충역할을 할 수 있는 공통의 가족역사가 없기 때문에 재혼가족은 치료과정에서도 지나치게 감정적이거나 위축되므로 치료자들에게도 힘든 사례로 인식이 된다(김유숙, 2006).

재혼가족에 대한 가족치료의 장기목적은 서로 조화를 이루기 위하여 예외적인 것을 받아들이며, 자녀는 부모의 새 배우자를 부모로 받아들이고 동등한 양육자로 인정하며, 부모는 배우자의 자녀양육에서 융통성을 발휘하며 화합을 위하여 편애를 중단하고, 계

부모는 배우자의 자녀들을 무시하지 않고 공평하게 대하는 것이다. 또한 단기목표는 구성원 각자의 관점에서 갈등과 문제를 규명하고, 배우자 간의 유대감 강화를 위하여 의사소통 기술을 사용하며, 부모는 자녀들에게 조종당하지 않기 위하여 서로 협조하고 대화하며, 가족구성원들이 서로에 대해서 동등하게 대우받는 느낌을 가지도록 합의하는 것이다(Jongsma & Dattilio, 2000).

　재혼가족에 대한 가족치료의 유용성으로 파악된 치료자들의 전문적인 방법들은 재혼가족구성원들의 경험에 대한 확인, 재혼가족 상황과 도전에 대한 정상화, 성인들의 무기력함의 감소, 부부관계의 강화였다. 또한 그들의 연구에서 재혼가족 치료에 대한 남녀의 응답을 비교한 결과 여성들은 감정의 확인, 남성들은 심리교육이 가장 유용한 개입방법으로 나타났다. 그리고 가족의 안정을 위해서 가장 중요한 요소는 남녀 모두 부부관계의 강화였다(Visher, Visher, & Pasley, 1997). 재혼가족 치료에 참여하는 클라이언트는 자녀양육과 재혼가족 기능에 가장 관심이 컸으며, 정서적 지지, 문제점의 명료화, 치료과정과 구조가 가장 유익하다고 보고하였다(Pasley, Rhoden, Visher, & Visher, 1996). 또한 재혼가족 치료에서 아동과 청소년들에게 유해하거나 유익한 주제들을 발견하였다. 그것들은 시간과 관심의 상실, 재혼의 의미에 대한 자녀와 부모의 차이, 훈육에 대한 문제와 충성심의 문제, 진행 중인 원가족에 대한 심리적 중요성, 부모 간의 갈등이었다(Cartwright, 2003).

　Minuchin(1984)은 재혼가족의 문제는 전환기적 특성을 가지며 재혼가족의 과제는 소속감, 친밀감의 증진, 협력이라고 보았다. 게다가 청소년기의 자녀가 있다면 자녀들의 독립뿐만 아니라 거리를 적절히 유지하는 것이 필요하다고 보았다. 재혼가족에 대한 이야기치료(narrative therapy)는 재혼가족을 지원함에 있어서 가족생활의 이전 역사들이 주는 영향, 재혼가족 내의 복잡한 관계의 구조, 충족되지 않은 기대로부터 발생하는 실망들 그리고 재혼가족에 관련된 사회적 신화와 낙인들을 다루는 데 특히 유용하다. 그리고 치료적 강점은 치료에 대한 특정한 규칙이 없다는 점, 치료자가 치료접근을 창조적으로 변경할 수 있는 능력이라고 보았다(Shalay & Brownlee, 2007).

　국내에서 발표된 재혼가족의 치료에 대한 경험적 사례연구는 거의 없는 편이다. 김유숙(2006)은 응집력이 약한 재혼가족의 특성을 감안하여 은유적 놀이와 강점지향의 치료적 대화를 추구하는 사회구성주의적 관점에서 가족치료를 실시하였다. 공유된 가족역사가 없는 재혼가족에서 놀이라는 은유적인 방법은 초기에 가족 전체를 대상으로 하는 개입이 가능하였고, 구성원들이 감정을 표현하는 데 안전하였으며, 가족문제를 예방하는

데 유익하며, 초기 이후에 하위체계별로 개입도 유용한 것으로 밝혀졌다.

3. 연구방법

1) 연구대상

(1) 가족치료의 과정

가족치료는 2005년 3월부터 2005년 6월까지 총 9회기로 진행되었고, 참여한 가족구성원은 남편(41세), 부인(38세), 딸(17세), 큰아들(15세), 작은아들(14세)이었다. 가족치료는 주로 재혼한 부부관계를 중심으로 진행되었으며, 자녀들도 개별적으로 1회씩 참여하였다. 사례의 분석은 9회기 동안 진행된 가족치료의 과정을 바탕으로 이루어졌다. 가족치료는 사회복지와 가족치료에 대한 공인된 자격을 가진 전문가(가족치료 슈퍼바이저)가 실시하였고, 치료적 접근은 MRI의 의사소통 모델을 중심으로 진행하였다.

(2) 가족력

남편과 부인은 약 4년 전부터 재혼생활을 시작하였다. 남편은 두 번의 이혼을 거쳐 세 번째 결혼생활이었으며, 첫 번째 결혼에서 딸을, 두 번째 결혼에서 작은아들을 두었다. 부인은 전남편과의 결혼생활에서 큰아들을 낳았다. 가족구조는 이혼과 재혼의 반복을 거쳐서 형성된 혈연-비혈연 관계로 인하여 복잡하고도 미묘한 형태를 가지게 되었다.

(3) 문제력

부인은 재혼 초기부터 음주로 인한 문제행동을 하였다. 일주일에 한두 번 정도 술을 마시며, 술 취한 상태에서 남편과 의붓자녀들에게 거친 욕설을 퍼붓고, 물건을 집어 던지고, 이성을 잃거나 종종 집을 뛰쳐나가기도 하였다. 부인은 길에 쓰러져 잠들기도 하였고, 그때마다 경찰이나 주민들이 발견하여 집에 데려오기도 하였다. 부인은 술을 먹지 않겠다고 약속했지만 제대로 지키지 않았고, 술이 깨면 이전의 행동은 기억하지 못하였다. 남편은 부인의 음주행동을 저지하고자 부인의 뺨을 때리거나 온몸을 무차별 구타하고, 심지어 부인을 발로 짓밟았다. 부부싸움은 부인이 술을 먹을수록 격렬해지고 부부간에 욕설과 폭력이 난무해졌다. 자녀들은 부모의 싸움을 말리면서도 부인의 음주행동을 비난하였다. 부인을 제외한 가족구성원들은 부인의 음주행동을 감시하고 막으려고 하였지만 부인은 외상 혹은 전화주문으로 술을 구입해 마셨다. 가족은 매번 반복되는 혼란을 경험하였으며, 부인의 음주행동은 가족구성원 간에 혈연 대 비혈연의 대립을 만들었고, 부부갈등, 부모-자녀 갈등, 자녀 간 갈등을 촉발시켰다.

이러한 부인의 알코올중독 및 문제음주행동이라는 증상은 가족구성원, 특히 남편이 부인에게 보내는 부적 피드백과 맞물려서 연쇄적인 상호작용을 하였다. 가족들이 부인의 증상에 대하여 부적 피드백을 보낼수록 그것은 오히려 정적 피드백의 효과를 가져왔고 문제를 지속시키는 역할을 하였다. 즉, 부인의 문제행동에 대해서 가족들이 사용하는 의사소통 방식은 효과적이지 않았으며 부인의 문제, 즉 음주행위를 더욱 강화시키는 역할을 하였다. 물론 부인이 사용하는 의사소통 방식 또한 가족들의 부정적인 반응을 야기하는 역할을 하였다.

부인의 증상은 가족 안에서 부조화로운 위계의 결과로 이해할 수 있다. 부인은 가족관계에서 증상을 가짐으로써 열등한 위치에 놓였고, 또한 증상을 통해서 우월한 위치에 놓일 수 있었다. 게다가 재혼으로 인한 부인과 남편의 혈연-비혈연적 자녀의 관계는 부부 및 자녀의 상호작용을 복잡하게 만드는 또 다른 원인이 되기도 하였다. 따라서 재혼가족의 특성상 부부위계에 대한 재구조화가 필요하였고, 부부와 다른 가족구성원들은 문제해결을 할 수 있는 새로운 방식의 상호작용을 형성하는 것이 필요하였다.

(4) 가계도의 해석(부부관계를 중심으로)

남편은 외아들이면서 막내로 성장하였다. 남편은 부모들의 지나친 허용과 방임적 태도로 인하여 청소년기부터 탈선과 방황의 생활을 하였다. 남편은 아버지와 갈등관계를, 어머니와는 밀착된 관계를 가졌다. 특히 어머니와의 밀착관계는 현재의 결혼생활에도 영향을 미치고 있었다. 남편은 외롭게 자란 자신의 딸에 대하여 많은 정서적 유대감을 가지고 있었고, 두 번째 부인 사이에서 태어난 아들과도 정서적 유대감이 있었다. 반면에 의붓아들인 큰아들에 대해서는 수원한 관계에 있었다. 부인의 경우, 친정부모는 오래전에 사망하였고 연락이 끊긴 오빠 한 명이 있었다. 부인은 전남편과의 소원한 관계로 인해 친아들과 밀착되었다. 따라서 친아들에 대한 특별한 관심은 자녀들의 갈등, 부인과 의붓자녀들의 갈등으로 이어졌다.

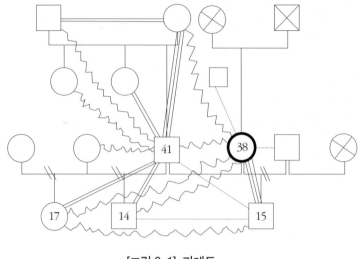

[그림 9-1] 가계도

2) 연구질문

• 재혼가족의 갈등을 지속시키는 상호작용은 무엇인가?
• 가족갈등에 관련된 재혼가족의 특수성은 무엇인가?
• 재혼가족의 갈등에 대한 가족치료적 개입 관점은 무엇인가?

3) 분석방법 및 신뢰도 검증

본 연구는 사례연구로서 가족치료 회기에 나타나는 재혼가족의 상호작용, 재혼가족의 특수성, 가족치료의 접근 관점과 결과에 대한 요인들을 찾기 위하여 질적 분석방법을 활용하였다. 특히 자료 속에서 반복되는 같은 의미의 개념들을 분류하여 상위 개념으로 범주화하는 코딩 작업을 거쳤고, 이렇게 형성된 상위 범주들을 Miles와 Huberman(1994)이 제안한 매트릭스와 네트워크를 사용하여 설명을 하였다. 본 연구의 신뢰성을 높이기 위해 1회기부터 9회기까지 자료에서 반복되는 개념을 지속적으로 비교하였고, 축어록, 상담기록지, 녹음 및 영상 자료를 활용하여 자료의 삼각화를 추구하였다. 치료자와 연구자의 토론 및 전문가 집단의 토론을 통하여 연구자의 삼각화를 실시하였다. 또한 연구의 윤리적 측면을 고려하여 상담내용의 사용에 대한 내담자의 동의를 받았다.

4. 연구결과

1) 재혼가족의 갈등을 지속시키는 상호작용은 무엇인가

　부인의 음주행동과 가족의 반응은 순환적 인과성을 가지는 것으로 볼 수 있다. 따라서 부인의 음주행동과 가족구성원들이 보이는 반응은 상호작용적인 것이며, 어느 것이 원인이고 결과인지가 명확하게 나누기 어려운 측면이 있다. 본 연구는 부인의 음주행동과 가족의 반응을 중심으로 상호작용을 분석하였다. 부인의 음주행동을 유발시키는 가족의 반응은 촉발요인으로, 가족의 반응을 유발하는 부인의 음주행동은 대항요인으로, 혈연 및 비혈연 관계의 수준에 따라서 부인이 경험하는 피해의식(정서적 거리감)은 관계요인으로 이해할 수 있었다. 부인의 음주행동을 둘러싼 가족의 상호작용은 [그림 9-2]로 설명할 수 있다.

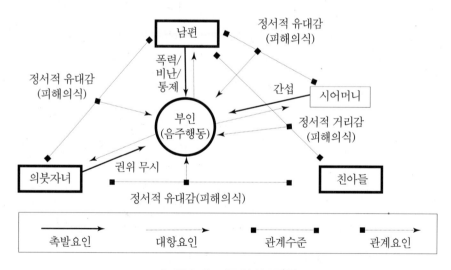

[그림 9-2] 가족의 상호작용

(1) 촉발요인으로서 가족의 반응
　촉발요인은 부인의 음주행동에 직접적 영향을 미치는 것이며, 〈표 9-1〉과 같이 범주화할 수 있었다. 그 내용은 다음과 같다.

첫째, 남편의 폭력적 대응, 비난, 통제였다. 남편은 부인이 음주행동을 보일 때마다 다시는 술을 찾지 못하도록 구타했다. 신체부위를 가리지 않고 때렸으며, 밖에 나가서 술을 사지 못하도록 온몸을 짓밟기까지 하였다. 남편의 폭력은 부인이 음주행동을 보일 때마다 발생하였다. 그러나 남편의 비난과 통제는 부인이 술을 먹지 않았을 때에도 발생하였다. 또한 남편은 부인의 음주에 대해서 욕설과 거친 표현으로 마음에 상처를 주었다. 심지어 자녀들 앞에서도 욕설을 퍼붓고 모욕적 표현을 하여 엄마로서의 위신을 깎아내렸다. 남편은 부인의 일상적인 외부 활동을 제한하였고 집안 살림만 하도록 강요하였다. 부인은 집에 있는 것이 답답하고 외로워도 밖에 나갈 수 없었다. 가정생활에서는 모든 것에 대해 남편의 허락을 받아야 했고, 부인이 단독으로 결정할 수 있는 것은 별로 없었다. 또한 남편은 부인이 독자적인 행동을 하거나 자기 마음에 들지 않는 것을 하면 부인에게 심하게 화를 냈다. 남편은 부인의 귀가시간을 점검하고, 하루에 10여 회 이상 무엇을 하는지 확인전화를 하였다.

▌표 9-1   촉발요인으로서 가족의 반응

상위 범주	하위 범주	개념
가족의 반응	남편의 폭력	음주하면 때리고 짓밟음/죽을 정도로 때림/일주일 동안 누울 정도로 때림/신체부위를 가리지 않고 때림/자녀들 앞에서 때림/단주시켜려 때림
	남편의 비난	죽이겠다고 협박/술 먹으면 욕설 퍼부음/자녀들 앞에서 심한 욕을 함/엄마로 인정하지 않음/화를 잘 냄/너랑 얘기하면 안 통한다/너는 툭하면 집 나가냐/집에서 하는 것이 무엇이냐/너는 왜 인상 찌푸리고 대꾸도 안 하고 지랄인데/하지 말라는 것을 하면 욕함/전화로도 욕함
	남편의 통제	외부에서 일하지 못하게 함/여자가 돈 버는 것 싫어함/조금이라도 늦으면 불호령/뭔가 살 때에 허락받아야 함/무엇이든 물어보고 결정해야 함/남편의 말에 순종해야 함/혼날 때 이유를 대면 더 혼남/밖에 나가는 것을 싫어함/하루에 10번 이상 전화 확인/무조건 반대
	의붓자녀들의 권위 무시	부인과 따로 살자고 함/부인 때문에 가출시도/부인과 치고 박고 싸움/술 먹으면 자녀들도 욕함/부인이 말해도 딸은 안 듣거나 대답을 안 함/부인 말에 의붓자녀들은 무반응/사실대로 말하지 않음/항상 무시당하는 느낌/우리만 참으면 뭐해 하고 대듦/자녀들이 약올림/이중인격자라 지칭/조모나 남편에게 부인의 행동을 고자질함/엄마로 인정하지 않음
	시어머니의 간섭	시댁에 가서 일할 때에 스트레스 제공/부인에게 하루에 한 번씩 전화함/알코올병동에 데려감/부인의 음주를 싫어하고 화를 냄/금주 약속을 어긴 것에 화냄/매일 전화로 신앙적 이야기를 함/시어머니를 욕하였다고 부인을 찾아서 혼냄

둘째, 의붓자녀들은 부인이 가지는 '엄마의 권위'를 무시하였다. 의붓자녀들은 부인을 엄마로 존중하는 태도가 없었다. 의붓자녀들은 부인의 잘못한 점들을 남편과 시어머니에게 고자질하여 부인을 곤란에 빠지게 하였고, 종종 자녀와 부인 사이에 서로 신체적인 싸움까지도 발생하였다. 의붓자녀들은 부인에게 의도적으로 화를 내기도 하였고, 같이 살기 싫다고 가출도 시도하였으며, 모와 헤어지라고 남편에게 종용하기도 하였다.

셋째, 시어머니가 부인에게 간섭을 심하게 하였다. 남편은 시어머니와 밀착된 관계를 형성하였기 때문에 핵가족체계에 대한 시어머니의 영향력이 컸다. 시어머니는 매일 전화하여 부인의 음주 여부를 확인하였고 신앙적으로 가르쳤다. 시어머니는 부인을 시댁으로 불러서 집안 살림을 시켰고 제대로 못한다고 스트레스를 주기도 하였고, 부인이 음주행동을 보이면 직접 부인을 찾아와서 화를 내곤 하였다.

(2) 대항요인으로서 부인의 음주행동

부인은 평소에 조용하고 말이 없지만, 술을 먹으면 마치 딴 사람이 된 것처럼 행동하였다. 부인의 음주행동은 〈표 9-2〉와 같이 범주화할 수 있었고, 그 내용은 다음과 같다.

첫째, 부인은 분노를 가족들과 이웃 주민들 앞에서 여과 없이 표출하였다. 가재도구를 마구 집어 던져서 부수었고, 가족들과 싸움을 벌였고, 가족들이 잠을 못 자도록 소란을 피웠다.

둘째, 부인은 거친 언어표현과 욕설들을 사용하였다. 남편과 갈등이 커질수록 부인의 표현방식도 거칠어졌다. 남편과 의붓자녀들에게 욕설을 퍼붓고, 똑같은 이야기를 반복적으로 하며, 의붓자녀들의 험담을 남편에게 그리고 남편의 험담을 의붓자녀들에게 하였다.

셋째, 부인은 행동의 통제력을 상실하였다. 몸을 제대로 가누지 못하고 가구에 부딪혀서 상처가 나고, 집 밖으로 뛰쳐나가서 길에서 쓰러져 자거나, 술에서 깨어나면 자신의 행동을 기억하지 못하였다. 가족치료를 받는 중에 부인은 정신병원에서 알코올중독으로 진단받고 입원치료를 받기도 하였다.

넷째, 부인은 음주를 위하여 수단과 방법을 가리지 않았다. 돈이 생기면 술을 마셨고, 돈이 없으면 외상으로 술을 구입하였으며, 밖에 나갈 수 없으면 전화로 주문하였다. 일주일에 평균 소주 1～2병을 마셨고, 심할 때에는 빈속에 8병을 마시기도 하였다.

다섯째, 부인은 의붓자녀들에 대하여 차별대우를 하였다. 부인은 친아들에게는 욕을 하지 않았으나 의붓자녀들에게는 신랄한 비난과 욕설을 퍼부었고, 친아들이 말리면 고

분고분해졌으나 의붓자녀들이 말리거나 신체적 접촉을 하면 화를 내고 뿌리쳤다. 가족의 생활에서도 두드러지게 친아들만 챙기고 의붓자녀들에게는 덜 신경 쓰는 태도를 보였다.

┃ 표 9-2   대항요인으로서 음주행동

상위 범주	하위 범주	개념
부인의 음주행동	분노표출	물건을 집어 던져서 부숨/술이 깰 때까지 이를 갈음/남편과 싸움/쫓아다니면서 시비/얼굴이 무섭게 변함/자는 애들을 깨움/감정을 표출/성격이 괴팍해짐/술 안 먹을 때에는 화내지 않음
	거친 언어	의붓자녀들에게 욕설/남편에게 욕설/똑같은 이야기를 반복/친아들이랑 집을 나간다 함/이혼하자고 함/헤어지자고 함/니네끼리 잘 먹고 잘 살아라/같이 살기 싫다/니 애비랑 잘 먹고 잘 살아라/술 먹으면 딸에게 욕설을 퍼부음/이름 대신 욕으로 부름/딸의 잘못을 남편에게 말함/자녀 앞에서 부를 비난함/남편에게 의붓자녀들을 험담함/남편과 시어머니를 욕함
	통제력 상실	술 깨면 행동을 기억 못함/식탁에 부딪혀 다침/ 집을 나감/밖에서 쓰러져서 잠 듬/일주일 정도 아픔/단주를 약속하나 못 지킴/동네 사람이 업어 옴/순찰차가 데려옴/알코올중독 진단받고 입원/7일간 가출/음주 전후 행동이 급격히 다름/말이 많아짐
	음주방식	돈 생기면 술 먹음/돈 없으면 외상으로 술 구입/전화로 술을 주문해서 구입/빈 속에 깡소주 8병도 마심/일주일에 평균 소주 1~2병 마심
	의붓자녀들에 대한 차별	친아들이 말리면 들으나 의붓자녀들이 말리면 싫어함/의붓자녀들이 만지는 것을 싫어함/친아들과 의붓자녀들을 비교함/직접 이야기하지 않고 다른 자녀에게 험담함/친아들을 찾음/내 자식, 내 자식/친아들에게는 호의적 태도/친아들에게만 용돈을 줌/친아들에게만 맛있는 것을 챙겨 줌

(3) 관계요인으로서 피해의식

간접요인은 가족의 관계수준에 따라서 부인의 음주행동에 영향을 미치는 피해의식이었다. 남편과 의붓자녀들의 관계(정서적 유대감), 남편과 친아들의 관계(정서적 거리감), 친아들과 의붓자녀들의 관계(정서적 거리감), 남편과 시어머니의 관계(정서적 유대감)에 따라서 부인은 피해의식을 경험하였다. 부인이 경험하는 피해의식은 〈표 9-3〉과 같이 범주화할 수 있었고, 그 내용은 다음과 같다.

첫째, 부인은 남편과 의붓자녀들의 정서적 유대감으로 인한 피해의식을 가지고 있으며, 혈연관계로 형성된 남편과 의붓자녀들의 관계에서 엄마와 아내로 역할하는 데 어려움을 겪고 있었다.

둘째, 부인은 남편과 친아들의 정서적 거리감으로 인한 피해의식을 가지고 있으며, 비혈연관계인 남편과 친아들의 관계는 법적인 부자관계일 뿐 정서적인 관계까지는 형성되지 못하였다. 부인은 남편이 의붓자녀들에게는 잘 대해 주는 반면에 친아들은 비혈연적 관계이기 때문에 잘 대해 주지 않는다는 느낌을 가지고 있었다.

셋째, 부인은 친아들과 의붓자녀들의 정서적 거리감으로 인한 피해의식을 가지고 있었으며, 수적으로 우세한 의붓자녀들과 친아들이 서로 좋은 감정을 가지고 있지 못하다는 것 때문에 마음이 불편하였다. 의붓자녀들이 친아들을 따돌리고 무시한다는 생각을 가지고 있었기 때문에 의도적으로 친아들을 우대하는 행동을 보이기도 하였다.

넷째, 부인은 남편과 시어머니의 정서적 유대감으로 인한 피해의식을 가지고 있었으며, 부인은 시댁에 갈 때마다 시댁의 살림을 거들었으나 남편에게 역할이 미흡하다는 핀잔을 듣기도 하였다. 또한 남편이 지나치게 시어머니와 가깝게 지내는 것들에 대해서 시샘을 하기도 하였다.

▌표 9-3   관계요인으로서 피해의식

상위 범주	하위 범주	개념
부인의 피해의식	남편과 의붓자녀들의 유대감으로 인한 피해의식	자기네(혈연관계)끼리 더 친밀함/부인이 끼어들 자리 없음/부녀가 친한 것을 싫어함/의붓자녀들에게 비싼 것을 사준다고 남편에게 핀잔 줌/나는 이 집에 들어와서 밥하고 빨래하는 사람이냐고 화냄
	남편과 친아들의 거리감으로 인한 피해의식	친아들은 소외됨/친아들은 밤늦게 들어옴/친아들은 게임할 시간 없음/남편은 친아들의 탈선을 걱정함/친아들과 따로 나가서 살기 원함/친아들은 남편보다 더 친밀한 존재
	친아들과 의붓자녀들의 거리감으로 인한 피해의식	의붓자녀들이 친아들을 은근히 따돌림/의붓자녀들끼리 더 친밀함/친아들과 의붓자녀들의 사이가 나쁨
	남편과 시어머니의 유대감으로 인한 피해의식	시어머니를 시샘함/남편은 부인이 시댁에서 일하는 것을 미흡하게 느낌/시댁에서 혼자 일함/일주일에 한 번 가족들이 시댁을 방문함/남편과 시어머니는 아주 친밀함/남편은 효자임

(4) 부인의 음주행동이 가족에 미치는 영향

부인의 음주행동이 가족에게 미치는 영향은 〈표 9-4〉와 같이 범주화할 수 있었고, 그 내용은 다음과 같다.

첫째, 부인의 음주행동은 가족의 분위기를 경직시켰다. 부인의 음주행동으로 인하여 가족의 분위기가 침체되었고, 남편의 신경이 예민해졌으며, 자녀들은 부모의 눈치를 살

피고 대화를 꺼렸다. 평소에도 자녀들은 부모의 안색을 살폈으며, 분위기가 좋으면 말을
하고 그렇지 않으면 조용히 자신의 일만 하였다.

　둘째, 부인의 음주행동은 가족구성원들의 사회적 체면을 손상시켰다. 부인이 술에 취
하여 동네에서 소란을 피우고 가출하여 길에서 쓰러져서 잠들면 동네 사람들이나 경찰
관이 데려왔다. 이러한 사건들로 인하여 가족들은 지역사회에서 창피함을 느꼈고, 자녀
들은 가족에 대한 이야기를 외부에서 하지 않았다.

　셋째, 부인의 음주행동은 가족구성원의 일시적인 동맹관계를 구축시켰다. 가족구성원
들은 부인의 음주에 민감하였기 때문에 음주행동을 막기 위하여 협력하였고, 술을 사먹
지 못하도록 감시하였다. 남편은 수시로 전화하여 음주 사실을 점검하였고, 자녀들도 자
신의 지갑을 숨기거나 부인이 술을 사먹지 못하도록 말렸다.

　넷째, 부인의 음주행동은 형제관계를 약화시켰다. 모의 음주행동이 있을 때에는 형제
들이 행동적인 측면에서 일시적으로 협력적인 태도를 보였으나 음주행동 이후에는 혈
연-비혈연으로 분리되면서 관계가 더욱 나빠졌다.

▌표 9-4　가족에 미치는 영향

상위 범주	하위 범주	개념
음주행동이 가족에 미치는 영향	가족 분위기 경직	가족의 분위기가 나빠짐/자녀들이 부모의 눈치를 살핌/가족이 웃지 않음/서로 말하지 않음/남편의 신경이 날카로워짐/부부갈등이 심해짐/자녀들은 집을 떠나서 편하게 살기를 원함/친아들이 부인을 구타함
	사회적 체면손상	집안 이야기를 밖에서 하기 싫음/가족에 대해서 말하지 않음/ 부와 자녀들이 망신스러워함
	가족구성원 간 동맹	자녀들이 남편의 구타를 말림/부인의 음주를 감시함/부인이 술 사러 가는 것을 자녀가 말림/ 자녀들이 돈을 숨김/남편에게 음주 사실을 알림
	형제관계의 약화	의붓자녀들끼리 친해짐/의붓자녀들끼리 부인을 욕함/친아들과 의붓자녀들의 관계가 서먹함/부인과 의붓자녀들이 싸우면 친아들은 속상함

2) 가족갈등에 영향을 미치는 재혼가족의 특수성은 무엇인가

　가족갈등에 영향을 미치는 재혼가족의 특수성은 [그림 9-3]과 같이 설명할 수 있으며,
재혼가족의 결합을 어렵게 만드는 암묵적 상호작용과 재혼가족의 결합을 강화시키려는
통제적 상호작용으로 구분할 수가 있었다.

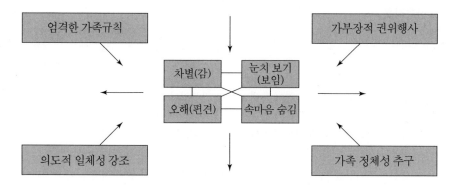

[그림 9-3] 암묵적 상호작용과 통제적 상호작용

(1) 재혼가족의 결합을 어렵게 만드는 암묵적 상호작용

암묵적 상호작용은 암시적인 특성을 가지고 있었는데, 이것은 가족생활 안에서 직접적으로 드러낼 수 없는 민감한 부분이었다. 즉, 암묵적 상호작용은 혈연-비혈연 관계의 혼합으로 인해서 발생하게 되는 재혼가족의 특수성이라고 생각할 수 있다. 재혼가족의 결합을 어렵게 만드는 암묵적 상호작용은 〈표 9-5〉와 같이 범주화할 수 있고, 그 내용은 다음과 같다.

첫째, 차별감은 가족성의 혈연관계가 다른 경우에 서로에 대해서 차별적이고 억울하다는 인식과 감정을 경험하게 하였다. 상황에 따라서 가족구성원 간에서 실제로 차별적 태도를 경험하기도 하지만, 중요한 것은 혈연관계보다 비혈연 관계에서는 더욱 강한 차별감이 느껴진다는 점이다.

둘째, 눈치 보기(보임)는 가족구성원들이 무엇을 할 때에 주도적으로 행동하지 못하고 가족상황을 파악하고 분위기를 살펴야 하는 것이었다. 이 경우도 혈연-비혈연 관계의 특성에 많이 좌우되었고, 특히 자녀들은 부모의 눈치를 많이 살피는 것으로 나타났다.

셋째, 오해(편견)는 쉽게 넘어갈 수 있는 사소한 일에도 불구하고 가족구성원들 간에 갈등을 야기했다. 어떤 사건은 좋은 의도로 했지만 나쁜 의도로 의심을 받기도 했고, 어떤 일은 아무런 의미도 없었는데 사실과 다르게 받아들여졌고, 때로 사소한 일도 심각한 잘못으로 받아들여졌다.

넷째, 속마음 숨김은 가족구성원들이 속마음을 솔직하게 드러내지 않는 것이다. 특히 가족구성원들은 상대방에 대한 부정적 감정을 표현하지 못하였다. 이것은 타인이 자신의 감정을 받아 줄 거라는 믿음이 없었고, 실제로 꺼내 놓았을 때에 오해받거나 자신이 상처를 받았기 때문이다.

▌표 9-5   암묵적 상호작용

상위 범주	하위 범주	대상	개념
암묵적 상호작용	차별감	의붓자녀	친아들은 잘해 주고 의붓자녀들에게는 잘 안 해 준다고 느낌/의붓자녀들의 부축은 싫으나 친아들의 부축은 허용/남편이 혼내면 괜찮고 부인이 혼내면 서운함/친아들에게는 욕을 안 함/친아들은 남편보다 더 친밀한 존재/부인이 친아들을 혼내는 것은 진짜 미움이 아님/친아들만 많은 대화/부인은 친아들을 더 우선적으로 챙김/부인은 딸에게만 용돈을 안 줌/의붓자녀들이 부인에게 장난쳐도 무반응임/의붓자녀들이 크게 불러도 부인이 무시
		부인	남편은 친아들을 더 챙김/의붓자녀들은 남편의 말을 더 잘 들음/차별 없이 대하려 했으나 실제로는 안 됨/남편과 의붓자녀들에게 소외감 느낌/의붓자녀들이 항상 부인을 무시하는 느낌/의붓자녀들은 잘해 줘도 차별감 느낌
		남편	부인은 의붓자녀에게 엄마의 행동을 안 함/의붓아들을 자기 자식이 아니라서 야단을 치기도 함
		친아들	의붓누나는 양보하지 않음/의붓누나가 친구를 박대함/의붓자녀들이 상담실 가는 길을 알면서도 가르쳐 주지 않음
	눈치보기 (보임)	의붓자녀	부부싸움의 여부를 살핌/부모의 분위기를 살펴서 이야기함/부인의 기분을 살펴서 말함/부녀가 친하게 지내면 부인의 기분이 나빠지는 듯함/부인이 있으면 자녀들이 남편에게 속사정을 말하지 못함/부모가 같이 있으면 자녀들이 방에 들어가지 못함/남편의 배 위에서 장난치면 부인이 짜증냄
		부인	남편 때문에 의붓자녀들을 혼내지 못함/남편과 의붓자녀들이 같이 있으면 서운함/부인도 남편의 눈치를 살핌
		남편	남편은 부인의 눈치를 보며 말함/딸에게 비싼 것을 사주고 싶은데 부인의 눈치를 봄/딸을 사이에 두고 부인과 불편해함/부녀가 친하게 지내면 부인의 기분이 나빠지는 듯함
		친아들	부모가 싸웠는지 안 싸웠는지 눈치 봄/부모관계를 눈치 보고 이야기함
	오해 (편견)	의붓자녀	부인을 말린 것인데 때린 것으로 오해/아이씨라고 했는데 씨발이라고 들었다 함/부인은 상처에 대해 의붓아들이 때렸다고 믿음
		부인	남편의 외도를 의심함/일부러 부인을 낚시에 데리고 가지 않는 듯
		남편	무시하려고 한 것이 아닌데 무시받았다는 느낌을 가짐/새우를 가지고 왔다가 오해가 생김
	속마음 숨김	의붓자녀	물어보면 화내거나 반대할 것 같음/대화를 하고 싶어도 속으로 참음/속사정은 말하지 않음/억울해도 속으로 삭힘/부인에게 솔직히 말하면 뒷감당이 안 됨/힘들고 어려워도 형제끼리 말 안 함/분노와 억울함을 부모에게 이야기하지 못함/가족의 분위기를 망칠까 봐 혼자 참음
		부인	부인은 자신의 과거에 대해서는 말하지 않음/남편에게 섭섭하거나 화난 것을 말하지 않음/남편에게 고마움을 가지지만 마음으로만 가짐/가족에게 미안하지만 표현하지 않음/딸의 속마음을 알 수 없음
		남편	회사의 힘든 이야기를 가족과 나누지 않음/외부의 스트레스를 내색하지 않음/힘든 감정을 말하지 않음/힘든 일이 있으면 동네 사람들과 술 마심
		친아들	남편에게 물으면 화내거나 반대할 것 같음/대화를 원하나 속으로 참음/속사정은 말 안 함/억울해도 속으로 삭힘/형제간 게임에 대해서만 말함/의붓형제들과는 대화를 안 함/속마음을 남편에게 말하지 못함/힘들고 어려운 것을 형제끼리 나누지 못함/집안 이야기는 밖에서 하지 않음

(2) 재혼가족의 응집력을 강화시키려는 통제적 상호작용

재혼가족의 결합을 약화시키는 암묵적 상호작용에 대한 반작용으로 응집력을 추구하는 통제적 상호작용이 있었다. 암묵적 상호작용은 밖으로 드러나지 않는 반면, 통제적 상호작용은 가족 안에서 공개적이었다. 통제적 상호작용은 남편에 의해서 주도되었다. 남편은 가족구성원을 친가족처럼 묶으려고 시도하였으나 오히려 지나친 강요가 가족들의 반발을 만들고 새로운 갈등의 원인이 되기도 하였다. 통제적 작용은 〈표 9-6〉과 같이 범주화할 수 있었으며, 그 내용은 다음과 같다.

첫째, 엄격한 가족규칙은 부인과 자녀들에게도 적용되었다. 특히 귀가시간에 대한 통제는 예외가 없었고, 조금만 늦어도 남편은 전화로 위치를 파악하고 어디에서 무엇을 하고 있는지 알려고 하였다. 가족구성원들은 물건을 사거나 누구를 만나는 것도 남편의 허락을 받아야 했다. 심지어 자녀들이 친구네 집에서 잠을 자거나 학교의 수련회에 참가하여 외박하는 것도 반대하였다. 이러한 엄격한 규칙으로 인해서 부인과 자녀들은 일찍 집에 들어오고 가족중심의 생활을 할 수밖에 없었다.

둘째, 의도적인 일체성을 강조하였다. 엄격한 가족규칙과 마찬가지로, 남편은 의도적으로 가족들이 무엇을 함께 하도록 요구하였다. 가족은 휴일에도 함께 놀러가고, 홀로는 놀러가지 못하게 하였다. 가족들이 개인적 행동을 하지 못하게 함으로써 가족구성원들의 자율성을 통제하고 획일화된 가족활동을 강조하였다.

표 9-6 통제적 상호작용

상위 범주	하위 범주	개념
통제적 상호작용	엄격한 규칙	물건을 살 때에는 남편의 허락을 받아야 함/자녀들은 학교에 갔다 오면 남편에게 전화해야 함/남편이 심하게 시간규제를 해 항상 자기 위치를 알려야 함/귀가시간을 강조함/여자라서 수련회에 참석하지 못함/친구네 집에서 자는 것도 안 됨/밤에는 밖에서 놀지 못함/정해진 귀가시간/자녀들이 탈선하는 것에 대한 염려/친구 사귀는 것도 허락받아야 함
	의도적 일체성 강조	쉬는 날도 가족끼리 같이 있음/목욕탕도 같이 가거나 아예 안 가야 함/공휴일에 밖에 놀러 가지 못하게 함/자녀들이 부인을 무시하면 죽여 버리겠다고 협박
	정체성 추구	나은 정보다 키운 정으로 기른다/부인에게 잘 하면 변화가 올 것이다/차별을 두지 않으려고 노력/가족이 함께 노력해야 한다/서로 협력하자/마음을 맞춰서 행복하게 살자/서로의 입장 설명/부인이 친엄마처럼 행동하기 바람
	가부장적 권위행사	남편이 가자고 하면 모두 가야 함/남편의 말을 따라야 함/남편이 화나면 자녀를 때림/소리를 지르면 가족구성원들이 긴장함/남편에 대한 무서움/너무 무섭게 함/숨이 막힘/조금만 늦으면 불호령/성질을 많이 냄/조선시대 사람 같음/고지식함

셋째, 친가족과 같은 정체성을 추구하였다. 남편은 재혼가족이라는 사실을 서로가 인정하고 받아들이기보다는 시간이 지나고 노력을 하면 친가족처럼 될 것이라는 점을 강조하였다.

넷째, 가부장적 권위를 행사하였다. 남편은 가족구성원들에게 절대적인 복종을 요구하였고, 요구한 것이 제대로 시행되지 않으면 화를 내었다. 심지어 부인과 자녀들을 때리고 위협하기도 하였다. 남편은 집안의 모든 일에 대한 결정권을 가지고 있었고, 가족의 구심점 역할을 하였다.

3) 재혼가족의 갈등에 대한 가족치료적 개입 관점은 무엇인가

이 사례에 대한 가족치료적 개입은 접근 관점과 개입결과의 두 가지 측면에서 분석하였다.

(1) 가족치료의 관점

이 사례에서 가족치료는 재혼가족의 특성을 고려하여 접근하였으며, 특히 부부체계를 중심으로 가족의 위계를 변화시키는 데 초점을 두었다.

① 부부 하위체계의 강화

치료자는 상담과정에서 부부 하위체계를 중심으로 접근하였고, 부인의 증상을 부부간의 권력의 불균형으로 이해하였다. 치료자의 부부간의 동등한 위계관계를 형성해 주려는 시도는 〈표 9-7〉과 같이 범주화할 수 있고, 그 내용은 다음과 같다.

첫째, 치료자는 부인의 권위를 강화시키려고 노력하였다. 치료자는 부인이 남편과 의붓자녀들로부터 '부인'과 '엄마'의 역할을 인정받도록 유도하였다. 치료자는 우선적으로 남편이 부인을 지지하고, 특히 자녀들 앞에서 존중하는 모습을 보이도록 강조함으로써 부인이 가족 안에서 엄마로서 권위를 가질 수 있도록 하였다. 또한 치료자는 가족 안에서 경험하는 부인의 입장을 남편에게 전달함으로써 남편이 부인을 돌보도록 하였다. 이렇게 남편이 부인을 지지하고 힘을 실어 주자, 부인은 가족 안에서 남편과 동등한 권위를 가질 수 있게 되었다.

둘째, 치료자는 부부갈등에 대한 상호책임론를 강조하였다. 치료자는 부부갈등의 문에서 한 개인의 잘못보다는 상호 원인 제공의 측면을 부각시키고 부부의 문제로 접근하였다. 부부가 서로에 대해서 헐뜯고 비난하는 대신에 상대방의 관점을 보도록 하였다. 상담장면에서도 부부간의 갈등이 몇 번 있었으나 치료자는 어느 한쪽을 편들기보다는 양쪽의 오해와 실수 그리고 입장 차이를 지적하고 부부간 협력을 강조하였다.

셋째, 치료자는 부부의 긍정적 측면을 강조하였다. 치료자는 회기마다 부부생활에서 경험한 긍정적인 변화를 확인하고 서로의 노력과 발전에 대하여 지지를 하였다. 또한 남편에게는 부인의 긍정적인 면을, 부인에게는 남편의 긍정적인 면을 지지하고 서로가 상대방에 대하여 잘 몰랐던 내용들과 미래에 대한 희망들을 확인하였다.

┃ 표 9-7　부부 하위체계의 강화

상위 범주	하위 범주	개념
부부 체계 강화	부인 권위 강화	남편이 부인을 지지하면 자녀들이 부인을 존중함/남편의 지나친 관여는 엄마 역할을 감소시킴/어머니보다 부인 편을 들게 함/남편이 부인의 편을 들면 엄마로서 권위가 생김/남편이 부인을 비난하지 않게 함/부인이 의붓자녀들을 혼내면 남편이 관여하지 않게 함/부인의 요구사항을 남편에게 대변해 줌
	상호 책임론	부부가 서로를 무안하게 만듦/부부관계의 문제로 봐야 함/부부가 서로의 권위를 세워야 함
	긍정적 측면 강조	매 회기 긍정적인 변화 확인/각자의 좋은 점 확인/부인의 변화 지지/남편의 노력 인정/남편 앞에서 부인을 칭찬함/부인 앞에서 남편을 칭찬함/자녀들에게 부인의 좋은 점을 유도함/결혼 초에는 부부대화가 잘 되었음/부인이 편안하게 느낀 것을 남편에게 알려 줌/자녀들은 부모의 행복을 기원함

② 의사소통 방식의 변화 추구

이 가족은 가족 간에 대화는 없었고 남편의 일방적인 전달만 있었을 뿐이다. 가족 상호 간의 주거니 받거니 하는 대화가 없었고 서로 자기의 말만 전달하려고 하였다. 의사소통 방식의 변화 추구는 〈표 9-8〉과 같이 범주화할 수 있었고, 그 내용은 다음과 같다.

첫째, 치료자는 가족이 사용하는 비효과적 의사소통 방식의 변화를 추구하였다. 가족은 지금까지 문제를 해결하기 위해 각자 노력을 하였지만, 그것이 오히려 문제를 유지시키는 역기능적인 방법이라는 것을 인식하지 못하였다. 치료자는 부부간, 부모와 자녀 간, 자녀 간의 의사소통 방식들이 문제가 있음을 지적하고 그런 비효과적인 방식들을 변화시키도록 요구하였다. 또한 치료자는 부부에게 가족이 서로 대화가 안 되는 것은 부인의 술문제 때문이 아니라 가족이 대화하는 기술과 능력을 가지고 있지 못하기 때문이라고 설명하였다.

둘째, 치료자는 가족의 언어적 의사소통의 증진을 추구하였다. 치료자는 가족이 부정적 감정들을 마음속에 쌓아 두거나 속으로 삭히기보다는 서로에게 말로 표현하도록 하였다. 지금까지는 쌓아 두었다가 나중에 폭발하였기 때문에 싸움이 되었지만, 서로에게 솔직한 감정을 언어로 표현하는 것은 관계회복에 도움이 된다는 것을 강조하였다.

셋째, 치료자는 이야기를 들어주는 사람의 중요성을 강조하였다. 특히 타인의 이야기를 진심으로 경청하려고 노력해야 한다는 사실을 강조하였다. 가족구성원들은 서로 자기의 입장만 주장하고 자신의 억울함만 전달하려고 하였을 뿐 타인의 이야기를 들어주는 역할을 하지 못하였다.

┃ 표 9-8   의사소통 방식의 변화 추구

상위 범주	하위 범주	개념
의사소통 방식의 변화 추구	비효과적 의사소통 방식의 변화 추구	남편의 부정적 표현방식이 문제됨/말 안 해도 감정표현은 이루어짐/남편은 지나치게 말을 잘하나 부인은 표현하지 못함/부인이 니 새끼라는 표현을 쓰면 친아들은 따돌림 당함/두 사람이 서로 탓하고 있어서 대화가 안 됨/남편은 표현을 잘해서 부인이 화남/부인이 표현 안 하면 남편은 답답해함/같은 표현에도 서로의 느낌이 다름/남편의 표현은 부인의 기분을 상하게 함/집에서도 대화가 길게 이어져야 함/부인은 감정을 표현해야 함/남편의 표현이 너무 거침/술을 안 먹는다고 대화가 되는 것은 아님
	언어적 대화의 증가	속상한 것을 표현해야 함/감정을 쌓아 두면 폭발하게 됨/남편은 집에서도 회사 일을 말할 것/감정을 속으로 삭히는 것은 도움 안 됨/부부가 대화를 할 것/ 좋고 나쁜 것을 부인에게 말할 것/ 문제해결을 위한 의사소통의 기술 부족
	청자의 중요성	자녀들은 대화할 사람 필요/자녀들은 정서적 지지자가 필요/가족 안에 대화상대가 없는 것이 문제

③ 가족규칙의 완화

남편은 가족의 응집력을 강화시키기 위하여 지나치게 엄격한 규칙을 설정하였고, 이로써 가족의 생활을 통제하였다. 이러한 남편의 엄격한 가족규칙은 가족구성원들을 힘들게 하였고, 가족구성원들 간의 응집력을 약화시켰다. 가족규칙의 완화는 〈표 9-9〉와 같이 범주화할 수 있고, 그 내용은 다음과 같다.

첫째, 치료자는 자녀에 대한 통제를 완화시키려고 하였다. 치료자는 자녀들이 청소년기이고 가족생활과 더불어 사회생활도 중요한 역할을 차지하기 때문에 자녀들을 통제하기보다는 그들에게 자율성을 부여하도록 하였다. 치료자는 남편이 자녀들에게 지나치게 관여하고 있는 것이 오히려 새로운 문제를 유발하고 있음을 지적하였다.

둘째, 치료자는 부인에 대한 남편의 통제를 완화시키려고 하였다. 치료자는 남편이 지나치게 부인의 사회생활을 통제하고, 음주를 확인하기 위하여 수시로 전화하는 태도를 바꾸도록 하였다. 치료자는 남편에게 부인의 음주문제는 지나치게 통제된 생활을 하기 때문에 생기는 스트레스 때문이라는 점도 강조하였다.

셋째, 치료자는 남편의 가부장적 사고방식을 변화시키려고 하였다. 치료자는 남편에게 가족규칙을 강조하는 이면에는 남편 안에 있는 불안감이 작용하기 때문이라고 설명하였으며, 남편의 성장배경으로 인한 것이라는 점을 인식시켰다. 가족은 힘이 없기 때문에 남편의 가부장적 통제 안에 있지만, 이는 진실한 순종이 아니기 때문에 나중에는 문제가 될 수 있음을 강조하였다. 남편은 가족을 위해서 만든 규칙이라는 점을 주장하였으나, 치료자는 오히려 가족을 위한 규칙이 아닌 남편을 위한 규칙이라는 점을 강조하였다.

표 9-9   가족규칙의 완화

상위 범주	하위 범주	개념
가족 규칙의 완화	자녀통제 완화	자녀들의 귀가시간을 완화하도록 함/귀가문제를 가족 생활주기로 설명함/자녀들에게 책임감을 부여/지나친 통제로 가출한 딸의 사례를 소개/자녀의 사소한 것에 관여 안 함
	부인통제 완화	부인의 외부 활동을 허용할 것/너무 많은 전화를 주고받음/남편의 간섭이 스트레스와 음주로 이어짐
	남편의 사고방식 지적	지나친 가부장적 사고방식/규칙 강조는 남편의 불안 때문임/남편의 성장배경과 엄격한 통제가 관련 있음/남편은 고지식하고 융통성 없음/자녀들이 남편 앞에서 진심으로 순종하지 않음/남편에게는 무서워서 순종함/현재의 규칙은 자녀를 위해 있는 게 아님/양육방식의 변화 필요/규칙이 너무 강함

④ 차이점의 수용

치료자는 가족구성원들로 하여금 다른 가족구성원의 다른 점들을 받아들이도록 설득하였다. 하나의 사건에 대해서 각자가 경험하고 이해하는 방식이 다르기 때문에 가족구성원들은 상대방에 대해서 알지 못하였고, 재혼가족이 특성상 서로에 대해서 알려고 노력하지 못하였다. 차이점의 수용은 〈표 9-10〉과 같이 범주화할 수 있었고, 그 내용은 다음과 같다.

첫째, 치료자는 가족구성원들에게 가족구성원 각자의 입장을 이해시키려고 노력하였다. 가족구성원들은 서로의 생각과 감정을 잘 알지 못하였고, 자신의 주관적인 판단하에서 이해하고 있었기 때문에 오해와 갈등이 심화되었다. 치료자는 남편, 부인, 자녀의 입장을 서로에게 전달하였고, 서로가 의사소통을 하지 못하여서 발생하는 오해들을 풀어 주려고 노력하였다.

둘째, 치료자는 재혼가족의 특수성을 지적하였다. 치료자는 초혼가족과 달리 재혼가족은 양육의 갈등도 많고, 혈연-비혈연에 따라서 애로사항도 많고, 서로 오해도 많다는 사실을 인식시켰다. 또한 인간적으로 친자녀에게 더 신경을 쓰게 되는 것도 어쩔 수 없는 일이라고 알려 주었다. 따라서 치료자는 가족구성원들에게 재혼가족이라는 점을 부인하기보다는 현실로 받아들이고 인정하도록 권유하였다.

▌표 9-10 차이점의 수용

상위 범주	하위 범주	개념
차이점의 수용	각자의 입장을 이해시킴	부인의 입장을 자녀에게 이해시킴/각자의 관점과 감정을 상대방에게 전달함/부인에게는 대가족 개념이 없음/부인의 고립감과 스트레스 설명/부인의 불쾌함을 설명/의붓자녀들이 부인에 대해서 힘든 것을 이해시킴/남편에게 자녀 입장을 대변/의붓자녀들이 느끼는 차별감을 부인에게 전달/서로 차이점을 인정하지 못함/의붓자녀들과 마찬가지로 친아들도 남편의 눈치를 살핌
	재혼가족 특성 지적	재혼가족에서는 양육문제의 갈등/혈연과 비혈연 관계의 오해/친자식이 아니라서 따뜻하게 하는 것의 한계점/부모의 권위가 안 세워지면 혈연관계로 분열됨/무엇을 해도 의붓자녀들은 차별감 느낌/남편은 전처의 자녀를, 부인은 친아들을 더 챙기는 상황/의붓아들이 재혼 전에 더 편했음/혈연끼리만 친한 것은 좋지 않음/자녀들이 느끼는 부인의 음주 전후의 이중적 경험을 지적

(2) 가족치료의 결과

가족치료를 통하여 변화된 것은 부인의 변화, 남편의 변화, 가족관계의 변화로 범주화할 수 있었다. 이 사례는 부부 하위체계에 중점을 두고 접근하였으며 치료결과도 부부 하위체계에 초점을 두고 분석하였다. 또한 치료회기가 짧았기 때문에 자녀 하위체계의 변화에 대한 언급은 본문자료(text) 안에서 충분하게 드러나지 않았다. 물론 이러한 결과가 자녀 하위체계의 변화가 없었다는 것을 의미하지는 않는다. 치료자의 사후 확인에서 부부 하위체계 및 형제 하위체계의 변화는 지속되고 있는 것으로 파악되었으나 본 연구의 자료(data)로 사용하지는 않았다.

① 부인의 변화

부인은 가족치료를 통하여 가족 내에서 남편과 동등한 힘을 가지면서 더 이상 문제행동을 보이지 않았고 가족 내에서 자신의 입지를 구축할 수 있었다. 부인의 변화는 〈표 9-

11〉과 같이 범주화할 수 있고, 그 내용은 다음과 같다.

첫째, 처음에 의뢰되었던 부인의 문제음주행동이 소거되었다. 부인은 상담과정 중에 알코올병동에 입원하기도 하였고, 입원 후에도 가족치료 회기에 참석하였다. 부인은 퇴원 이후 2개월간 단주를 하였고, 이후에도 술을 약간 마시기는 하였지만 이전처럼 음주 후의 문제를 일으키는 행동은 하지 않았고, 부인이 가족치료에 참여하면서부터 음주와 문제행동은 감소하였다. 가족치료과정을 통해서 부인이 변화된 모습은 문제행동의 소거 뿐만 아니라 맨 정신으로도 자신의 감정과 생각을 가족구성원들에게 표현할 수 있게 된 것이다.

둘째, 가족에 대한 부인의 소속감이 형성되었다. 부인은 피해의식과 소외감을 가지고 생활을 하였고, 이로 인해서 가족구성원들과 마찰을 겪었다. 그러나 가족치료과정을 통해서 부인은 가족에 대한 소속감을 경험할 수 있었다. 특히 부인은 자신으로 인해 힘들어 한 가족들에게 미안한 감정과 고마운 감정을 말로 표현하였다.

▌표 9-11 부인의 변화

상위 범주	하위 범주	개념
부인의 변화	문제행동의 변화	퇴원 후 2개월간 단주/술을 거의 마시지 않음/간혹 술 마셔도 조용히 잠
	표현의 증가	맨 정신에도 의사표현을 함/ 의붓딸과 대화를 많이 함/남편과 대화를 많이 함
	정서적 안정	옛날처럼 변덕스럽지 않음/혼자서 십자수를 함

② 남편의 변화

남편의 변화는 가족 전체에 큰 영향을 미쳤으며, 특히 부부관계를 강화시키는 데 중요했다. 이것은 남편이 가족생활에서 가장 큰 권력을 소유하였고, 가족치료에 대한 동기가 가장 높았던 대상이었기 때문이다. 남편의 변화는 〈표 9-12〉와 같이 범주화할 수 있었고, 그 내용은 다음과 같다.

첫째, 남편은 새로운 의사소통 방식을 사용하였다. 남편은 말투를 부드럽게 바꾸고 부인과 많은 대화를 나누려고 하였다. 남편은 화가 나더라도 자신의 감정을 조절하는 노력을 하였고, 타인 앞에서도 부인에 대하여 언어표현을 조심스럽게 사용하였다. 또한 남편의 변화된 의사소통 방식은 자녀들과의 관계에서도 변화를 야기했다.

둘째, 남편은 부인을 존중하는 태도를 나타내었다. 남편은 부인의 권위를 자녀들 앞에서 세워 주었고, 부인의 입장을 자녀들에게 대변하기도 하였다. 언어적인 태도뿐만 아니라 비언어적인 태도에서도 남편은 부인을 부드럽게 대하고 부인의 감정을 존중해 주는 모습을 보였다.

셋째, 남편은 자기성찰을 하는 태도를 보였다. 남편은 자신이 부인에게 상처를 많이 주었다는 점과 자신으로 인해서 부인의 음주문제가 강화되었다는 점을 인식하였고, 자녀들에게 신중하지 못하였음을 자각하였다.

넷째, 남편은 가족에 대한 통제를 완화하였다. 남편은 자신의 통제가 가족을 힘들게 한다는 점을 인식하고 나서 허용적인 태도를 보이기 시작하였다. 가족들이 귀가시간이 늦어져도 전화로 채근하거나 화내지 않고 늦는 것을 수용할 수 있었다. 또한 친구네 집에서 자녀들이 자고 오거나 밖에서 놀다 오는 것에 대해서도 독단적으로 결정하지 않고 자녀들이 부인과 상의하도록 하였다. 남편은 엄격한 가부장적인 역할을 줄이고 좀 더 자율적으로 기능하는 가족이 되도록 노력하였다.

다섯째, 남편의 양육태도가 달라졌다. 가족의 일체성을 강조하고 권력으로 통제하지 않고 자녀들과 대화도 많이 하였고, 혈연-비혈연 관계를 떠나서 더 좋은 가족이 되도록 서로의 입장을 지지해 주었다. 특히 자녀들 앞에서 부인에 대하여 긍정적으로 말하고, 부인이 엄마로서 권위를 가지도록 힘을 실어 주기도 하였다.

▌표 9-12 남편의 변화

상위 범주	하위 범주	개념
남편의 변화	새로운 의사소통 방식	많은 대화를 함/말투를 바꿈/폭력과 욕을 안 함/짜증을 곧바로 표현하지 않음/화나서 욕하다가 중지함/갈등시간이 짧아짐
	부인을 존중하기	부인의 성품을 칭찬/부인의 변화 노력을 인정/자녀 앞에서 부인을 두둔함/부인에게 존댓말을 사용/부드럽게 대하려고 노력함/자녀문제로 부인과 상의함/자녀들이 부인에게 사과하게 함/자녀들에게 부인을 존중하라고 말함
	자기성찰	부인의 음주행동은 남편의 잘못임을 인정/부인에게 상처 준 것을 인정/자신이 먼저 변화해야 한다는 점을 자각/가부장적 사고를 깨려고 노력/자신의 오만함과 도도함 인정
	통제 완화	30~60여 분 늦어도 야단치지 않음/놀다 오는 것을 허용함/자녀를 통제하는 것이 완화됨/친구 집에서 자고 와도 됨/군림자가 되지 않으려 함
	양육태도의 변화	자녀와 논리적·이성적 대화/자녀가 부인에게 사과하게 함/남편은 부인에게 눈치 보지 말고 자녀를 혼내라 함/남편이 대화하려고 노력함/자녀들에게 부인을 존중하라고 말함/자녀들에게 화를 덜 냄
	외부관계 차단	술친구 차단함/가족의 프라이버시를 생각하고 선을 그음

여섯째, 남편은 외부관계들을 차단하였다. 남편은 이전에 부인보다는 동네 술친구들과 더 친하게 지냈고, 부인에게는 술을 마시지 못하게 하면서 자신은 친구들과 어울려서 술을 마셨다. 그러나 가족치료를 통하여 남편은 동네의 술친구들을 멀리 하였고, 자신과 부인의 갈등을 당사자끼리 해결하려고 노력하였다.

③ 가족관계의 변화

가족치료를 통하여 나타난 가족관계의 변화는 〈표 9-13〉과 같이 범주화할 수 있었고, 그 내용은 다음과 같다.

첫째, 부부 상호작용이 증가하기 시작하였다. 부인과 남편의 개인적 변화와 더불어 부부관계에서도 변화가 일어났다. 각 방을 쓰던 남편과 부인이 한방에서 잠을 자게 되었고, 함께 쇼핑을 다니고 대화를 많이 하려고 노력한 결과 부부의 대화량도 증가하였다. 부부싸움은 줄어들었고, 부부가 싸움이 생길 것 같으면 서로 싸우지 말자고 이야기를 하였다.

둘째, 가족의 소속감이 형성되기 시작하였다. 부인은 엄마로서 자신의 부족함을 느끼고 남편에 대한 고마움도 표현하였다. 갈등이 심했던 부인과 의붓딸의 대화도 많아졌고, 남편이 자녀들 앞에서 부인에 대한 연민을 표현하였다. 조부모를 방문하는 것도 주 1회에서 월 1회 수준으로 줄어들었다.

셋째, 형체 하위체계의 변화가 시작되었다. 의붓딸은 사이가 나빴던 의붓남동생과 대화도 많이 하게 되었고, 최근에는 동생 같은 느낌이 든다고 표현하였다. 또한 의붓형제들끼리의 대화가 늘어났다.

표 9-13 가족관계의 변화

상위 범주	하위 범주	개념
가족관계의 변화	부부 상호작용의 증가	부부가 같은 방에서 함께 잠/부부가 함께 쇼핑 다님/부부간의 대화의 양이 증가/서로 대화를 많이 하려고 시도함/최근에 부부다툼이 없었음/서로 싸우지 말자고 이야기함/남편이 부인에게 자신의 눈치를 보지 말고 자녀를 혼내라 함/부인이 남편을 위하여 요리를 함/부부끼리 대화 시도
	가족의 소속감 형성	엄마로서 부족함을 느낌/남편에 대한 고마움/가족에게 미안함/가족들이 조부모의 집을 방문하는 빈도가 줄어듦(주 1회 → 월 1회)/부인과 의붓딸의 대화가 많아짐/남편이 자녀들에게 부인에 대한 연민을 표현함
	형제 하위체계의 변화	의붓동생과 말도 많이 하게 됨/의붓동생도 요즘은 동생 같다고 함/의붓형제끼리 대화를 많이 함

5. 결론 및 제언

1) 결론

본 연구에서는 재혼한 부인의 음주문제로 갈등을 겪고 있는 재혼가족에 대해 MRI의 의사소통 모델을 활용한 가족치료사례를 분석하였다. 상담은 총 9회기로 구성되었다. 치료자는 부부체계를 중심으로 가족의 상호작용을 변화시키는 데 초점을 두었으며, 연구자들은 치료과정에서 나타나는 재혼가족의 상호작용과 특수성 그리고 치료적 개입에 대하여 분석을 하였다. 연구자들은 의뢰사유가 부인의 음주문제로 인해서 파생되는 가족갈등이었으나 이를 단순히 개인의 음주문제로 보기보다는 가족이 경험하고 있는 역기능적 상호작용과 재혼가족의 특수성이라는 관점에서 이해하고자 하였다.

부인의 음주행동은 부인과 가족구성원들의 상호작용 및 관계수준에서 발생하는 권력의 역동차원에서 이해할 수 있었다. 즉, 부인의 음주행동은 Madanes(1981)가 제시한 가족 내의 세대 간 경계선과 권력의 불평등관계로 인하여 발생하는 하나의 증상으로 이해할 수 있었다. 이 사례의 가족 안에는 두 종류의 위계가 존재하였다. 하나는 남편이 강한 권력을 행사함으로써 부인이 종속적인 입장에 놓이게 되는 것이었고, 남편이 부인의 증상을 개선시키려고 할수록 남편과 부인의 관계가 종속적 관계로 굳어지는 것이었다. 또 다른 하나는 남편이 부인을 개선시키려고 하지만 부인은 자신의 증상을 강화시킴으로써 남편의 노력을 실패로 돌아가게 하고 자신의 증상을 유지함으로써 남편과의 관계에서 우위를 차지하려는 것이었다. 이러한 두 가지 불균형적인 위계가 갈등으로 이어지는 것은 부부가 문제를 해결하기 위하여 시도하였던 방식들에 있었다. 특히 가족이 사용하는 의사소통 방식들은 갈등을 해결하기보다는 오히려 악화시키는 요인이 되었다. 본 사례연구에서 나타난 결과는 다음과 같다.

첫째, 부인의 음주행동과 가족의 반응은 순환적 인과성을 가지고 상호작용하면서 유지되는 것으로 나타났다. 남편이 부인에게 제공하는 폭력·비난·통제, 의붓자녀들이 엄마로서 부인의 권위를 무시하는 태도, 시어머니의 간섭은 부인의 문제행동에 영향을 미치는 촉발요인으로 작용하였다. 또한 부인의 음주 시 분노표출, 거친 언어와 욕설 사용, 행동에 대한 통제력 상실, 지속적인 음주행동, 의붓자녀들에 대한 차별적 태도는 촉발요인과 연쇄적으로 상호작용하는 부인의 대항요인이었다. 그리고 혈연-비혈연의 가

족관계 수준에서 발생하는 정서적 유대감 및 거리감으로 인해서 부인이 경험하는 피해
의식은 음주행동의 관계요인이 되었다. 부인의 증상으로 인하여 가족들이 경험하는 것
은 경직된 가족 분위기, 가족구성원들의 사회적 체면 손상, 가족 성원들 간의 일시적 동
맹, 형제관계의 약화 등이었다. 재혼가족의 갈등은 가족구성원들의 역기능적 상호작용
으로 인해서 지속되고 있었다.

둘째, 재혼가족이라는 특수성도 가족갈등에 영향을 주고 있었다. 재혼가족이라서 가
지는 특수성은 가족의 결합을 어렵게 하는 암묵적 상호작용과 결합을 강화시키려는 통제
적 상호작용으로 구분되었다. 가족생활에서 차별감, 눈치 보기(보임), 오해(편견), 속마
음 숨김 등이 혈연-비혈연의 관계특성에 따라 암묵적으로 교류되고 있었다. 남편은 암묵
적 상호작용에 대한 반작용으로 엄격한 규칙, 의도적 일체성 강조, 정체성 추구, 가부장
적 권위행사 등의 통제적 상호작용을 시도하여 가족의 응집력을 강화시키려고 하였다.

셋째, 재혼가족에 대한 가족치료적 개입 관점은 부부체계 강화, 의사소통 방식의 변
화, 가족규칙의 완화, 차이점의 수용 등이었다. 치료자는 부부체계를 강화시키기 위하여
부인의 권한을 강화시키고 부부갈등의 상호책임론을 제기하였으며, 부부간 긍정적인 측
면도 강조하였다. 치료자는 의사소통 방식의 변화를 위하여 문제해결에 비효과적인 의
사소통 방식을 포기하게 하고 언어적 의사소통과 듣는 역할의 중요성을 강조하였다. 치
료자는 엄격한 가족규칙을 완화시키기 위하여 남편에 의한 부인과 자녀의 통제를 완화시
키고, 남편의 가부장적 사고방식의 변화를 시도하였다. 그리고 치료자는 가족구성원들
이 서로의 차이점을 수용하도록 하기 위하여 각자의 입장을 이해시켰고, 가족구성원들
에게 재혼가족의 특성을 설명하였다. 이러한 치료자의 개입으로 인하여 부인의 변화, 남
편의 변화, 가족관계의 변화가 일어났다. 특히 부부의 상호작용 증가, 가족의 소속감, 형
제 하위체계의 변화와 같은 가족관계의 변화는 남편에 의한 통제적 상호작용의 결과가
아니라 치료적 과정에서 발생한 자연스러운 변화로 생각할 수 있다.

2) 제언

본 사례연구의 결과에 근거해서 재혼가족에 대한 사회복지적 실천 및 개입의 방법을
다음과 같이 제언하고자 한다.

첫째, 본 연구에서는 부인의 음주행동을 알코올중독이라는 표면적 증상이나 부인 개
인의 심리적 문제로 보기보다 가족체계 안에서 발생하는 역기능적 상호작용의 한 부분

이며 가족구성원으로부터 영향을 받은 결과인 동시에 그 영향을 만드는 원인으로 이해하고자 하였다. 즉, 부인의 증상을 가족체계의 상호작용 안에서 발생하는 순환적 인과관계로 이해할 수 있었다. 따라서 사회복지 실천현장에서는 개인 및 가족에게서 발생하는 문제들에 대하여 현상을 둘러싼 체계들의 순환론적 상호작용의 관점에서 이해하는 노력이 필요하다.

둘째, 부인의 문제행동은 부부 하위체계의 불균형적인 권력구조에서 발생하였고, 가족치료의 효과적인 개입도 부부 하위체계를 중심으로 진행되었다. 이 사례의 가족은 재혼을 통해서 형성된 지 4년밖에 안 되었고, 청소년기의 자녀들이 포함되었으며, 공유역사가 짧은 혈연-비혈연 관계로 인해서 상호작용이 복잡하였다. 부부 하위체계는 자녀들의 혈연-비혈연 관계와 맞물려서 삼각관계를 이루거나 다른 하위체계에 대한 명확한 경계선을 만들지 못하였기 때문에 불안정한 상태였다. 치료자가 부부체계의 강화에 우선적인 관심을 가지고 접근하였기 때문에 부인의 음주행동은 감소되었고, 가족관계는 부부체계를 중심으로 안정을 이룰 수 있었다. 이러한 결과는 부부관계의 강화가 재혼가족 치료에서 가장 중요한 요소라는 Visher 등(1997)의 연구결과와도 일치한다. 따라서 사회복지 실천현장에서 재혼가족에게 개입할 때에는 부부 하위체계를 중심으로 접근하는 것이 필요하다.

셋째, 재혼가족에서 통합은 매우 어려운 부분이다. 이것은 초혼가족의 발달과정과 다르며, 통합에 오랜 시간이 걸리고, 가족구성원 간의 친밀감의 정도가 서로 다르기 때문에 치료자에게도 상담하기 어려운 점이 많다. 재혼가족의 부모들은 지나치게 빨리 친가족과 같은 관계를 형성하고자 의도적으로 응집력을 강조하는데, 이것은 자칫 잘못하면 가족관계를 저해하는 위험요소가 될 수도 있다. 재혼가족에게서는 응집성뿐만 아니라 서로의 차이점을 문제로만 보기보다는 다양성으로 이해하고 수용하려는 유연한 자세가 필요하다. 따라서 사회복지 실천현장에서 제공하는 재혼가족을 위한 교육 및 준비 프로그램에는 서로의 입장을 이해하고 수용하는 유연성을 키우는 내용이 포함될 필요가 있다.

넷째, 이 사례의 가족은 부인의 알코올중독의 문제뿐만 아니라 남편의 가족통제와 가정폭력, 부모에 대한 사춘기 청소년들의 반항과 같은 다양하고 복잡한 문제상황에 처해 있었다. 그러나 아무리 다양하고 복잡한 문제라도 피드백 고리의 개념으로 단순화시켜서 본다면 개입방법도 단순해질 수 있다고 본다. 사회복지 실천가는 복잡한 문제의 현상보다는 문제를 유지시키는 피드백 고리의 특성을 이해함으로써 보다 효율적인 해결책을 발견할 수 있다. 따라서 내담자로 하여금 문제해결을 위해서 사용하는 비효과적인 방법들을 포기하고 새로운 방법을 찾도록 하는 것이 변화의 지름길이라고 본다.

　　다섯째, 본 연구는 하나의 가족치료사례를 분석한 사례연구이므로 전체의 재혼가족을 대상으로 일반화시키는 데 한계가 있다. 또한 치료의 목표가 재혼가족을 친가족과 같은 상태로 변화시키는 것이 아니라 부부체계의 변화를 통하여 가족체계의 적응을 추구하는 데 있었기 때문에 다른 모델의 관점과 상이할 수도 있다. 따라서 향후에 다양한 관점과 모델들을 적용한 재혼가족의 치료사례 연구들이 지속적으로 나오는 것이 필요하다고 본다.

 참고문헌

김연옥(2002). 재혼가정 내 모의 심리적 디스트레스의 예측 요인에 관한 연구. 한국사회복지학, 49, 75-82.

김연옥(2004). 재혼가정의 가족기능향상프로그램 개발을 위한 시론적 연구. 한국사회복지학, 56(2), 215-235.

김유숙(2002). 가족치료. 서울: 학지사.

김유숙(2006). 재혼가정에 대한 단기가족놀이치료의 적용사례. 한국심리학회지 여성, 11(3), 311-325.

김효순(2006a). 재혼가족의 양육태도 유형이 가족적응에 미치는 영향에 관한 연구. 한국가족복지학, 17, 57-87.

김효순(2006b). 재혼가족청소년 자녀의 역할긴장이 적응에 미치는 영향에 관한 연구. 청소년학연구, 13(2), 187-213.

김효순, 엄명용(2007). 청소년자녀가 있는 재혼부부의 결혼만족도에 영향을 미치는 요인에 관한 연구. 한국가족복지학, 21, 75-102.

나임순(2002). 노인의 재혼욕구에 관한 연구. 가톨릭대학교 사회복지대학원 사회복지학과 석사학위논문(미간행).

박충선, 배나래(2005). 노년기 재혼에 관한 질적 연구. 한국가족관계학회지, 10(2), 115-132.

배진희(2004). 노년기 재혼에 영향을 미치는 요인. 노인복지연구, 25, 211-232.

서병숙, 김은진(1996). 홀로된 여성노인의 재혼태도연구. 한국노년학, 16(2), 53-66.

서병숙, 김혜경(1998). 노인의 재혼에 대한 기혼자녀의 지각. 한국노년학, 18(1), 91-106.

석정희(2004). 노년기 재혼부부의 생활적응실태에 관한 질적연구. 계명대학교 여성대학원 사회복지학과 석사학위논문(미간행).

유영주(2007). 새로운 가족학. 서울: 신정.

임춘희(1996). 재혼가정 내 계모의 스트레스와 적응에 관한 질적 연구. 고려대학교 대학원 박사
학위논문(미간행).

임춘희(1997). 재혼한 남자노인의 재혼가족생활 적응에 관한 연구. 한국노년학, 17(2), 119-138.

임춘희(2006). 재혼가정 청소년의 적응교육 프로그램 개발을 위한 기초연구: 가족관계 인식과 교
육요구도를 중심으로. 한국생활과학회지, 15(5), 743-760.

임춘희, 박경란(1997). 노년기의 재혼가족생활 스트레스에 대한 경험적 연구. 한국가정관리학회지,
15(4), 183-200.

임춘희, 정옥분(1997). 초혼계모의 재혼가족생활 스트레스와 적응에 대한 경험적 연구. 대한가정
학회지, 35(5), 73-102.

정현숙, 유계숙(2003). 가족관계. 서울: 신정.

정현숙, 유계숙, 임춘희, 전춘애, 천혜정(2000). 재혼가족에 대한 실태 및 재혼생활의 질에 대한
연구. 대한가정학회지, 38(4), 1-19.

최영아, 이정덕(2009). 사별 및 이혼한 노인의 재혼에 관한 연구 II. 한국가족복지학, 5(2), 87-108.

현은민(1998). 재혼가족발달을 위한 가족 FIRO모델. 한국가정관리학회지, 16(3), 146-154.

현은민(2002). 재혼준비교육 프로그램 모형 개발. 한국가족관계학회지, 7(3), 153-172.

Carter, B., & McGoldrick, M. (1989). *The Changing family life Cycle: A framework for
family therapy*. Boston: Allyn and Bacon.

Cartwright, C. (2003). Therapists' perceptions of bioparent-child relationships in
stepfamilies: What hurts? What helps? *Journal of Divorce and Remarriage, 38*(3),
147-166.

Coleman, M., Ganong, L., & Fine, M. (2002). Reinvestigating remarriage: another decade of
progress. *Journal of Marriage and the Families, 62*, 1288-1307.

Dattilio, F. M., & Jongsma, A. E. (2000). *The Family therapy treatment planner*. New
Jersey: John Wiley & Sons.

Demo, F. H., & Acock, A. C. (1996). Singlehood, marriage, and remarriage: The effect of
family structure and family relationships on mothers well-being. *Journal of Family
Issues, 17*(3), 388-407.

Furstenberg, F. F., & Spanier, G. B. (1984). The risk of dissolution in remarrage: An
examination of Cherlin's hypothesis of incomplete instituionalization. *Family
Relations, 33*, 433-441.

Ganong, H. L., & Coleman, M. (1989). Effects of remarrage on children: A review of the
empirical literature. *Family Relations, 33*, 389-406.

Ganong, H. L., & Coleman, M. (1994). *Remarried family relationships*. New York: SAGE
Publications.

Goldenberg, I., & Goldenberg, H. (2001). *Family therapy: An overview*. Belmont, CA:
Brooks/Cole.

Hanna, S. L., & Knaub, P. K. (1984). Cohabitation before remarrige: Its relationship to family strengths. *Alternative Lifestyles, 4*, 507–522.

Madanes, C. (1981). *Strategic family therapy*. San Francisco: Jossey–Bass.

Miles, M. B., & Huberman, A. M. (1994). *Qualitative data analysis*. Thousand Oaks, CA: Sage Publication.

Minuchin, S. (1984). *Family kaleidoscope*. Cambridge: Harvard University Press.

Nichols, M. P., & Schwartz, R. C. (2008). *Family therapy: Concepts and methods*. Allyn & Bacon.

Parazzoli, M. S., Boscolo, L., Cecchin, G., & Prata, G. (1978). *Paradox and counterparadox*. New York: Jason Aronson.

Pasley, K., Rhoden, L., Visher, E. B., & Visher, J. S. (1996). Successful stepfamily therapy: Clients' perspectives. *Journal of Marital and Family Therapy, 22*(3), 343–357.

Shalay, N., & Brownlee, K. (2007). Narrative family therapy with blended families. *Journal of Family Psychotherapy, 18*(2), 17–30.

Visher, E. B., & Visher, J. S. (1990). Dynamics successful stepfamilies. *Journal of Divorce and Remarriage, 14*(1), 3–12.

Visher, E. B., & Visher, J. S. (1991). *How to win as a stepfamily*. New York: Taylor and Francis Book.

Visher, E. B., & Visher, J. S. (1996). *Therapy with stepfamilies*. New York: Brunner/Mazel.

Visher, E. B., Visher, J. S., & Pasley, K. (1997). Stepfamily therapy from the client's perspective. *Marriage and Family Review, 26*, 191–213.

Watzlawick, P., Beavin, J. H., & Jackson, D. D. (1967). *Pragmatics of Human Communication*. New York: Norton & Company.

Watzlawick, P., Weakland, J., & Fisch, R. (1974). *Change: Principles of problem formation and problem resolution*. New York: Norton & Company.

경향신문(2008. 2. 13.) 15면.

통계청 (2007). http://www.nso.go.kr

한국가정법률상담소 (2008). 동거 1년 미만 부부 상담통계. http://www.lawhome.or.kr/law1/index.asp.

한국가정법률상담소 (2008) 한국가정법률상담수 2007년 상담통계. http://www.lawhome.or.kr/law1/index.asp.

제10장

홀어머니와 큰아들의 갈등에 대한 가족치료사례 연구*

1. 서 론

전통적인 한국사회는 가족주의를 강조하고 있으며 한국의 가정은 가족 내에서 개인의 권리와 관심보다는 가족의 결속력을 더 중요하게 여겼다. 특히 한국에서의 가족관계는 모든 관계를 위한 본보기가 되어야 한다고 믿었으며(Kim, 1991), 화목한 가족관계를 유지하는 것이 모든 생활의 목표라고 할 정도의 중요한 가치를 차지하고 있었다(송성자, 2001). 그러나 현대에 들어와서 서구화되고 다원화되는 사회적 가치와 가족중심의 가치는 서로 충돌을 일으키는 경우가 많다. 현대사회에서의 이러한 가치충돌과 더불어 가족구성원들은 가족 내에서 세대 간의 가치충돌을 경험하게 된다. 그런데 가족이 발달주기상 변화와 전환의 시기에 들어섰을 때에는 새로운 상황에 맞는 변화를 시도해야 하며, 그렇지 않으면 어려움을 겪게 된다(Carter & McGoldrick, 1989). 새로운 상황의 변화와 적응은 가족기능이 긴장될 때에 더욱 쉽게 형성될 수 있다. 이러한 가족기능의 하위 영역으로는 응집성, 적응성, 의사소통, 분위기, 정서 등이 포함되며, 특히 가족 분위기와 정서는 의사소통과 관련이 깊다(김영희, 안상미, 2008). 특히 가족 만족도는 가족의 의사소통 능력과 매우 깊은 관련성을 가지는 것으로 나타나며, 가족구성원끼리의 의사소통이 잘

* 박태영, 김태한(2008), 한국가족복지학, 23에 게재되었음.

될수록 의사소통 능력도 향상되고, 가족관계의 만족감도 커지는 것으로 나타났다(한주리, 허경호, 2004).

한편 어머니와 자녀의 관계를 살펴보면, 어머니는 자녀를 출산하면 자녀의 욕구를 충족시켜 주면서 밀접한 관계를 형성하고 유지한다. 어머니와 자녀의 상호작용에서 나타나는 의사소통 패턴의 특성은 어머니가 자녀를 심리·사회적으로 미숙한 존재로 여기고 항상 자신의 도움을 필요로 하는 존재로 보면서, 자녀의 심리적 현실을 자유롭게 넘나들며 자녀가 하고자 하는 말을 대신해 주는 등 어머니와 자녀가 심리적으로 융화된 상태에서 교류하는 것이다. 즉, 어머니들은 자녀를 대할 때 자녀를 독립된 개체로서 자신을 표현하고 부각시키게 하기보다는 자녀를 보살펴 주는 사람으로서의 역할을 하는 경향이 있다. 이와 같이 자녀양육 방식은 자녀를 독립시키기보다는 가족과 함께 머무르면서 가족구성원들과 강한 유대감을 유지하게 하는 역할을 한다(Berg & Jaya, 1993; 이선혜, 2000, 재인용). 특히 첫아들이거나 외아들인 경우는 일반적으로 어머니들이 아들을 양육하고 훈련시키는 데 과잉보호를 하고 지나치게 간섭하는 경향이 있다. 우리 문화에서는 자녀들이 결혼한 후에도 원가족으로부터 물리적·정서적으로 분리되기가 상당히 어려운 것으로 보인다. 또한 어머니는 아들이 결혼을 하여서도 아들의 결혼생활에 간섭할 권리가 있다고 생각하며 이러한 간섭을 의무, 사랑, 관심으로까지 생각한다(Kim, 1996). 이처럼 자녀와 분리되거나 혹은 부모와 분리되는 것은 부모와 자녀에게 쉬운 일이 아니다. 부모는 자녀들이 독립하여 사는 것에 대한 불안감이 있고, 자녀도 부모로부터 분리되어 독자적인 삶을 살 때에 어려움을 겪기 때문이다(김애순, 2002). 이러한 자녀 독립기와 자녀 진수기에서 성인 초기 자녀와 부모 관계의 주요한 과업은 자녀가 독립적인 생활을 하도록 허용하고, 이전 관계에서 가졌던 힘과 통제를 완화시키는 것이다. 그리고 부모는 자녀들과 성인 대 성인으로 관계를 형성해야 한다(Carter & McGolrick, 1989). 이러한 발달과정에서 의사소통은 관계를 조절하고 문제를 해결하는 데 중요한 기능을 한다. 만약에 가족구성원들이 역기능적인 의사소통을 사용한다면 가족 간의 관계는 악화되고, 반대로 가족구성원들이 기능적인 의사소통을 사용한다면 상호 간에 가치와 의사를 전달하는 가운데 가족구성원들은 긴장의 완화, 자신감 획득, 안정감을 얻게 된다(이영미, 민하영, 이윤주, 2005).

아직 우리나라에서는 가족갈등에 대한 가족치료 경험들이 보편화되어 있지 않고 있으며, 특히 성인 자녀와 부모 간의 갈등에 대한 체계적 연구들이 부족하다. 청소년기의 부모-자녀 갈등에 대한 연구들과 임상사례들은 꾸준히 보고되고는 있으나 성인 자녀와 부모의 갈등에 대한 가족치료사례 연구는 거의 없는 듯하다. 따라서 본 연구는 홀로 된 어

머니와 성년인 큰아들의 갈등에 대한 가족치료사례를 분석하였으며, 모자간의 의사소통
방식과 역기능적 가족체계의 특성이 갈등을 어떻게 발전시키는가에 대한 이해를 돕고,
가족치료를 통하여 가족이 기능적으로 상호작용하면서 변화하는 내용을 살펴보고자 한
다. 또한 가족갈등에 대한 가족치료의 사례를 분석함으로서 사회복지 실천현장에서 보
다 전문적이고 효과적인 개입을 위한 기초자료를 제공하고자 한다.

2. 이론적 배경

  본 연구에서는 내담자 가족들을 치료하기 위하여 MRI의 의사소통이론, Bowen의 가
족체계이론 그리고 Minuchin의 구조주의적 가족치료이론을 활용하였다.

1) MRI의 의사소통이론

  MRI(Mental Research Institute)에서는 두 가지 방법에 의해서 문제가 발달된다고 본다.
첫째는 어려움을 잘못 다루는 것이며, 둘째는 문제를 해결하려는 시도의 실패와 똑같은
문제해결 방식의 적용이다(Watzlawick, Weakland, & Fisch, 1974). 그렇기 때문에 문제는
오랫동안 그 문제를 변화시키려고 계속적으로 시도해 온 바람직하지 못한 행동방식들이
며, 이것이 종종 문제를 유지시키거나 악화시키기까지 한다(Goldenberg & Goldenberg,
2001). 따라서 치료자의 일차적 임무는 새로운 혹은 다른 행동을 기존의 행동과 대체하거
나, 본래의 문제행동을 '하찮은 문제'로 재평가함으로써 내담자에게 지금까지와 다른 해
결책을 소개하는 것이다(Weakland, Fischer, watzlawick, & Bodin, 1974).
  본 사례의 연구에서 어머니와 큰아들 간의 갈등은 계속 같은 문제 양상으로 반복되었
는데, 그 이유는 두 사람이 문제를 해결하기 위하여 동일한 문제해결 방식을 계속 사용했
기 때문이었다. 이러한 결과로 관계를 악화시키는 수준까지 이르렀지만 각자는 결코 문
제해결 방식을 바꾸어야 한다는 생각을 하지는 못하였다. 따라서 치료자는 어머니와 큰
아들 간의 문제를 해결하려고 시도한 방식들을 모자가 이해하고 새로운 문제해결 방식
을 습득하도록 하였다. 구체적으로 어머니와 큰아들은 새로운 의사소통 방식을 습득함
으로써 문제의 해결뿐만 아니라 관계의 변화까지 만들 수 있게 되었다.

2) Murray Bowen의 가족체계이론

Bowen 이론의 기초는 자아분화이며 개인이 지적 과정과 정서적 과정을 구분할 수 있는 정도를 나타낸다. 개인의 분화수준이 낮은 사람은 감정과 사고가 너무 융합되어 감정에 의해 지배된다. 가족관계 면에서 미분화된 가족의 자아군(undifferentiated family ego mass)은 기록이 감정적으로 한 덩어리가 되어 한 수준의 강렬함 속에 존재하는 상태를 말한다. 친밀도가 너무 강해지면 가족구성원은 서로의 생각, 감정, 환상과 꿈에 대해서도 같이 느끼게 된다(Bowen, 1966; Kerr & Bowen, 1988; Papero, 1995; Goldenberg & Goldenberg, 2001; Nichols & Schwartz, 2002). 자아분화가 안 된 경우에 나타나는 인간관계의 추구형은 지나치게 친밀한 관계 유형을 추구하거나 또는 지나치게 거리감을 두는 관계 유형을 추구하는 형태를 띠게 된다(박태영, 김현경 역, 2004). 가족은 불안한 2인의 관계를 해소하는 방법으로 삼각화를 쓴다. 가족의 융합 정도가 높을수록 삼각관계를 만들려는 노력은 더 커지며, 특히 가족 내에서 미분화된 사람이 삼각관계에 개입되기 쉽다(Nichols & Schwartz, 2002; Guerin, Forgaty, Fay, & Kautto, 1996; Papero, 1995). 부모로부터 정서적으로 독립하지 못하고 부모 사이에서 갈등이 심한 자녀들은 부적응 행동이나 증상을 나타낸다(Fleming & Anderson, 1986; Hoffman & Weiss, 1987). Bowen(1976)은 정서적 단절(emotional cutoff)이라는 용어를 사용하여 사람들이 가족과 정서적 끈을 끊기 위하여 도피하지만 실제로는 여전히 정서적으로 분리되지 못하는 상태를 설명하였다. 투사과정에 많이 개입된 자녀는 가족으로부터의 지리적 분리나 심리적 벽이나 자기기만으로 자신을 격리하려고 한다. 관계의 패턴은 세대를 넘어 학습되고 전수되며 현재의 상호작용하는 패턴들에 영향을 준다(Lawson, 1999).

한국문화에서는 가족에 대한 응집력이 강조되기 때문에 가족은 동고동락하는 개념으로 많이 이해된다. 이런 문화의 부작용은 전체로서 가족은 있지만 개인은 없다는 점이다. 본 연구에서 미분화된 자아를 가진 어머니는 가족을 위해서 자신의 삶을 희생하면서 살았고, 또한 자신의 방식대로 큰아들도 그렇게 살도록 요구하였다. 어머니와 큰아들은 개별성과 연합성의 적절한 현실적 타협점을 찾지 못하였기 때문에 서로 분노와 배신감을 경험하였다. 결국 어머니는 딸과 정서적으로 융합된 삶의 방식을 추구하고, 큰아들 역시 지적 기능과 정서적 기능의 미분화로 인하여 갈등을 적절하게 해결하려고 시도하기보다는 어머니로부터 정서적 단절을 추구하였다. 이 사례는 한국의 많은 가족들이 경험하는 자아분화 및 원가족의 분화 문제를 반영하고 있으며, 이러한 분화의 문제가 어떻게 가족갈등을 유발하고, 치료과정에서 가족구성원들의 미분화로 인하여 발생된 갈등이 어떻게 조정되는지를 살펴보고자 하였다.

3) Minuchin의 구조주의적 가족치료이론

가족구조는 가족구성원들이 상호작용하는 방식을 조직화하는 것으로서 보이지 않는 기능적 유형이다. 행동을 결정하는 요인은 아니지만 일련의 행동을 예측할 수 있게 해 준다. 가족의 하위체계들은 대인관계 경계선, 다른 사람들과의 접촉을 규제하는 보이지 않는 장벽들에 의해 한계가 정해진다(Nichols & Schwartz, 2002). 경계선의 기능은 체계의 분화를 지키는 것이다. 가족이 적절하게 기능하기 위해서는 하위체계의 경계선이 분명해야만 한다. 이들 경계선은 하위체계 구성원들이 간섭받지 않고 그들의 기능을 수행하기에 충분하도록 잘 규정되어야 하지만, 동시에 하위체계의 구성원들과 다른 사람들 사이의 접촉을 할 수 있도록 해 주어야 한다(김종옥 역, 1988). 가족 내의 경계들은 명확한 경계, 경직된 경계, 모호한 경계로 나누어진다. 가족구성원들 간의 경계가 명확할 때에는 하위체계들 간에 지지와 의사소통과 협상을 쉽게 할 수 있으며 가족의 안녕감이 강화된다. 경직된 경계는 하위체계 간에 서로 관계 맺기가 어려워 어떤 하위체계의 가족구성원들도 다른 가족구성원의 세계로 들어가려고 하지 않고 또 들어갈 수도 없다. 모호한 경계는 하위체계 간에 경계선이 매우 불분명하고 구별이 되지 않으며, 다른 가족구성원들에 의해서 자신의 경계선이 침해당한다(Goldenberg & Goldenberg, 2001). 구조주의적 가족치료 모델에서는 개인을 사회적 존재로서 파악하여 개인을 둘러싼 구조에 초점을 두었으며, 가족의 구조가 변하면 가족구성원들의 경험도 변할 수밖에 없다고 본다(Colapinto, 1991).

이 사례에서는 어머니와 자녀들 사이에 세대 간 경계선이 적절하게 형성되지 않았다. 어머니는 자녀들과 불분명한 경계선을 유지하려고 하였기 때문에 큰아들과 막내아들은 어머니에 대하여 경직된 경계선을 구축하였다. 반면 많은 어머니를 수용하여 어머니와 모호한 경계선을 구축하였다. 이러한 세대 간의 부적절한 경계로 인하여 형제 하위체계도 약화되었고, 형제간의 협력이나 상호작용도 없었다. 또한 가족은 생활공간 면에서도 사생활이 보호되지 못하는 특징을 가지고 있었고, 관계 면에서 하위체계들이 형성될 만큼 경계선이 명확하지 않았다. 따라서 본 연구에서는 가족의 구조와 경계선의 특성이 가족갈등에 어떻게 영향을 미치고 치료과정에서 어떻게 변화하는지를 살펴보고자 하였다.

3. 선행연구

가족 의사소통에 대한 연구는 가족치료의 기원과도 관련이 깊다. 1954년에 Bateson과 동료들은 록펠러 재단의 연구 기금을 받아 역설적 의사소통의 유형을 연구하였다. 그들은 가족 내 병리적 의사소통 유형에 관심을 가졌으며, 특히 부모-자녀 이중구속(double bind)적 의사소통 방식이 정신분열병에 영향을 미치는 것으로 보았다. 또한 Wynne(1970)은 정신분열병 가족의 혼돈되고 모호한 의사소통에 대한 연구를 하였다(Goldenberg & Goldenberg, 2001). Becvar와 Becvar(1993)는 의사소통에 대한 이론을 소개하였는데, 모든 행동은 의사소통이며, 행동과 의사소통은 상황(context) 안에서 이해되어야 하며, 의사소통 유형은 상황 내의 환류로 인해 반복되고 문제도 유지되는 것으로 보았다(이화여자대학교 사회사업학과 편, 1995). Satir(1982)는 가족들이 사용하는 역기능적 의사소통들을 회유형, 비난형, 초이성형, 산만형으로 나누었고, 이러한 방식들을 사용하면 가족 간에 진실한 감정소통과 관계형성이 이루어지기 어려운 것으로 보았다. 한편 역기능적 가족들은 간접적이고 애매모호하고 은유적인 방식들을 선호한다고 보았다(Satir, 1982; Satir & Baldwin, 1983). 또한 Johnson과 Bursk(1979)에 따르면 부모와 성인 자녀 간의 만족스러운 관계는 지리적 가까움보다는 상호 의사소통과 더 관련이 깊은 것으로 나타났다(신일진, 김태현, 1991).

우리나라에서는 1980년대 후반부터 가족의 의사소통에 대한 연구들이 나오기 시작하였으며, 2000년대에 들어서 증가하고 있다. 연구들은 대체로 정의적 측면과 더불어 의사소통과 가족관계, 의사소통의 유형, 의사소통이 자녀에게 미치는 영향 등과 같은 측면에서 진행되었다(안현정, 이소희, 2005). 국내의 가족 의사소통의 연구는 주로 부부관계, 부모-자녀 관계를 중심으로 이루어졌고, 특히 부모-자녀 관계는 아동 및 청소년 자녀를 대상으로 하는 경향이 있다. 대체로 부모와 자녀 간의 원활한 의사소통은 가족의 응집성 및 적응성 그리고 만족도에 영향을 주며(노윤옥, 전미경, 2006; 박은주, 김경신, 1995; 정연호, 류점숙, 신효식, 2005; 최외선, 김갑숙, 최선남, 2001), 역기능적 의사소통은 문제점과 병리적 증상을 증가시킨다(권재환, 이은희, 2006; 김영희 외, 2008; 최외선 외, 2001; 최인재, 2007). 그리고 의사소통이 원활할수록 부모-자녀 갈등은 줄어들며(공인숙, 이은주, 이주리, 2005), 대화의 양이 많을수록 의사소통 능력도 향상되며(한주리 외, 2005), 가족의 사회인구학적 특성과 의사소통 수준은 관련이 높다(노윤옥, 전미경, 2006; 최미혜, 김경희,

권혜진, 김수강, 2005; 최외선 외, 2001).

반면에 부모와 성인 자녀의 의사소통을 다룬 연구는 극히 드물다. 신일진과 김태현 (1991)의 연구에 따르면, 노부모와 성인 자녀의 의사소통에서 부모가 권위형과 불성실형의 의사소통 유형을 사용할 때에 성인 자녀들과 갈등이 증가하는 것으로 나타났고, 친밀형을 사용할 때에는 갈등이 줄어드는 것으로 나타났다. 의사소통 유형으로 노부의 경우 '권위로 인한 갈등문제'(39.8%), 노모의 경우 '서로에 대한 이해 부족으로 인한 갈등문제'(30.3%)를 보여 주었다. 노부모와 성인 자녀 간의 의사소통 유형은 갈등을 증가 혹은 감소시키는 데 기여하는 것으로 나타났고, 대화량이 많을수록 갈등이 적은 것으로 나타났다. 또한 후기 청소년인 대학생 자녀들과 부모 간의 의사소통을 연구한 연구에서는 의사소통이 폐쇄적일수록 대학생의 불안 및 공격 성향이 높고 대학생활 적응이 취약하였다. 대학생의 학교적응에 영향을 주는 요인은 부모 간의 갈등보다는 부모와 자녀 간에 일어나는 상호작용과 의사소통의 결과가 더 직접적인 영향을 보여 주었다. 이러한 가족 및 부모의 영향력은 자녀가 성인이 되어서도 지속된다는 점을 시사하였다(이영미 외, 2005).

안현정과 이소희(2005)는 1987년부터 2004년까지의 부모-자녀 의사소통에 관련된 국내 석·박사학위논문을 총망라하여 부모-자녀 의사소통 관련 변인을 찾는 메타분석을 실시하였다. 부모-자녀 의사소통에 영향을 미치는 변인군으로는 환경 변인군(ES=.346)이 가장 높았고, 다음으로 부모 변인군(ES=.131), 자녀 변인군(ES=.126)의 순으로 나타났다. 또한 변인군으로 구분하지 않고 가장 의사소통에 영향을 미치는 요인은 적응성, 응집력, 대화시간, 가정 분위기, 사회경제적 지위 순으로 나타났다.

이와 같은 선행연구들을 통하여 의사소통은 가족관계를 설명할 수 있는 중요한 요인이며, 특히 개인 및 가족 생활뿐만 아니라 사회생활에도 영향을 미침을 알 수 있다. 효과적인 의사소통의 방식과 유형을 사용할 때는 관계의 증진을 가져오지만, 그렇지 못할 때에는 가족구성원 간의 관계갈등과 가족구성원의 병리적 증상까지도 유발할 수 있다는 것을 알 수 있다. 또한 가족이 처한 환경적 영향력의 중요성도 간과할 수 없음을 알 수 있디.

이와 같은 부모와 자녀 간의 의사소통에 관한 연구들이 있음에도 불구하고, 부모와 성인 자녀 간의 의사소통에 대한 연구들은 실제로 부족하다. 그렇지만 이상의 선행연구들의 결과들을 유추해 볼 때에 부모와 미성년 자녀의 관계에서 나타나는 의사소통의 특성들은 부모와 성인 자녀의 관계에서도 비슷한 양상으로 나타날 것으로 생각된다.

4. 연구방법

1) 연구대상

이 사례는 2006년 10월부터 2007년 1월까지 총 13회에 걸쳐서 개인상담 및 가족상담으로 진행되었다. 치료개입이 실시된 가족구성원은 어머니(55세), 큰아들(32세), 며느리(32세), 딸(30세), 작은아들(27세)이었다.

2) 연구질문

- 어머니와 큰아들 간의 갈등발달 과정과 유지요인은 무엇인가?
- 어머니와 큰아들 간의 갈등에 영향을 미친 요인들은 무엇인가?
- 갈등의 변화를 이끌어 낸 치료자의 개입방법은 무엇인가?
- 가족치료의 효과성은 무엇인가?

3) 신뢰도 검증

Patton(2002)은 연구의 신뢰성을 높이기 위하여 연구자, 자료, 이론, 방법론의 삼각화(triangulation)를 주장하였다. 본 연구에서는 1회기부터 13회기까지 축어록에서 반복되는 개념들을 지속적으로 비교하였고, 치료자와 연구자 그리고 박사과정생들에 의한 연구자의 삼각화를 실시하였다. 또한 2006년도 한국사회복지학회 학술대회에서 발표를 통하여 전문가들의 조언도 수렴하였다. 그리고 자료의 삼각화를 위하여 상담 축어록과 상담 녹음테이프, 상담 메모를 사용하였다.

4) 분석방법

본 연구는 가족치료의 과정에서 나타난 가족갈등의 요인과 가족관계의 향상을 가져온 요인들을 찾기 위하여 다양한 질적 연구방법들 중에서 연구목적에 적합한 사례연구의 방법을 적용하였다. 가족치료의 축어록과 치료 시에 기록된 메모를 원자료로 삼았고, 코딩

과정을 통하여 개념들을 도출하고 개념들의 상위 범주를 발견하였다. 또한 Miles와 Huberman(1994)이 주장한 네트워크와 매트릭스의 방법을 활용하여 분석에서 발견된 개념을 도식화하였다.

5. 연구결과

1) 어머니와 큰아들의 갈등발달의 과정과 갈등유지 요인

(1) 갈등발달의 과정

상담 축어록에 나타난 가족의 진술을 바탕으로 큰아들과 어머니가 경험한 갈등의 발달과정을 [그림 10-1]과 같이 6단계로 구분할 수 있었다.

첫째는 '갈등시작 단계' 다. 가족의 구심점으로 모든 일들을 주도하던 아버지가 2002년도에 갑자기 사망하면서 가족은 위기상황을 경험하였다. 어머니는 아버지를 대신하여 큰아들이 가족의 구심점으로서 경제적 책임과 가장역할을 감당해 주기를 기대하고 있었다. 대학교 4학년이었던 큰아들은 혼자서 아버지의 장례식과 사업체를 처리하였고, 취업준비를 위하여 학비를 조달하던 학원의 강사일도 그만두었고, 카드 빚을 사용하였다. 또한 장남으로서 가지는 가족에 대한 책임감과 더불어 자기 삶에 대한 욕구가 충돌하기 시작하였다.

둘째는 '갈등발전 단계' 다. 어머니는 시골의 집을 처분하여 생긴 돈을 딸과 막내아들에게만 나누어 주었다. 어머니는 큰아들은 대학을 나오고 취업을 했기 때문에 굳이 돈을 줄 필요성이 없다고 생각하였다. 이로 인해서 큰아들은 마음속에 섭섭함을 가졌다. 큰아들은 회사에 취업하여 몇 개월을 다니고 나서 결혼을 하겠다고 하였다. 어머니는 딸이 결혼하고 막내아들이 졸업할 때까지는 큰아들이 결혼을 미루고 가족을 부양하기 원하였으나 큰아들은 어머니의 반대를 무릅쓰고 결혼하였다. 또한 아버지를 대신하여 할머니를 자신이 부양하겠다고 하면서 어머니와 감정적 대립이 커지기 시작하였다.

셋째는 '갈등심화 단계' 다. 어머니는 큰아들의 채무상황을 알게 되면서 큰아들을 비난하였다. 큰아들은 대학을 다닐 때에 700만 원의 빚이 있었고, 회사에 다니면서 3,000만 원으로 늘어났지만 빚을 갚지 않고 유지해 왔다. 이런 사실로 인하여 어머니는 크게 화를 내었다. 큰아들은 어머니에게 몇 번 설명을 했지만 어머니를 이해시킬 수 없었다. 어머니는 빚 이야기가 나오면 자신의 경험에 비추어서 큰아들의 채무상황은 무조건 있을 수 없는 일이라고 반박하였고, 며느리에게는 큰아들이 과거에 여자친구와 놀러 다니느라 빚지는 습관이 생겼다고 말하였다. 어머니가 큰아들의 상황을 용납하지 않는 것과 며느리에게 옛날 여자친구의 이야기를 하는 것이 반복되자, 큰아들은 어머니를 찾아가서 따졌다. 큰아들은 어머니와 대화가 통하지 않고 언쟁이 커지자 더 이상 모자관계가 아니라고 선언하고 문을 박차고 나가 버렸다.

넷째는 '갈등유지 단계' 다. 가족들이 며느리의 권유로 가족치료에 참여하였으며, 어머니와 큰아들의 갈등은 더 이상 악화되지 않았다. 모든 가족구성원들이 치료자를 만나서 가족관계에 대한 자신의 관점과 상황을 설명하였다. 가족들은 어머니의 성장과정을 이해하게 되었고, 자신들이 사용하는 의사소통 방식들이 역기능적임을 발견하기 시작하였다.

다섯째는 '갈등감소 단계' 다. 7회기에 어머니와 큰아들의 2인상담을 통하여 큰아들의 채무상황에 대한 어머니의 오해가 풀렸다. 이전까지는 서로 상세하게 대화를 나누어 본 적이 없었고, 대화를 시도하여도 중간에 단절되고 오히려 언쟁만 높이는 상황이었다. 치료자의 중재를 통하여 어머니와 큰아들은 서로에 대한 감정과 사건에 대한 이해를 상세하게 교환함으로써 오해가 풀렸다. 뿐만 아니라 모자간의 의사소통 방식이 문제를 유지시킨다는 것을 인식하고 변화를 시도함으로써 관계의 변화가 서서히 진행되었다.

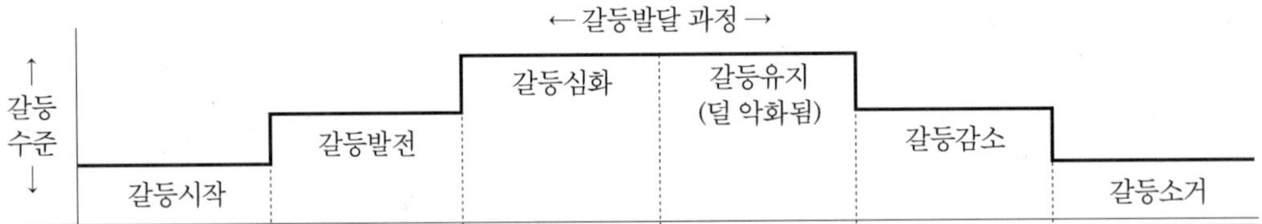

	갈등시작	갈등발전	갈등심화	갈등유지 (덜 악화됨)	갈등감소	갈등소거
핵심 사건	아버지 사망 (02년)	결혼과 분가 (05년 3월)	모자관계 단절선언 (06년 9월)	가족치료 시작 (06년 10월)	7회기 모자상담 (06년 11월)	12회기 모자상담 (06년 12월)
주요 사건	• 장례식 처리 • 사업체 정리 • 취업준비에 전념 • 카드 빚 사용	• 큰아들은 유산 없음 • 할머니를 모시려 함 • 취업과 영업활동 • 카드 빚 계속 사용	• 채무상황을 알게 됨 • 옛 애인 이야기를 함 • 모자간 잦은 말다툼	• 모의 성장과정 이해 • 역기능적 대화방식 자각	• 채무상황의 오해 풀림 • 상세한 대화 가능함 • 대화 양이 풍부해짐 • 모의 공부 시작 • 모자의 표현방식 바뀜	• 모자간 다툼 없음 • 모와 자녀의 식사 • 서로에 대한 이해

← 갈등발달 과정 →

갈등 수준 ↑↓

[그림 10-1] 모자갈등 발달과정

여섯째는 '갈등소거 단계'다. 12회기에 어머니와 큰아들의 2인상담을 통하여 모자관계가 크게 변화하였다. 어머니와 큰아들은 그동안 해결하지 못하였던 몇 가지 오해들을 풀 수 있었고, 어머니는 큰아들의 정서적 어려움을 이해하고는 미안한 마음을 표현하였다. 모자는 기능적인 의사소통 방식을 사용하고 상호 지지적인 관심을 가지는 관계로 변화되었다.

(2) 갈등유지 요인: 문제를 해결하려고 시도한 의사소통 방식

가족갈등의 유지요인을 살펴보면 [그림 10-2]와 같은 패턴으로 반복됨을 알 수 있었다. 즉, 문제를 해결하려고 시도한 의사소통의 방식들은 일상적 수준의 대화 패턴과 돈/경제 관련 주제의 대화 패턴으로 구분할 수 있다. 우선 일상적 주제의 대화 패턴을 살펴보면, 자녀들과 어머니의 의사소통은 대화의 단절을 가져올 수밖에 없는 방식으로 진행되었다. 일상적 주제에 대하여 자녀들이 상세하고 솔직하게 내용을 전달하면 우선적으로 나오는 어머니의 반응은 부정적인 내용이었다. "왜 그런 것을 하나?"(추궁) "하지 마라."(금지) "싫다."(거부) "어, 그래."(무관심) 등과 같은 어머니의 부정적 반응에 대하여 자녀들은 간단하고 애매한 표현을 사용하였다. 그것은 어머니를 덜 자극하고, 마음의 상처를 덜 받고, 어머니의 불필요한 간섭을 예방하려는 목적으로 사용되었다.

> "자세히 얘기 안 하고 그냥 '나 뭐 해.'라고 말하죠. (중략) '엄마 나 아르바이트 해.' 이런 식으로 처음에 얘기하죠. 그러면 어머니가 '뭐하는데?' 하고 물어보면 '학교에서 뭐 해.' (중략) 그래서 물어보면 '교수님하고 뭐 같이 해.' (중략) 그다음에 또 물어보시면 좀 더 자세히 얘기하고, '교수님과 뭐 조사해. 조사하고 돌아다니면서 그런 거 해.' 하죠. 그러면 (중략) 어머니는 '알았어.' 하거나 '언제 갔다 언제 와?' 하고 물어보죠. (중략) 지금에 와서는 그냥 뭘 엄마한테 부탁하거나 뭘 해도 일단은 '아! 안 되겠다.' 하는 생각을 가지고 있기 때문에 그런 면에서는 얘기를 많이 안 하죠."(3회기, 작은아들)

어머니는 말을 많이 하는 것을 좋아하지 않았고, 정서적인 부분이나 해결할 수 없는 비현실적 문제들에 대한 이야기를 부담스러워하였고, 간단하게 표현하는 것을 선호하였다. 그러나 일상적 주제의 대화 패턴에서 사용한 문제해결 방식은 돈/경제 관련 주제에서는 오히려 문제를 악화시키는 패턴을 만들었다. 왜냐하면 어머니에게 돈/경제라는 주제는 아주 민감한 부분이었기 때문이었다. 어머니에게 큰아들의 채무상황은 불안을 자극하는 부분이었지만, 큰아들은 상세하고 솔직한 내용으로 해명하기보다는 간단하고 애매한 표현방식을 사용함으로써 오히려 어머니의 오해를 불러일으켰다. 어머니의 오해에 대해서 큰아들은 적극적으로 해명하기보다는 회피와 무시의 방식을 사용하였고, 어머니는 더 큰 오해와 비난으로 반응하였다. 큰아들은 어머니의 비난에 감정적으로 대처하면서 관계의 단절까지로 이어졌다.

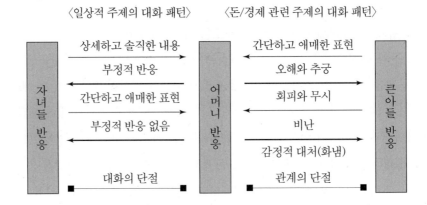

〈일상적 주제의 대화 패턴〉   〈돈/경제 관련 주제의 대화 패턴〉

자녀들 반응 — 상세하고 솔직한 내용 → 어머니 반응 — 간단하고 애매한 표현 → 큰아들 반응
부정적 반응 ←
간단하고 애매한 표현 →   오해와 추궁 ↔
부정적 반응 없음 ←   회피와 무시 ←
비난 →
대화의 단절   감정적 대처(화냄) ←
관계의 단절

[그림 10-2] 문제를 해결하려고 시도한 의사소통 방식

2) 어머니와 큰아들의 갈등에 영향을 미친 요인들

가족갈등의 요인에 대한 하위 범주는 16개, 중간 범주는 7개로 도출되었다. 하위 범주는 어머니와 큰아들의 갈등, 원가족 부양의 책임을 회피함, 채무를 갚지 않음, 경제적 불안정한 상태가 지속됨, 동생들 앞에서 권위를 깎음, 채무상황을 무조건 용납안함, 며느리에게 큰아들의 옛 애인 이야기를 함, 어머니의 원가족 경험과 원가족의 역기능적 의사소통 방식, 어머니의 의사소통 방식, 아버지의 의사소통 방식, 큰아들의 의사소통 방식, 딸의 의사소통 방식, 작은아들의 의사소통 방식, 아버지의 모호한 경계선, 어머니의 모호한 경계선, 형제 하위체계의 약화, 어머니의 미분화된 자아, 큰아들의 정서적 단절, 어머니와 딸의 삼각화이었다. 중간 범주는 어머니와 큰아들의 갈등, 어머니의 불만, 큰아들의 불만, 가족의 역기능적 의사소통 방식, 경계선의 문제, 미분화된 가족이었다.

▌표 10-1　개념추출과 범주화

상위 범주	중간 범주	하위 범주	개념
모 자 갈 등 의 요 인		어머니와 큰아들의 갈등	대화가 안 되고 싸움이 됨, 똑같은 소리를 반복함, 전기장판을 들썩거림, 소리치고 문을 꽝 닫고 나감, 모자관계의 단절선언 등
	어머니 의 불만	원가족 부양의 책임을 회피함	큰아들이 반대를 무릅쓰고 결혼함, 동생들을 챙기지 않음, 할머니를 부양하려고 함 등
		채무를 갚지 않음	어머니의 근검절약의 생활, 큰아들이 빚을 안 갚음, 빚을 지면 안 되는 어머니의 사고방식 등
		경제적 불안정 상태가 지속됨	며느리에게 생활비를 주지 않음, 수익 없이 계속 투자, 손해 보고 부동산 매각 등
	큰아들 의 불만	동생들 앞에서 권위를 깎음	큰아들에 대한 비난, 큰아들 대우를 받을 자격 없음, 이기적 태도 등
		채무상황을 무조건 용납 안 함	회사의 영업방식을 모름, 어머니의 잣대로 비교, 여러 번 말해도 이해 못함 등
		아내에게 옛 애인 이야기를 함	옛 애인 때문에 카드 빚 습관화됨, 부인에 대한 미안함, 부부갈등 발생 등
		어머니의 원가족 경험과 원가족의 역기능적 의사소통 방식	부모를 잃고 조부모와 숙부 밑에서 성장함, 무서운 조부, 조부와 숙부의 거친 표현, 대화 없는 집안 분위기, 숙모가 눈치 줌, 대화 상대자 없이 성장한 과정 등
	역기능적 의사소통 방식	어머니의 의사소통 방식	대화를 좋아하지 않음, 감정표현을 못함, 부정적 언어표현, 화나면 침묵 등
		큰아들의 의사소통 방식	자세히 말 안 함, 뒤늦게 말함, 참다가 폭발, 말을 잘 안 함, 문 꽝 닫고 나가 버림 등
	경계선 의 문제	큰아들과 어머니의 경직된 경계선	어머니의 요구를 묵살, 부채에 대한 언급 없음, 서로 대화없음 등
		딸과 어머니의 모호한 경계선	같은 공간에서 취식, 어머니의 뜻대로 남자친구와 헤어짐, 상호 책임감 느낌 등
		형제 하위체계의 약화	서로에게 무관심, 바빠서 대화(식사) 나눌 시간도 없음, 함께 모인 적이 없음 등
	자아의 미분화	어머니의 미분화된 자아	큰아들과 딸에 대한 배신감, 사업에 대한 불안감, 자신을 위해 돈을 못 씀 등
		큰아들의 정서적 단절	집에 들어가기 싫음, 어머니를 안 보기로 결심, 어머니로 인정 못함 등
		어머니와 딸의 삼각화	딸을 너무 감쌈, 제일 가까움, 가족 위해 희생함, 엄마의 감정 대변 등

(1) 어머니의 불만

어머니는 아버지의 사망 이후 경제적 사정이 어려워지자 딸이 결혼하고 막내아들이 졸업할 때까지는 큰아들이 경제적으로 가족들을 돌보는 역할을 하기 원하였다. 그러나 큰아들은 취업 이후 곧바로 어머니의 반대를 무릅쓰고 결혼하여 분가하였다. 게다가 차남이었던 아버지가 할머니를 돌보느라 가족을 소외시킨 것처럼 큰아들이 할머니를 모시려고 하자 어머니는 큰 배신감을 느꼈다.

> "솔직히 장가 가기 전에는 우리 아저씨가 갑자기 죽고 나니 큰아들을 의지했죠. 그런데 보니까 싸가지가 없더라고요. 그래서 '이게 아니구나.' 하고 내가 마음을 접었죠. (중략) 지가 집안을 생각하고 큰아들이라고 생각하면 동생이 학교 다니고 엄마 혼자 있고 하면 당장 장가 간다는 생각이 나와요? 돈이 하나도 여유가 없는데 그러면 빚을 얻어서 장가도 가야 되고 방도 얻어야 되고, 그러면 당연히 빚지는데. 생각도 없이." (5회기, 어머니)

어머니는 큰아들의 연봉이 3,000만 원이었는데도 은행빚을 2,000만 원이나 갖고 있는 것에 대해서 이해할 수 없었다. 게다가 대학 다닐 때에도 빚이 700만 원이었다는 사실을 알면서 큰아들이 여자친구와 놀러 다니느라 빚을 졌다고 생각하였다. 어머니는 아버지에게 매월 30만 원을 받아서 생활하면서도 5만 원을 남겨서 저축도 하였기 때문에 큰아들이 빚을 지고 산다는 것을 용납할 수 없었다.

> "직장생활을 5년 한 사람이, 연봉 3,000이나 되는 사람이 그까짓 것 빚을 못 갚고 여태껏 빚에서 허덕거리고 산다는 게 이해가 안 가요. 전 돈 조금이라도 아끼려고 30만 원 가지면 25만 원 가지고 생활하고 5만 원은 저축하는 사람이에요, 성격이. 그러니까 저는 이해가 안 가요. (중략) 애초부터 (빚을) 안 지게 만들었어야지." (5회기, 어머니)

어머니는 큰아들이 예전부터 있었던 빚을 갚지 않을 뿐만 아니라 새로운 사업에 무리하게 투자를 하면서도 수익을 내지 못하는 모습에 불안감을 느낀다. 큰아들이 사업을 시작하면서 며느리에게 생활비조차 주지 못하고, 막내아들까지도 동업자로 끌어들인 것에 불만을 가지고 있다. 어머니는 아버지가 사업을 하면서 가족에게 경제적 어려움을 겪게 한 것과 마찬가지로 큰아들도 무모하게 사업을 유지하는 것은 아닌가 걱정하였다. 어머니는 남편이 빚으로 가족을 매우 힘들게 하였기 때문에 빚에 대하여 매우 민감하게 반응하였다.

"빚이 있다면 돈 쓸 일이 있어도 쓰고 싶다는 이야기조차 못 꺼내고 삶이 찌들려지니까."(울음) (7회기, 어머니)

(2) 큰아들의 불만

큰아들은 어머니가 동생들 앞에서 가족에 대한 책임을 포기하고 자기만 잘살기 위하여 가족을 배신했다는 비난을 직·간접적으로 들었다. 큰아들은 어머니의 이런 태도에 자존심이 상하였고, 형제들과도 소원한 관계가 되었다. 큰아들의 입장에서는 아버지의 사후처리를 혼자서 다 감당하였지만 가족으로부터 인정도 받지 못하였고, 오히려 장남의 위신이 깎여 버렸다.

"집에 잘못을 했다 하더라도 형이고 장남이니까, 어떻게 하다 보니 그렇게 된 것 같으니까 이해를 하자, 이렇게 좋게 이야기를 해 주면 저도 좋죠. 근데 어머니는 그렇게 말씀을 못하시는 분이니까 무조건 안 좋게 이야기하시고."(7회기, 큰아들)

큰아들은 어머니가 어릴 때부터 '전화를 오래 하는 것' '친구를 사귀는 것' '결혼하는 것' 등에 돈을 관련지어 엄격하게 통제하였다. 그리고 아버지의 장례식을 치르고 회사의 영업방식으로 인해서 빚을 질 수밖에 없는 상황을 설명하였지만 어머니로부터 무조건적으로 이해할 수 없다, 왜 빚을 지고 사느냐와 같은 반복되는 비난을 들었다.

"어머니가 주로 하시는 얘기는 왜 빚을 지냐고, 그렇게 힘들게…… 형은 살다 보면 빚도 지고…… 일단 자기는 빚을 안 지고 아버지에게 30만 원 받고 너네들 다 키웠는데, 너네들은 왜 빚지고 사냐고 이런 식으로만 얘기하니까요. 현실은 그렇게 된 상황에서 자꾸 얘기하면은 듣는 사람입장에서는 그게 아니잖아요. 그러면 형은 왜 엄마 입장에서만 그런 식으로 얘기하냐고, 내 이야기를 들으라고 하는 식으로 얘기하죠. 그러면 왜 빚을 지냐고, 왜 회사를 다니면서 월급 얼마씩 받는데 왜 빚을 지냐고 하세요. (중략) 엄마는 왜 빚을 지냐는 식으로 똑같은 얘기를…… 반복적인 얘기를 했던 것 같아요."(3회기, 작은아들)

어머니는 며느리에게 큰아들이 옛날에 여자친구와 놀러 다니면서 빚지는 습관을 가지게 되었다고 말하였다. 며느리는 남편의 옛날 여자친구에 대한 이야기를 들을 때마다 굉장한 스트레스를 받았다. 큰아들은 어머니를 찾아가서 강력하게 항의하였지만 어머니는 자신도 모르게 나온 이야기라고 변명을 하였다. 며느리는 큰아들이 어머니에게 강력하게 주장하지 않아서 어머니가 반복한다고 따지면서 부부간, 모자간 갈등이 발생하였다.

> "(부부 사이에) 둘이 문제가 생기고 그런 것은 별로 없어요. 어머니로 인해서 문제가 많이 생겨요. (중략) 경제적으로 빚진 것이 다 그 여자 때문이라고 하세요. (중략) 계속 그 일이 반복되니까 아내랑 같이 가서 얘기하고, 저도 가서 얘기하고 했어요. 그런데도 계속 꺼내세요. (중략) 저는 강력하게 이야기했거든요. 그래도 계속해서 말씀하세요. 지금도. 어머니의 반응은 '뭐 어떠냐?' (중략) 뭐 어떠냐, 이게 못할 이야기냐, 이게 더 미치는 거죠."(1회기, 큰아들)

(3) 어머니의 원가족 경험과 원가족의 역기능적 의사소통 방식

어머니의 친정아버지는 6 · 25전쟁 때에 전사하였고, 친정어머니는 어머니가 4세경에 사망하였고, 그 이후 조부모의 집에서 생활하였다. 이때는 조부모의 관심을 받으며 명랑하고 활달하게 자랐으나 초등학교 5학년과 6학년 때에 조부모가 각각 사망하자 작은아버지의 집에서 23세까지 성장하였다. 당시에 작은아버지는 대학을 다녀서 방학 때만 집에 왔고, 주 양육자는 작은어머니였다. 작은아버지는 자녀들이 무엇을 물어보면 무섭게 소리를 질러서 내쫓곤 하는데, 반면에 조카인 어머니에게는 공부도 가르쳐 주고 관심을 보였다. 이로 인하여 작은 어머니는 어머니를 시샘하였고, 눈치를 주는 말이나 행동을 하였다. 따라서 어머니는 가정에서 편안한 대화 상대자가 없었고, 자신의 생각이나 감정을 표현하지 않고 속으로 삭히는 것이 습관화되었다. 어머니가 경험한 원가족(조부, 작은아버지)의 의사소통 방식은 말이 별로 없고 '조용' 하고 '사근사근' 한 것이 아니라 무섭고 거칠게 표현하는 것이었다. 또한 조부모와 마찬가지로 숙부모간에도 대화가 없었다.

▌표 10-2 어머니의 원가족 경험과 원가족의 역기능적 의사소통 방식

구분	할아버지	작은아버지	작은어머니
의사소통 방식 1	무섭게 표현함(동네 호랑이라 불림)	자녀들에게 무섭게 소리를 지름	어머니를 질투함
의사소통 방식 2	사근사근 이야기 못함	말하는 것을 좋아하지 않음	어머니에게 눈치를 줌
의사소통 방식 3	부부간 대화가 없었음	부부간 대화가 안 됨	대화가 잘 통하지 않음

(4) 모자의 역기능적 의사소통 방식

어머니는 대체로 말이 없었고, 타인과 대화하는 것을 좋아하지 않았고, 자녀들에게 반대와 거부 등의 부정적인 반응을 우선 표현함으로써 대화가 끊기게 만들었다. 일상적인 대화에서는 남의 이야기를 하듯이 감정적인 반응을 드러내지 않다가 돈/경제에 관련된 주제가 나오면 아주 민감하게 반응하였다. 또한 자녀들이 어떻게 느낄지 생각하지 않고 일방적으로 표현하여 자녀들을 당황스럽게 하기도 하였다.

큰아들은 말을 잘 안 하는 편이며, 어떤 사실에 대해서 상세하고 구체적으로 표현하기보다는 두루뭉술하게 설명하였다. 또한 큰아들의 의사소통 방식은 시간이 많이 지난 다음에 이야기를 하거나 혼자서 독단적으로 결정하고 나중에 통보하는 식이었다. 큰아들은 자신의 힘든 이야기를 남에게 꺼내지 않으며, 화나는 일을 참다가 나중에 폭발하여 가족을 놀라게 하였다.

▌표 10-3 모자간 역기능적 의사소통 방식

구분	대화가 서투름	분노조절	일방적 태도	정서표현
어머니	• 대화를 좋아하지 않음 • 말을 잘 안 함	• 화나면 말 안 하고 밖에 나 감	• 무조건적 반대와 거부 • 욕설, 거친 말, 무례함 • 돈/경제에 통제와 비난	• 감정을 드러내지 않음(남의 일처럼 말함)
큰아들	• 말을 잘 안 함 • 사실을 상세히 표현 안 함 • 적절한 시기를 놓치고 뒤늦게 말함	• 화를 참다가 문을 박차고 나감	• 부인, 어머니와 상의 없이 중요한 일을 독단적으로 결정함	• 힘든 이야기를 안 꺼냄

(5) 경계선의 문제

어머니와 큰아들은 아버지가 사망한 이후로 경계선이 경직되기 시작하였고, 본격적으로 어머니와 충돌이 생기면서는 경직된 경계선을 유지하면서 적절한 교류가 발생하지 않았다. 어머니는 큰아들과는 경직된 경계선을 가지고 있었지만 딸과는 모호한 경계선을 유지함으로써 정서적으로 서로 의존하였으며, 모녀가 같은 공간에서 잠을 자는 등 생활에서 적절한 분리를 이루지 못하였다. 딸은 큰아들(오빠)이 가족을 책임지지 않고 결혼하여 분가한 것으로 인하여 큰아들(오빠)과 경직된 경계선을 이루었다. 또한 큰아들(오빠)은 어머니와 갈등이 생기면서 자신을 비난하는 딸(여동생)과 경직된 경계선을 유지하였다. 막내아들은 사회에서는 활동적이고 사교적인 모습을 가지고 있었지만, 가족 안에서는 누구와도 최소한으로 교류하는 경직된 경계선을 가지고 있었다. 형제들이 경직된 경계선을 유지하므로 형제 하위체계는 약화되었고, 형제간에는 우애나 협력보다는 무관심이 더 지배적인 분위기였다.

표 10-4 가족 경계선의 특징

구분	어머니	큰아들	딸
어머니	–	–	–
큰아들	경직	–	–
딸	모호	경직	–
막내아들	경직	경직	경직

(6) 자아의 미분화

어머니는 가정생활에서 희생적인 역할을 감당하고 가족을 위하여 헌신적으로 살았다. 어머니는 자신의 삶이 없었기에 자녀들을 통해서 대리만족을 얻고자 하였다. 어머니는 자녀들이 자신의 생활방식대로 살아 주고 자신의 기대감을 채워 주기 바랐고, 그렇지 못할 때에는 배신감과 서운한 감정을 느꼈다. 그래서 어머니는 큰아들 대신에 딸에게 가족 부양의 책임을 전가하였고, 딸은 매달 월급의 2/3를 어머니에게 제공하였고, 어머니처럼 '자신의 삶'이 없이 어머니의 기대를 충족시키려는 노력을 하였다.

반면 큰아들은 어머니의 집착에서 벗어나 자신의 삶을 찾기 위하여 원가족과 분리를 시도하였다. 큰아들은 결혼을 통하여 가족과 정서적 단절을 시도하여 형식적인 독립을 성취하였으나 여전히 가족과 미해결된 정서가 남아 있었기 때문에 어머니와 빈번한 갈등

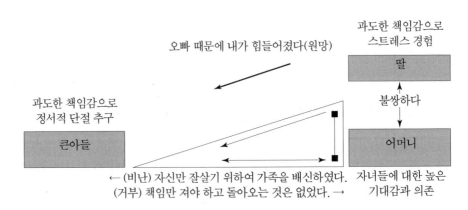

[그림 10-3] 미분화된 자아와 삼각화 구조

이 발생하였다. 또한 어머니와 딸은 아들과 삼각화를 이루면서 책임감을 져버린 큰아들을 비난하고 공동의존의 관계를 형성하였다. 딸은 과도한 책임감으로 인하여 스트레스를 겪고 있었다.

3) 치료자의 개입방법

치료자의 개입방법은 11개의 하위 범주, 5개의 하위 범주로 도출되었다. 하위 범주는 자녀들의 입장을 대변하기, 어머니의 입장을 대변하기, 적극적 경청, 사실적·구체적 언어표현, 솔직한 감정의 표현을 격려함, 세대 간 반복되는 패턴, 가족생활 패턴, 대상의 재해석, 의미의 재해석, 유사한 사례의 비유, 치료자의 자기노출이었다. 중간 범주는 치료

┃ 표 10-5 개념추출과 범주화

상위 범주	중간 범주	하위 범주	개념
치료자 개입의 방법	치료적 동맹관계 형성	자녀들의 입장을 대변하기	어머니에 대한 불안을 공감, 자녀의 초치는 느낌을 전달, 자녀의 부정적 감정의 대변, 절약에 대한 스트레스 경험 이해, 어머니의 표현법에 대한 오해 등
		어머니의 입장을 대변하기	아버지의 과잉역할로 괴로운 경험, 자녀에 대한 어머니의 섭섭함을 전달 등
	새로운 의사소통 방식의 지도	적극적 경청	상대방의 이야기를 끝까지 듣게 함, 말을 끊는 방식을 제지 등
		사실적, 구체적 언어 표현	마음에 쌓아 두지 말고 말로 표현하기, 사소한 것도 대화 주제로 활용 등
		솔직한 감정의 표현을 격려함	상대방에게 미운 감정, 화나는 감정, 미안한 감정, 서운한 감정 등의 표현 격려 등
	반복되는 패턴의 조명	세대 간 반복되는 패턴	성장과정에서 습득된 대처방식, 아버지와 큰아들의 유사성 등
		가족생활 패턴	화날 때의 표현방식, 사업에 대해 불안한 이유, 참았다가 폭발하는 방식, 대화법을 못 배우고 자란 점 등
	재명명	대상의 재해석	사람이 나쁜 것이 아니라 표현방식이 비효과적임 등
		의미의 재해석	돈이 아니라 심리적 부담감이 원인, 잘못된 것이 아니라 오해가 있었음 등
	비유법	유사한 사례의 비유	상대방을 비난하는 부부, 부정적 표현방식으로 갈등 있는 부부 등
		치료자의 자기노출	돈 쓰는 것을 아까워하는 어머니의 모습, 불확실성에 대한 개인경험 등

적 동맹관계 형성, 의사소통 방식의 지도, 반복되는 패턴의 조명, 재명명, 비유법이었다.

(1) 치료적 동맹관계 형성

가족들은 지적 기능과 감정적 기능의 적절한 분화가 어려운 대상들이었고, 자칫 상담은 소모적인 논쟁으로 번지기 쉽기 때문에 치료자가 가족들을 대변하는 역할을 하고, 필요에 따라서는 특정 대상과 동맹관계를 맺는 역할을 하기도 하였다. 이것은 구조주의적 가족치료에서 많이 활용되는 기법이기도 한데 가족의 의사소통을 활성화시키는 데 도움이 된다. 치료자는 자녀들이 어머니에게 느끼는 불만을 자녀들의 편에 서서 지지하고 자녀들의 입장을 전달하였고, 어머니가 느끼는 불만을 어머니의 입장에서 편들고 자녀들에게 어머니의 입장을 대변하였다. 치료자는 상반된 가족들의 관점을 적극적으로 교류시키는 역할을 하면서 가족 간에 서로 전달할 수 없었던 불편한 내용들을 상대방의 관점에서 보게 하였다.

> "(큰)아드님이나 며느님 입장에서는 또 언제 엄마가 그런 이야기가 나올지 몰라서 부부관계에 불똥이 튈 거 아닙니까? 그 말 들으면 며느리가 엄청난 스트레스를 받을 거 아니겠어요? 그럼 그 스트레스가 남편한테 오고 남편은 엄마 안 만나는 게 상책이라고 생각하겠죠. 엄마 만나면 그 이야기가 언제 불쑥 나올지 모르니까. (중략) 결혼한 아내 입장에서는 우리 남편이 뭔 짓을 했길래 돈을 썼겠냐, 여자한테 그렇게…….' 하고 나와 버리는 거죠. 어느 정도 관계였길래……." (7회기, 치료자)

치료자는 가족 간에 어떻게 의사소통을 해야 하는지를 '치료자 자신'을 사용하여 가족들에게 경험시켜 주었다. 이러한 방식은 일종의 모델링이며, 가족들은 치료자가 어떠한 주제이든지 진지하게 들어주고, 공감적 반응을 해 주는 것을 경험함으로써 대화가 끊기지 않고 이어지는 방식을 체험하게 되었다. 치료 장면에서 어느 한 사람이 말하고 있을 때에 다른 사람이 끼어들면 치료자가 제지하여 이야기가 중단되지 않도록 하였다.

> "끊지 마세요." (7회기, 큰아들이 어머니 이야기를 가로막을 때)
> "죄송합니다. 잠깐만요. 어머니 이야기 끊지 마시고요." (7회기, 어머니가 큰아들의 이야기를 가로막을 때)
> "잠깐만요, 끊지 마시고요. 동생 말하시는데." (13회기, 큰아들이 동생의 말에 가로막을 때)

치료자는 어머니와 큰아들 간에 발생하였던 과거 사건에 대한 오해들을 풀어내었다. 사건의 배경과 의도 등을 상세하게 추적하면서 밝혀내었다. 이러한 과정을 통하여 어머니와 큰아들은 서로에 대하여 오해하고 있었던 내용들을 해결하게 되었다. 일례로 어머니는 큰아들이 여자친구와 놀러 다니느라 빚을 졌다고 믿고 있었는데, 치료자는 큰아들에게 당시의 정황을 상세하게 질문함으로써 큰아들이 아버지의 장례식과 사업체를 정리하면서 들어간 비용과 함께 어머니가 오해할까 봐 말하지 않았던 '고모부에게 준 사례비 200만 원'도 밝히면서 큰아들의 빚에 관련된 어머니의 오해를 풀 수 있었다. 또한 큰아들은 어머니가 장모에게 우리 아들이 돈 못 버니까 밥 주지 말라고 한 것으로 자존심이 상했는데, 구체적인 과정을 추적하다 보니 장모에게 말한 것이 아니라 며느리에게 말한 것이고 그것이 장모에게 와전된 것이었다. 어머니의 의도는 큰아들이 며느리에게 생활비도 주지 못하기 때문에 미안해서 표현했다는 것으로 밝혀지면서 이 사건에 대한 큰아들의 오해가 풀렸다.

(2) 새로운 의사소통 방식의 지도

가족은 익숙한 의사소통의 방식을 선호하고 이를 문제해결에 사용하기 때문에 문제는 지속된다. 따라서 치료자는 새로운 문제해결 방식, 즉 시도되지 않았던 효과적인 의사소통 방식을 경험시키고 학습시킬 필요가 있다. 치료자는 가족들에게 상대방이 어떤 주제로 말하든지 상대방의 이야기를 끝까지 듣도록 요구하였다. 상대방이 말할 때에 다른 가족구성원이 부정적 표현을 하거나 말을 끊어버리면 다음번 대화에서는 가족구성원 간 상호작용이 줄어들고 대화를 회피하게 된다는 것을 주지시켰다.

> "중요한 건 뭐냐 하면 어머니가 이해를 하시든 안 하시든 아드님이 이해하시든 안 하시든, 일단 표현하는 데 있어서 받아 준다는 거죠."(12회기, 치료자)

치료자는 의사소통에서 언어표현 방식의 중요성을 강조하였다. 가족들이 사용하는 상투적이고 애매모호한 표현방식보다는 보다 사실적이고 구체적인 용어를 사용하도록 하였으며, 사소한 주제라도 이야기의 소재로 삼아서 대화를 나누도록 하였다.

> "아드님은 어머님하고 대화하는 데 있어서 이렇게 자질구레한 얘기를 길게 해 보신 적은 있으세요? 이렇게? 조목조목?"(12회기, 치료자)

치료자는 가족들이 함께 모인 자리에서 가족들이 갈등을 우려하여 꺼내 놓지 못하였던 서로에 대한 불편했던 감정들을 솔직하게 표현하도록 하였다. 가족구성원들의 이러한 솔직한 감정의 표현들은 가족 간의 정서적 접촉을 유발하는 계기가 되었다.

> "지금 아드님이 어머니와 할머니의 관계에서 자신보다 할머니 편을 드는 것에 대해서 섭섭한 감정이 있죠? 그 부분에 대한 어머니의 섭섭한 감정에 대해서 얘기를 해 주세요. (중략) 아드님은 지금 어머니의 서운한 감정에 대해서 할 말 있나요?"(7회기, 치료자)

(3) 반복되는 패턴의 조명

Bowen(1966)은 가족 안에서 세대를 이어서 반복되는 패턴, 즉 다세대 전수과정을 설명하였다. 이것은 미분화된 자아군의 영향이면서 가족의 증상이나 관계 패턴이 반복되는 것으로 보았다. 이러한 패턴의 조명은 가족들로 하여금 자아분화를 촉진시켰고, 자녀와의 관계에서 경계선을 명확히 하는 것이 필요하다는 것을 깨닫도록 하였다. 치료자는 부정적 표현으로 큰아들과 대화를 차단하는 어머니의 언어습관들은 작은어머니의 눈치를 보면서 살았던 성장과정에 있음을 직면시켰다. 어머니는 자신의 언어습관을 '무의식적'이라고 변명하였지만 치료자는 어머니가 작은어머니의 역기능적 의사소통 방식을 답습한다는 점을 인식시켰다.

> "작은어머니가 나를 좋아하지 않는다는 걸 어렸을 때부터 느꼈을 거 아니에요? (중략) 당연히 받으셨겠죠. 미워한다는 느낌을 어떻게 받으셨겠냐 이거예요. 작은 어머니 표정과 말투에서 느끼셨을 거 아니에요. 제가 추측하는 것은 작은어머니의 그런 표현을 어머니가 사시면서 은연중에 혹시 답습하지 않았을까 하는 것이죠."(7회기, 치료자)

치료자는 가족의 미분화된 가족 자아군도 세대 간에 반복되고 있음을 지적하였다. 그리고 아버지가 할머니에 대한 과도한 역할을 한 것이나 사업을 위하여 많은 빚을 짐으로써 가족을 힘들게 한 것을 큰아들이 똑같이 반복하고 있음을 인식하도록 하였다.

> "어머니께서 왜 큰아들하고 껄끄러운 관계가 있나 봤더니 아버지가 시어머니한테 과도한 역할을 했고, 남편으로서나 아빠로서의 역할이 부족했기 때문이었다고 제가 전에 말씀드렸잖아요. 근데 할머니하고 관계에서 아버지도 분리를 못했는데 큰아들도 거기서 아버지 모습을 닮았다는 거예요, 이해하셨죠?"(11회기, 치료자)

치료자는 가족구성원들에게 가족의 생활방식에서도 반복되는 갈등의 패턴들이 존재함을 지적하였다. 가족들은 서로 대화하는 법을 배우지 못하였기 때문에 적절하게 위기상황을 풀어 가지 못하고 비효과적인 방식으로 대처를 하였다. 따라서 치료자는 가족들이 서로 반응하는 역기능적 방식의 패턴을 인식하도록 하였다.

"그렇게 표현하는 방식이 지금 대부분 모든 가족들이 다 비슷합니까? (중략) 따님도 비슷하고 막내도 비슷한 거 아니에요? (중략) 그러면 오빠가 폭발했을 때 그다음에 동생들은 어떤 반응이 나왔어요? (중략) 근데 따님이 화내는 방식은 지금 동생한테 화를 내는 방식이나 엄마한테 화를 내는 방식하고 유사하지 않냐는 거예요."(13회기, 치료자)

(4) 재명명

재명명은 의사소통 모델이나 구조적 가족치료에서 많이 사용하는 기법으로서 모든 행동에는 부정적 면과 긍정적 면이 존재하므로 부정적 행동에 긍정적 암시를 부여하거나 새로운 관점에서 문제를 바라보도록 하는 기법이다. 치료자는 '특정 대상'이 문제가 아니라 그가 처한 상황이나 다른 요인들(표현방식 등)이 문제라고 재해석하였다. 즉, 사람과 문제요소를 분리시킴으로써 관계의 본질은 훼손시키지 않을 수 있었다.

"제 생각에는 어머니께서 아드님에 대해서 사랑을 안 하거나 배려를 안 하거나 무시하거나 했다는 생각은 안 들어요."(7회기, 치료자)

또한 치료자는 어떤 행위의 의미를 다른 각도에서 바라보게 함으로써 실제보다 덜 중요하게 인식하게 하거나 혹은 다른 의미로 해석할 수 있도록 하였다. 사실은 변화하지 않지만 가족들이 바라보는 관점에 따라서 문제의 특성이 달라지도록 하였다.

"(웃음) 근데 밥 주지 말라고 그랬잖아요. 그런데 어머니께서는 그걸 좋은 의도로 말씀하신 거 아니에요? 그거 아니에요? 정말로 밥 주지 말라는 의도는 아니었잖아요!"(13회기, 치료자)

(5) 비유법

Bowen의 가족치료에서는 가족들에게 자신의 문제를 객관적이고 현실적으로 인식하도록 비슷한 사례들을 들려준다. 치료자는 가족이 당면한 문제상황을 직면시키기보다는 비슷한 상황의 예를 들어 줌으로써 가족들의 저항을 줄이고 이해와 수용이 조금 더 쉽도록 유도하였다. 가족들은 유사한 사례를 듣고서 '아, 내 상황과 비슷하구나. 우리 가족도 저런 모습이겠구나.' 하는 객관적인 통찰을 얻게 만들었다.

> "딸의 문제를 남편은 부인이 잘 못했다고 하는 거예요. 부인이 자꾸 애한테 욕을 하고 애를 잘 간수하지 못하니까 그렇다는 거예요. 근데 제가 보기에는 딸의 문제는 부부문제이고, 엄마를 변화시키기 위해서는 또 딸에게 잘 대하게 하려면 남편이 변해야 된다는 거거든요. (중략) 남편이 변해야 되는데 남편이 계속 이쪽 탓을 하는 거죠."(13회기, 치료자)

치료자는 자신의 경험을 노출하면서 가족들이 객관적인 통찰을 얻도록 하였다. 특히 딱딱하고 긴장감이 형성될 수 있는 상담 분위기를 명랑하게 만들기도 하였고, 치료자의 인간적 측면을 경험할 수 있도록 하였다.

> "저희 어머니도 식당 가면 이거 얼마냐? 1인당 5,000원에서 8,000원짜리는 괜찮아요. 그런데 1인당 2만원이 넘어갔다. 그러면 분위기 바뀌어요. (중략) 식당 다 예약해 놓고 가려고 하는데 우리 엄마가 파토 낸 거예요. 돈 든다고, 돈 쓴다고, 저하고 바로 위에 형이 돈 쓴다고 그래서……. (중략) 엄마를 위해서 모였는데 완전히 분위기 다 깨놔가지고……."
> (13회기, 치료자)

▎표 10-6 치료자의 개입방법

구분	전략 1	전략 2	전략 3
치료적 동맹관계 형성	상반된 관점을 편들기	치료자를 통한 새로운 대화 방식의 경험	오해 있는 사건의 배경과 의도를 밝힘
의사소통의 지도	이야기를 끝까지 다 듣게 함	상세하고 구체적으로 이야기하기	솔직한 감정의 표현을 격려
반복되는 패턴의 조명	원가족의 영향력 탐색	세대 간 반복되는 패턴을 지적함	생활에서 반복되는 갈등 패턴 조명
재해석	대상에 대한 재해석	의미에 대한 재해석	-
비유법	유사한 사례의 예를 들음	치료자의 자기노출	-

4) 가족치료의 효과성

가족치료의 효과성은 10개의 하위 범주와 4개의 중간 범주로 도출되었다. 하위 범주는 의사소통의 방식변화, 대화의 양적 증가, 솔직한 감정의 전달, 순환적 패턴의 인식, 타인의 입장이해, 어머니의 자아분화, 큰아들의 정서적 연결, 형제 하위체계의 강화, 딸의 부드러워진 경계선, 어머니의 명확해진 경계선이었다. 중간 범주는 기능적 의사소통의 활성화, 인식의 변화, 자아분화, 경계선의 변화였다.

▌표 10-7　개념추출과 범주화

상위 범주	중간 범주	하위 범주	개념
가족치료의 효과성	기능적 의사 소통의 활성화	의사소통의 방식 변화	가족에게 관심을 가지는 표현, 감정을 자제함, 다정한 표현, 이해하려는 노력, 듣는 사람이 좋게 느끼도록 말함 등
		대화의 양적 증가	대화하려는 의도적 노력, 사소한 것도 말함, 대화의 시간 증가 등
		솔직한 감정의 전달	서운함, 격려와 위로가 필요, 큰아들의 본심, 화내는 것의 무서움, 어머니의 표현방식에 대한 거부감 등
	인식의 변화	순환적 패턴의 인식	어머니의 표현방식을 자녀가 답습, 가족 간 합의가 안 됨, 자기 말만 함 등을 인식
		타인의 입장이해	딸의 슬픔, 자녀의 불만, 어머니의 본의와 감정, 큰아들의 느낌, 딸의 고민 등을 이해
	자아 분화	어머니의 자아분화	공부 시작, 식사비 지불, 자기성찰, 감정 인식, 타인 감정을 배려 등
		큰아들의 정서적 연결	어머니 심정을 이해, 어머니와 갈등 없음, 모자간 깊은 대화 가능 등
	경계선의 변화	형제 하위체계의 강화	형제끼리 외식, 고부관계 회복, 형제간 대화 증가, 고민을 논의함 등
		딸의 부드러워진 경계선	큰아들의 고민을 이해, 큰아들을 도우려 함, 자신의 고민을 나눔 등
		어머니의 명확한 경계선	옛 의사친구 이야기를 안 됨, 조심하려는 의도적 노력 등

(1) 가족관계의 변화수준

개별적 가족관계를 살펴보면, 모녀는 서로 관계가 좋았으며 각각 큰아들과 갈등관계에 있었다. 가족치료 이후에는 큰아들은 어머니, 여동생(딸)과 각각 좋은 관계를 형성하

게 되었고, 막내아들은 다른 가족구성원들과 매우 좋은 관계로 바뀌었다. 가족은 새로운
관계형성 기술들을 배우면서 세대 간의 경계선도 생기고, 형제 하위체계도 강화되고, 개
별성과 전체성의 조화를 적절하게 유지할 수 있게 되었다.

표 10-8   가족관계의 변화수준

구분	어머니	큰아들	딸	막내아들
어머니		⇩	⇧	⇨
큰아들	⬆		⇧	⇨
딸	➡	⬆		⇨
막내아들	⬆⬆	⬆⬆	⬆⬆	

치료 전 가족관계

치료 후 가족관계

⇩=나빴음, ⇧=좋았음, ⇨=좋지도 나쁘지도 않았음, ⬆⬆=아주 좋아짐, ⬆=좋아짐, ➡=그대로임

(2) 기능적 의사소통의 활성화

가족들은 표현방식의 중요성을 인식하면서 서로에게 관심을 가져 주는 표현, 흥분하
지 않고 차분하게 듣기, 다정한 표현, 상대방을 이해하려는 노력 등 태도의 변화가 일어
났다. 특히 부정적인 표현으로 대화를 차단하던 어머니는 자녀들에게 사소한 것이라도
관심을 보였고, 가족들과 대화를 안 하던 막내아들은 형제들에게 먼저 이야기를 꺼내고
문자 메시지로 안부 인사를 건네기도 하였다.

"어머니가 예전 같으면 뭐 자기 할 말만 하고 딱 끊거나 특별하게 가족이라든지 상대방
의 신상에 대해서 물어보고 하는 게 없었는데 지금은 누가 아프냐, 이렇게 바람 쐬지 마라.
그런 말들을 하시니까 많이 달라졌다고 느끼죠."(11회기, 큰아들)

가족들의 표현방식이 바뀌면서 대화의 양도 증가하였다. 이것은 대화가 차단되지 않
고 충분히 들어주는 분위기가 되었기 때문이다. 가족들은 이전에 불필요하게 여겼던 내
용들까지도 상세하게 이야기를 나누면서 유대감이 형성되었다.

"집에 들어오면 엄마, 돈, 밥, 이 소리 외에는 안 했거든요. '너는 인마, 엄마, 돈, 밥뿐이 모
르냐?' 했거든요. 집에 와서 전혀 입을 안 떼었어요. 근데 요새 여기서 치료받고 나서부터 많
이 하려고 노력을 하더라고요. 나한테 와서 엄마, 어쩌구저쩌구 꺼내고, 얘기를 하는 편이에
요. 그러니까 나도 그거 받아서 한마디 하게 되고, 그러니까 왔다 갔다 해요."(13회기, 어머니)

　치료자는 가족들에게 솔직한 감정의 표현을 격려하였고, 치료 장면에서도 서로 표현 하도록 중재하였기 때문에 가족들은 일상생활에서도 자신들의 감정을 언어로 표현할 수 있었다. 이러한 감정의 표현을 통하여 상대방의 감정을 이해하고 자신의 행동을 돌아보는 기회가 되었다.

　"(내가 화내는 방식을) 별로 그거를 두려워하거나 무서워한다는 생각을 안 했는데, 나중에 듣고 보니까 오빠가 그러는 게 굉장히 무섭다고 그러더라고요. 나는 몰랐는데……"(13회기, 큰아들)

(3) 경계선의 변화

가족치료가 진행되는 동안 어머니는 큰아들의 옛날 애인에 대한 이야기를 며느리에게 더 이상 하지 않았으며, 상담 후반부로 갈수록 타인을 자극할 수 있는 태도를 스스로 자제하였다. 자녀들의 형제 하위체계가 강화되어서 이전보다 더 친밀함을 느끼고 서로를 지지하고 격려할 수 있었다.

　"내가 잘못 생각했구나. 며느리는 며느리구나. 내 아들 딸한테 그렇게 얘기를 했으면 그렇게 받아들이지는 않았을 텐데. (중략) 어쨌든 간에 내가 조심하려고 지금 마음먹고 있으니까 그런(옛 애인에 대해서 말하는) 일은 없을 거다. 걱정 마!"(13회기, 어머니)

(4) 자아분화

어머니는 자녀들에게 집착하는 대신에 자녀들의 독립적인 삶을 인정하고 허용하는 태도를 보였다. 또한 어머니는 자녀들과의 대화를 통하여 자기 모습을 성찰하였고, 노후대책을 스스로 책임지기 위하여 자격증 공부도 시작하였다.

　"나이 먹으면 할 일을 좀 찾아야겠다 싶어가지고 그거(사회복지) 배우고, 현장에 가면은 할 수 있는 일이 있을까 해서 이제 사회복지만 배우는 대로 그렇게 신청했는데……. (중략) 내 노후대책도 생각하면서……. (중략) 취직이 되면 괜찮겠다 싶은 생각이 들더라고요."(10회기, 어머니)

어머니와 대립하면서 정서적 단절을 했던 큰아들은 치료과정을 통하여 어머니를 이해하고 수용하려는 태도를 보였다. 큰아들은 어머니와 의사소통이 안 되었기 때문에 대화를 회피하고 갈등을 겪었지만 가족치료를 통하여 어머니와 갈등도 줄어들었고, 이전처럼 폭력적인 모습도 나타나지 않았다.

"제가 자꾸 그렇게 우기니까 또 섭섭해하실 수도 있겠죠. 자기 본심은 장남으로 인정 안한 것은 아닌데 제가 자꾸 그런다고 하니까. 그렇게 서운한 생각들이 예전보다 많이 줄었죠. 말이 그렇게 나왔다고 자꾸 말씀하시니까."(13회기, 큰아들)

(5) 인식의 변화

가족들은 한 사람의 반응이 타인에게 어떠한 영향을 미치고, 그것이 어떻게 되돌아오는지를 인식하게 되었다. 가족들이 서로 자기 주장만 함으로써 합의가 이뤄지지 않았다는 것을 체계론적 관점에서 이해하게 되었다. 특히 어머니는 자신의 부정적 표현방식이 자녀들에게 어떤 영향을 미쳤는지를 명백히 인식하게 되었다.

"(중략) 난 내 생각만 하고 그 이야기를 잘랐는데, (말)하려고 하는 사람 입장에서는 그렇게 하니까 이야기를 할 수가 없다는 것을 알겠네. (중략) 그전에는 내가 부정적인 말을 많이한다는 것을 몰랐어요."(7회기, 어머니)

가족들은 상대방의 입장을 이해하는 안목을 가지게 되었다. 이것은 개인상담에서는 쉽지 않은 부분이지만 가족을 전체로 만나는 과정에서는 보다 효과적일 수 있음을 보여주었다. 가족은 그동안 의사소통이 원활하지 않았기 때문에 상대방의 입장을 추상적으로만 알고 있었으나 치료과정을 통하여 서로를 깊게 이해할 수 있었다.

"전까지만 해도 나는 우리 애들은 불만이 하나도 없을 거라고 생각했어요. 그렇게 큰 불만을 가슴에 쌓아 놓고 있는 줄은 몰랐어요. (중략) 딸도 그렇고 작은아들도 그렇고 큰아들도 그렇고 다 그렇게 가슴에 많이 쌓여 있는 걸 몰랐어요."(10회기, 어머니)

▌표 10-9　가족치료로 인한 가족관계의 변화

구분	어머니	큰아들	딸	작은아들
기능적 의사 소통의 활성화	• 자녀에게 정서적 표현을 함 • 의견이 달라도 끝까지 들어줌 • 자녀와 풍부한 대화를 시도함	• 형제들과 대화의 양이 늘어남 • 모에게 섭섭했던 감정 표현 • 오해를 풀도록 상세히 말함	• 형제들과 대화량 증가 • 큰아들(오빠)에게 부드럽게 말함 • 자신의 힘든 것을 조금씩 표현함	• 형제들과 대화의 양이 늘어남 • 형제에게 문자 메시지 보냄 • 먼저 이야기를 꺼냄
경계선 의 변화	• 큰아들의 옛 애인 이야기를 안 함 • 타인을 자극하는 태도를 자제함 • 며느리에게 신경을 써줌	• 형제들에게 친밀함을 느낌 • 형제들의 모임을 주도함	• 큰아들(오빠)을 돕기로 함 • 며느리와 올케 관계회복 • 형제들에게 친밀감 느낌	• 형제들과 친밀함을 느낌
자아 분화	• 노후대책으로 자격증 준비 • 자신과 타인의 차이를 인정 • 자녀에 대한 기대수준을 낮춤	• 분노의 감정을 자제할 수 있음 • 모를 수용하고 이해하려고 노력	• 모에게 제공하는 돈을 형제들과 분담하기로 함 • 신체 · 심리적 증상이 완화됨	-
인식 변화	• 큰아들의 채무에 대해 인정함 • 자녀들의 마음속 불만을 이해함 • 적절한 대화법을 몰랐다고 인정 • 부정적 표현의 영향력 인식 • 자신의 원가족 영향력을 이해	• 딸의 스트레스를 알게 됨 • 모의 섭섭함을 인정함 • 대화가 안 되는 이유를 발견 • 모의 외로워함을 인식함 • 모의 성장과정을 이해	• 큰아들(오빠)의 고민 이해 • 가족들이 자기 이야기만 하고 남의 이야기를 안 듣는 것을 발견	• 딸(누나)의 스트레스를 알게 됨 • 합의가 안 되는 대화방식을 인식

5) 치료과정 및 내용에 대한 네트워크

　코딩 과정을 통하여 추출한 범주들 간의 관계를 [그림 10-4]와 같은 네트워크로 구성하여 전체 치료과정을 설명할 수 있었다.

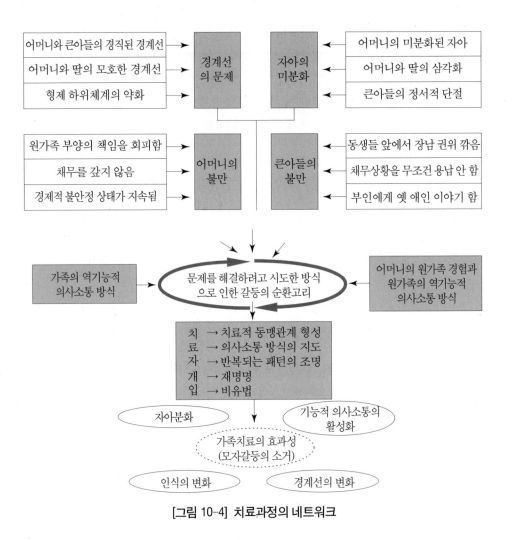

[그림 10-4] 치료과정의 네트워크

6. 결 론

　본 연구는 홀어머니와 큰아들의 갈등에 대한 내용을 분석한 사례연구로서, 치료자는 13회기 동안 개인상담과 가족상담을 진행하였다. 어머니와 큰아들의 갈등은 가족의 역기능적 구조를 나타내는 중요한 증상으로 이해할 수 있었다. 어머니는 아버지가 사망하자 큰아들이 가장의 역할을 하여 가족을 책임져 주기를 원하였으나 큰아들은 가족에 대한 부담과 배신감으로 인하여 어머니의 기대를 저버리고 어머니가 반대하는 결혼을 감행하였다. 이런 상황에서 큰아들은 채무를 이행하지 못한 가운데 불안정한 경제상황에 놓였고, 돈에 관련하여 민감하게 반응하는 어머니는 큰아들을 비난하였고, 큰아들은 비난하는 어머니에게 감정폭발을 하는 반응을 함으로써 모자갈등이 발생하였다. 또한 가족의 체계적 특성 중에서 미분화된 자아상태, 부적절한 경계선은 가족의 변화를 가로막는 또 다른 요인이었다. 미분화된 자아상태를 가진 어머니와 딸은 가장의 역할을 회피한 큰아들에 대한 반감으로 큰아들과 삼각관계를 형성하였고, 이로 인하여 큰아들은 어머니와 정서적 단절을 선언하기까지 이르렀다. 또한 새로운 가족발달 단계에 진입하였을 때에 가족문제를 해결하기 위하여 사용했던 의사소통 방식은 오히려 가족구성원 간의 갈등을 감소시키기보다 가족갈등을 유지시키는 요인이 되었다.

치료자는 효과적인 개입을 위하여 가족구성원들과 치료적 동맹관계를 형성하였고, 가족의 의사소통 방식을 지도하였고, 반복되는 패턴을 조명하였고, 재해석과 비유법을 사용하였다. 이러한 가족개입으로 인하여 가족의 기능적 의사소통이 활성화되었고, 경계선이 새롭게 구조화되었고, 가족들의 자아가 분화되었고, 가족구성원에 대한 인식의 변화가 형성되었다.

치료회기가 거듭될수록 어머니와 큰아들의 갈등은 감소하고 가족관계는 향상되었다. 특히 의사소통 방식이 변화되면서 가족의 대화의 양은 증가하고, 오해도 풀리고, 감정적 교류도 활발하고, 가족관계의 변화까지 이어지게 되었다. 따라서 가족관계는 문제를 해결하려고 시도한 역기능적 의사소통의 방식이 개선되면서 함께 변화하는 것으로 나타났다. 이 같은 결과에 비추어 본 연구가 갖는 함의 및 제언사항을 정리하면 다음과 같다.

첫째, 가족 전환기에 새로운 상황에 맞는 적응력을 가지지 못할 때에 역기능적 구조를 가지게 된다는 가족발달 주기 관점을 생각해 볼 때(Carter & McGoldrick, 1989), 이 사례의 가족도 전환기에 위험을 맞이한 것으로 이해할 수 있다. 갈등이 발생한 시점은 가족의 구심점이었던 아버지가 갑자기 사망하고 자녀들이 성인이 되어서 사회로 진출하던 상황이었다. 본 연구에서 가족치료적 개입은 전환기의 가족에게 새로운 문제해결 방식을 시도하는 기회를 제공하였고, 가족구성원들 간의 자아분화와 명확한 경계선으로 인하여 가족갈등이 상당히 감소되면서 가족관계의 변화가 발생하였다. 이러한 결과를 볼 때 사회복지 현장에서 전환기의 가족들, 특히 갑작스러운 위기상황에 처한 가족들에게는 새로운 상황에 대한 적응력을 향상시키기 위한 가족교육 및 가족상담 서비스와 프로그램이 필요하다. 가족발달 과정에서 단계마다 새로운 과업들이 발생하기도 하지만, 현대사회의 다양한 변화의 과정에서 가족은 쉽게 해체되고 또 재결합하는 경향이 있다. 이런 과정들은 심각한 스트레스를 유발하고 가족관계의 만족도를 떨어뜨리는 역할을 하기 때문에 사회복지적인 개입이 필요하다.

둘째, 한국사회는 전통적인 가치관과 새로운 가치관의 충돌을 많이 경험하는 사회다. 사회적으로도 고령층과 젊은 층의 문화 및 가치관의 충돌이 많지만, 가족 내에서도 세대 간의 갈등과 충돌이 많다. 이 사례에서도 어머니는 큰아들이 채무를 지게 된 사회적 현실을 인정하지 않고, 30만 원으로 생활하였던 과거의 경험을 적용하여 큰아들을 비난하였다. 물론 큰아들은 어머니와 대화가 통하지 않았기 때문에 회피적인 태도를 취하였다. 그러나 우리나라에서 부모와 자녀 간의 갈등 및 의사소통에 대한 부분은 주로 청소년 및 아동을 대상으로 연구되었을 뿐 성인 자녀에 대해서는 연구된 바가 별로 없다. 그러나 가족 및 부모의 영향력은 자녀가 성인이 되더라도 지속된다는 점(이영미 외, 2005)을 고려한다면 본 연구에서도 유사성을 찾을 수 있다. 오히려 본 연구에서는 자녀들이 미성년이었을 때에는 갈등이 표면화되지 않았다가 성인이 된 후에 갈등이 표면화되었다. 이미 고령화 사회에 접어든 우리나라의 현실에 비추어 볼 때에 부모와 성인 자녀의 갈등 및 의사소통에 대한 후속연구들이 더 많이 이루어져야 할 것으로 생각된다.

셋째, 사회복지는 오래전부터 가족체계에 관심을 가지고 실천의 대상으로 삼았다. 초기 사회사업가들이었던 우호방문자들은 가정방문을 통하여 가족체계 안에서 활동하였고, 가족치료운동이 시작되었을 때에도 사회사업가들은 중요한 위치를 차지하였다(Nichols & Schwartz, 2002). 오늘날 한국의 사회복지 현실에서는 가족체계에 대한 사회적 지지와 서비스 전달 등과 같은 외부 지원적 활동들은 상당히 활발하다. 그러나 가족내부의 갈등과 관계의 어려움에 대한 임상적 개입의 실천활동은 약한 편이다. 가족치료는 구체적인 기술과 방법론을 가지며, 가족이 겪는 고통에 직접적인 개입을 통하여 효과성을 드러낼 수 있는 전문 영역이다. 이런 차원에서 사회복지 현장에서 활동하는 실천가들에게 가족치료에 대한 교육과 개입훈련을 제공하는 것이 필요하며, 이러한 실천의 장을 제도적으로 마련해 주는 것이 필요하다. 점점 다양한 가족문제가 발생하고 있는 현실에 비추어 볼 때에 사회복지사들에게 가족치료 및 가족개입의 훈련은 전문성 향상을 위하여 마땅한 일이라고 본다.

넷째, 본 연구는 홀어머니와 큰아들의 갈등에 대해 3가지 가족치료 모델을 적용하여 치료와 분석이 진행되었다. 이 사례에서는 가족갈등의 요인을 의사소통 외에도 경계선 및 자아 미분화의 문제로 파악하여 접근하였다. 그러나 가족치료는 다양한 모델들과 개입기법들이 존재하기 때문에 다른 치료자가 다른 모델들을 사용하면 새로운 개입 관점과 치료적 변화가 이루어질 수도 있다. 따라서 후속연구에서는 부모와 성인 자녀들의 갈등문제에 대한 다양한 가족치료 모델의 적용사례들이 연구되고 개입방법 및 효과성에 대한 검증이 이루어지기를 바란다.

 참고문헌

공인숙, 이은주, 이주리(2005). 청소년의 부모와의 갈등 및 의사소통과 자아개념. 한국생활과학회지, 14(6), 925-936.

권재환, 이은희(2006). 남녀 청소년의 충동성, 부모의 양육태도, 개인의 통제력, 부모-자녀 의사소통이 문제행동에 미치는 영향. 한국청소년연구, 17(1), 325-351.

김애순(2002). 성인발달과 생애설계. 서울: 시그마프레스.

김영희, 안상미(2008). 가족의 응집성과 적응성, 부모-자녀 간 의사소통, 가족갈등과 청소년의 우울 및 비행. 청소년학연구, 15(2), 1-31.

김종옥 역(1988). 가족과 가족치료. Minuchin, S. (1974). *Families and family therapy*. 서울: 법문사.

노윤옥, 전미경(2006). 청소년자녀가 지각한 부부갈등과 부모-자녀 간 의사소통에 관한 연구. 한국가정과교육학회지, 18(1). 1-18.

박은주, 김경신(1995). 어머니와 청소년 자녀가 지각하는 의사소통유형과 가족 응집성 및 적응성. 대한가정학회지, 33(4), 27-38.

박태영, 김현경 역(2004). 친밀한 가족관계의 회복: Murray Bowen의 가족체계 이론의 적용. 서울: 학지사.

송성자(2001). 한국문화와 가족치료: 해결중심 접근. 서울: 법문사.

신일진, 김태현 (1991). 노부모와 성인 자녀 간의 의사소통 유형과 갈등에 관한 연구. 한국가정관리학회지, 9(1), 27-44.

안현정, 이소희(2005). 부모-자녀 간 의사소통 관련변인에 관한 메타분석. 한국가족복지학, 10(1), 65-81.

이선혜(2000). 한국에서의 Bowen 이론 적용에 대한 고찰: 자아분화 개념을 중심으로. 한국가족치료학회지, 6(2), 151-176.

이영미, 민하영, 이윤주(2005). 부모 간 갈등과 부모-자녀 간 의사소통에 따른 후기 청소년의 심리 · 사회적 적응. 한국가정관리학회지, 23(5), 53-62.

이화여자대학교 사회사업학과 편(1995). 가족치료총론. 도서출판 동인.

정연호, 류점숙, 신효식(2005). 부모-청소년 자녀 간의 의사소통과 가족의 응집성 및 적응성. 한국가정과교육학회지, 17(2), 145-158.

최미혜, 김경희, 권혜진, 김수강(2005). 청소년의 성허용성과 가족기능 및 부모와의 의사소통. 아동간호학회지, 11(1), 54-62.

최외선, 김갑숙, 최선남(2001). 편부모가족 자녀의 의사소통과 특성불안에 관한 연구. 재활심리연구, 8(2), 191-207.

최인재(2007). 부모-자녀간 의사소통이 청소년기 자녀의 자아분화 및 우울과 불안에 미치는 영향. 한국심리학회지 임상, 26(3), 611-628.

한주리, 허경호(2004). 가족구성원의 의사소통 능력, 내외통제성, 충동성, 낙관성이 가족관계 만족도에 미치는 영향. 언론정보학보, 28, 251-282.

한주리, 허경호(2005). 가족의사소통 패턴과 자녀의 자아존중감, 자아노출, 내적 통제성 및 의사소통능력과의 관계. 한국언론학보, 49(5), 202-291.

Becvar, C. S., & Becvar R. J. (1993). *Family therapy* (2nd ed.). Allyn and Bacon.

Berg, I. K., & Jaya, A. (1993). Different and same: Family therapy with Asian-American families. *Journal of Marital and Family Therapy, 19*(1), 31-38.

Bowen, M. (1966). The use of family theory in clinical practice. *Comprehensive Psychiatry, 7*, 345-374.

Bowen, M. (1976). Theory in the practice of psychotherapy. P. J. Guerin, (Ed.), *Family therapy: Theory and practice*. New York: Gardner Press.

Carter, B., & McGoldrick, M. (1989). *The changing family life cycle—a frame work for family therapy* (2nd ed.). Boston: Allyn & Bacon.

Colapinto, J. (1991). Structural family therapy. In A. S. Gurman & D. P. Kniskern (Eds.), *Handbook of family therapy* (2nd ed.). New York: Brunner/Mazel.

Fleming, W. M., & Anderson, S. A. (1986). Individuation from the family of origin and personal adjustment in late adolescence. *Journal of Marital and Family Therapy, 2*(3), 11-315.

Goldenberg, I., & Goldenberg, H. (2001). *Family therapy: An overview*. Pacific Group, CA: Brooks/Cole.

Guerin, P. J., Forgaty, T. F., Fay, L. F., & Kautto, J. C. (1996). *Working with relationship triangles: The one-two-three of psychotherapy*. New York: Guilford Press.

Hoffman, J. A., & Weiss, B. (1987). Family dynamics and presenting problem in college student. *Journal of Counselling, 34*(2), 157-163.

Johnson, E. S., & Bursk, B. J. (1979). *Relationship between the elderly and adult children In Phelan G. K.* Family relationships. Burgess Publication.

Kerr, M., & Bowen, M. (1988). *Family evaluation*. New York: Norton.

Kim, B. L. (1996). Korean families. In M. McGoldrick, J. Giordano, & K. Pearce (Eds.), *Ethnicity and family therapy* (pp. 281-294). New York: The Guilford.

Kim, U. (1991). *Introduction to individualism and collectivism, and child development:*

Social and applied issues. Unpublished Manuscript. University of Hawaii.

Lawson, D. M. (1999). Integrated Intergenerational Family Therapy. In D. M. Lawson & F. F. Prevatt, *Casebook in family therapy* (pp. 27–50). New York: Brooks/Cole.

Miles, M. B., & Huberman A. M. (1994). *Qualitative data analysis*. Thousand Oaks, CA: Sage Publication.

Nichols, M. P., & Schwartz, R. C. (2002). *The essentials of family therapy*. Boston&Bacon.

Papero, D. V. (1995). Bowen's family systems and Marriage. In N. S. Jacobson & A. S. Gurman (Eds.), *Clinic handbook of couple therapy*. New York: Guilford Press.

Patton, M. Q. (2002). *Qualitative research & evaluation methods*. Thousand Oaks, CA: Sage Publication.

Satir, V. (1982). *People-making*. Palo Alto, CA: Science and Behavior Book.

Satir, V., & Baldwin, M. (1983). *Satir step by step*. Palo Alto, CA: Science and Behavior Books.

Watzlawick, P., Weakland, J., & Fisch, R. (1974). *Change: Problems formation and problem resolution*. New York: Norton.

Weakland, J., Fisch, R., Watzlawick, P., & Bodin, A. M. (1974). Brief therapy: Focused problem resolution. *Family Process, 13*, 141–168.

Wynne, L. C. (1970). Communication disorders and the quest for relatedness in families of schizpphrenics. *American Journal of Family Therapy, 30*, 100–114.

제11장

가출청소년의 가족치료사례 연구: 회기진행에 따른 변화과정을 중심으로*

1. 서 론

청소년백서(2006)에 따르면, 가출청소년의 수는 2001년에 18,276명, 2003년에 13,374명, 2004년에 16,894명, 2005년에 13,294명으로 다소 감소한 경향을 보이고 있다. 그런데 이러한 가출청소년의 현황은 경찰청의 통계자료에 근거한 자료이므로, 이 자료에 포함되지 않은 많은 청소년들을 추정한다면 가출청소년의 수가 감소하고 있다고는 해도 여전히 가출청소년은 상당한 수에 이른다는 점을 생각할 수 있다(김지현, 양미진, 박관성, 손재환, 이소영, 2002). 이러한 청소년 가출의 특성을 보면, 가출청소년의 대부분이 처음 집에 돌아온 후 다시 가출을 하고 장기가출과 상습가출을 하는 것을 볼 수 있으며, 6개월 이상의 장기화된 가출을 하는 청소년들은 가족관계가 단절되어 있고 비행에 연류될 가능성이 많다(김향초, 1998; 남영옥, 1997; 방은령, 2003a; 이은정, 2000; 한상철, 1999; 한은신, 2001).

이와 같은 특성을 가지고 있는 가출청소년들에 대하여 심리학, 교육학, 사회복지학 등의 다양한 분야에서 효과적인 개입과 전략 그리고 정책을 다루고 있다. 다양한 학문 분야에서 이루어지고 있는 가출청소년에 대한 연구와 접근은 가출청소년의 문제에 대한 개입

* 박태영, 은선경(2008), 한국가족치료학회지, 16(2)에 게재되었음.

방향과 전략으로서 1차적으로 가출청소년의 보호와 가출청소년 가족의 기능을 회복하고 강화하고자 하는 것에 초점을 둔 조력적 · 발달적 관점을 가진다. 이러한 조력적 · 발달적 관점의 많은 선행연구들은 가출의 원인이 무엇인지, 가출했을 때의 청소년들의 생활실태, 가출청소년들을 위한 사회적 지원체계, 효과적인 개입을 위한 전략을 제시하고 있다. 이에 따라 가출 원인과 실태(정운숙, 2002), 가출청소년들에 대한 사회적 지원체계에 대한 마련(방은령, 2003b, 2003c; 홍봉선, 남미애, 2007), 청소년쉼터를 중심으로 한 개입의 효과성(권중달, 2002; 김지은, 2002; 유승권, 2002; 유한규, 2002) 등에 대한 연구가 있고, 그 성과로서 가출청소년들을 보호하고 지원하기 위한 사회적 · 환경적 변화가 이루어져 왔다. 그럼에도 불구하고 실제 가출청소년들의 수는 줄어들지 않고, 오히려 장기가출과 상습가출을 하는 청소년들이 증가하고 있다(김향초, 1998; 방은령, 2003a; 이은정, 2000; 한상철, 1999; 한은신, 2001). 방은령(2003a)은 가출청소년에 대한 연구방향이 실제 가출청소년들을 가정으로 돌아가게 하는 방법과 기술에 대해 이루어져야 한다고 하였다. 이러한 측면에서 가출청소년과 그 가족의 변화를 통해 가족에게 복귀하는 방법과 기술을 제시하는 연구들이 필요함에도 불구하고 아직 많은 연구들이 이루어지지 못하고 있다. 따라서 본 연구는 가출청소년과 그 가족에게 가족치료를 실시하고, 그 치료가 진행되는 과정에서 어떠한 변화가 있는지를 살펴봄으로써 가출청소년의 복귀에 대한 가족치료의 효과성을 발견하고, 어떻게 변화를 유도했는지를 살펴볼 수 있는 기회를 제공하고자 하였다.

2. 선행연구 고찰

가출청소년에 대한 연구에서는 청소년의 가출원인을 크게 4가지, 즉 개인적 요인, 가족적 요인, 발달상 중요한 체계인 또래요인, 학교 및 지역사회 요인으로 나누어 설명하고 있다. 개인적 요인은 가출하지 않을 상황에서 가출의 원인으로 작용할 수 있는데(박영호, 김태익, 2002), 이러한 개인적 요인으로는 낮은 충동통제력, 신경증, 낮은 자아존중감, 부족한 인내력, 공격성, 정서적 불안정성, 적대감 등이 있다(김지현, 1996; 류병륜, 2000; 안창규, 문선화, 전윤식, 1995; 이정자, 1973; 조학래, 2004; Reilly, 1978). 또래요인과 관련해서는 자신의 행동을 정당화하고자 하는 것(임화영, 1997), 일상적 또래로부터 거부당한 채 일탈적 또래집단과 어울리는 경우 만성적 가출을 하게 되는 것(전종설, 2000), 늦은 나이에 비행행동을 하는 경우 최초 비행을 유발시키는 요인으로 또래요인이 작용하고 그렇지 않은 경우 또래집단이 비행문제를 정점으로 이르게 하는 매개적 요인이 되는 것 (이상균, 2005; Loeber & Farrington, 1998)으로 설명된다. 학교와 지역사회 요인으로는 가출 후 학교로 복귀했을 때 교사나 학교로부터의 낙인이나 처벌위주의 징계(남미애, 1998), 학업 성취와 성적, 학업에 대한 부정적 가치부여(이상균, 2005; Beauvias, Chavez, Oetting, Deffenbacher, & Cornell, 1996; Kingery, Biafora, & Zimmerman, 1996) 교사의 무관심과 학교의 태만한 반응, 통솔력과 지도력 유형(Harootunian & Apter, 1993; Meyer, Butterwirth, Nafpaktitis, & Sulzer-Azaroff, 1983)등이 있다(이상균, 2005). 지역사회 요인 으로서 유해환경은 문제행동 장소로 활용될 뿐 아니라 은신처 역할을 하게 된다(남미애, 1998).

　마지막으로 가출의 가족적 요인으로는 크게 두 가지로 나누어 볼 수 있는데, 이는 구 조적 문제와 기능적 문제다. 가족의 구조적인 문제와 관련하여 살펴보면, 청소년쉼터와 같은 보호시설에 입소하고 있는 청소년들에 대한 연구에서 결손가족(한부모가족, 소년소 녀가장, 친척집에서 거주하는 경우 등)의 청소년이 60%를 넘고 있으며, 친부모보다 계부모 나 부모가 없는 경우의 청소년들의 가출이 훨씬 높은 비율을 차지하고 있다(김향초, 2000; 박미정, 1999; 최선화, 1998). 이는 가출이 가족의 구조적 결함과 관련이 있다는 것 을 나타낸다. 이와 더불어 부모의 교육, 직업 정도와 같은 사회경제적 환경도 가출과 관 련된다(엄명용, 1996).

　그러나 이러한 구조적인 가족의 문제보다는 가족이 제대로 기능하지 못하는 기능적 해 체가 더 큰 요인으로 작용한다는 결과가 있다(Crespi & Sabatelli, 1993; Johnson & Carter, 1980). 가족의 기능적인 문제가 가출청소년과 관련이 있다는 국내의 연구들에서는 가출 청소년들의 가족관계에 있어 갈등적인 부모관계, 부모로부터의 소외, 부모로부터의 부정 적 낙인, 부모와 자녀 간의 빈약한 의사소통 문제, 가족 내의 폭력(부부폭력과 자녀폭력을 모두 포함), 지나치게 권위적인 통제와 엄격한 부모의 훈육태도 혹은 부모의 방임적 훈육 태도가 가출에 영향을 미친다는 것이다(강소라, 2001; 김양희, 1995; 김준호, 박정선, 1993; 남영옥, 1998; 도수경, 1991; 류용옥, 2000; 박은민, 2008; 안창규 외, 1995; 이은정, 2000; 이혜 심, 2001; 조학래, 2004; 한상철, 이수연, 2003; 한은신, 2001; Lindsey, Kurtz, Jarvis, Williams, & Nackereud, 2000; Slesnick, Bartle-Haring, & Gangamma, 2006; Yoder, Whitebeck, & Hoyt, 2001). 남영옥(2001)은 가출경험이 있는 청소년과 그렇지 않은 청소 년들 간의 부모양육 태도에 대해 비교를 하였는데, 부모의 돌봄 정도가 높고 과잉보호가 낮을수록 가출행동이 줄어드는 것으로 나타났다. 또한 김용석과 박영숙(2000), 김혜영 (2000)의 연구에서도 가출은 부모와 자녀 간의 관계적 맥락에서 설명할 수 있다고 하였으며, 부모의 양육태도는 청소년의 가출행동에 중요한 영향을 미쳤다고 보고하였다.

또한 남영옥(1997)은 부모의 양육태도, 가정 안정도, 부모-자녀 관계, 가족원의 만족도라는 가정환경적 영역과 청소년 가출행동 간의 관계에 대해 살펴보았는데, 연구결과는 어머니의 영향력이 절대적으로 크게 작용하였으며 동시에 아버지의 양육태도는 자녀가 10세 이후에 중요하게 작용하였다. 가족 안정도에 있어서는 가족의 구조적 결손보다 심리적 가족붕괴가 더 중요한 영향을 미치고 있었으며, 부모-자녀 관계에 있어서는 부모가 자녀의 의견을 무시하고 자녀가 부모의 의견을 무시하며, 부모와의 접촉이 적을수록, 부모가 자녀에 대한 애정이 없을수록 가출행동이 증가하였다. 대화부재의 원인으로는 효사상, 자녀들에 대한 독립된 인격체로서의 분리가 어렵고 자녀의 민주적 사고방식과 독립의식의 차이에서 비롯되는 경향이 있었다. 또한 가족에 대한 만족도가 가출행동에 영향을 미친다는 결과를 제시하였다(남영옥, 1997).

한편 비행 및 가출 청소년의 가족에 관하여 위험요인과 보호요인의 개념으로 설명하는 연구들이 있는데, 이상균(2005)은 비행을 경험하는 청소년들의 가족과 관련된 위험요인으로 빈약한 부모-자녀 관계, 강압적이고 비일관적인 훈육방식, 빈약한 부모의 지도감독, 부모의 반사회성, 구조적 결손, 낮은 사회경제적 지위, 부모의 학대와 방임을 제시하고 있다. 보호요인으로는 부모 및 성인과의 지지적 관계, 또래집단에 대한 부모의 긍정적 평가, 적절한 부모의 지도감독을 제시하면서 부모교육의 필요성, 학대와 방임의 개선을 위한 가족치료 프로그램의 적용을 제안하고 있다. 양종국과 김충기(2002)의 소년 보호·교육기관에 입소하고 있는 비행청소년을 대상으로 한 연구에서는 가족과 관련된 위험요인으로서 가족 내 폭력을 들고 있고, 재비행의 보호요인으로는 가족의 지지가 가장 중요하다고 밝히면서, 위험요인의 제거라는 소극적 대처가 아닌 가족 치료와 교육이라는 적극적 대처가 필요하다고 하였다.

가출청소년들의 재가출(상습가출)과 장기가출에 대한 연구들(김경준, 김지혜, 류명화, 정익중, 김윤정, 2006; 김경희, 2002; 김향초, 1998; 방은령, 2003a; 이은정, 2000; 정운숙, 2002; 한은신, 2001)에서는 가정불화로 재가출한 청소년들은 동일한 원인(가정불화)이 계속적으로 작용함으로써 재가출을 반복하였고(방은령, 2003a), 재가출을 하는 많은 청소년들이 1주일 이내에 재가출을 하였으며(김경준 외, 2006), 가출기간도 1주일 이상 1달 이내 동안으로 지속적인 장기가출의 형태가 나타났다(방은령, 2003a). 가출청소년들은 가정으로 되돌아가고 싶은 욕구가 낮고, 오히려 가정으로 돌아갔을 때 같은 문제를 다시 겪을 것에 대한 걱정을 많이 하는 것으로 나타났다(김경준 외, 2006). 실제 재가출로 인해 시설에 재입소를 하는 청소년들의 경우를 보면 가족에게로 복귀한 후 가족이 자녀를 재가출하도록 하는 문제의 소지가 가족 안에 남아 있어서 시설로 재입소하는 경우가 상당수에 달했다(남미애, 1998). 재가출은 부모와의 관계가 부정적일수록, 가족구성원 간의 응집력 정도가 낮을수록 더 많이 일어난다(김경희, 2002; 한은신, 2001). 한편 최종적으로 가정으로 복귀한 경우를 살펴볼 때, 여학생의 경우에는 부모의 노력에 의해 가정으로 복귀한 경우가 많았다(방은령, 2003a). 이러한 결과로는 청소년 가출에 있어서 장기적이고 상습적인 가출 그리고 가정으로의 복귀요인에 가족 내 정서적 지지망이 중요한 작용을 한다는 것을 볼 수 있다. 안정적으로 가정에 복귀하는 것이 쉽지 않지만, 복귀를 하는 경우 그 중요한 요인은 부모와 가정의 변화가 될 수 있음을 알 수 있다(방은령, 2003a). 또한 자녀가 복귀를 하게 된 후에는 부모의 변화가 두드러지게 되고, 부모의 변화를 느낀 자녀 또한 부모에 대한 태도에 변화를 가져오는 것으로 나타났다(방은령, 2003a). 이러한 연구 결과들은 가출청소년에 대한 가족기능 회복을 위한 접근이 필요함을 확인하는 것이라 할 수 있다. 특별히 10대 초반의 가출청소년이 가정불화로 인해 가출하게 되는 경우에는 그들에 대한 근본적 문제해결을 위한 전문적 개입으로써 가족치료 서비스와 부모교육이 필요하다(김경준 외, 2006; 방은령, 2003a; 정운숙, 2002; 한은신, 2001).

3. 연구질문

• 가출청소년 가족이 가족치료를 통해 경험하는 변화과정은 어떠한 것인가?
• 가족치료는 가출청소년 가족에게 어떠한 효과가 있었는가?

4. 연구방법

1) 분석방법

본 연구는 사례연구의 방법을 적용하였다. Creswell(2005)에 따르면, 사례연구는 시간과 공간의 경계를 가진 '사례'를 연구하기 위해 선택되는 방법으로서 사례의 배경에 대한 맥락적 자료를 찾고, 사례에 대한 깊이 있는 그림을 제공하기 위해 다양한 정보원들로부터 폭넓은 자료를 수집하는 연구방법이다. Yin(1989)은 사례연구는 실제적인 맥락에서 현재의 현상을 연구대상으로 하고, 연구 관심인 현상과 그 현상을 둘러싼 환경 혹은 맥락의 한계가 불분명할 때 주로 사용하게 되며, 사실을 밝히기 위해 다양한 종류의 자료가 필요할 때 이용되는 연구방법이라고 설명한다(류지성, 1997). 단일사례 연구는 잘 구성된 이론의 검증을 위한 방법으로 사용되는데, 연구의 목적은 명료한 이론의 확인이나 명료한 이론에 대한 도전 혹은 그 이론의 확대를 목적으로 하게 된다.

본 연구의 사례에 대한 분석은 일반적으로 회기를 중심으로 하여 회기별로 진행된 치료면접과 그 과정에서의 변화를 시간(회기)의 흐름에 따라 분석(Miles & Huberman, 1994)하고 그래프를 사용하였다. 이러한 분석방법을 통해 가족치료의 변화과정과 효과를 도출하고자 하였으며, 특히 가족치료의 변화과정과 관련해서는 초이론적 모델(Prochaska & Norcross, 2002)을 분석의 틀로 활용하였다. 시간의 흐름에 따른 분석을 함에 있어 초이론적 모델(transtheoretical model)은 내담자의 문제에 대한 태도, 가족이 치료과정에 어떻게 개입하고 변화하는가를 보여 줄 수 있는 유용한 이론이다.

초이론적 모델은 내담자가 변화하는 데 있어 전인식단계(precontemplation stage), 인식단계(contemplation stage), 준비단계(preparation stage), 행동단계(action stage), 유지단계(maintenance stage)의 5단계를 거친다는 것이다. 전인식단계는 사람들이 문제를 가지고 있다는 것을 인식하지 못하거나 어떤 이유 때문에 변하는 것에 대해 진지하게 생각하지 않는 단계다. 이 단계에서는 자신의 행동이 문제가 있다는 것으로 인식하려는 것에 대한 저항이 나타나게 된다. 인식단계는 개인적인 문제가 존재한다는 점을 인식하는 단계다. 이 단계에서는 문제와 원인, 해결책을 이해하고자 노력하며 어떻게 스스로 자신들의 삶에 대해 통제할 수 있는가를 결정하기 위해 노력을 시작하게 된다. 준비단계는 자신의 의도와 행동적 기준을 통합하는 단계다. 이 단계에서는 즉각 행동을 취하려고 하며 약간의 행동변화를 알리지만 효과적인 행동을 위한 기준에 도달하지는 못한다. 행동단계는 자신들의 문제를 극복하기 위해 행동, 경험, 환경을 바꾸는 단계다. 이 단계는 가장 현저한 행동변화를 포함하여 엄청난 시간과 에너지의 투자를 요구하게 된다. 유지단계는 행동단계에서 얻은 것을 계속하고 더 문제화된 기능수준으로 재발되는 것을 막기 위해 노력하는 단계다.

2) 연구과정

본 연구의 사례는 집중적인 면접상담과 전화상담을 통해 개입되었다. 집중적인 면접
상담의 기간은 2005년 5월 25일부터 2005년 8월 22일까지 이루어졌으며, 그 후 2개월에
걸쳐 수차례 전화상담을 실시하였다. 본 연구의 과정에서는 치료에 참여한 가족구성원
과의 가족상담(8회), 전화상담(10회), 그리고 전화를 통한 추후관리(3회)의 과정을 통해
얻은 상담사례의 축어록을 작성하고 분석하였다. 전화상담은 분석회기로 포함시키지 않
았고 분석자료로 활용하는 과정에서는 필요한 경우만 활용하였다. 또한 추수상담은
2005년 9월 말에 1회, 2006년에 1회, 2007년에 2회로 총 4회가 진행되었다.

5. 연구결과

1) 가출청소년 가족사례에 대한 맥락적 이해

내담자는 가족치료 의뢰 당시 중학교 2학년으로, 6학년 때부터 아버지와의 갈등이 나
타나기 시작하였으며 중학교 1학년 이후로 부모와 대화가 거의 없었다. 가출을 시작하게
된 시점은 중학교 2학년 3월이며, 그 이후 재가출이 시작되면서 장기화되고 집단화되는
경향을 가지고 있었다. 내담자는 머리가 좋고 학업성적이 우수한 편이었지만 가출 이후
성적이 급격하게 떨어졌다. 내담자는 부모와 대화하고 싶지 않았으며 친구들과 어울리
는 것을 좋아하였다. 부모가 자신의 친구를 싫어하는 것에 대한 분노를 가지고 있었다.
또한 내담자가 가출을 하면서 나쁘지는 않았던 어머니와의 관계가 급격하게 나빠지고 있
는 상황이었다. 내담자는 심한 불안상태에 있었으며, 이러한 불안은 친구들과 떨어져 있
는 상태에서 더욱 심해졌다. 내담자는 자신을 이해해 주지 못하는 가족에 대해서 어떠한
관계상의 변화도 원하지 않았다.

아버지는 대학을 졸업하고 오랫동안 직장생활을 하다가 그 후에 사업을 했지만 실패
하고 2004년부터 부인과 함께 학원을 운영하고 있다. 아버지는 가족에 대한 관심과 애
정, 책임감이 강하였다. 가족에 대한 애정이 남달리 강한 배경으로는 자신의 원가족에서
여러 가족구성원이 54세에 질병(암)으로 사망했던 가족력과 중학생부터 동생과 지방에
서 자취를 하면서 가족에 대한 사랑이 그리웠던 것으로 파악되었다. 이러한 가족에 대한

애정은 다른 가족구성원(부인과 자녀)들이 자신의 의견을 따라 주기를 바라는 것으로 발전하였고, 이러한 아버지의 미분화는 다른 가족구성원 간의 상호작용에 부정적인 영향을 미치고 있었다. 아버지는 가족들에게 일방적으로 요구를 하였고 매우 급한 성격을 가지고 있었다. 아버지는 가족에 대해서만큼은 최선을 다했다고 여기고 있었지만, 내담자의 문제행동에 대해서는 자신의 책임도 있다고 보았다.

어머니는 아버지와 같은 대학에서 만나 결혼을 하였다. 시아버지의 병으로 인해 서둘러 결혼식을 하였는데 결혼식 다음날 시아버지는 사망하였고, 그로 인해 직장이 서울이었던 남편과는 주말부부를 하면서 지방에 거주하는 시어머니와 함께 생활하였다. 어머니는 마음이 여리고 심한 불안을 가지고 있었으며 남편의 눈치를 많이 보는 편이었다. 원가족과의 관계에 있어서는 오빠들에 비해 차별대우를 받았다고 생각하기도 하지만, 가족관계에 있어서는 그다지 불만이 없는 편이었다. 남편의 일방적인 방식에 대해 불만은 있지만 특별히 갈등으로 표출하지는 않고 있었다. 어머니는 내담자가 가정으로 복귀하도록 하는 데 모든 노력을 기울이고 있었다.

2) 치료 목표와 전략

내담자는 부모와 함께 상담받는 것을 원하지 않았고 부모가 자신을 수용해 주기를 원했다. 반면에 부모는 내담자의 가출행동을 나쁜 친구들의 영향이라 생각하였기 때문에 내담자를 친구들과 분리하려고 하였다. 부모는 내담자의 행동과 견해에 대하여 부정적이었고, 오로지 부모의 입장을 받아들여 주기를 바라고 있었다. 내담자 가족은 서로를 수용해 주기보다는 가족구성원들 모두가 어떠한 경우에도 자신의 입장을 관철시키고자 하는 태도를 가지고 있었다.

치료자는 내담자 가족이 가족 생활주기상 청소년기 자녀를 둔 단계에 있는 가족으로서 부모-자녀 관계에 있어 자녀의 독립성을 인정해 주어야 한다는 입장을 가지고, 부모의 변화를 통해 내담자를 변화시켜야 한다는 것을 부모에게 강조하였다. 또한 치료자는 부모에게 부모의 문제를 해결하려고 시도했던 방식이 효과적이지 못하기 때문에 문제를 유지시키고 악화시킨다고 설명하였고, 지금까지 시도해 보지 않았던 새로운 방식으로 문제를 효과적으로 해결할 수 있다고 하였다. 치료의 목표는 내담자가 가정으로 복귀할 수 있게 하는 것인데, 치료자는 이러한 치료목표를 달성하기 위해서는 지금까지 시도해 왔던 부모의 경직된 양육방식에서 좀 더 융통성 있는 양육방식으로 전환할 필요가 있다

고 보았다. 치료자는 내담자가 가출로 인해 상담에 참여하는 것이 쉽지 않았기 때문에 내
담자가 참여한 상담회기에서 내담자로 하여금 변화된 부모의 태도를 인식하게 하였고,
이로 인하여 내담자가 가정으로 복귀할 수 있는 가능성을 가질 수 있도록 하였다.

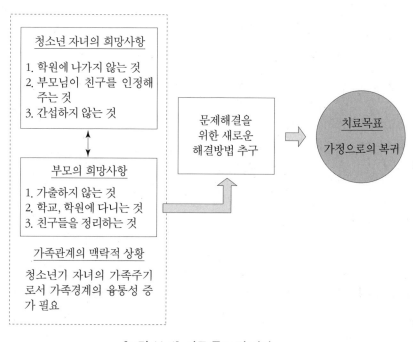

[그림 11-1] 치료 목표 및 전략

3) 치료과정 및 효과에 대한 분석

전체 상담회기는 총 8회였으며, 회기별에 따른 대상자, 상담의 주요 내용 그리고 변화
과정은 〈표 11-1〉과 같다.

치료과정의 초기에는 가족구성원들이 모두 변화해야 하는 대상을 자신이 아닌 다른
가족구성원으로 생각하고 있다. 어머니는 자녀의 가출문제에 대한 극도의 불안이 있었
는데, 자녀가 가출을 한 상태에서는 아무것도 할 수가 없고, 집 컴퓨터 앞을 지키고 앉아
서 자녀의 위치와 행동을 파악했다. 어머니는 메신저를 통해 자녀가 어디서 누구와 함께
있는지를 알아냈고, 계속해서 들어오라는 문자 메시지를 보내고 전화통화를 시도하였
다. 또한 어머니는 자녀문제를 폭력적인 남편과 의논할 수 없었으며, 다른 대처방식 또한

▌ 표 11-1   회기별 대상자, 상담의 주요 내용 및 변화과정

회기	참여자	상담의 주요 내용	변화과정의 내용
1	어머니	• 자녀의 가출행동에 대한 대처방식 탐색 – 아버지: 폭력적 행동으로 대처 – 어머니: 심각한 불안, 자녀의 행동과 또래 추적 • 치료에 대한 기대 탐색	• 부모와 자녀 모두 자신의 변화가 필요한지에 대해 인식하지 못하고 있으며, 오히려 다른 구성원들의 변화가 필요하다고 생각하고 있음. 그러나 구체적으로 어떻게 변화를 추구해야 할지에 대한 대안이 없음
2	어머니	• 어머니의 의사소통 방식 탐색: 가출문제, 부부를 중심으로 한 가족관계에서의 의사소통 방식 파악 • 어머니의 의사소통 방식에 대한 맥락적 이해: 어머니의 원가족에 대한 이해	• 어머니: 자녀의 가출에 대해 여전히 불안하지만 자신의 대처방식에 대한 변화가 필요함을 인식하고 노력할 의지를 보임 • 아버지: 자녀문제에 관심은 있으나 치료과정에 참여할 만큼의 노력은 보이지 않음 • 자녀: 문제에 대해 직면하기를 꺼리고 회피하며 다루려는 의지가 없음
3	자녀	• 가출행동에 대한 부모의 대처방식(시도된 해결방식) 탐색 • 부모와의 의사소통 방식 및 정서적 관계 탐색	• 어머니: 자신이 변화를 해야 한다는 생각을 하고 있으나 불안감으로 인해 적극적인 변화의 의지를 가지지는 못함. 다른 구성원, 특히 아버지에게 변화를 위한 노력이 필요함을 전달하여 치료에 참여하도록 권함 • 자녀: 자신의 행동을 변화시키고자 하는 생각이 전혀 없으며, 오히려 가출이 쾌락을 추구할 수 있는 탈출구가 되고 있는 상황임. 따라서 아버지와의 관계변화를 원하지 않음 • 아버지: 자신이 자녀에 대해 고수했던 방식에 문제가 있을 수 있음을 인식하는 수준으로 변화함으로써 4회기에 참여하기로 함
4	아버지 / 어머니	• 아버지의 의사소통 방식에 대한 맥락적 이해: 아버지의 원가족에 대한 이해, 가치 및 성격특성 탐색	• 아버지: 치료에 참여하고 어머니로부터의 조언을 통해 자녀에 대해 새로운 방식으로 대처하고자 시도함(기다려 주고, 폭력적 행동을 자제함) • 어머니: 딸에 대한 대처방식의 변화를 시도함(자녀와 또래들에 대한 추적을 하지 않고 기다림)
5	아버지 / 어머니	• 부부간의 의사소통 방식에 대한 탐색 • 자녀에 대한 시도된 해결 탐색	• 아버지: 부부간의 의사소통 방식이 자녀에게 하는 의사소통 방식과 동일함을 인식하면서 자녀와의 의사소통 방식의 변화를 가지려 노력함. 변화의 노력이 좌절되는 경우가 있지만 계속 노력함 • 어머니: 자녀와 미비한 수준에서의 일상적인 이야기를 나눌 수 있게 됨. 새로운 방식으로 자녀에게 계속적으로 접근을 시도함 • 자녀: 가출을 하고 있지만 간혹 집으로 전화해서 자신의 위치를 알리기는 함(어머니의 변화로 인해 뭔가 변화하고자 하는 마음의 동요가 있음)
6	어머니	• 자녀에 대한 부모의 새로운 해결책 시도에 대한 탐색	• 자녀: 부모의 변화에 대해 인식하면서 자신이 변화해야 하는 상황에 대해 수용하기는 어렵지만 심적인 동요로 인해 일시적으로 어머니와의 갈등 경험 • 아버지: 자녀의 행동 중 많은 부분에 대해 허용적인 태도로 대처함 • 어머니: 자녀와의 갈등에도 불구하고 기존의 역기능적 방식을 사용하지 않고 새로운 방법으로 대처함

7	자녀		• 부모의 변화된 반응에 대한 인식과 관계변화에 대한 탐색	• 자녀: 부모의 변화를 인식하기는 하지만 수용하고 싶지 않은 마음이 있음. 그럼에도 불구하고 가출의 기간이나 횟수가 다소 감소하는 경향이 있음. 엄마와의 변화가 가장 받아들이고 싶지 않은 요인으로 작용함. 그러나 엄마와의 관계에서 작은 변화가 일어나기 시작함 • 어머니: 새롭게 시도된 방법을 사용해 가면서 자신의 불안을 다스리고자 노력함 • 아버지: 지속적으로 자녀에 대한 허용적인 태도로 변화를 유지하고자 노력함
8	어머니	자녀	• 관계변화에 대한 탐색 • 여전히 남아 있는 시도된 역기능적인 해결방식과 그 영향에 대한 파악 * 종결과정 없이 중단되는 방식으로 종결	• 부모와 자녀의 관계: 거부하던 가족상담이 부분적으로나마 수행되기 시작함. 이는 모녀관계의 개선을 보여 주는 것임. 자녀는 아버지의 변화를 인식하지만 인정하지 않으려는 모습을 보임. 자녀는 아버지와의 관계에서 큰 변화를 보기는 어려움(아버지와의 신뢰관계를 아직 형성하지 못한 단계라 볼 수 있음) • 자녀: 어머니에게 또래관계의 감추고 싶었던 이야기를 꺼낼 정도로 관계를 회복하고자 하는 노력을 시도함 • 아버지: 계속적으로 이전과 다른 새로운 해결방식을 시도함
추수회기			• 마지막 회기 후 4주: 가출문제 해결 • 마지막 회기 후 1년: 아버지의 변화 노력 지속, 어머니와의 관계 증진 • 마지막 회기 후 2년: 자녀에게 새로운 위기상황이 진행되고 있으나, 부모의 대처방식의 안정으로 인해 특별한 문제 없이 진행 * 전화상담으로만 진행됨(면접에 대해 여전히 기피하는 태도를 보임)	

알 수 없어서 더욱 불안해하였다. 이러한 방식은 상담이 진행되는 동안 계속 영향을 미치고 있었는데, 상담 약속을 했더라도 자녀가 가출해 있는 상태에서는 상담에 참여하지 못하고 불안해서 상담을 미루는 상황이 반복되었다. 그래서 계속되는 전화상담이 병행될 수밖에 없었다.

따라서 치료자는 초기에 어머니의 상담에서는 어머니의 기대하는 바가 무엇인지를 검토하고, 기대하는 바가 자녀의 가출문제를 해결하는 데 도움이 될 수 있는지에 대해 다루었다. 어머니가 치료를 통해 기대하는 바는 자녀가 가출하지 않고 집으로 복귀하는 것, 자녀가 지금 같이 다니는 친구들과 만나지 않는 것, 학교를 잘 다닐 수 있도록 하는 것이었다. 그러나 자녀에게 있어 가족보다 정서적인 유대관계가 더 강하게 맺어졌던 친구들과 무조건 만나지 못하게 하는 것만으로는 가출을 못하게 할 수 없었다. 그래서 자녀가 가족에게 되돌아올 수 있게 하기 위해서는 가족관계의 변화가 필요함을 인식하도록 하였다. 또한 어머니의 대처방법은 자녀로 하여금 어머니와의 관계를 더욱 멀어지게 할 수도 있음을 인식하도록 하면서 아버지의 변화를 위해 아버지가 상담에 참여하도록 권하였다.

아버지는 자녀를 위해서는 최선을 다했으나 가출하는 자녀에 대해서는 이해할 수 없었고 자녀에게 화가 나 있었다. 아버지는 청소년기 자녀를 아동기 자녀처럼 다루었으며, 아버지의 강압적이고 폭력적인 방식으로 인하여 아버지의 자녀에 대한 애정은 자녀에게 전달되지 못하였다. 아버지의 의사소통 방식은 가족들 모두로 하여금 긴장하게 했다. 그런 긴장에 대처하는 방식으로 자녀는 가출을 하게 되었고, 어머니는 불안과 무기력한 상태에 있었다. 상담과정을 통해서 치료자는 아버지가 사용하는 의사소통 방식이 어머니와 자녀 모두를 힘들게 하고 그러한 방법으로는 자녀를 집으로 돌아오게 할 수 없다는 것을 인식시켰다. 한편 아버지가 상담을 통해 기대하는 것은 자녀가 집으로 돌아와서 부모가 운영하는 학원에 나가는 것과 학교에 다니는 것이었는데, 이 두 가지는 아버지가 자녀에게 절대 양보할 수 없었다. 치료자는 아버지에게 이러한 기대를 자녀에게 강요하는 것은 역기능적인 의사소통 방식과 더불어 자녀를 가출하게 하는 요인이 될 수 있음을 지적하면서 자녀가 원하는 것을 듣도록 하였다.

가족상담을 통하여 아버지는 자신이 사용하고 있는 역기능적인 의사소통 방식을 인식하게 되었고, 지금까지 사용하지 않았던 새로운 의사소통 방식을 사용하게 됨으로써 가족에서 획기적인 변화가 일어나기 시작하였다. 치료가 진행되는 과정에서 끊임없이 자녀의 가출이 이어졌고, 부모는 치료자가 요구하는 치료과정의 과제를 힘겨워하였다. 그러나 아버지가 상담 초기의 부정적인 의사소통 방식을 사용하지 않는 것만으로도 가정에서 작은 변화가 일어났다. 부모의 변화가 일어나기 시작하면서 자녀와 상담을 진행하였는데, 자녀는 부모의 작은 변화를 부담스럽게 느꼈으나 그러한 변화를 의식하고 있었다. 치료자는 자녀가 부모의 변화를 인식하게 하기 위하여 부모에게 어떠한 변화가 있는지와 부모가 어떻게 달라졌는지를 질문하였다.

이러한 과정은 어머니와 자녀 간의 관계변화에 영향을 미치기 시작하였다. 처음에는 자녀가 부모와 상담받으러 오는 것을 꺼렸지만 점차 자녀에게 변화가 일어났다. 물론 자녀는 가출을 계속하고 있었지만 자신의 근거지를 또래집단과 어울리는 곳이 아닌 가정으로 두었고, 함께 어울리던 친구들을 집에 데리고 오고 그 친구들과의 관계에서 겪는 불편함 감정을 어머니에게 슬쩍 이야기하는 변화가 일어났다. 자녀는 어머니의 변화된 모습을 목격하면서 어머니와의 신뢰관계를 회복할 수 있었다. 그러나 자녀는 아버지와의 관계는 그다지 많이 개선되지 않았다. 아버지는 자녀를 위하여 열심히 노력한다고 하지만, 간혹 자녀가 가출 후 집으로 돌아왔을 때 자녀에 대한 폭력이 계속되면서 아버지의 노력이 그다지 일관성 있게 자녀에게 인식되지 못했다. 그러나 자녀는 아버지와의 관계에 있어서 크게 달라진 점은 없어도 어머니와의 관계가 회복되면서 가출의 빈도가 감소하였고 가정을 중심으로 생활하게 되었다. [그림 11-2]에서는 부모와 자녀 간의 회기별에 따른 변화단계를 나타내고 있다.

[그림 11-3]에서는 부모의 변화가 문제해결에 어떠한 영향을 보여 주는지를 회기별로 제시하였다. 그 변화를 보면 자녀에 대한 부모의 부정적 대처방식이 감소하면서부터 자녀에게 행동의 변화가 나타남을 볼 수 있다. 물론 3회기와 4회기 사이에도 자녀의 지속적인 가출로 인해 상담이 원래 계획대로 진행되지 못하고 3차례 지연되기도 했다. 그러나 2차례 상담(3회기는 청소년 자녀에 대한 단독상담이었음) 동안 지속적으로 부모가 수행해 왔던 방식의 변화가 필요함을 교육하는 과정에서 부모의 변화가 시도되고 있었다. 특히 어머니의 변화에 대한 필요성이 나타나기 시작하면서 변화가 시작되었다고 볼 수 있다. 즉, 그것은 [그림 11-2]에서 제시한 치료변화 단계로 볼 때 어머니가 인식단계로의 전환이 이루어지면서 나타나기 시작한 변화다. 물론 아버지나 자녀는 전인식단계에 있으나, 앞의 〈표 11-1〉에서 제시한 바와 같이 어머니의 자녀문제에 대한 전인식단계에서 인식단계로의 변화는 아버지를 상담에 참여할 수 있게 하였다. 이는 구성원 중 한 사람이 자녀문제에 대하여 전인식단계에서 인식단계로 변화하는 것이 또 다른 가족의 변화를 야기할 수 있다는 것을 보여 준다.

[그림 11-3]에서 자녀의 변화를 보여 주는 회기는 7회기다. 6회기까지 이어진 부모와

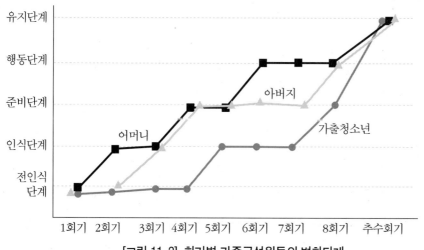

[그림 11-2] 회기별 가족구성원들의 변화단계

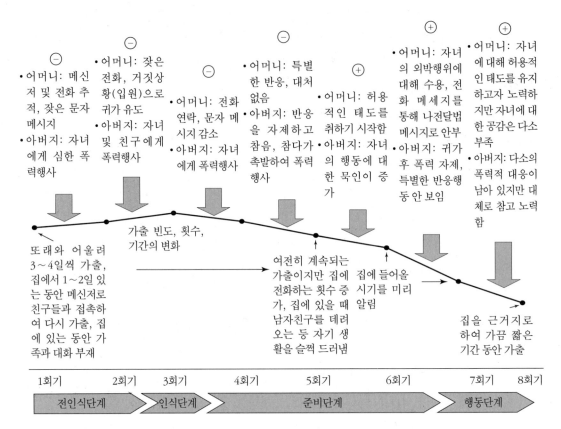

[그림 11-3] 부모의 대처방식 변화에 따른 회기별 가출행동의 변화추이

의 상담으로 인하여 부모의 변화가 지속적으로 이루어지고 있었는데, 자녀에게 부모의 변화에 대해 인식할 수 있도록 한 7회기의 상담은 자녀로 하여금 부모의 변화를 인식하고 수용할 수 있도록 하는 데 효과가 있었다고 볼 수 있다. 자녀는 상담에 참여하는 기회가 적었지만 부모의 변화를 느끼고 있었고, 그 과정에서 자신이 변화해야 한다는 것을 느끼면서 부모의 변화가 자신에게는 오히려 부담스러웠다. 치료자가 이러한 면을 자녀에게 직면시켜 주면서 접근했던 7회기는 특히 어머니와의 관계회복을 하는 데 도움을 줄 수 있었다.

이 사례의 경우 상담이 진행되었던 8회기 과정만으로 치료의 효과성을 파악하는 것에는 한계가 있었다. 치료자가 부모와 자녀에게 9회기 상담을 요청하였으나 그들은 상담에 참여하고자 원치 않았다. 따라서 가족치료의 효과성에 대해 의문을 가질 수 있었으나, 전화상담으로 이뤄진 추수상담의 결과에서 그 효과성을 검증할 수 있었다. 치료자가 상담이 종결된 후 1년여 만에 부모에게 전화를 했을 때 자녀는 더 이상 가출을 하지 않았으며, 어머니는 상담을 통하여 부모가 자녀를 어떻게 양육해야 하는지를 많이 생각하는 기회가 되었다고 하였다. 또한 어머니는 가족치료를 받게 된 것이 얼마나 다행스러운 일인지를 밝히고는 가족치료를 통해서 가족이 지금 행복을 누리고 있다고 하였다. 그리고 주변에 자녀문제로 힘들어하는 사람들에게 가족치료를 권해 주고 싶다는 생각을 많이 하고 있다고 말하였다. 그리고 다시 1년이 지난 2007년 10월 초에 두 번째 추수상담을 하였는데, 이 시기에는 자녀에게 새로운 문제―외국에 나가서 공부를 하다가 귀국했는데 한국 학교로의 복귀가 이루어지지 못하고 있는 상태에서 집에서 쉬고 있음―가 나타났지만 가족 모두가 융통성 있게 잘 대처하고 있으며 가족관계에 있어 큰 어려움 없이 지내고 있다고 하였다.

6. 논 의

본 연구에서는 가출청소년 가족에 대한 가족치료적 개입과정을 통해 부모와 자녀가 변화하는 과정을 기술하였고, 가출청소년 문제에 대한 개입에 있어 가족치료의 효과성을 검증하고자 시도하였다. 본 연구의 결과는 다음과 같다.

첫째, 가출청소년의 문제에 있어 가족구성원들의 의사소통 방식의 변화는 가출청소년이 가족으로 복귀하는 데 긍정적인 영향을 미치고 있었다. 가족구성원들이 경험하고 있는 역기능적 대처방식은 더욱 문제를 악화시킬 뿐 문제해결에 도움이 되지 않는 방법으로서 변화되어야 할 것이라 규정한다. 본 연구의 대상인 가출청소년의 가족은 구조적인 결손을 가지고 있지 않았으나 기능적 결손을 경험하고 있었다. 이 가족은 자녀양육에 있어 효과적인 방법을 잘 알고 있지 못할 뿐만 아니라 가족 생활주기상 청소년기 자녀를 둔 단계에 해당하고 있었지만 이 단계에서 경험하게 되는 발달상의 어려움을 융통성 있는 방식으로 대처하지 못하고 있었다. 치료가는 MRI 모델을 활용하여 효과적인 의사소통 방법을 습득하고 가족에게 직면한 문제를 융통성 있게 대처할 수 있도록 하였다. 이러한 방법은 가출청소년에 대한 직접적인 개입은 거의 진행되지 못했음에도 불구하고 가출청소년이 부모의 변화로 인해 가정으로 복귀할 수 있도록 하는 데 긍정적인 영향을 미쳤다. 이는 많은 선행연구들에서 제시하고 있는 바와 같이 가족치료가 가출청소년의 문제에 개입하는데 있어 효과가 있다는 것을 보여 주고, 특히 기능적 결손을 경험하고 있는 가출청소년의 가족에 있어서 효과적인 개입방법과 기술이 될 수 있다는 것을 보여 주고 있다.

둘째, 이 사례는 학교 사회사업가를 통해 의뢰된 사례였는데 가족구성원들이 자신의 변화가 문제해결에 있어 중요하다는 것을 인식하지 못하고 있었다. 그러나 가족구성원 중 한 사람이 시작하여 문제해결을 위하여 자신이 변화해야 될 필요성을 인식하였고, 더 나아가서 다른 가족구성원의 변화를 유도함으로써 가족구성원들 전체에 대한 변화를 야기할 수 있었다. 구체적으로 어머니로부터 시작된 변화에 대한 인식은 아버지를 상담받도록 하였고, 부모의 이와 같은 변화에 대한 노력(자녀에 대한 간섭을 중단하는 것)은 자녀와의 관계에 있어 신뢰관계를 회복할 수 있는 중요한 요인으로 작용하였다. 물론 아버지는 자녀의 문제에 대한 폭력적 행동방식이 치료가 종결되는 시점까지 남아 있었기 때문에 아버지의 행동방식이 어떻게 변화되었는지를 보기에는 어려운 점이 있다. 그러나 상담과정에서 아버지의 폭력적 행동방식이 여전히 다소 남아 있었어도 자녀가 어머니와 신뢰관계를 회복한 것이 가출문제를 극복할 수 있는 요인으로 작용하고 있었다. 한편 부부상담을 통하여 부부간의 대화가 좀 더 원활해졌으며, 아버지 또한 지금까지 시도해 왔던 역기능적인 문제해결 방식과 달리 가출하고 돌아온 딸에 대하여 폭력을 사용하지 않고 대화로써 해결하려는 노력이 나타났다.

본 연구가 갖는 한계점은 가족 모두가 함께하는 종결과정을 거치지 못하였다는 점이다. 즉, 8회기 상담 이후에 구체적으로 가족들이 어떠한 경험이 있었는지, 그리고 가족치료에서의 경험이 현재의 상황과 어떻게 연결되는지에 대해 살펴볼 수 없었다. 가출청소년들이 가정으로 복귀하는 데 있어 가족의 영향이 크다는 선행연구가 있듯이 가족치료는 청소년 자녀로 하여금 가족으로 복귀할 수 있는 중요한 요인이 되었다고 볼 수 있지만, 가족으로 복귀하고자 하는 의도를 가지게 된 구체적인 이유(예: 또래관계에서의 갈등, 가출 후의 생활에 대한 흥미상실 등)가 무엇이었는지에 대해 밝히지 못하였으므로 좀 더 명확하게 가족치료의 효과성을 밝히는 데 한계가 있다고 볼 수 있다. 또한 본 연구는 하나의 사례만을 가지고 접근하였으므로 다양한 가출청소년에 대한 개입의 효과성으로 일반화하기에는 다소 무리가 있다. 따라서 다양한 가출청소년에 대한 다양한 가족치료 모델의 접근의 효과성을 볼 수 있는 연구들이 계속해서 나오기를 기대한다.

참고문헌

강소라(2001). 가출청소년 가족의 가족구조와 기능에 대한 질적연구: 대구 YMCA 가출청소년 쉼
　　터를 중심으로. 계명대학교 대학원 석사학위논문.

국가청소년위원회 청소년정책단 정책총괄팀(2006). 청소년백서. 서울: 국가청소년위원회.

권중달(2002). 가출청소년의 사회지지망에 관한 연구. 대구카톨릭대학교 대학원 석사학위논문.

김경준, 김지혜, 류명화, 정익중, 김윤정(2006). 청소년 유형별 복지욕구 실태와 지원방안. 서울: 한국
　　청소년개발원.

김경희(2002). 가출청소년의 성공적 귀가와 재가출에 관한 연구. 가톨릭대학교 심리상담대학원
　　석사학위논문.

김도애, 남영옥(2003). 가출청소년 가족에 대한 대상관계 가족치료모델의 적용. 상담학연구, 4(1),
　　147-165.

김양희(1995). 가출아동의 신체적 학대경험과 자아존중감에 관한 연구. 숙명여자대학교 대학원
　　석사학위논문.

김용석, 박영숙(2000). 청소년 문제행동의 공통요인으로서 부모의 양육태도에 관한 연구. 한국사
　　회복지학, 42, 83-106.

김준호, 박정선(1993). 청소년의 가출과 비행의 관계에 관한 연구. 서울: 한국형사정책연구원.

김지은(2002). 가출청소년을 위한 청소년 쉼터의 서비스 개선에 관한 연구. 숭실대학교 대학원
　　석사학위논문.

김지현(1996). 소녀가출의 원인분석연구. 서울대학교 대학원 석사학위논문.

김지현, 양미진, 박관성, 손재환, 이소영(2002). 가출청소년상담정책 연구: 한국청소년상담원과 전국청
　　소년상담실의 역할을 중심으로. 서울: 한국청소년상담원.

김향 (1998). 가출청소년 쉼터의 문제점과 개선방안. 협성논총, 9, 23-46.

김향초(2000). 가출청소년의 권리와 복지에 관한 연구. 협성논총, 12, 33-55.

김혜영(2000). 초기청소년이 지각한 부모양육행동이 심리사회적 부적응에 미치는 영향. 한국사회
　　복지학회 학술대회 자료집, pp. 205-223.

남미애(1998). 여성가출청소년의 사회적 지원방안. 신라대학교 여성연구논집, 10, 27-65.

남영옥(1997). 청소년가출의 가족역동적 요인에 관한 연구, 가톨릭상지전문대학논문집, 27, 65-95.

남영옥(1998). 가족의 심리역동적 환경이 청소년의 생존전략적 가출에 미치는 영향. 대구대학교
　　대학원 박사학위논문.

남영옥(2001). 청소년의 가출에 영향을 미치는 경계선 특성에 관한 연구. 청소년학연구, 8(2),
　　143-172.

도수경(1991). 가출경험소녀와 비가출소녀 간의 가족관계연구. 연세대학교 대학원 석사학위논
　　문.

류병륜(2000). 청소년 가출 예방을 위한 가족복지 방안에 관한 연구. 대전대학교 경영행정대학원 석사학위논문.

류용옥(2000). 가출청소년과 일반청소년이 지각한 부모의 의사소통에 대한 비교연구. 숭실대학교 대학원 석사학위논문.

류지성(1997). 사례연구의 방법론적 고찰: 연구설계와 방법. 단국대학교논문집, 31, 1-16.

박미정(1999). 가출청소년의 자아상태 변화를 위한 교류분석 프로그램 효과성 연구. 가톨릭대학교 대학원 석사학위논문.

박영호, 김태익(2002). 가출예측척도에 의한 여중생들의 가출요인 분석. 청소년상담연구, 10(2), 81-99.

박은민(2008). 가정학대 피해 가출 청소년을 위한 정서조절 집단상담 프로그램 개발. 숙명여자대학교 대학원 박사학위논문.

방은령(2003a). 가정복귀 가출청소년들의 귀가요인 분석 및 가출청소년지도방안 모색. 한국청소년개발원 연구보고서.

방은령(2003b). 청소년상담실에서의 가출청소년지도: 현실적 한계와 개선방안에 대한 기술연구. 교육문제연구, 19, 87-109.

방은령(2003c). 사회복지관의 아동 · 청소년복지사업 내용 및 전문인력에 대한 조사연구. 청소년복지연구, 5(2), 33-46.

안창규, 문선화, 전윤식(1995). 가출청소년과 학교관리체계. 서울: 집문당.

양종국, 김충기(2002). 비행청소년의 비행위험요인 및 보호요인과 재비행간의 관계. 청소년상담연구, 10(2), 101-121.

엄명용(1996). 청소년가출예방을 위한 가족 및 지역복지서비스 모형. 한국사회복지학, 29, 68-104.

유승권(2002). 가정으로 돌아가지 못하고 있는 가출청소년들을 위한 사회사업서비스 연구. 숭실대학교 대학원 석사학위논문.

유한규(2002). 가출청소년지도를 위한 집단치료놀이프로그램의 효과. 숙명여자대학교 대학원 박사학위논문.

이상균(2005). 가출 · 비행청소년을 위한 효과적인 사회복지실천 전략의 모색. 사회복지리뷰, 10, 87-112.

이은정(2000). 청소년의 상습적인 가출에 영향을 미치는 요인: 상습가출과 단순가출의 비교를 중심으로. 동덕여자대학교 여성개발대학원 석사학위논문.

이정자(1973). 청소년 가출의 요인분석과 그 대책에 관한 연구. 이화여자대학교 대학원 석사학위논문.

이현지(2005). 가출청소년 재가출방지를 위한 지지체계의 보호요인. 청소년학연구, 12(3), 283-304.

이혜심(2001). 가출여자청소년들의 특성과 이들을 위한 서비스에 관한 연구. 숭실대학교 대학원 석사학위논문.

임화영(1997). 가출청소년이 지각한 부모의 양육태도에 관한 연구: 일반 중 · 고등학생과 비교를 통해. 숭실대학교 대학원 석사학위논문.

전종설(2000). 가출청소년의 부적응 행동에 영향을 미치는 요인에 관한 연구: 쉼터거주가출청소
    년을 대상으로. 이화여자대학교 대학원 석사학위논문.

정운숙(2002). 가출청소년의 회귀과정. 경희대학교 대학원 박사학위논문.

조학래(2004). 가출청소년의 비행에 영향을 미치는 요인연구. 행정논집, 31, 171- 198.

최선화(1998). 청소년 사회재적응을 위한 시설 모형 연구: 부랑 청소년을 위한 재활시설을 중심
    으로. 신라대학교논문집, 46, 9-24.

한상철(1999). 가출청소년의 위험행동과 대처방안에 관한 탐색적 연구. 청소년행동연구, 4, 113-
    134.

한상철, 이수연(2003). 가출청소년의 우울 및 자살행동에 대한 상담학적 개입전략에 관한 연구.
    청소년상담연구, 11(1), 152-165.

한은신(2001). 가출청소년의 재가출 행동에 영향을 미치는 요인에 관한 연구. 이화여자대학교 대
    학원 석사학위논문.

홍봉선, 남미애(2007). 청소년복지론. 경기도: 공동체.

Beauvias, F., Chavez, E. L., Oetting, E. R., Deffenbacher, J. L., & Cornell, G. R. (1996).
    Drug use, violence and victimization among White American, Mexican American,
    and American Indian dropouts, students with academic problems, and students in
    good academic standings. *Journal of Counseling Psychology, 43,* 292-299.

Creswell, J. W. (2005). 질적 연구방법론: 다섯 가지 전통(조흥식, 정선욱, 김진숙, 권지성 역).
    Qualitative Inquiry and Research Design: Choosing Among Five Traditions (1998). 서
    울: 학지사.

Crespi, T. D., & Sabatelli, R. M. (1993). Adolescents runaways and family strife: A conflict-
    induced differentiation framework. *Adolescence, 28,* 867-878.

Harootunian, B., & Apter, S. J. (1993). Violence in school. In A. P. Goldstein (Ed.), *Youth
    violence* (pp. 120-139). Elmsford, NY: Pergamon Press.

Johnson, R., & Carter, M. (1980). Flight of the young: Why children runway from their
    homes. *Adolescence, 15,* 483-490.

Kingery, P., Biafora, F. A., & Zimmerman, R. S. (1996). Risk factor for violent behaviors
    among ethnically diverse urban adolescents: Beyond race/ethnicity. *School
    Psychology International, 17,* 171-188.

Lindsey, E. W., Kurtz, D., Jarvis, S., Williams, N. R., & Nackerud, L. (2000). How runaway
    and homeless youth navigate troubled waters: personal strengths and resources.
    Child and Adolescent Social Work Journal, 17(2), 115-140.

Loeber, L., & Farrington, D. P. (Eds.) (1998). *Serious and violent juvenile offenders: Risk
    factors and successful interventions.* Thousand Oaks, CA: Sage.

Meyer, G. R., Butterwirth, T., Nafpaktitis, M., & Sulzer-Azaroff, B. (1983). Preventing
    school vandalism and improving discipline: A three-year study. *Journal of applied*

behavior analysis, 16, 255–369.

Miles, M. B., & Huberman, A. M. (1994). *Qualitative data analysis.* Thousand Oaks, CA: Sage.

Prochaska, J. D., & Norcross, J. C. (2002). *Systems of psychotherapy: A transtheoretical analysis* (5th ed.). New York: Brooks/Cole.

Reilly, P. P. (1978). What make adolescents girls free from their home? *Clinical Pediatrics, 17*(2), 886–893.

Slesnick, N., Bartle-Haring, S., & Gangamma, R. (2006). Predictiors of substance use and family therapy outcome among psychically and sexually abused runaway adolescens. *Journal of Marital and Family, 32*(3), 261–281.

Yin, R. K. (1989). *Case study research: Design and method.* Newbury Park: Sage.

Yoder, K. A., Whitebeck, A. B., & Hoyt, D. R. (2001). Event history analysis of antecedents to running away from home and being on the street. *American Behavioral Scientist, 45*(1), 51–65.

제12장	가족치료 과정에서 발생한 내담자 부모의 저항에 대처하는 치료자의 개입방법에 관한 연구*

1. 서 론

가족치료의 과정은 내담자와 치료자 그리고 가족구성원 간의 상호작용으로 이루어지며 그 과정에서 다양한 역동이 발생한다. 역동은 가족치료의 효과를 증진시키기도 하고 방해하는 요인으로 작용하기도 한다. 따라서 가족 간 그리고 내담자 및 내담자 가족과 치료자의 역동을 다루는 치료자의 개입방법이 가족치료의 효과성에 영향을 미치기도 한다 (구자경, 박성수, 1998; 권희경, 안창일, 2001; 이선자, 최해림, 2002; Joshua & Gretchen, 2003).

그런데 다양한 역동 중 저항은 이를 어떻게 다루느냐에 따라 가족치료의 성패를 좌우하는 요인이 되기도 한다(권희경, 안창일, 2000, 2001). 저항은 치료자가 자신의 가족관계에 미해결된 문제를 내담자 가족에게 투사하거나(이영분 외, 2008), 치료과정에서 발생하는 역동을 적절하게 다루지 못할 경우, 내담자는 치료과정에 불만을 갖게 되거나 가족치료를 중단하는 것으로 저항을 표현할 수도 있다(문보경, 장성숙, 2001). 그러나 일반적으로 내담자의 저항은 내담자가 자신의 문제를 다루는 것에 대한 두려움과 불편함으로부터 벗어나고 싶거나(이현아, 이수원, 1997), 가족의 문제를 공개하였을 때 발생할 일에 대한

---

* 박태영, 김혜선(2008), 한국가족복지학, 13(4)에 게재되었음.

두려움에서 시작된다고 할 수 있다(김영애 외 공역, 2002). 대다수의 가족구성원들은 치료자의 개입으로 가족체계에 변화가 생기면 그간의 가족규칙을 지키고 안정성을 유지하기 위해 저항할 수도 있는데(권중돈, 김동배, 2005), 이는 가족치료과정에서 발생할 수 있는 자연스러움이며, 변화에 대한 신중함이라고 볼 수 있다(김영애 외 공역, 2002).

내담자의 저항에 대한 표현은 다양하게 나타난다. 치료자에 대한 부적절한 불평이나 비난, 방어, 상담을 종료시키는 행동(이현아, 이수원, 1997; Hill et al., 1992), 가족구성원들이 상담을 통제하려 하거나 결석 혹은 침묵(김환, 이장호, 2006), 상담에서 가족구성원들의 대화 거부, 적대감 또는 과제 미수행(Olkin, 1993), 상담에 지각하기, 현실 부정, 합리화, 한 가족구성원이 문제라고 주장하기, 치료자의 능력에 도전하는 것 등이 있다(이영분 외 공역, 2008).

내담자의 저항의 표현에 대해 치료자가 치료에 실패했다는 감정을 가지면서(Baum, 2007) 부적절한 언어반응을 하거나(이현아, 이수원, 1997) 위협적이고 지시적인 태도를 취하면(이선자, 최해림, 2002) 효과적인 가족치료에 부정적 영향을 미칠 수도 있다. 반면에 저항을 그냥 방치해 두면 치료자와 내담자는 서로 간에 거리가 생기고 조기 종결로 이어지기 쉽다(김환, 이장호, 2006).

내담자의 저항이 조기 종결로 이어지지 않고 내담자가 가족치료에 계속 참여하도록 저항을 다루는 효과적인 방법으로는 치료자에 대한 신뢰감 형성, 치료자와 내담자 간의 효율적인 파워관계 조율(조용길, 2008), 가족구성원 간에 경계선을 만드는 것(Jeff, 1991), 그리고 저항과 관련된 행동을 가족이 대처하거나 가족 자체를 보호하기 위한 방법이라고 긍정적으로 해석하는 것이 있다. 특히, 긍정적인 해석은 재구조화의 형태인데, 재구조화란 '행동이 가족에게 다르게 보일 수 있도록 하기 위하여 다른 의미를 부여하는 기술'이다(Constantine, Fisch, & Piercy, 1984). 저항을 다루는 또 다른 방법은 저항을 인정하는 것이다(Galdding, 2002; 이영분 외, 2008, p. 119, 재인용).

저항은 거의 모든 가족치료과정에서 발생하며 내담자가 변화과정에서 겪는 진통이라고도 할 수 있는데(김환, 이장호, 2006), 이러한 저항은 가족구성원 개인뿐 아니라 가족 전체 혹은 일부 성원에게서도 나타날 수 있다. 가족구성원들의 저항도 가족치료과정에 중요한 영향을 미치는 요소이지만(김영애, 2002), 기존의 연구를 살펴볼 때 가족치료과정에서 내담자의 가족에게서 발생하는 저항까지 다룬 연구는 매우 드물다. 뿐만 아니라 내담자의 저항 발생원인, 저항의 표현방법, 저항에 대한 치료자의 반응에 대한 각각의 연구가 단편적으로 진행되고 있으나 이를 한 사례 내에서 저항의 발생배경부터 표현방법과 치료자의 반응까지 하나의 맥락에서 살펴본 연구도 매우 드물다. 따라서 본 연구에서는 가족치료의 단일사례의 연구를 통해 다음과 같은 내용을 살펴보고자 한다.

- 가족치료과정에서 내담자 부모의 저항이 발생한 배경은 무엇인가?
- 가족치료과정에서 내담자 부모의 저항은 어떠한 형태로 나타나고 있는가?
- 가족치료과정에서 나타난 내담자 부모의 저항에 대해 치료자는 어떤 방법으로 개입하고 있는가?

2. 이론적 배경

3장에서 언급하였듯이 MRI의 의사소통이론은 의사소통과 체계개념에 기반을 두고 있으며 내담자에게 나타나는 증상에 초점을 맞춘 단기치료 접근법이다. 의사소통 이론가들은 가족구성원들 개인의 역사적인 분석에 초점을 두는 것이 아니라 가족체계 내 관찰할 수 있는 현재의 상호작용(관계)에 초점을 둔다(박태영, 2001). 치료의 목적은 내담자가 제시하고 있는 불평을 해결하는 데 있다(Shoham, Rohrbaugh, & Patterson, 1995).

MRI 집단에 따르면, 가족의 문제는 문제를 해결하려는 가족의 시도에 의해서 오히려 유지되고 있다는 것이다. MRI 집단은 문제를 둘러싸고 있는 상호작용의 과정을 강조하고, 모든 행동은 의사소통의 교류 가운데 설명할 수 있는 것으로 본다. MRI 모델은 '문제'란 오랫동안 그 문제를 변화시키려고 계속해 온 바람직하지 못한 행동들로 이루어진 것으로 본다. 그러한 문제행동들이 지속되는 이유는 일차적으로 사람들이 그 문제행동들을 변화시키려고 시도해 왔던 방법, 즉 사람들의 '시도된 해결방법'에 있다. 또한 사람들이 자신들의 문제를 감소시키려고 시도해 온 해결방법이 종종 문제를 유지시키거나 혹은 그 문제를 더욱 악화시키기까지 한다(Goldenberg & Goldenberg, 2000). 따라서 치료자의 일차적인 임무는 지금까지 시도해 왔던 행동을 새로운 또는 다른 행동으로 대체하거나 본래의 문제행동을 '하찮은 문제'로 재평가하는 것에 의하여 내담자에게 지금까지 시도해 온 해결방법을 소개하는 것이다(Weakland, 1993).

MRI의 단기치료센터 연구자들에 의해서 정립된 의사소통이론은 Bateson(1979)이 밝혀낸 정신분열증 환자 가족의 특성인 이중구속이론(double bind theory)에 기원을 두고 있다. 이중구속이론은 간단하게 가족들이 내담자로 하여금 이러지도 저러지도 못하게 하는 역기능적인 대화를 빈번하게 함으로써 정신분열증을 유발한다는 이론이다 (Bateson, Jackson, haley, & Weakland, 1956).

MRI 모델의 치료적 개입은 증상을 해결하기 위해서 이중 메시지를 차단시키고 보다 명료하게 의사소통을 하도록 돕는 것이다. 따라서 치료자는 내담자 가족이 지금까지 시도해 온 성공하지 못한 방법을 찾아내고, 새로운 전략을 세워 기존에 성공했던 방법 또는 지금까지 시도해 보지 않았던 새로운 방법을 수행할 때 해결이 가능하게 된다.

3. 연구방법

1) 연구대상

본 연구는 2006년 5월부터 2006년 9월까지 진행된 가족치료의 단일사례에 대한 것으로, 개별상담, 부부상담, 가족상담 등 총 10회기가 진행되었다. 이 사례의 경우 가족치료 과정에서 내담자와 부모가 함께 상담하는 과정에서 부모의 저항이 매우 극심하게 나타났는데, 전체 가족치료 회기 중 저항이 두드러지게 나타나고 있는 아버지-내담자, 어머니-내담자의 2회에 걸친 상담에 초점을 두어 분석하였다.

내담자는 1남 1녀 중 장남으로, 현재는 결혼하여 1녀를 두고 있다. 내담자는 결혼 후 원가족으로부터 독립하기를 원하나 부모가 원치 않아 부모와 심한 갈등을 겪게 되었다. 이러한 갈등은 내담자의 부부관계에까지 부정적 영향을 미쳐 가족치료를 의뢰하게 되었다.

내담자의 부모는 60대 중반으로 권위적인 태도를 가지고 있었고, 체면과 타인의 시선을 중시하는 경향이 있었다. 이러한 특성은 내담자의 결혼문제에서 크게 드러나면서 내담자가 여자친구들과 세 번이나 헤어지게 되었고, 현재는 내담자 부부의 갈등 및 부인과 내담자 원가족 간의 심한 갈등으로 이어지고 있었다.

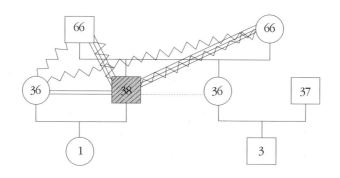

[그림 12-1] 가계도

2) 신뢰도 검증 및 윤리적 고려

본 연구에서는 연구의 신뢰도를 높이기 위하여 축어록에 반복적으로 나타나는 개념들을 코딩하여 치료자, 연구자, 숭실대학교 가족치료연구센터 연구원들의 전문가 집단에 의한 연구자 삼각화를 사용하였다. 자료의 삼각화를 위해 상담 축어록, 상담 메모를 사용하였다.

연구의 윤리성을 확보하고자 본 상담의 자료를 분석하기 전에 내담자 가족에게 동의를 얻었다. 내담자 가족의 사생활 보장을 위해 실명이나 신분이 노출될 수 있는 내용은 삭제하였다.

3) 분석방법

본 연구는 단일사례에 관한 연구로, 치료과정에서 발생한 저항과 이에 대처하는 치료자의 방법을 알아보기 위해 단일사례 분석방법을 사용하였다. 상담 축어록과 상담 시 기록한 메모의 분석자료를 근거로 연구결과를 도출하였다. 본 연구의 결과는 Miles와 Huberman(1994)이 제안한 매트릭스와 네트워크를 활용하여 가족치료과정에서 발생한 저항에 대처하는 치료자의 방법을 시각적으로 제시하였다.

4. 결과분석

1) 가족치료과정에서 저항의 발생배경

이 사례의 분석에서 나타난 가족치료과정에서의 저항이 발생하게 된 배경은 다음과 같다.

(1) 가족의 역기능적 특성

첫째, 이 가족에게서 공통적으로 나타나는 대화특징은 역기능적 의사소통을 사용하는 것으로 부모의 이면교류, 이중 메시지, 훈계, 말꼬리 잡는 말투에 내담자는 폭언, 일방적 의사전달로 대응했다. 그러면 부모는 내담자에게 부모에 대한 내담자의 태도가 잘못되었다고 지적하면서 가족 간에 언쟁이 시작되었고, 이 언쟁의 원인이 누구 탓인지 시시비비를 가리는 데 많은 에너지를 쏟았다.

> "이놈의 새끼가 그냥 소리를 질러……. (중략) 여기까지 와서 거짓말 해 가면서 하냐?" (9회기, 어머니)
> "너 빚진 거, 뭐야, 너 마음대로 해 가지고 빚진 거 아니야. 그래 나한테 상의나 한 번 했어?" (8회기, 아버지)
> "상의하면 빚 안 져요? 어떻게 안 져요? 아버지 돈 있어요? (중략) 이사하고……. (중략) 결혼하면서 어떻게 빚 안 져요? (중략) 근데 그거를 왜 문제 삼냐고요." (8회기, 내담자)
> "내가 언제 문제 삼았어? 내가 뭐 무슨 말 했길래!" (8회기, 아버지)

둘째, 가족관계에서의 부정적 감정의 경험도 요인으로 작용하였다. 내담자는 자신이 최선을 다하는데도 부모는 말이 안 통한다며 답답해하며 부모는 자신을 신분상승을 위한 수단 혹은 집안경제를 위해 돈 벌어다 주는 수단으로만 여긴다고 생각하고 있었다. 그러나 한편으로는 불효를 할 수밖에 없는 자신에 대해 죄책감을 느끼고 있었다. 부모는 내담자의 태도에 대해 괘씸하게 생각했고, 내담자를 고생하며 소위 전문직종에 일하도록 교육시키고 키워 놨더니 이제는 부모를 무시한다며 내담자에 대하여 배신감과 모욕감을 느끼고 있었다.

"난 얘한테는 인제 억울한 마음도 생기기도 해요. (중략) 내가 뭘 잘못했길래 저 자식(내담자)한테 배신을 당하고 말이지……."(8회기, 아버지)
"내가 무슨 숨겨 놓은 통장이라도 있는 줄 아시는 건지."(8회기, 내담자)

셋째, 내담자의 부모는 내담자를 위해 매우 희생적으로 살아왔음을 강조하면서 내담자가 이에 대해 물질적으로 보상해야 한다고 생각하고 있었다. 이를 표현할 때도 직접적으로 보상을 언급하지 않으며 우회적으로 표현하고 있었다.

"대학 다닐 때 은행 융자를 일곱 번을 받았어요. (중략) 그때 내가 이자 꼬박 붓고 저 신용도 떨어질까 싶어 가지고……. (중략) 아파트 사는 것도 그래요. (중략) 한 달에 한 150만 원 (부모에게) 주고, (중략) 인제 수당 하면 받고도 남겠지. 우리 한 절반 주는 게 되겠지. 난 그 생각했는데……. (중략) 교수님, 나는 (아들한테) 돈 안 바랍니다. 그냥 지가 우러나서, 스스로 한다면 뭐 받지만……."(8회기, 아버지)

넷째, 부모는 아들에 대한 소유의식이 있었다. 부모-자녀 관계에 있어서 부모가 자녀의 삶에 깊이 관여하여 사리판단을 해 주어야 한다는 시각이 있었으며, 이로 인해 부모에게서 독립을 원하는 내담자와 팽팽한 신경전을 벌이고 있었다.

"너(내담자) 살림 하고 넌 신경 딱 끊고 며느리하고 엄마하고 만나서 살림 사게 해라. 준비하게 해라. (중략) 너 하나 싹 빠져라."(8회기, 아버지)

(2) 부모에 대한 부정적 감정
첫째, 내담자는 부모에 대해 매우 부정적 이미지를 갖고 있었다. 내담자를 이해해 주지 못하고 부모 중심의 시각으로 내담자의 행동을 해석하는 것에 대해 짜증나고 답답해했다. 부모는 지극히 자기중심적이며 겉으로 나타나는 것과는 속마음이 매우 다른 이해하기 어려운 존재라고 생각하고 있다. 특히 말은 신앙이 제일 조건이라고 하는 것과는 달리 며느리를 찾는 조건도 까다롭고 사돈댁의 경제적인 부분을 제일 중요하게 생각하는 속물이라고 여기고 있다.

"제가 그때 아내 만나고 부모님과 처음 만났을 때……. (중략) 얘 돈 없었습니다. (중략) 그때 어떻게 하셨냐면요……. (중략) 그래, 니 좋으면 해라 이렇게얘기 했잖아요. (중략) 그

런데 혼수를 왜 지금 문제 삼냐고요."(8회기, 내담자)

"나는 내 마음의 진심을 엄마가 알아 줬으면 좋겠는데, 어머니 아버지 이러고 이런 거 자체가 나도 진짜 너무너무 괴롭고 싫어."(9회기, 내담자)

둘째, 내담자는 부모와 만나는 것에 대해 매우 거부감을 가지고 있었다. 과거의 사건을 자꾸 들추어내 부모 입장에서 내담자와 며느리에게 사과를 요구하는 모습에 질려 있었다. 내담자는 부모가 절대 변하지 않을 것이라고 믿고 있었다. 그래서 부모와 다시 만나고 싶지 않으며, 얼굴 맞대면 다시 갈등이 불거질 것이므로 부모와의 만남을 심하게 거부하고 있었다.

"진짜 정말 인제는 부모님이 싫어요. 그 자존심 생각해 가지고 끝까지 그렇게 거짓말하시면서……. 며느리 데려다가 무릎 꿇리고 잘못을 가르치라는 식으로 얘기하세요. (중략) 진짜 진짜 넌더리가 나요. (중략) 부모님 솔직히 만나기 싫고요."(8회기, 내담자)

| 표 12-1   가족치료과정에서 저항의 발생배경

상위 범주	하위 범주	개념
가족의 역기능적 특성	역기능적 의사소통	제3자를 통한 대화시도, 이면적 교류, 이중 메시지 사용, 비아냥거림, 폭언, 시치미 떼기, 남 탓하기, 비수용적 태도, 일방적 의사전달, 부모 말이 진리, 죄의식을 갖게 함, 비난, 추궁하는 말투, 공격적 말투, 자기 합리화, 말꼬리 잡기, 고집 부리기, 흑백논리, 시비 가리는 데 초점, 감정에 호소, 논점일탈, 극단적 표현, 위협, 대화 중단시키기, 경청하지 않기
	가족관계에서 부정적 감정 경험	억울함, 서운함, 답답함, 괴로움, 분노, 원망, 반항심, 죄책감, 괘씸함, 거리감, 무시당함, 모욕감, 수단적 존재감, 벽이 느껴짐, 외면, 배신감
	보상과 인정을 원하는 부모	내담자를 위해 희생적인 삶을 살아왔음을 강조, 내담자를 위한 헌신을 물질적으로 보상받고 싶어 함
	자녀에 대한 소유의식	내담자의 삶에 깊은 관여, 일방적인 아버지의 결정을 밀어부침, 부모는 자식을 마음대로 할 수 있음, 내담자는 판단력이 흐림
부모에 대한 부정적 감정	부모에 대한 부정적 이미지	물질 중시, 체면 중시, 부모의 행복이 우선, 이중인격적, 자기중심적, 자존심만 내세움, 정신병자, 비양심적, 사고방식과 논리가 이해 안 됨, 부모답지 못함, 용서가 없음, 물고 늘어짐, 자기 피할 핑계만 만듦, 시치미 뗌, 이해가 없음, 과거의 잘못을 반복하여 들춰냄, 고집 셈, 관계 회복의 의지가 없음, 절대 변하지 않음, 여동생과 차별함, 권위적, 언행 불일치, 내담자를 위하는 척함
	부모에 대한 거부감	부모와 또다시 갈등이 빚어지는 것이 싫음, 부모와의 관계에서 지침, 만나고 싶지 않음, 부모에게 마음이 쉽게 열리지 않음

이와 같은 가족의 역기능적인 특성과 내담자가 부모에게 그리고 부모가 내담자에게 갖는 부정적 감정은 이 가족의 갈등의 원인이 되었을 뿐만 아니라 가족치료과정에서도 여실히 드러나면서 저항을 촉발하는 원인이 되었다고 볼 수 있다.

2) 가족치료과정에서 나타난 저항의 형태

가족치료과정 중 가족구성원 간의 관계특성이 그대로 드러나면서 다음과 같은 저항들이 나타났다.

(1) 가족관계 회복의사 철회

부모의 간섭에서 벗어나려는 내담자와 이를 용인할 수 없는 부모는 가족치료 이전부터 심각한 갈등을 빚고 있었다. 이러한 갈등은 가족치료과정에서도 여실히 드러나면서 내담자는 아버지와 함께 상담하던 중 아버지에 대한 분노를 참지 못하고 상담실을 뛰쳐나가게 되었다. 내담자의 이러한 태도가 체면을 상당히 중시하는 내담자의 아버지에게 엄청난 충격을 주었고, 아버지도 더불어 가족치료를 중단하겠다고 말하였다.

> "에잇, 저 나갈래요."(8회기, 내담자)
> "지금 (치료자가) 젊은 사람 입장에서 말씀하시는데…… 우리 상담받을 필요도 없어!"(8회기, 아버지)

(2) 내담자에 대한 비난

내담자의 부모는 가족치료과정 내내 내담자의 잘못으로 가족치료까지 받게 되면서 교회에서 체면을 구기게 되었고, 치료자에게 부모를 오도하고 있으며 매우 불순종하는 나쁜 아들이라고 이야기하고 있다. 이런 상황까지 오게 된 것을 내담자의 잘못이라고 확신하고 있었으며 이 모든 것에 대해 아들을 비난하였다.

> "원인 제공한 걸 지가 시인해야 될 거 아니에요. (중략) 말을 바르게 해야지! (중략) 왜 말을 뒤집냐, 너? (중략) 니가 자식이냐 그게? (중략) 부모를 배신해? 이놈 새끼."(8회기, 아버지)
> "왜 홧김이라도 부모 속을 질러 갖고, 아버지가 얼마나 집에 가서 우셨는지 아냐? (중략) 그렇게 생소리를 해 갖고 부모 속을 질러 놔야 니 속이 시원하냐, 응?"(9회기, 어머니)

(3) 가족치료 및 치료자에 대한 비난

예상치 못한 내담자의 행동은 부모가 치료자 및 가족치료에 대한 불신을 갖게 하는 것으로 이어졌다. 상담 초기에 부모와 치료자 간에 형성되었던 신뢰관계가 더 공고해지기 전에 내담자와 부모 간의 갈등이 가족치료 장면에서 심하게 표출되면서 연쇄반응으로 부모와 치료자 간의 신뢰관계까지 위기가 닥친 것이다. 부모는 가족치료과정에서 내담자와 부모의 갈등이 깊어지자 치료자가 내담자의 잘못된 생각을 두둔했기 때문에 가족관계가 더 악화되었다고 가족문제의 책임을 치료자에게까지 떠넘기고 있었다.

첫째, 내담자 부모에게서 가족치료에 대한 부정적 인식이 나타나고 있었다. 부모는 가족치료가 매우 불필요하고 낭비일 뿐이며 가족의 문제가 외부로 드러나는 것에 대하여 수치감을 느끼고 있었다. 오히려 치료자의 개입으로 가족문제가 더 복잡해지고 있다고 생각하였다.

> "가정 일을 서로 해결 못할 게 뭐 있겠어요? 꼭 이런 식으로 해야 되는가 싶기도 하고. (중략) 괜히 부끄럽게 생각하고 창피했거든요. (중략) 난 정말 오고 싶은 마음이 없었는데……. (중략) 처절한 그런 감정이 느껴져요."(8회기, 아버지)
> "남을 통하고 다 소용없어. 해결은 너와 나와 하나님 사이에서 해결해야지, 남을 통하면 자꾸 이렇게 딴 말이 나와."(9회기, 어머니)

둘째, 부모가 생각하는 치료자 상과 현재 치료자의 역할이 불일치하고 있었다. 부모는 치료자가 전적으로 부모의 편이 되어 재판관으로서 부모를 대신하여 내담자를 꾸짖고 부모의 의견에 적극 동의하며 권위를 세워 주기를 원했다. 그러나 부모의 요구와 치료자의 치료 관점이 불일치하면서 내담자의 부모는 치료자가 더 이상 자신들의 편이 아니라고 생각하게 되었고, 이는 곧 치료자의 권위를 인정하지 않는 것으로 표현되었다.

> "교수님, 그게 잘한 걸로 보입니까? (중략) 교수님이 어떤 결정적인 말씀을 하셔야 될 거 아니에요. (중략) 니가 잘못했다, 잘못했으니까 부모한테 이러는 게 아니다, 아니면 부모님이 잘못했으니까 부모님이 사과해라 하든가."(8회기, 아버지)
> "거짓말한 거 짚어 줘야죠. 교수님은 뭐하시는 거예요? 뭘 상담하겠다는 거예요? 옳고 그른 걸 깨닫게 해 줘야죠."(9회기, 어머니)

셋째, 가족치료에 대한 부정적 인식과 부모의 치료자 상의 불일치는 치료자에 대한 불

신으로 이어졌다. 부모는 치료자가 부모의 편을 들지 않고 내담자에게 동화되어 내담자
의 편만 들고, 내담자에게 나쁜 윤리관을 주입시키고 있다고 믿고 있었다. 더불어 치료자
가 부모보다 인생경험이 짧고, TV에 출연하는 유명인이 아니기 때문에 치료자의 실력을
검증할 수 있는 객관적 기준이 부족하다고 여기고 있었다.

"교수님이 말이야, 얘가 (치료자에게) 좀 동화된 거 같은데……. (중략) 처음부터 교수님
은 말입니다……. (중략) 애들 벌써 우리 오기 전에 네 번인가 상의했다 했잖아요. (중략)교
수님도 젊으시니까 지금 젊은 사람 입장에서 말씀하시는데 이래서는 안 됩니다. (중략) 방
송에서 말입니다, 그 상담하는 거 나오더라고요. 따끔하게 나무랄 때 나무라더라고요. (중
략) 내가 참 이거 상담을 계속해야 되는가 그런 마음도 들었고……."(8회기, 아버지)

"교수님은 아직 멀었어요. 20년 더 살아 보세요. 아직 멀었어요. 교수님 아들 딸 다 키우
고 할머니 할아버지 돼 봐요."(9회기, 어머니)

▎표 12-2   가족치료과정에서 나타난 저항의 형태

상위 범주	하위 범주	개념
가족관계 회복의사 철회	가족치료 중단 의사 표명	더 이상 상담이 필요없다는 부모, 상담실을 뛰쳐나간 내담자, 상담을 못하겠다는 내담자
내담자에 대한 비난	내담자를 비난함	못됐음, 내담자 때문에 교회에서 체면손상, 내담자가 부모를 오도하고 있음, 배은망덕, 내담자의 모든 행동은 다 잘못됨, 불순종, 오만불손함
가족치료 및 치료자에 대한 비난	가족치료에 대한 부정적 인식	필요 없음, 시간낭비, 귀찮음, 가정사가 드러나는 것이 창피함, 모욕감, 가족치료를 해야 하는 이유를 모르겠음, 내담자의 체면을 봐서 가족치료에 참여함, 처절함, 돈낭비, 수치감, 비참함, 망신스러움, 슬픔, 내담자가 더 못되짐, 가족문제는 신앙으로 해결해야 함
	부모의 치료자상과 불일치	부모의 논리에 치료자의 동의를 구함, 치료자가 내담자를 꾸짖기를 바람, 치료자는 부모의 편을 들어야 함, 훈계자, 판단자, 재판관
	치료자에 대한 불신	치료자가 경청하지 않는다고 느낌, 진심으로 공감하는지 의심스러움, 치료자와 내담자가 한 편임, 신뢰성 상실, 차별적, 불공평, 치료자 때문에 내담자가 못되짐, 부모와 의견이 불일치함, 치료자가 내담자에게 잘못된 윤리관을 주입, 가족관계에 변화를 요구하는 것이 못마땅함, 치료자의 연륜 부족, 치료자의 개입으로 문제가 더 복잡해지고 오해가 불거짐, 연장자로서 치료자를 가르치려 함, 치료자의 낮은 저명도

3) 치료과정에서 나타난 내담자 부모의 저항에 대처하는 치료자의 개입방법

(1) 내담자 부모의 내담자 비난에 대처하는 치료자의 방법

① 과도한 흥분 낮추기

첫째, 내담자가 상담실을 뛰쳐나가게 되면서 부모가 감정이 격해지고 과도하게 흥분하게 되자 치료자는 적극적 경청의 표현을 더 많이 하여 흥분을 가라앉히기 위한 시도를 하였다. 부모가 말하는 중에 치료자는 부모에게 공감하기, 말 따라가기 등의 경청표현을 사용하였다.

> "그 말은 좀 과했죠."(8회기, 치료자)
> "못된 년이죠, 못된 년."(9회기, 치료자)

둘째, 대화 속도 늦추기다. 치료자는 내담자 부모에게 음료를 권하거나 단순반응의 반복, 대화내용의 요약, 어조 낮추기 등을 통해 격앙되는 감정을 낮추기 위한 시도를 하였다.

> "물 좀 더 드릴까요, 아버님?"(8회기, 치료자)
> "아드님, 조금 언성을 낮춰 주세요."(9회기, 치료자)

셋째, 주의환기다. 초점을 벗어난 이야기로 서로에게 지나치게 비난을 쏟으면서 감정이 고조될 때에는 대화의 초점을 다시 잡아 주거나 대화내용을 요약하거나 긍정적인 면을 언급하면서 주의환기를 통해 불필요하게 감정이 대립되는 것을 막았다.

> "이제 과거 얘기는 그만하자고요. (중략) 지금 그런 똑같은 얘기 한 시간 반 이상을 뱅뱅 도니까 그거 결론 안 나요. 어머니한테 어떻게 아들로서 뭐 어떤 역할을 하겠다라든지 그걸 말씀하세요."(9회기, 치료자)
> "아드님 얘기는 다 덮자는 거예요. 일단은 과거 얘기 그만하자는 거예요."(9회기, 치료자)

② 대화방식의 재구조화

첫째, 이 가족은 상담 중에도 대화를 끊고 자기 말만 하므로 가족구성원들이 자주 갈등을 빚고 오해하는 일이 발생했다. 따라서 치료자는 각 가족구성원들이 이야기할 수 있도록 대화 중 끊지 말고 기다리자는 규칙을 정했다. 치료자는 오랜 습관상 자꾸 대화 중 끼어들게 될 경우에는 적어두기 등의 대안을 가족구성원들에게 제시했다. 또한 과거 일을 지속적으로 들추며 비효과적인 대화가 반복되는 특징이 있으므로 과거 일을 들추지 않는 것을 규칙으로 정했다.

　　"아버님 잠깐만, 저하고 상담이 계속 진행되려면요…… . 아버님 아까 실컷 한 20분 얘기하셨어요. (중략) 아버님 하시는 얘기 다 들었고 저도 들었죠? 차례를 드릴게요. 그러니까 아드님 얘기 듣고 나서 아버님이 얘기하시라는 거예요."(8회기, 치료자)
　　"아드님, 잠깐 아버님 얘기 듣고요. (중략) 아버님 잠깐만요, 일단은 아드님 얘기 마치고 나서 아버님 말씀하세요. (중략) 잠깐만요 아버님, 만약에 하실 말씀 있으시면 적어 놓으세요."(8회기, 치료자)
　　"그 얘기 그만하자고요. 그 과거 일 자꾸 얘기해 봤자…… ."(9회기, 치료자)

둘째, 치료자와의 대화를 통해 가족구성원들은 지금까지 시도해 보지 않았던 새로운 의사소통 방법으로 대화가 지속될 수 있다는 것을 경험하게 하고, 계속해서 이러한 의사소통 방법을 시도해 보도록 격려하였다. 더 나아가 상대방의 이야기를 경청하기와 인정하며 말하기, 수용하기 등의 다양한 대화방법을 시도해 보도록 함으로써 지금까지 가족구성원들이 시도해 왔던 역기능적인 대화방식을 재구조화하여 대화방식에 변화를 가져오게 하였다.

　　"오늘 한 시간 반 동안이나 얘기가 이어졌어요. (중략) 아버님이 먼저 얘기하셨을 때는 다 들었어요. 저도 듣고 아드님도 들었어요. 그다음에 아드님이 얘기할 때 아버님이…… . 그다음 차례에 말씀하시고."(8회기, 치료자)
　　"아버님 가능하시면 처음에는 아드님을 좀 인정하는 말로 서두에 꺼내 주세요."(8회기, 치료자)

③ 직면

첫째, 부모가 사용하는 대화방식이 가족갈등을 일으키고 있음을 직면시켰다. 부모는 자신들에게는 전혀 문제가 없으며 내담자에게만 모든 문제가 있다고 계속 주장하고 있었다. 이에 치료자는 부모의 이러한 대화방식에도 문제가 있음을 직면시키면서 내담자만 문제가 있는 것이 아니라 가족갈등에 부모의 역기능적인 상호작용 방식이 영향을 미치고 있음을 인식시켰다.

> "아버님 의사표현 자체가 협상하는 표현이 아니에요. (중략) 아버님은 나는 아버지고 너는 아들이야 하는 식으로 지시하는 스타일이셨어요. (중략) 아버님이 너 무릎 꿇고 와서 나한테 사과해, 그러면 내가 다 용서해 줄게, 그건 아버님 방식이고 아버님 스타일이라는 거죠. (중략) 그게 아들을 미치게 하는 거라고요." (8회기, 치료자)

둘째, 부모의 태도가 말과 일치하지 않으며, 그로 인해 아들이 매우 힘들어함을 인식하게 하였다. 가족치료과정에서도 부모의 언행이 일치되지 않는 모습들을 직면시키면서 부모의 태도에 대해 다시 생각해 보도록 대응하였다.

> "아버님께서 생각하시는 거는 뭐에 대한 사과라는 거예요? (중략) 그걸로는 아드님이랑 관계가 좋아질 수 없다는 거죠." (8회기, 치료자)

④ 관점의 전환

첫째, 부모가 내담자 부부에 대해 오해하고 있는 측면을 다시 짚어 갈 수 있는 기회를 제공하였다. 이러한 과정을 통해 부모가 오해하고 있는 부분은 부모의 입을 통해 오해였음을 인정하게 하면서 갈등을 풀어 가는 시도를 하였다.

> "근데 어머님, 그건 오해라는 건 아시죠?" (9회기, 치료자)

둘째, 긍정적인 면에 대한 탐색을 하게 하였다. 내담자에 대해서는 비난 일색인 부모에게 내담자의 긍정적인 면을 찾아보도록 제안하였고, 일련의 사건들에 대해 치료자가 다른 관점으로 해석해 주면서 부모가 내담자에게 가졌던 부정적인 시각을 전환하도록 유도하였다.

> "인제 긍정적인 면을 말씀드릴게요. 요즘 며느리 되는 사람 치고 시어머니 시아버지 모시고 신혼여행 같이 가겠다고 하는 사람 보셨어요?" (8회기, 치료자)

셋째, 다양한 관점의 수용이다. 부모는 자신들의 관점이 절대적인 진리라고 믿고 있었는데, 이에 대하여 치료자는 부모에게 충분히 다른 의견과 관점이 있을 수 있음을 설명하였다. 특히 어떤 사건의 결과에게 대해 옳고 그름을 따지기를 매우 중요하게 생각하는 부모에게 견해에 따라 충분히 다른 해석이 있을 수 있고 다른 측면으로 볼 수 있음을 인식하도록 도왔다.

　"아버님은 아드님 입장에서 어떻게 생각할 거 같으세요? (중략) 아드님은 메시지를 어떻게 받아들였냐면……."(8회기, 치료자)
　"아버님 입장에서는 아드님하고 며느님이 원인 제공했다고 하지만 아드님이나 며느리 입장에서는 아버님 어머님이 원인 제공을 했다고 하는 거예요."(8회기, 치료자)

⑤ 관계 개선의 대안 제시

첫째, 간격 좁히기다. 단번에 가족관계가 회복되기를 원하는 가족들에게 천천히 시간을 두고 노력할 것을 제안했다. 특히 며느리의 급격한 변화를 요구하는 부모에게 치료자와 함께 내담자와 부모 간의 간격 좁히기를 먼저 천천히 시작할 것을 제안하고 있다.

　"그다음에 며느리는…… (중략) 어느 시기가 되면 시부모님을 찾아갈 거라는 거죠."(8회기, 치료자)

둘째, 가족 생활주기상 변화하는 가족 구조와 역할을 인정할 것을 제안했다. 가족구성원의 연령의 변화, 그에 따른 사회경제적 위치의 변화에 따라 발생하는 가족 내의 구조변화를 수용해야 함을 설명하였다. 더불어 아버지에 비해 상대적으로 내담자와 갈등이 덜한 어머니에게 가족 내에서 중재자의 역할을 요청했는데, 향후 어머니가 이 대안을 적극적으로 수용한 것이 가족이 변화하는 데 큰 요인으로 작용하였다.

　"이미니가 기셔서 이버님께 중재자 노릇 좀 해 주세요."(9회기, 치료자)
　"아버님 연세에 비하면 아드님이 인제 파워가 더 상승하게 되어 있습니다. 이건 어쩔 수 없는 거예요. (중략) 아버님이 옛날에 아드님과의 관계에서 파워가 더 우위에 있는 그 위치는 아니라는 거예요."(8회기, 치료자)

표 12-3	부모의 저항에 대처하는 치료자의 개인방법	

상위 범주	하위 범주	개념
과도한 흥분 낮추기	적극적 경청	단순반응 하기, 공감하기, 말 따라가기
	대화 속도 늦추기	음료 권유, 단순반응의 반복, 대화내용 요약, 어조 낮추기
	주의환기	과거 얘기 중지하기, 미래의 계획 말하기, 치료자의 치료 관점으로 돌아오기, 긍정적인 면 언급하기, 약속된 시간이 많이 지났음, 대화 주제 좁히기
대화방식의 재구조화	대화규칙 정하기	말 끊지 않고 끝까지 듣기, 대화 중 할 말이 생각나면 적어두기, 과거 일 들추지 말기, 규칙 상기시키기
	중재하기	치료자가 보장한 각자의 대화시간을 지켜줌, 충분한 발언시간 보장, 대화규칙 상기시킴
	새로운 대화 방법의 시도	다른 사람의 입장을 생각해 보는 훈련하기, 내담자를 있는 그대로 인정하기, 상대편 이야기를 들으면서 진심 파악해 보기, 상대편의 의견 수용하기
	내담자를 인정하기	내담자를 인정하는 표현을 서두에 꺼내기, 의견 교차점을 만들기 위해 부모가 먼저 진심으로 내담자를 이해한다고 이야기해 보기, 내담자의 의견을 수용할 수 있어야 함
직면	부모의 의사소통 방식	지시적인 대화방식 사용, 감정을 상하게 하는 의사소통 방식 사용, 내담자의 의사표현 방식이 아버지에게서 영향을 받았음
	부모의 태도	무리한 경제적 요구, 내담자 부부관계가 강화되는 것을 원치 않고 있음, 부모가 요구하는 사과의 진의, 상담 종결의사 타진
관점의 전환	오해 인정하기	오해한 사건에 대해 다시 차근차근 짚어감, 아버지가 오해한 부분에 대한 직접 시인, 사람마다 사랑표현 방법이 다름, 내담자가 아버지의 의도와는 달리 뜻을 받아들일 수도 있음
	긍정적인 면 탐색	대화가 지속되고 있음, 내담자는 요즘 보기 드문 효자임, 내담자의 긍정적인 면 찾아보기
	다양한 관점 수용	입장에 따라 다른 해석이 가능, 가족 모두가 아버지의 의견을 따라야 하는 것은 옳지 않음, 관점의 차이가 있을 수 있음, 내 생각만 강요하면 의견의 절충이 불가능함
관계 개선의 대안 제시	간격 좁히기	치료자와 함께 아버지와 어머니를 따로따로 만나면서 거리감 좁히기, 치료자와 함께 부모와의 만남을 조금씩 늘려가기
	역할 변화 수용	아버지가 먼저 내담자를 감싸도록 어머니가 중재해 보기, 결혼한 내담자의 부부체계 강화, 성인 자녀는 부모로부터 독립해야 함, 부부중심의 효 실천, 부모의 역할변화

(2) 내담자 부모의 치료자에 대한 비난에 대처하는 방법

① 신뢰관계의 재형성

첫째, 치료자는 가족들을 설득하였다. 치료자는 가족구성원 간의 변화 가능성에 초점을 두며 부모와 내담자 간의 관계회복이 중요하다는 것을 설명하면서 가족구성원들을 설득하였다. 치료자가 중재역할로 도움을 주면서 서서히 가족이 변화해 갈 수 있음을 느끼게 하고 있었다.

> "오늘 한 시간 반 동안 얘기가 진행됐죠. (중략) 제가 전략적으로 아버님 잠깐만 기다리시라고 하고 다 듣고……. (중략) 아버님이 또 그다음 차례 얘기하고, 제가 중간에 껴서 또 얘기하고 돌아갔단 말이에요."(8회기, 치료자)

둘째, 치료자 자신에 대한 자신감을 표현하고 있었다. 치료자는 부모가 제기하는 치료자의 한계에 대해 솔직하게 인정하면서, 부모보다 직접적인 인생경험이 부족하기는 하지만 많은 상담사례를 통한 간접경험과 치료자의 자기노출을 통해 내담자 부모의 입장을 충분히 이해할 수 있음을 설명했다. 치료자의 솔직하고 자신감 있는 표현은 치료자에 대한 부모의 강한 공격을 다소 누그러뜨릴 수 있었고, 부모가 치료자의 권위를 인정해 주는 계기가 되었다.

> "제가 아버님 연세가 안 됐기 때문에 시아버지 시어머니 입장까지 대변할 정도로는 아직 경험이 안 되는 건 인정합니다."(8회기, 치료자)

② 객관적 태도 유지하기

첫째, 치료자는 가족들 간의 언쟁이 심해지면서 쏟아내는 말들이 많아지거나 치료자에 대한 비난이 거세질 때는 침묵하면서 가족 간의 역동을 지켜보거나 감정적으로 동요하지 않고 개입전략에 대하여 구상하는 태도를 보였다.

둘째, 치료자는 내담자와 부모 사이에서 대변자로서 제3자의 입장에서 감정은 배제하고 이야기의 핵심을 전달하는 역할을 수행하였다.

> "제가 어머님 아버님 편도 아니고 아드님 편도 아니에요. 며느님 편도 아니고요. (중략) 잘했다 못했다 그 차원이 아니에요."(8회기, 치료자)

"지금 아드님도 괴로워요. (중략) 아드님은 오늘도 아버님한테 화해를 하고 뭔가 잘 해 보려고 왔어요."(8회기, 치료자)

"아드님이 아까도 말씀드렸듯이…… 나름대로는 자기 한도껏 경제적으로 좀 도움을 드리려고 한다는 거예요."(8회기, 치료자)

③ 가족치료과정에 몰입하도록 유도하기

첫째, 가족구성원들이 원하는 가족치료의 목표와 치료자의 역할을 합의하는 과정을 거쳤다. 내담자는 가족관계가 평온해지기를 바랐고, 내담자의 부모는 내담자가 부모에게 사죄하고 일련의 사건들에 대한 시시비비를 가리기를 원했다. 그러나 서로 다른 가족치료 목표로 또다시 가족구성원들은 갈등을 빚고 있었다. 또한 가족구성원들은 치료자가 서로 자기의 편이 되어 주기를 바라고 있었으며 치료자가 가족구성원들의 기대에 못 미치자 비난하였다. 따라서 가족들의 가족치료 목표의 합의점을 찾고 그에 맞도록 가족치료과정의 흐름을 잡아 나갔으며, 치료자의 치료목적과 역할에 대한 명확한 설명도 부연하였다.

"결혼하게 되면 부부중심으로 바뀌라는 거예요. 치료의 목표가 어떻게 되냐면 아드님하고 부모님하고 관계 개선을 하는 데 있어서 일단 그 과정에서 부부관계가 좋아져야 된다는 거죠. (중략) 그다음에 부모님하고 아드님하고 관계회복을 하자는 거죠."(8회기, 치료자)

"아드님이 어떻게 했으면 좋겠어요? 어머님하고의 관계에서 원하시는 거요."(9회기, 치료자)

"아버님이 생각하실 때 자꾸 옳고 그른 거를 보시는 거 같아요. (중략) 그거 하나만 보면 잘못이에요. 전후 맥락을 보셔야죠. (중략) 지금 아버님하고 아드님하고 의사소통이 안 되는 이유가 뭐라고 보세요? (중략) 말씀을 하는 가운데 보면 아들이나 며느리나 먼저 인정해 주시는 건 전혀 없으셨어요. (중략) 오히려 아드님은 중간중간에 어머니나 아버지한테 미안하게 생각한다, 또 한편으로는 고맙게 생각한다는 그런 표현을 했어요. 그러면 표현상에 있어서 아드님은 오히려 긍정적인 표현을 했어요. (중략) 아버님, 가능하시면 처음에는 아드님을 좀 인정하는 말을 꺼내 주세요."(8회기, 치료자)

둘째, 가족문제를 명확하게 설명하였다. 현재 가족문제를 심화시킨 요인을 치료자의 관점으로 가족구성원들에게 설명하였다. 이러한 과정을 통해 부모는 내담자에 대해 다시 생각하게 되면서 내담자를 향한 비난이 다소 수그러드는 경향을 보였다.

"아드님이 팍 뛰쳐나갔던 거는 왜 그랬다고 보세요? (중략) (아버지의 태도가) 답답하니까 뛰쳐나간 거지요."(8회기, 치료자)

▌표 12-4　내담자 부모의 치료자에 대한 비난에 대처하는 방법

상위 범주	하위 범주	개념
신뢰관계 재형성	가족구성원 설득하기	부모에게도 변화 가능성이 있음, 중재자가 있으면 가족 간 만남이 달라질 수 있음
	자신감 있는 표현	자기노출, 부모보다 부족한 연륜 인정, 치료자의 개인적 한계를 보완할 수 있는 다양한 자원 제시
객관적 태도 유지하기	침묵하기	가족 간 역동 지켜보기, 개입전략 구상
	대변하기	내담자: 부모를 진심으로 사랑함, 내담자가 부모와의 갈등으로 괴로워함, 아버지의 표현에 내담자가 상처받을 수 있음, 과거를 덮고 부모와 자식 관계를 다시 시작하고 싶어 함 부모: 내담자를 안쓰러워함, 내담자의 행복을 바람, 내담자와 대화하고 싶음
가족치료 과정에 몰입하도록 유도하기	가족치료 목표의 합의	치료목적, 치료자의 역할, 부자관계, 사과 이외의 대안, 향후 부모에 대한 내담자의 경제적 지원, 치료자의 중립적 위치, 관계회복의 구체적 방법, 관계회복의 의미
	가족문제의 명확화	가족 간의 표현방식이 갈등의 원인, 내담자에 대해 서운한 면만 생각, 부모의 지나친 흑백논리, 부모의 맥락적 이해의 부족

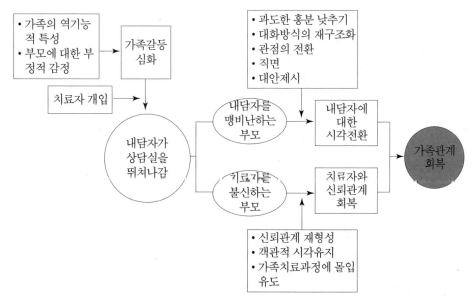

[그림 12-2] 저항에 대한 치료자의 대처방법 네트워크

5. 결 론

본 연구에서는 총 10회기의 가족치료 중에서 아버지와 아들, 어머니와 아들 간의 2회에 걸친 상담내용을 중심으로 내담자의 부모에게서 나타나는 저항에 관하여 살펴보았다. 특히 질적 자료분석 방법 중 Miles와 Huberman(1994)의 매트릭스를 활용하여 가족치료 과정에서 저항이 발생하게 된 배경과 저항의 형태, 이에 대처하는 치료자의 방법을 발견하였고, 이러한 전반적인 내용들을 네트워크를 활용하여 전체적으로 나타내 보았다.

이 사례에서 내담자는 상담 초기부터 치료자에게 상당한 신뢰감을 나타내고 있었으나, 내담자의 부모는 내담자와 치료자의 만남의 횟수가 훨씬 많았으므로 이미 내담자와 치료자가 같은 생각을 가졌을 것이라고 가정하고 다소 경계를 하며 가족치료에 임하기 시작했다. 부모와 내담자의 갈등이 매우 심한 터라 내담자는 부모를 만나고 싶어 하지 않았으나 치료자의 설득으로 우선 아버지 어머니를 내담자가 각각 만나기로 하고 가족치료가 진행되었다.

이 사례의 경우 내담자 본인보다 내담자 부모의 저항이 강하게 나타났으며, 내담자 부모의 강한 저항으로 가족치료과정에서 내담자가 상담실 밖으로 나가 버리는 일이 발생하였다. 이러한 일은 가족 내에서는 빈번히 있었던 일이나, 제3자인 치료자 앞에서 이런 일이 발생하자 체면을 중시하는 아버지는 당혹감을 감추지 못하고 이 모든 일의 원인을 내담자뿐 아니라 치료자에게까지 돌리며 비난을 퍼붓기에 이르렀다. 어머니 역시 집에서 보여 주었던 모습처럼 내담자에게 욕설을 퍼붓고, 내담자에 대한 과거의 부정적인 이야기까지 들춰내며 내담자를 심하게 비난하고, 치료자를 비방하고 조롱하는 등 강도 높은 저항을 보이게 되었다.

그러나 이 과정을 통해 이러한 태도까지도 그대로 수용하는 치료자의 모습에서 가족들은 치료자와의 신뢰관계를 재형성하게 되었고, 가족구성원 간의 이해의 폭을 넓히게 되었다. 치료자는 치료자로서의 객관적 시각을 유지하면서 가족의 역동을 면밀히 관찰하고 다양한 방법으로 내담자의 부모에 대한 저항과 내담자 부모의 치료자에 대한 저항에 대처하면서 가족의 목적을 성취하도록 도왔다.

이 사례의 분석을 통하여 얻게 된 결론 및 제언은 다음과 같다.

첫째, 내담자 부모에게 저항이 나타나게 된 것은 이미 내담자 가족 안에 오랫동안 내재되어 왔던 역기능적인 의사소통 방식 그리고 내담자에게 억눌려 있던 부모에 대한 불만과 부정적인 감정이 가족치료 장면에서 적나라하게 드러나면서 체면을 중시하는 내담자 부모의 특성과 맞물려 나타나게 된 것으로 보인다. 더불어 전적으로 자기들 편이 되어 줄 것이라는 내담자 부모의 기대와는 달리 치료자가 내담자의 입장을 대변하고 내담자 부모의 변화와 가족구조의 재구조화를 제안하자 내담자 부모는 치료자에 대한 기대감 상실이 발생하면서 저항이 야기된 것으로 보인다.

둘째, 내담자 부모의 저항은 가족치료를 중단하겠다는 것과 내담자와 치료자를 비난하는 것으로 나타났다. 이러한 저항의 형태는 선행연구들에서 나타났던 내담자의 저항의 형태와 동일한 것이었다(이영분 외, 2008; 이현아, 이수원, 1997; Hill et al., 1992; Olkin, 1993). 내담자의 부모는 가족치료는 불필요한 것이고, 현재 가족의 문제는 모두 내담자 때문이라며 모든 책임을 내담자에게 전가하고 있었다. 내담자 부모에게 변화를 요구하는 치료자에게는 치료자로서의 권위를 인정하지 않고 치료자 개인의 인격을 무시하고 비아냥거리는 발언을 퍼붓는 등의 형태로 저항이 나타났다.

셋째, 내담자 부모에 대해 치료자가 수용적이고 객관적인 태도를 유지한 것은 저항을 넘어서서 가족들의 목표를 성취하는 데 도움을 주는 대처방법이었다. 이는 선행연구들의 연구결과와도 일치하는 결과(권희경, 안창일, 2001; 조성호, 이장호, 1997)로, 치료자가 내담자 부모의 저항을 개인적인 감정으로 해석하지 않고 가족의 역동 자체를 수용하고 객관적인 시각을 유지하게 되자 저항 자체가 가족치료의 목표를 달성하는 데 큰 문제가 되지 않았다. 오히려 그러한 저항이 가족의 역동을 보다 정확하게 관찰하게 하는 기회가 되면서 가족치료의 효과를 높였다고도 할 수 있겠다.

내담자의 부모에 대해서는 직면을 통한 인식의 전환을 시도하였다. 내담자의 부모는 이면교류나 이중 메시지를 주로 사용하여 내담자를 매우 힘들게 하고 있었다. 그러나 정작 내담자의 부모는 자신들의 의사소통의 특성에 대해 전혀 인식하지 못하고 있었다. 그래서 치료자는 내담자의 부모와 내담자 간에 의사소통상에서 발생하는 문제의 원인을 직면시킴으로써 문제에 대한 부모 인식의 변화를 시도하였다. 그 결과, 부모들은 자신들의 의사소통 방식에 대해 인식하는 단계에 접어들게 되어 가족치료의 효과가 발생하였다.

내담자의 가족구조는 내담자를 가족 내의 '희생양'으로 만들고 있었다. 이에 치료자는 내담자의 지지체계가 되어 주면서 가족의 재구조화를 유도했다. 이와 같은 치료자의 역할은 내담자 부모와 내담자의 관계가 건강하게 회복되는 데 영향을 미쳤다.

본 연구는 MRI의 상호작용적 가족치료 모델을 활용한 내담자와 부모의 저항을 다룬 연구라는 한계점과 더불어 단일사례 중에서도 단지 2회기의 축어록을 중심으로 진행된 제한된 연구라는 점을 밝힌다. 이후에도 또 다른 가족치료 모델을 적용하여 내담자와 내담자 가족구성원들의 저항에 대처한 가족치료의 연구들이 계속해서 나오기를 기대하며, 앞으로의 연구들이 본 연구자의 미성숙하고 미흡한 치료방법들과 질적 분석방법들을 더욱 보완해 주기를 바란다.

 참고문헌

구자경, 박성수(1998). 내담자의 분노에 대한 상담자의 반응. 한국심리학회지: 상담 및 심리치료, 10(1), 43-61.

권중돈, 김동배(2005). 인간행동과 사회환경. 서울: 학지사.

권희경, 안창일(2000). 내담자 저항과 저항에 대한 상담자 개입이 상담지속과 성과에 미치는 영향. 한국심리학회지: 상담 및 심리치료, 12(2), 33-53.

권희경, 안창일(2001). 성공 및 실패사례의 내담자 저항과 상담자 태도의 상호작용. 한국심리학회지: 임상, 20(1), 19-36

김영애, 정문자, 송성자, 제석봉, 심혜숙, 김정택, 정석환, 김계현, 이관직 역(2002). 가족치료: 개념과 방법. 서울: 시그마프레스

김환, 이장호(2006). 상담면접의 기초. 서울: 학지사

문보경, 장성숙(2001). 상담에 대한 내담자의 불만 경험: 질적 분석. 한국심리학회지: 상담 및 심리치료, 13(2), 33-49.

박태영(2001). 가족치료이론의 적용과 실천. 서울: 학지사.

이영분, 신영화, 권진숙, 박태영, 최선령, 최현미(2008). 가족치료: 모델과 사례. 서울: 학지사.

이선자, 최해림(2002). 내담자 저항과 상담자 개입의 특성: 초보자와 숙련자의 비교. 한국심리학회지: 상담 및 심리치료, 14(1), 1-17.

이현아, 이수원(1997). 내담자의 저항에 대한 숙련상담자와 초보상담자의 언어반응의 차이. 한국심리학회지: 상담 및 심리치료, 9(1), 157-180.

조성호, 이장호(1997). 내담자 저항과 내담자 반발성, 상담자 개입 특성 및 작업동맹과의 관계. 한국심리학회지: 상담과 심리치료, 9(1), 101-127.

조용길(2008). 내담자의 저항을 방지하는 대화능력 향상을 위한 워크숍: 가족 내 권력을 행사하는, 문제가 있는 내담자를 다루는 파워전략에 초점을 두고, 의료커뮤니케이션에 대한 대화분석적 연구(7-20). 서울대학교 인문학연구원 의료커뮤니케이션대화분석연구팀

Bateson, G. (1979). *Mind and nature: A necessary unity.* New York: Dutton.

Bateson, G., Jackson, D. D., Haley, J., & Weakland, J. (1956). Toward a theory of schizophrenia. *Behavioral Science, 1*. 229–307

Baum, N. (2007). Therapists' responses to treatment termination: An inquiry into the variables that contribute to therapists' experiences. *Clinical Social Work Journal, 35*(2), 97–106.

Constantine, J. A., Fisch, L. S., & Piercy, F. P. (1984). A systematic procedure for teaching positive connotation. *Journal of Marital and Family Therapy, 10*, 313–316.

Galdding, S. T. (2002). *Family therapy: History, theory, and practice.* Upper Saddle River, New Jersey: Merrill Prentice Hall.

Goldenberg, I., & Goldenberg, H. (2000). *Family therapy an overview* (5th ed.). Pacific Group, CA: Brooks/Cole.

Hill, C. E., Corbett, M. M. (1992). Client behavior in counseling and therapy sessions: Development of a pantheoretical measure. *Journal of Counseling Psychology, 39*(4), 539–549.

Jeff, D. T. (1991). *Working with the ones you love.* Berkeley, CA: Conari Press.

Joshua, M. G., & Gretchen, M. M. (2003). Family resistance to counseling: The initial agenda for intergenerational and narrative approaches. *Family Journal, 11*(4), 374–377.

Miles, M. B., & Huberman, A. M. (1994). *Qualitative data analysis.* Thousand Oaks, CA: Sage.

Olkin, R. (1993). Teaching family therapy to graduate students: What do we teach and when do we teach it? *Family Psychology, 9*, 31–34.

Shoham, V., Rohrbaugh, M., & Patterson, J. (1995). Problem–and solutions-focused couple therapies: The MRI and Milwaukee models. In N. S. Jacobson & A. S. Gurman (Eds.), *Clinical handbook of couple therapy* (pp. 142–163). New York: The Guilford Press.

Weakland, J. H. (1993). Conversation—but what kind? In S. Gilligan & R. Price (Eds.), *Therapeutic conversations* (pp. 136–145). New York: Norton.

제13장 쇼핑중독과 신용카드 남용 문제가 있는 딸에 대한 가족치료사례 연구*

1. 서 론

요즈음 경제적인 사정의 악화로 인하여 신용카드 불량자들이 엄청나게 늘어나고 있고, 이러한 신용카드 남용으로 인하여 가정이 파탄 나는 경우가 증가하고 있다. 연구자가 인터넷상에서 신용카드 남용에 관한 연구를 검색해 본 결과 국내외에서 관련 연구를 거의 찾아볼 수가 없었으나, 신용카드 중독이 쇼핑중독과 많은 관련이 있다는 연구들이 있었다. 쇼핑중독과 관련된 연구가 외국에서는 1980년대 후반부터 시작되었고, 국내에서는 1990년대 중반부터 설문조사를 중심으로 대학원 학위논문의 수준에서 연구가 진행되고 있는 것으로 보인다. 한편 국내외의 여러 연구에서는 쇼핑중독과 신용카드 남용은 상관관계가 높은 것으로 나타났다. 본 연구에서는 먼저 쇼핑중독에 대한 개념과 쇼핑중독의 원인, 쇼핑중독자의 특성에 대하여 살펴보고, 쇼핑중독자와 관련된 국내외 연구를 고찰해 보고자 한다. 또한 연구자는 실제로 쇼핑중독으로 인하여 신용카드를 남용한 20대 중반의 여성을 치료한 치료자로서, 쇼핑중독과 신용카드 남용에 영향을 미친 요인들을 질적 자료 분석 소프트프로그램인 ATLAS.ti를 사용하여 근거이론을 중심으로 분석해 보고자 한다. 아울러 상담을 통하여 이루어진 상담의 효과성을 측정하기 위하여 내담자가 쇼핑중독에

* 박태영, 조성희(2005), 한국가족복지학, 15에 게재되었음.

서 벗어나서 신용카드를 더 이상 남용하지 않게 된 요인을 분석해 보고자 한다.

2. 쇼핑중독에 관한 이론적 배경

1) 쇼핑중독의 개념

쇼핑중독은 필요하지 않은 상품을 마구 사들인 뒤 자신이 무엇을 샀는지 정확히 기억하지 못하며, 쇼핑을 못하면 불안, 두통, 우울, 소화불량 등 심리적·육체적 부작용이 일어나는 상태를 말한다(조선일보, 1999. 11. 26). 쇼핑중독은 스트레스를 받거나 우울하거나 불쾌한 감정을 경험할 때 그것을 잊어버리기 위해 물건을 사던 것이 자극제가 되어 물건을 보면 사야만 하는 강박증으로 변하게 된다. Valence 등(1988)은 강박적 구매가 그 행동의 중독자 성향에 의해 야기된 좌절감과 함께 안도감을 동반한다고 보았고, 내적 요인에 기인한 심리적 긴장에 의해 야기되는 통제되지 않는 구매충동으로 정의하였다. Scherhorn 등(1990)은 구매를 통하여 부정적인 감정인 우울, 불안, 긴장, 스트레스 등을 없애고자 하며 구매를 통해 긍정적인 결과, 예를 들어 긴장완화, 다른 사람의 관심을 받는 것과 같은 중독구매 행동의 발달을 초래한다고 보았다. 약물중독자가 감정이나 신체에 자극을 받을 때 마약을 통해 안정을 취하듯이, 쇼핑중독자는 자신의 마음을 통제하기 위해 습관적으로 물건을 구매한다(김병태, 2002, p. 216). 중독자가 자기애의 상징으로 구입한 물건들로 인한 처음의 순간적인 기쁨은 '구입자의 후회'로 시들고 만다. 쇼핑으로 인한 도취감은 우울증과 무가치하다는 기분으로 변한다(강경호, 2002, p. 651). 중독적 구매행위를 하는 사람들은 심각한 재정적·사회적 결과를 초래하는 것에도 불구하고 여전히 그 행위를 반복한다(Elliot, Eccles, & Gournay, 1996). 이처럼 중독적인 구매행동은 억제하고 금지하려고 노력을 함에도 불구하고 소비하려는 저항할 수 없는 충동이다. 따라서 Elliot(1994)은 이러한 구매행동이 병적인 습성으로 일상적인 행동에 영향을 끼치기 때문에 중독이라고 정의하였다.

이와 같은 내용을 볼 때, 쇼핑중독이란 불안이나 긴장, 우울, 스트레스와 같은 부정적인 감정들을 줄이거나 회피하기 위하여 자극을 찾거나 위안을 찾기 위해 강박적으로 쇼핑을 하는 것을 의미한다.

2) 쇼핑중독의 원인과 중독구매자의 특성

Grant는 쇼핑중독의 원인을 다음과 같은 3가지로 설명하고 있다. 첫째, 자기비하의 감정 때문이다. 둘째, 우울증이나 부정적인 감정 때문이다. 셋째, 과소비에 대한 사회적 분위기 때문이다(임금선 역, 1994, pp. 250-251).

중독구매자의 공통된 특성은 구매하고 싶은 충동, 통제력 상실, 그로 인한 생활기능장애 등으로 만성적인 충동통제 상실에 의한 반복적인 구매 형태로 나타난다. 또한 구매물품에 대한 애착이 적고, 쇼핑에 대한 두려움, 죄책감, 불안감이 있어, 구매를 통한 일시적인 감정의 고조는 있으나 곧 후회하고 우울해지는 등 감정의 기복이 있다. 중독구매는 상대적으로 제품 자체에 대한 욕구는 적고 낮은 자아존중감이나 심리적 긴장 해소를 위해 구매하는 것으로 볼 수 있다(O'Guinn & Faber, 1989). 중독구매 성향이 있는 소비자는 쇼핑 자체를 행복하고 기분 좋게 여기나 어떤 물건을 샀는지에 대해서는 종종 무관심하고 구매한 물건을 사용하지 않는 경우가 있으며, 쇼핑할 때 신경이 예민해지고 불안해하기도 한다(d'Astous, 1990; Faber & O'Guinn, 1988; Faber, O'Guinn, & Krych, 1987).

3) 쇼핑중독에 관한 선행연구

US 뉴스 앤드 월드리포트는 한국의 경우 2001년 1월부터 9월까지 카드 사용액이 2,520억 달러에 달해 1년 전에 비해 배 이상 급증했다고 보도하였다. 일반적으로 쇼핑중독의 성향이 높은 사람은 구매 욕구를 느낄 때 현금이 없어도 신용카드를 많이 사용하는 것으로 나타났다. 우리나라 쇼핑중독자들은 5명 중 1명이 신용카드를 3개 이상 소유했으며, 2명 중 1명이 월평균 5회 이상 신용카드를 사용하고 4명 중 1명은 세 번 이상 신용카드를 연체한 경험이 있는 것으로 나타났다(조선일보, 1999. 11. 25). 전미애(2002)에 따르면, 인터넷 쇼핑중독자의 경우 신용카드를 사용하는 경우에 통제력을 상실한 비합리적인 금전관리 형태를 보였으며, 신용카드가 이러한 행동을 유발하고 있다고 보고하였다. 특히 구매중독 성향이 높을수록 신용카드를 이용해 지불능력을 넘어서까지 구매를 하여 자제력을 상실한 금전관리 형태를 보였다. 따라서 신용카드와 중독구매 행동 간의 관계에서 쇼핑중독 성향과 신용카드의 잘못된 사용행동과는 상관관계가 높은 것으로 나타났다(송인숙, 1991; 전미애, 2002; D'Astous, 1990; Faber & O'Guinn, 1988). DeSarbo와 Edwards(1996)에 따르면, 소비자들은 스트레스나 우울과 같은 부정적인 감정을 일시적으로 해소하기 위해 의류제품에 대해 중독구매 행동을 하였으며 쇼핑의 즐거움, 구매의 즐거움 등 소비자 내적 요인에 의해 쇼핑행동이나 충동구매 행동이 유발되기도 하였다.

쇼핑중독 집단과 비쇼핑중독 집단을 비교한 연구에서, 쇼핑중독 집단은 자기개념이 유의미하게 낮았고 우울증 빈도가 높았다. 쇼핑중독 성향에 영향을 미친 변인들로는 충동성이 첫 번째였고, 다음으로 문제해결 능력, 정서 안정성, 대인 신뢰감과 우울증의 순으로 나타났다(이정민, 2003). Lee 등(2000)의 연구에서는 자아존중감이 중독구매에 영향을 미치는 중요한 변수였으며, 자아존중감이 낮을수록 중독구매 성향이 높은 것으로 나타났다. 허세정(2003)의 연구에서는 중독구매자들이 비중독구매자들보다 연령에서 20대가 많았고, 결혼 여부에서는 미혼이 높았고, 자아존중감은 낮은 것으로 나타났다.

Black(1996)은 강박구매자의 대부분이 여성이라고 하였다. Christenson 등(1994)의 연구에서도 강박구매 성향이 남성보다 여성이 더 많았으며, 강박구매자들로 판명된 41%가 평균연령이 19세이며 80.4%가 여자로 나타났다. 정진영(2003)의 연구에 따르면 중독구매가 20대의 미혼여성에게서 많이 나타났으며, 중독구매자들은 비중독구매자들보다 카드 소비행동, 쇼핑중독 성향이 높고 자아존중감이 낮은 것으로 나타났다. 또한 강박구매자들은 일반적으로 식습관, 불안, 기분장애가 있는 것으로 나타났다(허세정, 2003, p. 16, 재인용).

이와 같은 연구들을 종합해 볼 때, 쇼핑중독은 스트레스, 불안, 우울감, 낮은 자아존중감과 관련이 있었고, 쇼핑중독자들의 경우는 20대 여성이 많은 것으로 나타났다. 즉, 쇼핑중독에는 성, 결혼 여부 그리고 연령이 관계가 있는 것으로 보인다. 또한 쇼핑중독자들은 불안, 기분장애를 가지고 있는 것으로 나타났다.

3. 연구방법

이 사례에서는 부부, 부모와 자녀, 자매 사이에서 지금까지 문제를 해결하려고 시도했던 역기능적인 의사소통 방식을 찾고, 그러한 의사소통 방식과는 다른 지금까지 성공했거나 혹은 시도해 보지 않았던 기능적이고 효과적인 의사소통 방식을 시도함으로써 가족관계의 변화에 초점을 두었다(이에 대한 이해를 위해 3장의 Murray Bowen의 가족체계이론과 MRI의 의사소통이론을 참조하기 바란다).

1) 연구 질문, 방법 및 분석

(1) 연구 질문
- 쇼핑중독 및 신용카드 남용에 영향을 미친 요인은 무엇인가?
- 쇼핑중독 및 신용카드 남용을 하지 않게 된 것에 영향을 미친 요인은 무엇인가?

(2) 연구대상 및 상담기간
치료기간은 2001년 3월부터 2004년 5월까지로 총 15회를 하였고, 개별상담과 부부상담, 가족상담, 전화상담을 병행하였다. 치료에 참석한 가족은 부모와 내담자 및 여동생 모두 4명이었다.

(3) 신뢰도 검증
본 연구에서는 연구의 신뢰성을 높이기 위해 전체 회기에 걸쳐 나타나고 있는 반복되는 개념들에 대한 지속적인 비교의 방식과 전문가 집단에 의한 삼각화를 실시하였다. 개념들의 지속적인 비교의 방식은 전체적으로 진행되는 상담과정 속에서 반복되는 개념들을 지속적으로 비교하여 그 의미를 정확하게 파악하고자 하였다.

Patton(2002)에 따르면, 삼각화에는 데이터의 삼각화, 조사자의 삼각화, 이론의 삼각화 그리고 방법론적인 삼각화가 포함된다. 본 연구에서는 자료의 신뢰성을 높이기 위하여 데이터의 삼각화 방법을 사용하였다. 상담의 축어록과 치료자가 상담을 하면서 기록했던 메모를 활용하였고, 그리고 치료과정에서 애매모호했던 상담 부분에 대해서는 내담자에게 직접 물어보거나 이후에 상담 축어록에 관하여 내담자의 의견을 타진하는 방식으로 자료의 신뢰성을 높였다.

한편 연구자는 분석하면서 질적 방법론 수업을 듣고 있는 박사과정 학생들과의 미팅을 통하여 연구자가 발견한 문제점 및 발견된 주제에 대하여 논의하였고, 최종적으로 연구에서 발견된 내용에 대하여 질적 연구방법론을 연구하고 있는 사회복지학 전공의 교수와 박사과정의 학생들로부터 질문과 코멘트를 받는 과정을 거쳤다. 이와 같이 전문가 집단에 의한 삼각화를 실시하여 가족치료 상담사례에 나타난 개념들을 상호 비교하고 검토하면서 연구자와 전문가 집단의 상호 간에 차이를 보이는 개념들에 대해서는 확인하고 합의하는 과정을 통해 연구결과의 신뢰성을 높이고자 노력하였다.

(4) 분석방법으로서의 근거이론

연구자는 질적 자료분석 소프트웨어 프로그램인 ATLAS.ti 버전 4.2를 활용하여 근거이론을 중심으로 자료를 분석하였다. ATLAS.ti 프로그램은 아직까지 국내에서 소개되지 않은 것으로 보인다. 연구자는 ATLAS.ti프로그램이 한글과 혼용하여 사용하는 데 약간의 문제점을 가지고 있으나, 그의 결과를 한글워드로 저장하여 재편집하는 과정을 겪었다. 특히 다른 질적 자료분석을 위한 대부분의 코딩에 기초한 이론구축 프로그램들은 코드와 검색 모델에 입각해 있으나, ATLAS.ti는 이러한 코드와 검색 프로그램의 기능 외에 이론 구축성을 돕는 기능과 그래픽의 네트워크 기능을 가지고 있다(Weitzman, 2000, p. 809). 즉, 코딩한 것들 사이의 관계를 나타낼 수 있으며 좀 더 고차원적으로 분류하고 범주화하거나 자료에 대한 이론적인 관계망을 보여 줄 수 있는 장점이 있다.

이 사례의 분석방법으로는 근거이론을 활용하여 내담자의 쇼핑중독과 이에 따른 신용카드 남용에 영향을 미치고 있는 요인들을 축어록을 중심으로 분석하였다. 특히 근거이론을 통하여 축어록상에서 개방코딩을 활용하여 기본적으로 개념들을 명명하였고, 축코딩을 활용하여 이러한 개방코딩을 통하여 나타난 개념들 사이에서 유사한 성격을 가진 개념들을 통합하여 범주화하였다. 또한 축코딩을 중심으로 한 선택코딩 작업을 통하여 연구자가 쇼핑중독과 신용카드 남용문제와 관련이 있다고 보는 요인들을 도식화하였다.

4. 상담의 개요와 상담내용 분석

1) 상담의 개요

이 사례의 가족은 아버지(55세), 어머니(50세), 내담자(24세), 여동생(21세)으로 구성되어 있다. 아버지는 회사원 생활을 하다가 은퇴를 하였고 10년 전부터 당뇨병을 앓고 있다. 어머니는 과거 고등학교 교사를 하다가 현재는 과외선생을 하고 있다. 내담자는 대학을 졸업하고 직장에 다니고 있었으며, 여동생은 대학생이었다. 내담자는 9개월 동안 쇼핑중독으로 인하여 신용카드를 남용하여 1,700만 원의 카드 빚을 지게 되었다. 이 사례는 엄마가 딸과의 갈등으로 인하여 치료자에게 의뢰하였다. 엄마는 내담자에게 풍족하지 않은 생활 가운데도 자신은 하고 싶은 것을 모두 억제하면서 내담자의 뒷바라지를 해 주었다고 생각하였는데, 내담자의 과소비 성향 때문에 카드 빚을 갚아 줘야 할 상황에 엄청난 배신감과 분노를 경험하고 있었다. 이러한 부정적인 감정은 내담자에게 끊임없는 잔소리와 폭력을 행사하게 하였다. 그러나 내담자에 의하면 엄마의 이러한 언행은 어려서부터 지속되어 왔고, 엄마에 대한 좋은 감정은 없었다고 하였다. 엄마의 신체적인 학대는 상식을 넘어 어렸을 때 과도를 얼굴에 집어 던지고 머리를 유리창에 부딪히게 하는 등 엄마에 대한 안 좋은 기억만을 가지고 있었다. 또한 내담자는 여동생과 대화를 거의 하지 않았고, 아빠와도 관계가 원만하지 않았다. 그러한 내담자와 엄마의 관계가 좋지 않은 저변에는 신혼 초부터 아빠와 엄마와의 관계가 좋지 않았고, 아빠 또한 엄마의 지나친 잔소리와 남과 비교하는 방식으로 인하여 엄마와 대화를 회피하고 과음을 하는 버릇이 있었다. 그러나 부인은 남편의 과음과 술주정(폭언과 폭행)으로 인하여 더욱 힘들었고, 남편이 신혼 초부터 남편과 아빠로서의 역할과 기능을 하지 못하였다고 생각하였다. 따라서 부부가 신혼 초부터 의사소통하는 데 문제가 있었고, 부인은 시댁식구와의 관계에서 매우 좋지 않은 경험으로 인하여 시댁문제와 더불어 남편과의 관계가 더욱 악화되었다. 이렇게 부부관계가 악화됨으로써 그러한 스트레스가 자녀를 양육하는 데 더욱 부정적인 영향을 미치고 있었다. 이러한 악순환은 결혼생활 25년 동안 지속되고 있었다.

2) 상담내용 분석

연구자는 ATLAS.ti에서 총 3,037줄의 축어록 중 121개의 개방코딩을 하였고, 이러한 개방코딩을 내담자의 쇼핑중독 및 신용카드 남용, 가족상담에 따른 쇼핑중독과 신용카드 남용의 중지에 미친 요인들을 중심으로 7개의 상위 범주로 축코딩을 구성하였다. 마지막으로 선택코딩을 중심으로 신용카드를 사용하게 된 요인들과 신용카드를 사용하지 않게 된 요인들 사이의 관계를 나타내고자 한다.

따라서 상담내용 분석에 있어서는 상담 전과 상담 후로 분류하여, 상담 전에 쇼핑중독 및 신용카드에 미친 요인과 상담 후에 쇼핑중독 및 신용카드를 사용하지 않게 된 요인들을 중심으로 분석하고자 한다.

(1) 상담 전 쇼핑중독과 신용카드 남용에 영향을 미친 요인들에 관한 개방코딩, 축코딩, 선택코딩에 따른 분석

연구자는 121개 개방코딩을 중심으로 한 축코딩에서 '대화할 상대자가 없음' '소원한 자매관계' '엄마의 자녀양육 방식' '역기능적인 부부관계' '엄마의 역기능적인 의사소통 방식' 그리고 '쇼핑중독과 신용카드 남용'을 발견하였다. 다음은 각각의 축코딩에 따른 개방코딩의 내용들이다.

① 대화할 상대자가 없음 {1}

(주: {1}은 축코딩에 포함하는 개방코딩 수를 의미한다.)

> 아빠: 엄마라고 해 봐야 우선 구박이 나오니까 애가 말을 하려다가도 못하고, 저도
> 늘 늦게 다니니까 시간이 없었고……. 혼자서 감내하기 어려웠던 문제가 좀 많
> 았죠. -1:40(703:704)

> (여기서 1:40의 1은 첫 번째 자료를 의미하고, 40은 총 121개의 코딩 중 40번째 코딩을 의
> 미한다. 또한 703:704는 ATLAS.ti의 원문에서 703번째 줄과 704번째 줄 수를 의미한다.)

아빠에 의하면 큰딸이 엄마로부터 구박만 받았고, 그래서 그러한 엄마를 무서워했고, 아빠 또한 늦은 귀가로 인하여 자녀와 이야기할 시간이 없었고, 큰딸이 문제가 많았음에도 불구하고 집 안에서 대화할 상대자가 없었다.

② 소원한 자매관계 {5}

> 내담자: 어렸을 때는 제가 나가 놀고 싶으면 동생을 꼬셨어요. "야, 나가서 놀자." 하
> 면서요. 그럼 엄마가 허락하셨거든요. -1:17(232:233)

> 내담자: 왜 그러냐면 자기로서는 차별대우를 한다는 생각을 갖고 있거든요. 엄마가
> 보면 동생이 몸이 좀 약하다 해서 걔한테는 좀…… 야단치는 강도도 틀리
> 고……. -1:41(707:708)

> 엄마: 제가 둘째한테는 기대치를 아주 팍 낮췄거든요. 몸이 너무 약해서 "넌 공부 못
> 해도 괜찮으니 건강하게만 자라라." 하면서 반에서 거의 꼴찌를 해도 뭐라고 안
> 했어요. 큰아이한테만 기대치를 너무 높인 거죠. 이게 큰아이 입장에서는 차별
> 한다고 느꼈을 수도 있을 거예요. 전혀 아닌데, 그건 전혀 아니지. -1:73(1661-
> 1664)

> 내담자: 그래서 동생이랑 친하지를 못했죠. 어렸을 때부터 나는 매일 혼나는데 동생
> 은 매일 예쁨 받으니까. 옛날에 동생이 내 방에 들어오면 나가라고 소리를 질렀

어요. 보기도 싫은 거예요. 그런데 어느 순간에 내가 동생한테 왜 그렇게 나쁘게
굴었을까 싶더라고요. 그런 마음은 항상 있는데, 워낙 안 그래 와서 지금도 동생
한테 잘 못해 줘요. -1:74(1670:1674)

　　동생: 언니가 늦게 들어오잖아요. 그러니까 대화는 못하고, 그냥 "왔어?" 하고 묻는
　　　　정도죠. 저도 졸리고 그러니까. -1:87(1757:1758)

　　내담자는 어려서부터 몸이 약한 동생으로 인하여 엄마로부터 자신이 차별대우를 받았
고, 엄마는 동생에게는 허용적인 반면에 자신에게는 늘 야단을 쳤다고 생각하였다. 이러
한 엄마의 차별적인 대우로 인하여 내담자는 동생과 더욱 갈등관계를 겪게 되었다. 동생
또한 언니의 거친 말투로 인하여 언니와 대화하기가 힘들었다.

③ 엄마의 자녀양육 방식 (24)

　　엄마: 내가 큰딸에게 잘못한 게 많아요. 큰딸에게 기대가 컸는데 애가 그에 못 미치
　　　　는 것 같아서 혼내고 때리면서 키웠거든요. 그게 이렇게 부작용이 될 줄 몰랐어
　　　　요. -1:2(13:14)

　　내담자: 집에서 스트레스를 많이 받아요. 저희 엄마가 좀……. 뭘 잘못했으면 한 번
　　　　에 끝내 주질 않으세요, 계속……. -1:3(40:41)

　　내담자: 제가 자고 있는데 엄마가 새벽에 제 방에 오셔서 저를 깨워서 소리를 지르세
　　　　요. 엄마는 화가 나면 잠을 못 주무세요. -1:4(43:43)

　　내담자: 저는 어렸을 때 엄마한테 많이 맞았어요. 집에 있는 빗자루가 남아나는 게
　　　　없을 정도로요. 엄마가 고등학교 영어선생님이셨거든요. 시험 보고 맞을까 봐
　　　　틀린 개수를 속였는데 성적표 나오고 나서 엄청 맞았어요. 애들이 너희 엄마 계
　　　　모냐고 이야기한 적도 있었어요. -1:5(46:48)

　　내담자: 저는 애들이랑 잘 놀지 못하고……. 엄마는 제가 밖에 나가는 거 되게 싫어
　　　　하셨거든요. 공부하라고요. 초등학교 때는 TV도 못 보게 하셨어요. -1:6(52:53)

　　내담자: 엄마는 제가 굽히지 않으면 절대 화를 가라앉히지 않으세요. 그걸 제가 아니
　　　　까 제가 아무리 화가 나도 잘못했다고 해요. 한 번은 저에게 엄마가 계속 말을

하시는데 그 소리가 하나도 안 들렸던 적이 있어요. 또 어느 날은 스트레스가 너무 쌓이니까 손이 안 움직이더라고요. 엄마는 제가 자존심 상하게 너무 몰아붙이세요. 엄마 비위를 맞추고 싶어도 너무 많이 변하시니까 어쩔 수가 없어요. 또 말씀하실 때 너무 극단적으로 이야기하세요. "너는 빌어먹고 살 거야." 하시죠. 저도 그것이 엄마의 진심이 아니라는 걸 아는데……. (울먹임) 그런 말 들을 때마다 너무 화가 나요. -1:11(95:101)

엄마: 제가 약간 정신적인 질환이 있었나 봐요. 애한테 모질게 하긴 했어요. -1:27 (347:347)

엄마: 큰딸한테 내가 잘못했다는 것도 큰딸이 대학교 1학년 때 알았어요. 그전에는 사람이 못되게 굴면 죽여서라도 가르쳐야 한다고 생각했어요, 뭐든지. 왜 아들이 감옥에 가서 '우리 엄마가 날 혼냈으면 내가 이렇게 안 됐지.'라는 생각을 한다는 이야기가 있잖아요. 저는 그런 생각을 많이 한 거예요. 그래서 큰딸이 말을 안들을 때마다 강도를 높인 거죠. -1:28(340:344)

엄마: 큰딸이 중학교, 고등학교까지 애를 새벽 2시까지 잡아 놓고 공부하라고 닦달을 했죠. -1:36(539:539)

아빠: 애엄마가 욕심이 좀 있어요. 자기가 생각하는 자녀 상이란 게 있잖아요. 거기에 틀을 맞추어 애를 키워 가려는 좀 강압적인 게 있죠. 그런데 애는 못 따라 주고……. 큰애가 맘이 여려요. 어렸을 때부터 엄마한테 구박을 많이 받았어요. -1:38(685:687)

내담자: 자기가 좋아하는 것에 맞추어서 해 나가는 게 바람직한데 엄마 생각은 그게 아니었거든요. 그러니까 거기에 못 따라가니까 스트레스만 엄청 받은 거죠. -1:39 (691:692)

아빠: 예를 들어, 내가 술 먹고 늦게 들어오면 화풀이를 애한테 하는 거예요. -1:44 (731:732)

아빠: 애엄마가 성질이 좀 있는 건 알았죠. 여자들도 원래 성질이 좀 있잖아요. 근데 그 정도로 심할 줄은 몰랐죠. 큰애를 심하게 패요. 초등학교 2, 3학년 정도 되는

나이에 온몸이 시퍼렇게 멍이 들도록 팼으니까. 아주 소름끼칠 정도예요. -1:45(727:729)

아빠: 지금도 애엄마가 딸을 패요. 때리면 맞는다니까요. 그래서 딸아이가 얼마 전부터는 엄마한테 왜 때리냐고 막 덤비더라고요. -1:54(953:954)

엄마: 애아빠한테 스트레스 받으면 제가 새끼들한테 막 지랄하고……. -1:57(1032:1032)

아빠: 애엄마가 애들을 자기 틀 속에 집어넣으려다가 이 꼴이 된 거예요. -1:59(1058:1058)

아빠: 한 번은 딸아이가 안 들어와서 애엄마가 밤새도록 전화하는데 한 50번은 했을 거예요. -1:66(1231:1231)

엄마: 내가 많이 잘못한 거예요. 내가 살아온 환경 때문에 그런 것도 있어요. 우리 부모가 내 동생하고 내가 싸우면 둘 다 야단을 쳤거든요. -1:77(1694:1695)

아빠: 애엄마가 애를 빗자루로 팼어요. 제가 기겁을 했죠. 세상에, 주워다 키운 애도 그렇게는 안 때릴 거예요. 암튼 얘는 무지하게 맞고 자랐어요. 애엄마는 지금도 딸이 맘에 안 들면 때려요. 아주 피곤해요. -1:80(1336:1337)

아빠: 그것은 엄마가 딸에게 신경 쓴 게 아니라 자신에 대한 집착이죠. 오히려 딸을 괴롭힌 거예요. -1:89(1796:1796)

내담자: 엄마는 사람을 때리고 욕하고 그러면 다 말을 듣는 줄 알아요. 그건 아니에요, 진짜. 엄마는 대학을 나왔다는 사람이 이성적이지 못하고 비지성인이에요. 왜 그러는지 모르겠어요, 정말. -1:90(1799:1801)

내담자: 엄마는 저를 때리는 것도 때리는 건데요. 사람을 물귀신처럼 붙잡고 늘어져요, 새벽 내내……. -1:91(1814:1814)

내담자: 엄마는 저를 새벽에 깨워서 들들 볶아요. 저는 엄마로 인한 정신적인 스트레스 때문에 집에 있기 싫다니까요. 엄마는 정신적인 문제가 있는 것 같아요. 제가 정신과의사는 아니지만 엄마는 정신과 치료를 받아야 할 것 같아요. -1:92(1815:1817)

내담자: 그냥 저를 엄마의 바람대로 만들고 싶었는데 그게 안 되니까 들어간 돈이 아
　　　깝다는 거죠. 오히려 동생이 매일 뭐 사달라고 했지, 전 그런 적 없어요. -1:113
　　　(2437:2438)

　엄마의 자녀양육 방식이라는 범주에서는 24개의 개방코딩을 포함한다. 내담자는 엄마
의 자녀양육 방식(엄마가 원하는 방식대로 내담자가 따라 주지 않을 경우에 잠을 안 재우고
폭행과 폭언을 하는 등의 방식)이 자신에게 정신적으로 엄청나게 스트레스를 준다고 하였
다. 아빠 또한 엄마의 자녀양육 방식에 매우 힘들어하고 있음을 볼 수 있다. 그렇지만 이
러한 엄마의 내담자에 대한 자녀양육 방식 이면에는 원가족 문제와 남편으로부터의 스트
레스가 영향을 미치고 있음을 볼 수 있다. 엄마 또한 내담자에 대한 자신의 잘못을 인정
하고 있다.

　④ 역기능적인 부부관계 (28)
　　내담자: 엄마와 아빠가 대화가 없으세요. -1:7(71:71)

　　내담자: 엄마와 아빠가 자주 싸우세요. -1:8(73:73)

　　내담자: 제가 어렸을 때 좀 그러셨고, 지금은 말싸움을 주로 하세요. 심할 땐 욕도 하
　　　　　시고요. -1:9(75:75)

　　엄마: 저는 남편한테도 절대 안 참아요. 내 할 이야기 다 하고 말죠. -1:25(334:334)

　　엄마: 우리 남편이 10년째 당뇨를 앓으면서 달라졌어요. 갑자기 민감해진 거예요.
　　　　회사도 그만두고, 예전에는 내가 신경질 내면 덮어 주던 사람이 이제는 저랑 같
　　　　이 싸워요. -1:26(339:340)

　　엄마: 제가 시댁에서 뭘 잘못했는지, 시댁식구들이 우리 집에 와서 애들 다 있는 앞
　　　　에서 저를 거의 죽여 놨어요, 아빠 없을 때……. -1:29(353:354)

　　엄마: 시누이가 저를 때리고, 머리 끌고, 욕설하고……. 저 지금까지 시누이하고 연
　　　　락 안 하고 지내요. 그걸 애들이 다 본 거죠. 그 순간에……. -1:30(356:357)

　　엄마: 애아빠가 처음엔 회사에서 잘 나갔거든요. 그런데 술버릇이 안 좋아요. 난폭하

고 욕설하고. 제가 어렸을 때부터 욕은 모르고 살았거든요. 결혼하고 나서 욕설을 배운 거예요. 남편은 그렇게 술 먹고 저에게 난폭하게 욕설하고 난리 치고 나면 순한 양이 되요. 저에게 그렇게 잘해 줘요. 한때는 남편이 저에게 폭행도 했어요. 남편이 나를 때리면 나도 같이 남편을 때리는데 내가 더 맞죠. 그러다가 애들이 크니까 나를 때리지는 못하고 물건을 던지더라고요. 이제는 그렇게도 못하니까 성질이 더 나빠졌어요. -1:31(384:388)

엄마: 나 자체가 좀 부족해서 그런지, 내가 좀 골치 아픈 일이 있어도 남편한테 털어 놓아서 답이 안 나올 것 같으면 나 혼자 골치 아프고 말자는 스타일이에요. 그래서 난 남편이 술 먹고 욕설하고 주정하는 것 들어주기 싫었어요. 그런 거 이야기 해 봐야 서로 골치 아픈데 왜 상대방에게 스트레스를 주느냐는 거예요. 전 대화하는 거 안 좋아해요. 사는 게 바쁜데요. 애들 뒤치다꺼리하기도 바빠요. -1:37(606:610)

엄마: 내가 몇 마디 하면 남편은 나한테 막 퍼붓고……. 어제는 남편이 가족회의를 하자고 해서 잘 하다가 결과적으로 마지막엔 나랑 싸움이 났어요. -1:46(748:749)

아빠: 그때 당시 제 봉급이 상당히 많았어요. 선생 월급이 우리 반도 안 됐죠. 그거 때문에 애엄마가 저랑 결혼했는지 몰라도, 제 봉급이 점점 줄어드니까 자기 친구들 남편이랑 비교를 하더라고요. 누구는 과외 시키고 어쩌고, 그리고 결과적으로 돈이 있어야 하잖아요. 그래서 자기가 벌어서 애를 자기 틀 속에서 가르치는 데 애가 잘 안 따라 주니까 서로 스트레스를 받는 거예요. 나는 또 돈 못 벌어 오니까 나랑도 스트레스 받고. 아주 얽히고설킨 거예요. -1:47(758:763)

아빠: 제가 당뇨가 있어요. 근데 집에서 받는 스트레스가 밖에서 받는 스트레스보다 더해요. 그것도 꼭 출근하는 사람한테 스트레스를 준다고요. 병에도 아주 안 좋죠. 결과적으로 내가 선택할 수 있는 방법은 꾸준히 운동하면서 잊어버리는 거죠. 괜히 집 안에서 신경 쓸 필요 없다고 보거든요. -1:48(767:770)

아빠: 애엄마가 기분이 좋으면 간도 빼줄 정도로 애들한테 잘해요. 그러다가 자기 성에 안 차면 그냥 또 난리가 나고……. -1:49(790:791)

아빠: 애엄마와 신혼 초부터 대화가 안 된 건 아니죠. 이미 연애를 5년 동안 했으니까. 제 가족과 싸움이 일어나면서 애엄마는 저와 점점 멀어지게 됐어요. -1:50 (831:832)

아빠: 애엄마가 애들한테 잔소리하고 심하게 대할 때 내가 그만하라고 하면 딱 멈춰 줬으면 좋겠어요. 그래야 애들이 봤을 때 '엄마가 아버지 말을 듣는구나.' 하지 않겠어요? -1:55(1024:1026)

아빠: 애엄마가 오히려 더 해요(잔소리를 더 해요). 그럼 참다 참다 내가 더 성질이 나요. 거기다 대고 소리 한 번 질러 버리면 저와 애 엄마가 또 싸우게 되는 거죠. -1:56(1028:1029)

아빠: 애 엄마가 저에게 저녁에 뭐라고 잔소리하고 끝내야 하는데, 제가 아침에 출근하는 데 또 그래요. 그것이 저를 아주 피곤하게 만들어요. 회사 가서 하루종일 스트레스 받는 거예요. 그러면 저는 일부러 술을 더 먹게 돼요. -1:58 (1051:1053)

엄마: 어떻게 이런 식으로 얘기해? 다 내 책임이라면 당신은 뭐하고 있었어? 예를 들어, 내가 애들을 야단치고 있으면 당신이 와서 무슨 일인지 묻고 혼낼 일이면 혼내고 그래야 하는데 더 초치면! 솔직히 그래, 말리는 시누이가 밉다고, 내가 야단칠 때 당신은 와서 나를 더 화가 나게 만든다고……. 차라리 나를 제쳐두고 당신이 해결을 하든지. 그렇지 못하고 언제나 많은 시간을 술 취한 상태니까. -1:60(1059:1062)

엄마: 우리는 대화 잘 안 해요, 애초부터. -1:61(1119:1119)

엄마: 예를 들어, 남들이 남편과 같이 설악산을 가면 남들은 남편과 막 이야기하고 그러는데, 난 그냥 경치 보면서 혼자 가요. 그게 좋거든요. 화나서 싸울 때나 말이 많지. -1:62(1123:1124)

엄마: 술 얘기하면 난 스트레스 받아요. 남편이 술 먹고 들어오면 그냥 자면 되는데 필름이 완전히 끊기는 거예요. 한 번은 술이 취해서 키를 다른 집에 꽂아 놓고 옥상 가서 잔 적도 있어요. 그걸 한겨울에 했다고 해 봐요. 불안하죠. 그렇게 불

안하게 산 세월에 내 새끼까지 그러니까 이제 너무 불안해요. 예전엔 그래도 희
망을 갖고 살았는데, 난 요즘 잠을 못 자요. 어제도 그랬고 계속 그래요. -1:63
(1162:1166)

엄마: 아버지라면 최소한 애들 시험이 언제인지는 알아야죠. 애들 시험 때도 모르고
집에 사람들 데리고 와서 술 먹고 그런 스타일이에요. -1:64(1179:1180)

아빠: 애엄마는 애들이나 저에게 지나치게 간섭을 해요. 예를 들어, 어제 같은 경우
만 해도 그래요. 막내가 대천을 가는데 왜 청량리로 가느냐 하더니 이미 떠난 애
한테 새벽 4시에 핸드폰을 치는 거예요. 그것도 아침까지 계속 전화를 하더라고
요. -1:65(1224:1226)

엄마: 애아빠는 내가 필요할 때 언제나 없었어요. 예를 들어, 내가 많이 아파서 좀 일
찍 들어오라 부탁을 해도 회사 일 바쁘면 난 보이지도 않죠. 그러니 내가 얼마나
애들한테 신경 곤두세우면서 살았는지 말을 할 필요가 없어요. 내가 필요하다면
다 집어치우고 와야죠. -1:67(1243:1246)

아빠: 그런데 집사람이 왜 꼭 아침에 그러는지 모르겠어요, 출근하는 사람 스트레스
받게. 내가 술을 먹고 들어왔어도 다음날 아침에 해장국 한 번 끓여 준 적이 없
어요. 해장국은 커녕 밥도 없어요. -1:81(1347:1349)

아빠: 거의 매일이었죠. 그걸 보고 출근하려니 속이 엄청 상하죠. 거기다 대고 한소
리 하면 또 난리가 나고. 그러니 술을 먹을 수밖에요. -1:83(1409:1410)

엄마: 예전에는 제가 진짜 열심히 일했어요. 그런데 내조가 필요하다면 외조도 필요
한데 애아빠는 내가 돈 버는 것에 대해서 전혀 격려해 주지 않았어요. -1:106
(2262:2264)

내담자 부모는 젊어서부터 대화하는 데 문제가 있었고, 엄마는 시댁식구와의 싸움으
로 인하여 남편과의 관계가 더욱 어려워졌다. 엄마는 아빠가 신혼 초부터 자녀양육과 자
신이 남편의 도움이 필요할 때 항상 곁에 있지 않았다는 서운함과 아빠가 술을 먹고 나서
자신에게 한 욕설과 폭행에 대하여 분노를 가지고 있었다. 한편 아빠는 엄마가 늘 잔소리
를 하였고, 특히 지나친 엄마의 잔소리와 대우를 해 주지 않는 것에 대하여 많은 불만을

가지고 있었다. 이러한 역기능적인 부부관계로 인하여 부부는 자주 싸웠으며 대화가 없었다.

⑤ 엄마의 역기능적인 의사소통 방식 (10)

> 내담자: 엄마가 화를 막 내시고는 "할 말 있으면 해 봐." 그러세요. 그건 제가 엄마에게 잘못했다고 말하기를 원하시는 거예요. 제가 말하고 싶은 건 그게 아닌데 원하시는 게 그거니까 만약 제가 하고 싶은 말을 하면 더 혼나는 거죠. -1:19(291:294)

> 내담자: 엄마가 화가 나면 아침부터 나가라고 하시면서 소리 지르세요. 전 그럼 스트레스 받으니까 나가거든요. 그럼 또 아침부터 돌아다닌다고 뭐라고 그러세요(엄마의 이중 구속적인 메시지). -1:20(287:288)

> 내담자: 카드 빚만 생각하면 자다가도 벌떡 깨요. 엄마는 그게 뭐할 돈이고, 뭐할 돈이고, 그걸로 세계일주는 갔다 왔겠다고 자꾸 말씀하세요. -1:21(211:212)

> 내담자: 엄마는 제 학교가 전문대인 것이 불만인 것처럼요, 매일 전문대도 학교냐고 하시며 무시하셨어요. 늦게 들어오는 것 때문에 혼나고 매일 트러블이 생겼죠. -1:22(87:89)

> 내담자: 엄마가 저에게 뭘 말하라고 하시는 건 엄마가 원하는 대답을 하라는 거예요. 그러니까 이게 습관이 되니까 저는 다른 사람한테도 그렇게 되더라고요. 어떻게 하면 엄마한테 안 혼날까라는 생각에 솔직하게 대답을 못해요. -1:23(301:303)

> 엄마: 제가 원래 말을 명령조로 하고 경망스럽게 하는 것이 있어서 어려서부터 부모한테 많이 혼났어요. 그런데 사회에 나와서도 교사생활을 하다 보니까 그게 잘 안 고쳐지더라고요. -1:24(332:334)

> 엄마: 나중엔 제가 너무 화가 나서 막 욕을 했어요. "너 같은 년 필요 없어." 그러고 나서 한동안 쳐다도 안 봤어요. -1:32(433:434)

> 내담자: 문제는 엄마가 대화를 시작하다가도 뭔가 좀 말하기 어려우면, 예를 들어 카드 빚을 갚아 주는 이야기라든가, 그런 이야기가 나오면 저의 자존심을 상하게 너무 몰아붙이세요. 엄마 비유를 맞추고 싶어도 너무 많이 변하시니까 어쩔 수

가 없어요. 또 말씀하실 때 너무 극단적으로 이야기하세요. "너는 빌어먹고 살거야." 하시죠. 저도 그것이 엄마의 진심이 아니라는 걸 아는데……. (울먹임) 그런 말 들을 때마다 너무 화가 나요. -1:42(710:711)

아빠: 애엄마는 큰딸에게 고등학교 때도 야단치다가 빨리 시집이나 가버리라고 하곤 했어요. 그런 식으로 하면 안 되죠. -1:43(719:720)

내담자: 엄마는 무슨 이야기를 하다가도 꼭 옛날 이야기를 꺼내서 잔소리를 하니까 더 스트레스 받아서 얘기하고 싶지 않아요. -1:93(1842:1843)

엄마는 어려서부터 장녀로서 명령조로 이야기를 하였고, 이러한 의사소통 방식은 사회생활에서뿐만 아니라 가정생활까지 이어졌다. 또한 엄마는 내담자에게 이중속박 메시지를 사용하고 있었고, 내담자가 잘못 했거나 엄마의 마음에 들지 않는 경우에 소리를 지르며 저주스러운 말과 욕 그리고 잔소리를 반복하여 사용하였다. 그러한 극단적인 어조를 쓰는 엄마에게 내담자는 솔직한 의사소통을 할 수 없었다. 그런데 4번째 축코딩인 역기능적인 부부관계와 5번째 축코딩인 엄마의 역기능적인 의사소통 방식은 상호관계가 있다고 볼 수 있다.

⑥ 스트레스 {11}

내담자: 그러니까 스트레스를 너무 많이 받아서 쇼핑을 하게 돼요. 쇼핑을 하는 동안은 기분이 좀 좋아요. -1:6(117:119)

내담자: 자꾸 나돌아 다니니까 그렇게 되는 거잖아요. 그러니까 자꾸 나가게끔 안 했으면 좋겠어요. 자꾸 잔소리하고 스트레스를 주니까 제가 나가는 거잖아요. 집이 편안하고 화목하면 나가 있어도 일찍 들어오고 싶고 그럴 것 같은데. 혹시 피곤해서 일찍 들어오면 그냥 자버리고……. -1:7(281:283)

내담자: 엄마가 화가 나면 저에게 아침부터 나가라고 하시면서 소리 지르세요. 전 그럼 스트레스 받으니까 나가거든요. 그럼 또 아침부터 돌아다닌다고 뭐라고 그러세요. -1:8(287:288)

동생: 엄마가 작은 일에도 화를 되게 잘 내세요. 좀 문제가 많아요. (웃음) 그냥 넘어

갈 수 있는 문제도 꼭 언니나 저한테 스트레스를 풀어요. -1:9(1773:1774)

내담자: 엄마가 저를 새벽에 깨워서 들들 볶아요. 정신적인 스트레스 때문에 집에 있기 싫다니까요. 사람이 정신적인 문제가 있는 것 같아요. 제가 정신과의사는 아니지만 엄마는 정신과 치료를 받아야 할 것 같아요. -1:10(1815:1817)

내담자: 무슨 이야기를 하다가도 꼭 옛날 이야기를 꺼내서 잔소리를 하니까 더 스트레스 받아서 얘기하고 싶지 않아요. -1:11(1842:1843)

내담자: 그때는 회사에서도 스트레스 받아 죽겠는데 집에 와서 엄마도 난리를 치니까……. 게다가 회사 들어가자마자 돈 관리 엄마가 한다고 가져오라고 하고, 시집 갈 자금이라고 하고. 그러니까 너무 스트레스를 받았죠. 그걸 물건 사면서 풀었어요. 사실 엄마가 가져오라고 한 돈 빼고 나면 용돈이 모자랐거든요. -1:12 (2411:2414)

치료자: 뭐 때문에 과소비를 하게 됐어요?
내담자: (계속 헛기침을 함, 들릴 듯 말 듯한 목소리로) 스트레스 때문에요. -1:15 (37:38)

내담자: 집에서 스트레스를 많이 받아요. 저희 엄마가 좀……. 뭘 잘못 했으면 한 번에 끝내 주질 않으세요, 계속……. -1:16(40:41)

내담자: 장난 아니었어요. 엄마는 항상 다른 친구분들 자식이랑 비교하셨어요. 다른 집 딸들은 집안일 같은 거 엄마가 시켜서 하는 게 아니라 그냥 마음에서 우러나와서 돕더라고요. 전 이걸 최근에 알았어요. 엄마는 저보고 그걸 혼내시더라고요. 왜 시키기 전에 못하냐고요. 학교 때 미술을 시작했어요. 고3 때 내신성적도 괜찮았는데, 수능 끝나고 12월부터 엄마 때문에 스트레스를 받아서 실기점수가 뚝 떨어졌어요. 못해도 B는 받았거든요. 원장선생님이 너무 이상하다고 불러서 무슨 일 있냐고 물어보셨어요. 결국 2년제 대학을 갔고, 엄마는 엄청 불만이 쌓였죠. 엄마는 공부하고 싶어도 형편이 안 됐는데 너는 공부시켜 줘도 그러냐, 뭐 이런 식으로요. -1:17(62:69)

내담자: 엄마는 제가 굽히지 않으면 절대 화를 가라앉히지 않으세요. 그걸 제가 아니

까 아무리 화가 나도 잘못했다고 해요. 한 번은 엄마가 계속 말을 하시는데 그 소리가 하나도 안 들렸던 적이 있어요. 또 어느 날은 스트레스가 너무 쌓이니까 손이 안 움직이더라고요. 엄마는 자존심 상하게 너무 몰아붙이세요. 엄마 비위를 맞추고 싶어도 너무 많이 변하시니까 어쩔 수가 없어요. 또 말씀하실 때 너무 극단적으로 이야기하세요. "너는 빌어먹고 살 거야." 저도 진심이 아니라는 걸 아는데……. (울먹임) 그런 말 들을 때마다 너무 화가 나요. 애들은 2학년 되니까 다 편입하고 재수하더라고요. 저도 하고 싶었는데 엄마가 절대 안 된다고 하셨어요. 2학년 때는 학교 다니기가 너무 싫어서 한 학기를 안 나갔어요. 나중에 엄마가 그걸 아시고 있을 수 없는 일이라고 엄청 화내셨죠. 네가 어떻게 나한테 이럴 수 있냐면서요. 그 무렵부터 카드를 쓰기 시작했어요. -1:17(95:105)

이러한 내용들을 봤을 때 내담자는 엄마와의 관계에서 많은 스트레스를 받고, 이러한 스트레스로 인하여 쇼핑을 하고, 과도한 쇼핑으로 인하여 신용카드를 남용하게 되었다고 볼 수 있다.

⑦ 쇼핑중독과 신용카드 남용 (2)

엄마: 제 생각에 작년 6월부터 애가 카드를 쓴 것 같아요. 회사 다니면서 100만 원 정도 봉급을 받기에 나한테 가져다주는 것의 반을 저금하려고 했죠. 50만 원 정도를 제게 주고 나머지는 자기 용돈으로 쓴 거예요. 그런데 그때부터 계속 카드로 옷 사고, 돌아다니고, 마사지 받고 그랬어요. 벤처기업이라 작년 12월에 그만두고 카드 연체금이 더 누적됐어요. 맏딸이고 아빠가 일을 안 하기 때문에 형편을 잘 아는 녀석이 말이에요. 어느 날 이상하다는 생각이 들기 시작했어요. 나이트클럽도 자주 다니고. 그냥 다시 취직하면 되겠지, 스물네 살이니까 알아서 하겠지, 이렇게만 생각했어요. -1:1(5:11)

내담자: 2학년 때는 학교 다니기가 너무 싫어서 한 학기를 안 나갔어요. 나중에 엄마가 그걸 아시고 있을 수 없는 일이라고 엄청 화내셨죠. 네가 어떻게 나한테 이럴 수 있냐면서요. 그 무렵부터 카드를 쓰기 시작했어요. -1:12(103:105)

앞에서 언급한 엄마의 차별적인 자녀양육 방식으로 인하여 내담자는 소원한 자매관계를 유지하게 되었다. 한편 내담자 부모는 신혼 초부터 역기능적인 부부관계를 유지하였고, 이러한 역기능적인 부부관계는 엄마의 역기능적인 의사소통 방식과 상호관련성이 있었다. 엄마의 역기능적인 의사소통 방식과 소원한 자매관계로 내담자는 결국 가정에서 함께 대화할 사람이 없었으며, 직장에서 받은 스트레스와 더불어 가정 내에서 엄마로부터 더욱 힘든 스트레스를 받게 되었다. 따라서 내담자는 이러한 스트레스 및 불안과 긴장을 해결하기 위하여 쇼핑중독과 신용카드 남용이 시작되었다. 이와 같은 내용은 [그림 13-1]과 같이 도식화할 수 있다.

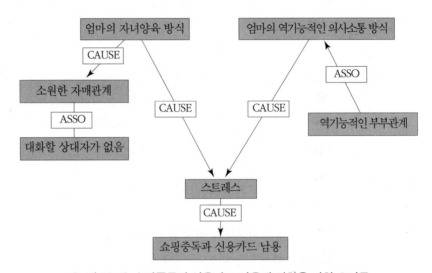

[그림 13-1] 쇼핑중독과 신용카드 남용에 영향을 미친 요인들

(2) 상담 후 쇼핑중독 단절과 신용카드 남용 중지에 영향을 미친 요인들 분석

① 가족 내 대화할 상대자가 생김 {1}

내담자: 그전에 비해서 괜찮아요. 저번에 한 3주 동안 아빠랑 등산 다니면서 이야기를 많이 했어요. 원래 말이 많지 않은데 계속 쫑알거리니까 아빠가 좀 놀라셨다고 나중에 말씀하시더라고요. 그때 이후로 아빠가 말을 잘 들어주세요. -1:111 (2393:2395)

② 친밀해진 자매관계 {8}

내담자: 제가 동생한테 진짜 제 근처에 얼씬도 못하게 했거든요. 개도 아마 스트레스 많이 받았을 거예요. -1:75(1690:1691)

내담자: 동생도 가끔 "다른 언니들은……" 하면서 이야기를 해요. 그럼 되게 미안해요. -1:76(1693:1693)

동생: 언니한테 제가 굉장히 열 받는 일이 있다고 하면 언니는 나를 다 이해하죠. 언니는 다 겪어 봤으니까. -1:88(1784:1785)

동생: 각자의 장래에 대해서 이야기를 해요. 그전에는 엄마한테 하던 이야기를 이제 언니한테 다 하죠. -1:97(1957:1957)

내담자: 이젠 둘이 자매답게 잘 지내요.
동생: 네, 이제는 언니와 많이 친해졌어요. -1:108(2381:2382)

내담자: 동생이랑 관계가 많이 좋아졌어요. -1:109(2377:2378)

내담자: 예전엔 제가 동생에 대해서 피해의식도 있고 그랬는데, 알고 보니 그런 것도 아닌 것 같고……. -1:110(2380:2380)

내담자: 이제는 동생이랑은 친하게 잘 지내요. -1:117(2680:2680)

상담을 통하여 자매간의 오해가 풀리기 시작하였고, 자매간에 서로를 이해하기 시작하였으며, 동생은 이전에는 엄마한테만 했던 이야기를 언니한테도 하기 시작하였다. 두 사람 간에 미래에 대한 이야기를 나누면서 친밀한 관계를 유지하고 있었다.

③ 변화된 엄마의 자녀양육 방식 {16}

내담자: 엄마가 저에게 잘해 주려고 노력해요. -1:14(167:167)

내담자: 엄마가 저에게 접근을 하려고 굉장히 노력을 해요. -1:51(841:841)

엄마: 내가 딸에게 옛날보다는 많이 참죠. -1:53(871:871)

엄마: 애들이 스스로 해 나가도록 간섭을 안 하려고 해요. 물론 필요한 간섭은 해야

겠지만. 그래서 내가 요즘 돌아다니느라고 바빠요. 옛날엔 친구들 만나는데 잘 안 나갔거든요. 괜히 비교돼서 스트레스 받으니까요. 그런데 이제는 가려고 해요. 걔네들도 아프거나 하는 등의 어려움도 있고, 아무튼 생각을 바꿨어요. 가면서 음악 들으면서 기분 좋고, 졸리면 자고……. -1:69(1566:1570)

엄마: 큰딸에게 일찍 들어오라고 안 해요. 밤 11시 넘으면 전화하라고 하는 거죠. 언제나 그렇게 말했어요. 내가 뭐 7, 8시에 들어오라는 거 아니에요. -1:70(1602:1603)

내담자: 얼마 전까지는 용 먹고 좀 괜찮았는데, 요즘엔 좀 힘이 없어요. -1:72(1631:1632)

엄마: 그런데 그건 동생을 야단쳐야 하는 거였어요. 내 교육이 잘못됐다는 걸 나중에야 알았죠. -1:78(1696:1697)

내담자: 엄마가 많이 변하셨어요. -1:84(1559:1559)

내담자: 엄마가 예전보다 저를 훨씬 덜 이기시려 하고, 말도 좀 더 잘 해 주시고……. -1:85(1561:1561)

엄마: 애들 생각을 덜하게 되니까요. 그리고 집에 있으면 부정적인 생각을 많이 하게 되거든요. 앞으로 뭐 먹고 사나 하는 등의 걱정이죠. 하루는 오이지를 담가야 하는데 친구들이 놀자고 부르기에, 다른 때 같으면 안 나가는데 오이지 물만 붓고 그냥 달려 나갔어요. 그래서 실컷 떠들고 놀다가 들어왔어요. 지금까지 가족에게만 신경 쓰고 살았는데 언제까지 그러고 살아요. 이제는 지금 놀아야 한다는 생각을 해요. -1:86(1575:1579)

내담자: 엄마는 보통 전화세 많이 나오면 저에게 막 신경질 내거든요. 그런데 이번에 전화세가 많이 나왔는데 그냥 조용하게 "왜 이렇게 많이 썼니." 하고 넘어가시는 거예요. -1:98(1988:1989)

엄마: 지금까지 나는 가족이 가장 중요하다는 사고방식으로 살았는데……. 어쨌든 나는 굉장히 힘들어요. 애들이 어찌됐든. (울음) 지금은 우리 딸들 생각하기도 싫고 속상해요. 참 나는 틀을 깨기가 힘든가 봐요. -1:104(2125:2127)

엄마: 지금은 애들을 간섭 안 해요. -1:105(2155:2155)

엄마: 다음 주부터 ○○문화센터에서 라틴댄스 배우려고 해요. 이번 주에 시범댄스를 보러 갈 거예요. -1:107(2314:2315)

내담자: 엄마가 저에게 쇼핑몰을 이제 그만하라고 그러시는 거예요. 그래서 취업을 해야겠다고 생각하고 있는데, 어느 날 엄마가 들어오시더니 나보고 "이제 너를 믿을 테니까 네가 알아서 잘 해라." 하시는 거예요. "내가 마지막으로 너를 믿어 줄게." 그때 엄마가 저에게 올해 말까지 지켜볼게, 그리고 내가 너를 이제 믿어 줄 테니까 잘 해." 하셨어요. 근데 그 말 한마디가 저에게 무척이나 감동스러웠어요. 엄마가 그런 말을 저에게 해 본 적이 한 번도 없었거든요. 저희 엄마는 매일 저를 혼내기만 하는 사람이었지, 나한테 와서 따뜻하게 하거나 너를 믿는다는 얘기 한마디 하지 않으셨어요. 동생한테 하면 했지 나한테는 그런 말 절대로 안 했어요. 그게 왜 그런지 모르겠어요. 동생한테는 잘하시는데 저한테는 항상 그러셨거든요. 근데 그날 저한테 믿는다고 그러시는 거예요. 그게 저한테 굉장히 크게 와닿았어요. 그래서 저는 그때부터 많이 변하게 된 것 같아요. 저 자신이 막 그때부터 회사에 이력서도 넣고, 또 주일마다 다시 교회를 나가기 시작했거든요. -1:114(2533:2544)

내담자: 엄마 얼굴도 좋아졌어요. 엄마는 매일 얼굴에 팩하고 그러시거든요. 어느 날은 엄마가 곡물 팩을 해 보고 나서 나에게도 해 주셨어요. 그러니까 제가 엄마한테 가서 얘기하고 그러면서 엄마가 자꾸 퍼주시려고 그러는 거예요. 나는 이제 그때 느낀 거예요, 이래서 부모님과 친해져야겠구나. (웃음) 왜냐면 엄마랑 말을 많이 하면 할수록 엄마가 나를 예뻐한다는 생각이 들었거든요. 그러니까 엄마가 나를 더 챙기게 되고, 예전에 없었던 분위기가 형성되면서 엄마가 이거 해 봐라, 저거 해 봐라 해요. 어느 날은 엄마가 나에게 백화점에 가자고 해서 백화점에 갔어요. 엄마가 옷을 산 지 몇 년 됐거든요. 근데 카드사건 나고 그랬을 땐 전혀 그런 적이 없었는데 그날은 백화점에 가서 엄마가 비싼 옷을 사주시는 거예요. 깜짝 놀랐어요. 엄마가 변하시더라고요. -1:121(2859:2867)

엄마가 딸에 대하여 지금까지 문제를 해결하려고 시도했던 역기능적인 자녀양육 방식에서 딸을 인정해 주고 믿어 주는 기능적인 자녀양육 방식으로 변화하였고, 딸 또한 엄마를 대하는 방식에서 변화하고 있음을 볼 수 있다.

④ 긍정적인 부부관계 (13)

엄마: 밥 먹고 나서 내가 나갈 일이 있었는데 애아빠가 애들 시키라고 하는 거예요. 뭘 시키냐고 내가 쫑알쫑알거리면 자기가 나와서 "내가 할게." 그러면서 해요. -1:33(524:525)

엄마: 저도 큰딸에게 늘 나가라고 부추겨요. 스포츠 댄스니 뭐니 할 거 많잖아요. -1:52(854:854)

엄마: 부부관계가 많이 괜찮아졌어요. 요즘 애들 과외를 좀 덜하고 친구들하고 놀러 다니는 시간을 많이 갖는데, 내가 남편에게 전혀 간섭을 안 하거든요. -1:95(1920:1921)

아빠: 내가 집에 있으니까 애엄마가 나가서 돌아다니지요. (웃음) -1:96(1932:1932)

아빠: 제가 제 처를 그냥 가만히 놔뒀어요. 그랬더니 하루는 들어와서 하는 소리가 잘못했대요. 고스톱을 쳤대요. 첫 번에 가서 깨지고 또 간 거예요. 그러면서 억울해 죽겠다고……. (웃음) 교통사고 났다며 나갔다 들어오기에 "오늘은 땄냐?" 그랬어요. (웃음) 그랬더니 진짜 사고 난 거였다고 그러더라고요. 그런가 보다 했죠. 지금 뭐 탈선하거나 그런 건 아니에요. -1:99(2042:2046)

아빠: 그러니까 이 사람은 얻어먹고는 못살아요. 그래서 친구들한테 한 번 쏜 거예요. 제가 보면 다 알아요. 이 사람이 남자가 있어서 그런 것도 아니고, 그냥 시간이 많이 나니까 밖으로 쫓아다니는 거죠. -1:100(2031:2033)

아빠: 그런데 엄마가 너(둘째 딸)한테 무관심한 게 아니야. -1:101(2066:2066)

(여기서 엄마의 변화로 인하여 둘째 딸은 힘들어하고 있는데, 아빠가 엄마의 그러한 변화에 대하여 긍정적인 설명을 해 주고 있다.)

아빠: 예전에는 애엄마가 내가 밥해 놓고 찌개 끓여 놔도 맛도 안 봤어요. 그런데 요즘엔 "오, 맛있네." 그래요. (웃음) -1:102(2101:2102)

아빠: 애엄마는 그전에 비해서 많이 부드러워졌죠. 우선 잔소리 안 하니까 살 만해요. 오히려 요즘엔 자기가 늦게 들어오니까 저에게 미안해하죠. -1:103(2105:2106)

내담자: 작년에는 아빠가 술 먹고 왔을 때 나한테 엄마가 싫다고 그랬거든요. 왜냐하면 아빠는 자기가 일하게 되면 엄마가 잘해 줄 거라고 생각했는데 엄마가 똑같으니까. 그런데 요즘은 그런 얘기 안 하세요. 엄마가 생글생글 웃고 그러시니까 TV 볼 때도 가족이랑 같이 보고, 밥도 원래는 잘 안 했는데……. -1:115(2657:2660)

내담자: 아빠의 이가 당뇨 때문에 안 좋으셔서 국이 없으면 잘 못 드시거든요. 그런데 이제 엄마가 아빠에게 그런 거 잘 챙기시는 것 같아요. -1:116(2663:2664)

내담자: 얼마 전에 가족 모두 남산에 있는 닭볶음탕을 잘하는 식당으로 갔는데 내가 봤을 땐 그 집이 엄마가 별로 안 좋아하는 분위기예요. 왜냐하면 남자 어른들이 많이 가시는 살짝 허름한 식당이었거든. 예전 같으면 엄마가 아빠에게 신경질을 내셨을 것 같아요. 근데 아줌마들이랑 어딜 그렇게 다니셨는지 그런 집도 맛있다는 걸 아셨는지 예전 같으면 싫어하셨을 텐데, 분위기 타고 그러시니까 분위기 있고 무드 있고 그런 거 좋아하시는데 그날은 아무 말 안 하셔서 제가 깜짝 놀랐어요. 그리고 나서 엄마가 맛있게 드시면서 "맛있네." 하시더라고요. "당신이 이거 사. 2차로 내가 맥주 쏠게." 하시고……. (웃음) 그런데 그날 비가 와서 어디로 갈까 하다가 다 합의하에 마트에 가서 와인을 사서 집에서 한잔 했어요. -1:119(2825:2835)

내담자: 우리가 부모님에게 영화 보러 가자고 하면 엄마가 제일 좋아하세요. 근데 아빠는 영화 보는 거 되게 까다로우세요. 깨끗한 영화를 좋아하세요. 그런데 요즘 우리가 아빠한테 영화 보러 가자고 하면 좋아하세요. 요새 아빠도 심하게 스트레스 안 받으시는 것 같아요. 운동하시고 헬스 하시면서 아빠도 몸이 좋아지셨어요. -1:119(2839:2842)

엄마가 자신의 삶을 찾아가면서 가족으로부터 분화하기 시작하였으며, 이러한 엄마의 변화로 아빠와 내담자는 편안함을 느낀다. 그러나 둘째 딸은 오히려 엄마의 변화로 힘들어하였다. 그러다 좀 더 시간이 지나면서 엄마는 친구와 밖에서 즐기는 시간보다는 가족과 함께하는 시간이 늘어나고 있었고, 또한 가족과 함께 영화를 보고 외식을 하면서 즐거운 시간을 가지게 되었다. 이러한 변화는 엄마가 가정 내에서 지나치게 가족구성원들을 간섭하던 방식에서 자신의 삶을 찾아가는 방식으로의 변화로, 더 많은 에너지를 지지체계로부터 충전시켰고 또 이러한 변화된 방식으로 부부관계와 자녀관계에 변화가 왔다.

⑤ 엄마의 솔직하고 기능적인 의사소통 (6)

> 내담자: 엄마가 저에게 엄마한테 불만 있는 것 말해 보라고도 하시고, 종이에 뭔가 적어 놓으시고 그래요. -1:15(169:169)

> 엄마: 자꾸 내가 마음을 바꾸려고 노력하고 있어요. 참는 것도 배우려고 하고 있고, 어쨌든 제가 요즘 실어증이 걸렸어요. 기운이 없어요. -1:34(531:532)

> 엄마: 그러다가 며칠 전에 밖에 나갔는데 정말 말을 안 했어요. 아무 말도 하기 싫어요. 전 원래 말을 다 해야 직성이 풀리는 스타일이에요. 그러다가 다른 사람 상처 주는 경우도 있었겠지만, 난 내 안에 쌓아 두는 성격이 아니거든요. 근데 이제 말조심하고 살아야겠다는 생각이 들어요. -1:35(534:537)

> 내담자: 엄마가 잔소리 오래 하시던 것을 좀 짧게 하시고요. -1:68(1267:1267)

> 아빠: 가끔 큰딸하고 이야기를 하다 보면 엄마가 어떻게 해 줬으면 좋겠다고 이야기를 해요. 그럼 제가 집사람한테 그걸 이야기하죠. 그전에는 이것에 대하여 아주 날카로워져요. 그래도 지금은 집사람이 많이 누그러졌어요. 교수님 말씀 듣고 많이 노력하는 것 같아요. -1:79(1285:1287)

> 내담자: 원래 가족이 모두 기념일을 잘 챙겨요. 엄마 생일도 잘 챙기시는데요, 엄마 생일 때 선물 안 주면 서운해하세요. 엄마가 저희에게 미리 말해요. 엄마 생일 전날에 "너 엄마 생일 선물 샀냐?"라고 하세요. -1:118(2820:2822)

엄마는 상담을 통하여 변화하려고 많은 노력을 하고 있으며, 남에게 상처를 주는 말을 삼가고 있다. 특히 딸에게는 엄마에 대하여 하고 싶은 말을 하도록 요청하고 있고, 잔소리도 최대한 줄이고 있다. 아빠와의 의사소통 방식에서도 역기능적인 의사소통 방식에서 솔직하고 기능적인 의사소통 방식으로 변화하였다. 엄마는 자녀에게도 분명하게 자신의 의견을 표현하고 있다.

⑥ 스트레스 감소 (2)

치료자: 그럼 엄마하고의 관계에서 어떤 근본적인 변화가 있나요?
내담자: 옛날에는 엄마가 끝도 없이 잔소리했는데 요즘엔 그래도 좀 짧아졌어요.
치료자: ○○ 씨는 그래도 많이 나아졌네요.
내담자: 스트레스가 줄었으니까요. -1:13(2457:2462)

치료자: 이제 카드는 안 쓰시나요?
내담자: 네.
치료자: 아, 이제는 스트레스 받아가지고 쇼핑에 몰입할 필요는 전혀 없으시나요?
내담자: 네. -(2953:2956)

내담자는 이제는 엄마로부터 받는 스트레스가 많이 감소되었고, 더 이상은 쇼핑으로 인하여 신용카드를 사용할 필요가 없었다.

⑦ 신용카드 남용 중지 (3)

치료자: 그럼 요즘은 카드 일체 안 써요?
내담자: 네. -1:71(1626:1627)

치료자: 요즘엔 카드 사용하세요?
내담자: 안 써요, 쓸 수도 없고요. -1:94(1902:1903)
치료자: 카드 쓰는 건 어때요?
내담자: 안 쓰죠. 못 쓰죠. -1:112(2408:2409)

앞에서 언급한 범주를 중심으로 살펴보았을 때, 엄마의 자녀양육 방식의 변화로 인하여 자매간의 관계가 친밀해졌고, 이러한 관계의 변화로 인하여 내담자는 가족 내 대화할 상대자가 생기게 되었다. 아울러 엄마의 솔직하고 기능적인 의사소통 방식과 긍정적인 부부관계의 변화가 상호작용을 하여 내담자에게 긍정적인 영향을 미친 것으로 보인다. 이러한 5가지 요인들의 변화로 인하여 내담자는 가족 밖의 스트레스 및 가족 내의 스트레스도 대처할 수 있는 능력이 생기게 되었다. 이러한 가족관계의 변화가 궁극적으로는 쇼핑중독과 신용카드 남용으로부터 자유롭게 하였다고 결론을 내릴 수 있다. 이와 같은 관계를 도식화하면 [그림 13-2]와 같다.

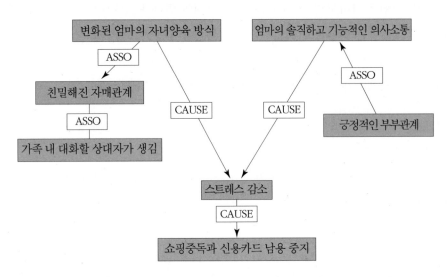

[그림 13-2] 쇼핑중독과 신용카드 남용 중지에 영향을 미친 요인

5. 결 론

본 연구에서는 쇼핑중독과 신용카드를 남용하는 내담자를 가족문제로 보고 가족치료를 실시하였다. 치료자는 내담자가 어려서부터 엄마로부터 신체적으로 학대를 받았고, 말로써 많은 상처를 받았으며, 이러한 엄마의 의사소통 방식은 원가족으로부터 배워 온 방식이라고 보았다. 또한 엄마는 원가족에서 장녀로서 과도한 역할을 하게 되었으며, 결혼 후 남편의 음주, 폭언과 가사의 무관심으로 인하여 가정 내에서 과도한 역할을 하게 되었다. 원만하지 못했던 부부관계로 인하여 자녀들은 엄마와 둘째 딸, 아빠와 내담자로 양분되는 결과를 가져왔고, 이러한 결과로 인하여 자매는 소원한 관계를 가지게 되었다. 결론적으로 내담자는 직장과 가정 내에서 이중의 스트레스를 받게 되었으며, 이러한 스트레스를 대화로써 풀 수 없어서 신용카드를 사용하여 쇼핑 또는 과소비를 함으로써 그

순간 스트레스를 해소하였다.

치료자는 궁극적으로 가족 내의 이러한 문제점을 중심으로 의사소통과 자아분화 문제에 초점을 두고 접근하였다. 상담 후 많은 시간을 거쳐서 엄마에게 자신의 삶의 방식에 대한 인식의 변화가 왔고, 이러한 인식의 변화로 자신의 삶을 찾아가면서 의사소통 방식에도 변화가 왔다. 이러한 엄마의 변화가 있기까지 부인에 대한 남편의 인식의 변화와 부인을 지지해 주는 의사소통 방식으로의 변화가 있었다. 이러한 부부관계의 변화와 엄마와 내담자 간의 신뢰감 형성, 내담자의 엄마와 친근해지려는 노력과 자녀에 대한 엄마의 솔직하고 긍정적인 표현 그리고 자매간의 원활해진 대화와 긍정적인 관계는 내담자를 변화시킬 수 있는 원동력이 되었다. 궁극적으로 모든 가족의 노력으로 내담자는 가족구성원과 대화를 할 수 있었고, 이러한 원활한 대화로 더 이상 신용카드를 남용할 필요가 없었던 것으로 보인다.

본 연구의 결과로는 일반적으로 우울, 불안, 긴장에 계속 시달리는 사람은 이런 고통스러운 상황에서 벗어날 방법을 추구하게 되며, 쇼핑 또는 구매중독은 이런 고통스러운 감정을 극복할 수 있는 한 가지 방법이 될 수 있다는 기존의 쇼핑 관련 연구결과를 확인할 수 있었다. 이와 더불어 지금까지의 쇼핑중독과 신용카드 남용에서 밝혀지지 않은 것으로서 가족 내에서의 역기능적인 의사소통으로 인한 대화의 단절과 스트레스가 오히려 자녀에게 이중적인 스트레스를 주어서 쇼핑중독과 신용카드 남용에 이르도록 할 수도 있다는 결론을 내리고자 한다.

연구자는 질적 자료분석의 소프트프로그램인 ATLAS.ti를 사용하여 근거이론을 적용하여 상담 전의 쇼핑중독과 신용카드 남용에 영향을 미친 요인과 상담 후 쇼핑중독과 신용카드 남용을 하지 않게 된 요인들을 분석하여 보았다. 아직까지 질적 자료분석 소프트프로그램이 국내에서 잘 알려지지 않은 상태에서 연구자가 미약하나마 시도를 해 보았으나, 좀 더 많은 연구자들이 질적 자료분석 소프트프로그램을 사용한 연구들을 수행하기를 바라는 심정이다. 한편 ATLAS.ti의 한글 사용이 아직까지는 원활하게 되고 있지 않은 것 같으나, 그 연구내용 분석결과를 한글워드를 사용하여 편집을 하면 가능하다는 것을 발견하였다. 앞으로 질적 방법론을 활용한 상담사례 분석들이 더욱 많이 나와서 사회복지 임상 및 상담 분야에서 활성화되기를 바라는 마음이다.

 참고문헌

강경호(2002). 중독의 위기와 상담. 경기도: 한사랑가족상담연구소.

김병태(2002). 부부 행복 클리닉. 서울: 생명의말씀사.

김소선(2003). 근거이론 연구방법의 이론과 실제. 간호학 탐구, 12(1), 69-81.

송인숙(1991). 도시주부의 강박적 구매행동 및 그 관련변인. 대한가정학회지, 29(3), 263-274.

신경림 역(1997). 질적 간호연구방법. 서울: 이화여자대학교출판부.

이정민(2003). 쇼핑중독 집단의 심리적 특성: 자기개념, 우울증 및 충동성을 중심으로, 성신여자
    대학교 대학원 석사학위논문.

임금선 역(1994). 좋은 것도 중독이 될 수 있다. 서울: 생명의말씀사.

전미애(2002). 주부의 인터넷쇼핑중독에 관한 연구. 덕성여자대학교 패션 · 텍스타일 비즈니스대
    학원 석사학위논문.

정진영(2003). 패션제품에 대한 인터넷쇼핑 중독구매에 관한 연구. 성신여자대학교 대학원 석사
    학위논문.

허세정(2003). 패션제품에 대한 TV홈쇼핑 구매자의 중독구매에 관한 연구. 성신여자대학교 대학
    원 석사학위논문.

Black, D. (1996). Compulsive buying: A review. *Journal of Clinical Psychiatry, 57*, 50-54.

Charmaz, K. (2004). Grounded theory, In S. N. Hesse-Biber & P. Levy (Eds.), *Approaches
    to qualitative research: A reader on theory and practice*. New York: Oxford
    University Press.

Christenson, G., Faber, R., de Zwaan, M., Raymond, N. C., Specker, S. M., Ekern, M. D.,
    Mackenzie, T. B., Crosby, R. D., Crow, S. J., Eckert, E. D., Mussell, M. P., & Mitchell,
    J. E. (1994). Compulsive buying: Descriptive characteristics and psychiatric
    comorbidity, *Journal of Clinical Psychiatry, 55*, 5-11.

d'Astous, A. (1990). An inquiry into the compulsive side of normal consumers. *Journal of
    Consumer Policy, 13*, 15-31.

DeSarbo, W. S., & Edwards, E. A. (1996). Typologies of compulsive buying behavior: A
    constrained clusterwise regression approach. *Journal of Consumer Psychology, 5*(3),
    231-262.

Elliot, R. (1994). Addictive consumption: Function and fragmentation in postmodernity.
    Journal of Consumer Policy, 17, 159-179.

Elliot, R., Eccles, S., & Gournay, K. (1996). Revenge, existential choice and addictive
    consumption. *Psychology and Marketing, 13*, 355-356.

Faber, R. J., & O'Guinn, T. C. (1988). Complusive consumption and credit abuse. *Journal of Consumer Policy, 11*, 97–109.

Faber, R. J., O'Guinn, T. C., & Krych, R. (1987). Compulsive consumption. *Advanced in Consumer Research*, 14, 132–135.

Glaser, B., & Strauss, A. (1967). *The discovery of grounded theory*. Chicago: Aldine.

Lee, S. H., Lenno, S., & Rudd, N. (2000). Compulsive consumption tendencies among television shoppers. *Family and Consumer Sciences Research Journal, 28*(4), 463–488.

O'Guinn, T. C., & Faber, R. J. (1989). Complusive buying: A phenomenological exploration. *Journal of Consumer Research, 16*, 147–157.

Patton, M. Q. (2002). *Qaulitative research & evaluation methods*. Thousand Oaks, CA: Sage Publications.

Scherhorn, G., Reisch, L. A., & Raab, G. (1990). Addictive buying in West Germany: An emprical study. *Journal of Consumer Policy, 13*, 355–388.

Strauss, A., & Corbin, J. (1998). *Basics of qualitative research*. Thousand Oaks, CA: Sage Publications.

Valence, G. A., d'Asous A., & Fortier, L. (1988). Compulsive buying: Concept and measurement. *Journal of Consumer Policy, 11*, 419–433.

Weitzman, E. A. (2000). Software and qualitative research. In N. K. Denzin & Y. S. Lincoln (Eds.), *Handbook of qualitative research* (pp. 803–820). Thousand Oaks, CA: Sage.

조선일보 (1999. 11. 26). 쇼핑중독.

3부

다중사례(사례 간) 분석 연구

제14장 | 가족치료 대화의 구조와 기능에
대한 대화분석적 연구[*]

1. 서 론

가족치료에 있어서 내담자와의 효과적인 의사소통은 긍정적 대인관계를 유지시키면서 자신이 추구하는 목적을 효과적으로 실현시킬 수 있는 상담자의 대화능력을 전제로 하는데, 이러한 상담자의 능력은 무엇보다도 합리적 대화의 진행과 관련이 있는 대화 구조적 지식을 요구한다. 따라서 내담자에 대한 보다 효율적인 의사소통 능력 향상을 위하여 상담자는 가족치료 대화의 전형적인 구조를 이해하는 것이 매우 중요하다. 이를 통해 상담자는 가족치료 대화를 구성하는 전체 기능단계와 각각의 부분 기능단계에서 나타나는 전형적인 대화연속체를 체계적으로 파악할 수 있기 때문이다.

매우 다양하고 복잡하게 나타나는 자연대화 속에서 대화를 구성하고 있는 구조와 원리체계를 발견함으로써 대화를 발전시키고자 하는 대화분석 방법(이창덕, 1998)은 주로 언어학 분야에서 실시되어 왔지만 가족치료사들의 의사소통 기술과 전략을 분석하고 발전시키는 데 유용하다는 견해가 있다(Coutuer & Sotherland, 2006; Friedlander, Heatherington, & Mars, 2000). 아울러 대화분석 방법은 가족치료사들을 양성하기 위한 훈련과정에서 훈련생들에게 상호작용하는 방법에 대한 직관력을 제공하고 의사소통 기

* 조용길, 유명이, 박태영(2008), 한국사회복지학, 60(4)에 게재되었음.

법에 대한 구체적인 분석을 통하여 직접적이고 명확한 슈퍼비전을 해 줌으로써 슈퍼바이저들의 훈련의 효과를 높일 수 있다고 한다(Ratliff, Wampler, & Morris, 2000; Strong, 2003).

최근에 언어학 분야 이외에서 대화분석 방법론을 활용한 여러 연구들이 실행되고 있다. Geisler(2002)는 의사와 환자 간의 대화가 보다 잘 실현될 수 있는, 즉 성공적인 진료에 부합하는 대화형식을 연구하였고, Hoene와 Deppermann(2004)은 정신질환을 앓는 내담자 치료를 위해 활용될 수 있는 서사적 정체성의 재구성과 서사 인터뷰의 분석을 위한 이론과 방법론을 기술하였다. 박일환(2003)은 진료실에서 가정의학과 전공의사의 면담내용을 분석하여 면담 중 환자 중심적 대화와 가족 중심적 대화가 관찰되는 빈도와 그 내용을 기술하였다. 이두원(2000)은 대화분석 방법을 활용하여 의사와 환자 간 의사소통 행위에 대하여 분석을 하였다. 또한 이두원(2002)은 대화분석을 통하여 부부간의 대화행위에 대하여 분석을 하였는데, 특히 부부간의 의사소통 문제의 유형을 조사하였다. 한편 봉일원(2002)은 기업체 내에서 실시되는 상담대화의 내용을 언어학적으로 분석하였다. 가족치료 분야에서 실시한 대화분석적인 연구로는 가족치료의 첫 회기에서의 상담자와 내담자 간 대화에서 나타나는 대화원형을 분석한 연구(유명이, 2006), 가족치료에서 사용되는 공감의 언어적 표현에 관한 연구(유명이, 2007) 그리고 가족치료에서 나타나는 상담대화의 대화유형에 대한 연구(조용길, 2006)가 있다.

그러나 아직까지는 가족치료에서 대화분석 방법을 활용한 연구가 초보적인 단계라고 볼 수 있다. 이러한 점에서 가족치료 대화의 전형적 구조를 파악하고 설명하는 데 언어학 분야에서 개발된 대화분석 방법론을 활용하는 것은 가치 있는 일이라 하겠다. 따라서 본 연구는 언어학적 대화분석 방법론, 즉 Hundsnurscher(1994)로 대표되는 '대화문법론'을 기반으로 가족치료 전체 회기에 나타나는 내담자와 상담자 간 의사소통의 전형적인 구조인 '대화원형(dialog prototype)'을 기술하고 설명해 보고자 한다.

실제 가족치료 대화들은 대화구조 면에서 매우 다양하고 복잡한 형태들을 보인다. 이는 우선 상담에 참여하는 내담자의 수에 따라서도 다양한 구조를 보인다. 일대일 대화뿐만 아니라 일 대 다수의 대화가 실제 가족치료에서 흔히 나타나며, 이는 다양한 대화구조를 야기한다. 또한 가족치료 대화는 치료모델이나 상담자 개인의 성향에 따라 대화의 기법이나 전개구조에서 매우 다양하게 펼쳐진다. 예컨대 '지시적 상담'의 기법을 추종하는 자들에게는 상담자 주도의 대화가, '비지시적 상담'의 기법을 추구하는 자들에게는 내담자 중심의 대화가 전형적으로 나타날 것이다(한승호, 한성열 역, 1998, p. 43). 또한 내담자 문제를 다루는 상담자 개인의 성향에 따라 대화의 전개구조가 매우 다양하게 나타날 수 있다. 예컨대, 내담자를 효율적으로 설득하기 위해 사용된 대화전략, 즉 공감이나 파워 행사의 유무에 따라 매우 이질적인 대화구조가 보일 수 있기 때문이다. 따라서 이렇게 다양한 모습을 보이는 실제 대화를 설명하기 위해서는 모든 대화에 공통으로 존재하는 일반적 규칙체계 또는 연역적으로 도출된 틀에서 출발하는 것이 유용하다.

대화분석을 위한 연역적 틀로 제시되는 대화원형은 대개 일대일 대화에 초점을 두고 재구성된 구조로서 두 대화 상대자들 사이에 전개될 수 있는 최소한의 합리적 기능구조와 관련된다. 이 연역적 틀은 가족치료가 본질적으로 지향하는 대화목적에서 출발하며, 이러한 목적에 상응하는 합리적 대화구조로써 가족치료의 일반적 사례들을 설명할 수 있는 토대로서 기능할 수 있다고 본다. 예컨대, 내담자가 둘 내지는 셋일 경우 그 중에서 상담자는 주로 핵심적 내담자와의 상담에 집중하게 될 것이고, 나머지 내담자들은 보조적 역할에 머무는 경우가 많다. 즉, 보조적 역할의 내담자들은 대개 핵심 내담자의 변화를 위해서 상담에 임하게 되고 상담자와 핵심 내담자 사이의 대화에 단지 간헐적으로 끼어드는 경우가 많다. 따라서 다수의 내담자가 참여하는 상담 역시 전체적 기능구조에 있어서는 일대일 상담과 큰 차이를 보이지 않으며, 다수의 인원이 참여해서 나타나는 대화구조의 외형적인 차이들은 대화원형의 변이형(變異型)들로 설명될 수 있을 것이다. 아울러 치료모델이라든지 상담자의 개인적 성향에 따라 달라지는 대화구조들은 대화원형의 확대된 변이형들로 인식되고, 이러한 변이는 특정한 모델이나 대화전략에 근거 지을 수 있을 것이다.

따라서 대화원형이 가진 여러 한계에도 불구하고 대화원형의 틀은 차후 가족치료의 실제에 접근하고 그 실제를 분석하고 설명하기 위한 준비단계로서 중요한 가치가 있다고 본다. 즉, 우리는 대화원형을 단순히 실제 대화를 온전히 파악하는 틀이 아니라 실제 대화의 기저구조를 조망하게 하는 기본적 틀로 이해해야 할 것이다. 이런 의미에서 본 연구에서 제시하는 가족치료의 대화원형은 실제 대화를 반영하고 설명하는 틀이 아니라 실제 대화에 분석적으로 접근하기 위한 틀이 될 것이다.

2. 연구방법

이 장에서는 대화원형 구축의 이론적 토대가 되는 언어학적 대화분석론의 하나인 '대화문법론'에 대해서 간략히 기술함과 동시에 대화원형 구조의 확인 및 검증을 위한 자료 확보에 대해서 언급하겠다.

1) 대화분석 방법론: 대화문법론

본 연구의 이론적 토대인 '대화문법론'을 설명하기 위해 박용익의 『대화분석론』(2001)을 중심으로 귀납적 대화분석과 연역적 대화분석에 대한 특징적인 면에 대해 간략히 기술하고자 한다.

대화분석론은 대화의 표층구조가 구성 원칙도 체계도 없는 발화의 혼합체인 것처럼 보이지만 그 현상의 이면에는 대화의 정연한 구성 원리와 체계가 숨겨져 있다는 인식에서 출발한다(박용익, 2001, p. 15). 대화분석의 주된 과제는 대화자들이 발화 시 의식하지 못하는 대화의 심층적 구성원리와 구조를 기술하고 재구성하여 가시화하는 것이다. 이러한 과제를 실현하기 위한 언어학적 대화분석의 큰 갈래는 귀납적 대화분석과 연역적 대화분석으로 나뉠 수 있다. 귀납적 대화분석은 분석자의 선험적 지식과 분석에 대한 조건을 배제한 채 연구대상인 실제 대화의 텍스트를 반복적으로 관찰하여 거기에서 규칙적으로 발견되는 것을 찾아내고, 더 나아가 그 안에 내재해 있는 대화의 규칙과 구성원리를 재구성하는 것에 집중한다. 즉, 귀납적 대화분석에서는 대화를 언어적 및 비언어적 상호작용으로 간주하고 대화의 질서를 생산해 내고 있는 조직과 규율, 구조를 발견하는 데 관심을 둔다(고문희, 김춘미, 문진하, 이명선 역, 2005, p. 2).

반면 연역적 대화분석은 분석가에 의해 선험적 · 직관적으로 재구성된 이론이나 모형으로부터 출발한다. 즉, 실제 대화의 기저에 정연한 규칙체계가 있으며 대화규칙에 대한 지식을 바탕으로 대화자들은 특정한 상황에서 실제 대화를 생성할 수 있는 의사소통 능력이 있다는 인식에서 출발한다. 이러한 의사소통 능력 혹은 대화의 규칙체계를 기술하고 분석하며 설명하는 것이 연역적 대화분석의 핵심적 목표다.

본 연구의 이론적 토대인 대화문법론은 연역적 대화분석의 절차를 따른다. 먼저 분석자의 선험적, 직관적 대화지식을 바탕으로 대화가 추구하는 의사소통 목적을 규정하고 그 목적을 성취하기 위해 사용되는 대화의 구조, 즉 대화의 원형을 도출한다. 대화의 의사소통 목적은 하나의 최소 대화구조뿐만 아니라 때때로 복합적인 부분적 기능단계를 거쳐서 실현된다. 그래서 예컨대 '길 묻기 대화'에서 상대방으로부터 길 정보를 얻고자 하는 목적은 대개 질문과 대답의 단순한 대화구조를 요구한다. 반면 가족치료 대화의 경우 가족을 변화시키고자 하는 의사소통 목적은 최소의 대화구조로서 이행될 수 없고, 대개는 여러 부분적 기능단계(예: 라포 형성-가족사정-진단-설득 순의 기능적 절차)를 거쳐서 실현될 수 있다. 이렇듯 의사소통 목적은 단순한 대화구조(예: 질문-대답 또는 지시-수용) 혹은 복합적 대화구조, 즉 여러 기능단계(functional phase)와 각 기능단계에서 나타나는 대화구조들을 통해서 실현된다. 연구자에 의해 선험적·객관적으로 재구성된 대화원형은 실제 대화에서 비교분석 과정을 통해 각 기능단계를 구성하는 대화연속체를 분석함으로써 전형적인 대화원형과 나아가 대화 참여자들이 사용하고 있는 의사소통 전략을 기술하게 된다.

대화원형이란 실제의 의사소통 상황에서 여러 형태로 실현되는 모든 실제 대화의 기저구조이며 최소의 구성요소로 이루어진 이상적 대화구조를 말한다(박용익, 2001, p. 286). 즉, 대화원형은 문법적으로 잘 짜인 문장처럼 논리적으로 잘 구성된 정형화된 대화구조다. 하나의 문장이 같은 의미의 다양한 문장들로 바뀌어 표현될 수 있듯이, 대화원형은 다양한 정형화된 논리적 대화구조들을 포함한다. 그래서 예컨대 '가족사정'의 기능단계의 경우에 상담자의 질문에 대해서 내담자는 대답, 침묵, 되묻기 등의 반응을 보일수 있고, 각 반응은 계속해서 이어지는 상담자의 언어행위를 기능적으로 제한한다. 이렇듯 특정한 의사소통 목적을 위해서 전형적으로 나타날 수 있는 대화의 가능성을 대화원형으로서 이해할 수 있는 것이다. 요컨대, 대화문법론은 특정한 의사소통 목적을 실현하는 전형적인 대화구조, 대화원형을 기술하고 설명하는 데 집중한다.

2) 자료수집, 녹취 및 연구 대상자 선정

가족치료의 대화원형을 구축하기 위해서는 분석자 개인의 합리적 사고나 직관뿐만 아니라 실제 대화자료의 검토도 필요하다. 먼저 연구자가 이론 및 선행연구를 토대로 대화원형을 구축하고, 실제 대화자료를 통해 구축된 대화원형의 세부구조들은 확인과정을 밟게 됨으로써 가족치료 실제를 반영하는 보다 적절한 대화원형이 마련될 수 있을 것이다. 이러한 연구과정을 위해 연구 대상자를 선정하고 그들의 실제 대화자료를 수집·녹취하는 작업이 요구된다.

    따라서 S대학교 가족치료센터와 K가족치료센터에서 상담에 참여한 가족치료 상담자 2명을 연구 대상자로 선정하였다. 우선 가족치료 상담자들에게 연구의 목적과 방법을 설명하여 자료수집을 위한 협조 동의를 받았다. 그리고 상담자들이 기존에 내담자에게 연구를 위한 자료수집에 대한 구두동의를 얻어 녹음 · 녹화해 두었던 상담사례들 중에서 상담내용을 검토하여 연구를 위해 적절한 자료라고 판단된 경우 내담자들에게 본 연구의 목적을 다시 설명하고, 내담자가 연구 참여 동의서에 서명을 한 경우에 그 녹음 · 녹화 자료를 연구대상으로 선정하였다. 최종적으로 수집된 자료는 9사례이며 대화에 참여한 상담자는 2명이고 내담자는 30명이었다.

    녹음 · 녹화된 자료들은 대화 참여자의 상호작용을 연구하는 연구목적에 맞게 언어적 및 비언어적 대화내용을 특정한 기호로 정밀하게 전사하는 전사약정을 마련하여 그 전사약정 기록방법을 익힌 훈련된 2명의 전사자들에 의해 문자로 전사되어 연구자료로 구축되었다. 전사된 자료는 내담자의 실명을 보호하기 위해 코드로 목록화하였는데, 예를 들어 〈F07001〉은 가족치료 대화(F), 2007년도에 수집된(07) 1번째 자료(001)를 의미한다.

    위와 같이 몇몇 제한된 연구기관 및 연구 참여자를 통하여 얻은 자료들은 연역적 분석방법에 의해 창출된 대화원형의 구조를 단지 확인 및 검증하는 데 기여할 뿐이다. 제한된 자료를 통해서는 결코 일반적인 틀인 대화원형의 구조가 도출될 수 없기 때문이다.

3. 연구결과

1) 가족치료의 기능단계 구조: 가족치료의 대화원형

    가족치료는 가족 간의 상호작용 안에 문제의 원인이 있다는 관점을 가지고 상담자와 가족 간의 상담과정에서 보이는 상호작용을 모델링으로 하여 가족들이 건설적인 상호작용을 만들어 낼 수 있도록 하는 것을 목표로 한다(김혜숙, 2003, pp. 47-48). 즉, 가족치료는 본질적으로 역기능적인 상호작용의 구조를 변화시키는 것을 목표로 한다. 이러한 목표는 상담자의 특정한 과업이나 치료모델에 상관없이 모든 가족치료에 있어서 통용되는 일반적인 틀이며 가족치료 분석의 출발점을 이룬다. 이러한 일반적 틀은 상응하는 전형적인 대화의 전개구조 내지는 기능단계 구조를 통해서 실현된다. 그래서 Sullivan은 모든 상담은 발단(inception), 예비조사(reconnaissance), 구체적인 탐구(detailed inquiry), 종결(termination)로 구성된다고 하였다(이장호, 1990, p. 7). Gladding(2002)은 가족치료의 과정을 전화에 의한 초기 접수단계, 초기단계, 중기단계, 종결단계로 구분하였다(이영분 외, 2008, 재인용). 그러나 일반적으로 가족치료 과정의 거시구조는 초기단계, 중간단계, 종결단계로 구분할 수 있다. 첫째, 초기단계는 내담자와 상담자의 첫 번째 만남으로부터 시작되는 초기과정으로서, 첫 상담이 이루어지기 위해서 내담자와 약속을 맺는 순간부터 서너 번의 상담을 통하여 진단과 목표설정이 이루어지기까지의 과정을 말한다(이화여자대학교 사회사업학과, 1997, p. 387). 초기단계는 상담의 전체적인 기간과 비례하게 하지만 대개 3회기 정도까지 이뤄지는데, 최근에는 4회기 이내의 단기상담이 선호되면서 초기단계를 1회기에 마치는 경우가 많고, 상담기간을 장담할 수 없기 때문에 첫 회기에 대한 중요성이 증가하고 있다. 가족치료 첫 회기 상담의 구조는 내담자와 치료적 관계를 형성하고 상담에 대한 소개를 하는 분위기 조성단계, 가족원들로부터 문제를 명확히 확인하고 사정을 하는 데 초점을 두는 문제규명 단계, 상담자가 문제를 정리하여 해석을 제공하고 가족들과 목표를 합의하는 목표설정 단계, 상담 일정 및 참여자들의 역할을 규정하는 계약단계 그리고 종료단계로 이루어진다(유명이, 2006, pp. 238-240). 이 구조는 가족치료 문헌들이 초기단계의 전체적인 구조로 설명하고 있는 사귐, 사정, 목표설정, 계약의 과업과 일치하고 있다(김혜숙, 2003, pp. 396-406; 이화여자대학교 사회사업학과, 1997, pp. 387-403). 초기단계에서 상담자의 가장 주요한 과업은 관계형성이다(엄예선, 1994, p. 262). 상담의 초기단계에는 상담자의 적극적인 역할수행에 의해 상담이 유도되며 이로써 내담자와의 신뢰를 형성하게 되는데, 특히 이 단계는 상담의 전체적인 구조와 예후를 결정하게 하므로 상담자의 준비된 전문성이 가장 많이 드러난다고 할 수 있다.

둘째, 중간단계는 변화를 위한 주된 작업이 행해지는 단계로서, 초기와 말기 과정에 비해 보다 굳건한 내담자와의 신뢰를 바탕으로 가족이 많은 변화를 경험하도록 이끌고 돕는다. 상담자는 변화를 위한 전략을 짜고 그 전략과 더불어 수많은 기법들의 적극적인 사용이 요구되며, 목표가 무엇이가에 따라 중간단계 동안 상담자가 어떤 작업을 행할 것인가가 결정된다. 중간단계의 상담구조는 개입수준에 따른 단계, 저항 다루기 단계, 과제설정 단계, 치료과정 점검단계 등으로 구성된다. 상담자는 개인 구성원의 드러난 문제수준, 가족원 간의 관계수준, 전체 가족체계 수준에 따른 개입의 수준과 단계를 조절한다. 저항 다루기는 중간단계의 주요 과업이다. 상담자는 내담자의 의식적 및 무의식적 저항에 대한 대처전략을 가지고 있어야 한다. 저항은 개입과정에서 수차례 반복되어 나타날 수 있다. 상담자는 문제해결 방안을 유지시키기 위한 전략으로 사용하기 위해 과제부여, 점검, 조정을 주요한 상담의 과정으로 삼게 된다. 상담자는 상담 횟수를 점차 줄여 감으로써 상담의 중반이 지나갔음을 알려 주고, 내담자 가족은 이러한 변화를 향상의 표시로 해석하게 된다. 상담자는 적극적으로 실행된 상담자의 개입과 내담자의 해결방안을 점검하면서 목표달성 여부와 목표수정의 필요성에 대해서 점검하는 활동을 시도하게 되며 이로써 자연스럽게 종결에 대한 준비단계에 접어들게 된다.

마지막으로 종결단계다. 가족치료의 과정은 초기, 중기, 말기 과정을 뚜렷하게 분류하기 어려울 뿐만 아니라 가족치료의 모델들은 말기과정, 특히 종결의 시기 및 내용에 대한 상이한 견해를 갖고 있다(이화여자대학교 사회사업학과, 1997, p. 435). 상담자와 가족이 합의하에 순조롭게 종결되는 경우도 있지만, 치료 도중에 가족에게 종결을 권하거나 다른 상담자로 옮길 것을 권유해야 되는 경우 또는 가족원에 의해 종결이 통보되는 경우 등이 있다. 상담에서 조기 종결하는 경우는 상담 초기단계에서 상담자가 내담자의 문제해결에 대한 기대가 있을 것으로 예측하고 회기와 목표에 대한 합의 없이 상담을 시작한 경우, 상담진행 단계에서 상담자가 상담을 지나치게 주도하거나 소극적인 반응을 보인 경우, 내담자가 상담자의 상담방식에 대해 불편감을 느낀 경우, 내담자가 상담자에게 적대적이고 부정적인 반응과 태도를 보인 경우 등이다(손유미, 정남운, 2005, p. 538). 종결단계는 종결준비 단계, 종결 진행 단계, 사후관리 단계로 구성된다(김혜숙, 2003, pp. 419-420; 이화여자대학교 사회사업학과, 1997, pp. 446-448). 종결의 준비를 위해서 상담자는 종결 가능성에 대해 탐색하고 내담자에게 계약내용을 상기시키며 종결 통보를 위한 계획을 수립한다. 종결진행 단계에서는 치료과정 및 목표달성 평가, 종결시기 제시, 가족의 다짐 또는 목표 세우기, 사후관리 계약, 다른 기관 연결 등의 내용이 다루어진다. 상담자는 종결과정에서 내담자 가족구성원의 분리와 의존에 관한 정서를 다루며 가족에게 상담자의 지지를 제공하여야 한다. 상담의 종결 후에는 필요한 경우 전화 또는 편지로 사후관리가 실행되는데 종결과정에서 내담자와의 협의하에 결정된다.

이상에서 논의한 가족치료 상담의 진행구조는 기능에 따라 [그림 14-1]과 같이 요약될 수 있다(조용길, 2006). 여기에서 분명히 해야 할 것은 이러한 구조는 상징적인 의미를 갖는다는 것이다(조용길, 2006, p. 218). 왜냐하면 실제로 가족치료의 모든 형태들이 한결같이 위와 같은 기능단계들을 거쳐서 순차적으로 상담을 수행하는 것은 아니기 때문이다. 많은 가족치료사례들이 초기단계에서 관계촉진을 위한 분위기 조성단계가 생략되는 대화구조를 보여 주거나, 또는 분위기 조성과 종결의 기능단계를 최소한 축소 내지 생략하

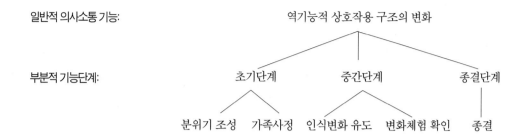

일반적 의사소통 기능:　　　　　　　　　　　　역기능적 상호작용 구조의 변화

부분적 기능단계:　　　　　　초기단계　　　　중간단계　　　　　종결단계

분위기 조성　가족사정　인식변화 유도　변화체험 확인　종결

[그림 14-1] 가족치료의 일반적 의사소통 기능과 부분적 기능단계 구조

는 구조를 보여 주기도 한다(조용길, 2006, p. 218). 아울러 실제 사례에서 위에서 제시한 부분적 기능단계가 명확히 구분되지 않게 나타나는 경우도 많다. 예컨대, 가족사정의 기능단계 속에서도 다른 기능인 분위기 조성과 인식변화 유도의 기능도 종종 보이기 때문이다. 따라서 가령 가족사정 기능단계는 오로지 가족사정만이 등장하는 단계가 아니라 다른 어떤 기능보다 가족사정이 주도적이고 핵심적인 역할을 하는 단계로 이해되어야 할 것이다(조용길, 2006, p. 218). 즉 위에 제시한 가족치료의 기능구조는 상징적 구조로서 실제 사례에서는 다양한 형태로 변형될 수 있고 각 부분의 기능이 혼재되어 복잡한 양상을 보일 수 있는 것이다.

2) 가족치료의 기능단계별 대화연속체 원형

앞서 언급했듯이, 가족치료의 부분적 기능단계인 '분위기 조성' '가족사정' '인식변화 유도' '변화체험 확인' 그리고 '종결'은 실제 상담사례에서 다양한 가중치를 가지고 나타난다. 그래서 '분위기 조성'과 '종결'의 단계는 대부분 실제 상담에서 자주 생략되거나 나타난다 하더라도 매우 단순하고 전형적이며 진행되는 기간도 짧은 반면, '가족사정' '인식변화 유도' 그리고 '변화체험 확인'의 단계는 상대적으로 진행되는 기간이 길고 매우 역동적인 대화구조를 통해서 표현된다. 이러한 이유에서 본 연구는 가족치료의 전 과정을 기술하되, 핵심적 과정인 '가족사정' '인식변화 유도' 그리고 '변화체험 확인'에 중점을 두고 각 단계에서 전형적으로 나타날 수 있는 최소한의 대화연속체 원형을 기술하고자 한다.

(1) 분위기 조성단계

　가족치료에 처음 참여하는 가족원들이 낯선 상담환경에 긴장되어 있을 수 있으므로 약간의 사교적인 대화를 시작하면 가족원의 불안을 해소하는 데 도움이 된다. 상담자 및 가족원의 자기소개와 상담에 대한 공식적인 사항(상담시간, 상담비, 상담비 지불방식, 상담빈도, 비밀보장, 의뢰한 사람에 대한 언급, 전화 대화가 있었을 경우 그 가족원과의 대화 확인 등)에 대해 언급하며, 문제가 무엇이며 가족의 욕구가 무엇인지를 묻고 그들이 성취하고자 하는 바를 표현하도록 돕는다. 상담자 또한 성공적인 치료를 위해 기대하는 바를 설명한다. 분위기 조성을 위한 노력은 내담자의 긴장을 해소할 뿐 아니라 상담자와 상담과정에 대한 신뢰를 형성하기 때문에 가족사정 및 변화 노력을 위한 개입과정에 매우 중요한 영향을 미친다. 전체적인 상담의 초기과정뿐만 아니라 매 회기에 분위기 조성을 위한 상담자들의 전략이 수행된다. 아울러 상담이 시작되기 전 전화면담이나 의뢰서를 통해 내담자의 정보가 상담자에게 제공되어 상담이유가 명확히 정의된 경우, 단기상담으로 개입기간이 짧은 경우에 분위기 조성단계는 매우 간결하게 실행될 수 있다. 따라서 분위기 조성단계에서 나타날 수 있는 대화구조는 대개 단순하고 전형적인 질문과 대답의 연속체가 주류를 이룬다. 예컨대, 내담자의 신상 및 상담자에게 기대하는 바를 묻는 것에 의하여 대화를 시작하고 이에 대한 내담자의 반응으로 대화가 진행된다.

　여기에서 나타나는 대화연속체 가능성 중에 첫 번째인 '인사-인사-분위기 조성 질문-대답'의 구조에 상응하는 사례를 제시한다. 나머지 되묻기와 비대답으로 이어지는 연속체는 다음에 다루어질 가족사정의 기능단계에서도 유사한 구조가 나타나기 때문에 여기에서는 생략하기로 한다.

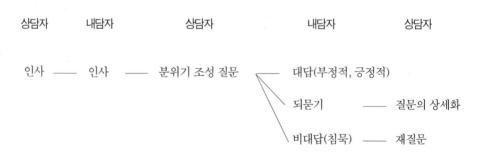

[그림 14-2] 분위기 조성단계에서 핵심적으로 나타날 수 있는 대화연속체 원형

• 대화연속체: 인사 - 인사 - 분위기 조성 질문 - 대답

〈사례 1〉

상담자: 안녕하세요. (인사)

내담자: 안녕하세요. (인사)

상담자: 날씨가 참 덥죠? (분위기 조성 질문)

내담자: 네. (대답)

이 대화는 상담을 시작하는 단계에서 일상적으로 행해지는 구조로서 낯설고 서먹한 분위기를 바꾸기 위한 상담자의 질문이 주축이 된다. 이 구조는 분위기 조성단계에서 핵심적으로 등장하는 연속체로서 상호 간에 친밀감을 구축하는데 기여한다.

(2) 가족사정 단계

분위기 조성이 끝나면 가족사정이 시작되는데, 이 단계는 내담자가 상담을 요구하게 된 구체적인 가족의 문제를 확인하는 사정과정이다. 상담자는 내담자가 상담을 요청하게 된 이유와 무엇이 문제라고 생각하는지, 문제가 발달해 온 과정, 문제를 해결하려고 시도했던 방식 등을 질문한다. 이 과정에서 상담자는 내담자의 말을 끊지 않고 내담자가 자신의 문제에 대해 계속해서 이야기하게 하며 언어적 또는 비언어적인 반영을 통해 내담자의 이야기를 적극적으로 경청한다.

일단 내담자의 문제에 대하여 어느 정도 설명이 진행되면 상담자는 적극적인 질문으로 문제의 내용을 명료화하고 구체화하면서 질적으로 유용한 정보를 수집해 나간다. 즉, 가족치료의 목적에 맞게 내담자가 내놓은 문제가 가족과 어떤 연관이 있는지, 가족들이 얼마만큼 관여되어 있는지, 문제로 인해서 가족들이 어떠한 영향을 받고 있는지, 가족들이 문제에 대해 어떤 태도를 가지고 있는지에 대해 탐색한다. 정확한 문제규명은 좋은 치료계획을 세우는 데 필수적인 과정이므로, 상담자는 일관적이고 명확한 질문기법을 사용해 이 단계가 지지부진하게 길어지는 것을 방지하는 기술이 필요하다.

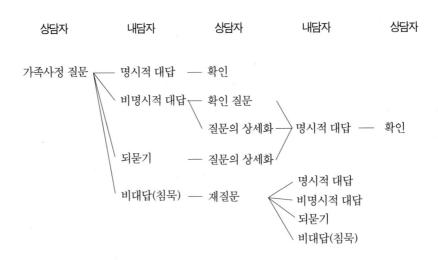

[그림 14-3] 가족사정 단계에서 핵심적으로 나타날 수 있는 대화연속체 원형

• **대화연속체: 가족사정 질문 - 명시적 대답 - 확인**

〈사례 2〉
상담자: 부모님은 얼마나 자주 싸우셨어요? (가족사정 질문)
내담자: 자주 싸우신 거 같아요. 일주일에 몇 번씩 싸우셨던 거 같아요. (명시적 대답)
상담자: 그래요. (확인) 〈F07008〉

가족사정을 위한 질문에 대해서 내담자는 위와 같이 명시적으로 대답하기도 하고, 때로는 상담자의 관점에서 볼 때 불충분하고 비명시적인 대답이 될 수도 있다. 아래의 연속체들은 이러한 경우를 잘 보여 준다.

• **대화연속체: 가족사정 질문 - 비명시적 대답 - 확인 질문 - 명시적 대답 - 확인/다른 질문**

〈사례 3〉
상담자: 어렸을 때 성폭행 당했던 적은? (가족사정 질문)
내담자: 없어요. (비명시적 대답)
상담자: 전혀 없었어요? (확인 질문)
내담자: 예, 아! 한 번 있었어요. 한 번인가 두 번인가? 추행이었어요. (명시적 대답)

상담자: 아, 예. (확인)

• **대화연속체: 가족사정 질문 – 비명시적 대답 – 질문의 상세화 – 명시적 대답 – 확인**

〈사례 4〉

상담자: 아버지 어머니와의 관계는 어떠셨어요? (가족사정 질문)

내담자: 나쁘지는 않았던 것 같아요. (비명시적 대답)

상담자: 제 말은 서로 대화하는 데 문제는 없었냐는 거예요. (질문의 상세화)

내담자: 서로 대화하는 데 문제는 없었던 것 같아요. (명시적 대답)

상담자: 그래요. (확인)

앞의 〈사례 2〉에서와는 다르게 위의 두 대화연속체는 내담자의 비명시적 대답이 나타
난다. 내담자의 대답이 명시적이냐 또는 비명시적이냐 하는 기준은 상담자에 의해서 결
정되는 것이지 대답의 표현유형을 통해서가 아니다. 그래서 위의 예에서 '없었어요.'
'나쁘지는 않았던 것 같아요.'는 명시적인 표현유형에 해당하지만, 상담자는 이런 표현
을 내용적으로 비명시적인 대답으로 해석하여 확인 질문을 하거나 또는 자신의 질문을
좀 더 구체화하는 단계를 밟게 되는 것이다. 즉, 내담자의 대답이 명료하지 않거나 또는
내용적으로 자신이 원하는 구체적인 대답이 아닌 애매모호한 대답으로 표현되는 경우 이
를 상담자는 비명시적인 대답으로 규정한다는 것이다. 따라서 확인 질문이나 질문의 상
세화로 인하여 대화는 좀 더 복잡하게 진행되는 구조를 보인다. 그 밖에 가족사정을 위한
질문은 되묻기 혹은 비대답인 침묵을 통해서 대응되기도 한다.

• **대화연속체: 가족사정 질문 – 되묻기 – 질문의 상세화 – 명시적 대답 – 확인**

〈사례 5〉

상담자: 결혼생활은 몇 년이나 되셨어요? (가족사정 질문)

내담자: 네? (되묻기)

상담자: 결혼은 언제 하셨어요? (질문의 상세화)

내담자: 저희 결혼은 지난 12월 2일에 했어요. 그러니까 1년 됐네요. (명시적 대답)

상담자: 예, 그래요. (확인) 〈F07003〉

• 대화연속체: 가족사정 질문 - 비대답(침묵) - 재질문 - 명시적 대답 - 확인

〈사례 6〉

상담자: 남편하고 성관계는 어떠세요? (가족사정 질문)

내담자: (머뭇거린다.) (침묵)

상담자: 남편하고 성관계는 원만한 편이세요? (재질문)

내담자: 예, 괜찮아요. (명시적 대답)

상담자: 그래요. (확인)

〈사례 5〉에서는 가족사정을 위한 상담자의 질문을 청각적으로 못 듣거나 상담자의 의도를 파악하지 못해서 내담자가 되묻기를 하고 결국 상담자가 자신의 질문을 좀 더 구체적으로 표현하는 구조가 나타난다. 〈사례 6〉은 상담자의 질문에 대해 내담자가 대답하기 쑥스러워 침묵하자 상담자가 자신의 질문을 반복하는 구조로서 상호 간 신뢰가 완전히 구축되지 않은 가족치료 초기단계에서 종종 등장한다.

이상 논의한 가족사정 단계를 통해서 가족구조에 대한 전체적인 윤곽을 파악한 상담자는 이러한 가족구조에 변화를 유도하기 위해 구체적으로 개입하는 인식변화 유도단계에 접어들게 된다.

(3) 인식변화 유도단계

가족구성원들이 갖고 있는 문제를 파악하고 문제해결을 위한 실마리를 결정하고 나면, 상담자는 문제가 되는 내담자와 가족구성원들의 인식을 변화시키기 위해 노력한다. 인식변화 유도단계는 변화를 위한 주된 작업이 행해지는 개입의 중심단계로서 상담의 속도가 급속히 상승하는 특징이 있다. 그리고 이 단계에서 상담자는 가족사정을 통해 발견된 내담자와 가족구성원들이 갖고 있는 본질적인 문제를 확인하고, 가족구성원들에게 가족문제를 이해시키며, 가족문제를 해결하기 위한 적절한 대화방식을 사용하도록 설득한다. 따라서 이 단계는 가족구성원들에 대한 인식과 행동 방식의 변화를 유도하기 위한 단계다. 상담자는 전체 가족의 기능을 향상시키는 것을 목표로 내담자와 가족구성원들의 변화를 위한 전략을 짜고 그 전략과 더불어 많은 가족치료 기법을 사용하게 된다. 상담자는 변화에 대한 내담자와 가족구성원들의 저항을 다루며 내담자와 가족구성원들이 변화를 받아들이고 생활에 일반화할 수 있도록 과제를 부여하게 된다. 이 기능단계에서 나타나는 핵심적 대화연속체는 문제 해석 및 해결책 제시와 수용/비수용의 구조다. 문제 해석은 대개 주장이나 혹은 주장과 조언의 발화구조로 이루어진다. 이 구조에서 나타날 수 있는 대화연속체의 가능성은 [그림 14-4]와 같다.

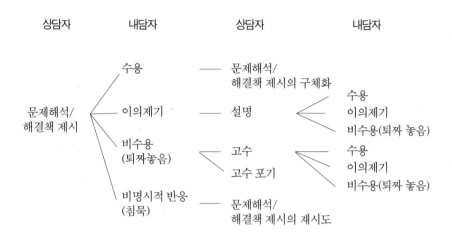

[그림 14-4] 인식변화 유도단계에서 핵심적으로 나타날 수 있는 대화연속체 원형

여기서 제시된 대화연속체 구조들을 실제 가족치료사례에서 확인할 수 있었는데, 연구자는 각각의 대화연속체 구조에 상응하는 실제 사례를 중심으로 대화연속체 원형을 설명하겠다. 먼저 대화연속체 '문제해석-수용-문제해석의 구체화'의 사례를 살펴보면 다음과 같다.

· 대화연속체: 문제해석-수용-문제해석의 구체화

〈사례 7〉
상담사: 그건 어머니 생각이죠. 누굴 위한 것인지 생각해 보세요. 내 방식은 나한테만 옳은 거예요. (문제해석)
내담자: 그걸 다 알아요. 알면서 못하는 거죠. (수용)
상담자: 지연이 제가 두 번 만났는데 괜찮아요. 괜찮은 애예요. 문제는 너무 휘둘렸다는 거예요. (문제해석의 구체화)〈F07003〉

상담자는 딸의 문제를 보는 내담자(어머니)의 잘못된 인식을 변화시키기 위해 직접화
법의 강한 어투를 사용하여 문제에 대한 해석을 하고, 이에 대해 내담자는 동의하는 수용
의 자세를 보인다. 그리고 상담자는 내담자의 인식을 변화시키기 위해 보다 구체적으로
문제에 대한 해석을 더한다. 위의 대화연속체는 '인식변화 유도단계'에서 지배적으로
나타나는 구조로서 내담자를 설득하는 기본구조를 형성한다. 다음은 상담자의 문제해석
에 대해서 내담자가 이의를 제기하는 대화연속체, 즉 '문제해석 – 이의제기 – 설명 – 수용'
의 사례를 살펴보자.

• 대화연속체: 문제해석 – 이의제기 – 설명 – 수용

〈사례 8〉
상담자: 얘가 성적이 떨어진 것에 대해서 엄마가 그러한 방식으로 성적을 올리고 깨
　　　닫게 하는 것 같지만 아이는 더 상한다는 거죠. (문제해석)
내담자: 그것은 감정의 문제 아닌가요? (이의제기)
상담자: 그런데 그런 방식이 아이의 감정을 상하게 하고 아이와의 관계를 더 멀게 한
　　　다는 거예요. 그러면 어디에 변화의 초점을 두어야 하냐는 거예요. (설명)
내담자: 초점을 두어야 하는 거는 알지만 잘 안 되고 힘들어요. (수용) 〈F07007〉

상담자는 딸이 겪고 있는 문제의 핵심을 내담자(엄마)의 잘못된 양육방식에 기인한다
고 문제해석을 하나, 내담자는 문제를 딸 자신이 해결해야 할 감정의 문제로 보고 상담자
의 문제해석에 이의를 제기한다. 이에 상담자는 내담자를 설득하기 위해 본질적인 문제
에 대해 설명하고 결국 내담자의 수용을 이끌어 낸다. 이 구조 역시 '인식변화 유도단계'
에서 핵심적으로 등장하는 대화연속체로서 내담자를 설득하기 위한 중요한 역할을 한다.
상담자의 문제해석에 대해서 완전히 거부의 의사를 밝히는 '비수용'의 반응화행으로부
터 전개될 수 있는 대화연속체 역시 내담자 설득을 위해 흔히 사용되는 구조다. 다음으로
대화연속체 '해결책 제시 – 비수용(퇴짜 놓음) – 고수 – 수용'의 사례를 살펴보자.

• 대화연속체: 해결책 제시 - 비수용(퇴짜 놓음) - 고수 - 수용

〈사례 9〉

상담자: 부부관계가 안 좋으면 자녀들이 술이나 도박 등 여러 형태로 어긋나게 돼요.
　　　　그러니 먼저 부부관계를 회복해야 합니다. (해결책 제시)

내담자: 스트레스는 자기 카드 빚 때문에 받는 거죠. (비수용)

상담자: 그건 어머님 생각이시고요. (중략) 부부관계가 좋아지면 자녀들이 좋아집니
　　　　다. 부모가 완벽주의자이면 애 망칩니다. (고수)

내담자: 그러면 제가 고치면 되는 거예요? (수용) 〈F07003〉

　문제해결의 핵심을 내담자의 부부관계를 회복하는 데 두는 상담자의 주장이 수용되지
않자 곧바로 보다 강한 어투(예: 부모가 완벽주의자면 애 망칩니다.)의 고수 화행이 수행되
고 있다. 이는 결국 내담자의 수용을 이끌어 내는 기능을 했다. 이와는 반대로 내담자의
'비수용'에 대해 고수를 포기하는 경우도 종종 등장한다.

• 대화연속체: 문제해석 - 비수용(퇴짜 놓음) - 고수 포기

〈사례 10〉

상담자: 아버지는 연주를 생각하고, 어머니는 아버지를 생각하고, 어머니는 또 연주
　　　　를 생각하고, 서로가 서로를 돌보다 보니까 자기 속에 있는 얘기를 오히려 못 나
　　　　눈 것 같은 느낌이 드네요. (문제해석)

내담자: 저희는 대화는 잘 나눈 편인데요. (비수용)

상담자: 아, 그래요. 그럼 어떤 대화를 나누었는지 구체적으로 설명해 주실 수 있어
　　　　요? (고수 포기/질문) 〈F07001〉

　여기서 상담자가 자신의 문제해석을 고수하는 대신에 내담자 스스로 인식의 변화에
도달하게끔 하기 위해 질문의 화행을 던지고 있다. 이러한 대화구조 역시 내담자의 인식
을 변화시키는 데 큰 역할을 할 수 있다. 마지막으로 실제 대화에서는 매우 드물게 나타
나지만 가능한 대화구조로서 상담자의 문제해석에 대해 내담자가 긍정 또는 부정의 분명
한 반응을 전혀 보이지 않고 어떠한 의사표현도 하지 않고 침묵하기 때문에 내담자의 생

각을 파악할 수 없는 경우가 있다. 이에 상담자는 자신의 문제해석을 되풀이하게 된다.

• 대화연속체: 해결책 제시 – 비명시적 반응(침묵) – 해결책 제시의 재시도

〈사례 11〉

상담자: 먼저 부부관계를 좋게 해야 합니다. 자녀의 문제라고만 생각하시면 안 됩니다. (해결책 제시)

내담자: ……. (비명시적 반응: 침묵)

상담자: 먼저 부부관계를 회복하는 게 중요합니다. 부부관계가 좋아지면 자녀들이 좋아집니다. (해결책 제시의 재시도)

(4) 변화체험 확인단계

이 단계에서는 전 단계인 인식변화 유도단계에서 시도된 내담자의 인식변화로 실제의 삶에서 행동의 변화가 있는지를 확인하는 것이 핵심이다. 한 가족구성원이 기존에 그가 지니고 있던 행동을 변화시키는 것, 예컨대 권위적인 의사소통 방식을 비권위적인 의사소통 방식으로 바꾸는 것은 다른 가족구성원들에게 엄청난 파급효과를 미칠 것이다. 가족 간의 관계는 훨씬 더 부드러워질 것이고 자유로운 대화가 오고 갈 것이다. 즉, 가족구성원 개인의 작은 행동의 변화가 전체 가족구조를 순기능적으로 변화시키는 힘을 갖는

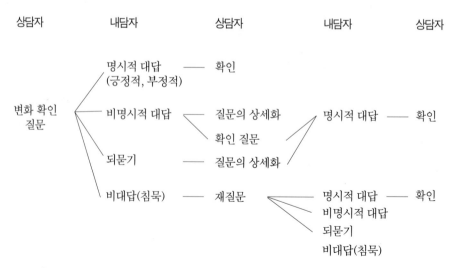

[그림 14-5] 변화체험 확인단계에서 핵심적으로 나타날 수 있는 대화연속체 원형

다. 따라서 상담자는 내담자가 스스로 행동의 변화를 체험하고 있는지 혹은 다른 내담자로부터 달라진 대우를 받고 있는지를 확인하는 것이 매우 중요하다. 이를 위한 핵심적 구조는 변화체험 확인을 위한 질문과 대답의 연속체가 될 것이다. 변화체험 확인을 위한 질문으로부터 전개될 수 있는 대화연속체의 가능성은 위에서 논의한 가족사정 단계의 연속체와 대동소이하다.

각각의 대화연속체를 보여 주는 사례의 예를 들면, 우선 연속체 '변화 확인 질문 – 명시적 대답 – 확인/다른 질문' 은 다음에서 분명히 나타난다.

• 대화연속체: 변화 확인 질문 – 명시적 대답 – 확인

〈사례 12〉

상담자: 지금은 어떠신 것 같아요? (변화 확인 질문)

내담자: 지금은 덜 하지만, 여기서 얘기하면서 그동안 제가 아빠 역할, 남편 역할을 제대로 하지 않았다고 생각을 하니까 그럴 수 있다고 많이 이해를 하는 편이죠. 요즘은 제가 화나서 나가거나 하는 것은 없습니다. 감정을 누그려트리고 많이 참습니다. (명시적 대답)

상담자: 아! 그러셨어요. (확인) 〈F07007〉

이 대화연속체는 가족치료의 변화확인 단계에서 가장 흔히 발견되는 최소의 기능구조로 평가된다. 즉, 이 구조는 실제 대화에서 그대로 실현되기도 하지만 때때로 또 다른 보조 대화연속체의 삽입을 통해서 복잡하게 전개되기도 한다.

• 대화연속체: 변화 확인 질문 – 비명시적 대답 – 질문의 상세화 – 명시적 대답 – 확인

〈사례 13〉

상담자: 요즘 따님하고 엄마하고의 관계는 어떻다고 보세요? (변화 확인 질문)

내담자: 서로 트러블은 없는 것 같아요. (비명시적 대답)

상담자: 그전보다 관계가 좋아졌나요, 아닌가요? 좋아졌다면 구체적으로 어떻게 좋아졌는지 예를 하나 들어 주시겠어요? (질문의 상세화)

내담자: 돈에 관한 일이 생기면 또 혼자서 속을 썩곤 하는데 옛날처럼 바로바로 화내

고 그러진 않아요. (명시적 대답)

상담자: 그래요! (확인) 〈F07003〉

• 대화연속체: 변화 확인 질문－비명시적 대답－확인 질문－명시적 대답－확인

〈사례 14〉

상담자: 요즘은 언니와 사이가 어때? (변화 확인 질문)

내담자: 잘 해 줘요. (비명시적 대답)

상담자: 언니와 서로 대화를 잘 나눈다는 것이니? (확인 질문)

내담자: 예, 그래요. (명시적 대답)

상담자: 그래?! (확인)

〈사례 13〉과 〈사례 14〉에서 내담자의 비명시적 대답은 상담자의 구체적 질문과 확인 질문을 야기하고, 이에 내담자는 상담자가 원하는 명시적 대답을 하게 된다. 앞서 밝힌 바와 같이 비명시적 대답의 기준은 상담자가 결정하며 음성적으로 불명료하거나 내용적으로 구체적이지 못한 경우에 해당한다. 다음은 내담자의 되묻기를 통해서 확대되는 대화연속체다.

• 대화연속체: 변화 확인 질문－되묻기－질문의 상세화－명시적 대답－확인

〈사례 15〉

상담자: 지금 본인하고 아빠하고의 관계는 어때요? (변화 확인 질문)

내담자: 구체적으로 어떤 관계를 말씀하시나요? (되묻기)

상담자: 지금 아빠하고 대화는 잘 되고 있어요? (질문의 상세화)

내담자: 네, 그전에 비해서 괜찮아요. 저번에 한 3주 동안 아빠랑 등산 다니면서 되게 이야기를 많이 했어요. 원래 말이 많지 않은데 제가 계속 쫑알거리니까 아빠가 좀 놀랐다고 나중에 말씀하시더라고요. 그때 이후로 아빠가 말을 잘 들어주세요. (명시적 대답)

상담자: 그래요. (확인) 〈F07003〉

이 사례 역시 실제 대화에서 흔히 나타날 수 있는 대화연속체로서 상담자의 변화 확인 질문을 정확히 이해하지 못한 내담자가 되묻기를 시도함으로써 전체 구조가 확대된 경우다. 마지막은 상담자의 변화 확인 질문에 대해 내담자가 구체적인 반응을 보이지 않고 침묵하는 경우로서 실제 대화에서는 매우 드물게 나타난다.

• 대화연속체: 변화 확인 질문 - 비대답(침묵) - 재 질문 - 명시적 대답 - 확인

〈사례 16〉
상담자: 하하, 아버지 안 하시고 계시네, 계속 하시라고 하는데. 한번 해 보세요. 번쩍 드세요. 하하하, 아버지가 너무 부끄러움을 많이 타시네요. ○○야, 그지? 그래요, 이 시간이 가족에게 도움이 됐으면 좋겠네요. (변화 확인 질문)
내담자: …… (비대답/침묵)
상담자: 저와 함께한 시간이 실제로 가족에게 도움이 되었나요? (재 질문)
내담자: 많은 도움이 됐습니다. (명시적 대답)
상담자: 그래요! (확인) 〈F07008〉

이 사례에서 상담자의 변화 확인 질문에 대해 내담자는 그것이 질문인지 단순한 의견인지 이해하지 못해서 구체적 반응을 보이지 않고 침묵하고 있다. 이에 대해 상담자는 보다 구체적으로 변화 확인을 위한 질문을 던지고, 결국 내담자는 명시적인 대답을 하게 된다.

(5) 종결단계

종결단계는 변화체험 확인단계를 통해 자연스럽게 시작될 수도 있고, 내담자 또는 상담자의 요구에 의해 갑자기 실행될 수도 있다. 그러나 일반적으로 종결은 목표가 달성되었거나 초기에 계약한 상담기간이 만료되었을 때 실행하게 된다. 종결단계 역시 분위기 조성단계처럼 매우 짧게 나타난다. 이 단계에서는 주로 중간단계에서 체험한 변화의 종류와 내용을 살펴보고 실생활에서의 적용을 권장하는 상담자의 제안이 받아들여지게 되는 구조, 즉 제안-수락의 대화연속체 구조가 핵심적으로 나타난다.

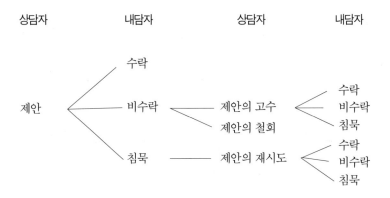

[그림 14-6] 종결단계에서 핵심적으로 나타날 수 있는 대화연속체 원형

종결단계에서는 변화체험을 실생활에서 활용해 보라는 상담자의 제안에 대해서 비수락하거나 침묵하는 경우는 거의 나타나지 않는다. 따라서 여기에서는 제안과 수락의 간단한 대화연속체 구조만을 사례로 설명하겠다.

• 대화연속체: 제안 – 수락

〈사례 17〉
상담자: 이 상담기간 동안에 연습한 새로운 의사소통 방식을 반드시 실생활에서 이행하도록 하세요. (제안)
내담자: 예. (수락)

여기서 상담자는 상담기간 동안에 내담자가 체험한 변화를 실생활에서도 계속 유지시키기 위한 제안을 하게 되고, 내담자는 이에 수락의 의사를 밝히는 대화구조가 나타난다. 이를 통해 상담자는 상담을 종결하게 된다.

4. 결론 및 논의

본 연구에서는 가족치료과정을 통하여 나타나는 대화를 언어학적 대화분석 방법론 중 대화문법론을 기반으로 분석을 시도하였다. 즉, 대화문법론을 활용하여 상담자와 내담자 간 의사소통의 전형적인 구조인 '대화원형'을 기술하고 설명하였다. 대화원형 구축의 출발점은 가족치료가 본질적으로 지향하는 대화목적으로, 이는 가족 간의 역기능적 상호작용을 변화시키는 것이다. 이러한 목적은 몇몇 핵심적인 기능단계를 거쳐서 실현될 수 있는데, 이는 초기단계, 중기단계, 종결단계로 나누어진다. 초기단계에는 분위기 조성단계와 가족사정 단계가 포함된다. 중기단계는 인식변화 유도단계와 변화체험 확인단계를 포함하고, 이러한 단계를 거쳐 결국 상담의 종결단계를 갖게 된다. 아울러 각각의 기능단계는 단계적 대화목적에 상응하는 대화연속체를 갖게 되고, 이러한 연속체는 각 기능단계에서 핵심적으로 나타나는 다양한 대화연쇄 가능성들을 보여 준다.

그렇지만 각각의 연속체 유형들은 가족치료의 실제를 온전히 반영하기에는 많은 한계점들을 갖는다. 앞에서 언급했듯이, 본 연구자들이 제시한 대화원형은 일대일 대화에 초점을 두고 두 대화 상대자들 사이에 전개될 수 있는 최소한의 합리적 기능구조만을 설명할 뿐이다. 실제로 가족치료에서의 대화는 상담자와 내담자뿐만 아니라 상담자와 가족구성원들 그리고 가족구성원들 간의 대화 등 매우 다양한 대화의 구조를 가지게 된다. 그럼에도 불구하고 상담자와 내담자 또는 가족구성원 간의 일대일 대화내용을 중심으로 분석할 수밖에 없는 한계를 가지고 있다. 만약에 상담자와 2인 이상의 가족구성원들과의 대화내용에 대한 대화분석을 하게 된다면 매우 다양한 형태의 대화원형이 나올 수 있기 때문에 대화의 기능구조에 대한 분석은 매우 어려워질 수밖에 없으리라 본다. 또한 본 연구의 대화원형에서는 실제 가족치료에서 보이는 특정한 치료모델에 따른 대화의 전개구조들은 반영되지 못하였다.

그럼에도 불구하고 대화원형의 구축은 분명히 가족치료에 대한 새로운 분석방법론을 제공하고 기존의 가족치료에 대한 분석이 갖는 단점을 보완하는 의미가 있다고 본다. 지금까지의 가족치료에 관한 연구들은 귀납적인 분석이 주종을 이루었으며 개별 사례들을 정밀하고도 정확하게 분석하여 상응하는 설명의 틀을 제공하는 데 초점을 맞추어 왔다고 볼 수 있다. 여기에서 분석은 대개 가족의 문제점과 원인, 해결책, 해결책의 효과 등을 파악하고 설명하는 데 집중하고 있다고 볼 수 있다. 일반적으로 가족치료에 대한 분석에서 가족 간에 어떤 상호작용이 이루어졌는지, 역기능적 상호작용을 변화시키기 위해 상담자가 내담자 및 가족구성원이 어떤 대화연속체 구조를 가졌는지, 그리고 이런 구조가 뒤따르는 대화연속체에서 어떤 긍정적 결과로 나타났는지는 설명할 수 없었다. 그런데 대화원형은 바로 대화연속체에서 나타나는 가족의 문제, 극복을 위한 해결책, 효과 등을 파악하는 토대가 될 수 있다. 아울러 대화원형은 특정한 개별 사례를 분석하기 이전에 분석을 위한 기본적인 틀을 제공한다. 가족치료를 하나의 소통유형으로 보고, 소통을 가능하게 하는 기능구조의 측면에서 가족치료를 구조화시키고, 이러한 구조를 통해서 가족치료를 기능적으로 조망해 볼 수 있다는 것은 상담자 또는 예비 상담자가 상담을 계획하는 데 있어서 분명 도움이 될 수 있을 것이다.

하지만 앞서 여러 번 언급했듯이 대화원형은 가족치료 구조화의 초보단계에 불과하다. 실제 가족치료의 구조를 온전히 반영하기 위해서는 다각도로 보완될 필요가 있다. 앞으로의 연구에서는 상담자와 핵심 내담자 이외에 보조 내담자의 대화 참여가 대화연속체에서 어떤 역동적 모습을 보이는지, 그리고 그와 관련하여 어떤 대화유형이 발견되는지가 연구되어야 할 것이다. 더불어 특정한 치료모델이나 상담자 개인의 전략에 따른 보다 확대되고 세밀화된 대화연속체의 틀이 구축되어야 할 것이다. 예컨대, '지시적 상담모델'에서는 어떤 대화구조가 전형적으로 나타나며, 상담자가 공감전략을 중시할 경우 대화원형의 어떤 연속체 유형들이 전형적으로 사용되고, 아울러 대화원형에서 나타나지 않는 연속체 유형들은 무엇인지 밝히는 작업도 진행되어야 할 것이다.

차후 보완될 이러한 과제들을 위해서 대화원형의 구축은 중요한 토대가 되며 가족의 문제를 대화연속체의 차원에서 파악하고 설명하며 해결점을 찾기 위한 준비작업으로서 의미 있는 연구결과라고 본다.

 참고문헌

고문희, 김춘미, 문진하, 이명선 역(2005). 대화분석: 상호작용 내 대화연구. Psathas, G. (1993). *Conversation Analysis: The Study of Talk-in-Interaction*. 서울: 군자출판사.

김길문, 정남운(2004). 초보 상담자가 상담회기 내에 경험한 어려움과 대처과정: 질적 분석. 한국심리학회지: 상담 및 심리치료, 16(1), 1-20.

김정택(1995). 해결중심적 단기가족치료의 원리와 치료전략. 인간이해, 16, 1-20.

김혜숙(2003). 가족치료의 이론과 기법. 서울: 학지사.

박용익(2001). 대화분석론. 서울: 역락.

박용익 역(2006). 이야기 분석. Hoene/Deppermann(2004). *Rekonstruktion narrativer Identitä*. 서울: 역락.

박은희, 성영모, 이명희(2004). 인지행동 가족치료. 서강교육 학술마당, pp, 99-128.

박일환(2003). 가정의학과 전공의의 진료실 면담의 대화 분석. 가정의학회지, 24, 612-619.

박태영(2006). 가족치료에 있어서의 전통모델과 구성주의 모델에 대한 비교연구. 숭실대 사회과학 논총, 8, 199-217.

백미숙, 우상수 역(2008). 의사와 환자의 대화. Linus Geisler(2002). *Doctor and patient a partnership through dialogue*. 서울: 백산서당.

봉일원(2000). 이윤추구를 목적으로 하는 기업체의 상담대화에 대한 언어학적 분석: 커뮤니케이션 트레이닝이론의 발전을 위한 기본이론의 제시. 독일문학, 76(1), 377-394.

손유미, 정남운(2005). 초심상담자와 내담자의 조기종결 경험에 관한 질적 분석. 한국심리학회지: 상담과 심리치료, 17(3), 523-545.

엄예선(1994). 가족치료의 초기과정을 이끄는 방법. 한국사회복지학, 23, 261-286.

유명이(2006). 가족치료 첫 회기에 대한 대화분석적 연구. 한국가족복지학, 18, 227-256.

유명이(2007). 가족치료 상담자의 공감반응을 위한 언어적 표현에 관한 연구. 한국가족복지학, 20, 399-428.

이두원(2000). 의사-환자 간 커뮤니케이션 행위에 대한 대화분석 연구. 한국언론학보, 45(1), 232-265.

이두원(2002). 부부간 커뮤니케이션 행위에 대한 대화분석 연구: 의사소통 문제의 유형과 해결방안을 중심으로. 커뮤니케이션학 연구, 10(2), 7-46.

이영분, 신영화, 권진숙, 박태영, 최선령, 최현미(2008). 가족치료: 모델과 사례. 서울: 학지사.

이장호(1990). 초기상담의 중요성과 기초면접 기법. 한양대학교 학생생활연구소: 대학생활연구, 8(1), 5-20.

이창덕(1998). 국어교육과 대화분석. 한국초등국어교육, 14(1), 39-64.

이화여자대학교 사회사업학과(1997). 가족치료 총론. 서울: 도서출판 동인.

정문자, 정혜정, 이선혜, 전영주(2007). 가족치료의 이해. 서울: 학지사.

조용길(2006). 상담대화의 유형 연구: 가족치료 대화의 유형학적 위상과 하위분류 가능성을 중심으로. 독어학, 14, 203-224.

한승호, 한성열 역(1998). 카운슬링의 이론과 실제. Carl Rogers (1902). *Counseling and psychotherapy*. 서울: 학지사.

Coutuer, S. J., & Sotherland, W. (2006). Giving advice on advice-giving: A conversation analysis of Karl Tomm's practice. *Journal of Marital and Family Therapy, 32*, 329-344.

Friedlander, M. L., Heatherington, L., & Marrs, A. (2000). Responding to blame in family therapy: A constructivist/narrative perspective. *The American Journal of Family Therapy, 28*, 133-146.

Gladding, S. T. (2002). *Family therapy: History, theory, and practice*. Upper Saddle River, New Jersey: Merrill Prentice Hall.

Haley, J. (1976). *Problem-solving therapy*. San Francisco: Jossey-Bass Publishers.

Hundsnurscher, F. (1994). Dialog-Typologie. In G. Fritz & F. Hundsnurscher (Eds.), *Handbuch der Dialoganalyse* (pp. 203-239). Tüingen: Niemeyer.

Ratliff, D. A., Wampler, K. S., & Morris, G. H. (2000). Lack of consensus in supervision. *Journal of Marital and Family Therapy ,26*(3), 373-384.

Strong, T. (2003). Engaging reflection: A training exercise using conversation and discourse analysis. *Counselor Education and Supervision, 43*(1), 65-77.

제15장 며느리들의 시어머니와의 관계 경험에 관한 연구[*]

1. 서 론

시어머니와 며느리는 결혼에 의해 한 가족이 된다. 아들(남편)이라는 한 남성을 매개로 맺어진 이들 고부관계는 혈연관계가 아님에도 불구하고 법적으로나 관습적으로 부모와 자식이라는 친밀한 관계를 강요받는 독특한 특성을 지니고 있다(Bryant, Conger, & Meehan, 2001). 이러한 독특함으로 인해 고부관계는 며느리가 시댁식구들과 맺는 관계 중 가장 중요하면서도 가장 갈등이 많은 관계라고 인식되어 왔다(Bryant & Conger, 1999; Globerman, 1996; Servoich & Price, 1994).

Cotterill(1994)은 결혼을 친족이든 남이든 간섭하기를 원하지 않는 사적인 관계로 간주하는 가족 이데올로기도 고부관계에서의 어려움을 더하는 요소라고 주장했다. 고부관계의 어려움은 실증적 자료로도 증명이 되고 있다. 통계청이 발표한 '이혼 사유별 이혼 수' 동세자료에 의하면 2005년 한 해 전체 이혼 수 128,468건 중 고부갈등을 일부로 하는 가족 간 불화로 인한 이혼이 12,206건으로, 63,164건에 이르는 성격 차이와 19,132건에 이르는 경제문제에 이어 3위를 차지했다(통계청, www.kosis.kr).

원만하지 못한 고부관계가 이혼의 사유가 되는 것은 물론이지만, 이혼하지 않고 사는

---

[*] 박소영, 박태영(2008), 한국가정관리학회지, 26(4)에 게재되었음.

많은 부부들에게도 고부관계는 시어머니와 며느리의 두 당사자들뿐만 아니라 며느리의 부부관계와 다른 가족관계에 지대한 영향을 미치고 있다. 고부갈등은 여성의 심리적 건강에 부정적인 영향을 미친다는 연구결과들이 많은데, 고부갈등이 빈번할수록 그리고 고부갈등을 심하게 지각할수록 며느리의 심리적 안녕수준이 낮았다(김태연, 1994). 또한 고부갈등은 모자관계와 며느리의 부부관계, 손자녀와의 관계에까지 부정적 영향을 미쳐 가족 전체의 안녕을 저해하는 주요 요인이 되었다(성명옥, 이혜자, 2002; 유영주, 김경신, 김순옥, 1996).

그런데 시대에 따라 시어머니와 며느리의 관계도 점점 변화하고 있다. 예전 사회에서 며느리는 최하위의 지위를 할당받았기 때문에 권리보다 의무가 많았으며, 따라서 시어머니와 며느리의 관계는 완벽한 상하관계로 규정되었다. 이러한 상황인데도 고부간의 갈등이 표면적으로 드러나는 경우는 흔하지 않았다. 이는 시어머니에 대한 며느리의 절대적인 복종과 인내를 요구하는 유교적인 가족 윤리와 가부장적인 가족구조를 통해 고부관계가 다스려져 왔기 때문이다(이정연, 정혜정, 장진경, 1996).

한국사회가 산업화되면서 가족 가치관에도 많은 변화가 있게 되었다. 여성들의 교육과 사회진출이 증대되면서 부자관계가 주축을 이루던 가족구조는 부부중심의 가족구조로 바뀌었다. 전통적 가족규범이 붕괴되고, 시어머니의 경험과 지혜가 지닌 중요성이 약화되고, 경제력을 지닌 며느리의 입장이 강화되는 등 여러 요인으로 인해 고부관계 역시 수직적인 상하관계에서 보다 수평적인 관계로 나아가는 중이다(구자경, 1999).

고부관계가 수평적으로 변해 가면서 긍정적인 고부관계의 실례들도 등장하고 있다. 그러나 역설적으로 수직적인 고부관계에서보다 고부갈등이 보다 빈번하게 표출되고 있는 것이 사실이다. 이는 서구적 가치를 교육받은 며느리들이 일방적으로 복종하고 인내하는 입장에 머무르지 않게 되었기 때문이다(최효일, 1992). 또한 수평적인 가족관계로 변화하고는 있지만 전통적인 효사상과 가부장적인 사고방식은 여전히 남아 있어 고부관계에서 사고와 행동이 괴리되는 현상도 전통사회보다 고부갈등이 더 많이 표출되는 원인이 되었다.

이렇듯 고부관계가 획일화된 상하관계가 아니라 다양한 형태로 변하고 있고, 긍정적인 고부관계도 제시되는 동시에 갈등 역시 심하게 표출되는 실정에서 그 다양한 관계 양상을 실제로 연구할 필요성이 제기된다. 그런데 고부관계에 관한 연구들은 다른 가족관계인 부모-자녀 관계나 부부관계와 같은 핵가족 단위의 연구보다 적은 편이다(Fischer, 1983; Goetting, 1990; Lopata, 1999; Walker, 2000). 또한 고부관계에 대한 기존의 연구를 보면 고부갈등 정도에 대한 실태조사나 고부갈등의 발생원인에 대한 연구가 대부분을 차지하고 있다(고정자, 김갑숙, 1993; 김밀양, 2004). 고부관계에 관한 연구들을 재조명한 김밀양(2004)은 고부간의 갈등구도를 축으로 이루어진 그동안의 고부관계에 대한 연구가 실제의 고부관계에는 어떠한 도움도 되지 못했다고 평가하면서, 고부관계를 부정적인 갈등상황으로만 일관되게 연구해 온 나머지 사회에 퍼져 있던 고부관계에 대한 부정적인 인식을 오히려 강화시켰다고 했다.

고부갈등에만 몰두한 주제의 편향성으로 인해 긍정적인 고부관계에 대한 선행연구가 거의 없을 뿐만 아니라 실제의 고부관계가 진행되는 과정에 대한 연구 역시 부족하다. 가족관계란 부정적인 감정과 느낌과 긍정적인 감정과 느낌이 혼재되어 있으며, 모든 관계와 마찬가지로 고부관계 역시 시간이 지남에 따라 변화하는 과정이다(Limary, 2002; Leuscher & Pillemer, 1998). 사회의 변화와 더불어 고부관계가 다양하게 변화하고 있는 시점에서 실제 고부관계 경험에 근거한 연구를 통해 결혼기간이 지속되면서 고부관계는 어떻게 변화하는 과정을 거치는지, 그리고 그러한 변화를 가져온 상황이나 특성, 상호작용들은 무엇인지 탐구할 필요성이 있다.

이러한 필요성에 따라 본 연구는 '며느리들의 입장에서의 시어머니와의 관계 경험은 어떠한가?' 라는 연구문제를 탐색하고자 했다. 이를 위한 구체적인 연구질문은 다음과 같았다.

- 며느리들은 시어머니와의 관계에서 어떠한 경험을 하는가?
- 며느리들의 고부관계 경험은 어떤 과정을 거치는가?
- 긍정적인 고부관계 형성에 영향을 미치는 요인들은 무엇인가?
- 부정적인 고부관계 형성에 영향을 미치는 요인들은 무엇인가?

며느리들의 관점에서 본 고부관계에서의 경험과 고부관계 형성과정에서의 상호작용을 연구하기 위해 본 연구에서는 질적 연구방법인 근거이론 방법을 채택했다. 본 연구결과는 시어머니와 며느리, 남편, 다른 가족구성원들에게 고부관계에 대한 실제적인 이해를 제공할 것으로 기대한다. 또한 본 연구결과는 긍정적인 고부관계를 형성하고 유지시키는 데 기여할 고부관계 증진 프로그램을 위한 실질적인 기초자료로 이용될 것이라고 기대된다.

2. 문헌고찰

고부관계에 관한 선행연구들을 살펴보면 우선 고부갈등을 축으로 주제의 편향성을 보이는 것이 가장 큰 특징이다. 선행연구들의 대부분을 차지하고 있는 고부갈등에 관한 연구에서는 주로 그 구체적인 고부갈등의 요인을 연구했다. 요인분석을 통하여 갈등요인을 구조화시킨 이기숙(1985)의 연구에서는 시모의 상대적 비교와 시모의 이기적 태도와 소외감, 시모와의 대화결여, 친척 및 가습의 차이, 손자녀 문제, 친정문제 등의 갈등요인이 지적되었다. 박현옥(1990)의 연구에서는 시모의 비합리적 처사와 시모의 생활태도, 가정관리의 미숙과 시모의 융통성 없는 태도, 시모의 지나친 기대, 소외감, 자녀양육문제가 갈등요인으로 제시되었다. 김충미(1992)는 시어머니의 기대에 대한 며느리의 부담감, 시어머니의 의존이나 소외감, 과거사를 반복적으로 거론하는 것과 딸과 비교하거나 매사에 간섭이 심한 것, 아들에 대한 애정 욕구가 강한 것, 잘한 일보다는 잘못한 일에 대해서만 지적을 하는 것, 늘 소홀히 대한다고 생각하는 것 순으로 갈등원인이 지적되었다.

선행연구들을 통해 고부갈등에 영향을 미치는 인구사회학적 요인을 살펴볼 수도 있는데, 이는 본 연구에도 시사하는 바가 크다고 여겨진다. 시어머니와의 동거 여부를 고부갈등에 영향을 미치는 요인으로 지적한 연구(송현애, 이정덕, 1995)에 의하면 시어머니와 동거하는 경우와 분거를 하더라도 동거경험이 있는 경우가 갈등이 심했지만, Marotz-Baden과 Cowan(1987)은 동거여부가 고부관계에 영향을 미치지 않는다는 연구결과를 내놓았다. 시부모의 사회경제적 지위가 높을수록 며느리와 긍정적인 관계를 형성한다는 연구들(구자경, 1999; 성인애, 1991)도 있다. 또한 며느리의 학력(이정연, 1990)이나 며느리의 취업 여부(배선희, 1997)도 고부갈등의 요인으로 연구된 바 있으나 그 결과들은 일치하지 않고 있다. 며느리의 학력의 영향에 대한 연구결과들은 상이하며, 마찬가지로 취업한 며느리들이 고부갈등을 적게 경험한다는 연구결과와 오히려 이중역할 부담으로 인해 심한 갈등을 초래한다는 연구결과가 있다. 남편의 출생 순위 역시 고부갈등에 영향을 미치는 요인으로 지적되고 있지만 그 연구결과가 합의에 이르지는 않고 있다. 송현애와 이정덕(1995)의 연구에 의하면 맏며느리나 외며느리의 경우에는 다른 며느리들보다 부양 스트레스를 더 많이 받고 갈등도 심하다고 하지만, 고부간의 갈등이나 부양 스트레스가 남편의 출생 순위에 따라서 차이가 없다는 선행연구도 있다(이신숙 · 서병숙, 1994; 최정혜, 1994). 고부갈등에 영향을 미치는 또 다른 사회인구학적 요인으로는 결혼기간이 연구었는데, 박부진(1981)은 시간이 지남에 따라서 며느리의 시집살이에는 차이가 없으나 스스로 적응해서 살아가게 되었다고 한다.

연구방법 면에서 질적 연구방법론을 택한 논문들은 그 수가 몇 편에 그치는 실정이고 대부분 사례연구 방법을 채택했다. 성인애(1991)는 비구조화된 면접방법으로 고부갈등의 원인과 고부갈등의 행동특성 및 고부갈등에 영향을 미치는 변인들을 연구했다. 배선희(1997)는 계급론적 입장에서 맏며느리가 고부관계에 대하여 어떻게 인식하고 있는지를 연구했는데, 연구결과 상류계층은 '허위적 고부관계'로, 중간계층은 '며느리만 갈등을 느끼는 고부관계'와 '양쪽 모두 갈등을 느끼는 고부관계' 그리고 '상호 의존적인 고부관계'로, 하류계층은 '방기 고부관계'와 '갈등 고부관계'로 규정했다. 이 논문은 질적 연구방법론을 택해 며느리의 고부관계 인식을 탐색한 점에서 본 연구에 대한 시사점이 크지만, 연구자 스스로 결론에서 밝히고 있듯이 고부관계에 있어서 계층적 차이에 집중하느라 사회심리적 요인이 다루어지지 않고 있다는 한계점을 지닌다. 고부가 지각하는 고부갈등과 그 차이를 살펴본 구자경(1999)의 연구에 의하면 시어머니의 권위 하락과 가족 내 며느리의 지위 향상으로 시어머니와 며느리가 대등한 위치에 놓이게 되면서 시어머니 우위형과 며느리 우위형의 갈등이 공존하고 있다고 한다.

이상의 선행연구들을 종합해 보면 대부분의 고부관계를 다루는 연구들이 고부갈등의 구체적인 원인이나 고부갈등에 영향을 미치는 요인을 분석한 것을 알 수 있다. 결과적으로 긍정적인 고부관계에 대한 선행연구도 부족할 뿐더러, 실제적으로 고부관계가 형성되고 유지되는 과정에 관한 연구는 거의 없다고 할 수 있다. 이러한 인식하에 본 연구에서는 며느리들이 시어머니와의 관계에서 경험하는 바를 탐색하여 며느리들의 입장에서 고부관계가 형성되는 과정과 고부관계의 유형을 분석하고자 한다. 또한 그러한 과정에 영향을 미치는 요인들을 탐색하는 것도 본 연구의 목적 중 하나다.

3. 연구방법

1) 연구방법

고부관계 경험에 대한 생생하고 본질적인 이해를 제공하려는 연구목적에 맞추어 본 연구는 질적 연구방법인 Strauss와 Corbin(1998)의 근거이론적 방법론을 채택했다. 양적 연구방법은 통계 처리된 결과를 통해 고부관계의 경향성은 파악하기 용이하나 그 이면에 내포된 실체와 의미를 밝히는 데는 한계가 있다(배선희, 1997). 그러므로 고부관계를 직접 경험하는 연구 참여자들의 주관적 경험과 그들이 부여하는 의미에 가치를 두고서 그 경험들과 관련된 의미들을 자료화하고 그 자료를 해석하고 분석하는 질적 연구방법이 본 연구의 목적에 부합된다고 여겨진다.

근거이론 방법은 인간행위의 상호작용의 본질을 파악하고 개념화하는 것을 목적으로 하며, 수집된 자료에 대한 구조 및 과정 분석을 통해 유형을 분류해 내는 연구방법이다. 따라서 본 연구에서는 며느리들이 자신들의 상황 속에서 각자 어떠한 과정을 통해 고부관계를 경험하고 있는지 살펴보고, 그 고부관계 경험과정의 여러 요인과 맥락에 대해 근거이론적 방법론에 따라 분석했다.

2) 연구 참여자 선정

근거이론 방법에서 연구 참여자의 선정은 이론적 표본추출 방법에 따라 이루어진다(Strauss & Corbin, 1998). 이론적 표본추출 방법이란 자료수집과 동시에 이루어지는 자료분석 과정에서 도출되는 개념들을 근거로 전개되는 이론에 대해 이론적 관련성이 있는 표본을 추출하는 방법이다. 이론적 관련성이란 몇 개의 사례에서 도출된 어떤 개념이 잇따르는 사건들을 비교해 볼 때 개념들이 반복적으로 나타나거나 뚜렷하게 사라져서 범주가 되기에 충분하다고 여겨지는 것이다(Strauss & Corbin, 1998). 본 연구에서는 이론적 표본추출 방법에 따라 수집된 자료들의 지속적인 비교분석을 통해 관련된 자료나 대조적인 자료를 추가로 수집하는 방식을 취했다. 그리고 분석 도중 더 이상 새로운 정보를 얻지 못하는 지점인 이론적 포화상태까지 자료를 수집했다.

본 연구에서의 구체적인 연구 참여자 선정기준은 시어머니가 생존해 있는 며느리들로서, 자녀의 출산과 양육이라는 가족 생활주기의 변화에 따른 고부관계 경험을 연구하고자 자녀를 둔 며느리들로 그 대상을 제한했다. 또한 선행연구의 결과를 통해 볼 때 시어머니와의 동거 여부가 고부관계에 미치는 영향이 크다는 것을 알 수 있으므로, 시어머니와 동거하는 며느리와 동거하고 있거나 동거 후 분가한 며느리들을 골고루 선정하였다. 마지막으로 본인이 결혼시킨 아들의 시어머니이면서 동시에 며느리의 입장에 있으면 두 입장을 다 경험한다는 점에서 며느리의 경험을 중심으로 하는 본 연구의 목적에 벗어나므로 아직 시어머니가 되지 않은 며느리들로 제한했다.

3) 자료수집과 자료분석

본 연구에서는 심층면접을 통해 자료를 수집했으며, 자료수집은 2004년 11월 11일부터 2005년 2월 28일까지의 기간에 걸쳐 진행되었다. 면접 장소로는 대부분의 참여자가 가장 편안하게 말할 수 있는 참여자의 집을 직접 방문하여 면접했으며, 본인의 집에서 면접하기가 여의치 않았던 두 명의 연구 참여자의 경우에는 연구자의 집에서 면접을 실시했다. 연구 참여자 1명당 평균 2회에 걸친 면접을 실시했으며, 면접시간은 1회당 평균 100~120분에 걸쳐 진행되었다. 2회의 면접을 마치고서도 참여자가 더 말하고 싶은 내용이 남아 있거나 연구자가 더 탐색할 자료가 남아 있는 사례에 대해서는 연구 참여자와 논의를 거쳐 추가 면접과 전화면접을 실시했다.

본 연구의 자료분석은 Strauss와 Corbin(1998)의 근거이론적 방법론에 따라서 진행되었다. 근거이론의 자료분석은 자료수집과 동시에 지속적인 비교를 통해 이루어진다. 연구자는 한 연구 참여자와의 면접이 끝나면 녹음내용을 기록으로 옮겨 녹취록을 작성해 두었다. 그리고 녹음내용을 수회 반복적으로 들으면서 연구 참여자가 경험한 시어머니와의 관계의 윤곽을 파악하려고 노력했다. 그 후 녹취록을 지속적으로 보면서 고부관계에 영향을 미치는 개념들을 도출해 내고, 공통점을 찾아 하위 범주와 상위 범주로 묶는 작업을 진행하는 개방코딩을 실시했다. 그 범주들을 근거이론의 패러다임인 인과적 조건, 현상, 맥락적 조건, 중재적 조건, 작용/상호작용 전략, 결과에 맞추어 고부관계 경험의 구조를 분석하는 축코딩을 하고, 자료분석의 마지막 단계인 선택코딩 단계에서는 범주들을 최종적으로 통합하고 정교화시켜 이야기 윤곽을 만들고 연구 참여자들의 고부관계 경험을 유형화했다.

4) 연구 참여자에 대한 윤리성 고려

본 연구의 연구 참여자들은 연구자의 연구 목적과 방법을 직접 전해들은 뒤 자발적으로 참여하기로 결정한 경우에만 연구 참여자로 선정되었다. 그리고 연구참여 동의서에 서명하게 한 후 각자 1부씩 보관했다. 매 회 면접을 녹음하되 반드시 연구 참여자의 동의를 구하고, 면접 도중에라도 연구 참여자가 녹음이나 연구참여 자체를 거부할 수 있다는 점을 면접 전에 다시 한 번 확인시켰다. 또한 출판되는 연구결과에서는 물론이고 녹취과정에서부터 익명을 사용해 익명성이 보장된다는 사실을 환기시켰다. 아울러 출판된 자료를 추정해 신원을 알 수 있는 특이사항들은 기록하지 않을 것을 약속했다.

5) 연구의 신뢰성

질적 연구에서는 연구자가 가장 주된 도구가 된다. 그러므로 연구자의 인식과 지식, 감성은 연구를 진행하는 데 주도적인 역할을 하는 것과 동시에 연구자의 주관성 자체가 편견으로 작용할 수 있다는 점을 인정한다. 연구자 스스로도 며느리 입장에 있다는 점은 연구 참여자들과의 라포를 형성하는 데 있어서나 그들의 말을 이해하는 데 긍정적인 역할을 하는 동시에 고부관계에 대한 편견을 가질 수 있다는 점을 항상 염두에 두었다. 자료의 분석에 임할 때는 이러한 편견의 영향을 최소화하기 위한 노력의 일환으로 연구 참여자가 말한 내용을 그대로 인식하려고 노력했다. 그럼에도 불구하고 연구자의 가치가 전혀 배제될 수 없다는 점을 인정한다.

연구자가 항상 주관성에 주의를 기울이는 것과 더불어 자료수집에서부터 연구의 신뢰성을 높이기 위해 노력했다. 모든 면담자료를 녹음하여 연구자의 회상이나 요약기록에 의존하는 것에 비해 자료의 신뢰성을 높이도록 했다. 그리고 면담 녹취록의 내용과 연구 참여자가 면접이 시작되기 전과 끝난 후 사적으로 이야기한 것이 일치하는지를 비교하고, 두 차례에 걸친 면접에서 동일한 주제나 사건에 대해 말한 내용이 일관되는가를 검토했다(Patton, 2002). 또한 질적 연구를 수행한 경험이 있는 동료 2명으로부터 원자료에서 개념과 범주를 추출하는 과정에 대한 검토를 받았다.

4. 연구결과

1) 연구 참여자들의 사회인구학적 특성

본 연구 참여자들의 사회인구학적 특성은 〈표 15-1〉과 같다.

표 15-1   연구 참여자들의 사회인구학적 특성

참여자	나이	직업	경제적 교류	결혼 기간	거주 형태 (시모와 동거 여부)	자녀 수	동거 기간	학력(졸)	남편 형제 서열
A	40	유	무	10년	비동거	2명		대학원	차남
B	38	유	유	11년	동거	2명	6년	대학원	차남
C	40	무	무	9년	비동거	2명		대학	장남
D	37	유	유	11년	동거	2명	5년	대학	차남
E	39	유	유	12년	동거 후 비동거	2명	2년	대학원	장남
F	33	무	유	7년	비동거	2명		대학	장남
G	44	유	유	16년	비동거	2명		대학	장남
H	37	유	무	10년	동거 후 비동거	2명	8년	대학원	장남
I	43	유	유	13년	비동거	2명		대학원	차남
J	35	무	유	8년	동거 후 비동거	2명	3년	대학	차남
K	35	유	유	8년	동거	3명	7년	대학	장남
L	41	무	유	14년	동거 후 비동거	2명	9년	대학	차남

2) 개방코딩

수집된 자료를 분석하는 개방코딩 과정을 통해 고부관계 경험에 관한 개념들을 도출했고, 그 개념들의 공통점을 묶어서 범주로 명명해 갔다. 그 결과 고부관계 경험에 관한 152개의 개념과 이 개념들을 통해 하위 범주 42개를 도출했다. 그리고 이 하위 범주들을 분류하고 통합하여 18개의 범주를 도출했다. 구체적인 내용은 〈표 15-2〉와 같다.

┃ 표 15-2   며느리들의 시어머니와의 관계 경험 범주화

상위 범주	하위 범주	개념
고부관계 형성하기	고부관계의 독특성	가족이 아닌데 가족인 관계, 고부관계에 대한 환상, 남편(아들)을 놓고 경쟁하는 관계
	탐탁지 않은 며느리	아들을 뺏어가는 느낌, 직업이 없는 며느리가 탐탁지 않음, 사돈에 대한 경쟁 심리, 시어머니가 자신을 맘에 들어 하지 않는 데서 오는 긴장, 친 정과 시댁의 차이 나는 경제력
	며느리에 대한 좋은 인상	연애할 때부터 서로 알고 지내서 친숙하고 편함, 종교가 같아서 맘에 들 어 하심, 아들 뒷바라지 한 데 대한 고마움, 아들이 고른 여자를 인정함, 결혼 지원 많이 못해 줘서 미안해하고 잘해 줌
긍정적인 고부관계 경험	적당한 거리감	서로 조심, 갈등 언급 회피, 비난 안 함, 간섭 안 함, 적당한 심리적 거리감
	신뢰감과 가족이 된 느낌	신뢰감, 집안일 의논, 며느리 편에서 아들 꾸중, 편하게 해 주심, 며느리 의 방식 인정함, 딸과 엄마의 관계처럼
	애정표현과 배려	칭찬하고 격려함, 고마움에 대한 표현, 배려함
부정적인 고부관계 경험	차별대우	시누이와의 차별대우, 남편과의 차별대우, 시모의 무시
	시모의 이중성	아들(남편) 앞에서 갈등 표현 안함, 아들(남편)과 며느리에게 다르게 말 함, 시모의 이중성, 집안과 바깥에서의 행동이 다른 시어머니, 시모의 거짓말
	긴장과 소외감	긴장, 불편함, 소외감, 집안문제 해결에서의 소외
	생활습관 사고방식 차이	생활습관 차이, 사고방식의 차이
	심리적· 신체적 증상	시어머니에 대한 미움으로 가득 차 그 생각에 매몰됨, 상상 속에서 시어 머니에게 말대꾸함, 시어머니에게 비난당하는 꿈을 반복적으로 꿈, 불 안과 스트레스 경험, 화병과 건강 악화
시어머니 의 분화	시어머니의 분화	확실한 역할 분담, 간섭 안 함
	시어머니의 미분화	아들과 밀착된 관계, 살림살이 마음대로 간섭함, 며느리의 삶을 조종하 려 함
경제적 상황	경제력	경제적 상황이 나아진 시모가 너그러워짐, 경제적 상황이 나아진 며느 리가 너그러워짐, 경제력 가진 며느리에게 잘해 줌, 경제력이 없는 시모 의 자격지심, 경제력으로 며느리를 조종함
	경제적 독립	시댁과의 경제적 교류 없어서 편함
	부정적인 경제적 교류	과도한 경제적 지원 요구, 이해할 수 없는 이유, 다른 형제 도와주라고 요구하는 시모, 경제력으로 며느리를 조종하려고 하는 시모
	긍정적인 경제적 교류	정기적 용돈이 경제적 타격 안 됨, 부양의식, 시어머니의 고마움 표시

4

시어머니와의 동거	만족스러운 동거	육아와 가사 도움 위해 동거의 필요성 절실함, 경제적인 이유로 동거의 필요성 절실함, 가족이 되었다는 느낌 강해짐, 시어머니에 대한 고마움, 서로 배려함
	불만족스러운 동거	동거의 필요성 못 느낌, 살림살이 방식의 차이에서 오는 긴장, 식습관 차이에서 오는 갈등, 공간의 협소함에서 오는 긴장, 부모님에게 맞추어서 행동해야 하는 불편함, 모든 행동이 노출되는 데서 오는 불편함, 성 관계에서의 어려움
	분가	시어머니와 며느리 모두 편해짐, 갈등을 삭힐 수 있는 시간 가질 수 있음, 교류 없어서 문제도 없음, 소원해서 편한 관계
남편의 형제 서열	부양의식에서의 차이	장남의 부양을 당연하다고 여기는 시어머니, 장남에게 과도하게 기대하는 시어머니, 차남이어서 갖는 자유와 이점, 차남이 시어머니 모시는 것은 부당하다고 느끼는 며느리
	형제들 사이의 역학관계	윗동서와 관계가 나쁜 시어머니가 더 호의적으로 대해 줌, 시어머니의 다른 형제 편애, 시누이와의 불화로 인해 시어머니까지 미워짐, 동서와의 불화로 인해 시어머니까지 미워짐
	시누이의 중간 역할	시누이의 중간역할, 시누이의 완충제 역할, 시누이의 배려
남편의 역할	남편의 분화	시어머니 두둔하지 않는 남편, 아내 비난하지 않는 남편, 시어머니를 객관적으로 파악하고 있는 남편, 남편의 분화
	남편의 지지	남편의 중간 역할, 남편의 지지, 남편의 위로
	남편의 지지 없음	남편의 원가족과의 미분화, 남편의 중재 노력 없음, 남편의 지지 없음
며느리의 취업	취업한 며느리	시어머니의 관여가 덜 함, 고부갈등을 잊게 함, 취업으로 인한 확실한 역할 분담, 돈 버는 것을 중요하게 생각하는 시어머니, 취업으로 인한 힘든 상황에 대해 배려 없음에 서운함
	취업하지 않은 며느리	취업에 대한 은근한 종용, 고부갈등에 대해 생각하는 시간이 많아짐
결혼관계 지속 의지	결혼관계의 지속	평생 가족으로 살 사람이라는 인식, 평생 봐야 할 관계
	남편에 대한 배려	남편에 대한 배려, 남편에 대한 연민, 남편에 대한 사랑
자녀출산	자녀출산으로 인한 변화	자녀 출산으로 서먹함 없어짐, 딸을 낳아 못마땅한 시어머니, 아들을 낳아 더 잘해 준 시어머니, 손자녀의 긍정적 역할
시어머니에 대한 연민	공감과 연민	시어머니에 대한 공감, 시어머니에 대한 존경심, 시어머니에 대한 연민, 친정엄마를 생각하며 시어머니에 대한 연민 생김
중간역할 체계	친정엄마의 역할	친정엄마의 중간역할, 친정엄마가 시어머니의 입장 대변
	친구들의 역할	친구와의 수다를 통한 카타르시스, 친구에게 해소
적응과 경계선 분명히 하기	적응과 포기	익숙해짐, 포기하기, 서로 타협하기
	심리적 거리 두기	심리적 거리 두기
	경계선을 분명히 함	종이 된 느낌이 들어서 시댁에서 혼자서는 청소 안 함, 무리한 돈 요구 거절, 할 수 있는 일과 할 수 없는 일을 분명히 밝힘

남편에게 호소	남편에게 호소하기	남편에게 며느리의 입장을 설명함, 남편에게 호소
	남편에게 분노 표출	남편에게 분노 표출
관계회복 을 위한 시도	적극적인 대처	며느리가 사과함, 시어머니가 사과함, 시어머니가 화해의 신호 보냄, 자 기 입장 표현을 통한 관계 개선, 시누이와의 관계회복 위해 이메일 보냄
	부정적인 대처	갈등을 풀지 않고 지나가는 시어머니, 사과하지 않는 시어머니, 며느리 의 자기 입장 표현 묵살
관계의 성숙	긍정적인 고부관 계 유지	각자 삶을 인정하며 밀착되지 않은 관계, 시어머니에 대한 배려와 애정, 환상적인 조합
	긍정적인 고부관계로 변화	적극적 대처로 인한 고부관계 개선, 며느리의 극진한 병수발 후 관계 변 화, 분가로 인한 고부관계 개선
관계의 위축	부정적인 고부관계의 지속	익숙해졌을 뿐 관계의 본질은 변하지 않음, 결정적인 계기로 고부관계 악화
	부정적인 고부관계로 변화	시어머니로 인한 경제적 타격, 시어머니의 차별대우로 인한 고부관계 악화

(1) 고부관계 형성하기

참여자들은 결혼으로 인해 맺어지는 고부관계가 어머니와 자녀의 관계가 되어서 남이 아닌 가족이 되는데, 그렇다고 진짜 딸과 어머니처럼 지낼 수 있다는 생각은 환상에 지나지 않는다는 것을 경험하게 되었다. 즉, 고부관계는 관계 자체에 내재한 독특성이 있었다. 또한 참여자들은 결혼 전 시어머니와의 만남을 통해서 시어머니가 자신을 어떻게 받아들이고 있는가를 알게 되고, 그러한 인식이 고부관계를 처음 시작하는 데 큰 영향을 끼쳤다. 시어머니가 호감을 가진 경우 그 시작이 순조로웠으며 그렇지 않은 경우에는 긴장되고 불편한 마음으로 고부관계가 시작되었다. 이러한 첫인상은 향후의 고부관계에도 영향력을 행사했다.

• 고부관계의 독특성

"시어머니와도 딸과 같이 지낼 수 있다, 내가 사랑하는 사람의 엄마인데 잘 지낼 수 있을 거다 하는 게 있는데, 그게 정말 환상인 것 같아요. 사실 나하고는 정말 남이잖아요, 피 한 방울도 안 섞였는데. 근데 남인데 또 전혀 남도 아닌 이상한 관계잖아요." (고부관계에 대한 환상: 참여자 C)

• 탐탁지 않은 며느리

"시어머니는 처음 인사하러 갔을 때부터 좀 별나게 구셨어요. 딱 말하는 게 니가 내 아들 지금 뺏어가는 것 같아서 난 기분이 별로 좋지 않다는 거였어요, 직접적으로." (아들을 뺏어가는 느낌: 참여자 F)

• 며느리에 대한 좋은 인상

"남편이 연애할 때부터 자기 집으로 날 데리고 갔어요. 결혼 후에도 어머님이 아니라 엄마라고 계속 부르죠. 정말 우리 관계도 말 그대로 엄마와 딸 비슷해요." (연애할 때부터 서로 알고 지내서 친숙하고 편함: 참여자 K)

(2) 긍정적인 고부관계 경험

참여자들은 서로 다른 배경에서 몇 십 년씩 살다가 가족으로 엮인 시어머니와는 적당한 심리적 거리감을 갖고 있는 것이 매우 긍정적인 역할을 했다고 말했다. 그러한 거리감을 보여 주는 것 중 하나로서 참여자들은 시어머니와 서로 조심한다고 했으며, 특히 시어머니가 참여자를 대할 때 조심하는 것을 자신에 대한 존중의 표시로 이해하고 있었다.

• 적당한 심리적 거리감

"우리 시어머니는 나를 조금 조심스러워하시는 것도 있고 막 대하지는 않으세요." (서로 조심함: 참여자 A)

• 애정표현과 배려

"애들 먹이는 거나 이런 거에서 어머니가 나를 칭찬하시는 편이죠. 우리 애들은 과자나 외식 같은 것도 안 먹이고 집에서 밥으로 잘 먹이니까 습관이 너무 잘 들어서 좋다, 이런 식으로 저를 격려해 주고 인정해 주는 그런 게 있는 것 같아요." (칭찬하고 격려함: 참여자 D)

(3) 부정적인 고부관계 경험

그러나 참여자들은 시누이나 남편이 자신을 차별대우한다는 경험을 하기도 했으며, 시어머니가 이중적이라고 여기게 되는 경험을 하기도 했다. 이로 인해 고부관계는 악화되었다. 또한 참여자들은 긴장이나 불편함과 더불어 집안의 문제를 해결하는 데 있어서 며느리가 배제되는 데서 오는 소외감도 경험했다. 부정적인 고부관계 경험을 자주 겪게 되자 시어머니의 말이나 행동에 대해 계속 생각하고, 그 생각에만 빠져 들어 다른 일상생활을 못할 정도가 되기도 했다.

• 차별대우

"음식 배분을 할 때도 며느리는 좀 다르게, 더 나쁘게, 챙겨 주고 싶지 않은…… 그러니까 아들네는 별로 챙겨 주고 싶지 않은 거예요. 딸을 더 많이 챙겨 주고." (시누이와의 차별 대우: 참여자 C)

• 시모의 이중성

"우리 어머닌 바깥에서는 굉장히 교양 있고 엄청 싹싹해요. 근데 집에서는 별로 그렇지 않고 애들한테도 관심이나 사랑을 안 주고……." (집안과 바깥에서의 행동이 다른 시어머니: 참여자 B)

• 심리적 · 신체적 증상

"눈만 뜨면 시어머니 일 생각이죠. 그 일이 딱 터지고. 정신없는 상황에서 1년 동안 거의 부부 싸움을 했으니까." (시어머니에 대한 미움으로 가득 차 그 생각에 매몰됨: 참여자 G)

(4) 시어머니의 분화

참여자들이 경험하는 고부관계에 지대한 영향을 미치는 요인으로는 우선 시어머니의 분화 여부를 들 수 있다. 분화(differentiation)란 타인을 다른 인격체로 인정하면서 각자의 삶을 인정하는 것으로, 분화된 시어머니들은 아들과 자신을 각각 다른 인격체로 인정하고 각자의 삶을 분리시켜 사고한다. 시어머니가 분화되어 있는 경우 며느리는 보다 긍정적인 고부관계 경험을 많이 하게 되는 반면, 그렇지 못할 경우 참여자들은 불편한 경험을 했다.

• 시어머니의 분화

"어머닌 자신이 하실 일은 정확히 하시고 제 일에는 간섭 안 하시는 편이세요. 아들은 결혼시켰음 당신 손을 떠났다고 생각하시는 것 같고. 그래서 같이 살아도 참 편한 것 같아요." (간섭 안 함: 참여자 K)

• 시어머니의 미분화

"우리 어머니는 아침 7시마다 전화하세요. 정말 전화벨이 울릴 때마다 스트레스를 넘어서 불

안을 느껴요. 전화해서는 아범은 밥 먹고 갔냐고 묻고……." (며느리의 삶을 조종하려 함: 참여
자 J)

(5) 경제적 상황

참여자들은 경제력이 고부관계에 엄청나게 큰 영향을 끼치는 것을 경험하게 되었다.
우선 시어머니가 경제적 상황이 안 좋았을 때보다 경제적 상황이 좋아졌을 때 며느리를
대하는 것이 더 너그러워지기도 했다. 경제적 교류라는 측면에서 보면 그 자체가 고부관
계에 부정적인 영향을 끼친다기보다는 그 교류가 며느리의 경제에 타격을 줄 정도로 과
도한 양인가, 며느리와 시어머니가 그것을 어떻게 받아들이고 있는가에 따라 그 영향이
부정적일 수도 있고 긍정적일 수도 있었다.

• 경제력

"결정적인 원인은 어머니가 경제적으로 여유가 있게 되신 거, 그게 굉장히 큰 영향을 준 것
같아요. 그래서 날 좀 덜 건드리고 지나가시더라고요, 어머니가." (경제적 상황이 나아진 시모
가 너그러워짐: 참여자 C)

• 불만스러운 경제적 교류

"자꾸 돈하고 연관되니까요. 그때 만약에 우리 어머님이 그런 일이 안 터졌으면, 그 많은 돈
을 내가 갚아 주지 않았으면……. 지금 너무나 어머님 아버님하고도 잘 지내고." (과도한 경제
적 지원 요구: 참여자 G)

• 긍정적인 경제적 교류

"근데 더군다나 어머님이 고맙다고 생각하시니까 나도 고마운 마음이 들고." (시어머니의 고
마움 표시: 참여자 D)

(6) 시어머니와의 동거 여부

시어머니와의 동거 여부도 고부관계에 결정적인 영향을 끼치는 요인 중 하나라는 결
과가 도출되었다. 대부분의 참여자들은 분가가 가장 바람직한 형태의 생활방식이라고
말했다. 그러나 동거를 하는 경우라도 며느리 측에서 육아나 가사 혹은 경제적인 도움이
필요한 경우에는 동거를 통해 시어머니와의 관계도 긍정적으로 형성되었다. 반면 며느
리가 동거의 필요성을 느끼지 못하고 있는 경우에는 시어머니와의 동거가 고부관계를 악

화시키고 부정적인 고부관계를 형성하게 하는 가장 큰 원인 중 하나가 되었다.

- 시어머니와의 만족스러운 동거

"어쩔 수 없이 어머님네에 들어가겠다고 했는데 그러라고 하셨어요. 당장 살 데가 없었으니까 들어가 살 공간이 있다는 것만으로도 행복했어요." (경제적인 이유로 동거의 필요성 절실함: 참여자 L)

- 시어머니와의 불만족스러운 동거

"나는 아파트에서 사는 게 힘든 것 같아, 빤히 보이잖아요. 정말 어머니 말대로 콧구멍 속 같은 그런 공간인데. 거기에서 다른 문 열면 어머니 보이고, 그렇잖아요? 그러니까 숨 쉬는 것도 힘들고." (공간의 협소함에서 오는 긴장: 참여자 H)

- 분가

"고부관계에 대해 예전에 집 안에 들어오면 항상 그걸 느낀다라는 게 거의 한 70%였다면 지금은 한 20%?" (시어머니와 며느리 모두 편해짐: 참여자 H)

(7) 남편의 형제 서열

참여자들은 남편의 형제 서열이 며느리와 시어머니의 관계를 결정짓는 데 아주 큰 역할을 한다고 했다. 전통적으로 우리나라에서는 장남의 경우 부모 부양의식이 강했으며 부모 역시 장남은 당연히 부모를 부양해야 된다는 의식이 있었다(김현주, 2001). 참여자들은 장남의 부모부양을 당연시하는 시어머니를 이해할 수 없었으며 시어머니의 큰 기대에 항상 못 미쳐서 부정적인 고부관계를 형성하게 되었다. 이에 반해 장남이 아닌 차남 이하의 며느리인 참여자들은 시부모를 부양해야 한다는 의무감에서 자유로웠으며, 이는 고부관계를 긍정적으로 형성하게 하는 요인이 되었다.

- 부양의식에서의 차이

"우리 어머닌 장남은 어머니를 다 책임져야 하는 존재고 차남은 계속 챙겨 줘야 하는 사람이라고 생각하는 것 같아요." (장남에게 과도하게 기대하는 시어머니: 참여자 E)

- 형제들 사이의 역학관계

"한 번은 정말 정식으로 동서하고 대판 붙었는데, 글쎄 어머님이 동서 편을 드는 것처럼 말을 하셨더라고요. 그러니 형님하고 어머님이 같이 미워지더라고요." (동서와의 불화로 인해 시어머니까지 미워짐: 참여자 L)

(8) 남편의 역할

본 연구를 통해 고부관계에 있어서 남편의 역할이 가장 중요하다는 점이 발견되었다. 이는 기존의 선행연구에서는 전혀 다루어지지 않은 부분으로 남편이 고부관계 형성에 중요한 요인이라는 점이 밝혀졌다. 남편이 아내 편에 서서 배려하는 경우는 물론이고 시어머니와 분화된 상태로 중립 입장을 지키는 경우에도 참여자들의 고부관계는 긍정적이었다. 또한 부정적인 고부관계를 경험하던 참여자가 시어머니와의 갈등이 첨예화되었을 때 남편의 위로나 지지를 받으면 고부갈등으로 상한 마음을 다 잊게 되었다. 반대로 참여자들은 남편이 전혀 그들의 입장을 이해하려 하지 않거나 위로하려 하지 않을 때 절망감을 느꼈다.

• 남편의 분화
"애들 아빠가 참 객관적인 게 도움이 많이 되었어요. 어머니께서 한 번씩 생트집 잡을 때면 '우리 엄마 원래 그래. 어제 오늘 일이야.' 하는 식으로 나를 위로했어요." (시어머니를 객관적으로 파악하고 있는 남편: 참여자 J)

• 남편의 아내 지지와 위로
"근데 그렇게 어머니 때문에 속상한 일이 있고 나면 우리 신랑은 전적으로 내 편을 들어요. 그러니까 우리 어머니 앞에서 공식적으로가 아니더라도 둘이 있을 때 100% 자기는 내 편이라고 하죠. 그게 엄청 위로가 돼요." (남편의 지지: 참여자 B)

• 남편의 지지와 위로 없음
"한 번은 정말 이런 건 너무 싫다고 하면서 어머니한테 한 번 말할까 했더니, 그렇게 하려면 니가 집을 나가라고 하더라고요. 그래도 이 집에서 내 얘기를 들어줄 사람은 이 사람밖에 없는데 생각했던 게 그 순간에 딱 무너졌던 거지요." (남편의 지지 없음: 참여자 H)

(9) 며느리의 취업

참여자들의 취업도 고부관계에 영향을 미치고 있었다. 취업하고 있는 참여자의 경우 시간적 여유가 없고 또 시댁에서도 그것을 알고 있어서 서로 관여를 덜하게 되어 고부관계에서 갈등을 겪을 소지가 적었다. 특히 시어머니와 동거하고 있는 참여자의 경우에는 취업으로 인해 가사에서의 역할 분담이 되어서 고부관계가 긍정적으로 되는 데 큰 역할을 했다. 그러나 참여자의 취업이 고부관계에 긍정적인 역할만 한 것은 아니었는데, 가사와 취업을 병행하면서 시간이 없고 신체적으로도 피곤해진 참여자들은 시어머니가 그러한 상황을 참작해 주지 않을 경우 서운한 마음이 들었다.

• 취업한 며느리
"취업을 하고 있으니까 내 영역이 생기는 것 같아요." (시어머니의 관여가 덜 함: 참여자 A)

• 취업하지 않은 며느리
"난 그 당시보다는 나중에 그 상황을 되짚는 편인데, 내가 전업주부로 있었을 땐 진짜 힘들었어요. 어머님이 하신 말씀 한마디 한마디가 계속 떠오르면서 확대되고 온통 그 생각으로 가득 차 있었죠." (고부갈등에 대해 생각하는 시간이 많아짐: 참여자 E)

(10) 결혼관계 유지 의지

시어머니로 인해 갈등을 경험하고 힘이 들 때에도 고부관계를 단절하거나 관계를 더욱 악화시키지 않은 이유에 대해 참여자들은 시어머니와의 관계는 남편과의 결혼관계를 유지하는 한, 즉 이혼하지 않는 한 끊어질 수 없는 관계라고 인식하고 있었기 때문이라고 했다. 또한 남편에 대한 염려와 배려 때문에 참여자들은 고부관계를 긍정적으로 형성하려고 노력했다.

• 결혼관계의 지속
"시댁에 대한 스트레스, 미워하는 마음이 너무 커서 이거를 좀 버려야겠다 했죠. 평생 가족으로 살아야 될 분들이잖아요." (평생 가족으로 살 사람이라는 인식: 참여자 F)

• 남편에 대한 배려
"정말 어떨 땐 어머니 안 보고 살았으면 하는 생각이 들었어요. 그런데 그러면 우리 남편이 얼마나 가슴이 아프겠어요, 자기 엄만데. 남편을 사랑하니까 어쩔 수 없이 어머니를 다시 보게 되고." (남편에 대한 사랑: 참여자 E)

(11) 자녀출산

참여자들은 자녀출산이 고부관계에 미친 영향이 컸다고 했다. 처음 결혼한 후 시어머니와의 서먹서먹하고 긴장된 관계를 풀어 준 것이 자녀의 탄생이었다. 그런데 참여자들은 자녀출산이 긍정적인 역할만 한 것은 아니라고 했는데, 특히 첫 아이로 딸을 낳은 경우에는 시어머니가 못마땅해서 고부관계가 더 나빠지기도 했다.

• 자녀출산으로 인한 변화

"셋째로 바라던 아들을 낳아 드렸더니 정말 더 잘해 주셨어요. 셋짼 진짜 생각이 없었는데 어머니 때문에 낳았고, 또 그래서 어머닌 더 잘해 주셨고 전 더 편해졌죠." (아들을 낳아 더 잘해 주신 시어머니: 참여자 K)

• 자녀의 역할

"어머니한테 직접 안녕히 주무시라는 얘기를 내가 직접 하질 못하고, '얘들아, 인사해야지.' 하면 애들이 우루루 가서 "할머니 안녕히 주무세요.' 하죠. 그러면 난 방에서 좀 놀다 오라고 해요, 내가 살갑게 못하니까." (손자녀들의 역할: 참여자 D)

(12) 시어머니에 대한 연민

참여자들은 같은 여자로서 시어머니에 대한 연민을 가지고 있었으며, 이로 인해 시어머니를 좀 더 이해하고 더 잘 대해 드리려고 노력하게 되었다. 이는 긴 인생을 통해 고생하신 시어머니에 대한 안쓰러움과 연민이기도 했으며, 자신도 그렇게 늙을 것이라는 공감이기도 했다.

• 공감과 연민

"우리 어머님이 살아오신 과정이 있잖아요. 내가 살아온 건 정말 소설 한 권이다 하시면 정말 힘들게 살아오셨다는 것에 대해서 같은 여자이고 엄마라는 점에서 공감이 있었던 것 같아요." (시어머니에 대한 공감: 참여자 I)

(13) 중간역할 체계

참여자들은 친정엄마를 비롯한 친정식구들과 친구들이 고부관계에 영향을 미친다는 것을 경험했다. 특히 시어머니와 비슷한 나이로 비슷한 삶의 경험이 있는 친정엄마는 시어머니의 입장을 대변함으로써 참여자와 시어머니의 관계를 긍정적으로 만드는 데 기여했다.

- 친정엄마의 역할

"엄마 같은 경우에는 같은 연배니까 '그래도 니가 잘해야 된다, 돈 더 많이 드려야 돼.' 하고 얘기하세요. 엄마의 그런 말들이 생각을 좋게 하려는 데 도움은 된 것 같아요." (친정 엄마의 중간역할: 참여자 F)

- 친구들의 역할

"며느리들끼리 앉아서 시어머니 욕을 하면서 카타르시스가 되는 부분이 있고, 집에 오면 좀 용서가 되는 게 있잖아요?" (친구와의 수다를 통한 카타르시스: 참여자 H)

(14) 적응과 경계선 분명히 하기

참여자들은 시간이 지남에 따라 시어머니에게 적응하게 되고 어느 정도의 긴장이 사라지고 익숙해졌다. 한편으로 어떤 부분에 대해서는 타협하는 부분이 늘어났으며 더 나아가 체념하고 포기하게 되는 부분도 생겨났는데, 참여자들은 포기와 체념을 통해 오히려 편안함을 경험하게 되었다.

- 적응과 타협 그리고 포기

"익숙해지면 서로에 대해서 아니까 서로에 대해서 포기를 하는 부분도 있고 기대를 버리게 되잖아요. 처음 같으면 '왜 저런 말을 할까?' 하고 머리를 막 굴리는데, 지금은 손바닥 보듯이 뻔하니까요." (익숙해짐: 참여자 K)

- 심리적 거리 두기

"오히려 거리감을 명확하게 가진 거죠. 그때는 '내가 다 해 드려야 되는데……' 하는 게 있었는데, 지금은 이건 내가 할 부분이 아니다, 내가 책임질 부분이 아니다, 그런 부분이 딱 있고 해서 마음은 더 편해요." (심리적 거리 두기: 참여자 B)

(15) 남편에게 호소

참여자들은 고부갈등 상황이나 고부관계에서의 스트레스를 남편에게 가장 많이 얘기하고 또 해결받기를 기대했다. 그러나 참여자가 바라는 대로 남편이 위로하거나 중재역할을 하지 않을 경우에, 즉 기대가 충족되지 않았을 경우에는 남편에게 분노를 표출하는 방식으로 자신의 감정을 전달하게 되었다.

• 남편에게 호소

"어머니가 한 소리 할 때 아무 말도 못하고 있으면서 부글부글 끓어 올라오는데, 남편한테 얘기를 하고 나면 해결은 안 되어도 조금 해소는 되고 또 그렇게 넘어가요." (남편에게 호소: 참여자 C)

• 남편에게 분노 표출

"남편한테 어떻게 어머님이 나한테 이럴 수가 있냐고 엄청 화를 내죠. 사실 남편한테 얘기하는 건 위로를 받고 싶어서인데 그 위로를 잘 못 받고 나 혼자 화만 내는 것 같아요." (남편에게 분노 표출: 참여자 E)

(16) 관계회복을 위한 시도

참여자들은 시어머니와의 관계에 있어서 갈등을 어떻게 해결하느냐가 중요하다는 경험을 했다. 사과를 하는 등의 관계회복을 시도하는 경우나 자신의 입장을 솔직하게 말함으로써 시어머니의 이해를 구하는 것은 관계 개선에 도움이 되었다. 그러나 관계회복을 위해 서로 아무런 노력도 하지 않거나 섣부른 노력으로 오히려 갈등의 골을 깊게 하기도 했다.

• 적극적인 대처

"전 어머니가 어머니의 말에 상처 받는 걸 모르고 계신다는 생각을 하고, 갈등 국면이 지나고 나면 제가 그런 말에 기분이 상했다는 말씀을 드려서 제 상황을 알리는 게 도움이 됐어요." (자기 입장 표현: 참여자 J)

• 부정적인 대처

"아예 얘기가 없으세요. '지난번 일은 너한테 미안하게 되었다, 너한테 뭘 덜 주려고 한 게 아니고 어쩌다 보니까 시누들한테만 좋은 것이 가게 된 거다.' 하는 말만 있어도, 그게 거짓말이더라도 내가 기분이 좀 풀리고, 그러면 어머님도 더 잘 대할 텐데." (사과하지 않는 시어머니: 참여자 D)

(17) 관계의 성숙

결혼 당시 시어머니의 호의적인 반응과 대우 속에서 고부관계를 시작한 참여자들은 가끔씩은 시어머니와의 갈등을 경험하기도 했지만 고부관계가 긍정적으로 유지될 수 있었다. 이 과정에는 남편의 위로나 지지, 시어머니와 며느리 두 사람 모두의 포기와 적당한 거리감이 큰 역할을 했다. 그러나 처음 고부관계가 나빴던 경우에도 적극적으로 노력하고 대처함으로써 긍정적인 고부관계로 변하기도 했다.

• 긍정적인 고부관계 유지

"하여간 저는 우리가 참 환상적인 조합이라고 생각해요. 헌신적인 어머니와 뻔뻔하고 떳떳한 며느리의 만남……." (환상적인 조합: 참여자 K)

• 긍정적인 고부관계로 변화

"시어머니니까 이런 얘기 할 수 있다는 어느 한계까지는 그냥 넘어가요. 좀 과하다, 나는 도저히 이 말을 듣고 살 수는 없다 싶은 건 얘기를 해요. 그렇게 하면 제가 쌓이는 게 없죠, 털어버리니까." (적극적 대처로 인한 관계 개선: 참여자 F)

(18) 관계의 위축

결혼 초에 고부관계가 부정적으로 형성된 참여자들 중에는 그러한 관계가 지속되기도 했다. 참여자들은 처음의 긴장이 시간이 지남에 따라 익숙해지는 경향은 있지만 고부관계의 본질은 변하지 않았다는 것을 경험했다. 그런데 신혼 초 고부관계가 형성될 당시에는 서로 호의적이었던 참여자들과 시어머니의 관계가 악화된 사례들도 있었다. 그러한 변화의 원인으로는 시어머니의 무리한 경제적 지원 요구와 다른 형제에 대한 편애가 공통적으로 지적되었다.

• 부정적인 고부관계 지속

"10년 전에 비해서 익숙해진 건 있지만, 스타일에 익숙해져서 편안해진 건 있지만, 그렇다고 해서 관계 본질이 변한 거는 아니죠." (익숙해졌을 뿐 관계의 본질은 변하지 않음: 참여자 C)

• 부정적인 고부관계로 변화

"어머니가 그렇게 잘해 주신 게 다 위선이란 생각이 들었어요. 이유도 밝히지 않는 그 많은 빚을 우리에게 떠넘기시는 일을 하셨다는 생각을 하면 도대체 어머니를 믿을 수가 없는 거죠." (시어머니로 인한 경제적 타격: 참여자 G)

3) 축코딩

축코딩의 단계에서는 개방코딩 단계를 통해 근거자료에서 뽑아낸 개념과 하위 범주들을 범주에 연결시키고, 그 범주들의 관계를 분석하여 근거이론 방법에 따른 패러다임 모형을 만들었다. 이러한 개념 틀을 통한 구조분석은 며느리들의 시어머니와의 관계 경험 과정이 어떠한 구조를 띠고 있는가를 한눈에 볼 수 있는 방식으로 정리하는 데 도움을 준다(Strauss & Corbin, 1998).

본 연구의 중심 현상은 긍정적인 고부관계 경험과 부정적인 고부관계 경험이었는데, 이러한 현상에 영향을 미치는 인과적 조건으로 고부관계 형성하기가 발견되었다. 참여자들은 남편과 결혼을 함으로써 남편의 어머니와 고부관계를 형성했다. 참여자들은 30년 가까이 남남으로 지내다가 갑자기 부모와 자식이라는 관계로 한 가족이 되었지만, 그렇다고 해서 엄마와 딸처럼 지낼 수도 없는 독특성을 가진 관계가 바로 고부관계라고 인식하고 있었다. 또한 한 남자를 두고 엄마와 아들, 아내와 남편이라는 가장 친밀한 인간관계를 맺고 있는 시어머니와 며느리는 처음부터 긴장된 관계라는 것을 인식하고 있었다.

고부관계가 긍정적으로 혹은 부정적으로 형성되는가에 아주 큰 영향을 미치는 요인이 있었는데, 결혼하기 전이나 결혼 초기에 시어머니와 며느리가 서로에 대해 갖는 호감의 정도가 바로 그것이었다. 시어머니와 결혼 전부터 서로 왕래가 있었거나 시어머니가 며느리의 여러 조건을 흡족해하는 경우 참여자에 대해 호감이 있게 된다. 참여자가 그러한 호감을 알고 있기 때문에 시어머니를 대하는 태도도 부드럽고 호의적으로 되었다. 처음에 긍정적인 고부관계를 형성하게 된 참여자들은 시어머니와 만나면서 신뢰감과 한 가족이 된 느낌을 갖게 되며, 동시에 시어머니와 적당한 거리감을 가지고서 서로의 삶을 인정하는 것도 매우 중요하다는 인식을 하게 되었다.

한편 시어머니가 참여자의 여러 조건들을 맘에 들어 하지 않거나 첫인상을 나쁘게 갖게 되면 둘 사이의 긴장도가 높아지고 부정적인 고부관계를 형성하게 되었다. 처음에 부정적인 첫인상으로 고부관계를 시작했던 참여자들은 시어머니가 시누이와 자신을 차별 대우하거나 남편만 중시하고 자신을 무시하며 소외감을 느끼게 되는 부정적인 경험을 하는 비율이 높았다. 또한 사고방식과 생활방식에서의 차이를 경험했는데, 이러한 차이는 긍정적인 고부관계를 형성하고 있던 참여자들도 여전히 느끼는 바였지만 그 차이가 갈등으로 이어지느냐 아니냐가 다른 점이었다.

이렇듯 부정적인 고부관계 경험이 쌓이게 된 참여자들은 심리적·신체적 증상을 겪게 되는데, 이는 화병과 신체적인 질병까지 포함했다. 참여자들은 혼자 있을 때에도 얼굴이 벌겋게 달아오르거나 시어머니에 대한 분노가 쌓여 폭발할 지경이 되었으며, 일상생활

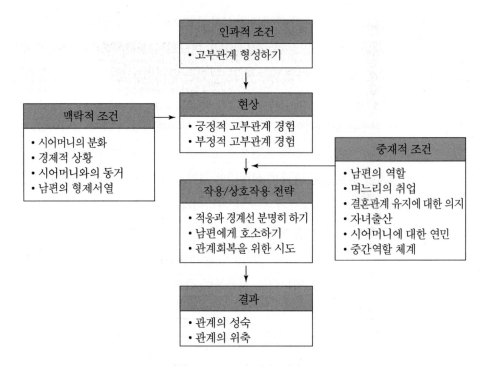

[그림 15-1] 며느리들의 시어머니와의 관계 경험에 대한 패러다임 모형

을 할 수 없을 정도로 모든 신경이 고부관계에 집중되는 경험을 하게 되었고, 이는 부부
의 불화로 이어지게 되었다.

그런데 이러한 시어머니와의 관계에 영향을 미치는 맥락적 조건들이 있었는데, 우선
시어머니가 아들과 밀착되어 있지 않고 분화되어 있을수록 며느리와 아들의 삶에 간섭하
는 것이 적었고, 그 결과 고부관계에서 갈등의 소지가 적었다. 시어머니의 분화는 특히
며느리와 동거하고 있는 경우에 더욱 큰 역할을 했다. 시어머니와 동거하면서도 긍정적
인 고부관계를 유지하고 있는 참여자들은 자신들과 시어머니 모두 분화되어 있어서 서로
의 삶에 간섭하는 정도가 적고 자기 역할을 명확히 하고 있었으며, 무엇보다 참여자들 자
신이 시어머니로부터 육아와 가사의 도움을 절실히 필요로 하고 있었다. 그럼에도 불구
하고 참여자들은 상황이 허락되면 분가 형태로 지내는 것이 긍정적인 고부관계를 유지하
는 데 도움이 된다는 인식을 하고 있었다.

남편의 형제서열 또한 시어머니와의 관계에서 많은 영향을 끼치는 조건 중 하나였다.
남편이 장남인 참여자들은 시어머니가 며느리와 아들의 부양의식을 당연히 여기고 의무
를 많이 지우는 것이 시어머니와의 관계에서 스트레스로 작용한다고 했다. 이에 반해 남

편이 차남인 참여자들의 경우에는 부양의무에서 자유로웠다. 시어머니 역시 며느리에 대한 기대수준도 낮았고 보다 너그러운 태도로 참여자들을 대하여, 참여자들은 시어머니와 보다 긍정적인 관계를 경험하게 되었다.

경제적 상황 역시 고부관계에 엄청난 영향을 끼치는 맥락적 조건이었다. 참여자들은 시어머니나 자신들의 경제적 상황이 나아졌을 때 보다 긍정적인 고부관계를 경험하게 되었다. 또한 참여자들은 적당한 정도의 지원을 주거나 받는 경제적 교류는 관계에 긍정적인 기여를 한다는 경험을 했다. 그러나 시어머니가 과도한 경제적 지원을 요구하는 경우에는 고부관계가 훼손되는 것을 경험했다.

본 연구의 중심 현상인 참여자들이 경험하고 있는 고부관계에 영향을 미치는 중재 조건들도 많았는데, 그중 남편의 역할이 가장 중요한 요인이었다. 참여자들은 고부관계를 긍정적으로 만드느냐 부정적으로 만드느냐의 열쇠를 쥐고 있는 것이 남편임을 경험하게 되었다. 고부관계가 긍정적으로 형성되고 유지되는 경우에 남편들은 시어머니와 밀착되어 있지 않고 분화되어 있었다. 반대로 부정적인 고부관계를 경험하고 있는 참여자들의 경우에는 남편들이 시어머니와 분화되지 못한 상태였다. 한편 남편이 참여자의 입장을 이해하고 지지하며 위로하는가의 여부도 매우 중요한 역할을 했다. 고부갈등을 경험하고 있는 참여자들 중 남편이 참여자의 입장을 지지하고 위로하는 경우에는 고부갈등이 사소한 것으로 여겨져서 극복되는 경험을 했다. 그러나 남편이 시어머니의 입장을 지지하거나 방관하면서 참여자에게 아무런 위로를 하지 않는 경우에는 고부갈등이 증폭되었다.

참여자들의 취업 역시 고부관계에 영향을 미치는 중재 조건이었다. 시간과 생각을 다른 곳에 집중하고 있으므로 고부관계에 대해 생각하는 비중이 적기 때문에 긍정적인 요인이 되는 비중이 높았다. 한편 참여자들은 시어머니와의 관계를 잘 유지하려고 노력하는 것이 남편에 대한 배려라고 생각하게 되는데, 이는 이혼하지 않고 결혼관계를 지속하는 한 고부관계가 지속된다는 인식을 바탕으로 한 것이었다. 또한 같은 여자로서 참여자들이 시어머니에게 느끼게 되는 공감과 연민도 큰 중재 조건 중 하나였으며, 비슷한 연배의 친정엄마가 시어머니의 입장을 대변해 주는 것 역시 고부관계에 긍정적인 기여를 했다.

참여자들이 고부관계 경험을 하면서 취하게 되는 여러 작용/상호작용으로는 아무리 해도 어떻게 할 수 없는 부분에 대해서는 포기하고 타협하며, 자신이 할 수 있는 일과 할 수 없는 일에 대한 입장을 분명히 밝히는 노력이 있었다. 이를 통해서 오히려 고부관계가 긍정적으로 변하거나 고부갈등으로 인한 스트레스가 줄어드는 경험을 했다. 보다 적극적으로 참여자들은 시어머니와 관계를 개선하기 위해 자기 입장을 솔직하고 담담하게 밝혀서 시어머니와의 의사소통을 시도하기도 했는데, 이는 시어머니의 태도를 바꾸기도 했다. 반면에 시어머니가 그러한 시도에 부정적인 방식으로 대처하는 경우에는 고부관계가 더욱 악화되기도 했다. 이러한 시도들과 더불어 참여자들은 남편에게 위로를 받고자 했으며, 남편을 자기편으로 만들려고 노력했다. 그러한 기대가 충족될 경우 시어머니와의 관계가 매우 개선되었지만 그렇지 못할 경우에는 남편에 대한 배신감이 시어머니에 대한 미움으로 연결되었다.

결과적으로 남편이 중재역할을 전혀 하지 않는 경우나 시어머니의 무리한 경제적 요구가 있는 경우에는 시어머니와 호의적인 관계로 출발했던 참여자들이 부정적인 고부관계로 변화하는 과정을 겪기도 했다. 또한 처음부터 부정적인 고부관계로 시작했던 참여자들 중에는 그러한 부정적인 관계를 계속 유지하기도 했는데, 이러한 경우 남편의 중재역할은 거의 없었다. 그러나 첫인상이 비호의적이어서 부정적인 관계를 형성했던 참여자들 중에도 적극적인 대처 전략과 남편의 중재역할을 통해 긍정적인 고부관계로 변화하는 과정을 겪은 참여자들도 있었다. 처음에 고부관계가 긍정적으로 형성되었던 참여자들 중에는 여러 중재 조건들과 대처방식을 통해 긍정적인 고부관계를 유지하는 경우도 있었다.

4) 선택코딩

선택코딩 단계에서는 며느리들의 고부관계 경험과정을 범주들이 지닌 속성과 차원에 따라 4가지 유형으로 분류할 수 있었다. 긍정적인 고부관계를 형성해서 계속 유지하는 '긍정적인 고부관계 지속' 유형과 결혼 초기에는 부정적인 고부관계를 형성했으나 여러 요인들의 상호작용을 통해 긍정적인 고부관계로 변화한 '긍정적인 고부관계로 변화' 유형으로 분류되었다. 반면에 부정적인 고부관계를 형성하게 되었다가 계속 지속한 '부정적인 고부관계 지속' 유형과 결혼 초기에는 긍정적인 고부관계를 형성했으나 부정적인 고부관계로 변화한 '부정적인 고부관계로 변화' 유형으로 분류되었다.

▌표 15-3　며느리들의 시어머니와의 관계 경험과정에 대한 유형분석

	긍정적인 고부관계 지속(유형 1)	긍정적인 고부관계로 변화(유형 2)	부정적인 고부관계 지속(유형 3)	부정적인 고부관계로 변화(유형 4)
인과적 조건	며느리에 대한 첫인상(좋음)	며느리에 대한 첫인상(나쁨)	며느리에 대한 첫인상(나쁨)	며느리에 대한 첫인상(좋음)
현상	고부관계 경험(긍정적)	고부관계 경험(부정적)	고부관계 경험(부정적)	고부관계 경험(긍정적)
맥락적 조건	시어머니 분화(분화) 경제적 독립 경제적 교류(긍정적) 분가 동거(만족)	시어머니 분화(미분화) 경제적 교류 (부정적 → 긍정적) 분가 동거(불만족) → 분가	시어머니 분화(미분화) 시어머니의 편애	시어머니 분화(미분화) 경제적 교류(부정적) 분가→동거(불만족) 시어머니의 편애
중재적 조건	남편의 분화(분화) 남편의 지지(있음) 취업(취업함) 결혼관계 유지 의지(강함)	남편의 분화(분화) 남편의 지지(있음) 자녀출산 결혼관계 유지 의지(강함)	남편의 분화(미분화) 남편의 지지(없음)	남편의 분화(미분화) 남편의 지지(없음)
작용/상호 작용 전략	관계회복을 위한 대처(적극적) 경계선을 분명히 함 남편에게 호소	관계회복을 위한 대처(적극적) 경계선을 분명히 함 남편에게 호소	관계회복을 위한 대처(소극적) 경계선을 분명히 함 남편에게 호소 (분노 표출)	관계회복을 위한 대처(소극적) 남편에게 호소 (분노 표출)
결과	관계의 성숙	성숙된 관계로 변화	위축된 관계의 지속	관계의 위축
참여자	A, D, I, K	F, H, J	C, L	B, E, G

5. 결론 및 제언

본 연구의 분석결과를 토대로 한 결론은 다음과 같다.

첫째, 본 연구를 통해 고부관계가 어떻게 시작되어서 형성되고 유지되는지, 즉 며느리들의 시어머니와의 관계 경험의 과정을 탐구할 수 있었다. 이는 본 연구가 기존의 양적 연구들과 차별되는 점으로, 선행연구들에서 밝혀진 고부관계에 영향을 끼치는 요인들이 상호작용하는 방식과 그에 따라 고부관계가 변화하는 과정을 도출할 수 있었다. 참여자

들이 경험한 고부관계의 과정은 긍정적인 경험이나 부정적인 경험 어느 한쪽에만 국한된
것이 아니고 양쪽을 다 경험하고 있었다. 더 중요한 것은 변화를 겪기도 하는 과정이었
다. 특히 긍정적인 고부관계로 변화한 유형과 부정적인 고부관계로 변화한 유형에서 작
용/상호작용 전략의 차이가 있었다. 즉, 관계회복을 위한 대처가 적극적이고 남편에게
호소하는 경우 긍정적인 고부관계로 변화한 반면, 관계회복을 위한 대처가 소극적이고
남편에게 호소하는 것이 받아들여지지 않아서 분노 표출이 되는 경우 부정적인 고부관계
로 변화했다.

둘째, 본 연구를 통해 긍정적인 고부관계 형성과 부정적인 고부관계 형성에 영향을 미
치는 요인들을 동시에 발견할 수 있었다. 참여자들의 시어머니와의 관계 경험과정에 긍
정적인 영향을 미치는 요인은 시어머니의 분화, 경제적 독립, 긍정적인 경제적 교류, 분
가, 만족스러운 동거, 남편의 분화, 남편의 아내 지지와 위로, 며느리의 취업, 결혼관계
유지에 대한 의지, 남편에 대한 배려와 연민, 자녀출산, 시어머니에 대한 공감, 적응과
경계선 분명히 하기, 적극적인 대처였다. 한편 부정적인 영향을 미친 요인으로는 시어머
니의 미분화, 부정적인 경제적 교류, 불만족스러운 동거, 시어머니의 다른 형제 편애, 남
편의 미분화, 남편의 아내 지지와 위로 없음, 부정적인 대처였다. 기존의 연구들이 긍정
적인 고부관계를 형성하는 원인에 대한 연구가 일천했다는 점에 비추어 볼 때, 이는 본
연구의 큰 성과이자 고부관계 연구에 있어서 새로운 출발점이 될 수 있을 것이다.

셋째, 본 연구를 통해 시어머니와의 동거나 경제적 교류 등의 요인들은 그 자체로 부정
적인 요인이 아니라 어떤 상황인가에 따라, 참여자들이 그것을 어떻게 받아들이고 있는
가에 따라 긍정적인 요인으로도 작용하고 부정적인 요인으로도 작용할 수 있음을 알게
되었다. 시어머니와 동거를 하는 경우에도 시어머니의 육아 도움을 받으면서 서로 경계
선을 분명히 하고 서로의 역할을 침범하지 않는 경우에는 긍정적인 고부관계를 유지했
다. 반면에 시어머니와의 동거가 불만족스러운 경우 참여자들은 부정적인 고부관계로 변
화했다. 또한 경제적 교류는 부정적인 고부관계를 형성하는 요인만이 아니라 긍정적인
요인으로도 작용했는데, 이때 그 교류가 며느리의 생활에 타격을 줄 정도가 아니라는 점
과 도움을 받는 시어머니가 그것에 대해 감사하는 것으로 인해 긍정적인 요인이 되었다.

넷째, 본 연구를 통해 고부관계에 있어서 남편의 역할이 결정적으로 중요하다는 점을
발견할 수 있었다. 처음부터 호의적으로 시작되어 긍정적으로 유지되고 있는 고부관계
에서는 물론이고, 특히 고부갈등을 자주 경험하는 부정적인 고부관계에서도 남편의 지
지와 위로가 그러한 부정적인 경험을 잊게 하거나 사소한 것으로 여겨지게 하여 긍정적

인 고부관계로 변할 수 있게 하는 원동력이 되었다. 반면에 부정적인 고부관계를 경험하고 있는 대부분의 참여자의 경우 남편이 아내의 입장을 이해하거나 지지하지 않았으며 위로조차 하지 않았다. 고부관계를 다루는 기존의 연구에서는 남편에 대한 연구를 거의 하지 않고 있는 실정이다. 따라서 이러한 연구결과는 본 연구의 성과이자 추후의 고부관계에 관한 연구의 새로운 방향을 제시하고 더 나아가 고부관계 개선 프로그램을 마련하는 근거가 될 것이다.

이상과 같은 본 연구의 결과를 바탕으로 다음과 같은 제언을 하고자 한다.

첫째, 고부관계에 대한 부정적인 인식이 팽배하고 있는 실정에서 고부관계도 다른 인간관계와 마찬가지로 긍정적인 관계와 부정적인 관계의 두 가지 관계로 형성되어 있으며, 부정적인 관계도 긍정적으로 변화할 수 있다는 인식이 확대되도록 해야 한다. 이를 위해 고부관계 증진교육 프로그램이 실시되어야 하는데, 그 프로그램은 작은 소그룹 활동에서부터 미디어를 활용하여 일반인을 대상으로 하는 강의와 교육까지 포함해야 할 것이다.

둘째, 본 연구를 통해 고부관계에서 남편의 역할이 중요하다는 점이 부각되었으므로 향후 남편을 대상으로 하는 고부관계 개선과 증진 프로그램이 마련되어야 할 것이다. 그런데 이를 위해서는 남편을 대상으로 하는 연구가 선행되어야 할 필요가 있다. 사실 남편을 대상으로 한 고부관계 연구가 거의 없는 실정이므로 과연 남편들은 고부관계에서 어떠한 경험을 하고 있는지에 관한 연구부터 이루어져야 한다. 남편들은 자신들이 고부관계에서 어떠한 역할을 해야 한다고 인식하고 있는지 혹은 어떠한 역할을 수행하고 있는지, 어떠한 어려움이 있는지 등에 대한 연구가 이루어져야 할 것이다. 이러한 연구를 바탕으로 남편들에게 고부관계에 대한 이해를 높이고 그 속에서 자신들의 역할을 충분히 인식하고 행동할 수 있도록 하는 프로그램이 마련되어야 할 것이다.

셋째, 남편들을 대상으로 하는 프로그램의 서비스 대상을 현재 기혼남성뿐만 아니라 미래의 남편이 될 대학생과 예비 신랑들까지로 확대해야 할 것이다. 대학교와 연계해 고부관계에 대한 이해와 남편이 역할 수행에 관련된 프로그램을 공급하고, 예비 신랑들을 위한 사회적 서비스가 제공되어야 한다. 이미 고부갈등이 첨예화되는 경험을 하고 있는 기혼자들뿐만 아니라 그러한 경험을 하지 않은 미혼남성들에게까지 서비스를 확대함으로써 고부갈등의 예방과 긍정적인 고부관계 형성을 통한 가족복지의 토대가 마련될 수 있을 것이다.

넷째, 심각한 고부갈등을 겪고 있는 며느리와 시어머니 그리고 남편을 위한 상담 서비스와 치유 프로그램이 마련되어야 할 것이다. 고부갈등은 이혼의 중요한 원인 중의 하나이며, 며느리들이 시어머니에 대한 미움이나 고부관계에 대한 생각에 매몰되어 일상생활을 못할 정도이기도 하며 그로 인해 심리적 · 신체적 증상을 겪고 있다는 것이 본 연구 결과를 통해서 확인되었다. 그러므로 이러한 심각한 상황에 놓여 있는 며느리들과 시어머니, 남편들을 대상으로 하는 구체적인 상담과 해결 서비스가 마련되어야 할 것이다.

 참고문헌

고정자, 김갑숙(1993). 고부관계 연구에 대한 고찰. 한국가정관리학회지, 11(1), 235-247.
구자경(1999). 시어머니와 며느리가 지각하는 고부간의 갈등. 이화여자대학교 대학원 석사학위논문.
김밀양(2004). 고부관계연구에 대한 이론적 고찰. 한국가족관계학회지, 9(2), 173-187.
김충미(1992). 며느리의 입장에서 본 고부갈등의 원인에 입각한 사회사업적 개입방안. 숭실대학교 대학원 석사학위논문.
김태연(1994). 고부갈등과 이에 대한 대처방식이 며느리의 정신건강에 미치는 영향. 이화여자대학교 대학원 석사학위논문.
김현주(2001). 장남과 그의 아내. 서울: 새물결.
박부진(1981). 한국농촌가족의 고부관계. 한국문화인류학, 13, 87-118.
박현옥(1990). 고부갈등에 영향을 미치는 제 변인에 관한 연구. 숙명여자대학교 대학원 석사학위논문.
배선희(1997). 맏며느리의 고부관계 인식: 도시지역의 계급별 사례를 중심으로. 경희대학교 대학원 박사학위논문.
송현애, 이정덕(1995). 시부모 부양 스트레스에 관한 연구. 한국가정관리학회지, 13(3), 115-123.
성인애(1991). 한국의 고부갈등. 경북대학교 대학원 석사학위논문.
성명옥, 이혜자(2002). 시어머니가 지각하는 고부갈등이 제 가족관계에 미치는 영향. 노인복지연구, 20(4), 185-206.
유영주, 김경신, 김순옥(1996). 가족관계. 서울: 교문사.
이기숙(1985). 한국가정의 고부갈등 발생원에 대한 요인분석. 부산대학교 대학원 박사학위논문.
이신숙, 서병숙(1994). 기혼여성의 노부모 부양 스트레스와 영향 변인에 관한 연구. 대한가정학회지, 32(4), 57-71.
이정연(1990). 며느리가 인지한 고부갈등과 대처행동에 관한 연구. 한국가정관리학회지, 8(2), 135-145.

이정연, 정혜정, 장진경(1996). 젊은 며느리를 위한 고부관계 향상 교육 프로그램의 개발 및 평가. 한국가정관리학회지, 14(4), 13-26.

이혜자(2003). 시모의 고부갈등 유형화와 관련변인 연구. 노인복지연구, 19, 31-59.

조흥식, 김인숙, 김혜란, 김혜련, 신은주(2006). 가족복지학. 서울: 학지사.

최정혜(1994). 성인자녀가 지각하는 노부모와의 결속도 및 갈등에 관한 연구. 한국노년학, 14(2), 25-36

최효일(1992). 고부갈등에 관한 사회심리학적 고찰. 중앙대학교 대학원 박사학위 논문.

Allen, R., Blieszner, R., & Roberto, K. A. (2000). Families in the middle and later years: A review and critique of research in the 1990s. *Journal of Marriage and the Family, 62*, 911-926.

Beaton, J., Norris, J., & Pratt, M. (2003). Unresolved issues in adult children's marital relationships involving intergenerational problems. *Family Relations, 52*(2), 143-153.

Bryant, C., & Conger, D. (1999). Marital success and domains of social support in long-term relationships: Does the influence of network members ever end? *Journal of Marriage and Family, 61*, 437-450.

Bryant, C., Conger, D., & Meehan, J. (2001). The influence of in-laws on change in marital success. *Journal of Marriage and Family, 63*(3), 614-626.

Connidis, A., & McMullin, A. (2002). Sociological ambivalence and family ties: A critical Perspective. *Journal of Marriage and Family, 64*, 558-567.

Cotterill, P. (1994). *Friendly relations? Mothers and their daughters-in-law.* Bristol, PA: Taylor & Francis Inc.

Fischer, L. R. (1983). Mothers and mothers-in-law. *Journal of Marriage and the Family, 45*(1), 187-192.

Globerman, J. (1996). Motivations to care: Daughters-and sons-in-law caring for relatives with Alzheimer's disease. *Family Relations, 45*, 37-45.

Goetting, A. (1990). Patterns of support among in-laws in the United States: A review of research. *Journal of Family Issues, 2*(1), 67-90.

Harrist, W., & Ainsle, C. (1998). Marital discord and child behavior problems: Parent-child relationship quality and child interpersonal awareness as mediators. *Journal of Family Issues, 19*(2), 140-163.

Jorgenson, J. (1994). Situated address and the social construction of "in-law" relationships. *The Southern Communication Journal, 59(3)*, 196-204.

Leuscher, K., & Pillemer, K. (1998). Intergenerational ambivalence: A new approach to the study of parent-child relations in later life. *Journal of marriage and the Family, 60*(2), 413-425.

Limary, B. (2002). *The Mother-in-Law/Daughter-on-Law dyad: Narratives of relational development among in-laws*. Albuquerque, NM: The University of New Mexico (unpublished dissertation).

Lopata, H. (1999). In-laws and the concept of family. *Marriage and Family Review, 28(3)*, 161-172.

Patton, M. Q. (2002). *Qualitative Research and Evaluation Methods*. Thousand Oaks, CA: Sage.

Pillemer, K., & Suitor, J. (2002). Explaining mother's ambivalence toward their adult children. *Journal of Marriage and Family, 64*, 602-613.

Serovich, J. M., & Price, S. J. (1994). In-law relationships: A role theory perspective. *International Journal of Sociology and the Family, 24*(1), 127-146.

Silverstein, J. L. (1990). The problem with in-laws. *Journal of Family Therapy, 14*, 399-412.

Strauss, A. & Corbin, J. (1998). *Basics of qualitative research: Techniques and procedures for developing grounded theory* (2nd ed.). Thousand Oaks, CA: Sage.

Uphold, C. (1991). Positive affect between adult women and their mothers and mothers-in-law. *Journal of Women and Aging, 3*(4), 97-116.

Walker, A. J. (2000). Refracted knowledge: Viewing families through the prism of social science. *Journal of Marriage and the Family, 62*, 595-608.

Whitbeck, L., Hoyt, R., & Huck, M. (1994). Early family relationships, intergenerational solidarity, and support provided to parents by their adult children. *Journal of Gerontology: Social Science, 49*, 85-94.

Willson, A., Shuey, K., & Elder, G. (2003). Ambivalence in the relationship of adult children to aging parents and in-laws. *Journal of Marriage and Family, 65*(4), 1055-1072.

통계청. www.kosis.co.kr

제16장

피학대아동의 위탁가정 적응과정에 관한 연구*

1. 서 론

우리나라는 1997년 IMF 이후 경제적 어려움으로 인하여 실업률·이혼율의 증가 등 급격한 사회변화와 가족해체 현상이 나타나 많은 아동들이 가정으로부터 이탈되고 있다. 이러한 가정의 해체로부터 발생된 요보호아동이 1998년에 13,958명이었는데 2003년에는 21,882명으로 증가하였다(보건복지부, 2003). 보건복지 통계자료에서는 2003년 현재 아동보호시설에 보호되고 있는 아동의 수가 총 18,818명으로 보고되었다. 특히 지난 2003년에 4,983건의 아동학대가 아동학대예방센터에 신고되었고 그중에 3,074건이 학대사례로 판정되어 피해아동의 54.6%가 친가정에서 보호되었고, 나머지 45.4%의 아동은 친가정으로부터 분리되어 시설보호, 친인척보호, 가정위탁보호, 입원치료, 사망 등의 결과로 나타났다. 그러나 상당히 많은 수의 아동들이 친가정에서 분리되어 보호를 받고 있다(중앙아동학대예방센터, 2004).

이와 같이 친가정으로부터 분리된 아동들은 대다수 시설보호를 받고 있고 짧은 시간 안에 친가정으로의 복귀가 이루어지고 있지 못하고 있다. 전에는 요보호아동에 대하여 시설보호가 주를 이루고 있었다. 그러나 1989년 UN 아동권리협약에서 보호아동에 대한

---

* 장윤영, 박태영(2006) 한국사회복지학, 58(1)에 게재되었음.

가정 내에서의 보호를 권고하는 세계적인 분위기의 영향을 받아 우리나라도 가정위탁제
도에 대해 꾸준히 논의가 진행되어 오다가 지난 2003년 3월에 전국 16개 시·도에 가정
위탁지원센터를 설치하였다. 가정위탁지원센터가 설치됨에 따라 학대와 방임 등으로 인
하여 친부모로부터 양육을 받지 못하는 아동들이 시설보호보다는 지역사회에 있는 다른
가정에서 양육될 수 있는 가정위탁보호를 받게 되었다. 그러나 실제로 가정위탁보호제
도는 정부의 지원이 부족하고 지역 내 담당상담원이 단지 3, 4명으로 한정되어 있어서,
이러한 적은 수의 상담원들은 아동을 위탁 배치하는 것 자체의 많은 업무에 시달리고 있
는 형편이다. 따라서 상담원들은 위탁아동이 위탁가정에서 잘 적응할 수 있도록 그들을
지지해 주고 관리하는 역할과 가정위탁보호의 궁극적 목적인 친가정으로의 조속한 복귀
를 위한 친가정에 대한 서비스, 친부모와 아동의 지속적인 관계 유지 등에 많은 시간을
할애할 수 없다. 이러한 국내의 상황에서 실제로 위탁아동과 관련하여 국내에서 진행된
연구들을 살펴보면 다음과 같다. 양심영(2003)은 피학대아동들의 구체적인 위탁보호 과
정과 피학대아동의 위탁환경들을 실증적 토대 위에서 비교하거나 위탁아동의 적응을 다
룬 연구는 국내에 거의 없다고 하였다. 최근까지 가정위탁보호에 관하여 국내에서는 가
정위탁보호의 활성화 방안에 대한 연구(이기정, 1999; 이송이, 1999; 전재일, 박영준,
2002), 가정위탁지원센터 설치 이후 행정기관과의 협력의 문제(고순이, 2004), 위탁가정
의 실태와 현황을 통한 가정위탁보호의 효과적인 서비스 발전방안(양심영, 2004; 허남순,
2004)에 관한 연구가 주를 이루고 있으며 위탁아동의 구체적인 적응에 관한 연구는 부재
하다.

그러나 대부분의 서구사회에서는 시설보호가 아동의 성격발달이나 행동에 미치는 여
러 가지 문제로 인하여 피학대아동에 대하여 이미 오래전부터 가정위탁보호제도를 실시
해 오면서 가정위탁보호제도가 보다 효과적으로 아동을 보호하는 데 기여할 수 있도록
많은 조사와 연구를 해 왔다. 아울러 가정위탁보호제도와 관련된 법과 제도에 대한 개선
의 노력들을 해 오고 있다. 그래서 아동의 위탁가정에서의 표류현상이나 부적응으로 인
한 위탁보호 실패를 막고 조속한 친가정 복귀를 위하여 심각한 학대후유증을 가진 아동
개개인들에 대한 사례 계획을 세우도록 하고 있으며, 질 높은 서비스를 위탁가정에 제공
하고자 하는 정부의 노력을 통하여 위탁가정의 문제를 해결하려고 노력하고 있다(허남
순, 2000, p. 267).

우리나라의 경우 최근에 가정위탁보호가 제도적으로 실행되고 있지만 많은 수의 아동
들이 친가정으로부터 분리되고 있는 현실 속에서 외국이 먼저 경험하였던 위탁가정에서

의 부적응 문제나 친가정으로의 복귀가 늦어지는 문제 등 부정적인 영향들을 미리 최소
화하려는 노력을 한다면 외국의 가정위탁보호의 실패와 위기를 답습하지 않을 수 있을
것이다. 그러한 노력은 법적·제도적으로 가정위탁보호사업에 대한 지원을 촉구하는 것
과 동시에 실제 현장에서 피학대아동이 위탁가정에 배치된 이후 어떻게 적응을 해 가며
친가정으로 복귀해 나가는지에 대하여 여러 가지 면으로 심도 깊은 임상연구가 병행되어
야 한다. 그러한 임상연구가 축적되고 그에 기초한 위탁보호 서비스 개발이 이루어질 때,
아동의 건강한 발달과 위탁가정에서의 적응, 친가정으로의 조속한 복귀라는 가정위탁보
호의 궁극적인 목적은 효과적으로 달성되어 나갈 수 있을 것이다.

   따라서 본 연구에서는 불가피하게 친가정으로부터 분리되어야만 하는 상황에 처한 피
학대아동이 위탁가정에서 보호받게 될 경우 학대의 후유증과 친부모와의 분리의 경험,
새로운 환경에의 적응, 친가정 복귀라는 여러 가지 문제에 직면하게 되며 위탁가정에서
어떻게 적응해 나가는지의 과정에 대하여 탐색적인 질적 연구를 하고자 한다. 따라서 본
연구의 목적은 다음과 같다.

- 피학대아동의 위탁가정에서의 적응과정을 탐구한다.
- 피학대아동의 위탁가정 적응과정의 단계를 발견한다.
- 피학대아동의 위탁가정에서의 적응에 영향을 주는 요인을 발견한다.
- 피학대아동의 위탁가정에서의 적응과 학대후유증 회복 간의 관련성을 조사한다.
- 피학대아동의 위탁가정에서의 적응과 친가정 복귀 간의 관련성을 조사한다.

2. 문헌고찰

   위탁아동의 적응개념은 아동이 친가정과 분리되어 위탁가정이라는 새로운 가정에 들
어가면서 갖게 되는 부정적인 감정, 가정 내 변화와 학교 등 환경의 변화에서의 전반적인
기능에 관한 내용으로, 아동이 변화된 환경에 어떻게 대처하여 발달적 탄력성(resilience)
을 회복하는가를 다루고 있다(Fein, Maluccio, & Kluger, 1990; Festinger, 1994). 일반적으
로 피학대아동들은 위탁가정에 배치될 때 그들에게 무엇이 일어났는지 이해하지 못할 것
이다. 피학대아동에게 친가정에서의 분리는 많은 서로 다른 감정들―슬픔, 외로움과 버
림받았다는 느낌, 죄책감, 적대감, 두려움, 수치심 등 부정적인 감정―을 경험할 수 있다

(Stahl, 1990). 대부분 피학대아동들은 친가정에서 학대를 받았을지라도 자신의 집에 거주하기를 원할 수 있다. 한편 그들은 또한 외로움과 버림받음을 느낀다. 그들은 그들이 사랑받을 수 없는 존재라고 느끼며 그들의 부모가 그들을 원하지 않는데 어떤 누가 그들을 받아들일지에 대한 불안감을 가질 것이다. 피학대아동들은 부모가 자신들을 버린 것에 대하여 부모를 비난하게 될 것이며 종종 죄책감도 느끼게 된다. 피학대아동들은 부모가 자신들을 버릴 만큼 자신들이 나쁜 아이라는 것에 대해 불안해한다. 심지어 학대나 방임과 같은 이유로 분리되었을지라도 피학대아동은 자신의 부모가 원해서 자기를 멀리 보냈다고 느끼기도 한다. 친부모가 없다는 현실이 피학대아동들에게 두려움을 느끼게 할 수 있으며 그들은 어디에서 살게 되고 누가 그들을 보살펴 줄지에 대하여 불안해한다. 피학대아동의 친부모와 마찬가지로, 피학대아동 또한 충격, 항의, 절망, 자포자기, 고립감 등의 감정들을 경험하기도 한다(Stahl, 1990). 또한 안정된 위탁가정에서 오랫동안 거주한 후에도 약 1/3의 피학대아동은 불안해하는 것으로 나타났고, 불안의 수준이 위탁가정에 배치된 동안에 달라지는지, 어떤 방식으로 바뀌는지에 대해서는 알 수 없다고 하였다(Rowe, Hundleby, & Keane, 1984).

그러나 가정위탁보호 배치와 분리라는 초기의 부정적인 영향은 안정적인 위탁가정 배치와 피학대아동, 위탁부모, 친부모에 대한 집중적인 서비스 제공 등을 통해 감소되거나 중화될 수 있었다(Fein & Maluccio, 1992, p. 64). 즉, 위탁보호 기간 동안 안정적인 관계 형성과 지속성 보장, 또 집중적 서비스 제공이 아동의 불안 감소와 적응의 성패요인이라는 것을 알 수 있다. 한편 위탁보호 기간 동안 피학대아동의 안녕(well-being), 행동상의 기능, 정서상의 발달, 학업수행 능력 영역에서 전반적인 유의미한 향상이 있었다는 것과 많은 피학대아동들이 가정위탁보호 과정에 효과적으로 도움이 되는 역할을 하는 것을 보여 준다(Fanshel, Finch, & Grundy, 1990; Minty, 1999; Wedeven, Pecora, Hurwitz, Howell, & Newell, 1997).

Fein 등(1983)은 2년 이하의 단기위탁보호를 받고 있는 약 200명의 아동들에 대하여 연구하였고, 그 이후 Fein 등(1990)은 2년 이상 장기위탁보호를 받고 있는 약 800명의 아동들의 기능을 연구하였다. 이 두 개의 연구에서 위탁부모를 주요 정보 제공자로 하면서 학교에서의 기능, 행동, 정서와 발달적인 기능, 가족적응 측면에서 위탁아동을 평가하였다. 단기위탁보호 아동에 관한 연구에서는 학업과 관련된 기능을 제외하고는 대부분 영역에서 적절하게 기능하고 있는 것으로 나타났다. 그러나 아동 개인의 양육내력, 가족소득, 위탁부모 부부간의 상태에 따라 아동들의 기능에 대한 결과는 달라졌다. 장기위탁보호 아동에 관한 전반적인 기능 사정에서는 여자, 흑인, 비장애인 아동, 어린 아동일수록 건강하게 기능하였다. 이런 어린 아동들은 대부분 최근에 배치된 아동일수록, 배치 경험이 적을수록 건강하게 기능하였다. 또한 아동이 친부모에 대하여 긍정적인 감정을 더 많이 가지고 있고 위탁부모의 연령이 많은 가정에 배치된 어린 아동일수록 잘 기능하였다. 그 어린 아동들은 다른 위탁가정으로 옮겨지는 것을 원치 않았으며 위탁가정 배치 후 기능이 향상되었음을 알 수 있었다. 가정위탁 아동과 관련된 연구결과 중 가장 높은 비율을 차지하고 있는 부분은 학교에서의 학업수행과 관련된 것이었다(Blome, 1997; Fein, Maluccio, Hamilton, & Ward, 1983; Fein et al., 1990). 나이 든 아동일수록 친가정문제와 행동상의 문제로 인하여 위탁가정의 적응에 어려움을 보이고 친가정으로 돌아갈 가능성이 적었다(Fansel et al, 1990).

외국에서는 친가정으로의 복귀와 아동의 정체성 맥락에서 부모 접촉을 강조하고 부모 접촉이 아동복지에 미치는 영향을 강조하고 있다. 아동을 그들의 친부모와 재결합시키는 것은 아동의 발달에서 '가정'이라는 중요성에 대한 강조를 반영하는 아동복지의 전제를 반영하고 있다(Maluccio, Fein, & Davis, 1994). Haight(2004)는 위탁양육보호 기간 동안 친부모와 아동 간의 애착관계형성을 위하여 친부모와의 접촉과 방문의 중요성을 강조하였다. 여러 연구들에서 아동과 친부모의 방문이 가정과 부모로부터 분리되는 외상(trauma)에 대해 정서적인 안락감을 줄 수 있으며 아동의 기능을 증가시키고 가족 재결합을 촉진시킨다고 하였다(Fanshel, 1982; Festinger, 1994). 그러나 가족 재결합은 한순간에 일어나는 이벤트가 아니라 친가정에서 떠나 있던 아동이 친가정의 가족환경으로 통합되어 가는 과정이다. 친가정과 떨어져 있는 동안 아동과 부모 모두 새로운 경험을 하게 되고, 새로운 관계를 맺게 되며, 새로운 관계의 특성에 맞는 새로운 기대가 요구된다. 이러한 모든 요소들은 육체적, 정신적인 재결합을 촉진시킬 때 반드시 고려되어야 한다(Wulczyn, 2004).

피학대아동들의 친부모와의 경험과 그들이 친부모들과 어떻게 분리되었는가 그리고 그들의 위탁보호 과정에서 친부모아의 접촉관계는 위탁아동들의 새로운 보호자와의 관계형성과 적응 능력에 영향을 미쳤다(Levy & Orlans, 1998). Cynthia(2004)는 친부모와 접촉이 적을수록 아동의 적응능력이 더 좋을 것이라고 가정하였지만 그것은 사실이 아니었다. 친가정 구성원들과의 관계가 위탁보호 과정에서 느낄 수 있는 상처를 견딜 수 있게 해 주며 위탁가정에 더 잘 적응하게 하는 것으로 나타났고, 특히 어린 아동일수록 (Borgman, 1982) 친부모와의 접촉은 아동의 적응에 더 긍정적인 영향을 미친다고 하였

다. 많은 연구들은 아동과 친부모의 방문이 가정과 부모로부터 분리되는 외상에 대해 정
서적인 안락감을 줄 수 있으며 아동의 기능을 향상시키고 가족 재결합을 촉진시킨다고
하였다(Fahlberg, 1978; Fanshel & Shinn, 1978). 국내 연구에서도 정기적이고 규칙적인
친부모와의 접촉이 새로운 환경의 적응에 중요한 요소이며 장기적인 보호로 인해 빚어질
수 있는 부정적인 결과를 완화시키는 데 효과가 있다고 하였다(노혜련, 1999; 정선욱,
2002).

위탁아동의 적응은 위탁부모뿐만 아니라 위탁가정의 친자녀를 비롯한 구성원들, 친부
모 그리고 사회복지 담당자들과의 상호작용의 결과다. Berrick(1994)은 친인척 위탁부모
와 일반 위탁부모 등 위탁보호 형태별로 피학대아동의 적응에 관한 요인을 연구하면서,
친인척보호와 일반위탁보호를 비교 검토하였을 때 대부분 친인척 보호하의 아동들이 일
반 위탁가정의 아동들보다 정신적 건강문제나 행동적 문제가 더 적게 발생하였으며 보호
받는 동안 부당한 처우나 위험에 대한 보고가 더 적다고 하였다. Maluccio(1996)는 피학
대아동을 위험으로부터 구출하기 위해 빈번하게 친가정으로부터 분리하여 보호를 하였
으나 그들이 분리보호에 따른 많은 위험과 위탁가정 배치의 과정에서 위탁가정으로부터
표류하는 현상을 경험하였다고 보고하였다. 또한 Wulczyn(1991)은 매우 극단적인 상황
에서만 부모의 권리를 박탈해야 한다고 하였고, 친가정으로의 복귀는 아동이 가정으로
부터 분리되기 전에 가족보존이 우선적으로 이루어져야 한다는 전제가 있어야 한다고 주
장하였다. 가족보존에 대한 근거에는 아동은 친부모에 의해서 양육될 때 가장 좋다는 아
동복지 정책의 가정이 강조되고 있다. 위탁가정에서 보호받고 있는 아동들을 그들의 친
부모와 재결합시킨다는 것은 아동복지 시스템에서 주요한 목표다. 그러나 상대적으로
재결합과정에 대해서는 아직 잘 알려져 있지 않으며(Wulczyn, 2004), 우리나라에서도 친
가정과의 결합이 아동복지의 중요한 목표라는 것을 알지만 실천현장에서 그 목표를 달성
하기 위한 계획이나 실천은 매우 적다. 현재 친가정으로부터 피학대아동들이 많이 분리
되고 있는데, 그들의 친가정 복귀에 대한 인식과 친가정 복귀에 대한 구체적인 계획과 개
입이 없다면 향후 아동복지에서는 중대한 평가의 문제가 야기될 수 있을 것이다.

Ainsworth(1998), Fein과 Staff(1993)의 연구에서는 기관이 가족보존을 위해 집중적인
서비스를 제공할 수 있는 자원이 있으면 복합적이고도 심각한 문제를 가진 가족이나 피
학대아동의 경우에도 아동과의 재결합이 가능하다는 것을 발견하였다. 비록 어떤 부모
들은 적절한 양육자가 될 수 없을지라도 그들의 아동들의 기능과 발달에 기여할 수 있다.
유사하게 어떤 부모들은 비록 아동과 함께 살지 못하더라도 혈연의 끈을 계속 유지해 나

갈 수 있다. 친가정에 대한 서비스는 정서적 지지, 부모역할 교육, 지역사회 자원에 관한 정보 제공뿐만 아니라 구체적인 자원 제공 그리고 아이들을 위하여 친부모와 함께 일하는 것이다. 또한 선택적으로 위탁부모는 친부모의 역할모델이 될 수 있다(Ainsworth, 1998, pp. 314-316).

지금까지의 문헌고찰을 중심으로 볼 때 피학대아동의 위탁보호는 아동의 위탁가정에서의 적응과 친가정 복귀가 동시에 진행되어야 함을 알 수 있다.

3. 조사방법

1) 연구질문

앞서 언급한 연구목적에 따른 연구질문은 '피학대아동의 위탁가정에서 적용과정은 어떠한가?'이며 이에 따른 구체적인 질문은 다음과 같다.

- 피학대아동의 위탁가정 적용과정은 어떠한가?
- 위탁가정에서 피학대아동의 적응에 영향을 주는 요인들은 무엇인가?
- 아동의 위탁가정에서 적응이 아동의 학대후유증 회복과 어떤 관련이 있는가?
- 위탁보호 과정에서 아동의 친가정 복귀에 영향을 주는 요인은 무엇인가?

2) 참여자 선정과 표집방법 및 자료수집 기간

연구 참여자는 위탁가정에 배치된 아동과 위탁부모, 가정위탁지원센터와 아동학대예방센터 사회복지사를 대상으로 하였다. 성학대 아동을 제외한 피학대아동 중에 위탁가정에 배치된 세 가정을 중심으로 3명의 위탁아동과 2명의 위탁모, 1명의 위탁부 그리고 2명의 위탁아동담당 사회복지사 등 총 8명을 대상으로 심층면접을 실시하였다. 연구의 대상 선정은 가정위탁지원센터에서 위탁 배치된 피학대아동들 중에서 위탁기간이 1년 이상인 아동들을 중심으로 선정하였는데, 연구자는 최소한 위탁기간이 1년 정도는 되어야 위탁가정에서 어느 정도 적응할 수 있는 기간이라고 판단하였다. 연구자는 조사의 성격상 비확률표집 방법 중 목적적 표집방법을 사용하였다. 연구 참여자 중 위탁아동의 연령은 만 7세 이상부터 중학교 3학년에 해당되는 연령인 16세까지로 제한하였다. 이를 위해서 연구자는 연구 참여자들에게 연구취지를 설명하고 그들이 배치되어 있는 위탁부모들의 협조를 구할 수 있는 가정을 위주로 선정하였다. 연구자의 면접 접근성을 위하여 전라북도 지역 내에서 이루어지도록 하였다. 반구조화된 질문지를 통한 심층면접과 관찰을 통해 자료를 수집하였고, 실시기간은 2004년 10월 15일부터 2005년 1월 31일까지였다.

지속적 자료분석을 통해 자료수집과 동시에 분석이 이루어지도록 하였으며, 참여자 선정과 분석과정은 자료가 포화상태에 이를 때까지 계속하는 것을 원칙으로 하였다. 연구 참여자의 면접의 빈도는 2회를 기본으로 하였고, 소요되는 시간은 회기당 1~2시간이었으며, 자료가 더 요청될 경우 추가 면접을 실시하였다.

3) 자료분석 방법

자료분석 방법은 수집된 녹음자료를 텍스트로 필사하여 원자료로 사용하고, Srauss와 Corbin(1990)이 제시한 개방코딩, 축코딩, 선택코딩에 따라 분석하고 자료수집과 동시에 분석을 실시하였다. 근거이론적 접근에서는 이론적 관련성을 가진 개념들을 근거로 하여 표본을 추출하며 분석하는 동안 새로운 차원, 관계를 발달시킬 수 있는 자료가 더 이상 발견되지 않을 때까지(이론적 포화상태) 자료의 수집과 분석을 동시에 실시하며, 개방코딩, 축코딩, 선택코딩의 단계를 거쳐서 새로운 이론을 생성해 나가는 것이다. 개방코딩 단계에서 연구자는 개념의 일반화 가능성에 초점을 두면서 필사된 면접자료를 줄 단위로 비교하는 분석을 기본으로 단락, 자료 전체를 가지고 비교하면서 분석을 하였다. 그 과정에서 개념을 도출하였고, 도출된 개념은 그 유사점과 차이점에 따라 범주화하는 작업을 거쳤다. 축코딩 단계에서는 범주와 하위 범주가 어떻게 연결되는지 시간의 흐름에 따라 과정분석을 실시하였고 그 과정에서 개별 사례들 간의 차이점과 공통점을 비교 분석하기 위하여 Miles와 Huberman(1994)[2]의 사례에 따른 매트릭스를 활용하여 분석였다. 마지막으로 선택코딩 단계에서는 범주들을 통합하여 이야기 윤곽을 적어 보았다.

---

2) Miles와 Huberman(1994)은 『질적 자료분석』을 통해 질적 자료의 제시에 대하여 여러 가지 매트릭스, 그래프, 차트, 네트워크의 형태를 보여 주고 있다. 이런 자료 제시를 통해서 자료로부터 얻어진 정보가 나타내고자 하는 것이 무엇인지 보여 주고, 어떻게 결론이 정당화되도록 도출되고 있는지를 보여 준다. 연구자는 Miles와 Huberman이 제시한 여러 가지 형태의 자료 제시방법을 활용하여 명확하고 함축적으로 자료를 분석하고 제시하고자 하였다.

Wener와 Schoepfle(1987)가 제시한 시간에 따른 네트워크를 활용하여 아동의 위탁과정에 영향을 미치는 요인들과 아동의 적응과정의 시간적 흐름에 따라 연이어 발생하는 현상들을 범주화하여 종합적으로 묘사하였다.

4) 신뢰도[3]

　본 연구에서 연구의 신뢰성을 높이기 위하여 위탁아동인 주요 정보 제공자를 중심으로 인터뷰를 하였고, 위탁아동들의 적응과정에 영향을 미치는 위탁부모와 사회복지사를 대상으로 자료수집을 하였다. 한편 위탁아동에 대한 신문보도, 인터넷 자료들을 함께 활용한 자료의 삼각화를 이루었다. 또한 면접 녹음내용을 수차례 반복하여 들음으로써 연구 참여자의 의견과 관점을 정확하게 기록하려고 하였으며, 면접 이후 얻어진 정보가 참여자의 의도와 같은지 연구 참여자를 통하여 재확인하였다. 이러한 과정이 본 연구자가 현장에서 수년간 가정위탁 서비스를 제공하면서 형성된 관계로부터 오는 연구자의 편견과 참여자의 반응성을 줄일 수 있었다. 더불어 연구자는 연구자와 연구 참여자들 간의 오랜 기간의 관계 형성이 오히려 자료에 대한 성급한 해석이나 과잉해석에 영향을 미치지 않도록 주의하였다. 양적 연구의 외적 타당도에 상응하는 질적 연구의 전환 가능성(transferability)을 확보하기 위하여 예외적인 사례인 위탁보호 과정에서 부적응 학대아동에 대한 정보를 수집하여 지속적으로 비교하였고, 외국의 문헌의 비교를 통해 연구의 객관성을 보충하였다. 의존 가능성(dependability)을 위하여 2005년 3월부터 5월까지 질적 연구방법론에 대해 교육을 받은 사회복지 전공교수와 석박사과정의 동료 10여 명으로부터 개념과 범주의 적절성을 확인하는 절차를 거쳤다. 연구를 재현할 수 있는 능력(reproducibility)을 확보하기 위해서는 필사본의 면접 원자료를 감사자료로 남겼다.

---

3) Lincoln과 Guba가 제시한 신뢰성 준거 틀을 참조하였다(유태균, 1998).

4. 조사분석 결과

1) 연구 참여자의 일반적 특성

연구의 참여자는 모두 위탁아동 3명, 위탁부모 3명, 사회복지사 2명의 총 8명으로 구성되었다. 위탁아동은 여아가 1명(15세), 남아가 2명(8세, 12세)이고 위탁부모는 여성이 2명(43세, 56세), 남성이 1명(45세)이었으며, 사회복지사는 2명의 여성(27세, 30세)이었다. 연구 참여 가정의 구체적인 정보는 다음과 같다.

표 16-1   연구 참여자의 일반적 특성

위탁아동

	성별	나이	위탁보호 발생요인	학력	위탁기간	형제 수 (아동 포함)
A	여	15세	알코올 문제를 가진 친부의 학대, 친모 가출	중재	12개월	3명, 함께 배치
B	남	12세	비혼부, 방임	초재	6년	없음
C	남	8세	부모 이혼, 친부 학대, 친모 가출	초재	15개월	2명, 함께 배치

위탁부모

	성별	나이	위탁보호 신청동기	학력	직업	위탁보호 경험	친자녀 수
A	여	43세	사회봉사	고졸	주부	없음	2명(동거)
B	남	45세	사회봉사	대졸	목회자	있음	2명(동거)
C	여	56세	사회봉사	고졸	주부	없음	4명(비동거)

사회복지사

	성별	나이	소속기관	직위	경력	비고
A	여	27세	아동학대예방센터	사회복지사	3년	
C	여	30세	가정위탁지원센터	사회복지사	2년	

(1) A가정

참여자 A가정에서 양육되고 있는 아동은 15세로 현재 중학생이다. 위탁 양육된 지 12개월이 되었고 아동을 포함하여 3명의 남매(11세 여아, 9세 남아)가 함께 위탁 보호되고 있다. 아동의 친부는 무직상태이고 기초생활 수급권 대상자로 선정이 되어서 지원을 받고 있다. 아동의 친모는 5년 전 가출한 이후 지금까지 연락이 되지 않고 있다. 친부는 평상시에는 온순한 편이지만 음주 후에는 아동들에게 폭력을 행사하고 문을 걸어 잠가서 아동들을 집으로 들어오지 못하게 하는 일도 있었다. 술을 마시면 여러 물건을 아동들에게 던져서 아동들의 얼굴과 몸에 흉터가 많이 있으며, 학교도 가지 못하게 하여 자주 결석을 하고 있는 상황이었다. 인근 복지관에 근무하는 사회복지사가 아동학대예방센터에 신고하여 접수된 경우다. 아동들이 시설보호를 거부하여 가정위탁지원센터에 의뢰되어 위탁가정에서 보호되고 있다. 위탁모는 두 명의 딸(15세, 12세)이 있으며 남편이 교통사고로 사망한 후 직장생활을 계속하였으나, 위탁아동들이 온 이후로 직장을 그만두고 집에서 아이들을 돌보고 있다.

(2) B가정

참여자 B가정에서 위탁 보호되고 있는 아동은 12세 남아로 초등학교에 재학 중이다. 아동은 6세 때 위탁가정에 오게 되었고, 아동의 친부는 당시 연령이 20대 초반의 미혼부 상태였다. 아동을 친조부모가 키우고 있었으나, 친조부가 조모의 사망 후 재혼을 하였는데 재혼한 조모가 아동을 학대하고 친부 또한 집을 나간 상태였다. 길거리에서 혼자 있는 아동을 위탁부가 발견하여 병원에 입원시키면서 아동을 알게 되었고, 아동 친부의 요청으로 현재까지 아동을 양육하고 있다. 아동의 위탁가정은 시골의 개척교회에서 목회를 하는 가정으로 2명의 친자식이 있으며 위탁아동 외에 다른 아동 2인도 함께 위탁 보호하고 있다. 위탁부는 사회봉사 부문에서 국무총리 상도 수여받은 바 있다.

(3) C가정

C가정의 위탁아동은 8세 남아로서 초등학교 1학년이다. 어린이집에 다니는 남자 동생과 함께 위탁 보호되고 있는데, 아동의 친부모의 이혼 후 친부가 경제적인 상황으로 집을 자주 비워서 아동들이 자주 굶고 방임되고 있던 과정에서 아동학대예방센터에 신고되어 가정위탁으로 보호받게 되었다. 아동의 위탁부는 공무원으로 퇴직 후 개인 사업을 하면서 경제적으로 여유 있는 가정이다. 위탁모는 10년 동안 다양한 봉사활동을 해 왔고, 친자녀들은 결혼한 상태로 모두 분가하여 살고 있다.

제16장 피학대아동의 위탁가정 적응과정에 관한 연구

2) 자료에서 나타나는 주요 개념의 범주화

피학대아동이 위탁가정에서 적응하는 과정에서 나타나는 개념들을 유사한 개념을 중심으로 재분류하였다. 연구자는 면접을 통해 얻는 근거자료를 토대로 지속적인 질문과 비교분석의 과정을 통해 최종적으로 식탐, 표현력 부족, 교사의 인식 부족, 자신의 정체성 찾기 등 140개의 개념과 이들 개념을 다시 26개의 범주로 분류하였고, 또다시 26개의 범주로부터 10개의 상위 범주를 도출하였다. 개방코딩에서 얻은 개념을 범주화한 결과를 요약 및 정리하면 〈표 16-2〉와 같다.

▌표 16-2 피학대아동의 위탁가정 적응과정에서 도출된 개념과 범주

상위 범주	범주	개념
신체 · 행동 상의 학대 후유증	신체적 후유증	식탐, 폭식, 편식, 설사, 자주 보채고 울먹임, 척추골절, 피부이상, 대소변 훈련 부족, 감기, 불결한 위생상태, 인스턴트 음식에 길들여져 있음
	행동상의 후유증	거짓말, 대인기피, 의욕상실, 무관심, 학교결석, 야뇨증, 욕설, 폭력, 언어발달 장애, 자폐증상, 공격적 행동
정서적 고립	낮은 자존감	외로움, 불안, 냉소적인 눈빛, 자폐증세, 비사교적, 인정받고 싶어 하는 욕구, 자기 존재의 중요성을 확인받고 싶어 함, 사랑받고 싶어 함, 버림받는 것에 대한 두려움
	자기표현 능력 부족	표현력 부족, 자기 의견이 없음, 언어표현능력 떨어짐, 논리력 부족
학교생활 부적응	학교생활에 대한 낮은 의욕	학교교사의 부정적 태도, 학습능력 떨어짐, 친구관계 부족, 비사교적, 수업 도중 사라짐
	담임교사의 부정적인 태도	교사의 인식 부족, 아동에 대해 답답해함, 위탁모에게 불만을 이야기함, 아동이 수업 분위기를 저해한다고 생각함, 과제를 해 가지 않은 아동의 위탁부모에 대한 부정적 인식
위탁가정 탐색과 시험	위탁부모 시험	위탁모가 밥 안 준다고 하면서 다른 사람에게 동정심 유발, 위탁모에 대해 이웃들에게 나쁘게 말함, 일부러 반항, 문제행동 계속하여 위탁모의 반응을 살핌, 밤늦도록 집에 돌아오지 않아 아동 자신을 찾아다니는 것을 유도
	다시 버림받을 것에 대한 두려움	위탁모에게 자신을 돌려보내지 말라고 언급, 친부모에 대한 학대의 기억 지우고 싶어 함, 위탁부모와 친부모 비교, 주변 사람들에게 친엄마라고 소개함
	위탁부모의 좌절감	위탁아동을 더 잘해 주는 것에 대한 친자녀 스트레스, 위탁아동이 친가정에 대해 과장하여 이야기함, 위탁아동의 반항이 계속됨

위탁부모의 적극적 부모역할	공감대 형성	문제행동에 대한 적절한 대응, 애정을 가진 일관성 있는 훈육, 칭찬, 가족회의를 통한 구성원으로서 소속감, 역할부여, 편지 쓰기, 위탁부모 보수교육을 통한 부모역할 훈련
	자신감 향상 지지	편지쓰기, 학교친구들 집에 초대, 장점 강조, 문제점 지적 횟수 줄이기, 칭찬
	한 인격체로서 존중	가족행사 때 아이의 의견을 묻고 반영, 학교교사의 잘못된 평가에 대해 아이의 입장을 믿어 줌
무조건적인 수용	엄마역할 부재	엄마 손길이 성장기에 없었음, 인스턴트 위주의 식습관, 청결하지 못한 위생상태, 아침밥 결식, 엄마에 대한 그리움
	엄마라는 존재에 대한 그리움	아동의 감정 수용, 위탁모를 엄마라고 호칭, 위탁모 젖가슴을 만짐, 안기고 싶어 함, 나에게도 엄마가 생겼다고 일기장에 기록, 엄마에 대한 편지, 위탁모와 스킨십을 통한 대화, 격려, 아이의 말에 귀 기울여 줌
	가족에 대한 갈구	엄마가 생겼다는 생각을 갖게 됨, 가족에 대한 갈구, 영원함은 가족
친자녀와의 관계	친자녀와 공평한 관계형성	친자녀와 싸움, 갈등, 화해, 친자녀를 더 야단치는 위탁부모, 친자녀 스트레스로 병원 입원, 친자녀와 구별 없이 연령으로 서열 세움
	긍정적인 경쟁관계 효과	친자녀의 위탁아동 배려, 위탁아동이 친자녀의 모범행동 모방, 학습에서 경쟁적 관계의 긍정적 효과, 친구가 되어 가는 과정, 자신의 욕구 자제
위탁가정의 구성원과의 신뢰관계 형성	가족구성원과의 긍정적 상호작용	아동의 문제행동의 이유를 알고 이해하게 됨, 특별한 관심을 받고 싶어 하는 아동을 감싸안음, 가족 전체 여행, 나들이, 화목한 집안 분위기, 신앙생활을 통해 정서적 안정
	위탁가정에서 역할 강조	위탁가정에서 역할 강조, 가족 전체 여행, 무조건적인 수용, 가족회의를 통한 역할 분담 및 평가, 서로에 대한 비판과 칭찬, 집안일 도울 수 있게 유도
	위탁가정 적응	위탁모와 친밀한 관계형성, 위탁모를 닮아감, 이웃의 평가가 달라짐, 집에 일찍 귀가, 학습에 흥미를 느낌, 자주 웃고 음식도 함께 만듦, 가족과 함께 악기연주, 혼자가 아니라는 생각 표현
학대후유증 회복	정서적 안정	자신에 대한 신뢰감 높아짐, 숙면, 스스로 과거 이야기함, 지나친 역할 수행으로부터 벗어남
	문제행동 감소	야뇨증 사라짐, 식탐조절, 거짓말 감소, 결석률 감소
	친부모에 대한 거부	친부모에 대한 분노 감소되었으나 친가정으로 돌아가고 싶지 않음, 위탁부모의 요청에도 친부모 만남 거부, 친가정 복귀 후 다시 위탁가정으로 돌아옴, 전문가 역할 부재
희망을 찾는 아동	자신의 정체성 찾기 시작	자신의 정체성 찾기 시작, 특별한 부분 재능 발견, 위탁부모를 위해 무언가 하고 싶어 함, 미래의 꿈을 이야기함
	자존감 향상	누군가 돕고 싶어 함, 자신보다 어린 위탁아동을 잘 보살핌, 자신감 향상, 말수가 늘어남, 자신의 의견 표현, 집중력 향상
	문화활동	피아노, 오카리나, 십자수 놓기 등 취미생활을 통한 공격적 행동의 에너지 전환, 집중력 향상
	학교에서 수행능력 향상	부모에게 의존하지 않고 학습에 대한 의욕 가짐, 영어·국어 등 관심 있는 과목에서 높은 성적 올려 자신감 향상, 교사의 인식 변화, 친구관계에서의 적극적 태도

(1) 신체 · 행동상의 학대 후유증

피학대아동의 경우 위탁가정에 오게 되는 경우 일반적으로 친부모와 격리되어 긴급하게 배치되기 때문에 외관상으로 신체적인 후유증이 그대로 드러나는 경우가 많은데, 신체적 후유증과 행동상의 후유증이 위탁과정 초기에 나타났다.

위탁가정 적응과정에서 처음에 나타나는 것이 식탐, 폭식, 편식, 불결한 위생상태, 대소변 훈련 부족 등의 개념을 통해 '신체적 후유증' 이라는 범주로 통합되었다. 위탁 초기에 위탁부모들은 아이들의 대소변문제로 상당히 힘든 시간을 보내고 있다고 나타났다. 신체적 후유증과 더불어 거짓말, 대인기피, 의욕상실, 무관심, 학교결석, 야뇨증, 욕설, 공격적 행동, 자폐증상 등의 개념이 도출되었는데, 이들은 '행동상의 후유증' 으로 범주화되었다. 이러한 두개의 범주들이 '신체 · 행동상의 학대후유증' 이라는 상위 범주로 통합되었다.

• 하위 범주 가: 신체적 후유증

"처음에 아이들이 왔을 때 냄새가 너무나 심하고 얼굴은 무표정하고 눈빛이 냉소적이었어요. 대소변을 가리지 못하고 초등학교 5학년인데도 밤에 이불에다 오줌을 싸서 이불 빨래를 하느라 힘들었죠. 병원에 가보니 척추골절 때문에 잘 걷지 못한다고 하더라고요. 대변을 봤는데 기생충이 많이 나왔어요. 밥을 어른 공기로 세 공기는 먹고도 또 먹으려고 했어요." (사례 B가정: 식탐, 폭식, 대소변 훈련 부족, 불결한 위생상태)

• 하위 범주 나: 행동상의 후유증

"위탁 배치 후 한 달쯤 지났을 거예요. 학교에서 아이가 학교에 오지 않았다고 전화가 왔어요. 아침에 분명히 밥도 먹고 인사하고 학교 간다고 간 아이가 학교에 오지 않았다니.그동안에도 학교에 가지 않은 날이 많았는데 나는 모르고 있었어요. 아이가 혼자 방 안에만 있으려고 해요. 자신만의 세계에 갇혀서 나오려고 하지 않았죠." (사례 A가정: 학교결석, 자폐증상)

(2) 정서적 고립

위탁가정에서 보호되고 있는 아이들은 초기 적응과정에서 매우 낮은 자존감을 가지고 있었다. 외로움과 불안, 냉소적인 눈빛, 자폐증세, 비사교적인 개념들은 '낮은 자존감'으로 인하여 나타나는 모습들이다. 한편 자기표현 능력이 부족한 모습이 나타났는데, 연구자가 피학대아동들에게 어떤 것을 물어보아도 자기 의견이 없고 자신의 생각을 언어로 표현하는 데 능력이 떨어지고 논리력이 부족한 것 등의 개념들이 도출되었다. 이러한 개넘들은 '자기표현 능력 부족'이라고 범주화하였다. 이 두 가지의 범주를 '정서적 고립'이라는 상위 범주로 명명하였다.

• 하위 범주 가: 낮은 자존감

"항상 다른 사람들과 어울릴 줄을 모르죠. 그러니까 집에서는 늘 혼자 있었나 봐요. 심지어 밥 먹는 것까지 혼자 다 해야 해서 사람들과 대화를 안 하고 눈을 잘 안 마주쳐요. 처음에 우리 교회 전도사님이 저의 눈빛이 냉소적이라고 하더라고요. 불안증세가 있는 것 같기도 하고 항상 주눅이 들어 있었어요. 자신의 존재에 대해서 누군가로부터 확인되기를 바라는 것 같았어요." (사례 C가정: 자폐증세, 비사교적, 존재를 확인 받고 싶어 함. 불안, 냉소적 눈빛)

• 하위 범주 나: 자기표현능력 부족

"처음에는 애들이 말을 전혀 하지 않았어요. 학교선생님이 전화가 와서 아이가 너무나 말을 안 해서 답답하다는 거예요. 대답조차 하지 않을 때도 있었어요. 처음에는 문장력이 전혀 없었어요. 그리고 전혀 엉뚱한 말을 하는 거예요." (사례 B가정: 자기 의견이 없음, 언어표현 능력 떨어짐)

(3) 학교생활 부적응

위탁가정에 배치되어 보호받는 과정에서 아동은 전에 다니는 학교를 위탁가정이 위치해 있는 주소지의 학교로 전학하는 경우가 대부분인 것으로 나타났다. 피학대아동의 경우 친가정에서 다니던 학교에서도 대부분 부적응 행동을 보여 결석이 잦고 학업수행 능력이 떨어진 것으로 나타났는데, 전학을 하여 위탁가정에서 다니는 경우에도 그런 문제들이 연장선에 있거나 더 심해진다고 나타났다.

아동의 비사교적 태도, 수업 도중 사라짐, 친구관계 부족, 학교교사의 부정적인 태도 등의 개념들이 도출되었는데, 이 개념들은 다시 '학교생활에 대한 낮은 의욕'이라는 범주로 통합하였다. 또한 교사의 가정위탁에 대한 인식 부족, 아동에 대해 답답해하거나 수업 분위기를 저해한다는 교사의 인식 등은 '담임교사의 부정적 태도'라는 범주로 통합하였다. 위의 두 가지 범주는 '학교생활 부적응'이라는 상위 범주로 명명하였다.

• 하위 범주 가: 학교생활에 대한 낮은 의욕

"처음 한 달 정도는 그냥 가정에서 특별한 문제가 없고 나(위탁모)를 잘 따르니까 별로 큰 어려움이 없었어요. 그런데 한 달 뒤에 학교 담임선생님이 아이가 학교에 안 나왔다고 연락이 왔어요. 평소에 학교에 가서는 가방만 놓고 수업시간에 밖에 나가 있고 아이들과 어울리거나 말을 하지 않는다고 했어요." (사례 A가정: 수업 도중 사라짐, 친구관계 부족)

• 하위 범주 나: 담임교사의 부정적인 태도
"선생님이 아이를 미워하다 못해 직접적으로 표현하는 것 같았어요. 나(위탁모)한테 직접 '위탁모가 애를 키우겠다고 데리고 왔으면 책임을 져야지, 책임지지도 못할 거면서 왜 키웁니까!' 라고 선생님이 이야기하더라고요. 선생님도 얼마나 속이 상했으면 그런 말을 했겠어요." (사례 C가정: 담임교사가 위탁부모에게 위탁아동에 대하여 불만을 이야기함)

(4) 위탁가정 탐색 및 시험

피학대아동들이 위탁가정에 적응하는 과정에서 친가정과 친부모로부터 격리 보호되기 때문에 위탁부모를 신뢰하고 믿음을 형성하기 전까지는 새로운 대상에 대해 시험을 해 보는 것으로 나타났다. 예를 들어, 위탁모가 밥을 안 준다고 다른 사람들에게 위탁가정에 대해 나쁘게 평가하게 하고 동정 유발을 하거나 일부러 반항하고 문제행동을 계속하여 위탁부모의 반응을 살피는 등의 개념은 '위탁부모 시험' 이라는 범주로 통합하였다. 또한 위탁모에게 자신을 다시 버리지 말라는 이야기를 언급, 친부모와 위탁부모를 비교, 주변 사람들에게 위탁부모를 친부모라고 소개함 등의 개념은 위탁아동의 '다시 버림받을 것에 대한 두려움' 의 범주로 분류하였다. 또한 그런 과정에서 위탁부모가 정서적으로 매우 힘들어하고 친자녀보다 위탁아동에게 더 잘해 주고 관심을 기울여 주는 문제로 친자녀가 스트레스를 받거나 위탁아동의 반항이 계속되는 것과 같은 개념들은 '위탁부모의 좌절' 로 범주화하였다. 위에서 언급한 세 가지의 범주들은 '위탁가정 탐색 및 시험' 이라는 상위 범주로 규정하였다.

• 하위 범주 가: 위탁부모 시험
"아동학대예방센터 선생님에게 전화가 왔는데 아이에게 왜 아침밥을 안 주고 학교 보내느냐는 것이었어요. 아침마다 정성 들여 따뜻한 밥을 해서 먹이면서 학교로 보냈다는 것을 왜 아이가 반대로 이야기했는지 아이에게 그 이유를 물어보고 싶었지요. 아이가 화를 낼 것 같아서 그냥 참았어요. 아이가 나를 시험하는 것 같았고, 일부러 거짓말을 하고 나의 반응을 살피는 것 같았어요. 내가 아이를 때리거나 화를 내고 너 못 키우겠다고 말하기를 기다리는 것 같았어요." (사례 A가정: 문제행동을 계속하여 위탁부모의 반응 살핌)

• 하위 범주 나: 다시 버림받을 것에 대한 두려움

"'엄마(위탁모)한테 버림받는 것 싫어요, 내가 확실히 고쳐 볼 거예요.' 라고 이야기를 해서 놀랐어요. 어떻게 아이 입에서 버림받는다는 말이 나올 수가 있는지 가슴이 아팠지요. 슈퍼 아저씨에게 '우리 엄마' 라고 소개를 하고 절대 위탁가정이라는 이야기를 안 해요." (사례 C가정: 자신을 돌려보내지 말라고 언급, 친엄마라고 소개함)

• 하위 범주 다: 위탁부모의 좌절

"아이가 학교에 가서 집에 늦게 들어오고 학교에 안 가고 그랬을 때 그만두려고 상담원에게 전화를 해서 아이를 데려가라고 했더니 상담원이 전화로 힘든 상황을 들어주었어요. 그래도 아이를 보낸다는 생각은 변함이 없었는데 아이가 관심을 받으려고 일부러 그런다는 것을 알게 되면서 내가 좀 더 인내해야겠다고 생각을 했지요." (사례 A가정: 아동의 반항 계속됨, 전문가와의 상담)

(5) 위탁부모의 적극적 부모역할

위탁부모로서 위탁아동을 보호하면서 친부모와 똑같은 부모의 역할이 요구되는데, 그런 위탁부모의 역할이 얼마나 민주적이고 적극적이냐가 위탁아동의 적응과정에 영향을 미치는 것으로 나타났다. 먼저 아동의 문제행동에 대한 적절한 대응, 애정을 가진 일관성 있는 훈육, 칭찬, 가족회의를 통한 구성원으로서 소속감, 역할부여, 편지 쓰기 등의 개념을 '공감대 형성' 으로 범주화하였다. 또 학교친구들을 집에 초대, 장점 강조, 문제점 지적 횟수 줄이기, 칭찬 등은 '자신감 향상 지지' 라는 범주로 통합하였다. 또한 가족행사 때 아이의 의견을 묻고 반영, 학교교사의 평가에 대해 아이의 입장을 믿어 줌 등의 개념은 '한 인격체로서 존중' 이라는 범주로 통합하였다. 이상의 세 가지 범주는 다시 '위탁부모의 적극적 부모역할' 이라는 상위 범주로 규정하였다.

• 하위 범주 가: 공감대 형성

"아이와 공감대 형성이 한순간에 이루어진 것이 아니라 이 방법 저 방법을 써보고, 편지도 쓰고 가족회의도 하고 했죠. 이제는 내가 편지를 쓰지 말라고 해도 아이가 나에게 편지를 너무 많이 써요. 편지내용 중에 그 아이의 진실한 마음이 들어 있는 것 같아요. 또 나는 작은 것이라도 아이에게 놀랄 정도로 칭찬을 해 줍니다. 온 가족이 있는 곳에서 '너에게 이런 면도 있었구나. 너무 잘 썼다.' 라고 공개적으로 이야기해 주면 아이가 무척 좋아하고 나를 친구나 친엄마처럼 생각하는 것 같아요." (사례 A가정: 애정을 가지고 일관성 있는 훈육, 칭찬)

• 하위 범주 나: 자신감 향상 지지

"아이가 친구들에게 따돌림을 당하고 집에 와서 우는 거예요. 그러면 저는 또 아이 친구들을 불러다 집에서 맛있는 것을 준비해서 초대해 먹이는 거죠. 엄마로서 그 방법밖에 없으니까요. 친구들 불러서 우리 아이는 진짜 착한 애다, 너희들이 좋은 친구를 얻었다. 너희들도 씩씩한 애 들이니까 우리 아이하고 잘 어울릴 것 같다면서 격려해 주면 친구들이 잘해 주고 아이도 뿌듯한 느낌이 드나 봐요." (사례 B가정: 학교친구들을 집으로 초대)

• 하위 범주 다: 한 인격체로서 존중

"제 아이가 공부시간에 다른 애들에게 말시키고 공부 못하게 방해했다고 선생님이 그러시는데 다른 것은 몰라도 그건 아닌 것 같다 했죠. 시험지 안 가지고 가서 미안해서라도 가만히 있을 애인데 안 가져온 상황에서 옆에 애까지 공부 못하게 하지는 않았을 거라고 생각해요. 가족들도 진지하게 그렇게까지는 안 했을 것이라고 그랬더니 아이도 눈을 똑바로 뜨면서 '사실은 내 옆 사람에게 말 안 시키고 공부 방해 안 했거든요.' 라고 그러더라고요. '나도 미안한데 옆 친구에게 내가 장난치고 그랬겠어요?' 라고 했어요." (사례 A가정: 학교교사의 잘못된 평가에 대해 아이의 입장을 믿어 줌)

(6) 무조건적인 수용

위탁아동은 부모로부터 수용을 받지 못하였고, 버림받은 경험을 가지고 있었기 때문에 위탁부모가 자신의 감정에 대하여 수용을 해 주고 아이에게 스킨십을 해 주었을 때 위탁부모를 따르게 되었다. 무조건적인 수용에는 '엄마역할 부재' 그리고 '가족에 대한 갈구' 라는 두 가지 하위 범주를 통합하여 '무조건적인 수용' 이라는 상위 범주로 명명하였다.

• 하위 범주 가: 엄마역할 부재

"사람에게 엄마의 존재가 매우 크다는 사실을 아이들을 통해서 알게 되었어요. 엄마의 손길이 유아기 때부터 없었기 때문에 내가 아이를 안아 주면 참 좋아하고 내 무릎에 누워서 눈을 감고 자고 나를 화장실도 못 가게 자기 옆에 묶어 두려고 해요. 아이들이 엄마가 없어서 식습관이 엉망이었어요. 매일 라면하고 과자만 먹더라고요." (사례 C가정: 엄마에 대한 그리움, 인스턴트 위주의 식습관)

• 하위 범주 나: 가족에 대한 갈구

"아이가 태어나서 엄마 손 잡고 풍선을 들고 다니면서 놀이기구도 타고, 어린이날 같은 때 최고의 대우를 받으면서 '우리 아이 최고!' 라는 소리도 듣고 그래야 되는데, 한 번도 그런 경험이 없었다는 것을 이제야 알게 되었어요. 아이의 편지에 '영원함은 가족이다.' 라고 쓰여 있었습니다." (사례 B가정: 영원함은 가족이다.)

(7) 친자녀와의 관계

위탁부모들도 위탁아동과 친자녀와의 관계형성이 잘 안 되어 친자녀가 어긋나가게 될 경우 현실적으로 위탁아동을 받아들이는 것은 쉽지 않을 것이라고 하였다. 그렇기 때문에 위탁아동과 친자녀와의 관계가 위탁가정 적응과정에서 중요한 것으로 나타났다. 연구자는 위탁부모가 친자녀와 위탁아동과 구별 없이 연령순으로 서열을 세우는 것을 '친자녀와의 공평한 관계형성' 이라는 범주로 통합하였다. 또한 친자녀의 위탁아동을 배려, 위탁아동이 친자녀의 모범적인 행동을 모방, 학습에서 경쟁적 관계의 긍정적 효과, 친구가 되어 가는 과정, 자신의 욕구 자제 등의 개념을 '긍정적인 경쟁관계 효과' 라는 범주로 통합하였다. 위의 두 가지 범주는 '친자녀와의 관계' 라는 상위 범주로 명명하였다.

• 하위 범주 가: 친자녀와 공평한 관계형성

"친자녀와 위탁아동 간에 먹을 것 하나라도 차별을 주게 되면 갈등과 문제가 돼요. 장사를 지낼 때 가족들이 우선순위로 흙을 객토를 하는데 우리 자녀들 차례가 되니까 친척들이 '야! ○○(친자녀)아, 네가 먼저 해라.' 그러는 거예요. 친자식이니까 당연히 먼저 해야한다고 생각하는 거죠. 저는 위탁아동이 나이 순서대로 먼저니까 먼저 하라고 했어요. 위탁아동이 아빠인 내가 먼저 하라고 하니까 자존감이 매우 높아진 것 같았어요." (사례 B가정: 친자녀와 구별 없이 연령순으로 서열 세움)

• 하위 범주 나: 긍정적인 경쟁관계 효과

"위탁자녀가 친자녀를 보고 배워요. 친자녀가 공부를 잘하는데 그것을 보니까 경쟁심이 생기는 거죠. 그래서 '옆에서 나도 그냥 했어요. 재밌어요. 어려워도 그냥 했죠.' 라고 말하더라고요. 그래도 점수는 잘 오르지 않았는데 옆에서 친자녀가 많이 도와줬어요. 이번에 영어시험을 100점 맞아서 너무 기뻤죠. 저음 있는 일이에요. 이렇게 살할 줄은 나도 몰랐거든요." (사례 A가정: 학습에서 경쟁적 관계의 긍정적 효과)

(8) 위탁가정의 구성원과의 신뢰관계형성

위탁아동들이 위탁가정에 적응해 나가는 과정에서 위탁가정의 구성원들과 신뢰관계를 형성해 나가는 모습을 볼 수 있다. 그것은 위탁아동의 입장뿐 아니라 위탁부모나 가정의 구성원의 입장에서도 마찬가지다. 아동이 위탁가정 구성원과 많은 상호작용을 하면서 위탁가정의 새로운 구성원으로 되어 가는 과정이 나타났다.

연구자는 아동의 문제행동의 이유를 알고 이해하게 됨, 특별한 관심을 받고 싶어 하는 아동을 감싸안음, 가족 전체 여행, 나들이, 화목한 집안 분위기, 신앙생활을 통한 정서적 안정 등의 개념들이 도출되어서 그것은 '가족구성원과의 긍정적 상호작용'이라는 범주로 통합하였다. 위탁가정에서 역할 강조, 무조건적인 수용, 가족회의를 통한 역할 분담 및 평가, 서로에 대한 비판과 칭찬, 집안일을 도울 수 있게 유도 등의 개념은 '위탁가정에서 역할 강조' 범주로 통합하였다. 위탁모와 친밀한 관계형성, 위탁모를 닮아감, 이웃의 평가가 달라짐, 집에 일찍 귀가, 학습에 흥미를 느낌, 자주 웃고 음식도 함께 만듦, 함께 가족 연주 등의 개념들은 '위탁가정 적응'으로 범주화하였다. 이상의 세 가지 범주들은 '위탁가정의 구성원과의 신뢰관계형성'이라는 상위 범주로 명명하였다.

- 하위 범주 가: 가족구성원과의 긍정적인 상호작용

"아빠랑 있을 때는 한 번도 가족들끼리 놀러 안 갔는데 지난 여름에 바다에 갔던 일이 가장 기억에 남아요. 아무 걱정 없이 먹고 진짜 재밌게 놀았죠. 백사장 위에서 '우리 집에 왜 왔니' 놀이 하고 물장구 치고 텐트에서 자고 자다 일어나서 또 게임하고 했어요. 엄마도 모든 게임에 다 참석했어요. 요즘은 마당에서 배드민턴 치고 하는 것이 좋아요. 아빠하고는 그런 기억이 없어요. 여기 와서 처음이에요. '가족끼리 이런 것도 하는구나.' 라는 것을 처음 느꼈어요. 가족들끼리 놀면서 서로 너무 친해지는 것 같고, 같이 놀다 보면 정말 같은 핏줄보다 더 소중한 사람처럼 느껴졌어요." (사례 A가정: 가족 전체 여행, 화목한 집안 분위기)

- 하위 범주 나: 위탁가정에서 역할 강조

"아이가 청소를 하는데 다른 가족들과 달리 엄마가 쉬운 것 시키니까 엄마한테 할 말 있다면서 누나들이 청소하는 거 같이 하게 해 달라, 나도 청소를 돕고 싶다 그러더라고요. 그래서 아이의 마음이 너무 곱다고 칭찬을 해 주니까 자신감, 적극성이 더 생기는 것 같데요. 누나들이 아이에게 '나 좀 도와줘, 너의 힘이 필요해.' 라고 하면 참 좋아해요." (사례 B가정: 위탁가정에서 역할 강조, 집안일을 도울 수 있게 유도)

- 하위 범주 다: 위탁가정 적응

"친엄마보다 더 친엄마 같아요. 엄마랑 초등학교 4학년 때 헤어져서 벌써 세월이 많이 흘렀어요. 이제 엄마라는 존재는 위탁엄마가 전부인 것처럼 느껴져요. 내가 최근에 더 많이 변했는데 가정환경 때문인 것 같아요. 나를 사랑해 주는 엄마와 누나가 있고 관심도 많이 가져주고 이제 나 혼자가 아니라는 생각이 들어요." (사례 A가정: 위탁모와 친밀한 관계형성, 혼자가 아니라는 생각 표현)

(9) 학대후유증 회복

위탁아동들이 친가정에서 격리 보호되고 위탁가정에 적응하는 과정에서 배치 초기에 나타났던 아동들의 학대후유증이 점차 회복되어 가는 것으로 나타났다. 신체·행동상의 학대후유증이 위탁부모의 평가뿐만 아니라 위탁아동 스스로도 회복된 것 같다고 표현하고 있다. 그러나 학대의 후유증은 감소되고 있지만 아동의 친부모에 대한 감정은 회복되지 못하고 있음을 알 수 있었다.

자신에 대한 신뢰감이 높아짐, 숙면, 스스로 과거 이야기 하게 됨, 친구관계 좋아짐, 사교적인 모습, 자기 의견표현 능력 좋아짐 등의 개념은 '정서적 안정'이라는 범주로 통합하였고, 야뇨증 사라짐, 식탐조절, 거짓말 감소, 결석률 감소 등의 개념은 '문제행동 감소'라는 범주로 통합하였다. 또한 친부모에 대한 분노는 감소되었으나 친가정으로 돌아가고 싶지 않음, 위탁부모의 요청에도 친부모 만남을 거부, 친가정으로 복귀했다가 다시 위탁가정으로 돌아옴, 전문가 역할 부재 등의 개념은 '친부모에 대한 거부'라는 범주로 통합되었다. 위의 세 가지 범주는 다시 '학대후유증 회복'이라는 상위 범주로 명명하였다.

• 하위 범주 가: 정서적 안정

"엄마(위탁모)가 잘 챙겨 줘요. 새벽에 꼭 깨워서 오줌 싸게 하고 기도도 많이 해 주고, 내가 잘할 수 있다는 자신감을 들게 해 줘요. 엄마가 책도 많이 읽어 주고 전에 못 봤던 것들을 보게 되었어요. 전에는 내가 동생들 다 챙겨서 학교 보내야 하고 밥해 주고 빨래 해 주어야 하는 부담이 많았고, 아빠 심부름까지 다 해야 했으니까요. 그래서 가출도 했어요. 그런데 내가 안 해도 되고 엄마가 알아서 챙겨 주니까 마음이 편해요." (사례 A가정: 자신에 대한 신뢰감이 높아짐, 지나친 역할수행으로부터 벗어남)

• 하위 범주 나: 문제행동 감소

"아이가 거짓말하거나 오줌 싸는 것도 나아졌어요. 그런 것도 고쳐질 수 있다는 것을 알았어요. 아이가 이제는 식탐도 많이 없고 잘 먹어요. 이제는 먹는 것을 조절할 수 있는 것 같아요. 아이가 살 쪘다고 안 먹어서 내가 일부러 먹으라고 할 정도예요." (사례 A · B가정: 식탐조절, 거짓말 감소)

• 하위 범주 다: 친부모에 대한 거부

"아빠에 대한 안 좋은 기억을 많이 잊어버렸어요. 그래도 아빠 집에 들어가 살라고 하면 지금은 못 갈 것 같아요. 아빠가 아무리 술을 먹어도, 의지를 벗어난 상태라고 하더라도 우리를 때리지는 말았어야죠. 아빠는 눈에 보이는 것을 우리에게 다 던졌어요. 아빠는 하루종일 방 안에서 술 먹고 담배 피고 밤까지 그랬어요. 그리고 나를 학교에 안 보낼 때도 있었죠. 내가 아빠 밥을 챙겨 줘야 하고 아빠는 일 하나 안 했어요. 아빠는 방청소도 안 하고 이불을 그대로 깔고 몇 년을 그렇게 살았어요. 아빠는 술을 나가서도 마시고 집에서도 마셨어요. 그런 거 떠올라도 이젠 별로 화가 나지는 않지만 아빠랑 산다는 자체가 싫어요. 아동학대 선생님이랑 가정위탁 선생님들이 나를 아빠한테 보내지 마세요. 계속 여기에서 살고 싶어요." (사례 A가정: 친부모에 대한 분노는 감소되었으나 친가정으로 돌아가고 싶지 않음)

(10) 희망을 찾는 아동

위탁아동은 학대후유증으로부터 조금씩 회복해 나가면서 주눅 들어 있던 모습과 자신 없어하고 매사에 의욕이 없었던 모습에서 점차 자신의 정체성을 찾아가기 시작하였다. 자신이 관심 있고 잘 할 수 있는 부분을 발견해 내고 그 부분에 열심히 정성을 다하는 모습을 보이고 있는 것으로 나타났다. 특별한 부분에 대한 자신의 재능을 발견, 위탁부모를 위해서 무언가 하고 싶어 함, 자신의 정체성을 찾기 시작이라는 개념 등을 도출하여 '자신의 정체성 찾기 시작' 이라는 범주로 통합하였다. 또한 누군가를 돕고 싶어 함, 자신보다 어린 위탁아동을 잘 보살핌, 학교성적 향상, 말수가 늘어남, 자신의 의견표현 활발, 집중력 향상 등의 개념들은 '자존감 향상' 이라는 범주로 통합하였다. 피아노, 오카리나, 십자수 놓기 등 취미생활을 통한 공격적 행동의 에너지 전환, 집중력 향상 등은 '문화활동' 으로 범주화하였다. 부모에게 의존하지 않고 학습에 의욕을 가짐, 영어, 국어 등 자신이 관심 있는 과목에 대하여 성적이 올라가 자신감이 향상됨, 교사의 인식 변화, 친구관계에서의 적극적 태도 등의 개념들은 '학교에서의 수행능력 향상' 으로 범주화하였다. 위의 네 가지 범주들은 '희망을 찾는 아동' 이라는 상위 범주로 명명하였다.

• 하위 범주 가: 자신의 정체성 찾기 시작

"아이가 어느 날 무슨 생각을 했는지 자기 스스로 노트를 만들어서 성경도 쓰고 성경내용과 자기의 일상생활을 4컷 만화로 그리기 시작했어요. 내용도 좋지만 만화 그리는 솜씨가 대단했고요. 아이가 무언가 의욕을 가지고 집중을 하기 시작하면서 자신이 만화가가 되겠다고 말을 했을 때 이제 거의 우리 집에서 안정을 하고 있다는 생각을 하게 되었어요. '나를 믿어 주고 챙겨 주는 사람, 엄마(위탁모)와 함께 살 멋진 집을 지을 거예요. 고아원 같은 것도 지을 거예요. 마당은 넓게 하고 닭, 강아지, 기를 것은 다 기를 거예요.' 라고 말했어요." (사례 A가정: 특별한 부분 재능 발견, 자신의 정체성 찾기 시작, 미래의 꿈을 이야기함)

• 하위 범주 나: 자존감 향상

"커서 아동을 위탁 보호하고 싶어요. 그러면 지금 엄마(위탁모)의 심정을 알게 될 것 같아요. 너무 어려운 애들이 많잖아요. 나도 도움을 주고 싶어요. 내가 도움을 줄 수 있다는 자신감이 생겨요. 이 생활 자체가 나를 변화시켰어요. 내가 무언가 할 수 있다는 자신감이 저절로 자연스럽게 생긴 것 같아요. 다 만족해요, 더 이상 바랄 게 없어요." (사례 A가정: 누군가 돕고 싶어 함. 자신감 향상)

• 하위 범주 다: 문화활동

"아이들(친자녀)이 피아노 치고 오카리나 연주 하는 모습이 너무나 부러웠어요. 그래서 엄마(위탁모)한테 피아노학원에 보내 달라고 했어요. 손가락이 너무나 아팠지만 계속 피아노 연습을 했어요. 이제는 피아노를 어느 정도 치니까 학원에 안 가고 아이들이랑 집에서 같이 연주하고 있어요. 학교 끝나고 집에 와서 피아노 같이 치면서 노래 부르면 정말 '행복이란 이런 것이다.' 라고 느껴요. 그러다 보면 나도 몰래 내 마음이 차분해지는 것을 느껴요. 내가 혼자가 아니어서 너무나 좋고 행복해요." (사례 A가정: 취미생활을 통한 공격적 에너지 전환)

• 하위 범주 라: 학교에서의 수행능력 향상

"어제 선생님한테 전화가 왔는데 아이가 너무나 달라졌다고 했어요. 아침 자율학습 시간에 선생님이 몰래 숨어서 아이를 지켜보았는데 수업 도중에 사라지지 않고 얌전히 앉아서 책을 보고 있었대요. 그리고 아이가 처음에는 말도 안 하고 혼자서만 있었는데 지금은 대답도 잘하고 표현도 잘 해 줘서 선생님이 너무 고맙다고 그랬어요. 친구들도 많이 생겼고, 아이가 일단 자기의 삶이 즐거우니까 친구들한테도 잘하는 것 같아요." (사례 A가정: 교사의 인식 변화, 친구관계에서의 적극적 태도)

지금까지 언급한 개념들과 범주들을 기초로 시간에 따른 네트워크(Wener & Schoepfle, 1987)를 활용하여 아동의 위탁가정 적응에 영향을 주는 요인들은 [그림 16-1]과 같이 제시하였다. 10개의 상위 범주에 대한 네트워크는 [그림 16-2]와 같다.

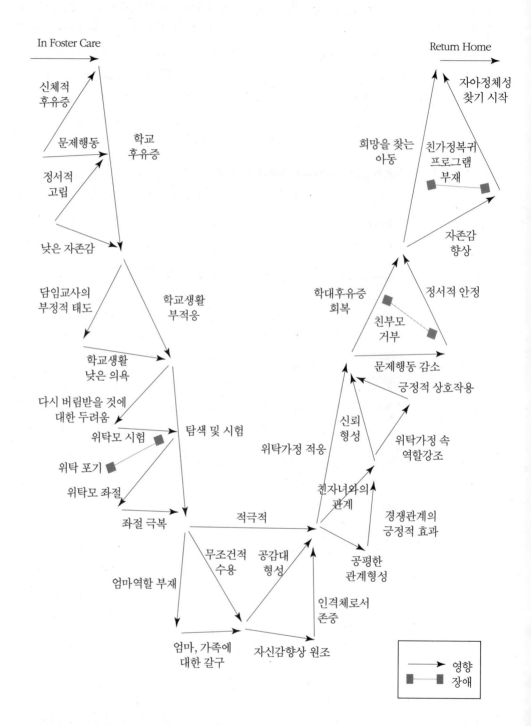

[그림 16-1] 위탁가정 적응과정에 영향을 미치는 요인분석: 시간에 따른 정렬(Time-ordered)

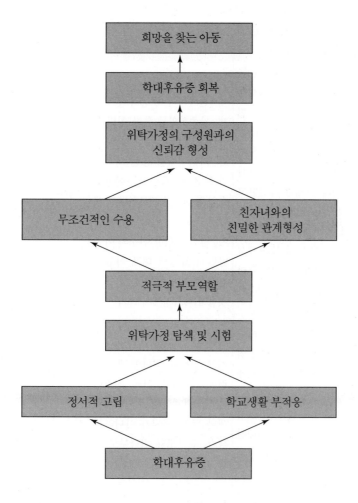

[그림 16-2] 위탁가정 적응과정에 영향을 미치는 핵심 범주 네트워크

3) 피학대아동의 위탁가정 적응과정 분석

(1) 적응과정 단계 분석

피학대아동이 위탁가정에 오게 되는 초기 시점에서부터 위탁가정에서 구성원과 신뢰를 형성해 나가며 적응해 가는 과정을 분석한 결과 탐색 및 시험 단계, 신뢰감 형성단계, 학대후유증 회복단계의 3단계로 나타났다. 여기서는 적응과정 단계별 요인들과 관련하여 아동의 적응과정 단계별로 Miles와 Huberman의 사례에 따른 단계별 내용들을 살펴보기로 하겠다.

┃ 표 16-3   적응과정 단계별 요인: 사례 간 분석

피학대 아동	탐색 및 시험 단계	신뢰감 형성단계	학대후유증 회복단계
A	불결한 위생상태, 냉소적 눈빛, 야뇨증, 식탐, 학교결석 등 문제행동 반복, 자기표현 능력 부족, 위탁모 반응 탐색, 이웃에게 위탁모를 나쁘게 이야기하면서 위탁모 반응을 살핌. 자신의 존재를 확인받고 싶어 함, 학교생활 부적응, 비사교적, 정서적 고립, 외로움, 일부러 집에 늦게 들어가서 자신을 찾아다니게 함, 주변 사람들에게 동정심 유발, 다시 버림받음에 대한 두려움	친자녀와의 싸움·갈등·화해, 친자녀와 긍정적 경쟁관계, 가족회의를 통한 친밀감, 위탁모와 스킨십을 통한 대화, 가족여행을 통한 화목한 가족 존재임을 느낌, 아동이 수업 분위기를 저해한다고 생각하는 교사, 위탁모에게 편지, 병원 입원한 친부의 아동 만남의 요청에 대해 아동이 거부함, 친부에게 받지 못한 것을 위탁가정에서 받기 시작	학교교사의 인식 변화, 말수도 늘고 집중력이 향상되었다고 평가, 문제행동 감소, 야뇨증 사라짐, 이웃의 평가가 달라짐, 일상생활 습관의 변화, 위탁모와 닮아감, 과거 이야기를 스스로 함, 악기연주를 통한 정서적 안정, 관심 있는 과목의 성적 향상, 누군가를 돕고 싶어 함, 자신의 정체성 찾기 시작, 친가정 복귀하고 싶지 않음
B	친가정에서의 방임, 자폐증 초기 증세, 식탐, 신체적인 영양 부족, 척추골절, 자주 보채고 울먹임, 아침밥 결식, 인스턴트 음식에 길들여짐, 공격적, 대인기피, 야뇨증, 또래친구들과 어울리지 않음, 친부 앞에서 나약한 모습	위탁모의 젖가슴 더듬음, 안기고 싶어 함, 엄마에 대한 그리움, 영원함은 가족, 친자녀와 친구관계형성, 위탁부모에 대한 믿음, 혼자가 아니라는 생각, 친부모와 위탁부모 비교, 술 마시는 친부 걱정	엄마가 생겼다는 생각을 갖게 됨, 식탐조절, 대인관계 능력 향상, 5시간 넘게 자전거 타고 위탁가정에 혼자서 돌아옴, 친부에 대한 무관심, 친자녀와 친구관계형성, 미술에 취미를 느낌, 화가가 되고 싶은 미래의 꿈
C	야뇨증, 비사교적, 불안, 학교결석, 의욕상실, 인스턴트 위주 식생활, 친손자와의 관계 질투 친손자의 텃새에 울음, 다른 가정에 가야 된다는 위탁모 말에 절대로 못 간다고 애원함, 친가정에 대한 과장된 이야기, 버림받을 것에 대한 두려움	자연스러운 변화과정, 주변 사람들에게 엄마라고 소개, 위탁모와 결혼하겠다는 아동, 자신의 존재를 확인받고 싶어 함, 가족들과의 소통, 기차여행, 팥죽파티, 위탁가정 구성원으로서의 역할	야뇨증 사라짐, 표정이 밝아짐, 아동의 정서적 안정, 여자친구 이야기를 함, 학습능력 뛰어남, 과학자가 미래 꿈, 자주 웃고 음식도 함께 만듦, 가족들과 소통, 엄마에 대한 그리움, 친조부의 부정기적 방문, 친백부대 간헐적 방문

(2) 적응과정에서 나타난 아동의 문제행동 감소(위탁부모의 평가)

위탁부모는 위탁아동이 처음 위탁가정에 배치되었을 때 가장 크게 느꼈던 아동의 문제행동 한 가지만을 선택하여 아동의 적응과정에 따라 1점에서 10점까지의 척도를 사용하였다. 시간상으로는 사례에 따라 다르게 나타나기 때문에 편의상 처음 위탁 당시에 위탁부모를 탐색하고 시험하는 단계, 위탁부모와 신뢰감 형성단계, 학대후유증 회복단계의 세 단계별로 평가하였다.

사례 A 아동은 학교결석 문제가 가장 크게 나타났다. 아동은 위탁가정에 오기 전에도 학교를 가지 않은 날이 많았는데, 그 원인 중에는 술에 취한 친부가 학교를 보내지 않은 적도 있었고 학교가 재미없어서 가지 않은 날도 있었다고 하였다. 아동이 위탁가정에서 적응하는 과정에서 위탁부모가 처음에는 학교에 가지 않고 담임교사가 전화를 하고 아이를 찾아다니고 그럴 때 너무나 힘이 들고 도저히 감당할 자신이 없어서 아이를 다른 가정으로 돌려보내야겠다고 생각할 정도로 심하였다. 그러나 아동이 학교에 가지 않고 결석하는 것이 위탁부모와 담임교사의 관심을 받고 싶고 사랑을 받고 싶어 하는 마음에서 비롯되었다는 것을 이해하게 되면서, 위탁부모는 아동과의 신뢰형성을 통하여 아동이 공부는 못하여도 학교생활에 재미를 느낄 수 있게 노력하였다. 무엇보다도 위탁부모가 자신을 사랑하고 있다는 생각을 가지게 되면서 아동은 저절로 학교에 나가게 되고 결석률도 현저히 감소하게 되었다.

사례 B 아동은 6세 때 위탁가정에 오게 되었는데, 처음에 와서 밥을 먹는데 어른 공기로 세 공기를 먹고도 더 먹으려고 할 정도로 식탐이 심각한 수준이었다. 그렇게 먹고는 설사를 계속하였고 항상 찡그린 얼굴로 울상이 된 상태에서 보채는 것이 발달상 3세 아동의 수준이었다. 아동은 처음에 위탁부모도 노력해 보다가 안 되면 어쩔 수 없겠다고 말할 정도로 어두운 표정을 보이고 모든 것을 귀찮게 여기고 의욕이 없이 누워 있다가 먹기만 하였다. 그런 아동에게 먹을 것을 조절시키자 계속 보채는 것이 더 심해져 갔다. 아직 어린 아이에게 위탁모는 자주 안아 주고 씻겨 주고 밖에 데리고 다니면서 이야기를 많이 해 주고 책을 읽어 주곤 하였다. 그리고 조금씩 나누어서 먹는 습관을 계획적으로 실천하게 하였다. 애정이 굶주려서 나타난 현상인지, 아동의 폭식은 눈에 띄게 빠르게 조절되어 갔다.

사례 C 아동은 밤에 이불에 오줌을 싸서 위탁가정에 배치된 후 한 달 동안은 하루도 안 빠지고 위탁부모가 이불을 빨았고, 그 대안으로 기저귀를 차고 잠을 자기도 하였다. 아동의 야뇨증은 문제행동이라기보다는 습관이 제대로 형성되지 못한 것에서 기인한 것 같다고 평가되었다. 영아기 때부터 엄마의 보살핌을 제대로 받지 못하여 대소변 훈련을 누가 관심 있게 해 준 사람이 부재하였기에 아동이 그 조절능력을 습득하지 못하였다고 생각되었다. 위탁모는 새벽 2시쯤에 꼭 깨워서 아동을 화장실로 데려가서 소변을 보게 하기

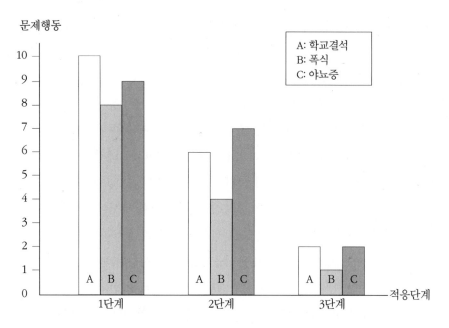

[그림 16-3] 위탁부모가 평가한 아동의 문제행동

를 한 달 넘게 하였다. 아동은 이제 위탁모가 2시쯤 조그만 목소리로 깨우면 절로 일어나서 화장실에 다녀와서 다시 잠을 잔다고 한다. 초기에는 깨워도 일어나지 않아서 그냥 이불에다 소변을 보는 경우가 많았다고 하였다.

(3) 적응과정에서 친가정 복귀 가능성

선행연구에서는 위탁아동의 친가정 복귀에 긍정적인 영향을 미치는 요인으로 위탁 배치 전 피학대아동의 친가정 복귀에 대한 계획의 명시, 친부모-아동 만남의 명시, 친가정에 대한 전문적 서비스, 친부모-위탁모 교류, 친부모-아동 방문과 전화, 편지교류, 친부모가 가해자인 경우 아동-친부모 관계 재형성을 위한 개입 등을 보고하였다(Fein & Staff, 1993; Haight, Kagle, & Black, 2004; Maluccio, 1996; Wulczyn, 2004). 이와 같은 요인에 기초하여 세 가정의 아동들에 대한 친가정 복귀 가능성이 어느 정도인지를 분석해 보았다.

A아동의 경우 전문기관의 개입으로 인한 위탁배치 전 친가정 복귀에 대한 계획이 전혀 명시되지 않았고 친부모-아동의 만남에 대한 것도 구두나 문서에 언급되지 않았다. 다만 친부가 알코올 문제로 병원에 입원하는 절차를 지원하는 전문적 서비스가 일부 이루어진 것으로 나타났다. 친부가 병원에서 퇴원 후 아동과의 만남을 요청하였으나 아동

은 거부를 하여서 만나지 못하였고, 친부에 대한 관계 재형성을 위한 전문가의 개입은 없었다. 전화나 편지 교류 또한 없었다. 아동은 친가정 복귀에 대해서 지금도 거부하고 있으며 앞서 밝힌 요인들의 평가에 기초해 볼 때, 지금 현재 친가정 복귀에 대한 가능성은 매우 희박한 것으로 분석될 수 있었다.

B아동의 경우 위탁 초기부터 전문적 기관을 통하여 위탁보호를 받게 된 것이 아니었기 때문에 친가정 복귀에 대한 구체적인 계획이 명시되지 않았지만 친부모와 아동의 만남에 대해서는 구두로 위탁가정과 친가정이 함께 이야기한 것으로 나타났다. 아동의 생일, 명절, 학교나 집안의 행사가 있을 때 서로 자연스럽게 방문을 하자는 이야기를 하였고, 친부와 위탁부모의 자연스러운 교류과정에서 친부가 위탁가정에 전화를 자주 하였으며 간헐적으로 방문도 하였다고 하였다. 위탁배치 2년 이후 친부의 요청으로 친가정에 복귀하였으나 친부가 집에 잘 들어오지 않았고 아동을 보호해 주는 사람이 없어서, 친가정 복귀 후 전문가의 사후관리도 없는 상태에서 아동이 혼자서 3시간 동안 자전거를 타고 위탁가정으로 재복귀하였다. 그 이후 지금까지 위탁가정에서 보호되고 있다. 친부와 위탁 부모는 지금도 교류가 자연스럽게 이루어지고 있고 친부의 아동의 양육능력 확대를 위한 개입이 된다면 친가정 복귀 가능성은 긍정적인 전망을 가져볼 수 있을 것이다.

C아동의 경우 처음부터 친가정 복귀에 대한 구체적인 계획이 명시되었다. 위탁기간을 3년으로 하고 1년마다 재계약을 하기로 하였다. 친가정과의 만남도 1달 1회로 명시하였

표 16-4 적응과정에서 친가정 복귀에 영향을 미치는 요인: 사례 간 분석

과 정(요 인)	사 례	A	B	C
탐색 및 시험 단계	위탁배치 전 친가정 복귀에 대한 계획 명시	○	○	●
	친부모-아동 만남 명시	○	◑	●
	친가정에 대한 전문적 서비스	◑	○	◑
신뢰감 형성난세	친부모-위탁부모 교류	○	●	●
	친부모-아동 방문	○	●	●
	아동-친부모 편지 · 전화 교류	○	●	●
학대 후유증 회복단계	전문가-친부모 교류	◑	○	●
	아동-친부모 관계 재형성	○	◑	●
	친가정 복귀 경험(재위탁)	○	●	○
	친가정 복귀 가능성	○	◑	○

● = 실행, ◑ = 일부 실행, ○= 미실행

534   제16장 피학대아동의 위탁가정 적응과정에 관한 연구

으나 친부가 멀리 장기 출타를 하여 친부를 대신하여 친조부가 간헐적으로 아동과 만났
다. 아동 또한 친가정에 방문하여 주말을 보내거나 여름방학을 보내기도 하였다. 아동과
친부의 관계 재형성에 대한 전문적인 개입은 없었으나, 아동이 친부에 대한 기본적인 신
뢰가 있어서 친부모에 대한 그리움을 간직하고 있는 상태였다. 이러한 평가에 기초하여
볼 때 친가정으로의 복귀 가능성이 높은 것으로 분석되었다.

4) 이야기 윤곽의 전개

피학대아동들은 신체 · 행동상의 학대후유증을 보이고 있었으며, 특히 심각한 신체 ·
행동상의 학대후유증을 가지고 있는 아동의 경우는 학대 가해자에 대한 두려움과 어른들
에 대한 불신을 가지고 위탁가정에 오기 때문에 위탁부모들에게도 마찬가지의 두려움과
불신을 가지고 있었다. 학대아동들은 불안한 모습과 냉소적인 눈빛으로 상대방을 바라
보며, 방 안에서 혼자만 있으려고 하거나 말을 거의 하지 않거나 엉뚱한 말을 하는 등 자
폐증상을 보이기도 하였고, 언어표현 능력이 나이에 비하여 현저히 떨어지기도 하며, 정
서적으로 고립된 상태의 모습을 보였다. 위탁부모가 위탁아동을 정성을 다하여 보호하
여 위탁아동이 신체적으로 편안한 상태에 있지만, 친부모의 사랑을 받지 못하고 엄마가
자신들을 버린 경험으로 인하여 위탁부모가 친절하게 대하여 주는 것도 얼마 가지 않고
자신들이 다시 버려질 것이라는 두려움을 가지고 있었다. 그리하여 위탁아동들은 위탁
부모들이 어떤 사람인지 탐색하는 시간을 가지며 위탁부모를 시험하였다. 이때 위탁부
모는 위탁아동을 포기하려고 하였으나, 가정위탁지원센터 사회복지사들의 상담과 도움
으로 위탁아동들에 대하여 이해를 하게 되었다. 한편 위탁아동들의 학교에서의 부적응
은 자신에 대해 더욱 부정적으로 생각하는 경향을 가지게 하였고, 담임교사가 문제가 있
는 아이라는 왜곡된 인식을 하고 있는 경우 아동은 학교에 더 적응하지 못하였다. 그러나
위탁부모가 위탁아동의 문제행동과 정서적 불안정 상태를 있는 그대로 수용하고 인내하
면서 적극적으로 부모역할을 수행하게 되었을 때 위탁아동과 위탁부모는 공감대를 형성
하기 시작하였다. 이러한 공감대 형성으로 인하여 위탁아동과 위탁부모 간에 원만한 대
화가 가능하였으며, 위탁아동들은 습관이 변화하고 규칙적인 생활을 하게 되었고 식탐
과 야뇨증 등의 증상도 감소하였다.

위탁모가 위탁아동을 친자녀보다 더욱 신경을 쓰게 되었을 때 친자녀와의 관계에 부
정적인 영향을 미치기도 하였다. 그러나 위탁부모가 친자녀에게 관심과 배려를 해 주는

시간을 따로 가짐으로써 이러한 어려운 고비를 지혜롭게 극복하였으며, 친자녀는 부모의 위탁부모로서의 역할을 더 깊게 이해하게 되어 위탁아동과 더 친밀해지는 결과가 나타났다. 위탁아동은 자신을 특별한 존재로 대해 주는 위탁부모로 인하여 위탁가정의 구성원과 신뢰관계를 형성하고 적응하게 되었고, 위탁아동의 학대후유증은 회복되어 갔다. 이러한 회복과정을 통하여 위탁아동은 미래에 자신과 같은 처지에 있는 또 다른 위탁아동을 돕겠다는 희망을 찾아가고 있었다.

5. 결론 및 제언

1) 결론

본 연구에서 고찰한 피학대아동의 위탁가정에서의 적응과정은 위탁아동이 위탁가정 구성원 및 친가정과의 상호작용 속에서 정서적 불안정과 양육자의 부재 등으로 인해 나타나는 문제행동들과 학대후유증을 '회복' 해 나가는 과정이었다. 이 과정에서 아동은 위탁가정 구성원과의 상호작용, 친가정과의 상호작용에 따라서 위탁보호에 대한 안정적 적응, 학대후유증 회복, 친가정 복귀 여부가 달라지는 결과를 보였다. 본 연구의 결과를 요약하면 다음과 같다.

첫째, 피학대아동의 위탁가정에서의 적응과정은 아동의 신체적·정서적 안정과 문제행동이 감소되어 가는 회복의 과정이다. 이것은 아동과 위탁부모, 위탁가정 구성원, 친가정과의 상호작용의 결과이며, 적응과정은 학대후유증을 회복해 나가는 과정과 밀접한 연관이 있음을 알 수 있었다.

둘째, 위탁가정 배치 후 피학대아동의 위탁가정 내에서의 적응에 가장 큰 영향을 주는 요인은 '위탁부모의 적극적인 부모역할' 이었으며, '친자녀와의 관계' '친가정과의 관계' 등도 발견할 수 있었다.

셋째, 위탁가정에 배치된 피학대아동이 위탁가정에 적응하는 과정은 탐색 및 시험, 상호작용, 학대후유증 회복이라는 3단계로 이루어진다는 것을 발견하였다.

넷째, 피학대아동들의 학대후유증은 회복되어 가지만 피학대아동들의 '친가정 복귀'와 함께 병행되지 못하고 있었다. 그것은 위탁과정 중에 친가정(친부모)과의 접촉이나 관계 개선이 제대로 이루어지지 않기 때문이라는 것을 알 수 있었다.

다섯째, 위탁아동의 친가정 복귀 가능성에 영향을 미치는 요인으로는 친부모와 피학대아동의 만남 및 접촉, 친가정에 대한 전문적 서비스, 아동과 친부모의 관계 재형성 등이 발견되었다.

2) 제언

본 연구의 결과를 통하여 연구자는 다음과 같은 제언을 하고자 한다.

첫째, 피학대아동에 대한 후유증을 잘 이해하고 보호할 수 있는 준비된 위탁가정을 발굴해야 한다. 한국의 위탁보호사업 시행이 얼마 되지 않아 예비 위탁부모를 발굴하는 것이 쉬운 일은 아닐 것이나, 피학대아동의 특성과 학대후유증을 잘 이해하고 수용할 수 있는 적극적 부모역할을 할 수 있는 준비된 위탁가정이 절실히 필요하다. 본 연구에서 볼 수 있듯이, 피학대아동의 경우 위탁가정에서 적응하는 과정에서 일정한 단계를 통해 적응되어 가고 있고 안정적인 적응을 하는 데는 무엇보다도 위탁부모의 적극적인 부모역할이 중요한 변수가 되고 있음을 알 수 있다.

또한 양육비 지원이 월 7만 원이라는 열악한 상황에서 위탁부모가 정신적 · 경제적으로 힘든 상황에 처할 수 있으며, 그 어려운 과정을 슬기롭게 이겨 내고 피학대아동에 대한 애정으로 신뢰관계를 형성할 수 있는 준비된 위탁가정을 교육하고 준비시켜야 할 것이다. 또한 배치 초기에 피학대아동의 위탁부모 탐색과 시험 단계에서 위탁부모가 소진되지 않도록 전문가나 자조모임의 개입이 필요하며, 소진을 해소하기 위한 프로그램을 개발할 필요가 있다. 피학대아동의 경우 한 명이 발생하는 경우도 있지만 거의 형제자매가 함께 위탁가정에 가게 된다. 이에 위탁모 혼자서 그 아동들을 감당하기에는 어려움이 따른다. 따라서 위탁부모의 소진을 예방할 수 있는 프로그램의 개발이 위탁부모의 소진을 막을 수 있고, 이러한 위탁부모의 소진예방이 피학대아동에게 긍정적인 영향을 미치는 요인으로 작용할 수 있다. 피학대아동을 양육해 본 선경험자의 조언이나 자조모임을 통한 격려, 사회복지사의 전문적인 역할은 위탁부모의 소진을 예방하고 아동의 안정된 적응과정에 긍정적인 영향을 미칠 수 있을 것이다.

둘째, 피학대아동의 위탁보호 전 과정에서 피학대아동의 친가정 복귀를 위한 계획이 요구된다. 피학대아동의 친가정으로의 복귀에 있어서 전면적인 복귀가 어려운 경우, 선택적인 단계를 유지하고 성취해 나가도록 피학대아동과 친부모가 관계를 형성해 나가는 계획된 과정이 필요하다. 이러한 계획은 친가정 밖의 아동과 그들의 친가정 사이의 관계를 향상시키고 지속시켜 나갈 수 있도록 할 것이다. 또한 피학대아동과 친부모가 비록 함께 살 수는 없지만 계속해서 혈연관계를 유지시켜 나갈 수 있다. 피학대아동의 분리가 불가피할 경우 친부모와의 재결합에 대한 장기적인 계획을 세우는 것이 위탁보호 배치 전과 초기과정에 반드시 필요하다. 연구에 참여한 피학대아동들 중에는 위탁보호를 결정하기 전에 인근 지역사회 내에서 친가정에 대한 집중적인 서비스를 제공하고 아동양육에 대한 부모역할 기술을 확대하고 친가정에서의 부족한 양육 부분을 보완해 주었다면 가정위탁보호를 하지 않아도 될 만한 아동들도 있었다.

셋째, 피학대아동을 위한 가정위탁보호는 반드시 포괄적인 서비스를 줄 수 있는 네트워크의 통합이 이루어져야만 한다. 위탁가정에서의 적응을 위한 서비스뿐만 아니라 친가정에 대한 집중적인 가족지지 서비스, 특히 주택, 고용, 기회, 건강, 교육, 소득보존, 물질남용 상담, 정신건강 서비스, 부모역할 교육 등과 같은 구체적인 서비스들의 네트워

 참고문헌

크가 형성되어야 할 것이다.

고순이(2004). 위탁아동을 위한 가정위탁사업의 서비스 접근 방안: 행정기관과 가정위탁지원센터와의 협력체계를 중심으로. 한국복지재단 가정위탁지원센터 개소 1주년 기념 학술세미나 자료집, pp. 29-54.

권은정(2002). 가정위탁보호사업의 실태 및 지속성 저해요인에 관한 연구. 대구대학교 사회복지개발대학원 석사학위논문(미간행).

노혜련(1999). 요보호 아동 그룹 홈의 이론과 과제. 현실과 대안, 2, 78-110.

보건복지부(1997). 통계자료.

보건복지부(1998). 통계자료.

보건복지부(1999). 통계자료.

보건복지부(2000). 통계자료.

보건복지부(2001). 통계자료.

보건복지부(2002). 통계자료.

보건복지부(2003). 통계자료.

보건복지부(2004). 통계자료.

양심영(2003). 가정위탁서비스의 보호형태별 특성과 위탁아동의 적응에 관한 요인. 대한가정학회지, 41(5), 131-148.

양심영(2004). 가정위탁지원사업 평가에 따른 서비스 발전방안 모색. 한국복지재단 가정위탁지원센터 개소 1주년 기념 학술세미나 자료집, pp. 57-77.

이기정(1999). 가정위탁보호사업의 활성화와 개발을 위한 연구. 연세대학교 대학원 석사학위논문(미간행)

이송이(1999). 가정위탁보호 양육 환경에 관한 연구. 숙명여자대학교 대학원 석사학위논문(미간행)

유태균 역(1998). 사회복지 질적 연구방법론. Padgett, D. (1998). *Qualitative Methods in Social Work Research: Challenges and Rewards* 서울: 나남출판사.

전재일, 박영준(2002). 가정위탁보호의 실태와 활성화 방안에 관한 연구. 사회복지개발연구, 8, 81-103.

정선욱(2002). 시설보호 청소년의 심리사회적 영향을 미치는 요인. 서울대학교 대학원 박사학위논문(미간행).

정영순(2000). 부모 있는 시설보호아동의 가족복귀 방안. 한국아동복지학회지, 9, 29-47.

중앙아동학대예방센터(2002). 통계자료.

중앙아동학대예방센터(2003). 통계자료.

중앙아동학대예방센터(2004). 통계자료.

허남순(2000). 가정위탁보호제도의 활성화 방안에 관한 연구. 한국아동복지학회지, 9, 59-77.

허남순(2004). 효과적인 서비스 제공을 위한 가정위탁지원센터의 기능과 역할. 한국복지재단 가정위탁지원센터 개소 1주년 기념 학술세미나 자료집, pp. 3-25.

Ainsworth, F. (1998). The policy practice of family reunification. *Journal of Australian Social Work, 51,* 3-6.

Berrick, J. D., Barth, R. P., & Needell, B. (1994). A comparison of kinship foster home and foster family homes: Implications for kinship foster care as family preservation. *Children and Youth Services Review, 16,* 33-63

Blome, W. W. (1997). What happens to foster kids: Educationa experiences of a random sample of foster care youth and a matched group home-foster care youth. *Child and Adolescent Social Work Journal, 14,* 41-53.

Borgman, R. (1982). The consequences of open and closed adoption for older children. *Child Welfare, 61,* 217-226

Cynthia, C. (2004). *Exploring child welfare: A practice perspective* (3th ed.). Boston, MA: Allyn and Bacon

Downs, S., Costin, L., & McFadden, E. (1996). *Child welfare and family services: Polices and practice* (5th ed.). New York: Longman.

Fahlberg, V. (1978). *Attachment and separation.* Michigan: Michigan Department of Social services.

Fanshel, D. (1982). *On the road to permanency: An expanded data base for service to children in foster care*. New York: Child Welfare League of America.

Fanshel, D., Finch, S. J., & Grundy, J. F. (1990). *Foster children in a life course perspective*. New York: Columbia University Press.

Fanshel, D., & Shinn, D. E. (1978). *Children in foster care: A longitudinal investigation*. New York: Columbia University Press.

Fein, E., & Maluccio, A. N. (1992). Permanency planning: Another remedy in jeopardy. *Social Service Review, 66*, 335-348.

Fein, E., & Staff, I. (1993). The interaction of research and practice in family reunification. In B. A. Pine, R. Warsh, & A. N. Maluccio (Eds.), *Together again: Family reunification in foster care*. Washington, DC: Child Welfare League of America.

Fein, E., Maluccio, A. N., & Kluger, M. P. (1990). *No more partings: An examination of Long-Term Family Foster Care*. Washington, DC: Child Welfare League of America.

Fein, E., Maluccio, A. N., Hamilton, V. J., & Ward, D. (1983). After foster care: Outcomes of permanency planning for children. *Child Welfare, 72*, 485-558.

Festinger, T. (1994). *Returning to care: Discharge and reentry into foster care*. Washington, DC: Child Welfare League of America.

Haight, W. L., Kagle, J. D., & Black, J. E. (2004). Understanding and supporting parent-child relationships during foster care visits: Attachment theory and research. *Journal of Social Work, 48*, 195-204.

Kadushin, A., & Martine, J. (1988). *Child welfare services* (4th ed.). New York: Columbia University Press.

Levy, T., & Orlans, M. (1998). *A attachment, trauma and healing*. Washington, DC: Child Welfare League of America.

Maluccio, A. N. (1996). Family reunification of children in out-of-home care: Research perspectives. *Journal of Children and Youth Services Review, 18*(4/5), 287-305.

Maluccio, A. N., Fein, E., & Davis, I. (1994). Family reunification: Research findings, issues, and diretions. *Child Welfare, 73* (5), 489.

Maluccio, A. N., Warsh, R., & Pine, B. A. (1993). Family reunification: An overview. In *Family reunification in foster care, 3* 19. Washington, DC: Child Welfare League of America.

McAuley, C. (1996). *Children in Long-Term Foster Care: Emotional and social development*. Aldershot: Avebury.

Miles, M. B., & Huberman, A. M. (1994). *The qualitative data analysis*. Thousand Oaks, CA: Sage.

Minty, B. (1999). Annotation: Outcomes in Long-Term Family Foster Care. *Journal of*

Child Psychology and Psychiatry, 40, 991-999

Patton, M. (2002). *Qualitative research and evaluation methods*, Thousand Oaks, CA: Sage.

Pecora, P. J., Whittaker, J. K., & Maluccio, A. N. (1992). *The child welfare challenge: policy, practice, and research*. New York: Adline de Gruyter.

Rowe, J., Cain, H., Hundleby, M., & Keane, A. (1984). *Long-Term Foster Care*. London: Batsford

Stahl, P. M. (1990). *Children on consignment*. Lexington, MA: Lexington Books.

Strauss, A. L., & Corbin, J. (1990). *Basics of qualitative research: Grounded theory procedures and techniques*. Newbury Park. CA: Sage.

Wedeven, T., Pecora, P. J., Hurwitz, M., Howell, R., & Newell, D. (1997). Examining the perceptions of alumni of Long-Term Family Foster Care: A Follow-up Study. *Community alternatives: International Journal of Family Care, 9*, 88-106.

Werner, O. (1992). How to record activities. *Cultural Anthropology Methods Newsletter.* 4(2), 1-3.

Werner, O., & Schoepfle, G. M. (1987). *Systematic fieldwork: Ethographic analysis and data management*. Newbury Park, CA: Sage.

Wulczyn, F. (1991). Caseload dynamics and foster care reentry. *Social Service Review, 65*, 133-156.

Wulczyn, F. (2004). Family reunification. *The Future Of Children, 14* (1), 95-113.

찾아보기

《인 명》

Cheung, Y. W. 273
Choi, S. 234
Christensen, A. 57
Christensen, L. L. 241, 265
Christenson, G. 416
Cloninger, C. R. 272
Colapinto, J. 337
Coleman, M. 300
Conger, D. 473
Constantine, J. A. 390
Cooper, C. L. 192, 212
Copello, A. 272
Corbin, J. 111, 218, 219, 276, 477, 478
Corcoran, K. 239
Corley, M. D. 58
Cornell, G. R. 371
Cotterill, P. 473
Coutuer, S. J. 447
Cowan 476
Crespi, T. D. 371
Creswell, J. W. 373
Cynthia, C. 509

d' Astous, A. 415
Dannon, P. N. 191
Dattilio, F. M. 305
Davenport, Y. B. 270
Davis, I. 509
Deffenbacher, J. L. 371
Deleoz, P. 264
Deming, M. P. 270
Demo, F. H. 300
Denzin, N. K. 237
Deppermann 448
DeSarbo, W. S. 415

DeTurck 239
Dillon, D. R. 264
Dorothy, L. E. 230
Driscoll, M. P. 242
Duncan, B. L. 108, 109
Durst, R. 191

Eccles, S. 414
Edwards, E. A. 415
Edwards, M. 274
Eldridge, K. A. 57
Elliot, R. 414
Epstein, E. E. 273

Faber, R. J. 415
Fahlberg, V. 510
Fairburn 107
FalsStewart 275
Fals-Stewart, W. 274, 275
Fanshel, D. 508, 509, 510
Farrington, D. P. 371
Fay, L. F. 336
Fein, E. 507, 508, 509, 510, 532
Festinger, T. 507, 509
Finch, S. J. 508
Fine, M. 300
Finkelhor, D. 169
Fisch, L. S. 390
Fisch, R. 108, 302, 335
Fischer, J. 239
Fischer, L. R. 474
Fleming, W. M. 108, 336
Forgaty, T. F. 336
Foulkner, R. A. 241
Fraenkel, P. 169
Framo 108

Frankstein, W. 273
Friedlander, M. L. 241, 447
Friedman, E. H. 107
Furstenberg, F. F. 300

Galdding, S. T. 390
Gale, J. E. 241
Gangamma, R. 371
Ganong, L. 300
Garbarino, C. 270
Gehart, D. R. 265
Geisler 448
Gerelal, K. A. 106
Giesen, D. 56, 57
Gilbert, N. J. 242
Gilgun, J. F. 241, 265
Glaser, B. 111, 218
Glesne, C. 237
Globerman, J. 473
Goetting, A. 474
Goldenberg, H. 107, 301, 335, 336, 337, 338, 391
Goldenberg, I. 107, 301, 335, 336, 337, 338, 391
Gordon, K. C. 57, 60
Gottman, J. M. 55
Gournay, K. 414
Grancge 105
Grange, D. L. 107
Grant, J. E. 191, 192, 415
Green, R. G. 270
Greenberg, L. S. 241
Gretchen, M. M. 389
Grosz, R. L. 191, 192
Grubic, V. N. 270
Grundy, J. F. 508

《내 용》

✦ 저자 소개 ✦

• 박태영
  숭실대학교 사회사업학과 학사
  숭실대학교 사회사업학과 석사
  미국 Florida State University 사회사업학 석사
  미국 Florida State University 사회사업학 박사
  현) 숭실대학교 사회복지학과 부교수
      숭실대학교 사회복지대학원 상담복지
      전공 주임교수
      숭실대학교 학생상담소장

• 김태한
  서울신학대학교 신학과 학사
  숭실대학교 사회사업학과 석사
  숭실대학교 사회복지학과 박사과정 수료
  현) 숭실대학교 교양특성화대학 시간강사

• 김혜선
  숭실대학교 사회사업학과 학사
  숭실대학교 사회사업학과 석사
  숭실대학교 사회복지학과 박사수료
  현) 숭실대학교 교양특성화대학 시간강사

• 박소영
  서울대학교 영문학과 문학사
  서울대학교 영문학과 문학석사
  서울대학교 영문학과 박사과정 수료
  숭실대학교 사회복지학과 문학석사
  숭실대학교 사회복지학과 사회복지학 박사
  현) 세명대학교 사회복지학과 교수

• 유명이
  숭실대학교 사회사업학과 학사
  숭실대학교 사회사업학과 석사
  숭실대학교 사회사업학과 박사
  현) 대림대학 경영정보계열 사회복지전공
      전임강사

• 은선경
  숭실대학교 사회사업학과 학사
  숭실대학교 사회사업학과 석사
  숭실대학교 사회복지학과 박사과정 수료
  현) 백석예술대학 사회복지학부 교수

• 이재령
  서울여자대학교 사회사업학과 학사
  숭실대학교 사회사업학과 석사
  숭실대학교 사회복지학과 박사수료
  현) 숭실대학교 평생교육원 사회복지학과 교수

• 장윤영
  한일장신대학교 사회복지학과 학사
  숭실대학교 사회복지학과 석사
  숭실대학교 사회복지학과 박사과정 중
  현) 어린이재단(구 한국복지재단) 아동학대
      가정위탁 상담원
      전북과학대학 복지계열 전임강사

• 정선영
  이화여자대학교 교육공학과 학사
  미국 Florida State University 교육공학석사
  미국 Florida State University 경영정보학석사
  미국 Florida State University 교육공학박사
  현) 국민대학교 교육대학원 교육학과 주임교수

• 조성희
  숭실대학교 사회사업학과 학사
  숭실대학교 사회사업학과 석사
  숭실대학교 사회복지학과 박사수료
  현) 상명대학교 복지상담대학원 사회복지학
      과 시간강사

• 조용길
  한양대학교 독어독문학과 학사
  한양대학교 독어독문학과 석사
  독일 뮌스터대학교 독어독문학과 박사
  현) 한양대학교 시간강사

가족치료사례와 질적 분석

2009년 10월 22일 1판 1쇄 발행
2010년 12월 10일 1판 2쇄 발행

지은이 • 박태영 · 김태한 · 김혜선 · 박소영 · 유명이 · 은선경 · 이재령
　　　　장윤영 · 정선영 · 조성희 · 조용길
펴낸이 • 김진환
펴낸곳 • (주) 학지사
　　　　121-837 서울특별시 마포구 서교동 352-29 마인드월드빌딩 5층
대표전화 • 02)330-5114　　　팩스 • 02)324-2345
등록번호 • 제313-2006-000265호

홈페이지 • http://www.hakjisa.co.kr
커뮤니티 • http://cafe.naver.com/hakjisa

ISBN 978-89-6330-260-7 93180

정가 20,000원